suhrkamp taschenbuch
wissenschaft 375

Pragmatik ist die Disziplin der Semiotik, die sich mit dem Problemkreis beschäftigt, der sich aus dem Verhältnis: Zeichen – zeichenverwendendes Subjekt – Subjekt ergibt.
Als *empirische* Pragmatik (als Teil der empirischen Linguistik) bezieht sie sich auf die faktischen Bedingungen, Regeln, Konventionen, denen die Kommunikation von Subjekten untereinander über etwas unterliegt und ist als solche unproblematisch. Problematisch dagegen ist der weitergehende Anspruch einer *philosophischen* Pragmatik, die zu pragmatischen Universalien, zu invarianten Strukturen sinnvoller Rede vorstoßen möchte (ideale Sprechsituation) oder die normativ verbindlichen Regeln der Kommunikation als die grundlegenden Bedingungen der Möglichkeit und Gültigkeit zeichenvermittelter Erkenntnis und sinnvoller Argumentation herausheben möchte (Transzendentalpragmatik).
Dabei kann sich die Universal- bzw. Transzendentalpragmatik einerseits auf prominente Aporien berufen, zu denen der Versuch ausschließlich syntaktisch-semantisch orientierter sprachanalytischer Philosophen führte, die Probleme der Pragmatik aus der »ordentlichen« Philosophie zu verdrängen und den empirischen Wissenschaften als ihr genuines Feld zu überlassen, andererseits kann sie darauf verweisen, daß der größte Teil der traditionellen epistemologischen und sprachphilosophischen Probleme systematisch in den Bereich der Pragmatik fällt.
Zum Für und Wider dieser anspruchsvollen Konzeption liegen Beiträge vor von K.-O. Apel, J. Habermas, S. Kanngießer, H. Schnelle und D. Wunderlich.

Sprachpragmatik und Philosophie

Herausgegeben von Karl-Otto Apel

Suhrkamp

suhrkamp taschenbuch wissenschaft 375
Erste Auflage 1982

Druck: Georg Wagner, Nördlingen
Printed in Germany
Umschlag nach Entwürfen von
Willy Fleckhaus und Rolf Staudt

Inhalt

Vorwort des Herausgebers

Schon vor Jahrzehnten haben Ch. W. Morris und R. Carnap die Ergänzung der »Syntaktik« und »Semantik« der Sprache durch eine Sprach-»Pragmatik« postuliert, in der mit dem Kontext des Sprach-Gebrauchs bzw. der Zeichen-Interpretation zugleich das Subjekt dieser Interpretation thematisiert werden sollte. Morris dachte dabei sogar an eine universalsemiotische Integration aller drei Disziplinen in der Nachfolge der von Ch. S. Peirce begründeten *pragmatistischen Semiotik*. Die Durchführung des Programms dachte sich Morris freilich, wie später auch Carnap, im Sinne eines triadischen Parallelismus von »formaler« und »empirischer« *Syntaktik*, *Semantik* und *Pragmatik*. In der Folgezeit haben sowohl Philosophen und Wissenschaftstheoretiker wie andererseits Linguisten, Semiotiker und Sozialwissenschaftler Konzeptionen einer Ergänzung oder sogar Integration der Syntaktik und Semantik im Sinne einer Sprachpragmatik entwickelt. Vielfach wurde dabei die Terminologie von Morris und Carnap ignoriert, so etwa in der Sprachspiel-Konzeption des späten Wittgenstein und in der Sprechakttheorie von Austin, Grice und Searle; gleichwohl handelt es sich hier offensichtlich um Konzeptionen im Sinne einer *Sprachpragmatik*. In den letzten Jahren haben auch die Linguisten, sei es in Ergänzung oder Erweiterung des Programms der generativen Syntax und Semantik, sei es in mehr sozialwissenschaftlich orientierten Konzeptionen der *Sozio-*, *Psycho-*, *Text-* und *Pragma-Linguistik*, das Gegenstandsgebiet der Sprachpragmatik zu erschließen begonnen.

Angesichts dieser Forschungssituation war es naheliegend, die Grundlagenproblematik der unter dem Titel einer *Sprachpragmatik* subsumierbaren Themen erneut zum Gegenstand einer Diskussion zwischen Vertretern der beteiligten Disziplinen zu machen. Darüberhinaus bestand für den Herausgeber

des vorliegenden Diskussions-Bandes ein besonderer Anlaß, eine Diskussion für notwendig zu halten. Durch J. Habermas und durch ihn selbst waren Konzeptionen einer *Universal-* bzw. *Transzendentalpragmatik* vorgetragen worden, die sich von den philosophischen und wissenschaftstheoretischen Grundkonzeptionen Carnaps und seiner Schüler zum Teil erheblich unterscheiden. Durch Y. Bar-Hillel und H. Schnelle wurden diese Konzeptionen entsprechend scharf kritisiert.[1] Bei anderen Autoren, wie z. B. D. Wunderlich, der in mehreren Arbeiten das Programm einer »linguistischen Pragmatik« vertreten hat, war die Frage nach ihrem Verhältnis zu den kontroversen Positionen umstritten. Von dieser Lage ausgehend und eingedenk des Umstandes, daß Kontroversen allemal lehrreich sind und daher ausgetragen werden sollten, trat der Herausgeber zunächst an die fünf genannten Autoren heran, um sie zu einer Diskussion über das Thema »Sprachpragmatik und Philosophie« einzuladen.
Leider wurde jedoch die Realisierung dieser ursprünglichen Konzeption des Bandes durch eine ernsthafte Erkrankung Y. Bar-Hillels verhindert. Um auf alle Fälle auch das Gewicht der – wie man vielleicht sagen möchte – nichtspekulativen Argumente zur Geltung zu bringen, hat der Herausgeber in dieser Situation noch den Linguisten S. Kanngießer zur Mitarbeit eingeladen. Im Laufe der durch widrige Umstände mehrfach verzögerten Erarbeitung der Beiträge hat sich insgesamt eine fruchtbare Konzentration auf das Thema der *pragmatischen Universalien* qua *Normen* ergeben.
Das Ungleichgewicht hinsichtlich des Umfangs der Beiträge scheint dem Herausgeber einigermaßen akzeptierbar angesichts des Umstandes, daß die ursprünglich ins Auge gefaßte Situation einer Kontroverse durch die vorliegenden Beiträge nicht eigentlich bestätigt wurde. Eher hat sich das Bild eines

1 Vgl. hierzu Y. Bar-Hillel: »On Habermas' Hermeneutic Philosophy of Language«, in: *Synthese* 23 (1973), und H. Schnelle: »Die transzendentale Frage«, in ders.: *Sprachphilosophie und Linguistik*, Reinbek bei Hamburg 1973, S. 17–77.

kontinuierlichen Spielraums möglicher Pragmatik-Konzeptionen zwischen den Polen einer wertfrei-empirischen und einer normativ-transzendentalen Pragmatik ergeben. Gleichwohl möchte der Herausgeber schon an dieser Stelle eine Fortsetzung der Diskussion zur Beseitigung des in diesem Band bestehenden Mißverhältnisses anregen.
Für die Anordnung der Beiträge wurde in Ermangelung eindeutiger inhaltlicher Kriterien die alphabetische Reihenfolge gewählt. Rein zufällig scheint sich auf diese Weise ein kontinuierlicher Übergang vom sogenannten spekulativen zum empirischen Pol ergeben zu haben.

Frankfurt a. M.
im Juli 1975 Karl-Otto Apel

Karl-Otto Apel
Sprechakttheorie und transzendentale Sprachpragmatik zur Frage ethischer Normen

Inhaltsgliederung

0. Einleitung: Die gegenwärtige Problemsituation der Transzendentalphilosophie und die Konzeption einer transzendentalen Sprachpragmatik

0.1 Helmut Schnelle hat in seinem Buch *Sprachphilosophie und Linguistik* auch die »transzendentale Frage« aufgeworfen.[1] Damit ist in diesem Zusammenhang natürlich nicht mehr lediglich die Frage nach den Bedingungen der Möglichkeit objektiv gültiger Naturerkenntnis gemeint, sondern primär die Frage nach den Bedingungen der Möglichkeit objektiv gültiger Linguistik. Man wird nun im 20. Jahrhundert, in dem Sprachkritik oder Sprachanalyse im weitesten Sinn den methodischen Rang einer »prima philosophia« einnimmt, nicht mehr mit dem historischen Kant der *Kritik der reinen Vernunft* (oder sogar: mit der Bewußtseinsphilosophie und Erkenntniskritik der Neuzeit von Descartes bis E. Husserl) davon ausgehen können, daß die transzendentale Reflexion auf die Erkenntnisbedingungen – sei es auf die Bedingungen der Naturerkenntnis, sei es auf die Bedingungen der Spracherkenntnis – gleichsam hinter die Sprache zurückgehen könnte. Genauer gesagt: man wird davon ausgehen müssen, daß die transzendentale Frage in zweifacher Weise auf die Sprache zurückführt: erstens, indem sie die *sprachlich-kommunikativen* Bedingungen der Möglichkeit intersubjektiv gültiger empirischer Erkenntnis berücksichtigen muß, und zweitens insofern, als die erkenntniskritische Reflexion selbst Sprache als ihr intersubjektives Medium voraussetzt. H. Schnelle hebt insbesondere auf den zweiten Punkt ab und bemerkt dazu: »Wir können nämlich diese (sc. die transzendentale) Frage ebensowenig wie irgendeine andere stellen oder beantworten, ohne zu reden, anscheinend also: ohne das, was wir erst klären wollen, beim Klären bereits zu verwenden.«[2]

Angesichts der Formulierung Schnelles – der ich zunächst einmal völlig zustimmen möchte – fühlt man sich an die Hegelsche Metakritik der Kantschen Erkenntniskritik erinnert: Man kann nicht schwimmen lernen, ohne ins Wasser zu gehen, d. h. man kann nicht Erkenntniskritik betreiben, ohne selbst zu erkennen, genauer (im Sinne Hegels): man kann die Erkenntnis nicht im Ernst wie ein innerweltlich vorkommendes Ding – etwa wie ein »Instrument« oder »Medium« – von außen hinsichtlich ihrer Eigenschaften untersuchen, bevor man sich ihrer »bedient«, noch genauer (im Sinne der Konsequenzen Hegels): man muß bei der kritischen Reflexion auf die Erkenntnis den eigenen Erkenntnisanspruch mitreflektieren und darf daher die Möglichkeiten der Erkenntnis nicht derart einschränken, daß dadurch ein Widerspruch zum unaufgebbaren eigenen Erkenntnisanspruch entsteht.[3] Betrachten wir das Verhältnis zwischen der Hegelschen Metakritik Kants und dem zitierten Hinweis H. Schnelles etwas genauer – in der heuristischen Erwartung, daß sich aus dem Vergleich möglicherweise Aufschlüsse über die Situation der Transzendentalphilosophie in der Gegenwart gewinnen lassen.

Die metakritische Analogie zwischen Hegels und Schnelles Argument liegt offenbar darin, daß der Transzendentalphilosoph als Erkenntniskritiker das, was er thematisiert und hinsichtlich seiner Möglichkeit erst begründen oder rechtfertigen will, auch schon selbst voraussetzt. Bei Schnelle könnte nun mancher Leser vielleicht den Eindruck erhalten, diese Situation der transzendentalen Erkenntniskritik sei erst dadurch konstitutiert, daß in der Gegenwart die Sprache als Bedingung der Möglichkeit sowohl gültiger Erkenntnis als auch gültiger Erkenntniskritik zu berücksichtigen ist. Es dürfte demgegenüber nützlich sein, zunächst einmal klarzustellen, daß die *formale Pointe* der von Schnelle hervorgehobenen Schwierigkeit sich auch ohne Berücksichtigung der Sprache, allein schon mit Bezug auf das Voraussetzungsverhältnis von Erkenntnis und transzendentaler Erkenntniskritik, konstruieren läßt. Es stellt sich dann freilich erst recht das Problem, wie sich die schon von Hegel hervorgehobene Grundschwierigkeit der transzendentalen Erkenntniskritik (bzw. Erkenntnisrechtfertigung) darstellt, wenn man voraussetzt, daß die von der Linguistik empirisch thematisierte Sprache (einschließlich der sprachlichen Kommunikation!) auch zu den transzendentalen Bedingungen der Möglichkeit intersubjektiv gültiger Erkenntnis zählt und als solche in dreifacher Hinsicht von einer kritischen Transzendentalphilosophie zu thematisieren ist: als Bedingung der Möglichkeit der Naturwissenschaft, der Sprachwissenschaft (welche die Sprache bereits empirisch-theoretisch thematisiert) und der Transzendentalphilosophie selbst.

Für Schnelle ergibt sich aus dieser Situation insofern eine fundamentale Schwierigkeit für die Transzendentalphilosophie, als diese bei ihrem Geschäft die sprachtheoretischen Erkenntnisse der Linguistik voraussetzen müsse und daher nicht in der Lage sei, »a priori, also unabhängig von spezieller, verfügbarer Erfahrung«[4], d. h. »noch vor der Entwicklung einer bestimmten Philosophie oder Wissenschaft«[5] die (sprachlichen) Bedingungen der Möglichkeit der Erkenntnis (womöglich auch der sprachwissenschaftlichen Erkenntnis) anzugeben. Anhand einer Kritik erstens der »Ordinary Language«-Philosophie, zweitens der von mir versuchsweise entwickelten

»Transzendentalpragmatik« qua »Philosophie des transzendentalen Sprachspiels der unbegrenzten Kommunikationsgemeinschaft« und drittens der von K. Lorenz vertretenen »Philosophie des transzendentalen Sprachlehrens und -Lernens« glaubt Schnelle zeigen zu können, daß in diesem Sinne der »Versuch einer transzendentalen Grundlegung jeder Wissenschaft, auch der Sprachwissenschaft, offenbar aufgegeben werden« muß[6]: »Die transzendentale Frage ist anscheinend im radikalen Sinn unlösbar, denn indem man ... (wie Schnelle als unerläßlich unterstellt) selbst sprachwissenschaftliche Analyse zur Klärung der Grundlagen der Philosophie betreibt, klärt man diese Grundlagen eben nicht vor der Entwicklung einer Wissenschaft.«[7] Diese Kennzeichnung der Position Schnelles ist freilich, wenn ich recht verstehe, dahin zu ergänzen, daß Schnelle die von Habermas und mir entwickelten Konzeptionen zur Sprachpragmatik auch unter dem Gesichtspunkt interpretiert, daß sie den von ihm geforderten Kontakt zur theoretischen Sprachwissenschaft durchaus aufnehmen, ja sogar »eine vermeintliche linguistische Grundlage« für die Transzendentalphilosophie glauben vorweisen zu können, was nach Schnelle freilich auf Mißverständnissen beruht und daher auf eine Illusion hinausläuft.[8]

Vergleicht man die von H. Schnelle hervorgehobenen Schwierigkeiten einer Transzendentalphilosophie der Sprache mit der von Hegel hervorgehobenen Schwierigkeit der Transzendentalphilosophie Kants, so fällt auf, daß trotz der bestehenden Analogie der kritischen Argumente die Konsequenzen der Kritik sich in sehr verschiedener Richtung bewegen. In idealtypischer Stilisierung könnte man den Unterschied der Konsequenzen etwa folgendermaßen charakterisieren:

Für Hegel lief zuletzt alles darauf hinaus, daß der Philosoph seine eigene kritisch-reflexive Erkenntnis als Paradigma aller inhaltlich-substanziellen Erkenntnis unterstellen und ihr die Wahrheit der Wesen-Erkenntnis zutrauen müsse. Bezogen auf das Kantsche Programm folgte daraus zweierlei:

1. die Rückgängigmachung der Kantschen Begrenzung aller

inhaltlichen Erkenntnis auf bloße »Erscheinungen« der »Dinge an sich« zugunsten der Voraussetzung, daß die menschliche Erkenntnis prinzipiell in der Lage und dazu bestimmt sei, das »An-sich-sein« in ein »Für-uns-sein« (und damit letztlich, sofern man den geschichtlichen Erkenntnisprozeß als »wirklich« zu verstehen hat, in ein »An-und-für-sich-sein«) zu verwandeln; und

2. die zumindest suggerierte Aufhebung des von Kant vorausgesetzten wesentlichen Unterschieds zwischen inhaltlicher (anschaulich schematisierbarer) Erkenntnis der empirischen Wissenschaften und reflexiver Erkenntnis der Erkenntniskritik qua Transzendentalphilosophie. Die Konsequenz dieser zweiten Wendung besteht letztlich in der Aufhebung des auf die empirischen Wissenschaften bezogenen Programms einer erkenntniskritischen Transzendentalphilosophie zugunsten einer Rehabilitierung der Idee philosophischer »Wissenschaft« als substantiell-inhaltlicher Erkenntnis.

Interessanterweise läßt sich auch Schnelles Argumentation – in idealtypischer Stilisierung ihrer Tendenz – dahin verstehen, daß er aus dem Umstand, daß Transzendentalphilosophie der Sprache und der Sprachwissenschaft selbst schon Sprache und wissenschaftliche Erkenntnis der Sprache voraussetzt, Konsequenzen im Sinne einer Aufhebung des Wesensunterschiedes zwischen reflexiver Erkenntniskritik qua Transzendalphilosophie und inhaltlich-wissenschaftlicher Erkenntnis im Sinne der Linguistik ziehen möchte. Insofern bestätigt sich die *Analogie* der Hegelschen und der Schnelleschen Metakritik des Kantschen Programms. Die tendenzielle Aufhebung erfolgt jedoch bei Schnelle nicht in der Richtung einer Wiedereinsetzung der Philosophie in die Funktion inhaltlicher Erkenntnis, sondern eher in der Richtung einer Abhängigmachung der Philosophie von der inhaltlichen Erkenntnis der Sprachwissenschaft qua empirischer Sprachtheorie.

(Damit steht offenbar im Einklang, daß Schnelle an die Stelle einer einheitlich vorgreifenden Transzendentalphilosophie »der« sprachlichen Bedingungen der Möglichkeit der Erkenntnis eine im Sinne Carnaps pluralistisch konstruktive, und d. h. in bezug auf die Wissenschaften rekonstruktive, »Metatheorie« möglicher Sprachsysteme zu setzen wünscht.[9] Zu beachten wäre hier freilich, daß Schnelle in der Auseinandersetzung mit J. J. Katz, der tatsächlich die gesamte Philosophie einschließlich der Logik auf eine explanative Sprachtheorie im Sinne N. Chomskys gründen möchte, doch wieder das Eigenrecht einer konstruktiven Philosophie vertritt[10] – ich möchte sagen: einer Philosophie, die als Konstruktion von »semantical frameworks« möglicher Weltbeschreibung gewissermaßen die »kopernikanische Wendung« Kants im Sinne des Carnapschen »Toleranzprinzips« *pluralistisch praktiziert*, statt sie im Sinne *eines* Systems der Bedingungen der Möglichkeit der (Beschreibung der) Erfahrung zu *postulieren.*)

Ich möchte nun die anhand des Vergleichs der Hegelschen und der Schnelleschen Argumentation gewonnene Übersicht und distanzierende Verfremdung der aktuellen Problemsituation der Transzendentalphilosophie dazu benutzen, auf den eigenen Ansatz (einer Transzendentalpragmatik der Sprache bzw. der Kommunikation[11]) zurückzukommen und ihm seinen Ort womöglich genauer, als dies bisher möglich war, zuzuweisen. Freilich kann und soll dies hier nur in sehr groben Umrissen geschehen und lediglich im Sinne einer Vorbereitung des anzuschließenden Versuchs einer sehr viel begrenzteren, aber dafür exemplarisch durchgeführten Explikation und Rechtfertigung der Sehweise einer transzendentalen Sprachpragmatik.

Indem ich zunächst auf die Position Hegels Bezug nehme, möchte ich feststellen, daß mir seine Forderung, der Philosoph müsse unter allen Umständen den eigenen Wahrheitsanspruch rechtfertigen können, absolut verbindlich erscheint. Praktisch bedeutet das in der Gegenwart, daß Transzendentalphilosophie als Transzendentalpragmatik der Sprache bzw. der Kommunikation mit einer über Kant hinaus radikalisierten Reflexion auf die *nichthintergehbaren Bedingungen der Möglichkeit der diskursiven Argumentation* zu beginnen hat.[12]

Alle Ansprüche entlarvender Kritik, wie sie schon in Kants Erkenntniskritik enthalten sind und wie sie seitdem durch Schopenhauer, Nietzsche, Dilthey, Marx und Freud und schließlich auch durch die Sprachkritik Wittgensteins erhoben und stets bis zum Punkt einer reduktionistisch-paradoxen Selbstaufhebung des eigenen philosophischen Wahrheitsanspruchs zugespitzt wurden, haben sich demgemäß selbst einzuschränken. Sie brauchen zu dem Zweck nur den paradoxen (freilich sehr effektvollen) Stil der *reduktionistischen* Welterklärung (bzw. der Erklärung, warum es keine Welterklärung geben kann) auf den dialektischen Stil der Rekonstruktion der (in der Natur des Verstandes, des Willens, der Geschichte, des gesellschaftlichen Seins, der individuellen Triebschicksale, der erlernten Sprachspiele liegenden) *Vermittlungs-Bedingungen* menschlicher Aktivitäten und somit auch der Erkenntnis und der Argumentation zurückzunehmen.

Ausgehend von dem unhintergehbaren Sinn- und Wahrheitsanspruch der kritischen Philosophie selbst bin ich auch geneigt, das Verhältnis von »Ding an sich« und »Erscheinung« eher im Sinne Hegels als im agnostizistischen Sinne Kants zu verstehen; freilich nicht im Sinne des von Hegel mit der *Reflexionserkenntnis* der Philosophie verknüpften *monologisch-absoluten* Anspruchs inhaltlicher Erkenntnis, sondern eher im Sinne des – freilich durch die transzendentale Reflexionsphilosophie selbst zu begründenden – Postulats der *Konsensbildung einer unbegrenzten Interpretations-Gemeinschaft der erkennenden Subjekte*, die im Prinzip der Unendlichkeit des Realen als des An-sich-»Erkennbaren« gewachsen sein müßte.[13] In dieser postulierten Interpretations-Gemeinschaft ist, wie mir scheint, das Paradigma des – immer noch erst zu realisierenden und gleichwohl im Diskurs der Argumentierenden immer schon vorauszusetzenden – »transzendentalen Subjekts« der Erkenntnis auf der Ebene einer transzendentalen Sprachpragmatik bereitgestellt.

Darin ist nun aber schon impliziert, daß ich Hegels Gleichsetzung der substanziell inhaltlichen Erkenntnis mit der Reflexionserkenntnis der Philosophie nicht akzeptieren kann, und damit auch nicht die praktische Aufhebung des auf dem Unterschied empirischer Erkenntnis und kritischer Geltungsreflexion beruhenden Programms erkenntniskritischer Transzendentalphilosophie. In bezug auf die nichtvoraussehbare Mannigfaltigkeit der Programme und Sprachspiele empirischer Erkenntnis kann die (kritische) Transzendentalphilosophie im Prinzip nicht, wie Hegel zumindest suggeriert, die Vollmacht definitiver »Aufhebung« des wesentlichen Inhalts in die zum Wissen des Wissens gelangende Reflexionserkenntnis beanspruchen, sondern allenfalls die Kompetenz einer, selbst noch durch die Erkenntnisarbeit der historischen Sozialwissenschaften zu vermittelnden, kritischen Rekonstruktion der jeweiligen (Erkenntnis-)Situation.

Die Ablehnung einer *Aufhebung des prinzipiellen Unterschieds zwischen inhaltlicher Erkenntnis empirischer Wissenschaft und Reflexionserkenntnis im Sinne der Transzendentalphilosophie* hat jedoch offenbar noch eine andere Seite; sie richtet sich, den bisher entwickelten Voraussetzungen zufolge, nicht nur gegen Hegels »Aufhebung« der unvorhersehbaren inhaltlichen Erkenntnis der empirischen Wissenschaften in die philosophische Reflexionserkenntnis, sondern auch gegen eine Gleichsetzung beider Erkenntnistypen in dem Sinne, daß man die kritische Geltungsreflexion der Philosophie im Sinne eines schlechten Zirkels der Voraussetzungen von den Resultaten der empirischen Wissenschaft abhängig machen müßte. Und in diesem Sinne möchte ich mich nun von H. Schnelles Unterstellung der Notwendigkeit einer »linguistischen Begründung« der transzendentalen Sprachpragmatik distanzieren.

Es gibt zwar m. E. keine Transzendentalphilosophie, die bei ihren Reflexionseinsichten nicht auch kontingente Tatsachen voraussetzen müßte, die heutzutage auch immer schon Gegenstand empirischer Wissenschaften sind. So stellt die zuweilen auch bei Transzendentalphilosophen beliebte Redeweise, das »ich denke« im Sinne der »transzendentalen Synthesis der Apperzeption« habe *nichts* mit der Existenz empirischer Iche und ihres Bewußtseins zu tun, eine irreführende Übertreibung dar. Wenn es die Menschen als empirische Träger des Ich-Bewußtseins und somit als mögliche Repräsentanten der »transzendentalen Einheit der Apperzeption« nicht faktisch gäbe, dann hätte nicht nur Kants Transzendentalphilosophie nicht *entstehen* können, sie hätte dann auch keinen *Sinn*. Diesen hat sie aber, indem sie mit Bezug auf die schon faktisch vorausgesetzten, selbstbewußten Erfahrungen der Menschen – und sogar mit speziellem rekonstruktiven Bezug auf den geschichtlich herausgebildeten Erfahrungstyp der klassischen Physik – das für alle möglichen Erfahrungen im Sinne der gegenständlichen Erkenntnis unabhängig von der empirischen Erforschung der individuellen Fälle gültige Postulat der *transzendentalen Einheit der Vorstellungen im Sinne der Einheit des Gegenstandsbewußtseins und zugleich des Selbstbewußtseins* (im Sinne des »ich denke«, das »alle Vorstellungen muß begleiten können«) aufstellt. Dies als klassisches Beispiel dafür, daß eine transzendentalphilosophische Reflexionseinsicht einerseits kontingente Tatsachen voraussetzen kann bzw. muß – nicht nur im Sinne des zufälligen »context of discovery« für das Gewinnen der transzendentalen Einsicht, sondern darüberhinaus auch im Sinne einer *notwendigen Bedingung ihres Sinns*! – und gleichwohl andererseits in dem spezifischen Sinn ihres apriorischen Geltungsanspruchs unabhängig von empirischer Erfahrung, d. h. nicht in dieser begründet, sein kann. Ein im Prinzip gleichartiges, wenngleich komplizierteres Verhältnis wechselseitiger Abhängigkeit und Unabhängigkeit besteht m. E. zwischen den Einsichten der Transzendentalphilosophie und solchen empirisch-wissenschaftlichen Ergebnissen, auf die sich die erstere bei der Ausarbeitung ihrer Systematik praktisch stützen muß – so schon im Falle Kants zwischen der »Architektonik« der *Kritik der reinen Vernunft* und der zeitgenössischen Psychologie der Seelenvermögen und im Falle einer transzendentalen Sprachpragmatik etwa zwischen dieser und einer auch empirisch gestützten Sprechakt-Theorie. Man wird hier m. E. von einer historischen Ab-

hängigkeit im Sinne der wechselseitigen Vermittlung der möglichen Ausarbeitung von Transzendentalphilosophie und empirischer Wissenschaft sprechen müssen, ohne doch von einer *Begründung* der ersteren durch die letztere sprechen zu dürfen.
Das Ansinnen, das manchmal an eine »radikale« Transzendentalphilosophie gestellt wird, sie sollte bzw. müßte eigentlich unabhängig von aller Erfahrung sein, und das heißt: sie müßte vor aller Erfahrung oder zumindest »noch vor der Entwicklung einer bestimmten Philosophie oder Wissenschaft«[14] deren Bedingungen der Möglichkeit »deduzieren«, halte ich in mehrfacher Hinsicht für unangemessen und irreführend. Zunächst einmal ist festzustellen, daß gewisse Tatsachen im Sinne vorwissenschaftlicher Welterfahrung von jeder Transzendentalphilosophie vorausgesetzt werden – ich würde sagen: vorausgesetzt im Sinne *paradigmatischer Evidenzen* des *transzendentalen Sprachspiels der Argumentation*, das im transzendentalpragmatischen Sinne eine für Philosophen und Wissenschaftler *nichthintergehbare Situation* bezeichnet. In diesem Sinne muß z. B. von der Reflexion auf die Bedingungen der Möglichkeit der Argumentation nicht nur die im Sinne Descartes' durch das »ich denke« verbürgte Existenz des denkenden Bewußtseins vorausgesetzt werden, sondern darüberhinaus die Existenz leibhafter Praxis, sprachlicher Kommunikation, einer realen Kommunikationsgemeinschaft und einer realen Welt außerhalb des Bewußtseins. Diese Voraussetzungen ergeben sich hinsichtlich ihrer Geltung nicht einfach als Common sense-Unterstellungen, sondern als streng nachweisbare sinnkritische Voraussetzungen jeder möglichen Argumentation, und in diesem Sinne des transzendentalen Sprachspiels der Argumentation. Denn die in jeder Argumentation vorausgesetzte dreistellige Zeichenrelation (im Sinne der Bezeichnung von etwas für einen Zeichen-Interpreten) verliert ihren Funktionssinn, wenn auch nur eine der angeführten paradigmatischen Evidenzen geleugnet wird.
So läßt sich z. B. nicht prinzipiell, sondern nur in bestimmten Fällen daran zweifeln, daß das Zeichen kein reales, sondern

etwa lediglich ein fiktives Referenz-Korrelat hat[15]; die Existenz einer realen Welt wird somit von der semiotischen Struktur jedes Sprachspiels, das der Argumentation soll dienen können, vorausgesetzt. Das Sprachspiel bricht zusammen (d. h. geht im Sinne des späten Wittgenstein in den Leerlauf über), wenn einer im Ernst im Sinne des kartesischen Traumarguments unterstellen wollte, nicht nur manches, sondern alles, was als real gilt – also die sog. reale Außenwelt insgesamt –, sei *bloß sein Traum*, d. h. *bloß im Bewußtsein.* Die Sprachspielfunktion der Redewendung »bloß mein Traum« bzw. »bloß im Bewußtsein« muß hier aussetzen, weil sie im Sinne einer *paradigmatischen Evidenz* des zugehörigen Sprachspiels voraussetzt, daß nicht *alles* »bloß mein Traum« bzw. »bloß im Bewußtsein« sein kann. Mit anderen Worten: die Existenz einer realen Außenwelt muß von jeder sinnvollen Vermutung hinsichtlich bloß geträumter oder halluzinierter Weltbestände vorausgesetzt werden.

Im Sinne der skizzierten »paradigmatischen Evidenzen« des transzendentalen Sprachspiels der Argumentation gibt es also kontingente Tatsachen, die nicht nur von der Transzendentalpragmatik *vorausgesetzt* werden, sondern von ihr sogar als notwendige Voraussetzungen ihrer selbst und jeder empirischen Wissenschaft transzendentalphilosophisch thematisiert werden müssen; d. h. *diese* Tatsachen sind keine möglichen Entdeckungen empirischer Wissenschaft, sondern werden von jeder empirischen Entdeckung schon vorausgesetzt. Davon zu unterscheiden sind nun m. E. die Tatsachen, die von empirischen Wissenschaften entdeckt werden können, und diese Wissenschaften selbst als geschichtliche Tatsachen. In beiden Fällen handelt es sich um Tatsachen, die von einer *Transzendentalphilosophie* nicht a priori antizipiert werden können, wenngleich im zweiten Fall z. B. die moderne *logisch-semantische Sprachkonstruktion* durch ihre Modellentwürfe möglicher Weltbeschreibungssysteme wohl eine *explorative* Funktion hinsichtlich der *möglichen Bedingungen der Möglichkeit* wissenschaftlicher Erkenntnis übernimmt (im Sinne der im vorigen bereits erwähnten Praktizierung der »kopernikanischen Wendung« Kants etwa durch Carnap).

In bezug auf die nicht antizipierbaren geschichtlichen Tatsachen, welche die empirischen Wissenschaften selbst darstellen, besteht jedoch m. E. in mindestens *zweifacher* Hinsicht die Möglichkeit und Notwendigkeit einer philosophischen *Rekonstruktion* im Sinne der *Geltungs-Rechtfertigung.*

Im engeren Sinne der *logisch-semantischen Rekonstruktion* der wissenschaftlichen Theorien besteht diese Möglichkeit genau insofern, als die *Konstruktion* künstlicher Wissenschaftssprachen im Sinne Carnaps nicht nur eine *explorative*, sondern auch eine *explikative* Funktion mit Bezug auf die bestehenden Wissenschaftssprachen hat. Mit dieser *logisch-semantischen Rekonstruktion* werden nun aber die bestehenden Wissenschaftssysteme noch nicht *als Produkte des Menschen im Zusammenhang seiner Erkenntnisleistungen* verstanden oder gar auf allgemeine *subjektiv-intersubjektive Bedingungen der Möglichkeit der Erkenntnis bzw. der sprachlichen Vermittlung intersubjektiv gültiger Erkenntnis* zurückgeführt. Mit anderen Worten: Die logisch-semantische Rekonstruktion von Theorien kann noch nicht als Entsprechung zur transzendentalen Erkenntniskritik Kants auf der Ebene der Sprachphilosophie angesprochen werden, sondern allenfalls – sofern sie semantische Bedingungen a priori möglicher Weltbeschreibungssysteme konstruktiv expliziert – als pluralistisch-relativistische *Semi-Transzendentalphilosophie.* Da sie als *semantische* Rekonstruktion grundsätzlich von der *pragmatischen* Dimension der Zeichen- bzw. Sprach-Interpretation durch Erkenntnis- bzw. Argumentationssubjekte abstrahiert, entzieht sich ihr nicht nur die Problematik der *transzendentalen Einheit des Gegenstandsbewußtseins* und des *Selbstbewußtseins*, sondern vor allem jede Möglichkeit, eine Entsprechung zu dieser Problematik im Sinne der *subjektiv-intersubjektiven Bedingungen der Möglichkeit der Konstruktion und Interpretation von Sprachsystemen als Medien der intersubjektiv gültigen Welt-Interpretation* zu entdecken und auszuarbeiten.

Eben diese *Rekonstruktions*-Problematik im weiteren Sinn, die gewissermaßen im Rücken der semantischen Rekonstruktions-Methode liegt – so z. B. die Frage nach den, selbst noch kommunikativen, subjektiv-intersubjektiven Bedingungen der Möglichkeit der sog. »Konventionen«, die der konstruktiv-rekonstruktiven Semantik zugrundeliegen –, bildet nun m. E. das Thema einer *transzendentalpragmatischen Wissenschaftstheorie*. Diese ergänzt sozusagen die *rekonstruktive Semantik* der Sache und auch dem Anspruch nach, indem sie auf der Ebene des sprachphilosophischen Paradigmas der Philosophie unseres Jahrhunderts die Problematik einer *transzendentalen Reflexion und Rekonstruktion* im ganzen erneuert. Indem sie nicht nur auf die logisch-semantischen, sondern darüberhinaus auf die subjektiv-intersubjektiven Bedingungen der Möglichkeit der intersubjektiven Gültigkeit sprachvermittelter Erkenntnis reflektiert, versucht sie, die rekonstruierbaren semantischen Systeme gewissermaßen in den *normativ-pragmatischen Zusammenhang* der Bedingungen der *intersubjektiven Sinn-Verständigung* und der *Konsens-Bildung über Wahrheits-Geltung* zu integrieren; d. h. sie versucht – durchaus unter Berücksichtigung der nicht antizipierbaren Vielfalt der Ergebnisse möglicher Theorien und ihrer semantischen Rekonstruktion –, über die pluralistisch-relativistische Nachkonstruktion von sprachlichen Erkenntnisbedingungen hinaus zu den im Sinne Kants *einheitlichen* Bedingungen der Möglichkeit sprachvermittelter Erkenntnis vor- oder genauer: zurückzudringen.

Der entscheidende Gesichtspunkt bei diesem Versuch besteht nun m. E. darin, eine a priori notwendige Beziehung zwischen dem »höchsten Punkt« der Kantschen Erkenntnistheorie, dem schon erwähnten Postulat einer »transzendentalen Synthesis der Apperzeption«, und der von Kant nicht berücksichtigten Sprach- und Kommunikations-Vermittlung intersubjektiv gültiger Erkenntnis aufzufinden. Die Auflösung dieses Problems scheint mir Ch. S. Peirce in seiner semiotischen Transformation der »transzendentalen Logik« Kants bereits angedeutet zu haben[16]: Diejenige Synthesis der Erfahrungsdaten, die nicht lediglich im Sinne der Erkenntnis-Evidenz für jedes »Bewußtsein überhaupt« die Einheit des Gegenstandsbewußtseins und des Selbstbewußtseins, sondern darüberhinaus die Einheit im Sinne intersubjektiver Gültigkeit sprachlich formulierter Erkenntnis sicherstellt, muß in der *Synthesis der Zeichen-Interpretation* liegen, und zwar sowohl hinsichtlich der *Sinn-Geltung* wie hinsichtlich der *Wahrheits-Geltung* sprachlich formulierter Erkenntnis-Urteile. Das besagt aber, daß als »transzendentales Subjekt« dieser geforderten Einheit nicht mehr das Subjekt der Erkenntnisformen im Sinne Kants, das gewissermaßen präkommunikativ in jedem »Bewußtsein überhaupt« schon identisch ist, in Betracht kommt, sondern eine immer schon zu unterstellende und immer noch im Verständigungsprozeß zu realisierende »Gemeinschaft«, die im Sinne des universalen Intersubjektivitätsanspruchs aller wissenschaftlichen Erkenntnis (und insbesondere auch im Sinne des Fallibilismus- und Meliorismus-Prinzips empirischer Erkenntnis) *unbegrenzt* sein muß. Nach Peirce ist damit die definitive *Konstitution* der intersubjektiv gültigen Erkenntnis als mögliches Resultat der »in the long run« gültigen synthetischen Schluß- und Interpretationsprozesse von der Befolgung *regulativer Prinzipien* und sogar *moralischer Postulate* der praktischen Vernunft im Sinne Kants abhängig geworden. Darin liegt m. E. – allerdings nur bei geeigneter Erweiterung der bei Peirce vielfach szientistisch eingeschränkten Konzeption möglicher Interessen und Zwecke der Kommunikationsgemeinschaft – ein Hinweis auf die transzendentalpragmatische Einheit der von Kant unterschiedenen theoretischen und praktischen Vernunft.

0.2. In wissenschaftstheoretischer Hinsicht entstehen für eine transzendentale Sprachpragmatik im Vergleich zur Transzendentalphilosophie Kants eine Reihe von Komplikationen, die hier nur angedeutet werden können. Sie ergeben sich, grob gesagt, aus zwei nicht zu verwechselnden Umständen: einerseits daraus, daß für jede Art von Erkenntnis außer den von Kant reflexiv eruierten *prälingualen* und *präkommunikativen* Bedingungen der Möglichkeit objektiver Geltung für ein Bewußtsein überhaupt auch noch die *sprachlichen* und *kommunikativen* Bedingungen der Möglichkeit der *interpretationsvermittelten* Gegenstandskonstitution und der *öffentlichen Behauptung und Rechtfertigung der intersubjektiven Sinn- und Wahrheits-Geltung* der Erkenntnis-Urteile zum Thema transzendentaler Reflexion gemacht werden müssen; andererseits daraus, daß Sprache und Kommunikation, die in transzendental-reflexiver Einstellung als Bedingungen der Möglichkeit intersubjektiv gültiger Erkenntnis fungieren, auch selbst mögliche Gegenstände erfahrungswissenschaftlicher Erkenntnis sind, deren Konstitutions- und Geltungsbedingungen ihrerseits wiederum ein Thema transzendentaler Sprachpragmatik bilden. Unter dem ersten Gesichtspunkt ergibt sich eine sprachpragmatische Erweiterung und Transformation der Transzendentalphilosophie hinsichtlich der zu berücksichtigenden subjektiv-intersubjektiven Bedingungen der Möglichkeit einer intersubjektiv gültigen Gegenstandserkenntnis; unter dem zweiten Gesichtspunkt ergibt sich eine inhaltliche Erweiterung und Differenzierung der wissenschaftstheoretischen Problematik der Transzendentalphilosophie im Sinne der Frage nach den Bedingungen der Möglichkeit der Sozialwissenschaften – und in diesem Zusammenhang auch der Sprachwissenschaft.

Eine besondere Komplikation ergibt sich daraus, daß im Zusammenhang der Frage nach den *Bedingungen der Möglichkeit der sozialwissenschaftlichen Erkenntnis* – insbesondere hinsichtlich der sprach- und kommunikationswissenschaftlichen Erkenntnis – *beide* Gesichtspunkte der Erweiterung und Transformation der Transzendentalphilosophie ins Spiel kommen: es geht hier ja um die sprachlichen und kommunikativen Bedingungen der Gegenstandkonstitution und der intersubjektiven Sinn- und Wahrheits-Geltung *im Falle der Erkenntnis von Sprache bzw. Kommunikation.* Schließlich ergibt sich im

Zusammenhang des ersten Gesichtspunktes der sprachpragmatischen Transformation auch noch das *Problem der reflexiven Selbstrechtfertigung der transzendentalen Reflexionserkenntnis hinsichtlich ihrer Konstitution und intersubjektiven Geltung*. Das zuletzt genannte Problem darf m. E. in der Aufzählung der Implikationen einer transzendentalen Sprachpragmatik gerade deshalb nicht fehlen, weil es unter den paradigmatischen Voraussetzungen der Gegenwartsdiskussion das unpopulärste und am schwersten verständliche sein dürfte: die implizit von Hegel an Kant gestellte Frage nach den Geltungsgründen der transzendentalphilosophischen Erkenntnis selbst muß m. E. in einer transzendentalen Sprachpragmatik im Sinne der transzendentalen Selbstreflexion sprachlich vermittelter Erkenntnis gestellt werden; gerade darin liegt der Unterschied und das reflexive Ergänzungsverhältnis der transzendentalen Sprachpragmatik zur konstruktiven Semantik im Sinne Carnaps, der die kopernikanische Wendung Kants lediglich *praktiziert* und die darin liegende *nonkognitivistische* Selbstauffassung der Philosophie allenfalls durch die Konzeption einer prinzipiell endlosen Hierarchie von Metasprachen bzw. Metatheorien zu ergänzen erlaubt. – Betrachten wir die soeben angedeuteten wissenschaftstheoretischen Komplikationen einer transzendentalen Sprachpragmatik etwas genauer.

Die folgenden Bemerkungen beziehen sich zunächst auf das Problem einer transzendental-reflexiven Berücksichtigung der *sprachlich-kommunikativen* als der *subjektiv-intersubjektiven* Bedingungen der Möglichkeit aller denkbaren Arten *intersubjektiv gültiger* Erkenntnis. Hier ergibt sich eine Komplikation im Vergleich zum Kantschen Ansatz schon insofern, als Kant in der Frage nach den Bedingungen der Möglichkeit der *objektiv-gültigen* Erfahrung die Frage nach den notwendigen formalen Bedingungen der *Gegenstandskonstitution* und diejenige nach den notwendigen formalen Bedingungen der *intersubjektiven Sinn-* und *Wahrheitsgeltung* der Erkenntnis vereinigt. Kants Frage zielt auf die prälingualen und präkommunikativen Anschauungs- und Verstandesbedingungen einer als solche für jedes Bewußtsein überhaupt *notwendigerweise gültigen Gegenstandskonstitution*; sie zielt nicht auf die sprachlich-kommunikativen Bedingungen der *intersubjektiven Gültigkeit sprachlich fixierter Urteile* und noch weniger auf die sprachlichen Bedingungen der Möglichkeit der schon *interpretativen Gegenstandskonstitution.* Daß zumal die letztere Frage von Kant übersprungen sein möchte, bildete das – freilich unklare – Motiv der Hamannschen und Herderschen »Metakritik« am »Purismus« der Kantschen Vernunftkritik und der Humboldtschen Konzeption der sprachbedingten »Weltansichten«. Indem eine transzendentale Sprachpragmatik die beiden von Kant nicht gestellten Fragen aufwirft, muß sie, im Unterschied zu Kant, zunächst einmal die Frage nach den Bedingungen der interpretativen Gegenstands-Konstitution von der Frage nach den Bedingungen der Behauptung und Rechtfertigung der intersubjektiven Geltung von Erkenntnis-Urteilen unterscheiden. Das besagt freilich nicht, daß sie diese beiden Fragen im Sinne der modernen Unterscheidung von »context of discovery« und »context of justification« voneinander trennen dürfte; denn es handelt sich bei der Frage nach der sprachbedingten interpretativen Gegenstandskonstitution nicht um eine *empirisch-genetische* Frage, sondern um eine solche nach möglichen *Interpretations-Rahmen*, und die Möglichkeit der Behauptung und Rechtfertigung der intersubjektiven *Sinn-* und *Wahrheitsgeltung* von Erkenntnis-Urteilen kann nicht ohne Bezugnahme auf den Interpretations-Rahmen der Gegenstandskonstitution expliziert werden.

Einen Hinweis auf das transzendentalpragmatische Interdependenzverhältnis der sprachlichen Bedingungen der interpretativen Gegenstandskonstitution und der Behauptung und Rechtfertigung von Sinn- und Wahrheitsgeltungsansprüchen hat Wittgenstein durch seine Konzeption der »Verwobenheit« von Sprachspielen mit möglichen Erfahrungsevidenzen gegeben; insbesondere durch seine Erklärung apriorischer Gel-

tung von Urteilen durch die Unterstellung von Erfahrungs-»Mustern«, die im Sprachspiel die Funktion von »Paradigmen« der Sinn- und Wahrheits-Geltung übernehmen müssen, wenn kommunikative Verständigung möglich sein soll. (Als Beispiel erwähnt Wittgenstein unter anderem das »Urmeter« in Paris als Paradigma des Sinns und der Wahrheit von Längenmessungen[17]; ferner das Bild eines schwarzen und eines weißen Fleckes als Paradigma der Sinn- und Wahrheitsgeltung von Urteilen über das, was »schwarz« und »weiß«, und das, was »heller« und »dunkler« ist.[18])
Freilich geht es Wittgenstein primär darum zu zeigen, daß und wie das Erlernen einer hinsichtlich der Sinn- und Wahrheitsgeltung *unproblematischen Verständigung* in den Sprachspielen des Alltags dadurch ermöglicht wird, daß der Sprachgebrauch nicht nur mit den paradigmatischen Erfahrungsevidenzen, sondern darüberhinaus auch mit »Tätigkeiten« der außersprachlichen Lebenspraxis (z. B. der Arbeit der Bauhandwerker) und mit leibhaftem Ausdruck (z. B. dem des Schmerzbenehmens) »verwoben« ist. Die Rückbesinnung auf die Regeln dieser mit »Lebensformen« verwobenen und daher unproblematisch funktionierenden »Sprachspiele« soll die Selbstkritik der des Handlungskontextes entbehrenden und daher vom Sinn-Leerlauf bedrohten Sprachspiele der Philosophie ermöglichen. Ungestellt und unbeantwortet bleibt bei Wittgenstein die Frage, wie – d. h. aus welchem Ungenügen und aus welchen metakommunikativen Reflexionsvoraussetzungen heraus – es denn überhaupt zur Transzendierung der unproblematisch funktionierenden, weil mit »Lebensformen verwobenen« Sprachspiele kommen kann (bzw. in den diskursiven Sprachspielen der Philosophie und der Wissenschaften gekommen ist). Da diese Frage nicht gestellt wird, so stellt sich für Wittgenstein auch nicht die Frage, aufgrund welcher Voraussetzungen es denn überhaupt möglich ist, Sprachspiele, die aufgrund einer je spezifischen paradigmatischen Verwobenheit mit Erfahrungsevidenzen und Verhaltensgewohnheiten (»Gepflogenheiten«) intersubjektive Ver-

ständigung ermöglichen, *von außen* (z. B. als *fremde Lebensformen*) und *dennoch verstehend* zu beschreiben und mit dem Sinn-Leerlauf der philosophischen Sprachspiele *kritisch* zu konfrontieren. So bleibt angesichts der Sprachspielkonzeption des späten Wittgenstein und angesichts ihrer erfolgreichen (!) Verwendung zur Selbstkritik der Philosophie der Eindruck einer *Reflexionsaporie* bzw. *Reflexionsparadoxie* bestehen, der im *Tractatus* als Selbstaufhebung des Systems der Sprachkritik explizit gemacht worden war.[19] Daß die Philosophie *nur* eine »Tätigkeit« sei, die der theoretischen Grundlage entbehren kann bzw. davon nicht Rechenschaft abzulegen braucht und gleichwohl zwischen sinnvollem und unsinnigem (oder funktionslosem) Sprachgebrauch kritisch zu unterscheiden vermag, kann der späte Wittgenstein so wenig plausibel machen wie Carnap im Falle der Praktizierung der kopernikanischen Wendung Kants durch die gleichsam experimentelle Praxis der Konstruktion von »semantical frameworks«.
Einsichten der Phänomenologie (ebenso der Husserlschen wie mehr noch der Hegelschen *Phänomenologie des Geistes)* und der Philosophischen Anthropologie (z. B. H. Plessners Lehre von der »Exzentrischen Positionalität« des Menschen) legen es nahe, zwischen den Bedingungen der Möglichkeit der interpretativen Konstitution möglicher Gegenstände der Erfahrung und den Bedingungen der Möglichkeit der Behauptung, Bezweiflung und Rechtfertigung von Sinn- und Wahrheitsgeltung von Erkenntnis-Urteilen nicht nur ein Verhältnis notwendiger *Verwobenheit* oder *Interdependenz*, sondern auch von vornherein – so schon in den Sprachspielen des Alltags – ein *dialektisches Spannungsverhältnis* zu unterstellen. Der auf sprachlichen Interpretationsleistungen beruhenden Gegenstandskonstitution kommt von vornherein nicht jener Charakter der Eindeutigkeit und fraglosen sinnlich-semantischen Gewißheit zu, den man etwa den Auslöser-Schemata der tierischen Umwelten im Sinne von Uexkülls und der Ethologie zuschreiben kann. Gerade dieser Umstand aber macht es verständlich, daß sich beim Menschen ein Spannungsverhältnis

zwischen der notwendigerweise *präreflexiven Sinnkonstitution* möglicher Gegenstände der Erfahrung und der *Geltungsreflexion* mit Bezug auf die Sinn- und Wahrheitsansprüche von Aussagen über die Erfahrungswelt entwickelt hat, – ein Spannungsverhältnis, das schließlich über die von Wittgenstein heuristisch idealisierten *unproblematisch* funktionierenden Sprachspiele im Sinne der sich praktisch bewährenden Verwobenheit von Sprachgebrauch, Erfahrung und Lebenspraxis hinausgeführt hat in die in verschiedener Hinsicht problematischen Sprachspiele der Wissenschaften und der – wissenschaftskritischen und virtuell selbstreflexiven und selbstkritischen – Philosophie.

Angesichts der heute erreichten Situation im Verhältnis von vorwissenschaftlichen, wissenschaftlichen und philosophischen Sprachspielen könnte man zu der folgenden idealtypischen Unterscheidung gelangen:

1. Vorwissenschaftliche Sprachspiele im Sinne der alltäglichen Information über Erfahrungstatsachen setzen ein unproblematisches Verwobenheitsverhältnis zwischen *sprachbedingter Konstitution der Gegenstände möglicher Erfahrung* und der Behauptung und praktischen Einlösung von *Sinn- und Wahrheitsgeltungsansprüchen* von Aussagen voraus.

2. Wissenschaftliche Sprachspiele – zumindest solche der empirisch-analytischen Naturwissenschaften – setzen *nach* ihrer zumindest implizit philosophischen Selbstkonstitution ein unproblematisches Verwobenheitsverhältnis zwischen den *paradigmatischen* Voraussetzungen der *sprachbedingten Sinnkonstitution der Gegenstände möglicher Erfahrung* und den *paradigmatischen* Voraussetzungen der *impliziten Sinngeltungsansprüche von Fragen und Aussagen* voraus; hinsichtlich der *Wahrheitsansprüche von Aussagen* setzen sie jedoch eine Verwobenheit zwischen Gegenstandskonstitution und möglicher Geltungsrechtfertigung nur insofern voraus, als unter der Voraussetzung *apriorischer Wahrheitsgeltung* solcher Aussagen, die das gemeinsame *Paradigma* der Sinnkonstitution der Erfahrungsgegenstände und der möglichen Sinngeltung von

Aussagen zum Thema haben, die Wahrheitsgeltung empirischer Aussagen gerade methodisch problematisiert werden kann.

3. Philosophische Sprachspiele schließlich müssen im Interesse der wissenschaftstheoretischen Paradigmen-Kritik und der möglichen Selbstkritik auch noch die Verwobenheit zwischen präreflexiver, praxisbezogener *Weltsinnkonstitution* und dem *Sinngeltungsanspruch* von Aussagen spekulativ-kritisch problematisieren und sind eben dadurch der Gefahr ausgesetzt, nicht nur falsche, sondern sinnlose Aussagen (und zuvor schon Fragen!) hervorzubringen. Das einzige Gegengift gegen diese Gefahr aber liegt offenbar in der kritischen Radikalisierung jener reflexiven Transzendierung der Alltagssprachspiele, welche die Gefahr des Sinn-Leerlaufs heraufbeschworen hat; das heißt: die philosophische Selbstkritik qua Sprachspielkritik muß nicht nur auf den unproblematischen Sprachgebrauch der zuerst erlernten Alltagssprache sich zurückbesinnen, sondern zugleich damit auf *ihre* Kompetenz, diesen Sprachgebrauch und damit den Sprachgebrauch überhaupt zu rekonstruieren.

Mit der soeben angedeuteten Differenzierung des Verhältnisses der interpretativen Gegenstandskonstitution und der Sinn- und Wahrheitsgeltung von Aussagen ist m. E. so etwas wie eine sprachpragmatische Transformation jener Problematik angedeutet, die Kant in dem Postulat der »transzendentalen Synthesis der Apperzeption«, d. h. der Einheit des Gegenstandsbewußtseins und des Selbstbewußtseins als Voraussetzung einer transzendentalen Deduktion der prälingualen und präkommunikativen Bedingungen der Möglichkeit objektiv gültiger Erfahrung angezeigt hat. Die sprachpragmatische Differenzierung der von Kant postulierten Einheit des Gegenstandsbewußtseins und des Selbstbewußtseins liegt in der dialektischen Spannung zwischen der notwendigerweise *präreflexiven* praxisverwobenen Konstitution der Einheit der Gegenstandsinterpretation und der *reflexiven* Vermittlung der Einheit des Selbstbewußtseins durch die Behauptung, Bestreitung und Rechtfertigung der intersubjektiven Gültigkeit von Sinn- und Wahrheitsansprüchen sprachlich formulierter

Aussagen. Genau auf dieses Spannungsverhältnis bezieht sich, wie mir scheint, die von Habermas eingeführte idealtypische Unterscheidung zwischen dem Bereich der »kommunikativen Handlungen« und dem Bereich des handlungsentlasteten argumentativen »Diskurses«.[20] Ich fasse diese Unterscheidung so auf, daß sie einer weiteren Differenzierung der diskursiven Geltungsreflexion in dem von mir angedeuteten Sinne nicht im Wege steht. (Andererseits wurde die von Habermas unterstellte Differenzierung im Sinne des »theoretischen«, auf Wahrheitsgeltung bezogenen und des »praktischen«, auf normative »Richtigkeit« von Handlungen bezogenen Diskurses von mir im bisherigen noch nicht berücksichtigt.)

Deutlicher noch als mit Hilfe der Sprachspiel-Konzeption läßt sich die Aufgabe einer sprachpragmatischen Transformation der transzendentalen Fragestellung Kants mit Hilfe der Sprechakttheorie, wie sie von Austin und Searle entwickelt wurde, vor Augen stellen. Man kann hier wohl davon ausgehen, daß die *Doppelstruktur aller Sprechakte* im Sinne ihrer Zusammensetzung aus einem »propositionalen« und einem »illokutiven« Bestandteil nicht nur mit der üblichen Unterscheidung zwischen der *Darstellungsfunktion* und der *kommunikativen Funktion* der Sprache, sondern auch mit der Möglichkeit der im vorigen von uns eingeführten Unterscheidung zwischen den sprachlichen Bedingungen der *interpretativen Gegenstandskonstitution* und der *geltungsreflexiven Verständigung* über Sinn und Wahrheit von Aussagen etwas zu tun hat. So kann man sich die von Wittgenstein unterstellte Verwobenheit von möglichen Erfahrungsevidenzen mit dem Sprachgebrauch genauer verständlich machen, wenn man die von Searle postulierten »propositionalen Akte«, d. h. die identifizierenden Akte der denotativen »Referenz« und die subsumierenden Akte der »Prädikation«[21], in ihrer sprachspielbezogenen Wechselbezogenheit als sprachpragmatische Bedingungen schon der präreflexiven, gegenstandskonstitutiven Synthesis von *etwas als etwas* versteht. Die Möglichkeit der Geltungsreflexion andererseits wird verständlich, wenn man die präreflexiven propositionalen Akte der Weltinterpretation im Sinne der Doppelstruktur als propositionale Bestandteile »illokutiver Akte« versteht, in denen sich das Subjekt der Erkenntnisurteile in *effektiv selbstreflexivem* Sprachgebrauch (so in den performativen Ausdrücken wie »Ich behaupte hiermit ...«) auf den Wahrheits- und eventuell sogar auf den Sinngeltungsanspruch seiner Aussage (Proposition) beziehen kann, um ihn im Zusammenhang einer argumentativen Kommunikation geltend zu machen.

Die Abhängigkeit jeder Form von Selbstreflexion von der Kommunikation, die schon von Hegel und G. H. Mead herausgearbeitet wurde, zeigt sich offenbar im performativen Teil der »konstativen Sprechakte« in ihrer für die transzendentale Geltungsreflexion der Erkenntnis relevanten Form. Der Umstand, daß diese Akte von Austin zunächst nicht unter die »illokutionären Akte« gerechnet wurden, da er den zumeist impliziten illokutiven Bestandteil dieser Akte übersah[22], scheint daraus verständlich zu werden, daß das »Ich behaupte hiermit gegenüber jedem möglichen Diskussionspartner, daß ...« tatsächlich einen Grenzfall der performativen Einleitung der interaktiven Kommunikation darstellt: Verglichen mit der konkreten Reziprozität von kommunikativem Appell und empirischer Selbstreflexion, der in den »Performativa« gemeinhin zum Ausdruck kommt, übernimmt in dem zitierten *Performativum* das Subjekt des konstativen Akts gewissermaßen die Funktion des »transzendentalen Ich« der Erkenntnis durch *Antizipation einer universalen Intersubjektivität* seines Geltungsanspruchs. Eben damit ermöglicht es offenbar im Sinne einer transzendentalen Sprachpragmatik den *Übergang von der handlungsbezogenen Kommunikation zum theoretischen Diskurs der Konsensbildung in einer prinzipiell unbegrenzten Argumentationsgemeinschaft.*

Damit kann ich die Bemerkungen zu dem ersten Gesichtspunkt der sprachpragmatischen Transformation der Kantschen Problematik zusammenfassen: Die sprachlich-kommunikativen Vermittlungsbedingungen der *Konstitution* und der *intersubjektiven Geltung* von Erkenntnis wären unter diesem Gesichtspunkt nicht selbst als zu erkennende Gegenstände in der Welt, sondern in der Einstellung transzendentalpragmatischer *Reflexion* auf die Bedingungen der Möglichkeit von Erkenntnis zu thematisieren, und das heißt: als Funktionen, die notwendigerweise erfüllt werden müssen, damit es nicht nur zu einer – methodisch solipsistisch konzipierten – *objektiven Einheit des Gegenstandsbewußtseins und des Selbstbewußtseins* bezüglich kognitiver Daten kommen kann, sondern darüberhinaus zu einer *intersubjektiven Einheit der sprachlich fixierten Daten-Interpretation*, deren transzendentales Subjekt die (unbegrenzte) Kommunikationsgemeinschaft ist. Die charakteristische Pointe *dieser* sprachpragmatischen Ergänzung und Transformation des Kantianismus liegt m. E. darin, daß der Ansatz der transzendentalen Frage nach den Bedingungen der Möglichkeit gültiger Erkenntnis nicht mehr auf bestimmte, eventuell anthropologisch bedingte Erfahrungsformen – z. B. der ihrem methodischen Primat nach als »Protophysik« zu rekonstruierenden Primärerfahrung der klassischen Physik – eingeschränkt ist. Es kann vielmehr berücksichtigt werden, daß – wie immer der Streit um die »methodische Ordnung« oder die pluralistische Inkommensurabilität wissenschaftlicher Theorien zu entscheiden sein mag[23] – die Gemeinschaft der Wissenschaftler letztlich durch *Konventionen* (d. h. sprachlich explizite *Übereinkünfte*) die intersubjektive (paradigmatische) Geltung von »Grundsätzen« (auch solchen, die nach Kant als »synthetische Urteile a priori« zu betrachten sind) und von »Basissätzen« der empirischen Wissenschaft (vorläufig) festlegen muß. Selbst diese scheinbar relativistische Auflösung einer prälingual-kognitiv orientierten Transzendentalphilosophie wird der Möglichkeit nach durch die transzendentale Sprachpragmatik berücksichtigt und gewissermaßen aufgefangen; denn diese verknüpft ja mit der sprachpragmatischen Rekonstruktion der gegenwärtig sehr differenzierten Problematik der Gegenstandskonstitution die explizite Frage nach den *Bedingungen der Möglichkeit nicht willkürlicher Übereinkünfte über intersubjektive Sinn- und Wahrheitsgeltung von Erkenntnissen.* Eben in dieser Fragestellung vollzieht sich die transzendental-reflexive Thematisierung der Sprach- und Kommunikationsproblematik.

Wie im vorigen schon angedeutet, ergeben sich jedoch andererseits die im engeren Sinn wissenschaftstheoretischen Komplikationen einer transzendentalen Sprachpragmatik im Vergleich zur Transzendentalphilosophie Kants aus dem Umstand, daß eben die propositionalen und performativ-kommunikativen Bedingungen der sprachlichen Welt-Darstellung und intersubjektiven Verständigung, die in der Einstellung transzendentalpragmatischer Reflexion als Bedingungen der Möglichkeit aller gültigen Erkenntnis thematisiert werden müssen, andererseits auch selbst als *kognitive Gegenstände in der Welt* erfahrungswissenschaftlich zu thematisieren sind. (Es verhält sich hier freilich im Prinzip nicht anders als im Falle der von Kant in Anspruch genommenen transzendental-psychologischen Voraussetzungen der transzendentalen Erkenntniskritik, die ja ebenfalls zum Gegenstand empirischer Erkenntnis gemacht werden können – eventuell sogar im Sinne einer empirischen Bestätigung der transzendental-logischen Postulate Kants durch eine »kognitive Psychologie« oder »genetische Epistemologie«, wie sich heute zeigt.)

Damit ergibt sich aber wissenschaftstheoretisch das Problem einer, selbst noch sprachpragmatisch zu ergänzenden und zu transformierenden, Frage nach den *Bedingungen der Möglichkeit der intersubjektiven Gültigkeit sozialwissenschaftlicher* – und in diesem Zusammenhang auch *sprachwissenschaftlicher* – Erkenntnis. (Eine entsprechende Frage ergab sich schon für Kants transzendentale Erkenntniskritik mit Bezug auf die introspektive empirische Psychologie; und charakteristischerweise hat die mit Schleiermacher bzw. mit Dilthey einsetzende Besinnung auf die Bedingungen der Möglichkeit »geisteswissenschaftlichen Verstehens« sich zunächst an den – teilweise selbst noch als psychologisch mißverstandenen – Bedingungen psychologischer Erfahrung orientiert.)

Im gegenwärtigen Zusammenhang kann die Problematik einer *transzendentalpragmatischen Wissenschaftstheorie der Sozialwissenschaften* – die in Abhebung einerseits von einer vor-sprachanalytischen Wissenschaftstheorie der »Geisteswissenschaften«, andererseits von einer rein syntaktisch-semantisch orientierten Wissenschaftslogik der (Sprache bzw. Sprachen der) Einheitswissenschaft zu entwickeln wäre – nur in wenigen Punkten andeutungsweise und thesenartig expliziert werden. Der Hauptpunkt, der hinsichtlich der Bedingungen der *Gegenstandskonstitution* zu berücksichtigen ist, besteht m. E. in dem Umstand, daß die hier relevanten Phänomene (»Daten«) im Sinne von *Symbolen, Sprechhandlungen, Texten*, sog. »institutionalen Regel-Tatsachen« und dergl. sich im Prinzip nicht *als das, was sie sind*, aus der Einstellung der reinen *Beobachtung* (im Sinne der Ding-Ereignis-Sprache des *methodischen Behaviorismus*) konstituieren lassen, sondern nur unter der transzendentalpragmatischen Voraussetzung der – wie immer verfremdeten und virtualisierten – *Kommunikation* des Erkenntnissubjekts mit dem Erkenntnisobjekt; d. h. die relevanten *Symbol-, Intentions-* und *Regel-Daten* lösen sich auf oder erlöschen gleichsam, wenn von der kognitiven Möglichkeit der *kommunikativen Erfahrung*, d. h. der *verstehenden Teilhabe* an dem in den objektiven Daten implizierten *Sprachspiel* kein Gebrauch gemacht werden kann oder aus methodologischen Gründen kein Gebrauch gemacht wird.[24] Es genügt insofern nicht, gegenüber dem älteren »Sense-Data«-Positivismus zu betonen, daß in den Sozialwissenschaften genauso wie im Falle der Naturwissenschaften die Daten nur im Lichte intersubjektiv gültiger Sprachsysteme (z. B. im Lichte von Theorien) sich konstituieren. Es ist vielmehr – im Sinne einer sprachpragmatischen Transformation des von Dilthey vorgeschlagenen Demarkationskriteriums bezüglich des methodologischen Unterschieds von Natur- und Geisteswissenschaften – zu fordern, daß im Falle der Sozialwissenschaften nicht nur eine *einfache* Vermittlung der Datenkonstitution durch Sprachsysteme (im Sinne des Sprachsystems der Erkenntnissubjekte), sondern eine *doppelte Sprachvermittlung der Datenkonstitution* (im Sinne der Subjekte und der Subjekt-Objekte der Erkenntnis) und eine *hermeneutisch-kommunikative Vermittlung beider* Konstitutionsbedingungen vorausgesetzt werden muß.[25] Dieses fundamentale Kriterium der *Daten-Konstitution* in allen Sozialwissenschaften ergibt sich, wie leicht ersichtlich, aus dem oben postulierten Zusammentreffen der sprachlich-kommunikativen Bedingungen aller interpretativen Gegenstandskonstitution (die im Falle der naturwissenschaftlichen Erkenntnis nur solche der Subjekt-Seite sind) mit dem Umstand, daß in den Sozialwissenschaften die kognitiven Gegenstände selbst sprachlich-kommunikative Prozesse (oder deren Produkte oder Derivate) sind.

Gesteht man die soeben skizzierte Unterscheidung als transzendentalpragmatische Bedingung der Datenkonstitution in allen Sozialwissenschaften zu, so hat man freilich dem Umstand Rechnung zu tragen, daß, je nach dem leitenden *internen Erkenntnisinteresse*[26], die Daten der Sozialwissenschaften nicht nur im Lichte verschiedener *Theorien*, sondern zuvor schon im Lichte verschiedener *theoriekonstitutiver Fragestellungen* interpretiert werden können.

So ist es auf der einen Seite einer polaren Spannung zwischen möglichen Fragestellungen möglich, daß die symbolischen Daten der kommunikativen Erfahrung aus derselben Einstellung heraus interpretiert werden, in deren Licht sie im »hermeneutischen Diskurs« als problematisierte *Sinngeltungsansprüche* im Rahmen einer im »theoretischen Diskurs« insgesamt zu erreichenden *Wahrheits-Konsensbildung* thematisiert werden. In diesem idealtypischen Fall interessieren die symbolischen Daten und ihre sprachlich-kommunikativen Kontexte primär im *transzendental-hermeneutischen* Rahmen einer *normativ* orientierten *Sinn-* und *Wahrheits-Verständigung*, und es bildet sich unter dieser leitenden Fragestellung ein thematisches Kontinuum zwischen dem »theoretischen Diskurs« der *philosophischen Wissenschaftstheorie* und der *hermeneutischen Text-Interpretation* als dem eigentlichen Paradigma der im

19. Jahrhundert so genannten »Geisteswissenschaften«. Ein aktuelles Beispiel für die Problematik der normativ-hermeneutisch orientierten Geisteswissenschaften bietet die *Wissenschaftshistorie*, sofern man sie nicht als empirische, alle *externen* (psycho-sozialen) Ursachen der Wissenschaftsentwicklung thematisierende »science of science«, sondern als *normativ-methodologisch* relevanten Gesprächspartner der philosophischen Wissenschaftstheorie versteht. Als solcher wird sie offenbar nur dann zum besseren Verständnis der »recta ratio« und damit des *intern* begründeten Fortschritts der Wissenschaft beitragen können, wenn sie, aufgrund von Textinterpretation, die Denkschritte und Resultate der Klassiker der Wissenschaftsgeschichte als *unter den Bedingungen ihrer geschichtlichen Situation gut bzw. schlecht begründet* zu verstehen vermag – eventuell im Gegensatz zu den normativen Prinzipien einer philosophischen Methodologie, die von den geschichtlichen Situationen, in denen die kreativen Denkschritte als Antworten auf Problemlagen zu erfolgen hatten, abstrahiert. (Nur angedeutet sei hier das *normativ-hermeneutische* Korrektiv der *abstrakt-methodologischen* Wissenschaftstheorie, das sich ganz allgemein aus dem Gesichtspunkt ergibt, daß die Situation der Forschung, auf die eine Methodologie anzuwenden ist, in ihrer normativ relevanten Struktur durch den wissenschaftsgeschichtlichen Fortschritt verändert wird.)
In den Zusammenhang der soeben exemplifizierten normativ verstehenden Thematisierung von symbolischen Daten gehört m. E. auch die Problematik einer *syntaktisch* und *semantisch explikativen Linguistik*, welche in den natürlichen Sprachen – bzw. in Teilen dieser Sprachen – ihre *Explicanda*, in *reglementierten Fachsprachen* oder *Konstruktsprachen* ihre je nach Explikationszweck in verschiedener Richtung idealisierten und abstraktiv restringierten Explikate hat.[27] Die Analogie dieser Fragestellung zu derjenigen der *normativ-hermeneutischen Wissenschaftshistorie* zeigt sich schon darin, daß sie ebenfalls ein thematisches Kontinuum bildet mit der *philosophischen Sprachnormierung durch Sprachkonstruktion.*

Tatsächlich ist der bisherige linguistische Ertrag dieser Forschungsrichtung im wesentlichen auf die »Darstellungsfunktion« (K. Bühler) der natürlichen Sprache beschränkt, deren normativ idealisierte Explikate in den *syntaktisch-semantischen (Re-)Konstruktionen der Wissenschaftssprache* – z. B. in der logisch-semantischen Explikation von Begriffen wie »Bedeutung«, »Sinn«, »Bezeichnung«, »Wahrheit« – gefunden werden können. (Im Falle des Erlanger Programms der Sprach-Rekonstruktion scheint sogar die Einführung der »Orthosprache« unmittelbar mit der Re-Konstruktion des inhaltlichen Aufbaus der Wissenschaften im Sinne ihrer »methodischen Ordnung« zusammenzufallen.[28])
Allerdings lassen sich die normativ-idealisierenden Konstrukte der explikativen Linguistik auch als Modelle im Sinne einer abstraktiven *theoretischen Deskription* und *Funktions-Erklärung* von Leistungen der natürlichen Sprache auffassen und heuristisch verwenden, und insofern verschiebt sich mit dem internen Erkenntnisinteresse zugleich auch die Fragestellung im Sinne einer *empirisch-analytischen Linguistik*. Es interessiert jetzt nicht primär die Möglichkeit der *normativen Sinnexplikation* im Lichte idealisierter Konstrukte (nicht zu reden von der *Ergänzung* oder partiellen *Ersetzung* der natürlichen Sprache durch Konstruktsprachen oder durch rekonstruierte »Orthosprache«), sondern die Möglichkeit, gewissermaßen im Lichte eines solchen Besserverstehens des möglichen Sinns der einzelnen Sprachfunktionen die sogenannten »Beobachtungsdaten« der natürlichen Sprache *adäquater beschreiben* und hinsichtlich ihres Zustandekommens *erklären* zu können. Die Pointe dieser veränderten Fragestellung läßt sich vielleicht am besten dadurch charakterisieren, daß jetzt die Sprache nicht länger als *subjektiv-intersubjektives Medium* bzw. als *Bedingung der Erkenntnis* im Interesse der Verbesserung dieser Bedingungen expliziert, sondern als *empirisches Objekt* der selbst sprachbedingten Erkenntnis thematisiert wird. Das Kontinuum zwischen erkenntnis- bzw. sprachkritischer Philosophie und normativ-hermeneutischer Wissen-

schaft löst sich daher auf, und die Explikate der Sprach-Rekonstruktion liegen nicht länger auf derselben Ebene wie die natursprachlichen Explicanda, sondern figurieren als Bestandteile der Metasprache, mit deren Hilfe die empirisch-analytische Sprachtheorie ihre sprachlichen Daten beschreibt.
Daß es freilich möglich und sogar notwendig ist, im Falle der Sprachwissenschaft – wie in dem der Wissenschaftswissenschaft – die empirische »Beschreibung« und »Funktionserklärung« des Erkenntnisobjekts im Lichte einer *normativen Bewertung* (und das heißt: im Lichte von Verbesserungsentwürfen hinsichtlich der zu thematisierenden Funktionen) vorzunehmen, deutet schon darauf hin, daß wir es hier nicht im selben Sinn wie etwa in der Physik mit dem Problem der *Beschreibungs-* und *Erklärungsadäquatheit* zu tun haben; denn in der Physik stellt sich das Problem einer *normativen Sinnexplikation* und in ihrem Lichte einer *Bewertung* und möglicherweise *Verbesserung* von Funktionen nur hinsichtlich der Sprache des Erkenntnissubjekts; hinsichtlich der objektiven Beobachtungsdaten bzw. der durch sie angezeigten Realität besteht hier keine Möglichkeit *kommunikativer Erfahrung* und somit auch kein Problem *normativ engagierter Sinnexplikation, Bewertung* oder *Funktionsverbesserung.* (Das hindert natürlich nicht, daß auch die Beschreibung und nomologische Erklärung der physikalischen Daten im Lichte von idealisierten Modell-Entwürfen erfolgt; denn die Modelle beruhen in diesem Falle nicht auf Sinn-Explikation oder Bewertung von Funktionserfüllungen oder gar Funktionszwecken. Allenfalls im Rahmen der biologischen Systemtheorie läßt sich von einer heuristischen Notwendigkeit von Modellen im Sinne der Bewertung und Verbesserung von Funktionserfüllungsprozessen reden; aber im Gegensatz zur Sprach-Rekonstruktion nicht eigentlich von einer Sinnexplikation aufgrund des Neuentwurfs der Funktionszwecke. Diese letztere zumindest setzt so etwas wie das Verstehen unserer möglichen subjektiven Intentionen im Erkenntnis-Objekt voraus.)
Deutlicher noch als bei der im Sinne der logischen Semantik

explikativen Linguistik wird die soeben angedeutete Problematik bei der von N. Chomsky begründeten Sprachtheorie, die das Ziel der *Beschreibungs-* und *Erklärungsadäquatheit* nicht unter der explikativ-heuristischen Voraussetzung der logischen Konstruktsprachen, sondern unter der heuristischen Voraussetzung der Rekonstruktion der menschlichen *Sprach-Kompetenz* (zunächst der auf Erzeugung wohlgeformter Sätze bezogenen *syntaktischen Kompetenz*) ins Auge faßt. Auf der einen Seite wird hier der *explanative* Anspruch der Linguistik sehr viel deutlicher als im Falle der von Carnap inspirierten Theoriebildungen; denn es geht ja hier um eine echte *nomologische Kausalerklärung* des anthropologischen Faktums, daß (nach Chomsky) Menschen Sprachen eines bestimmten, durch syntaktische Restriktionen charakterisierten Typs, und nur solche Sprachen, lernen (und d. h. entsprechende Grammatiken in Beantwortung einer entsprechenden kommunikativen Herausforderung generieren) können. Und als Antwort auf diese Frage wird von Chomsky nicht eine *Sinn-Explikation* und auch nicht eine *Funktionalanalyse* im Lichte der vorausgehenden Sinnexplikation, sondern ein kontingentes *anthropologisches Gesetz der angeborenen Sprachfähigkeit* (Disposition zur Erwerbung der Sprachkompetenz) hypothetisch unterstellt. Andererseits muß Chomskys explanative Theorie, gerade weil sie die Möglichkeit der menschlichen Sprach-*Kompetenz* als Explanandum unterstellt, als *Generations*-Theorie zugleich eine *normativ adäquate Rekonstruktion der Regeln* der grammatisch richtig gebildeten Sätze aller möglichen menschlichen Sprachen zustande bringen – derart, daß die »Grammatikalität« der als formierbar abgeleiteten Sätze einer bestimmten Sprache von den kompetenten Sprechern dieser Sprache aufgrund ihres intuitiven Regel-Bewußtseins muß kommunikativ bestätigt werden können (wie indirekt und durch »Übersetzung« vermittelt diese Bestätigung auch immer erreicht werden mag).[29] Daß es sich bei dieser *Regel-Rekonstruktion* nicht um eine *nomologische Erklärung von Beobachtungsdaten* handeln kann, wird schon allein dadurch klargestellt, daß die »Beobachtungsdaten« ja auch durch normativ irrelevante *Regel-Abweichungen* zustande kommen können und die Theorie der generativen Grammatik nach Chomsky nicht etwa zugleich die explanative Theorie der möglichen Regel-Abweichungen in der Sprach-»Performanz« sein kann.

Mit dem *universal-normativen* Aspekt der *Rekonstruktion einer menschlichen Regel-Kompetenz* scheint sich auch für Chomskys Konzeption wieder so etwas wie ein Kontinuum der theoretischen Linguistik mit der aprioristischen Philosophie (des klassischen Rationalismus oder der Transzendentalphilosophie) zu ergeben. Von da aus werden die Versuche verständlich, die »innateness«-Hypothese Chomskys, die im Zentrum seiner *empirisch-nomologischen* und daher falsifizierbaren Erklärung der Sprachkompetenz als eines *kontingenten* anthropologischen Faktums steht, durch eine *logisch-aprioristische Explikation* der »Tiefenstruktur« aller menschlichen Sprachen zu ersetzen. Plausibel wären diese Versuche insbesondere unter der Voraussetzung, daß schon die »Tiefenstruktur« der Syntax als solche einer »generativen Semantik« verstanden werden müßte. Ein noch engeres Verhältnis zur Philosophie im Sinne der von mir postulierten transzendentalen Sprachpragmatik ergibt sich jedoch in jedem Fall, wenn das Programm einer Rekonstruktion der menschlichen Sprach-Kompetenz universalpragmatisch extrapoliert wird im Sinne einer Rekonstruktion der »kommunikativen Kompetenz«, die für das Herstellen (Generieren) interpersonaler Beziehungen durch Sprechakte und somit auch als Bedingung der Möglichkeit von *Verständigungs-Diskursen* vorauszusetzen wäre. Durch diesen von Habermas vollzogenen Schritt[30] wird die von mir im vorigen als transzendentalpragmatische Bedingung der Möglichkeit von Sozialwissenschaften überhaupt postulierte Situation (des Zusammentreffens der sprachlich-kommunikativen Bedingungen der Möglichkeit intersubjektiv gültiger Erkenntnis überhaupt mit dem Problem der Konstitution sprachlich-kommunikativer Prozesse als Gegenstand der Erkenntnis) gewissermaßen in einen Grenzfall überführt, in dem die *quasi-objektive* Disziplin der normativen Rekonstruktion der »kommunikativen Kompetenz« mit der *philosophischen* Disziplin, die sich aus der Forderung einer transzendentalen Reflexion der *subjektiv-intersubjektiven* Bedingungen der Möglichkeit sprachvermittelter Erkenntnis ergibt, zusammenzufallen scheint: *Universalpragmatik* der menschlichen Rede, die den Übergang in den handlungsentlasteten argumentativen »Diskurs« einschließt, und *transzendentale Sprachpragmatik*, die als Reflexion auf die nichthintergehbaren Bedingungen der Möglichkeit des argumentativen Geltungs-Diskurses die kontingenten Tatsachen der Sprache und der Kommunikationsgemeinschaft als *paradigmatische Evidenzen des transzendentalen Sprachspiels*[31] berücksichtigen muß, scheinen zumindest partiell koinzidieren zu müssen.

Ich werde auf dieses Problem im folgenden noch zurückkommen. An dieser Stelle sei nur auf einen Punkt der Konvergenz des transzendentalpragmatischen und des universalpragmatischen Ansatzes hingewiesen, der für die im folgenden zu unternehmende kritische Rekonstruktion der Sprechakttheorie von entscheidender Bedeutung ist: Im vorigen habe ich bereits angedeutet, daß in dem Umstand, daß als transzendentales Subjekt der sprachvermittelten Erkenntnis mit Peirce (und Royce) die unbegrenzte Interpretationsgemeinschaft der Wissenschaftler unterstellt werden muß, ein Hinweis auf die transzendentalpragmatische Einheit der »theoretischen« und der »praktischen Vernunft« liegt. Dieser Hinweis kann jetzt folgendermaßen expliziert werden: Wenn das *transzendentale Subjekt*, das der Idee nach die *Einheit* der *Sinninterpretation* und der *Wahrheits-Konsensbildung* verbürgen *würde*, in Kommunikationsprozessen allererst zu realisieren ist – und man müßte mit Peirce noch hinzufügen: wenn es keinerlei metaphysische Garantie hinsichtlich der definitiven Konsens-Bildung gibt –, dann zeigt sich, daß schon in der transzendentalpragmatischen Idee des »theoretischen Diskurses« der *Verständigung* über *Sinn-* und *Wahrheits-Gel-*

tungsansprüche auch eine *Kommunikationsethik* des »praktischen Diskurses« der Verständigung über *moralische Geltungsansprüche* vorausgesetzt ist. Kurz: Die Argumentationsgemeinschaft setzt eine Ethik der Kommunikationsgemeinschaft voraus. Dem scheint es nun zu entsprechen, daß Habermas in jenem Punkt, wo die Konzeption der *universalen Pragmatik* von sich aus die Möglichkeit des Übergangs der Kommunikation in den konsensuellen Diskurs postuliert, *drei* der Möglichkeit nach *diskursiv zu legitimierende Geltungsansprüche* unterstellt: 1. Verständlichkeit, 2. Wahrheit, 3. normative Richtigkeit. (Der vierte Geltungsanspruch, der mit jedem Kommunikationsakt verbunden ist – der Wahrhaftigkeits-Anspruch – kann, wie Habermas bemerkt, nicht als Anspruch zur Diskussion gestellt werden, da er für das zur Diskussion-stellen selbst schon als gerechtfertigt vorausgesetzt werden muß; er »kann nur in Handlungszusammenhängen eingelöst werden«.[32]) Es scheint demnach vieles dafür zu sprechen, daß im Koinzidenzpunkt einer Transzendentalpragmatik der notwendigen Voraussetzungen des argumentativen Geltungs-Diskurses und einer Universalpragmatik der kommunikativen Kompetenz auch die Antwort auf die Frage nach der Begründung ethischer Normen zu finden sein müßte.

0.3 Nach diesem Aufriß des Ansatzes einer transzendentalen Sprachpragmatik möchte ich noch einmal auf H. Schnelles Frage nach der Möglichkeit einer »auf die Sprache bezogenen« Transzendentalphilosophie zurückkommen. Die vorausgegangenen Erörterungen des Verhältnisses von *konstruktiver Semantik* und *Transzendentalpragmatik* haben, wie mir scheint, die Voraussetzung für eine Auseinandersetzung mit der Kritik Schnelles bereitgestellt. Es scheint mir in diesem Zusammenhang zunächst bemerkenswert zu sein, daß Schnelle der Forderung nach einer transzendentalpragmatischen Ergänzung bzw. Fundierung der konstruktiven Semantik im Sinne des Aprioris der unbegrenzten Kommunikationsgemeinschaft nicht dadurch begegnet, daß er die gesamte Problematik der *subjektiv-intersubjektiven Voraussetzungen* der Erkenntnis bzw. der Sprachkonstruktion zum Thema der *Psychologie* im Sinne einer *empirischen Pragmatik* erklärt. Dieses – aus dem Psychologismus-Verdikt der Logiker erwachsene – Standard-Argument des »Logischen Empirismus« (der als solcher, streng genommen, die Disjunktion von logischer Konstruktion und Empirie als vollständig betrachten muß) läßt sich ja z. B. dadurch geltend machen, daß man die von mir postulierten Voraussetzungen zum Thema einer »Metatheorie« erklärt, »in der die genannten Prozesse (sc. »der Einigung auf eine Wissenschaftssprache und der Aufstellung einer wissenschaftlichen Theorie«) einschließlich ihrer Voraussetzungen möglicherweise sogar deduzierbar sind.«[33] Schnelle hält jedoch diese Argumentation offenbar selbst nicht für anwendbar, denn er bemerkt dazu: »Allerdings erfordert diese Theorie wieder eine Sprachfestlegung und die Voraussetzung der Mitteilbarkeit der Theorie. Apels Argument, in all diesen Theorien, Metatheorien usw. werde eine Kommunikationsgemeinschaft vorausgesetzt, scheint sich also zu bestätigen.«[34]

In der Tat scheint mir in dieser Bemerkung das entscheidende Argument anerkannt zu sein, das gegen den Versuch einer Ersetzung der geforderten *Transzendentalpragmatik der Sprache* durch eine *semantische Metatheorie* – im Sinne des Paradigmas der möglichen Einordnung der jeweils letzten Theorie in die potentiell unendliche Hierarchie der Metasprachen[35] – spricht; und damit ist m. E. im Prinzip auch die Nichtersetzbarkeit der *transzendentalen* durch eine *empirische* (oder eine die Begriffe der empirischen re-konstruierende *formale*) Sprachpragmatik anerkannt. Affirmativ gesprochen: es ist anerkannt, daß auch im Zeitalter der semantischen Sprachkonstruktion, und damit der formalisierbaren Theorien und eventuell Metatheorien, Philosophie als *kommunikativ-metakommunikative Reflexion auf die subjektiv-intersubjektiven Bedingungen der Möglichkeit sprachvermittelter Erkenntnis* erforderlich ist. Eine solche – transzendentalpragmatische – Philosophie wird natürlich nicht die möglichen Ergebnisse der semantisch rekonstruierbaren Theorien und Metatheorien erübrigen oder vorwegnehmen können; diese Möglichkeit wird schon dadurch ausgeschlossen, daß die transzendentalpragmatische Reflexion prinzipiell in der *universalistischen, pragmatisch selbstbezüglichen*[36] Umgangssprache (im weitesten Sinn) ihr Medium der Formulierung und Mitteilung von Erkenntnissen finden muß. Eher läßt sich das Verhältnis zwischen *konstruktiv-rekonstruktiver Semantik* und *reflexiv-rekonstruktiver Transzendentalpragmatik* folgendermaßen charakterisieren: Genau in dem Augenblick, wo hinsichtlich der sprachlichen Bedingungen der Möglichkeit der wissenschaftlichen Erkenntnis der Übergang von der bloß postulierten zur praktizierten »kopernikanischen Wendung« Kants erfolgt, wo also der Verstand – um mit Kant zu reden – der Natur das formale Gesetz möglicher Erscheinung durch bewußt konstruierte, zweckbezogene Sprachsysteme vorschreibt –, genau in dem Augenblick muß die *reflexive Komponente* der Kantschen Transzendentalphilosophie als Besinnung auf die normativen Bedingungen der Möglichkeit der Konstruktion selbst in ein komplementäres Verhältnis zur »kopernikanischen Wendung« treten, um deren mögliche Blindheit zu verhindern. (Und darin zeigt sich m. E. die innere Grenze des von Cusanus und Vico bis zum Konstruktivismus-Operationalismus die Entfaltung der neuzeitlichen Wissenschaft bestimmenden *Prinzips, nach dem wir nur das präzise verstehen, was wir selbst machen können*; denn wir müssen, um präzise *verstehen* zu können, auch noch – auf andere Weise – das Prinzip selbst und die subjektiv-intersubjektiven Bedingungen seiner Anwendung verstehen, zumal wenn diese durch das Carnapsche »Toleranz-Prinzip« im Sinne eines zweckbezogenen Pluralismus festgelegt sein sollten.[37] In der Tat hat ja auch die *Philosophie der konstruktiven Semantik* – ob sie dies explizit reflektiert oder nicht – immer schon notwendigerweise den Bereich dieser umgangssprachlichen (oder »parasprachlichen«?) Reflexion betreten, wenn sie etwa über zweckbezogene »Konventionen« als

Voraussetzungen der Festlegung von Konstrukt-Sprachen spricht oder so etwas wie das »Toleranzprinzip« mit Bezug auf die möglichen Regeln semantischer, und damit auch logischer, Regeln formuliert.

Nun könnte man vielleicht bereit sein, den Schritt in eine Transzendentalpragmatik der Sprache im Sinne, aber auch nur im Sinne, des Carnapschen Toleranzprinzips zu vollziehen, und das heißt: man könnte den möglichen Sinn einer darüber hinausgehenden *Reflexion auf ein einheitliches Prinzip der subjektiv-intersubjektiven Bedingungen der Möglichkeit* der konventionsabhängigen Sprachkonstruktion und der Interpretation der Konstruktsprachen bestreiten. Dies scheint mir die von H. Schnelle eingenommene Position der Sache nach zu bezeichnen.[38]

Schnelles Kritik an der Möglichkeit bzw. am Sinn einer transzendentalen Sprachpragmatik stützt sich u. a. auf den folgenden Einwand: Man könne zwar verlangen, »über die Zwecke, denen die zu entwickelnden Sondersprachformen und sprachlichen Festsetzungen zu genügen hätten, ... müsse auch diskutiert werden können«. Für diese Diskussion gebe es aber »keine Garantie der Einigung. Derjenige, der eine Sondersprache zu entwickeln wünscht, ist aber gerade in diesem Wunsch der Meinung, daß ohne diese Sondersprache das Problem selbst nicht in voller Klarheit diskutiert werden kann«. Die »Mittel zur klaren Darlegung seines Standpunktes ... will er ... gerade erst entwickeln. Kurz: Er kann Apels Prinzip (sc. des im Rücken aller zweckbezogenen Sprachkonstruktion vorauszusetzenden transzendentalen Sprachspiels der im Prinzip unbegrenzten Kommunikationsgemeinschaft) gar nicht voraussetzen«.[39]

In diesem Einwand kommt m. E. ein Mißverständnis zum Ausdruck, das auf der typischen Schwierigkeit des modernen – zwischen Philosophie und theoretischer Linguistik angesiedelten – Denkers mit der *Einstellung der transzendentalen Reflexion* beruht. Indem er jeden kontrollierbaren und signifikanten Fortschritt von der *konstruktiv-explikativen* Klärung der Probleme erwartet, bekommt er die reflexive Komponente der kopernikanischen Wendung Kants nicht mehr eigentlich zu Gesicht. Anstatt sie in ihrer komplementären Funktion zum – pluralistisch-zentrifugalen – Unternehmen der konstruktiven Semantik zu begreifen, vermag er sie offenbar nur unter der Voraussetzung einer mit der konstruktiven Semantik analogen und konkurrierenden Zwecksetzung zu beurteilen (wenn er sie nicht als trivial ansehen soll). Daher offenbar Schnelles Unterstellung, für die *transzendentale Metadiskussion* aller Sprachkonstruktion müsse es eine »Garantie der Einigung« (offenbar von derselben Art, wie sie von den Konstruktsprachen erwartet wird!) geben, wenn die Bestimmung ihrer Funktion und ihrer Prinzipien durch eine transzendentale Sprachpragmatik der Mühe wert sein soll. Natürlich kann etwas Derartiges gerade nicht unterstellt werden – ebensowenig wie eine Funktionsbestimmung der *transzendentalen Metadiskussion*, welche das konstruktiv-explikative Unternehmen der »Sondersprachsysteme« überflüssig machen würde. Aber man stelle sich doch einmal im Gedankenexperiment vor, die Verständigung über das, was heute mit Hilfe der wissenschaftlichen Sondersprachformen im Sinne ihrer jeweiligen Zwecksetzungen erreicht werden soll, sollte tatsächlich, wie Schnelle suggeriert, ausschließlich davon abhängen, daß der »Partner (sc. des im Gebrauch der Sondersprachform geübten Spezialisten) diese Sprachform versteht« bzw. notfalls »die Motivation, sie zu erlernen« besitzt.[40] In diesem Fall wären natürlich nicht nur die vielen interdisziplinären Kongresse und Institutionen überflüssig bzw. sinnlos, sondern auch Schnelles Buch (das durchweg in gehobener Umgangssprache, besser: in der Bildungssprache der Gegenwartsphilosophie und Wissenschaftstheorie geschrieben ist) und natürlich auch die gegenwärtige Diskussion über »Sprachpragmatik und Philosophie«. Manch einer möchte hier sogar »Na und?« rufen und auf die berüchtigte »babylonische Sprachverwirrung« der interdisziplinären Kongresse und vielleicht sogar auf die modisch-melancholischen Betrachtungen der Philosophen über den gesellschaftlichen Funktionsverlust der Philosophie hinweisen. Das soeben empfohlene Gedankenexperiment vermag jedoch, wie mir scheint, die manchmal etwas leichtsinnigen Verabschiedungen der philosophischen Metadiskussion auf ihren rationalen Kern im Sinne einer Alarmfunktion zu reduzieren. Im Ernst glaube ich, daß die recht verstandene gesellschaftliche Funktion des philosophischen Diskurses, die man in der Gegenwart natürlich auch und gerade in der Grundlagendiskussion der Einzelwissenschaften identifizieren muß, bedeutender und auch – im statistisch nachweisbaren Sinn – weitreichender ist, als dies je in der menschlichen Geschichte der Fall war. Und diese Einschätzung hat m. E. nichts mit einer Verkennung der außerordentlichen und immer noch wachsenden Schwierigkeiten der – schon bildungsmäßig vorzubereitenden – Organisation eines zum zentrifugalen Pluralismus der Sondersprachformen komplementären universalistisch-philosophischen und doch nicht im schlechten Sinn dilettantischen Diskurses zu tun.

Wie dem auch sei: Schnelle und seine Adressaten sind jedenfalls auf die Möglichkeit jener Metadiskussion angewiesen, und Schnelle scheint dies auch selbst zuzugestehen, wenn er im Vollzug einer Weiterentwicklung des Carnapschen Toleranzprinzips im Anschluß an Quine schreibt: »Die verschiedenen entsprechenden Formulierungen in verschiedenen Konstrukten können aber definitorisch oder paraphrastisch *aufeinander und auf die Gegebenheiten der Gemeinsprache bezogen werden* (Hervorhebung durch K.-O. A.). Die unterschiedlichen Gebrauchsweisen alternativer Theorien mit verschiedenen deskriptiven Vorteilen werden auf diese Weise koordiniert. Definition und Paraphrase erlauben uns, hin und her zu schalten und uns der jeweils besten aller Welten zu erfreuen oder das Kunststück zu vollbringen, den Kuchen zu essen und ihn zu haben.«[41] Daß er sich mit solchen Erwägungen auf dem Boden einer transzendentalphilosophischen Prinzipienbestimmung bewegt, die in einer nicht empirischen und auch nicht formal-konstruktiven Sprache *über* die mögliche Beziehung der Konstruktsprachen zueinander und zur Gemeinsprache reflektiert, gesteht Schnelle zu, wenn er das Vorstehende zusammenfaßt: »Hiermit haben wir alle Elemente zusammen, die das *transzendentale Prinzip* (Hervorhebung von K.-O. A.) vom pluralistischen sprachlichen Doppelleben begründen.«[42] Strittig bleibt also im Grunde nicht mehr die Frage nach der Möglichkeit bzw. Notwendigkeit einer transzendentalpragmatischen Thematisierung des philosophischen Diskurses, sondern lediglich die Frage, ob die von mir postulierten transzendentalen Voraussetzungen dieses Sprachspiels (im Sinne der immer schon vorausgesetzten und gleichwohl immer noch zu realisierenden idealen Kommunikationsgemeinschaft) mit der Schnelleschen Explikation des Carnapschen Toleranzprinzips unvereinbar sind (wie Schnelle meint) oder von Schnelles Programm schon vorausgesetzt werden (was ich in der Tat behaupten würde).

Ich kann nun im folgenden die Auseinandersetzung mit Schnelles Gegenargumenten, die mir durchweg auf Mißverständnissen zu beruhen scheinen, nicht auf der ganzen Frontbreite des Programms einer Transzendentalpragmatik aufnehmen; ich möchte mich vielmehr auf den Aspekt einer transzendentalpragmatischen Begründung ethischer Normen konzentrieren. Aber auch hier möchte ich nicht direkt die von Schnelle angegriffene Konzeption meiner Abhandlung über »Das Apriori der Kommunikationsgemeinschaft und die Grundlagen der Ethik«[43] verteidigen. – Zu Schnelles allgemeiner Argumentationsrichtung nur soviel: Es ist mir natürlich nicht in den Sinn gekommen, daß man das m. E. in jedem Argument immer schon notwendigerweise antizipierte und gleichzeitig immer noch zu realisierende Ideal einer »idealen Kommunikationsgemeinschaft« im Sinne einer geforderten Uniformierung der wissenschaftlichen und nichtwissenschaftlichen Sprachausprägungen und Lebensformen verstehen und so ein Konkurrenzverhältnis zwischen dem von mir postulierten *Ziel* einer Ethik der kommunikativen Verständigung und Konsensbildung und der *Vielfalt möglicher Zwecke* semantischer Systemkonstruktionen bzw. der durch sie zu rekonstruierenden Sprachausprägungen unterstellen könnte.[44] Ich war vielmehr davon ausgegangen, daß die Normen einer Ethik der idealen Kommunikationsgemeinschaft zu den transzendentalpragmatischen Voraussetzungen jeder Sprachausprägung und der mit ihr verwobenen Lebensform gehören, und daß sie darüberhinaus, angesichts der unvermeidlichen und aus Gründen der Verschiedenheit der Sprach-Zwecke und aus Gründen der kreativen Konkurrenz auf kognitivem und ästhetischem Gebiet durchaus wünschenswerten Vielfalt der Sprachausprägungen und Lebensformen, als Normen der »kommunikativen Kompetenz« (im Sinne von J. Habermas) die subjektiv-intersubjektiven Bedingungen der notwendigen zwischensprachlichen und interkulturellen Verständigung darstellen. Oder sollte eine solche *Verständigung*, die a priori keine kommunikative Lebensform ausschließt, nicht gefordert sein – wie schwierig auch immer sie unter empirisch-pragmatischen Realisierungsbedingungen zu erreichen sein mag? – Sollte etwa eine ethische Norm im Sinne der zu realisierenden »idealen Sprechsituation« (Habermas) der zweckbezogenen Effektivität einer bestimmten Sprachausprägung – z. B. der Wissenschaftssprache – im Wege stehen können?[45] Oder ist eine Ethik der interkulturellen und zwischensprachlichen Verständigung über die mögliche Legitimation von Ansprüchen aufgrund gemeinsamer bzw. kompatibler Interessen schlechthin trivial, d. h. irrelevant?

Im folgenden möchte ich jedoch auf diese Fragen nicht direkt antworten, sondern statt dessen auf eine speziellere – auch wissenschaftstheoretisch relevante – Frage, die Schnelle mit Bezug auf die Begründung ethischer Normen aufwirft. Sie führt uns auf die eingangs erörterte Frage nach dem Verhältnis der Transzendentalphilosophie zu den empirischen Erkenntnissen über Sprache und Kommunikation zurück. Nachdem er die Möglichkeit einer »radikalen Transzendentalphilosophie« glaubt widerlegt zu haben, fragt Schnelle im Sinne der von ihm postulierten »Begründung« der »auf Sprache bezogenen Transzendentalphilosophie« durch die theoretische Linguistik im weiteren Sinn: »Bieten die Untersuchungen der Sprechakttheorie und der Linguistik dem transzendentalen Ansatz von Apel nicht anscheinend entscheidende Anknüpfungspunkte?« Seine Antwort lautet: »Das ist nicht der Fall. Es zeigt sich nämlich, daß die Versuche, an der Theorie der Sprechakte anzuknüpfen, weitgehend auf Mißverständnissen beruhen. So zeigt Bar-Hillel[46], daß Habermas die Darlegungen von Searle und Austin an fast allen wichtigen Stellen, an denen er sie zitiert, mißversteht oder inkorrekt darstellt, und zwar so, daß die resultierenden Feststellungen nur schwer im präzisen Sinn verständlich sind.«[47]

Da ich selbst in meinen bisherigen »Programmatischen Bemerkungen zur Idee einer transzendentalen Sprachpragmatik« die Möglichkeit einer Anknüpfung an die Sprechakttheorie nur global postuliert habe[48], möchte ich im folgenden die Frage exemplarisch zu beantworten versuchen, in welchem Sinne es möglich ist, die Sprechakttheorie im Lichte der Idee einer Transzendentalpragmatik der Sprache zu interpretieren. Exemplarisch wird die versuchte Antwort insofern sein, als sie sich primär auf die von J. R. Searle in seinem Buch *Speech Acts* versuchte Herleitung von Normen aus impliziten Sprechakt-Verpflichtungen bezieht. In diesem Zusammenhang werde ich mich auch auf die entsprechenden linguistisch-pragmatischen Theorien von Dieter Wunderlich beziehen, die H. Schnelle zum Teil kritisiert, zum Teil gegen ihren normativen Mißbrauch durch Habermas und mich in Schutz nehmen möchte.[49] Im Rahmen dieser »Einleitung« in die gegenwärtige Problemsituation der Transzendentalphilosophie möchte ich die These der folgenden Ausführungen nur insofern andeuten, als sie eine Antwort auf die von Schnelle aufgeworfene Frage nach dem allgemeinen Verhältnis von Transzendentalphilosophie und empirischen Erkenntnissen über Sprache und Kommunikation impliziert. Die These lautet dann: Insoweit Searle und Wunderlich Aussagen über empirische Tatbestände machen – z. B. über »Institutionen« und »Konventionen« der

Sprachverwendung –, ist es in der Tat nicht möglich, daraus intersubjektiv verbindliche Normen, nicht zu reden von ethischen Normen, *abzuleiten.* Insofern werde ich Searles Metakritik der klassischen Kritik der »naturalistic fallacy« zurückweisen müssen. Sofern aber Searle darüberhinaus auf »universale Regeln« der Kommunikation durch Sprechakte hinweist, die sich in den faktischen Sprach-Institutionen nur »konventionell realisieren«, ist es m. E. möglich, an die Sprechakt-Theorie im Sinne einer transzendentalpragmatischen Rekonstruktion derselben positiv anzuknüpfen. Und insofern ist es m. E. auch möglich, die ethisch relevanten Thesen Wunderlichs, die als empirisch-linguistische Festlegungen über bestehende »Konventionen« von Schnelle in der Tat widerlegt werden, als – freilich auch empirisch gestützte – Einsichten einer normativ engagierten – und das heißt: der Möglichkeit nach bereits durch eine transzendentalpragmatische Ethik begründeten – kritisch-rekonstruktiven Sozialwissenschaft zu verteidigen.

I. Problemstellung: Transzendentale Sprachpragmatik als Argumentationsstrategie einer kritischen Rekonstruktion der Searleschen Sprechakttheorie

Der Hinweis auf die Einsicht von David Hume[1], daß ein Sollen nicht aus einem Sein, oder eine Norm nicht aus einer empirischen Tatsache, hergeleitet werden kann, dient seit G. E. Moore in der analytischen Metaethik des 20. Jahrhunderts als Voraussetzung für die Kritik an der sogenannten »naturalistic fallacy« in der Begründung ethischer Normen. Radikal durchgeführt, richtet sich diese Kritik nicht nur gegen die Versuche, ethische Normen mit Hilfe der empirisch-deskriptiven Sozialwissenschaften zu begründen, sondern auch gegen die metaphysische Herleitung von ethischen Normen aus der Natur des Menschen bei Aristoteles und sogar gegen die Begründung des »kategorischen Imperativs« durch ein (metaphysisches) »Faktum der Vernunft« bei Kant.[2] Für eine Begründung von Normen bzw. Wertungen schien demnach das Postulat einer, apodiktisch evidenten, spezifischen Wert-*Intuition* der einzige Ausweg zu sein. In der sprachanalytischen Wendung der Kritik an der »naturalistic fallacy« wurde indessen die Unterscheidung zwischen Tatsachen und Normen bzw. Werten auf eine solche zwischen deskriptiven Sätzen und normativen bzw. wertenden Sätzen zurückgeführt, und während nur die ersteren als adäquater Ausdruck objektiver Erkenntnis angesehen wurden, interpretierte man die letzteren als Ausdruck bloß subjektiver Entscheidungen oder Emotionen.[3] Auf diese Weise scheint der Weg zu einer intersubjektiv gültigen Begründung ethischer Normen durch die sprachanalytische Form der Kritik an der »naturalistic fallacy« und ihre Konsequenzen vollständig blockiert zu sein, und es ist daher verständlich, wenn in der weiteren Entwicklung der sprachanalytischen Philosophie der Versuch einer Metakritik der Kritik der »naturalistic fallacy« unternommen wurde.

Ein solcher Versuch liegt vor in J. R. Searles Buch *Speech Acts*.[4] Mit Hilfe der von J. L. Austin begründeten und von ihm selbst weiter entwickelten Theorie der »illokutionären Akte« und ihrer quasi-institutionellen Bedingungen und Konsequenzen sucht Searle einen »Fehlschluß der Kritik am naturalistischen Fehlschluß« nachzuweisen[5] und dadurch den Weg für eine Ableitung des Sollens aus dem Sein freizumachen[6]. Er leitet daraus zwar keine direkten Konsequenzen für die Begründung *ethischer* Normen ab, erhebt aber doch den Anspruch, gezeigt zu haben, daß zumindest die sprachanalytische Kritik an der »naturalistic fallacy«, d. h. die These, daß normative oder wertende Aussagen nicht aus deskriptiven Tatsachen-Aussagen abgeleitet werden können, kein Hindernis dafür sein kann, ethische Aussagen aus Tatsachenaussagen abzuleiten.[7] (Es sei hier eigens klargestellt, daß wir hier und im folgenden unter der »naturalistic fallacy« immer den Versuch verstehen, *allein* aus deskriptiven Prämissen normative Aussagen zu deduzieren. Daß *unter der* – oft selbstverständlichen und daher impliziten – *Voraussetzung normativer Prämissen* Tatsachenfeststellungen pragmatisch ausschlaggebend für die Herleitung von normativen Aussagen sein können, wird nicht bezweifelt.)

Im folgenden soll die Argumentation Searles gegen die Kritik der »naturalistic fallacy« überprüft und im Zusammenhang damit die Frage nach der Bedeutung der Sprechakttheorie für die Begründung ethischer Normen erörtert werden. Ich gehe dabei von der Vermutung aus, daß die Sprechakttheorie als philosophischer Ansatz in der Tat einen Weg zur Begründung ethischer Normen eröffnet, daß aber diese Möglichkeit durch Searles Argumentation gegen die Kritik der »naturalistic fallacy« eher verdeckt als offengelegt wird. Genauer: Ich glaube zeigen zu können, daß Searles These, daß normative oder wertende Aussagen aus deskriptiven Tatsachenaussagen abgeleitet werden können, die wohlverstandene Kritik an der »naturalistic fallacy« nicht trifft, da seine Argumente gegen diese Kritik entweder unhaltbar oder irrelevant sind. Andererseits hoffe ich jedoch auch zeigen zu können, daß die Analyse der Bedingungen und Konsequenzen von Sprechakten, wie sie Searle – und zum Teil schon Austin – vorgelegt hat, tatsächlich für die Begründung ethischer Normen relevant ist; dies letztere gilt jedoch m. E. nur unter der Voraussetzung, daß sich die Sprechaktanalyse gerade nicht bzw. nicht lediglich als Beschreibung »institutionaler Tatsachen« versteht, sondern als Reflexion auf *universale Regeln*, die in allen beschreibbaren Sprach-Institutionen lediglich »konventionell realisiert« sind, wie Searle selbst sagt[8], genauer: auf Regeln, die als solche nicht mehr den Charakter kontingenter, beschreibbarer institutionaler Tatsachen haben, sondern den Charakter von *Handlungs-Normen, die immer schon a priori* – notwendigerweise – *akzeptiert sein müssen*, wenn eine Beschreibung von Tatsachen, ja überhaupt eine sprachliche Kommunikation möglich sein soll. Kurz: es soll gezeigt werden, daß die Sprechaktanalyse nicht als Ableitung des Sollens aus dem Sein institutioneller Sprach-Tatsachen, sondern als *transzendentale Sprachpragmatik* ethisch relevant ist.

II. Kritik der Searleschen Strategie der Ableitung von Normen aus empirischen Tatsachen im Sinne einer deskriptiven Sprechakttheorie

Im zweiten Teil seines Buches *Sprechakte*, der die Überschrift »Anwendungen der Theorie« trägt, hat Searle den Versuch unternommen, aufgrund einer Kritik der Grundlagen der ihm vorausgehenden sprachanalytischen Philosophie die Möglichkeit einer Herleitung von normativen bzw. Wertaussagen aus empirisch-deskriptiven Tatsachenaussagen zu erweisen. Im folgenden soll zunächst die Searlesche Argumentationsstrategie rekonstruiert und kritisiert werden. Wir folgen dabei der Searleschen Einteilung seiner Argumentation im Sinne einer Kritik am »Fehlschluß der Kritik des naturalistischen Fehlschlusses« (II, 6.1) und einer aufgrund dieser Kritik als möglich behaupteten »Ableitung des Sollens aus dem Sein« (II, 8).

II,1. Kritik der Searleschen Metakritik der klassischen Kritik an der »naturalistic fallacy«

Die Voraussetzung der Searleschen »Ableitung des Sollens aus dem Sein« bildet seine Lehre von den »drei Fehlschlüssen der modernen Sprachphilosophie«, die eine »Anwendung« seiner Theorie der Sprechakte im zweiten Teil seines Buches darstellen soll.[1] In diesem Zusammenhang entwickelt Searle seine Kritik am »Fehlschluß der Kritik des naturalistischen Fehlschlusses« und führt bei dieser Gelegenheit bereits Beispiele dafür ein, daß es im Prinzip möglich ist, »aus einer deskriptiven Aussage eine Wertaussage abzuleiten«[2].

Betrachtet man diese Beispiele unvorbereitet – oder genauer: lediglich durch die analytische Diskussion um die »naturalistic fallacy« vorbereitet –, so fällt es zunächst schwer, Searles Argumentation überhaupt ernst zu nehmen. Was soll man z. B. zu dem folgenden »Gegenbeispiel« gegen die These Urmsons[3] sagen, daß eine Aussage von der Form »Dies ist ein gültiger Schluß« nicht aus *deskriptiven* oder »klassifikatorischen« Aussagen abgeleitet werden kann:

Definition:	»X ist ein gültiger deduktiver Schluß = df. X ist ein deduktiver Schluß, und aus den Prämissen von X folgt die Schlußfolgerung von X.«
Prämisse: (= Beschreibung eines faktischen Schlusses)	»X ist ein deduktiver Schluß, bei dem aus den Prämissen die Schlußfolgerung folgt.«
Schluß:	X ist ein »gültiger Schluß«.[4]

Im Sinne der wohlverstandenen Kritik an der »naturalistic fallacy« wird man dagegen folgendes einwenden: Wenn, wie bei Searle, durch Definition festgelegt ist, daß ein deduktiver Schluß, bei dem die Schlußfolgerung aus den Prämissen folgt, ein *gültiger* deduktiver Schluß ist, dann läßt sich in der Tat *aus der Feststellung*, daß ein solcher Schluß vorliegt, die Schlußfolgerung ableiten, daß ein *gültiger* Schluß vorliegt. Aber daraus folgt keineswegs, daß in diesem Falle allein aus einer Tatsachenbeschreibung eine wertende bzw. normative Aussage abgeleitet wurde. Vielmehr läßt die Logik zwei Möglichkeiten offen:

1. Entweder hat die Feststellung des Vorliegens eines deduktiven Schlusses im Sinne der Definition tatsächlich den Charakter einer norm- bzw. wertfreien empirischen Deskription; dann kann die korrekte Herleitung einer wertenden Aussage nur darauf beruhen, daß die Definition selbst eine wertende Aussage (d. h. in unserem Falle: eine wertende Zuordnung

der empirischen Deskription und der Wertung eines deduktiven Schlusses) darstellt. In diesem Falle ergibt sich aber der Schluß auf das Vorliegen eines gültigen Schlusses nicht *allein* aus der empirischen Deskription des faktisch vorliegenden Schlusses, sondern aus dieser Aussage *und* der Definition, die als zweite Prämisse fungiert, welche die Bewertung ins Spiel bringt.

2. Die andere Möglichkeit besteht darin, daß die Definition nicht als eigene normative Prämisse fungiert, sondern lediglich die *logische Äquivalenz* der Prämisse und der Schlußfolgerung (in unserem Falle: der Schlußbeschreibung und der Schlußbewertung) feststellt: In diesem Falle, dessen Vorliegen von Searle bestätigt wird, muß aber *laut Definition* die sog. deskriptive Prämisse selbst schon den Charakter der normativen bzw. wertenden Aussage besitzen.[5]

Daß es sich in dem Searleschen Beispiel in der Tat so verhält, läßt sich durch eine genauere Analyse der Beispielsätze im Sinne des späten Wittgenstein leicht erhärten: Der Satz nämlich (der bei Searle als deskriptive Prämisse fungiert) »X ist ein deduktiver Schluß, bei dem aus den Prämissen die Schlußfolgerung folgt« hat offenbar nur scheinbar – im Sinne seiner grammatischen Oberflächenstruktur – den Charakter einer empirischen Tatsachenbeschreibung. In Wahrheit wird durch ihn nicht die Tatsache festgestellt, daß in dem mündlich vorgetragenen oder schriftlich fixierten Argument X tatsächlich ein Teil auf den anderen folgt, sondern es wird normativ-wertend festgestellt, daß X ein Argument ist, in dem der Teil, der Schlußfolgerung genannt wird, *mit Recht* aus den Teilen, die »Prämissen« genannt werden, *gefolgert* wird. (Eben diese *wertende* Feststellung müßte durch die von Searle zugrunde gelegte Äquivalenz-Definition selbst geleistet werden, wenn die Schlußfolgerung berechtigt sein sollte, ohne daß die Wertung bereits in der scheinbar deskriptiven Rede vom Folgen der Schlußfolgerung aus den Prämissen impliziert wäre.) Die scheinbar deskriptive Rede vom *Folgen* der Schlußfolgerung aus den Prämissen erklärt sich offenbar metaphorisch aus dem Umstand, daß eine normativ legitime Konklusion ihren sprachlich-zeitlichen Ausdruck in einer Schluß-*Folgerung* und dementsprechend in einer Zeichen-*Folge* findet. (Dieselbe Analyse im Sinne einer normativen Tiefenstruktur, die von einer scheinbar deskriptiven Oberflächenstruktur der Grammatik verdeckt wird, trifft offenbar auch für die folgenden Beispielsätze zu, die Searle als »Beschreibungen« für das Vorliegen deduktiver Schlüsse, in denen die Konklusion aus den Prämissen folgt, anbietet: »Die Prämissen sind für die Schlußfolgerung logisch hinreichend«; »Die Schlußfolgerung ergibt sich logisch aus den Prämissen«; »Es stellt einen Widerspruch dar, die Prämissen zu bejahen und die Schlußfolgerung zu verneinen« usw.[6])

Worauf will Searle hinaus – so fragt man sich schon an dieser Stelle verwundert –, wenn er gerade durch das soeben erörterte Beispiel die Ansicht widerlegen will, »es sei unmöglich, aus einer deskriptiven Aussage eine Wertaussage abzuleiten«?[7] Die Verwunderung steigert sich, wenn man das zweite »Gegenbeispiel« Searles gegen die Kritik der »naturalistic fallacy« betrachtet; denn es läßt sich ebenso leicht und aufgrund derselben logischen und sprachanalytischen Voraussetzungen zurückweisen wie das erste »Gegenbeispiel«.

Searle bezieht sich in seinem zweiten »Gegenbeispiel« auf die These von Urmson[8], daß zwischen der deskriptiven Aussage »Dieser Apfel hat die Eigenschaft A, B und C« und der wertenden Aussage »Dieser Apfel ist (eine) Extra Feine Sorte« keine Ableitungsbeziehung bestehen kann, daß also die Aussage »Alles, was A, B und C ist, ist Extra Feine Sorte« »wegen des Unterschieds zwischen Beschreiben und Bewerten nicht analytisch sein« könne. Searle bestreitet diese These mit dem Hinweis auf den Umstand, daß die Aussage »Alles, was A, B und C ist, ist Extra Feine Sorte« sich in dem Beispiel Urmsons auf Qualitäts-*Definitionen* des Britischen Ministeriums für Agrikultur und Fischerei für die Sortierung von Äpfeln stützen kann. Daraus folgert er, daß, unter der Voraussetzung der Definitionen, »die Aussage ›Jeder Apfel, der A, B und C ist, ist Extra Feine Sorte‹ genauso analytisch wie jede andere analytische Aussage« ist.[9] Wir erhalten also wieder, wie im ersten »Gegenbeispiel« Searles, die Argumentationsstruktur: Definition, deskriptive Prämisse, Schlußfolgerung im Sinne einer wertenden Aussage.

Gerade anhand dieser Argumentationsstruktur zeigt sich jedoch beim Vergleich mit dem ersten »Gegenbeispiel« sehr schnell, wo der Fehler in dem zweiten Searleschen »Gegenbeispiel« (gegen die »Kritik der naturalistic fallacy«) steckt: Dieses Mal ist es nicht sehr plausibel (wenn auch nicht a priori unmöglich), die von Searle als deskriptiv eingeführte Prämisse (sc. »Dieser Apfel hat die Eigenschaften A, B und C«) bereits als wertende Aussage zu interpretieren; um so naheliegender ist es jedoch, die Qualitäts-*Definitionen* des Ministeriums, welche die Zuordnung zwischen den empirischen Eigenschaften der Äpfel und der Wertklasse »Extra Feine Sorte« festlegen, als *wertende Einstufungen* und nicht bloß als Feststellung schon bestehender logischer Äquivalenz zu verstehen. (In der Tat pflegt sich ja an solchen Qualitätsdefinitionen auch der Streit der Interessenverbände zu entzünden; im Falle der Weinsortierungsprädikate etwa der zwischen inländischen und ausländischen Winzerverbänden.) Es zeigt sich also, daß in diesem Falle die Definition, im Sinne der *ersten* früher von uns postulierten logischen Möglichkeit, selbst als wertende Prämisse des Searleschen Arguments fungiert. Die Aussage »Alles, was A, B und C ist, ist Extra Feine Sorte«, die nach Searle die Beziehung bloß zwischen der deskriptiven Prämisse und dem wertenden Schluß herstellen soll, kann also tatsächlich nicht analytisch sein; denn sie muß entweder mit der wertenden Zuordnungs- bzw. Einstufungsdefinition des Ministeriums identisch sein oder, als »analytische Prämisse«, solche Definition(en) außer der deskriptiven Prämisse schon voraussetzen. Auf keinen Fall vermag sie eine analytische Beziehung zwischen einer Tatsachenbeschreibung und einer wertenden Schlußfolgerung herzustellen, wie Searle es für möglich hält.

Es scheint jedoch, daß unsere bisherigen Argumente, die zweifellos im Geiste der Logik und der von Searle so genannten »klassischen Sprachanalyse« gehalten waren, die eigentliche Intention der Searleschen Argumentation noch nicht berücksichtigt haben. Denn Searle behauptet, daß die Kritik des naturalistischen Fehlschlusses selbst auf einem Fehlschluß beruhe, der neben anderen Fehlschlüssen in den unzureichenden »sprachtheoretischen« Voraussetzungen der »klassischen Periode der Sprachanalyse« begründet sei.[10] Durch die von Searle im vorausgehenden entwickelte *Sprechakttheorie* sollen offenbar die sprachtheoretischen Voraussetzungen der klassischen Argumente gegen die »naturalistic fallacy« überholt sein. Diese These, aus einer Gruppe von deskriptiven Aussagen könne niemals »eine Wertaussage folgen«, soll auf einem sprachphilosophischen »Dogma« beruhen, das eher in der metaphysischen Unterscheidung von »Tatsachen« und »Normen« bzw. »Werten« als in einer adäquaten Sprachtheorie begründet ist.[11] Prüfen wir diese Thesen zunächst mit Bezug auf die bislang erörterten Beispiele und sehen wir insbesondere zu, ob die von uns bislang entwickelten Argumente *zugunsten* der Kritik der »naturalistic fallacy« *hinsichtlich ihrer sprachphilosophischen Voraussetzungen* tatsächlich durch die Searlesche *Sprechakttheorie* in Frage gestellt werden. (Ich möchte an dieser Stelle besonders betonen, daß mir ein derartiges Ergebnis als merkwürdig und beunruhigend erscheinen würde, da ich die Searlesche Analyse der Struktur der Sprechakte, unabhängig von den Searleschen Applikationen dieser Analyse betrachtet, als fruchtbar und weitgehend akzeptabel ansehe.)

Searle sieht eine wesentliche Ursache für den »Fehlschluß der Kritik des naturalistischen Fehlschlusses« in der vagen und schlagwortartigen »Gleichsetzung von Bedeutung und Gebrauch«[12]:

»Den Sprachphilosophen der klassischen Periode fiel u. a. besonders die Tatsache auf, daß bestimmte indikativische Sätze nicht verwendet werden, um Sachlagen zu beschreiben, sondern um Bewertungen, Beurteilungen, Einstufungen usw. auszudrücken. Daraus, daß der Gebrauch, d. h. die illokutionäre Rolle der Äußerung solcher Sätze verschieden ist von dem Gebrauch oder der illokutionären Rolle der Äußerung bestimmter deskriptiver Sätze, schlossen sie, daß auch ihre Bedeutungen so verschieden sein müßten, daß aus einer Gruppe von deskriptiven Aussagen niemals eine Wertaussage abgeleitet werden könnte. Aber dieser Schluß ist unzutreffend, denn aus der Tatsache, daß der Sinn oder die illokutionäre Rolle der Äußerung eines Satzes ›bewertend‹ ist, folgt nicht, daß die Proposition, die durch ihn ausgedrückt wird, nicht ableitbar sei aus einer Proposition, die mittels der Äußerung eines seiner illokutionären Rolle oder seinem Sinn nach ›deskriptiven‹ Satzes ausgedrückt wird. Die Wahrheitsbedingungen der einen Proposition können zugleich hinreichende Wahrheitsbedingungen der anderen Proposition auch dann sein, wenn der Sinn der Äußerung des einen Satzes von dem der Äußerung des anderen Satzes verschieden ist.«[13]

Searle unterscheidet hier also scharf zwischen dem *Gebrauch*, d. h. dem *Sinn* oder der *illokutionären Rolle* der Äußerung von *Sätzen* einerseits und der *Bedeutung* der *Sätze*, d. h. der durch sie ausgedrückten *Proposition* und ihren *Wahrheitsbedingungen* andererseits; und er behauptet, daß die logische Ableitbarkeit von *Propositionen aus Propositionen* unabhängig sei von der *illokutionären Rolle der Äußerung von Sätzen*.

Auf das zuletzt erörterte Beispiel angewandt, besagt dies in Searles Worten:

»Natürlich ist die charakteristische illokutionäre Rolle *der Äußerung* ›Dieser Apfel ist Extra Feine Sorte‹ ganz verschieden von der charakteristischen illokutionären Rolle der Äußerung ›Dieser Apfel hat die Eigenschaften A, B und C‹. Wie Urmson bemerkt, besteht die charakteristische Rolle der ersten Äußerung darin, den Apfel einzustufen, die charakteristische Rolle der zweiten darin, ihn zu beschreiben. Aber die Tatsache, daß die beiden Äußerungen in der Regel unterschiedliche illokutionäre Rollen haben, genügt nicht, um zu zeigen, daß die in der zweiten Äußerung ausgedrückte *Proposition* nicht ableitbar sei aus der in der ersten Äußerung ausgedrückten *Proposition*.«[14]

Tatsächlich glaubt Searle in diesem Fall zeigen zu können, daß die in der zweiten Äußerung ausgedrückte *Proposition* aus der in der ersten Äußerung ausgedrückten *Proposition* unter der Voraussetzung einer Qualitäts-Definition ableitbar ist, obwohl die *illokutionäre Rolle* beider Äußerungen in dem von Urmson unterstellten Sinn verschieden ist.[15] Wir haben aber bereits gezeigt, daß dieser Versuch der Herleitung einer wertenden Aussage aus einer deskriptiven Aussage daran scheitert, daß er die Rolle der *Qualitäts-Definition* nicht richtig einschätzt; und wir können die Pointe unserer Widerlegung durchaus mit Hilfe der sprachtheoretischen Terminologie Searles explizieren. Sie besagt dann: Die von Searle vorausgesetzte Definition kann eine *propositionale Bedeutungs-Äquivalenz* zwischen den *deskriptiven* Aussagen und den *bewertenden* Aussagen über Äpfel nur dadurch herstellen, daß sie selbst die Funktion der bewertenden Einstufung übernimmt und dadurch als nicht wertungsfreie Prämisse im Argument Searles fungiert. Es läßt sich also gerade nicht im Sinne Searles unterstellen, daß schon die (ihrem illokutionären Sinn nach) *wertungsfreien Beschreibungen* der Äpfel *Propositionen* zum Ausdruck bringen, deren *Bedeutung* die Ableitung von *Propositionen* rechtfertigt, in denen (im Sinne ihrer illokutionären Rolle) bewertende Aussagen über die Äpfel zum Ausdruck kommen. Was Searle allenfalls gezeigt hat, ist vielmehr dies: Aussagen wie »Dieser Apfel hat die Eigenschaften A, B und C« können als bedeutungsäquivalent mit Aussagen wie »Dieser Apfel ist Extra Feine Sorte« *verstanden* werden, *wenn* die *wertend-einstufende* Qualitätsdefinition vorausgesetzt wird.[16]

Auch im Falle des ersten Beispiels vermag die sprachtheoretische Begründung der Searleschen Argumentation unsere Analyse nicht zu widerlegen: Die *propositionale Bedeutung* der »Beschreibung eines deduktiven Schlusses« rechtfertigt aus sich allein nur dann die Ableitung einer »bewertenden Aussage« mit der propositionalen Bedeutung »Dies ist ein gültiger Schluß«, wenn der *deskriptive Satz* selbst hinsichtlich der *illo-*

kutionären Rolle seiner Äußerung schon die Funktion einer Bewertung erfüllt. Was Searle in diesem »Gegenbeispiel« gegen die Kritik der »naturalistic fallacy« tatsächlich gezeigt hat, ist m. E. dies: daß ein *Satz*, dessen Äußerung die illokutionäre Rolle einer Bewertung erfüllt und dessen propositionale Bedeutung daher die Ableitung einer bewertenden Aussage rechtfertigt, die äußere grammatische Form eines deskriptiven Satzes aufweisen kann.[16a] Im Falle der sogenannten »Beschreibungen« von Schlußfolgerungen in der Wissenschaft der Logik ist diese – wie wir andeuteten, metaphorisch bedingte – Möglichkeit gewissermaßen systematisch kultiviert worden, was m. E. zu dem Streit darüber geführt hat, ob die Logik als »normative Wissenschaft« oder als Wissenschaft vom »ideal Seienden« aufzufassen sei. Durchschaut man diesen Streit als bedingt durch die sprachliche Form logischer Sätze, so wird m. E. auch die eigentliche Pointe der Rede Searles von der *Ableitbarkeit der Gültigkeit von Schlüssen aus ihrer Beschreibung* transparent: Sie liegt offenbar darin, daß wir *logische Relationen* in solchen Sätzen »beschreiben« können, die ihrer äußeren grammatischen Form nach deskriptiven Status aufweisen, zugleich aber hinsichtlich derjenigen Aspekte ihrer grammatischen Tiefenstruktur, die sich durch die illokutionäre Rolle ihrer Äußerung explizieren lassen, den Charakter von *bewertenden Aussagen* haben müssen.[17] Anders gesagt: wir können schon die Tatsache, daß ein deduktiver Schluß vorliegt, nicht feststellen, ohne zugleich eine bewertende Aussage über die Realität zu machen. Das besagt aber nicht, daß wir Normen aus Tatsachen herleiten können oder müssen, sondern eher, daß wir ohne die Voraussetzung gewisser Normen gewisse Phänomene nicht angemessen beschreiben können. Dieser Gesichtspunkt wird sich m. E. auch bei der noch ausstehenden Diskussion der Beschreibung von gelungenen Versprechensakten als hilfreich erweisen.

Damit scheint aber nun – zugleich mit dem Scheitern des Versuchs, die klassische Kritik an der »naturalistic fallacy« als Fehlschluß zu entlarven – auch die sprachtheoretische

These falsifiziert zu sein, die Searle aus seiner Kritik der klassischen Gleichsetzung von Bedeutung und Gebrauch herleitet: die merkwürdige These nämlich, daß die *propositionale Bedeutung* von Sätzen unabhängig von der *illokutionären Rolle der Äußerung* dieser Sätze sein könne, daß man also nach den *Wahrheitsbedingungen* der ausgedrückten *Proposition* fragen könne, ohne den *Sinn* oder die *illokutionäre Rolle der Äußerung* eines Satzes zu berücksichtigen. Daß diese These falsch sein muß, zeigt ein so einfaches Beispiel wie der Fall eines Befehls, der in der grammatischen Form eines Behauptungssatzes vorgetragen wird, z. B. »Gefreiter Schmitz wird morgen den Stubendienst übernehmen«. Es mag ja sein, daß man auch diesem Satz – der durch ihn ausgedrückten *Proposition* – *Wahrheitsbedingungen* zuordnen kann, die in einer möglichen Welt genau dann erfüllt sind, wenn der Befehl befolgt wird. Aber auf keinen Fall kann aus der Proposition dieses Satzes, dessen Äußerung die illokutionäre Rolle eines Befehls erfüllt, eine Prognose hinsichtlich der Erfahrungswelt abgeleitet werden, die durch einen Basissatz, der das Nichtbefolgen des Befehls feststellt, falsifiziert wird. Die *Bedeutung* der Proposition, sofern sie durch ihre Wahrheitsbedingungen expliziert wird, ist also in diesem Beispiel nicht unabhängig von der illokutionären Rolle der Äußerung des Satzes. Genausowenig haltbar ist m. E. die These von Searle, »daß aus der Aussage, dieser Apfel sei A, B und C, die Aussage ableitbar ist, dieser Apfel sei Extra Feine Sorte, während gleichzeitig die illokutionären Rollen der Äußerungen dieser Sätze verschieden sind«, und daß dies »einfach dadurch zu erklären« sei, »daß die Ableitbarkeit allein von der Bedeutung abhängt«, die »in beiden Fällen gleich« sei.[18]

Im Grunde genommen scheint mir die These Searles von der Unabhängigkeit der Propositionen und ihrer logischen Beziehungen von dem illokutionären Gebrauchs-Sinn der Äußerungen sogar dem Geist der eigenen Sprechakttheorie zu widersprechen. In seiner einleitenden »Begründung der Untersuchung von Sprechakten«[19] hat Searle nämlich sehr einleuchtend die ideale wechselseitige Bezogenheit der »Sätze« als der Grundeinheiten der Sprache und der »Sprechakte« als der Grundeinheiten der Kommunikation mit den folgenden Worten klargemacht:

»Es gehört genauso zu unserer Vorstellung der Bedeutung eines Satzes, daß eine aufrichtige Äußerung dieses Satzes mit dieser Bedeutung in einem bestimmten Zusammenhang den Vollzug eines bestimmten Sprechaktes bedeutet, wie es zu unserer Vorstellung eines Sprechaktes gehört, daß es einen möglichen Satz (oder mögliche Sätze) gibt, dessen (deren) Äußerung in einem bestimmten Zusammenhang aufgrund seiner (ihrer) Bedeutung einen Vollzug dieses Sprechaktes bildet.«[20]

Aus dieser grundlegenden Stelle geht m. E. hervor, daß der *idealiter bestehenden Wechselbezogenheit (funktionale Interdependenz)* von sprachlich formulierbaren Sätzen und Sprechakten als kommunikativen Handlungen eine ebensolche ideale Wechselbezogenheit von sprachlich bedingten *Satz-Bedeutungen (Propositionen)* und *illokutionären Rollen* von *Satz-Äußerungen* entspricht. Betrachtet man nun – wie es m. E. allein sinnvoll ist – diese *ideale Wechselbezogenheit* als sprachtheoretische Grundlage des Verhältnisses von *logischer* (*semantischer*) Satz-Bedeutungs-Analyse und *pragmatischer* Sprechakt- qua *Satz-Gebrauchs*-Analyse, dann läßt sich dieser Grundansatz der Searleschen Sprechakt-Theorie kaum mit der später von Searle vertretenen These von der prinzipiell möglichen Unabhängigkeit der Propositionen und ihrer logischen Beziehungen von dem illokutionären Gebrauchs-Sinn der zugehörigen Sprechakte vereinbaren. Weit plausibler ist es jedenfalls im Sinne des Searleschen Grundansatzes, scheinbare Divergenzen zwischen Satz-Bedeutungen (Propositionen) und dem zugehörigen illokutionären Gebrauchs-Sinn der Satz-Äußerungen im Geiste des späten Wittgenstein auf eine Divergenz von (syntaktisch-semantischer) *Oberflächenstruktur* und (semantisch-pragmatischer) *Tiefenstruktur* der Sätze zurückzuführen. Denn es ist ja natürlich richtig und auch von der »klassischen Sprachanalyse« anerkannt, daß die von der äußeren Sprachform suggerierte *Satz-Bedeutung* von dem zugehörigen *Gebrauchs-Sinn der Satz-Äußerung* divergieren kann. Aber die Legitimation *logischer Ableitungen* von diesen *Divergenzen* – statt von der *idealen Wechselbezogenheit* – abhängig zu machen, kann wohl kaum als sprachtheoretischer Fortschritt gegenüber der klassischen Sprachanalyse angesehen werden.

Tatsächlich scheint mir Searle im zweiten Teil seines Buches von dem Wunsch, die Kritik des naturalistischen Fehlschlusses zu widerlegen, verführt worden zu sein. Die sprachphilosophische Verführung scheint mir aber erleichtert worden zu sein durch den Umstand, daß die »Sprechakttheorie« – wie schon zuvor die »Gebrauchs«-Theorie der Wort- und Satz-Bedeutung in der »Ordinary Language Philosophy« – ohne Berücksichtigung der semiotischen Unterscheidung von *syntaktischer*, *semantischer* und *pragmatischer* Dimension der Sprach-Funktion entwickelt wurde. Schon in der unklaren Erklärung Searles, »daß es sich bei der adäquaten Untersuchung von Sprechakten nicht um eine Untersuchung der ›parole‹, sondern um eine solche der ›langue‹ handelt«[21], macht sich m. E. ein unzureichender Begriff der von Searle selbst doch gerade erschlossenen Dimension der autonomen *Regeln* des kommunikativen Sprach-*Gebrauchs* bemerkbar. Denn so plausibel es ist, im Sinne des »Prinzips der Ausdrückbarkeit« zu postulieren, »daß man alles, was man meinen kann, auch sagen kann« und daß *insofern* »die Sprechakte, die mit der Äußerung eines Satzes vollzogen werden, . . . allgemein eine Funktion der Bedeutung des Satzes« bilden[22], so berechtigt diese Einsicht doch lediglich zu der Schlußfolgerung, daß die Sprechakttheorie *auch* von der »langue« als *Institution* der Sprechakt-*Formulierung* handeln muß. Zugleich muß sie aber doch offenbar im Sinne der These idealer Wechselbezogenheit von den autonomen *Regeln* (*Bedingungen* und *Konsequenzen*) der gelingenden Kommunikation durch Sprechakte handeln – und davon, daß die *Bedeutungen der Sätze*, durch die Sprechakt-Intentionen eindeutig bestimmbar

(formulierbar) sein sollen, *allgemein eine Funktion der zugehörigen Sprechakte sein müssen.*
Dieser Aspekt der von Searle mit Recht geforderten »Untersuchung unter zwei verschiedenen Gesichtspunkten«[23] bleibt offenbar unberücksichtigt, wenn Searle die Untersuchung der Sprechakte schlichtweg als Untersuchung der »langue« versteht; und genau dieser Aspekt – in dem sich der Primat der *pragmatischen* Dimension bemerkbar macht – wird vollends übersehen, wenn Searle später die *Satz-Bedeutungen* (*Propositionen*) und ihre logischen Beziehungen unabhängig von den idealiter zugehörigen *illokutionären Rollen der Satz-Äußerungen* glaubt behandeln zu können.[23a]
Doch mit diesen kritischen Bemerkungen über die *sprachtheoretischen Voraussetzungen* der Searleschen Metakritik der klassischen Kritik der »naturalistic fallacy« haben wir lediglich einen vorläufigen Verständnishorizont gewonnen für die eigentliche »Durchführung der Ableitung eines Sollens aus einem Sein«[24], die bei Searle erst im Anschluß an die sprachtheoretische Kritik an den Voraussetzungen der klassischen Sprachanalyse erfolgt. Searle führt jetzt als neues Gegenbeispiel gegen die These von der Unmöglichkeit der Ableitung einer normativen aus einer deskriptiven Aussage die Ableitung des normativen Verpflichtetseins aus der festgestellten Tatsache eines gegebenen Versprechens ein. Und man kann m. E. von vornherein zugestehen, daß dieser Versuch, der an die im ersten Teil des Searleschen Buches gewonnenen Ergebnisse einer paradigmatischen Analyse der Bedingungen und Konsequenzen des Versprechens als eines gelingenden Sprechaktes anknüpft, schwierigere Probleme aufwirft und interessantere Ergebnisse zeitigt als die bislang diskutierten »Gegenbeispiele«. Gleichwohl kann m. E. auch von diesem Versuch gezeigt werden, daß er im Sinne seines Selbstverständnisses scheitert und in seinen positiven Ergebnissen nicht von seinen eigenen sprachtheoretischen Voraussetzungen her verstanden bzw. gerechtfertigt werden kann.

II,2. Kritik der Searleschen Ableitung normativer Aussagen aus der Beschreibung der »institutionellen Tatsache« des Versprechens

In seiner maßgeblichen »Durchführung der Ableitung eines Sollens aus einem Sein«[25] führt Searle die folgende Reihe von Aussagen ein:

»1. Jones hat geäußert, ›Hiermit verspreche ich, dir, Smith, fünf Dollar zu zahlen‹.
2. Jones hat versprochen, Smith fünf Dollar zu zahlen.
3. Jones hat sich der Verpflichtung unterworfen (sie übernommen), Smith fünf Dollar zu zahlen.
4. Jones ist verpflichtet, Smith fünf Dollar zu zahlen.
5. Jones muß Smith fünf Dollar zahlen.«

In bezug auf diese Aussagenreihe behauptet er zeigen zu können, »daß zwischen zwei aufeinanderfolgenden Aussagen dieser Aufzählung zwar nicht in jedem Fall eine Folgebeziehung, aber doch eine mehr als bloß zufällige oder kontingente Beziehung besteht, und daß zusätzliche Aussagen und bestimmte andere Änderungen, die notwendig sind, um eine Folgebeziehung herzustellen, keine Wertaussagen, moralischen Prinzipien oder irgendetwas dergleichen einzuschließen brauchen«.[26] Somit läßt sich nach Searle aus der bloßen Beschreibung des Versprechens, wie sie eindeutig in der ersten Aussage vorliegt, ohne Hinzuziehung einer wertenden bzw. normativen Prämisse die normative Aussage, daß Jones etwas tun soll, ableiten.

Ich kann im gegenwärtigen Kontext nicht den komplizierten Gang der Searleschen Argumentation im Detail nachzeichnen. Statt dessen werde ich anhand der fünf zitierten Aussagen und unter Berücksichtigung der charakteristischen Argumente von Searle unmittelbar zu zeigen versuchen, daß und warum die Ableitung des Verpflichtetseins von Jones aus der Feststellung von Jones Versprechen keine Ableitung einer normativen aus einer deskriptiven Tatsachenaussage darstellt. Mit der Rede von einer »Ableitung des Verpflichtetseins von Jones aus der

Feststellung von Jones Versprechen« möchte ich von vornherein anerkennen, daß in Searles Beispiel ein richtig erkannter Tatbestand steckt, der die Möglichkeit der Ableitung eines Sollens aus einem Sein in noch weit stärkerem Maße suggeriert als das Beispiel von der Ableitung der Gültigkeit eines deduktiven Schlusses aus seiner »Beschreibung«. Tatsächlich läßt sich ja gar nicht leugnen, daß ein Versprechen als ein empirisches Phänomen beschrieben werden kann, und daß mit der Feststellung der Tatsache eines Versprechens gleichzeitig so etwas wie eine Verpflichtung festgestellt wird. Dies ist das charakteristische Phänomen der »institutionellen Tatsache« des Versprechens, mit dem nach Searle die klassische Kritik an der »naturalistic fallacy« nicht fertig wird.[27] Wir werden zu zeigen haben, daß und weshalb es gleichwohl nicht im Sinne der Ableitung eines Sollens aus einem Sein interpretiert werden *darf* und auch nicht interpretiert zu werden *braucht*, um in seiner Eigenart verstanden zu werden.

Am leichtesten läßt sich die Frage beantworten, warum die Herleitung des Verpflichtetseins aus der Tatsache eines Versprechens nicht als Herleitung eines Sollens aus einem Sein bzw. einer normativen aus einer empirisch-deskriptiven Aussage interpretiert werden *darf*. Denn hier kommt eine *logische Notwendigkeit* ins Spiel, die Searle, wie schon im Falle der zuvor erörterten Beispiele, unberücksichtigt läßt: Wenn tatsächlich der (normative) Satz (1) »Jones soll x tun« aus dem (nichtnormativen) Satz (2) »Jones hat versprochen, x zu tun«, ohne eine weitere, normative Prämisse in Anspruch zu nehmen, abgeleitet werden soll, dann muß zwischen der Satz-Bedeutung von (1) und (2) ein *analytischer* Satz explikativ vermitteln, der etwa lautet: (3) »Das Versprechen von Jones bedeutet, daß Jones verpflichtet ist, x zu tun.« Nun kann aber dieser bedeutungsexplikative vermittelnde Satz nicht *analytisch* sein, wenn Satz (1) normative und Satz (2) empirisch-deskriptive Bedeutung hat; denn wenn (3) analytisch wäre, müßte man, um die Wahrheit von (2) festzustellen, auch die von (1) feststellen können, und umgekehrt. Also muß entweder schon Satz (2) eine normative Bedeutung haben oder Satz (1) muß eine empirische Bedeutung haben, wenn die Ableitung von (1) und (2) ein gültiger Schluß sein soll.

An dieser Stelle könnte freilich Searle erneut einwenden, wir gingen von falschen sprachtheoretischen Voraussetzungen aus; denn der Unterschied zwischen einer *normativen* und einer *deskriptiven Aussage* beziehe sich auf die *illokutionäre Rolle* (den *Gebrauchs-Sinn*) der *Satz-Äußerungen*, die logische Beziehung der *Satz-Bedeutungen* (der *Propositionen*) hingegen, um die es in dem bedeutungsexplikativen »analytischen« Satz gehe, könne unabhängig von der Verschiedenheit der illokutionären Rolle bestehen. Wir haben jedoch bereits gezeigt, daß diese These nicht nur in sich selbst unplausibel ist, sondern sogar dem sehr plausiblen Grundansatz der Searleschen Sprechakt-Theorie (im Sinne der Wechselbezogenheits-These) widerspricht. Wir wollen indessen den möglichen Searleschen Einwand noch verallgemeinern, so daß er von der soeben zurückgewiesenen, sprachtheoretischen These unabhängig wird: Man könnte sagen, durch unser Argument im Sinne der *logischen Unmöglichkeit* der Ableitung eines normativen aus einem empirisch-deskriptiven Satz hätten wir im Grunde eine *petitio principii* begangen und – wie das Norm-Logiker zu tun pflegen[28] – die Kritik der »naturalistic fallacy« gegen jede sprachanalytische Metakritik von vornherein immunisiert. Ich möchte diesen Einwand immerhin so ernst nehmen, daß ich daraus die Pflicht ableite, nun auch auf sprachanalytischer Ebene zu zeigen, daß man das Phänomen der »institutionellen Tatsache« des Versprechens als einer normativen Verpflichtung verständlich machen kann, ohne damit den Anspruch zu verbinden, ein Sollen aus einem Sein bzw. eine normative aus einer empirisch-deskriptiven Aussage ableiten zu können.

Geht man von Searles eigener Voraussetzung aus, daß ein Versprechen als »institutionelle Tatsache« empirisch festgestellt wird, so kann man mit Bezug auf die konstitutiven

Regeln der Institution selbst zwei verschiedene Standpunkte einnehmen: Man kann die Regeln als verbindliche Normen anerkennen, und man kann sie mit Anerkennungsvorbehalt lediglich empirisch beschreiben. Spielt man diese beiden Möglichkeiten durch, so läßt sich mit Bezug auf Searles Reihe der fünf Aussagen – je nach Standpunkt des Interpreten – an zwei Stellen eine Kluft zwischen Sein und Sollen aufzeigen, die es – entgegen der Versicherung von Searle – notwendig macht, zusätzliche normative Prämissen einzuführen, wenn die Ableitung des Sollens schlüssig sein soll. Der eine Hiatus ergibt sich dann, wenn der Interpret der Aussagenreihe sich etwa auf den Standpunkt eines Richters stellt, der, unter der Voraussetzung des verpflichtenden Charakters von Versprechungen, beurteilen soll, ob ein Angeklagter, der ein Versprechen gegeben haben soll, dieses zu erfüllen und eine bestimmte Handlung auszuführen hat; der andere mögliche Hiatus zeigt sich, wenn der Interpret der Aussagenreihe etwa den Standpunkt eines Kulturanthropologen einnimmt, der die Frage eines Philosophen beantworten soll, ob aus einem Versprechen, dessen Vorliegen er im Sinne eines »institutionellen Faktums« bloß empirisch festgestellt hat, seiner eigenen Überzeugung nach folgt, daß derjenige, der das Versprechen gegeben hat, es auch erfüllen und eine bestimmte Handlung ausführen *soll*.

Betrachten wir zunächst die Sachlage vom Standpunkt des Richters aus: In diesem Falle – dies sei im Hinblick auf die zweite Interpretationsmöglichkeit vorausgeschickt – haben wir von vornherein darauf verzichtet, die aus der Feststellung des Versprechens herzuleitende Feststellung des Verpflichtetseins (der Obligation) etwa selbst noch als bloß *empirische Feststellung* eines »institutionellen Faktums« zu behandeln, dem etwa nur *unter der Voraussetzung der Anerkennung der maßgeblichen Rechtsinstitution* selbst normative Geltung zukäme. Denn für den Richter ist die Feststellung des Verpflichtetseins eine normative Aussage, aus der unmittelbar folgt, daß der Angeklagte etwas *tun soll* – z.B.

an Smith fünf Dollar zahlen. Dies besagt aber zugleich, daß für den Richter die erste, niemals umstrittene und daher leicht unreflektiert bleibende, *normative Prämisse* seines Urteils darin besteht, daß durch das Gesetz – im Sinne der Institution des positiven Rechts – *vorgeschrieben* ist, daß jemand, wenn er unter bestimmten Bedingungen einen bestimmten Satz äußert, so daß der Tatbestand des Versprechens erfüllt ist, dadurch verpflichtet sein soll, die versprochene Leistung (oder Unterlassung) zu erbringen. In diesem Falle, wo der Standpunkt des Richters eingenommen wird, besteht also scheinbar keine Schwierigkeit, den logischen Übergang zumindest von Satz (2) bis (5) im Sinne der Searleschen Reihe zu vollziehen; denn der Richter hat nicht nur die Möglichkeit, sondern sogar die (rechtliche) Notwendigkeit dieses Übergangs von der Feststellung des Versprechens zur Feststellung der Verpflichtung, des Verpflichtetseins und schließlich des Tunsollens immer schon *anerkannt*. Für den Richter besteht das Hauptproblem darin, festzustellen, ob der Angeklagte tatsächlich – wie von ihm behauptet – den Tatbestand des Versprechens durch einen Sprechakt erfüllt hat, d. h. die Feststellung von Tatsachen im Sinne der Aussagen (1) und (2) der Searleschen Reihe. Läßt sich die empirische Tatsache des Versprechens im Sinne von Satz (2) mit hinreichender Sicherheit feststellen, dann folgt für den Richter allerdings, daß der Angeklagte das Versprechen erfüllen *soll (muß)*, aber diese normative Aussage folgt logisch *nicht allein* aus der Feststellung der *Tatsache* des Versprechens, sondern aus ihr *und* der *normativen Prämisse* im Sinne der Gesetze, die der Richter als selbstverständliche Voraussetzung zugrunde legt (er maßt sich ja *als Richter* nicht etwa an, die bloße Tatsache, daß jemand eine bestimmte Äußerung, die man Versprechen nennt, gemacht hat, von sich aus hinsichtlich ihrer normativen Implikationen zu interpretieren).

Der von Searle übersehene Hiatus zwischen Sein und Sollen bzw. zwischen empirischer Tatsachenfeststellung und normativer Aussage besteht also in diesem Fall darin, daß der Übergang von Aussage (2) zu (3), (4) und (5) von dem Richter zwar mit Selbstverständlichkeit aufgrund des *Verstehens* der *Bedeutung* der empirischen Feststellung eines Versprechens vollzogen wird, gleichwohl aber logisch nicht ohne die Voraussetzung einer stillschweigend anerkannten normativen Prämisse erfolgt.[29] Der Fehler, der Searle bei der Interpretation der institutionellen Tatsache des Versprechens unterläuft, ist letztlich derselbe wie bei der Interpretation der Bewertung der Äpfel aufgrund ihrer Eigenschaften. In beiden Fällen sieht Searle sehr richtig, daß man bestimmte *Tatsachen* ihrem *Sinn* nach nicht *verstehen* kann, ohne *normative Implikationen mitzuverstehen*; dieser Umstand ist für die Sozial- bzw. Geisteswissenschaften von größter Bedeutung, wie noch zu zeigen sein wird. Aber in all diesen Beispielen übersieht Searle, daß die *Bedeutung* der beschriebenen Tatsachen nur deshalb und insofern *normative Implikationen* haben kann, weil bzw. als die Tatsachen von dem, der sie feststellt, zugleich im Sinne schon *vorausgesetzter Normen bewertet* werden: Im Falle der Äpfel übersieht Searle die Bewertung im Sinne der normativ verbindlichen Definitionen des Ministeriums, die zur Beschreibung der Eigenschaften hinzutritt und erst dadurch die Bedeutungsäquivalenz von »... hat die Eigenschaft A, B, und C« mit »... ist Extra Feine Sorte« konstitutiert; im Falle (der »institutionellen Tatsache«) des Versprechens übersieht er ganz analog die selbstverständliche Bewertung des *als* Versprechen beschriebenen Sprechakts im Sinne der anerkannten Institution des Versprechens, die z. B. für den Richter den *normativ relevanten Tatbestand des Versprechens* konstituiert.[30]

Nun könnte aber Searle im Falle des Versprechens vielleicht einwenden, wer das Vorliegen eines Versprechens im Sinne einer »institutionellen Tatsache« feststellt, der brauche keineswegs wie ein bestallter Richter die normativen Vorschriften der zugehörigen Rechtsinstitution schon anerkannt zu haben und in ihrem Sinn das vorliegende Faktum zu *bewerten*; vielmehr könne er aus völlig neutraler Haltung gegenüber

der fraglichen Institution empirisch feststellen, daß im Sinne der Institution ein Versprechen gemacht wurde und daher im Sinne der Institution ein Mensch sich zu einer bestimmten Handlung verpflichtet habe. Dies sei der Beweis dafür, daß man rein aus der empirischen Beschreibung eines Versprechens ein Sollen ableiten könne, ja man könne ein Versprechen gar nicht empirisch beschreiben bzw. den Tatbestand eines Versprechens im Sinne eines »institutionellen Faktums« feststellen, ohne das Verpflichtetsein zu implizieren. Fehle diese Implikation, so habe man das »institutionelle Faktum« des Versprechens seiner Bedeutung nach nicht verstanden und könne daher auch nicht von ihm reden.
Dieser Einwand läuft m. E. darauf hinaus, uns zu dem ohnehin vorgesehenen Standpunktwechsel zu veranlassen: Statt vom Standpunkt eines auf eine Rechts-Institution vereidigten Richters müssen wir jetzt das Phänomen des Versprechens vom neutralen Standpunkt eines Kulturanthropologen betrachten. Die meisten Textstellen sprechen dafür, daß auch Searle diesen Standpunkt zuläßt oder sogar selbst einnimmt[31]: So erklärt er in seiner Erwiderung auf den Einwand, ein Nihilist könne ja die ganze Institution des Versprechens ablehnen: »Meine Darstellung setzt weder voraus, daß man Institutionen für logisch unanfechtbar hält, noch, daß man der Ansicht ist, bestimmte Institutionen seien anzuerkennen oder zu verurteilen.«[32] Und zuletzt nimmt Searle den »Einwand«, man könne doch »als neutraler Anthropologe über etwas berichten«, ausdrücklich auf und behauptet, dies ändere nichts an dem Umstand, daß man die *Bedeutung* von »Versprechen« so *verstehen* müsse, daß sie das Verpflichtetsein im Sinne des Tunsollens impliziere.[33] (Das Irritierende an dieser Behauptung möchte Searle dadurch ausräumen, daß er die folgende Unterscheidung einführt:
»Man kann den Ausdruck ›die Institution des Versprechens anerkennen‹ auf zwei ganz verschiedene Arten verstehen. Das eine Mal bedeutet er etwa a) ›Sich verpflichten, das Wort »versprechen« in seiner ihm bei aufrichtigem Gebrauch zu-

kommenden Bedeutung zu verwenden, welche durch die für die Institution konstitutiven Regeln bestimmt ist‹. Das andere Mal bedeutet er dagegen b) ›Gutheißen der Institution als einer guten oder akzeptablen Institution‹.«[34] Und Searle meint nun, auch der neutrale Anthropologe, für den nur Anerkennung im Sinne von a) – d. h. Anerkennung der *Bedeutung* von »Versprechen« *im Sinne der Institution* des Versprechens – unterstellt werden darf, könne und müsse zur Ableitung des *Sollens* gelangen, wenn er die Tatsache eines vorliegenden Versprechens *verstehend* konstatiert.)

Nun ist gewiß soviel richtig: Der neutrale Anthropologe, der *versteht*, was er sagt, wenn er von der Institution des Versprechens redet und *im Sinne dieser verstandenen Institution* die Tatsache feststellt, daß jemand ein Versprechen gegeben hat, der weiß auch, daß der Betreffende *im Sinne der Institution* verpflichtet ist – ceteris paribus – das Versprechen zu halten und eine bestimmte Handlung zu vollziehen oder zu unterlassen. *Insofern* besteht für ihn keine Schwierigkeit, den *logischen* Übergang von (1) zu (2) und von (2) zu (3), (4) und (5) im Sinne der Searleschen Aussagenreihe *hermeneutisch* zu vollziehen, und so *scheint* in diesem Fall kein Hiatus zwischen der bloßen Tatsachenfeststellung und der normativen Sollensaussage aufzutreten. Allein, da in diesem Fall – im Unterschied zu dem des Richters – unterstellt werden soll, daß die Institution des Versprechens nicht schon als »normativ verbindlich« anerkannt, sondern lediglich *hermeneutisch verstanden* ist, überträgt sich dieser *Vorbehalt der Anerkennung* auf den *Sinn* aller logisch richtigen Ableitungen von Sollensaussagen aus der empirischen Feststellung des Versprechens. M. a. W.: die normativen Implikationen dieser Feststellung (die Aussagen (3), (4) und (5)) werden lediglich *als solche im Sinne eines verstandenen institutionellen Faktums* abgeleitet, an keiner Stelle wird dagegen von dem Anthropologen der Übergang zu einer Sollensaussage gemacht, wie sie der Richter aufgrund der von ihm *anerkannten institutionellen Normen* herleiten kann.[35]

Der Hiatus zwischen Sein und Sollen, der beim Richter schon beim Übergang von Satz (2) zu (3) mit Hilfe der selbstverständlichen Voraussetzung der von ihm anerkannten Normen der Institution als normativer Prämissen überbrückt wurde, taucht also hier gewissermaßen nach der ganzen Ableitungsreihe der fünf Aussagen auf, weshalb er von Searle offenbar nicht bemerkt wurde.

Im Sinne des soeben von uns aufgewiesenen Hiatus ist die These Searles, »daß mit dem Bericht über bestimmte institutionelle Tatsachen notwendig Bewertungen, die die Anerkennung von Verpflichtungen einschließen, verbunden sind«[36], *systematisch zweideutig*. Die These läßt nicht erkennen, ob es sich bei den »Bewertungen« bzw. bei der »Anerkennung von Verpflichtungen« um bloßes *Verstehen* – bzw. *hermeneutisches »Ableiten«* – normativer Implikationen institutioneller Tatsachen handelt oder um ein Ableiten normativer Implikationen im Sinne normativer Verbindlichkeit für den Ableitenden und sein Publikum. Sofern auch dies letzte durch die These Searles suggeriert wird – im Sinne der prätendierten Ableitung eines Sollens allein aus der bloßen Feststellung eines Seins –, ist die These schlicht falsch.

Die Richtigkeit dieser Interpretation läßt sich dadurch evident machen, daß man sich vorstellt, welche Antwort der Kulturanthropologe wohl auf die von uns fingierte Gretchen-Frage des Philosophen[37] geben würde, der von ihm wissen will, ob denn nun seiner Meinung nach ein von ihm *logisch-hermeneutisch* einwandfrei abgeleitetes Verpflichtetsein *wirklich* eine Verpflichtung ist, d. h. erfüllt werden *soll*:

Falls es sich etwa um die Verpflichtung eines ihm bekannten Stammeshäuptlings handelt, seine Tochter dem Regengott zu opfern, wenn in diesem Jahr nach fünf vorausgehenden Jahren wieder kein Regen fallen sollte, so wird der als Mensch bzw. als Philosoph angesprochene Anthropologe vielleicht antworten: »Natürlich ist er dazu nicht im Ernst verpflichtet, er hätte das gar nicht versprechen dürfen; aber die Tragik liegt eben darin, daß er sich im Sinne der für ihn sittlich verbindlichen Institutionen tatsächlich verpflichtet hat, seine Tochter zu opfern.« Vielleicht würde der Anthropologe noch hinzufügen: »Die ethisch verbindliche Institution des Versprechens ist bei den Menschen häufig mit unsittlichen Institutionen – hier z. B. der religiösen Institution des Menschenopfers – verbunden.«

Falls es sich um die Verpflichtung von Jones handelt, an Smith aufgrund einer verlorenen Wette fünf Dollar zu zahlen, so würde der Anthropologe vielleicht antworten: »Doch, ich bin schon der Meinung, daß er wirklich zahlen soll – wenn er das Geld hat und keine schwerer wiegenden Verpflichtungen im Wege stehen.[38] Ich bin der Überzeugung, daß Menschen ihre Versprechungen prinzipiell erfüllen sollen; denn die Institution des Versprechens ist nicht irgendeine beliebige Institution oder Konvention, sondern eigentlich die Grundlage aller menschlichen Konventionen und Institutionen.«

Vergleicht man diese fingierten Antworten des Anthropologen, der gewissermaßen als Philosoph angesprochen wurde, mit den Aussagen desselben Anthropologen über die normativen Implikationen des von ihm bloß *beschriebenen institutionellen Faktums*, so ergibt sich zweierlei:

1. Es besteht ein klar bestimmbarer Unterschied zwischen der *hermeneutisch-logischen* Ableitung des Sollens *im Sinne* eines empirisch konstatierten institutionellen Faktums und der normativ verbindlichen Ableitung des Sollens aufgrund der *Anerkennung einer normativen Prämisse.* Nur der letztere Fall, in dem kein Anerkennungsvorbehalt gegenüber der Institution des Versprechens bestehen darf, ist im Sinne der metaethischen Kritik an der »naturalistic fallacy« relevant, und er bestätigt diese Kritik. Der Fall der *logisch-hermeneutischen Ableitung des Sollens* ist zwar insofern interessant, als er zeigt, daß man »institutionelle Fakten« – im Gegensatz zu »Naturtatsachen« – nicht empirisch *beschreiben* kann, ohne sie zugleich zu *verstehen*, u. d. h. ohne *die norma-*

tiven Voraussetzungen und Implikationen ihres konventionellen Sinns mitzuverstehen. Diesen Umstand hat Searle zu Recht hervorgehoben, und er hat damit – wie überhaupt mit der Unterscheidung von »natürlichen« und »institutionellen Fakten«[39] – einen Beitrag zur Methodologie der Sozialwissenschaften qua hermeneutischer Geisteswissenschaften geleistet, – einen Beitrag, der die Einsicht von P. Winch bestätigt, daß der Sozialwissenschaftler quasi durch Teilnahme am Sprachspiel seiner Sozial-Objekte sicherstellen muß, daß er die Regel verstanden hat, denen diese Objekte qua Subjekte tatsächlich folgen.[40] Aber es ist klar, daß ein Sozialwissenschaftler durch sein *Verstehen* institutioneller Tatsachen – und durch die Ableitung von normativen Implikationen dieser Tatsachen im Rahmen einer verstehenden Beschreibung – nicht zu normativen Aussagen im Sinne der *Anerkennung* von Normen verpflichtet werden kann. Wenn er zu verbindlichen Bewertungen oder Sollensaussagen gelangt – d. h. zu normativen Aussagen ohne Anerkennungsvorbehalt –, so kann er diese niemals allein durch empirische Beschreibung »institutioneller Tatsachen« begründen, sondern allenfalls durch solche Beschreibungen *und* normative Prämissen, die er selbst als verbindlich voraussetzen kann. Indem Searle diesen Unterschied zwischen *normativ verbindlicher* und bloß *hermeneutischer* Ableitung von Sollensaussagen übersieht, verfehlt seine Metakritik der Kritik der »naturalistic fallacy« ihr Ziel.[41]

Allein in den beiden von uns fingierten Antworten des Anthropologen auf die Gretchenfrage nach der *normativen Verbindlichkeit* seiner hermeneutischen Ableitung von normativen Implikationen eines gegebenen Versprechens liegt noch ein anderer Hinweis: ein Verweis auf den eigentümlich *universalen* Charakter der sog. »Institution des Versprechens«, der sie zur Grundlage oder – besser – *Bedingung der Möglichkeit* aller von Menschen begründbaren bzw. rechtfertigbaren *Konventionen* bzw. *Institutionen* macht. Selbst dann nämlich, wenn wir gewichtige normative Hinderungsgründe gegen die Erfüllung von gegebenen Versprechen vorzubringen haben, ja selbst dann, wenn wir ein gegebenes Versprechen als inhaltlich unsittlich zurückweisen müssen, erkennen wir die normative Verbindlichkeit von Versprechen im Prinzip an; denn wir verspüren den Normenkonflikt, der in jedem Nichteinhalten von Versprechen liegt. Darin bezeugt sich zwar nicht die Möglichkeit einer Ableitung von Normen aus Tatsachen, wie Searle meint; aber es liegt darin der Hinweis, daß es vielleicht für uns gar nicht möglich ist, die *Institution (der normativen Verbindlichkeit) des Versprechens* als eine bloß konstatierbare bzw. beschreibbare »institutionelle Tatsache« zu behandeln, die man wie andere kontingente »institutionelle Tatsachen« – wie etwa die Regeln des Base-Ball oder die Normen des positiven Rechts – entweder ausdrücklich anerkennen oder grundsätzlich in Frage stellen kann. Weder die Perspektive des bestallten Richters noch die des neutralen Kulturanthropologen wäre dann für die Frage der Anerkennung oder Nichtanerkennung der normativen Implikationen der sog. »Institution« des Versprechens überhaupt relevant, da beide *als Menschen* deren Verbindlichkeit immer schon anerkannt haben müßten, noch ehe sie *ex professione* besondere institutionelle Normen anerkennen bzw. unter Anerkennungsvorbehalt lediglich verstehend beschreiben können. (Lediglich – allerdings – der Standpunkt des konsequenten Nihilisten, den Searle glaubt akzeptieren zu können[42], wäre m. E. als nicht zu akzeptierender Standpunkt der Selbstverneinung des Menschen heuristisch relevant.) Es finden sich bei Searle selbst einige Stellen, die sich in diesem Sinne interpretieren lassen und damit eine ganz andere – nicht mehr gegen die Kritik der »naturalistic fallacy« gerichtete – Strategie der *Begründung von ethischen Normen mit Hilfe der Sprechakttheorie* nahelegen.

III. Versuch einer Begründung ethischer Normen mit Hilfe der transzendentalpragmatisch interpretierten Sprechakttheorie

Auf der letzten Seite seines Buches resümiert Searle seine Metakritik der Kritik der »naturalistic fallacy« in den folgenden Sätzen:

»Wer versucht, die metaphysische Unterscheidung zwischen Tatsache und Wert in die Sprache zurückzuprojizieren – wobei jene Unterscheidung die Form einer These über gültige Ableitungsbeziehungen annimmt –, muß notwendig auf zahlreiche Gegenbeispiele stoßen, denn *eine Sprache sprechen ist untrennbar verknüpft mit der Übernahme von Verpflichtungen, dem Akzeptieren von Festlegungen, der Anerkennung zwingender Schlüsse usw. ... bei konsequenter Anwendung des neutralen anthropologischen Standpunktes gäbe es keine Gültigkeit und keine Ableitbarkeit mehr ... Die Ausklammerung des anerkennenden Gebrauchs der Wörter ... impliziert letztlich die Ausklammerung der Sprache selbst, denn eine Sprache sprechen bedeutet* – und das war das Hauptthema dieses Buches –, *in Übereinstimmung mit den jeweils geltenden Regeln Sprechakte zu vollziehen, und mit diesen Sprechakten ist untrennbar verknüpft die Anerkennung der Verpflichtungen und Festlegungen, die einen wesentlichen Bestandteil eben dieser Sprache bilden.«* (Hervorhebungen von K.-O. A.)1

In diesem Resümee – genauer: in den von mir hervorgehobenen Sätzen des Resümees – ist m. E. zum Ausdruck gebracht, worum es in der Herleitung normativer Konsequenzen aus der Sprechakttheorie wirklich geht oder – besser – gehen sollte. Man braucht freilich, um den guten Sinn der hervorgehobenen Sätze zu explizieren, gerade nicht die Kritik der »naturalistic fallacy« in Frage zu stellen und das Sollen aus einem Sein bzw. normative Aussagen aus empirischen Tatsachen-Beschreibungen herzuleiten. Statt dessen muß man m. E. davon ablassen, die Sprache *bloß* als eine *kontingente institutionelle Tatsache* auf gleicher Ebene mit den in der empirischen Soziologie beschriebenen sozialen Institutionen bzw. Konventionen und die philosophische Eruierung der

Regeln von Sprechakten sowie der damit verknüpften Verpflichtungen, Festlegungen und der Anerkennung logisch zwingender Schlüsse bloß als empirische Beschreibung auf gleicher Ebene mit der Tatsachenbeschreibung neutraler Anthropologen oder empirischer Linguisten zu begreifen. Zumindest die zuletzt zitierten Sätze Searles sind ja offenbar nicht als empirische Feststellung gemeint, die durch Tatsachen falsifiziert werden könnten, sondern eher als Hinweise auf notwendige Bedingungen aller Argumentation und damit aller Entscheidung über das Vorliegen oder Nichtvorliegen von Tatsachen. Denn welchen Sinn hätte sonst der Hinweis Searles, daß »bei konsequenter Anwendung des ›neutralen anthropologischen Standpunktes‹ ... keine Gültigkeit und keine Ableitbarkeit mehr« bestehe und »die Ausklammerung des anerkennenden Gebrauchs der Wörter ... letztlich die Ausklammerung der Sprache selbst« zur Folge hätte? Warum *muß* es denn so etwas wie *Gültigkeit* und *Ableitbarkeit* geben? Und warum wäre denn die »Ausklammerung der Sprache selbst« (man beachte das Pathos dieser Stelle!) absurd? – Offenbar doch deshalb, weil mit ihr nicht bloß ein empirisch beschreibbares »institutionelles Faktum« ausgeklammert würde, sondern die *Bedingung der Möglichkeit* aller Beschreibung von Fakten und aller logischen Schlüsse, und weil damit die diskursive Argumentation selbst, hinter deren Ansprüche man zumindest *in der Argumentation* nicht zurückgehen kann, aufgehoben wäre! Kurz: die zuletzt zitierten Sätze von Searle deuten auf die *Möglichkeit und Notwendigkeit einer transzendentalphilosophischen Interpretation der Sprechakttheorie* – wobei man allerdings den Begriff der Transzendentalphilosophie nicht durch den historischen Kant präjudizieren darf, für den ja Sprache und Kommunikation gerade nicht transzendentale Größen waren.[2]

Doch inwiefern wäre mit dieser transzendentalphilosophischen Interpretation der Searleschen Schlußsätze etwas für unser Problem der Herleitung von *Normen* – insbesondere von ethischen Normen – gewonnen? Inwiefern ließe sich so das, worum es Searle eigentlich geht oder gehen sollte, ohne die aussichtslose Prätention der Herleitung von Normen aus empirischen Tatsachen zur Geltung bringen? – Die Antwort auf diese Frage läßt sich vorgreifend etwa folgendermaßen skizzieren: Wenn die *Regeln* (d. h. die Bedingungen und Konsequenzen des Gelingens) *von Sprechakten,* und unter ihnen insbesondere die des Versprechens, nicht bloß als konventionsbedingte, empirisch beschreibbare, »institutionelle Tatsachen«, sondern in transzendentaler Reflexion primär als *normative Bedingungen der Möglichkeit der Argumentation selbst* begriffen bzw. thematisiert werden, dann braucht man nicht Normen aus Fakten abzuleiten, um die Bedeutung der Sprache und der (philosophischen) Sprachtheorie ins rechte Licht zu rücken; vielmehr kann man zeigen, *daß bestimmte Normen immer schon notwendigerweise von uns anerkannt sein müssen und daher als transzendentalpragmatische Prämisse aller Normen-Herleitung a priori zur Verfügung stehen.*

Wir wollen jedoch versuchen, diesen Ansatz im Sinne einer kritischen Rekonstruktion der (Searleschen) Sprechakttheorie näher zu explizieren und gegen mögliche Einwände zu verteidigen.

III,1. Transzendental-universale Kommunikations-»Regeln« versus einzelsprachliche »Konventionen«

Abgesehen von Kapitel I, Abschnitt 4, über die »Begründung der Untersuchung von Sprechakten« scheint mir Kapitel II, Abschnitt 5, über »Regeln« am aufschlußreichsten für das Verständnis der thematischen Intention des Searleschen Buches über *Sprechakte* zu sein. In dem zuletzt genannten Abschnitt über Regeln erklärt Searle, die Hypothese seines Buches bestehe darin, »daß eine Sprache zu sprechen bedeutet, Sprechakte in Übereinstimmung mit Systemen konstitutiver Regeln zu vollziehen«. Und er erläutert diese These durch die Exposition und Beantwortung der folgenden drei Fragen: »Erstens, beruhen Sprachen (im Gegensatz zur Sprache) auf Konventionen? Zweitens, sind illokutionäre Akte regelgeleitet? Drittens, ist die Sprache regelgeleitet?«[3] Searle bejaht nun alle drei Fragen in dem Sinne, daß erstens die Verschiedenheit der einzelnen *Sprachen* auf der Verschiedenheit von *Konventionen* beruht, daß es zweitens darüberhinaus *konstitutive Regeln* für das Vollziehen von Sprechakten geben muß, die in den verschiedenen Sprachen bloß *konventionell verschieden realisiert* werden, und daß drittens *die Sprache* auf *Regeln* beruht – und zwar in dem Sinne, daß »verschiedene menschliche Sprachen ... in dem Maße, in dem sie ineinander übersetzbar sind, als verschiedene auf Konventionen beruhende Realisierungen der gleichen zugrunde liegenden Regeln betrachtet werden« können.[4] Die Antwort auf die dritte Frage ist, wie Searle ausdrücklich erklärt, für die in seinem Buch »gegebene Darstellung von entscheidender Bedeutung. Sie stellt nämlich nur eine genauere Formulierung der Hypothese dar, daß *eine Sprache sprechen* eine regelgeleitete Form des Verhaltens ist.«[5] Und Searle kommt schließlich noch bezüglich des von ihm exemplarisch analysierten Sprechakts des Versprechens zu dem folgenden Schluß: »... daß die Äußerung eines zum Vollzug des Versprechens dienenden Mittels (unter geeigneten Bedingungen) als Übernahme einer Verpflichtung gilt, hängt von *Regeln* und nicht von *Konventionen* des Französischen oder Englischen ab.«[6]

In dem zuletzt zitierten Satz wird also der Umstand, daß der vollzogene Akt eines Versprechens eine Verpflichtung impliziert, auf *universale Regeln der Sprache* und nicht auf deren *konventionelle Realisierung in den verschiedenen Sprachen* zurückgeführt. Dies verrät schon die Bedeutung der Searleschen Explikation des Verhältnisses von *Regeln, Sprechakten* und *Konventionen* für die von uns intendierte Rekonstruktion des Verhältnisses von *Sprechakttheorie* und *Begründung von Normen.* Ich möchte jedoch vor einer genaueren Explikation dieses Hinweises zunächst die allgemeine Tragweite der Searleschen Unterscheidung zwischen *Regeln* und *Konventionen* bzw. zwischen *Sprache* und *Sprachen* verdeutlichen; und bei der Gelegenheit möchte ich versuchen, mit Searle gegen Searle zu argumentieren und zu einem philosophisch radikaleren Verständnis der Fragestellung der Sprechakttheorie zu gelangen.

Zunächst ergibt sich aus der Unterscheidung von *Regeln der Sprache und der Sprechakte* einerseits, *Konventionen der Sprachen* andererseits eine Bestätigung meiner Auffassung, daß die *Theorie der Sprechakte* nicht adäquat charakterisiert wird, wenn man sie – wie Searle das in Kapitel I, Abschnitt 4 tut – als »Untersuchung der langue« im Sinne F. de Saussures versteht. Zwar wird durch die tiefdringende Bemerkung Searles, daß die *Regeln der Sprache* bzw. der Sprechakte erst durch die *Konventionen* der verschiedenen Einzelsprachen »realisiert« werden, noch einmal das »Prinzip der Ausdrückbarkeit« bzw. das (von uns schon rekonstruierte) Theorem der *idealen Wechselbezogenheit* bzw. *funktionalen Interdependenz* von sprachlich formulierten Sätzen und Sprechakten erhärtet. Denn die von Searle postulierte prinzipielle Möglichkeit der »Ausdrückbarkeit« von *Sprechakt-Intentionen* korrespondiert offenbar der Notwendigkeit der »konventionellen Realisierung« von *Sprach-* bzw. *Sprechakt-Regeln*. Aber dadurch wird die Untersuchung der letzteren nicht zu einer Untersuchung der »langue«; denn eine solche Auffassung berücksichtigt – wie schon früher betont – nicht die Zweiseitigkeit des Verhältnisses der funktionalen Interdependenz von *syntaktischen und semantischen Regeln* (Konventionen!) der Satz-Bildung und Satz-Bedeutung einerseits, *pragmatischen Regeln* der Sprechakt-Produktion andererseits: Weder die syntaktischen noch die semantischen Regeln der »langue«-Systeme können von sich aus die *Bedingungen und Konsequenzen der Sprechakt-Produktion* explizieren; denn diese Bedingungen und Konsequenzen werden ja in Gestalt der normalen Kontext-Bedingungen von den Regeln der »langue« – Syntax und Semantik – gerade vorausgesetzt. Insofern ist schon bei Unterstellung der idealen funktionalen Interdependenz zwischen Sätzen und Sprechakten die Kennzeichnung der Sprechaktanalyse als »Untersuchung der langue« einseitig und daher unzureichend.

Vollends irreführend ist sie aber deshalb, weil in der Sprechakt-Analyse ja keineswegs das postulierte ideale Verhältnis der funktionalen Interdependenz zwischen Sätzen und Sprechakten als praktisch realisiert unterstellt werden kann. Denn wie Searle selbst bemerkt, ist es ja »nicht immer die Bedeutung eines Satzes allein, die bestimmt, welcher Sprechakt mit einer bestimmten Äußerung dieses Satzes vollzogen wird, denn ein Sprecher kann mehr meinen, als er wirklich sagt«.[7] M. a. W.: Die Regeln der Sprechakt-Produktion werden ja nicht nur in den Ausdrucksmitteln der verschiedenen Sprachen konventionell realisiert, sondern sie müssen auch dafür verantwortlich gemacht werden, daß die konventionell realisierten Regeln der Satz-Bildung und Satz-Bedeutung im Situationskontext noch im Sinne des aktuellen Sinnes der Satz-Äußerung ergänzt oder sogar teilweise außer Kraft gesetzt oder überspielt werden können. Diese im emphatischen Sinn *pragmatische* Seite des Verhältnisses zwischen *Sprechakt-Regeln* und ihren *konventionellen Realisierungen* hat freilich Searle in seinem Buch nicht berücksichtigt. Ja, er behauptet sogar ausdrücklich, daß das »Prinzip der Ausdrückbarkeit« es ihm erlaube, »Regeln für den Vollzug von Sprechakten mit Regeln für die Äußerung bestimmter sprachlicher Elemente gleichzusetzen«, und »daß Fälle, in denen der Sprecher nicht genau sagt, was er meint – die wichtigsten Beispiele dafür sind Unaufrichtigkeit, Vagheit, Ambiguität und Unvollständigkeit – für die sprachliche Kommunikation theoretisch unwichtig sind«.[8]

Searles Beispiele zeigen aber schon, daß er die *pragmatische Differenz* zwischen *Sätzen* und *Sprechakten* in sehr einseitiger Weise nur unter dem Gesichtspunkt der Defizienz im Sinne des (noch) nicht erreichten Ideals sprachlicher Ausdrückbarkeit ins Auge faßt, er berücksichtigt nicht, daß, solange dieses

Ideal nicht erreicht ist – also praktisch: in allen empirisch möglichen Fällen – die *pragmatische Differenz* keineswegs nur ein Zurückbleiben der faktischen Sprechakte hinter den prinzipiell bestehenden Möglichkeiten des sprachlichen Ausdrucks indiziert, sondern auch – vielfach zugleich – eine reflexive Kompensation der Unzulänglichkeit der konventionellen Ausdrucksmöglichkeiten durch spontan-kreative Ausnutzung von Kotext und Kontext-Gegebenheiten und von para- und extraverbalen Zeichen im Sinne der *Regeln* erfolgreicher Kommunikation. In diesem Sinne wäre nicht (nur) von Unaufrichtigkeit, Vagheit, Ambiguität und Unvollständigkeit des sprachlichen Ausdrucks der Sprechakt-Intentionen zu reden, sondern (auch) von Sinn-Andeutungspotenz – insbesondere im Sinne kreativer, syntaktischer und semantischer Metaphorik –, von Vagheit als gewollter Sinn-Offenheit und von ironischer Distanzierung von Sprache durch Sprache. Sprechakte sind ja nicht nur als aktualisierende Äußerungen von fertig bestehenden Sprachelementen zu begreifen, sondern auch als – selbst schon *regelgeleitete*! – Vollzüge symbolischer Interaktion, aus der – wahrscheinlich unter der Voraussetzung angeborener Programmierungen – Sprach-Konventionen allererst erwachsen.

Schon diese kritischen Bemerkungen legen es nahe, aus der Searleschen Unterscheidung von *Regeln* und *Konventionen* bzw. *Sprache* und *Sprachen* die Notwendigkeit einer prinzipiellen Korrektur des Selbstverständnisses der Sprechakttheorie abzuleiten: Die *Regeln der Sprache* im Sinne der Searleschen Sprechakttheorie beziehen sich offenbar nicht primär auf »langue«-*Konventionen* als empirisch beschreibbare »institutionelle Fakten« der geschichtlich-gesellschaftlichen Wirklichkeit, sie beziehen sich freilich auch nicht primär auf die »parole« im Sinne der durch empirische Randbedingungen mitbestimmten Realisierungen der Langue-Konventionen in faktischen Sprechakten, sondern eher auf *Universalien der menschlichen Rede-Fähigkeit* (»faculté de langage« im Sinne von F. de Saussure), die zwar als solche auf konventionelle

Realisierungen bzw. Institutionalisierungen durch *die Sprachen* prinzipiell angewiesen sind, dieser Institutionalisierung gegenüber jedoch auch in prinzipieller Differenz, als Instanzen der situationsbezogenen Ergänzung und Korrektur, sich behaupten und in dieser *pragmatischen Differenz* thematisiert werden müssen. Orientiert man sich an der durch N. Chomsky eingeführten Terminologie, so liegt es nahe, neben der durch die syntaktischen und semantischen Regeln eines »langue«-Systems bestimmten Sprach-»Kompetenz« und der auf diese Kompetenz positiv und negativ bezogenen »Performanz« eine besondere, den *universal-pragmatischen* Regeln der Sprechakt-Erzeugung und des Sprechakt-Verstehens, also der *Kommunikation*, zugeordnete Kompetenz zu postulieren. J. Habermas hat dies bekanntlich in seinem Entwurf einer »Universalpragmatik« als »Theorie der kommunikativen Kompetenz« getan.[9]

Man könnte nun freilich im Sinne Chomskys – und möglicherweise auch im Sinne Searles[10] – einwenden, eine »kommunikative Kompetenz«, sofern sie als allgemeine ideale Kompetenz unter Abstraktion von besonderen sozialen Rollenkompetenzen verstanden wird[11], könne doch überhaupt nur, im Sinne einer *semantischen* Erweiterung der *grammatischen Kompetenz*, als Fähigkeit (*ability*, nicht *capacity*) der Anwendung von Regeln einer bestimmten Sprache unter normalen Situationsbedingungen verstanden werden. Gegen eine solche, einseitig an der »langue« bzw. an der »konventionellen Realisierung« der Sprechakt-Regeln orientierte Auffassung der »kommunikativen Kompetenz« lassen sich aber m. E. schwerwiegende Einwände vorbringen. Wäre sie nämlich richtig bzw. zureichend, so ließe sich schwer begreifen, daß der Mensch nicht nur die Verwendung bestimmter Sprachen in dem Sinne erlernt, wie er nach Chomsky die Erzeugung und das Verstehen korrekt gebildeter Sätze erlernt, sondern schon mit der Erlernung der ersten Sprache (vollends aber mit der Erlernung weiterer Sprachen) eine reflexive, metasprachlich-metakommunikative Distanz zu allen konventionellen Sprachregeln erwirbt, – eine Distanz, die ihn in den Stand setzt, Sprachkonventionen gezielt – z. B. mit poetischem Effekt – zu durchbrechen, sie ironisch zu verfremden, von einer Sprache in die andere zu übersetzen und, *last not least*, zu einer philosophisch-wissenschaftlichen Thematisierung der Sprachen und der Sprache zu gelangen. Es handelt sich hier offenbar wieder um die positiv-kreative Seite der von uns postulierten *pragmatischen Differenz* zwischen der bloßen Aktualisierung konventioneller Sprachmittel und der unmittelbar situationsbezogenen Anwendung der *Regeln* zur Erzeugung von Sprechakten.

Als weitere Argumente für die Existenz einer positiven pragmatischen Differenz zwischen Sprach-Kompetenz qua »langue-Kompetenz« und »kommunikativer Kompetenz« im Sinne von Habermas möchte ich zwei Hypothesen anführen, die gerade unter Bezugnahme auf die Theorien Chomskys mit einiger Plausibilität aufgestellt werden können:

1. Die erste Hypothese betrifft das Verhältnis von »linguistischer« und »kommunikativer Kompetenz« in pathologischer Sicht: Hier darf man wohl einerseits annehmen, daß es aufgrund von Hirnschädigungen zu Sprachstörungen (Aphasien) kommen kann, bei denen die »linguistische Kompetenz« im Sinne Chomskys – also die *syntaktische Kompetenz* und die sprachsystembezogene *semantische Kompetenz*, z. B. die Fähigkeit der »syntagmatischen« Kombinationen von Wort-Bedeutungen und das »paradigmatische« Verfügen über Bedeutungs-Felder – weitgehend destruiert ist, ohne daß zugleich die *kommunikative Kompetenz* in gleichem Maße beeinträchtigt sein muß. Ja, es ist sogar zu vermuten, daß der Patient durch eine stark entwickelte kommunikative Kompetenz imstande sein könnte, die mangelhafte Verfügung über die konventionellen Sprachmittel kreativ – durch intelligenten Gebrauch der verbleibenden konventionellen Sprachmittel, durch para- und extraverbale Ausdrucksmittel und durch Erfindung neuer Zeichen – weitgehend zu kompensieren. Auf der anderen Seite läßt sich vermuten, daß im

Falle gewisser Geisteskrankheiten die *linguistische Kompetenz* voll erhalten, ja sogar virtuos-hypertroph entwickelt, die *kommunikative Kompetenz* aber in dem Sinne destruiert sein kann, daß der Patient nicht mehr in der Lage ist, die verfügbaren Sprachmittel situationsbezogen, d. h. im Sinne des Vollzugs gelingender Kommunikationsakte, zu verwenden. In diesem Fall dürfte z. B. gerade das Gefühl für die *pragmatische Differenz* zwischen konventionellen (wortwörtlichem) Sprachsinn und situationsbezogenem, kommunikativem Sinn verlorengehen, z. B. das Gefühl für den Unterschied von Ernst und Scherz, naiv-direktem und ironischem Sprachgebrauch und dergleichen. Ließe sich diese Vermutung im Sinne der Fixierung empirischer Kriterien für die Unterscheidung von linguistischer und kommunikativer Kompetenz bestätigen, so würde dies m. E. dafür sprechen, daß in den *universalpragmatischen Regeln* der Sprechakt-Erzeugung und des Sprechakt-Verstehens kraft *kommunikativer Kompetenz* ein fundamentaleres menschliches Vermögen getroffen ist als in der *linguistischen Kompetenz* im Sinne Chomskys – auch wenn diese als im Sinne einer semantischen Regelanwendungskompetenz erweitert gedacht wird. Diese Vermutung läßt sich nun m. E. noch durch eine zweite Hypothese stützen.

2. Schon W. von Humboldt sah ein Hauptproblem der Sprachphilosophie darin, die Vielheit und »Verschiedenheit« des »menschlichen Sprachbaus« und der durch sie mitbedingten »Individualität« der »Weltansichten« und soziokulturellen Lebensformen mit der gleichwohl zu postulierenden Einheit der Sprache bzw. der menschlichen Rede zusammenzudenken. Dieses Problem ist in der Gegenwart noch schärfer artikuliert worden durch die von E. Sapir und B. L. Whorf vertretene These der »Inkommensurabilität« sprachbedingter Denkkategorien einerseits, die von Chomsky und anderen unterstellte einheitliche »Tiefenstruktur« des grammatischen Baus aller menschlichen Sprachen andererseits. Nun läßt sich m. E. die formale Plausibilität der Inkommensurabilitätsthese am besten verdeutlichen, wenn man sich im Sinne R. Carnaps unter

scharfer Abstraktion von der *pragmatischen* Dimension der »Interpretation« eines künstlichen Sprachsystems auf dieses als *syntaktisch-semantisches* »framework« bezieht, durch das a priori festgelegt ist, welche möglichen Sätze *empirisch-synthetisch* und welche *sprach-analytisch* sind. Unter dieser Voraussetzung eines abstraktiv-idealisierten Sprach-Modells ist es nämlich nicht unplausibel, von einer prinzipiellen *Inkommensurabilität der menschlichen Sprach-Systeme* – und z. B. von prinzipieller Unmöglichkeit der Übersetzung[12] – zu reden. Umso dringender stellt sich dann allerdings die Frage nach den Bedingungen der Möglichkeit der Übersetzung bzw. – konkreter gefaßt – die Frage danach, wie es möglich war, daß im Laufe der Weltgeschichte zwischen den verschiedensten und entferntesten Kulturen, deren »Sprachsysteme« heute wie vor Jahrtausenden als inkommensurabel gelten müßten, dennoch in der Praxis – z. B. in der Praxis des politisch-ökonomisch-technologisch-szientifischen Weltverkehrs – eine zureichende kommunikative Verständigung hergestellt werden konnte.[13]

Nun würde man vielleicht im Sinne Chomskys auf die für alle menschlichen Sprachen einheitliche »Tiefenstruktur« verweisen und darauf, daß die Carnapsche, an willkürlich konstruierten Kunstsprachen orientierte, Konzeption syntaktischer und semantischer Regeln für das Verständnis der entsprechenden Regeln natürlicher Sprachen völlig unzureichend sei.[14] Und tatsächlich ist es sehr einleuchtend anzunehmen, daß die nach Chomsky für die Sprachkompetenz essentielle Fähigkeit der Anwendung von syntaktischen Transformationsregeln etwas mit der Fähigkeit des Übersetzens zu tun hat. Gleichwohl scheint es mir auch unter dieser Voraussetzung unbefriedigend, die Fähigkeit der Übersetzung und damit die Fähigkeit zur kommunikativen Verständigung allein auf die im Sinne Chomskys verstandene Sprach-Kompetenz und ihr Zusammenwirken mit außersprachlichen kognitiven Kompetenzen zurückzuführen; und dies aus folgenden Gründen:

Wenn Chomsky recht hat, dann entspricht die menschliche

Sprachkompetenz einem angeborenen Vermögen, das sich in einer starken *empirischen* – zugleich linguistischen und kognitiv-psychologischen – Theorie als *Explanans* aller menschlichen Sprach-*Universalien* und der durch sie definierten Restriktionen der von Menschen spontan konstruierbaren Sprachen unterstellen läßt. Die empirische Bestätigung dieser Hypothese läge darin, daß Kinder die und nur die durch Chomskys Universalien definierten Sprachen erlernen können. Nun hat aber der zur metasprachlichen Reflexion befähigte menschliche Geist damit, daß er die Sprachfähigkeit nicht etwa nur als *transzendentale Bedingung der Möglichkeit* der menschlichen Rede – und damit auch der Argumentation und der artikulierten Erkenntnis – postulieren, sondern – wenn Chomsky recht hat – in einer *empirisch-explanativen* Theorie auf einen kontingenten anthropobiologischen Mechanismus zurückführen kann, das so erklärte und in seinen Restriktionen fixierte Sprachvermögen auch bereits transzendiert. Und tatsächlich ist Chomsky zu dem Schluß gelangt, daß es aufgrund der durch seine Theorie ermöglichten Einsicht in die Sprach-Universalien möglich sein muß, *anders strukturierte* »Sprachen« zu konstruieren, von denen postuliert werden muß, daß menschliche Kinder sie nicht (und auch Linguisten oder Logiker nur sehr mühsam) erlernen können.[15]

Falls diese Annahme zu Recht besteht – und sie ergibt sich jedenfalls mit unausweichlicher Konsequenz aus der Chomskyschen Sprach- und Kompetenz-Theorie –, dann möchte ich daraus den Schluß ziehen, daß die »kommunikative Kompetenz« – in dem Sinne, wie wir sie im bisherigen expliziert und als Vermögen der Übersetzung, der interkulturellen Verständigung und der Sprach-Reflexion charakterisiert haben – nicht mit der »Sprach-Kompetenz« im Sinne der von Chomsky empirisch erklärbaren und durch Restriktionen fixierbaren Sprach-*Universalien* und *angeborenen Fähigkeiten* von Kindern zusammenfällt, sondern eher mit derjenigen Kompetenz, die als Bedingung der Möglichkeit der linguistischen Transzendierung der »anthropologischen« Sprachkompetenz postuliert werden muß.[17] Sie muß hier gewissermaßen als *semiotisch*-kommunikative Kompetenz der Menschen zur Zeichensetzung – und somit zur Sprachbegründung – im Zusammenhang der symbolisch zu vermittelnden Interaktion begriffen werden.

(Damit soll freilich nicht die antike *Thesei*-Theorie des Sprachursprungs restauriert werden – so, als ob letztlich doch die Menschen die Sprache aus ihrer reinen Logos-Kompetenz hätten erfinden können. Diese Konzeption wird heute wohl endgültig durch die von Chomsky, Lenneberg und anderen präzisierte Theorie Humboldts vom anthropologischen Spracherzeugungs-»Instinkt«[18] zugunsten einer erneuerten *Physei*-Theorie des Sprachursprungs eingeschränkt. Aber, indem sie eingeschränkt wird, wird sie doch nicht völlig aufgehoben; denn genausowenig wie eine Spracherfindung als intentionale Übereinkunft zur Verbesserung der Kommunikation ist heute eine sprachliche Kommunikation plausibel, die nichts anderes wäre als eine, a priori intersubjektiv gültige, private Aktualisierung der angeborenen Sprachprogrammierung unter dem Einfluß externer Stimulation, d. h. ohne die immer schon mitkonstitutive, durch Sprachreflexion und Rekonstruktion radikalisierbare Neubegründung der Sprache – z. B. der Wortbedeutungen – durch die *Kommunikation*. Die hierfür vorauszusetzende *semiotisch-kommunikative Logos-Kompetenz* wird – so könnte man annehmen – durch das angeführte Gedankenexperiment im Anschluß an Chomsky gewissermaßen künstlich isoliert, d. h. von ihren heute empirisch thematisierbaren Realisierungsbedingungen getrennt.)

Ich möchte hierin, wie gesagt, neben der sprachpathologischen Hypothese ein weiteres Argument für die These der »pragmatischen Differenz« erblicken; und das heißt: ein Argument dafür, daß die von Habermas postulierte »kommunikative Kompetenz« – als Vermögen der Anwendung von *Regeln*, nach denen Menschen Sprechakte vollziehen und durch sie »Situationen möglicher Verständigung überhaupt herstellen können«[19] – ein fundamentaleres Vermögen darstellt als die

»linguistische Kompetenz« im Sinne Chomskys. Daraus folgt aber, daß die (Searlesche) »Sprechakt-Theorie« nicht hinreichend als bloße Erweiterung einer »langue«-»Semantik« verstanden werden kann. Trotz aller, anthropologisch bedingten, Angewiesenheit auf »Realisierung« durch »langue«-*Konventionen* sind die »Regeln« der Kommunikation und damit der Sprechakte selbst offenbar in einer autonomen »Universalpragmatik« zu begründen. Ich möchte aber – im Hinblick auf das von uns zu lösende Problem der Begründung ethischer Normen – noch weiter gehen und auch den Titel »Universalpragmatik« als philosophisch unbefriedigend ansehen und ihn – zumindest in bestimmten Grenzen und für bestimmte Zwecke – durch den Titel »Transzendentalpragmatik« ersetzen; und dies aus folgenden Gründen: Wie schon angedeutet, hat auch N. Chomsky seine Theorie der »linguistischen Kompetenz« als eine *universale*, linguistische und kognitiv-psychologische Theorie konzipiert, und J. Habermas hat seine Konzeption einer »Universalpragmatik« als »Theorie der kommunikativen Kompetenz« in genauer Analogie zur generativen Linguistik als generative Pragmatik der »dialogkonstituierenden Universalien« entworfen. In dieser Parallelisierung ist aber schon impliziert, daß Habermas zwar – im Gegensatz zu Searle – den Unterschied zwischen der *semantischen* und der *pragmatischen* Ebene von vornherein explizit macht[20], daß er aber den von mir zuletzt hervorgehobenen Unterschied zwischen dem in einer *empirisch-explanativen* Theorie thematisierbaren *Instinkt-Apriori* der Sprach-Generation und dem *notwendigerweise zu postulierenden* (*transzendentalen*) *Apriori* einer, auch noch für das Transzendieren der angeborenen Restriktionen möglicher Sprach-Generation vorauszusetzenden, semiotisch-kommunikativen Kompetenz nicht eigens berücksichtigt.
Tatsächlich hat Habermas, wenn ich recht verstehe, das für die Universalpragmatik maßgebliche Paradigma der Chomsky-Linguistik seither in der Konzeption eines Typus »rekonstruktiver Wissenschaften« zu verallgemeinern versucht.[21] Diese

Wissenschaften – zu denen außer der generativen Linguistik die genetische Erkenntnispsychologie im Sinne Piagets und eventuell auch die theoretische Wissenschaftshistorie zu rechnen sind – haben nach Habermas die rationale Nachkonstruktion menschlicher Regel-Kompetenzen – dessen, was wir intuitiv immer schon wissen und können – zur Aufgabe; und dadurch, daß sie sich zu ihrem Gegenstand – eben der eigenen Regel-Kompetenz – nicht in derselben Weise äußerlich (beobachtend) verhalten, wie eine nomologische Theorie, sondern im zu »erklärenden« Gegenstand zugleich einen Maßstab adäquater oder nichtadäquater normativer Explikation bzw. Rekonstruktion besitzen, dadurch unterscheiden sich diese Wissenschaften nach *Habermas* in der Tat von empirisch-analytischen Natur- oder Verhaltenswissenschaften und lassen sich eher im Sinne der »logischen Analyse« verstehen. Andererseits stellt *Habermas* aber – m. E. zu Recht – fest, daß sowohl die *Chomsky*-Linguistik wie die kognitivistische Entwicklungspsychologie im Sinne *Piagets* auch den Charakter theoriegeleiteter empirischer Beschreibung besitzen und sogar »die strukturelle Beschreibung von Kompetenzen (wie auch von nachkonstruierten Mustern der Entwicklung dieser Kompetenzen) mit Annahmen über kausale Mechanismen verbinden«.[22] Er schließt daraus, daß »die von *Chomsky* und *Piaget* eingeführten Paradigmen . . . den Anstoß zu einem Typus von Forschungen gegeben« haben, die durch eine eigenartige Verknüpfung logischer und empirischer Analyse eher als durch deren klassische Trennung bestimmt sind. Der Ausdruck ›transzendental‹, mit dem wir einen Gegensatz zu empirischer Wissenschaft assoziieren«, sei daher »nicht geeignet, eine Forschungsrichtung wie die Universalpragmatik unmißverständlich zu charakterisieren«.[23]

Ich halte die von *Habermas* angedeutete Charakteristik der »rekonstruktiven Wissenschaften« – und in diesem Zusammenhang insbesondere der Linguistik und auch einer pragmatisch erweiterten Linguistik – im wesentlichen für richtig. Ich halte sie insofern für richtig, als diese Wissenschaften eine *reflexiv-hermeneutisch adäquate Explikation und normativ adäquate Rekonstruktion von Kompetenzen* mit einer *empirisch-explanativen Theorie ihrer Onto- bzw. Phylogenese* (so im Falle der Linguistik und genetischen Psychologie, wohl auch im Falle einer soziologisch-historischen Evolutionstheorie) oder wenigstens mit *empirisch-hermeneutischer* Textanalyse (so im Falle der Wissenschafts-Historie) verknüpfen müssen. Eben deshalb möchte ich aber den Sinn und die Möglichkeiten einer universalen Sprachpragmatik nicht vom Chomskyschen Paradigma einer *empirisch-universalen Theorie* der Kompetenzen-Rekonstruktion her explizieren, sondern vom Paradigma einer erneuerten und erweiterten *Transzendentalphilosophie* her. In einer solchen Konzeption der Sprachpragmatik geht es nicht um Verallgemeinerung der empirisch-universalen Sprachtheorie Chomskys, sondern, wie in der Einleitung dieser Arbeit expliziert, um die *reflexiv* zu ermittelnden *sprachlich-kommunikativen Bedingungen der Möglichkeit einer Einheit der zeichenvermittelten Weltinterpretation* (u. d. h. der Sinn-Verständigung und Konsensbildung), die mit den von Kant postulierten Bedingungen der Einheit des Gegenstandsbewußtseins zugleich vorauszusetzen sind, wenn objektive Erkenntnis als argumentativ legitimierbare und insofern intersubjektiv gültige Erkenntnis möglich sein soll. Allerdings geht es in der zu erneuernden Transzendentalphilosophie nicht nur – wie bei Kant – um die Bedingungen der Möglichkeit objektiv gültiger Naturerkenntnis, sondern gerade auch um die Bedingungen der Möglichkeit sozialwissenschaftlicher – und in diesem Zusammenhang auch linguistischer – Erkenntnis derart, daß gerade auch mit Bezug auf Sprache und Kommunikation die Kantsche Unterscheidung zwischen empirischer Erfahrung und transzendentallogischen Bedingungen der Möglichkeit der Erfahrung zunächst – nämlich auf der Reflexionsstufe der transzendentalpragmatischen Erkenntnis- und Wissenschaftstheorie, und d. h. noch vor der Begründung »rekonstruktiver Wissenschaften« – maßgeblich bleibt. – Diese transzendentalphilosophische Problemstellung und Perspektive schließt m. E. eine Aus-

wertung der phänomenologischen Resultate von Searle und Habermas keineswegs aus. Aber es sollte klar sein, daß gerade der Versuch, mit Hilfe der Sprechakttheorie und der Konzeption der »kommunikativen Kompetenz« die Möglichkeit einer Begründung ethischer Normen aufzuweisen, nur dann eine Chance hat, wenn es gelingt, in den *universalpragmatischen Regeln der Kommunikation* einen nichtempirischen, einen *transzendental-normativen* Kern freizulegen. Andernfalls würden wir ja wiederum genötigt sein, Normen aus empirischen Tatsachen herzuleiten, was – wie ich zu zeigen versuchte – auch im Falle »institutioneller Tatsachen« wie der des Versprechens nicht möglich ist.
Ich möchte an dieser Stelle wieder auf die Frage nach der Möglichkeit einer Begründung ethischer Normen mit Hilfe der Sprechakttheorie zurückkommen und zu zeigen versuchen, daß eine solche Begründung tatsächlich möglich ist, wenn man die Sprechakttheorie als Teil einer transzendentalen Sprachpragmatik interpretiert. Dabei möchte ich zunächst noch einmal am Searleschen Text ansetzen, und zwar im Sinne einer kritischen Rekonstruktion des Searleschen Vergleichs zwischen den Regeln *der Sprache*, d. h. der Kommunikation, und den »konstitutiven Regeln« einer *Institution*, genauer: der Institution eines Spiels – z. B. des Schachspiels.

III,2. Transzendental-universale Kommunikations-»Regeln« versus »konstitutive Regeln« von »Institutionen«

Daß Searle die konstitutiven *Regeln der Sprache*, d. h. die Regeln für das Gelingen von Sprechakten, mit den »konstitutiven Regeln« von »Institutionen« und in diesem Zusammenhang insbesondere von »Spielen« in Parallele setzt, erscheint prima facie als sehr einleuchtend und aufschlußreich. In der Tat hat ja auch schon der späte Wittgenstein von »Sprachspielen« oder »Institutionen« gesprochen und im Lichte dieses Vergleichs sehr einleuchtend die »Verwobenheit«

des Sprachgebrauchs mit Tätigkeiten, leibhaftem Ausdruck und Formen der Weltinterpretation analysiert. Schon der Vergleich zwischen Searle und Wittgenstein weist jedoch auch auf Schwierigkeiten des Institutions-Modells hin. Bei Searle nämlich sollen ja nicht einzelne Sprachspiele – auch nicht einzelne *Sprachen* – mit Spielen als Institutionen in Analogie gesetzt werden, sondern »die Sprache« bzw. die *Kommunikation*, deren »Regeln« in den einzelnen Sprachen nur »konventionell realisiert« werden, soll als Institution nach Analogie der Spiele verstanden werden. Schon hier könnte man fragen: Verhält es sich denn bei den Spielregeln beliebiger Institutionen, z. B. bei Spielen wie Schach oder Fußball, auch so, daß dort *universale Regeln* bloß *konventionell realisiert* werden? Ist es nicht vielmehr so, daß die *konstitutiven Regeln* von Spielen wie Schach oder Fußball selbst auf *Konventionen* beruhen und nur im Falle der (menschlichen) Sprache jenes eigentümliche Verhältnis besteht, daß *universale konstitutive Regeln durch Konventionen bloß realisiert* werden? Liegt darin nicht ein Hinweis darauf, daß die konstitutiven Regeln »der Sprache« nicht angemessen verstanden werden, wenn man sie mit den konstitutiven Regeln beliebiger empirisch vorfindlicher Institutionen vergleicht?

Die Antwort, die Searle faktisch – implizit – auf diese Frage gibt, zeigt jedoch, daß mein bisheriges Verständnis seiner Rede von der »Realisierung« der Sprach- bzw. Sprechakt-»Regeln« mit Hilfe von »Konventionen« offenbar auf einer Überinterpretation beruht. Denn die Sache verhält sich nach Searle viel einfacher: Die grundlegende Analogie besteht ihm zufolge z. B. zwischen den *konstitutiven Regeln des Schachspiels*, das in verschiedenen Ländern »in verschiedenen konventionellen Formen« – z. B. mit verschiedenen Figuren oder mit einer Zahlenfolge an Stelle des Bretts usf. – gespielt wird, und den *konstitutiven Regeln der Sprache*, d. h. der Kommunikation durch Sprechakte.[24] Es ist m. E. klar, daß unter dieser Voraussetzung die »konstitutiven Regeln« der »Institution der Sprache« nicht anders verstanden werden können als diejenigen beliebiger empirisch vorfindlicher Institutionen und daß es keinerlei normative Verpflichtung geben kann, die konstitutiven Regeln der Kommunikation etwa in höherem Maße als normativ verbindlich anzusehen als diejenigen beliebiger empirisch vorfindlicher Institutionen, die man als solche festlegen, ändern oder sogar aufheben kann. Will man unter dieser Voraussetzung *Normen* auf der Grundlage der *Kommunikations-Regeln* ableiten, dann bleibt in der Tat keine andere Strategie als die von Searle gewählte übrig: Da man nicht zeigen kann, daß wir verpflichtet wären, die konstitutiven Regeln beliebiger Institutionen, z. B. Spiele, als verbindliche Normen anzuerkennen, da man andererseits aber alle »konstitutiven Regeln« als »institutionelle Tatsachen« beschreiben kann, so muß man offenbar zu zeigen versuchen, daß schon aus der Beschreibung »institutioneller« Tatsachen normative oder wertende Aussagen ableitbar sind. Dies stellt aber – wie ich gezeigt zu haben hoffe – eine unglückliche Strategie dar.

Das Äußerste, was Searle unter seinen strategischen Auspizien zugunsten der normativen Verbindlichkeit von Verpflichtungen im Sinne von Institutionen vorbringen kann, hat er m. E. in der folgenden Anmerkung gesagt: »Wenn man über einigen Institutionen steht, kann man deren konstitutive Regeln verändern, ja man kann sogar auf einige Institutionen verzichten. Aber kann man auf alle Institutionen verzichten (so daß aus einem Sein kein Sollen mehr abgeleitet werden könnte)? Man könnte es nicht, ohne jene Verhaltensformen aufzugeben, die wir für spezifisch menschlich halten. Stellen wir uns vor, Proudhon hätte (sc. seinem Diktum »Eigentum ist Diebstahl«) hinzugefügt (und nach den Grundsätzen zu leben versucht): ›Wahrheit ist eine Lüge, Heirat ist Untreue, Sprache ist Kommunikationslosigkeit, Gesetz ist Verbrechen‹ und so weiter bei allen möglichen Institutionen.«[25] – In der Tat: Man kann nicht auf alle Institutionen verzichten, ohne die spezifisch menschlichen Verhaltensformen aufzugeben. Darin liegt m. E. eine tiefe anthropologisch-gesellschaftsphilosophische

Einsicht, die zuerst von G. B. Vico, später von Hegel und von Goethe und in unseren Tagen in beinahe dezisionistischer Zuspitzung wieder von A. Gehlen zur Geltung gebracht wurde: Sogar schlechte Institutionen sind besser als gar keine, und daher können auch bloß konventionell begründete Institutionen als solche einen gewissen moralischen Wert für sich in Anspruch nehmen. Freilich folgt aus dieser Einsicht in die Notwendigkeit der Existenz – also des »Seins« – von Institutionen keineswegs, daß man aus ihrem feststellbaren Sein ein normativ verbindliches Sollen ableiten könnte, wie das der Klammer-Ausdruck im Searleschen Text noch einmal unterstellt. Vielmehr muß es deshalb Institutionen geben, damit die Menschen aus den institutionell festgelegten und anerkannten *Normen* – z. B. aus dem positiven Recht, aber auch schon aus den ungeschriebenen *Normen* der »substanziellen Sittlichkeit« (Hegel) – ein Sollen ableiten können. Aber selbst wenn man von dem Klammer-Ausdruck einmal völlig absieht, ist die Einsicht, daß man nicht auf alle Institutionen verzichten kann, unter den Voraussetzungen von Searle noch nicht eindeutig. Denn es müßte ja nach Searle sehr wohl möglich sein, auf jede einzelne Institution zu verzichten, auf die Institution des Versprechens oder der Sprache insgesamt ebensogut wie auf die Institution der Ehe, des Eigentums oder auf die Institution des Schachs oder des Fußballs. Nach Searles Voraussetzungen muß es ja nur irgendwelche Institutionen dieser Art faktisch geben, um aus den »institutionellen Tatsachen« ein Sollen ableiten zu können; es muß ja für Searle nicht etwa bestimmte Institutionen unbedingt geben, weil gerade sie die *normativen Bedingungen der Möglichkeit* des »spezifisch menschlichen Verhaltens« involvieren. Aber sollte es nicht möglich sein, genau dies mit Bezug auf die *Institution der Sprache* und mit Bezug auf die des Versprechens zu zeigen – im Unterschied zumindest zu den Institutionen der verschiedenen Spiele? – Oder droht jetzt hier die »ivresse des grand profondeurs«, die Searle den Kritikern der »naturalistic fallacy« vorwirft?[26]

Mir scheint in der Tat die Analogie, die Searle zwischen der Institution der Sprache bzw. der Kommunikation und der Institution des Schachspiels unterstellt, völlig schief zu sein: Im Falle des Schachspiels nämlich beruhen nicht nur die verschiedenen Spiel-Formen, sondern die »konstitutiven Regeln« selbst auf Konventionen der uns unbekannten Begründer bzw. Erfinder. Diese mußten aber, um das Schachspiel zu erfinden und seine Regeln durch Konvention in Geltung zu setzen, *andere Regeln* voraussetzen, die man im Prinzip nicht erfinden bzw. durch Konvention in Geltung setzen kann. Das führt uns auf den Fall der *konstitutiven Regeln der Sprache* bzw. *der Kommunikation*: Diese Regeln sind ja, im Unterschied zu ihren konventionellen Realisierungen in den einzelnen Sprachen (»langues«), nicht von irgend jemandem erfunden oder durch Konvention festgelegt, sondern sie sind *normative Bedingung der Möglichkeit für alle institutionellen Regel-Festlegungen durch Konventionen*. Dies gilt z. B. mit großer Evidenz von den von Searle analysierten Regeln (der Institution) des Versprechens: Wenn wir Menschen nicht zu Versprechen befähigt wären und wenn Versprechen nicht im Prinzip – *ceteris paribus* – die moralische Verpflichtung zu ihrer Erfüllung einschlössen, dann wäre es für uns nicht möglich, konstitutive Regeln von Institutionen durch stillschweigende Konventionen in Geltung zu setzen, derart daß diese Konventionen im Nachhinein im Sinne ausdrücklicher Übereinkünfte – z. B. im Sinne von Verträgen – interpretiert werden könnten.

Will man die *Sprache* bzw. *Kommunikation* im ganzen als »Institution« auffassen, dann darf man sie jedenfalls nicht auf die gleiche Stufe stellen wie jene empirisch vorfindlichen Institutionen, die man im Prinzip durch Konvention *konstituieren* oder *aufheben* kann. Die Regeln der Kommunikation nämlich müssen zwar durch einzelsprachliche Konventionen *realisiert* werden, und auf eine bestimmte einzelsprachliche Realisierung kann zugunsten einer anderen verzichtet werden; aber das heißt nicht, daß man die Regeln der Kommunikation durch ihre Realisierung überhaupt erst *konstituiert*, oder daß man sie zusammen mit bestimmten einzelsprachlichen Konventionen ihrer Realisierung aufheben könnte.

Daß es sich nicht so verhält, zeigt die von uns hervorgehobene »pragmatische Differenz« zwischen »linguistischer« und »kommunikativer Kompetenz«: Auch der Aphatiker, der über die Ausdrucksmittel einer Einzelsprache für den Vollzug eines Versprechens nicht mehr verfügt, kann unter Umständen noch einen Kommunikations-Akt im Sinne des Versprechens zustande bringen – etwa durch Kopfnicken im kommunikativen Situations-Kontext, und wenn ihm dies gelingt, dann stützt er sich zweifellos noch immer auf die Regeln des Versprechens als eines Kommunikationsaktes, die er nicht mehr im Sinne der Konventionen einer Einzelsprache realisieren kann. Freilich muß betont werden, daß die »kommunikative Kompetenz«, die einen Aphatiker in den Stand setzen könnte, den kommunikativen Akt des Versprechens ohne Inanspruchnahme der konventionellen Sprachmittel zu vollbringen, nicht ohne vorherige Erwerbung auch einer »linguistischen Kompetenz« im Sinne bestimmter einzelsprachlicher Konventionen entwickelt werden könnte; und es ist auch klar, daß ohne die Ausdrucksmittel der Einzelsprache, die speziell der Realisierung der »illocutionary force« dienen, also ohne *Performativa, personale Deixis* und dergl., die »dialogkonstitutive« Funktion der pragmatischen Universalien, ihre Leistung beim Aufbau der sozialen Kommunikation, nicht effektiv erfüllt werden kann. Dies zeigt aber m. E. nur, daß auch die Einzelsprachen, in denen sich die Regeln der Kommunikation konventionell realisieren, nicht in jeder Hinsicht auf eine Stufe mit sonstigen, außersprachlichen Institutionen gestellt werden dürfen. Im Unterschied zu diesen Institutionen nämlich kann und muß jede einzelne Sprache als *Realisierungs-Institution* der für uns unaufhebbaren Institution *der Sprache* bzw. *der Kommunikation* aufgefaßt werden. Diese selbst aber kann allenfalls als (transzendentale) Meta-Institution aller übrigen menschlichen Institutionen verstanden werden.[27]

Wenn ich von der transzendentalen Meta-Institution der Sprache bzw. Kommunikation spreche, so meine ich damit eine Meta-Instanz, die gerade nicht in eine potentiell unendliche Reihe derartiger Instanzen einzuordnen ist. In prinzipiell derselben Weise nämlich, in der die kommunikative Kompetenz, als sich artikulierende Reflexionskompetenz, alle Bedingungen der Möglichkeit der theoretischen Argumentation – und in diesem Rahmen die Bedingungen der Möglichkeit der metalogischen Reihenbildung – virtuell involviert[28], in derselben Weise enthält sie alle Bedingungen der Möglichkeit der Geltungsreflexion im Sinne der möglichen *Legitimation* praktischer, insbesondere moralischer Normen und der entsprechenden Institutionen. Menschliche Institutionen sollten als solche aus dem vernünftigen Gespräch hervorgehen, und wenn dies schon faktisch nicht so ist, so hält doch die Meta-Institution der Kommunikation jederzeit die *normativen Bedingungen der Möglichkeit* der Kritik und der vernünftigen Rechtfertigung von Institutionen bereit.
Mit der Forderung nach vernünftiger Rechtfertigung bzw. Kritik aller faktisch bestehenden Institutionen und mit der Behauptung, daß die *Meta-Institution der Kommunikation* die *normativen Bedingungen der Möglichkeit* für eine Erfüllung dieser Forderung bereit hält, ist die Aufgabe einer transzendentalpragmatischen Begründung aller Normen – insbesondere auch der ethischen Normen – definiert. Es geht jetzt nicht mehr um eine Herleitung von Normen aus »institutionellen Fakten«, sondern um folgendes: Die *konstitutiven Regeln von Institutionen,* die als *Normen* nur für diejenigen verpflichtend sind, welche die Institutionen *anerkannt* haben, nicht aber für diejenigen, die sie bloß als »institutionelle Fakten« (mitsamt ihren normativen Implikationen) *beschreiben,* – diese konstitutiven Regeln sollen unserer Forderung zufolge mit Hilfe solcher konstitutiver Regeln gerechtfertigt (oder kritisiert) werden, die als Normen von jedermann anerkannt werden *müssen* oder, anders gesagt, *immer schon notwendigerweise* – explizit oder implizit –

anerkannt werden. Die Regeln der Kommunikation sollen diese *transzendental-normative Begründungsfunktion* erfüllen. Wie läßt sich dies erweisen?

Ich kann an dieser Stelle den Nachweis der Möglichkeit einer solchen Letztbegründung von Normen – insbesondere von ethischen Normen – nicht im Detail führen[29], ich möchte aber wenigstens die folgenden, für eine transzendentalpragmatische Rekonstruktion der Sprechakttheorie besonders relevanten Punkte zu klären versuchen:

1. inwiefern die transzendentale Meta-Institution der menschlichen Rede bzw. Kommunikation als *Dimension des Ursprungs der ethischen Normen* anzusehen ist;

2. weshalb gleichwohl im Rahmen einer *linguistischen Sprechakttheorie oder Pragmatik* der Streit über das Bestehen oder Nichtbestehen moralischer Sprechaktimplikationen nicht entschieden, ja nicht einmal zureichend verstanden werden kann;

3. inwiefern durch *transzendentalpragmatische Reflexion auf die Bedingungen der Möglichkeit argumentativer Diskurse* Sprechakt-Regeln als notwendigerweise zu akzeptierende ethische Normen und darüber hinaus eine *ethische Grundnorm* als *Prinzip* der Begründung aller Normen einer Kommunikationsethik ohne »naturalistic fallacy« als intersubjektiv verbindlich erwiesen werden können.

III,3. Die transzendentale Meta-Institution der Kommunikation als phänomenologische Ursprungsdimension ethischer Normen

1. Ich möchte zunächst zu zeigen versuchen, daß die – transzendentalpragmatisch verstandene – Dimension der Kommunikation im phänomenologischen Sinne als Bereich der *Sinn-Konstitution* von so etwas wie ethischen Normen angesehen werden kann. Die Pointe dieser These kann vorläufig dadurch angedeutet werden, daß man – mit Habermas – die Dimension der *kommunikativen Akte* als solche der *intersubjektiven*

Interaktion oder des *Dialogs* abhebt gegen die Dimension prinzipiell »monologischer«[30] Vollzüge von *Operationen technischer* oder *logisch-mathematischer* (denktechnischer) Art. Auch die technischen »Operationen«, die ohne dialogischen Reziprozitätsbezug von austauschbaren Subjekten durchgeführt werden, unterliegen Normen – z. B. solchen der Wissenschaftslogik im heute üblichen Verstand –; aber sie unterliegen nicht ethischen Normen, oder genauer: die Normen *technischer Operationen* (im weitesten Sinn) sind allenfalls indirekt ethisch relevant, etwa unter dem Gesichtspunkt ihres Gebotenseins durch ethische Normen, die freilich – letzten Endes – auch die *normativ richtige* Durchführung aller technischen Operationen zur moralischen Pflicht erheben und insofern auch die technischen Sollens-Normen letztlich begründen.[31] Der Sollens-Sinn der ethischen Normen konstituiert sich indessen nicht in der Dimension der technischen Operationen im weitesten Sinn, sondern ausschließlich in der Dimension der dialogischen Interaktion, also der Kommunikation. Das hat u. a. zur Konsequenz, daß alle deontischen Norm-Logiken letztlich nicht selbst Normen begründen (weder die für sie selbst methodisch verbindlichen denktechnischen Normen noch die von ihnen logisch thematisierten ethischen Normen), sondern lediglich die konsistente Folgerung von Normen aus Normen.[32] Es ist also z. B. nicht möglich, die Ethik aus der Logik bzw. aus der Wissenschaft (im Sinne von »Science«) herzuleiten, was freilich nicht besagt, daß Menschen Logik und Wissenschaft betreiben können, ohne in der Kommunikationsgemeinschaft der Wissenschaftler schon ethische Normen vorauszusetzen.[33] Den Grund dafür, daß ethische Normen sich ihrem Sollens-Sinn nach ausschließlich in der Dimension der Kommunikation konstituieren, möchte ich darin erblicken, daß nur hier echte »Ansprüche« angetroffen werden.[34] Und ich möchte damit die These verbinden, daß nur durch *Ansprüche* von Menschen an Menschen hindurch (auch durch Ansprüche eines Menschen an sich selbst hindurch) alle übrigen – natürlichen – Sinnmotivationen für ethische Normsetzung – wie z. B. Bedürfnisse oder Interessen – *ethisch normativen Sinn* gewinnen können.

Daß »Ansprüche« die Bedingung der Möglichkeit für die Sinnkonstitution von ethischen Normen sind, verweist nun schon darauf, daß die Sprechakt-Analyse auch für die Begründung ethischer Normen relevant sein muß; denn »Ansprüche« werden ja – wie schon die Etymologie des Wortes lehrt – durch Sprechakte zur Geltung gebracht; radikaler gesagt: jeder Sprechakt ist ein »Anspruch«. Von hier aus leuchtet es unmittelbar ein, wenn Searle am Schluß seines Buches behauptet: ». . . eine Sprache sprechen ist untrennbar verknüpft mit der Übernahme von Verpflichtungen, dem Akzeptieren von Festlegungen, der Anerkennung zwingender Schlüsse usw.«[35] Ich möchte diese These ausdrücklich bejahen – freilich nicht in dem Sinn, als ob damit ein Argument für die Herleitung von Normen aus Fakten beigebracht wäre, sondern in dem Sinn, daß damit ein Hinweis auf Normen gegeben sein könnte, deren Anerkennung für jeden Argumentierenden a priori notwendig ist. Nun ergibt sich aber aus der knappen Andeutung von Searle über Sprechakt-Verpflichtungen sogleich eine Vielfalt von Problemen, die hier wenigstens angedeutet werden muß.

Zunächst kann man fragen, in welchem Verhältnis die Verpflichtungen, die mit dem Sprechen einer Sprache untrennbar verknüpft sind, zu der Verpflichtung stehen, die in einem Versprechen impliziert ist, ja die ein Versprechen erst zum Versprechen macht. Offenbar kann man nicht in demselben Sinn, wie Searle dies von einem Versprechen mit Recht sagt, von beliebigen anderen Sprechakten – z. B. von einer Behauptung – sagen, daß ihr Sinn eine Verpflichtung impliziert. Weiter bleibt in Searles Analyse völlig offen, ob bzw. inwieweit die Verpflichtungen, die mit Sprechakten verknüpft sind, überhaupt ethische Verpflichtungen sind. Searle betont sogar im Hinblick auf das Versprechen, daß er als Sprachphilosoph nur den allgemeineren Begriff der Verpflichtung und des Sollens überhaupt, nicht schon den spezielleren Begriff der ethischen Verpflichtung und des ethischen Sollens, expliziert habe.[36] Mit diesem ungeklärten Problem scheint mir die von uns im vorigen schon berührte Frage nach der *wirklichen normativen Verbindlichkeit* der mit Sprechakten verbundenen Verpflichtungen zusammenzuhängen. Genauer ist hier wiederum zu fragen: Inwieweit stellen die *Regeln,* aus denen die Verpflichtung folgt, *bloße Konventionen* dar, die man prinzipiell in der Weise als ethisch unverbindlich distanzieren kann, wie das der neutrale Anthropologe oder Pragma-Linguist aus methodischen Gründen tut.

Die Diskussion, die sich in den letzten Jahren an der Frage nach den *normativen Konsequenzen der Sprechakttheorie* entzündet hat, entfaltet praktisch das ganze Spektrum der soeben aufgeworfenen Fragen. Und es ist nicht leicht, angesichts der unterschiedlichen Fach-Perspektiven und der zumindest scheinbar gegensätzlichen Argumente im Sinn *unserer* Perspektive den Kopf oben zu behalten und die *transzendentalpragmatische Frage* nach den nachweisbar *a priori intersubjektiv gültigen ethischen* Normen im Auge zu behalten.

III,4. Der Streit um die moralischen Implikationen von Sprechakten in der linguistischen Pragmatik

So hat etwa Dieter Wunderlich als Vertreter einer »linguistischen Pragmatik«[37] die Analyse der »Bedingungen« und »Konsequenzen« von Sprechakten in detaillierter Form durchgeführt und in diesem Zusammenhang auf die These, daß alle Sprechakte für den Sprecher selbst und für den Adressaten, der sie *akzeptiert*, Verpflichtungen implizieren, zu erhärten versucht. (Ja, Wunderlich meint sogar – m. E. mit Recht –, daß der Sprecher einen Anspruch darauf hat, daß der Hörer seine Sprechakte akzeptiert, derart, daß der Hörer ein Nichtakzeptieren, streng genommen, zu begründen hat.[38] Nun ergibt sich aber für den Philosophen, der Wunderlichs Analyse folgt, alsbald eine Unsicherheit über ihren spezifischen Geltungsanspruch und ihre Tragweite für die Ethik. Zunächst scheint Wunderlich seine Analyse im Sinne des Geltungsanspruchs einer nicht *wertneutralen*, sondern *kritisch engagierten, rekonstruktiven* Sozialwissenschaft zu verstehen; so, wenn er z. B. in einem Abschnitt über »Pervertierung von Sprechhandlungen« schreibt:

»Nicht jede Verletzung einer Konvention und schon gar nicht jeder uneigentliche Gebrauch einer Konvention soll hier als Pervertierung angesprochen werden. Da jedoch bei der Analyse von Sprechhandlungen die *Ebene der wechselseitigen Verpflichtungen von Sprecher und Hörer* besonders hervorgehoben wurde, muß eine Verletzung auf dieser Ebene auch anders bewertet werden als eine Verletzung auf einer anderen Ebene. Wenn man dies nicht täte, würde man sich der *Möglichkeit einer moralischen Bewertung und Kritik von Sprachverhalten* begeben. Tatsächlich wird im alltäglichen kommunikativen Umgang auf dieser Ebene nicht selten Kritik geübt, und der *Wissenschaftler sollte damit nicht aufhören, sondern auf besserer Grundlage fortfahren.«* (Hervorhebungen: K.-O. A.)[39]

Das positive, ethisch relevante Fazit dieser Stelle liegt offenbar darin, daß es solche *Verletzungen von Konventionen* gibt, die echte *Pervertierungen der Kommunikation* darstellen, und zwar deshalb, weil die »Ebene der wechselseitigen Verpflichtungen von Sprecher und Hörer« betroffen ist. Dieses Fazit leuchtet sehr ein, aber man muß sich doch fragen, wie solche echten – ethisch kritisierbaren – Pervertierungen allein durch empirisch-linguistische Analyse von bestehenden Sprechhandlungs-»Konventionen« festgestellt werden sollen. Wunderlich deutet selbst an, daß die bestehenden Sprechhandlungs-*Konventionen* keineswegs das »Ergebnis einer expliziten Übereinkunft (Absprache) zwischen Menschen«, sondern »weit eher« im Sinne Wittgensteins das Ergebnis einer Prozedur des »Abrichtens«[40] sind und daß sie keineswegs nur auf einer harmonischen Interessen-Vermittlung beruhen, sondern auch von »Gewaltverhältnissen« geprägt sind.[41] Daraus geht m. E. wieder einmal klar hervor, daß weder eine Analyse der bestehenden Sprechhandlungs-*Konventionen* – der »institutionellen Tatsachen« im Sinne Searles – noch ein Zurückgehen auf die »naturwüchsigen Verhältnisse«, die, historisch-genetisch betrachtet, hinter den »Konventionen« und »Institutionen« stehen, etwas *normativ Verbindliches* über die wechselseitigen moralischen Verpflichtungen zwischen den Kommunikationspartnern auszusagen vermag. Wollte man dies, so müßte man schon die Frage stellen, ob bzw. inwieweit und inwiefern durch bestehende Sprechhandlungs-*Konventionen* solche *Regeln* der Kommunikation qua menschlicher Interaktion »realisiert« werden, die unaufgebbare – und daher a priori anzuerkennende – *normative Bedingungen der Möglichkeit* des »spezifisch menschlichen Verhaltens« (Searle) darstellen. Diese Frage stellt aber Wunderlich nicht, und er kann sie auch nicht stellen, wenn er sich als empirischer Linguist im Sinne der »Logic of Science« verstehen sollte.[42]

Angesichts dieser methodologisch ungeklärten Position der »linguistischen Pragmatik« ist es verständlich, wenn Wunderlichs These, daß alle Sprechakte für die Kommunikationspartner moralische Verpflichtungen implizieren, bei Helmut Schnelle, einem dezidierten Vertreter wertfreier empirisch-analytischer Linguistik, auf harte Kritik gestoßen ist. Tatsächlich kann Schnelle in aller Nüchternheit zeigen, wie sich die Dinge verhalten, wenn man tatsächlich nur die *bestehenden Konventionen* – die »institutionellen Tatsachen« – empirisch analysiert. Dann nämlich stellt man folgendes fest: Im Falle des Versprechens ist zwar, aufgrund der Wortbedeutung, eine Verpflichtung impliziert, so daß ein nur scheinbares Versprechen vorliegt, wenn die entsprechende Verpflichtung nicht eingegangen wird. Im Falle einer Behauptung aber ist keineswegs eine Verpflichtung impliziert, die Behauptung auf Verlangen auch begründen oder beweisen zu können; denn auch wenn eine solche Verpflichtung nicht übernommen wird, spricht man von einer echten und keineswegs von einer scheinbaren Behauptung.[43] Schnelle gesteht allerdings zu, daß man »normalerweise erwarten« könne, daß jemand eine Behauptung auch begründen könne, und er meint, der Sprecher tue gut daran, diese Erwartung in Rechnung zu stellen, wenn er etwas behauptet. Aber hier handle es sich nicht um Verpflichtungen, die durch den Sprechakt eingegangen werden, sondern um »allgemeine kommunikative Regeln« im Sinne von »Konversationspostulaten«.[44] Dies seien nur »Gepflogenheiten«, an die man sich normalerweise hält, »*solange man keinen Grund sieht, von ihnen abzuweichen*«. Jedenfalls könne »keine Rede davon sein, daß Sprecher und Hörer in allen Sprechakten Verpflichtungen ihrem jeweiligen Partner gegenüber eingehen, ihn also automatisch als Person anerkennen, der sie in diesem Sinne verpflichtet sind«.[45] (»De facto«, im Sinne der von Schnelle gestellten empirischen Frage, ist dies natürlich auch nicht der Fall; das wird jeder Sozialpsychologe und jeder Menschenkenner bestätigen. Es scheint mir wichtig, diese Feststellung im Sinne der aus Schnelles methodischer Perspektive möglichen Evidenz nachzuvollziehen, gerade um später die für Schnelle nicht nachvollziehbare Evidenz einer anderen methodischen Perspektive verständlich machen zu können.)

Noch aufschlußreicher als im Falle der Einschätzung des Unterschieds von Versprechen und Behauptung ist die Konfrontation von Schnelles und Wunderlichs Analyse im Falle der Lüge. Wunderlich stellt hier fest: »Selbst noch bei einer Lüge gibt es Verpflichtungen, denen sich der Sprecher unterziehen muß (etwa Gründe anzuführen, warum seine Behauptung glaubhaft sein kann) – nun allerdings eher zur Selbsttarnung, um eine Täuschung erfolgreich durchzubringen.«[46] (Man beachte die Wendung im Sinne einer Kantischen »Klugheitsregel« nach dem Gedankenstrich!) Schnelle kommentiert: »Hier ist die Rede von Verpflichtungen vollends irreführend. Zur sprachlichen Regularität von Lügen gehört, daß man den Partner glauben machen will, die Behauptung sei wahr. Dies und nur dies ist ein Analogon zur Verpflichtung im Falle des Versprechens ... Von einer Verpflichtung zur Anführung von Gründen kann keine Rede sein.«[47]

Angesichts einer solchen Kontroverse der *Pragma-Linguisten* ist die *transzendentale Sprachpragmatik* als Wissenschaftstheorie der Sozialwissenschaften und als Anwalt in eigener Sache zur Stellungnahme aufgefordert. Beginnen wir mit einer Reflexion auf die *Bedingungen der Möglichkeit und Gültigkeit* von Schnelles Erkenntnissen: Hier – so scheint mir – liegt ein eindeutiges Beispiel für die rein empirisch-analytische Beschreibung »institutioneller Tatsachen« vor – ein Beispiel also für den Fall, den Searle glaubt unterstellen zu können, um – trotzdem – zeigen zu können, daß man aus »institutionellen Tatsachen« »Verpflichtungen« herleiten könne. Schnelle, in seiner empiristischen Nüchternheit, tut freilich weder ihm noch Wunderlich den Gefallen, zu derartig großartigen Ergebnissen zu kommen. Er hält sich zwar genau an Searles Devise, Wortbedeutungen und konstitutive Spielregeln von Sprachspielen als empirische beschreibbare Tatsachen zu behandeln; da er aber zweifellos noch viel besser als Searle selbst gegen die gefährliche »ivresse des grands profondeurs« gefeit ist, stellt er weder auf der Ebene der institutionalisierten Verpflichtung – der Ebene des Versprechens also – noch auf der Ebene der bloßen »Gepflogenheiten« und der entsprechenden »Konversationspostulate« so etwas wie eine *interpersonal verbindliche moralische Verpflichtung* fest. Er stellt nur fest, was man im Sinne der mit der Sprechaktbenennung konstituierten *Wortbedeutungen* erwarten muß – so im Falle des *Versprechens* – oder was man im Sinne der mit Sprachspielen verbundenen Gepflogenheiten normalerweise erwarten kann – so im Falle der *Behauptung*. Besonders deutlich wird die ethisch neutrale Pointe dieser Feststellungen von »quasi-institutionellen Tatsachen« im Falle der *Lüge*: Was man hier als quasi-institutionelle Tatsache im Sinne der Wortbedeutung von »Lüge« empirisch feststellen kann ist zweifellos keine *moralische Verpflichtung* zur Anführung von Gründen für das Vorgetäuschte, sondern – wie Schnelle es ausdrückt –: »daß man den Partner glauben machen will, die Behauptung sei wahr«.[48] Im Sinne der zugehörigen Sprachspiel-Regeln und Gepflogenheiten könnte man aber wohl im Sinne Wunderlichs hinzufügen: Zum Lügen gehört es, daß man sich den Erwartungen, die der Hörer mit dem Akzeptieren von Behauptungen verknüpft, anpaßt, und d. h., daß man z. B. beim Nahelegen falscher Erwartungen konsistent verfährt und daß man unter Umständen scheinbare Gründe für seine Behauptung vorbringt. – Aber auch diese Verhaltensweise kann man natürlich nicht unmittelbar als Übernahme einer moralischen Verpflichtung auffassen; eher schon kann man sie als eine strategische Konsequenz interpretieren, die sich aus der reziproken Erwartungssituation ergibt, die im Falle aufrichtiger Behauptungen besteht.

Das Beispiel der Lüge ist nun aber geeignet, auch die Möglichkeit und Notwendigkeit einer völlig andersartigen Betrachtungsweise anzuzeigen, aus der heraus man so etwas wie moralische Verpflichtungen als Implikate von Kommunikationsakten tatsächlich entdecken und explizieren kann. Denn es ist klar, daß man das *moralisch relevante* Sprechakt-Phänomen der Lüge nicht analysieren kann, wenn man nicht ein *normativ-genetisches*, *kritisch-rekonstruktives* Verständnis menschlicher Kommunikation überhaupt schon *voraussetzen* kann; und *unter dieser Voraussetzung* kann man das Lügen überhaupt nicht auf einer Ebene mit aufrichtigen Sprechakten und den von ihnen etwa implizierten Verpflichtungen behandeln. In Wahrheit ist ja das Lügen gar nicht ein besonderer Typus von *illokutionären Sprechakten*. Dies zeigt schon der Umstand, daß man nicht »performativ« sagen kann: »Ich lüge hiermit« oder »Ich behaupte jetzt hiermit fälschlich, daß . . .«, und diese Unmöglichkeit beruht, im Unterschied zu der Unmöglichkeit von »Ich überrede dich hiermit«, offenbar nicht auf der Einbeziehung des »perlokutionären Effekts« in die »performative Formel«, denn man kann ja für das Lügen wie für das Behaupten reflexive Vollzugsgewißheit und Verantwortung unabhängig vom perlokutionären Effekt in Anspruch nehmen. Worauf beruht also die Unmöglichkeit zu sagen: »Ich lüge hiermit« oder »Ich behaupte hiermit fälschlich, daß . . .«? – Man kann dies doch sehr wohl denken, während man lügt! – M. E. zeigt sich hier zweierlei: 1. die schon erwähnte, für die menschliche Rede essentielle »pragmatische Differenz« zwischen der »kommunikativen Kompetenz« als reflexiver, »metakommunikativer Kompetenz« und der linguistischer Kompetenz im Sinne der konventionellen Realisierung der Kommunikationsregeln im Sinne einer Einzelsprache, und 2. der Umstand, daß die »pragmatische Differenz« im Falle der Lüge prinzipiell nicht im Sinne des Searleschen »Prinzips der Ausdrückbarkeit« aufgehoben werden kann. Die Lüge kann nicht sprachlich explizit vollzogen werden; und dieser Umstand deutet offenbar darauf hin, daß sie gegen eine *normative Bedingung der Möglichkeit* gültiger Kommunikationsakte überhaupt verstößt.[49] Im Sinne der Sprechakttheorie verstößt sie ja in der Tat gegen die für alle gelingenden Sprechakte vorauszusetzende *Aufrichtigkeits-* oder *Wahrhaftigkeitsbedingung* und muß insofern als Pervertierungsform aller nur denkbaren Sprechakte betrachtet werden.

Genau so behandelt sie auch Wunderlich der Sache nach[50], und es wird auch aus dem Kontext deutlich, daß er mit seiner Analyse der Lüge unter dem Gesichtspunkt der Sprechakt-*Verpflichtungen* nur zeigen möchte, daß selbst und gerade die Pervertierungen der Kommunikation von der Verpflichtungs-Struktur der aufrichtigen Sprechakte abhängig bleiben und auf sie hindeuten. Wunderlich deutet auch – zumindest implizit – an, aus welchem Grunde es angesichts der alltäglichen quasi-institutionellen Gepflogenheiten, die Schnelle nüchtern registriert, so schwer fällt, von *interpersonalen moralischen Verpflichtungen* zu sprechen, die durch Sprechhandlungs-Konventionen bedingt wären: Es ist nicht so – bemerkt Wunderlich –, »als ob Sprechhandlungen im wesentlichen in einem freien Raum zwischen einzelnen Individuen stattfänden, und diese Individuen in voller Eigenverantwortlichkeit die Konsequenzen ihrer Handlungen antizipieren würden ... Nicht nur gibt es zahlreiche Routinen, denen gewissermaßen blind gefolgt wird, ohne daß es dem Einzelnen bewußt wird, welche Voraussetzungen und Konsequenzen hier tatsächlich vorliegen oder involviert sind (sie werden höchstens im Konfliktfall deutlich), viele Sprechhandlungen fallen auch eigentlich gar nicht mehr in die Verantwortlichkeit des Einzelnen. Sie sind in ihrer jeweilig spezifischen Form und Abfolge festgelegt und erwartbar im Rahmen größerer organisierter sozialer Institutionen; der Einzelne unterzieht sich einer Verantwortlichkeit nur global durch Anerkennen solcher Institutionen und nicht je einzeln durch Anerkennen der in ihnen gebundenen Teilkonventionen. Die Freiheit aber, derartige Institutionen (die meistens zugleich auch Gebilde des positiven Rechts sind) anzuerkennen oder nicht, besteht für den Einzelnen nur in einem sehr geringen Umfang. Nicht bloß die in den Institutionen geronnenen komplizierten Herrschafts-, Arbeits- und Vertragsverhältnisse hindern den Einzelnen an einer derart freien Entscheidung, sondern auch der gesamte kulturellhistorische Hintergrund, in dem der Einzelne zusammen mit den gesellschaftlichen Formen des Zusammenlebens steht«.[51]

Durch diese treffende Charakteristik der Selbstentfremdung der menschlichen Freiheit und Verantwortung in den gleichwohl notwendigen Institutionen wird nun aber die Verknüpfung des Begriffs der *moralischen Verpflichtung* mit der *konventionellen Weise*, in der der Sprecher nach Wunderlich »Voraussetzungen und Konsequenzen (Verpflichtungen), die für ihn selbst gelten«[52], bindet, durch ihn selbst eigentlich dementiert. Offenbar muß die interpersonale moralische Verpflichtung, sofern sie auf *Regeln* der *Kommunikation* beruhen soll, erst aufgrund einer kritischen Analyse der Selbstentfremdung der Kommunikation in den konventionellen Realisierungen ihrer Regeln in den bestehenden Institutionen überhaupt freigelegt werden. Man kann indessen eine solche Analyse nicht durchführen, ohne von vornherein die Fragestellung und den methodischen Ansatz einer *normativ-genetischen Rekonstruktion* der menschlichen Kommunikation zu übernehmen, – eine Perspektive, die freilich in den kritischen Sozialwissenschaften mit *empirisch-hermeneutischer Rekonstruktion* der institutionellen Tatsachen *dialektisch* vermittelt werden muß.[53] »Dialektik« wäre hier »der Versuch einer Rekonstruktion der Entstehung und der Veränderung von Normensystemen aus der Unterdrückung und der systematischen Verzerrung allgemeiner motivbildender Dialoge«.[54] Daß es z. B. nicht möglich ist, die von Wunderlich eigentlich intendierte Analyse der Lüge mit internem Bezug auf moralische Verpflichtungen als rein *empirische* Beschreibung von konventionell geregelten Sprachspielen oder Quasi-Institutionen, d. h. ohne darüberhinausgehende *normative* Voraussetzungen, durchzuführen, läßt sich mit einiger Phantasie schon auf der Ebene der Wissenschaftstheorie der Linguistik plausibel machen. Man braucht nur die zahlreichen faktisch bestehenden und gut funktionierenden Sprachspiele und Quasi-Institutionen ins Auge zu fassen, in denen das gekonnte Lügen mehr oder weniger dazu gehört, wie etwa die Sprachspiele der Diplomatie, der Propaganda, der Reklame, der ideologischen Legitimation von sozialen Privilegien und Herrschaftsstrukturen usf. Der empirische Linguist im Sinne von H. Schnelle kann natürlich angesichts dieser Phänomene nur die tatsächlich befolgten *Verhaltens-Regeln* analytisch herausarbeiten; und diese sind gewiß nicht mit *ethisch legitimierbaren Normen* identisch, wenngleich sie *faktisch normierende* Funktionen ausüben. Wir sind eben alle mehr oder weniger »abgerichtet«, wie Wunderlich mit Recht bemerkt.[55]

Wir sind jedoch andererseits – trotz der gegenteiligen Versicherung der sog. »modernen Wissenschaftstheorie« – nicht darauf festgelegt, bei der methodisch-wissenschaftlichen Analyse der gesellschaftlichen Wirklichkeit nur die bestehenden Verhältnisse – die »institutionellen Fakten« – ohne Reflexion auf die normativen Bedingungen der Möglichkeit menschlicher Interaktion und Kommunikation und dementsprechend ohne Vorblick auf das, was sein könnte bzw. sein sollte, zu thematisieren. Im Felde der Kommunikation sind wir dazu umso weniger genötigt, als wir als *Kommunikations-*

partner, die sich ernsthaft mit den Anderen über etwas verständigen wollen, durch die »Natur der Sache« – die freilich keine empirisch beobachtbare Sache ist – gezwungen sind, die Perspektive der bloß empirischen Beobachtung der Verhaltens-Tatsachen zu durchbrechen und uns auf das zu besinnen, was wir *notwendigerweise immer schon* bei uns selbst und den Anderen als *normative Bedingung der Möglichkeit* der Verständigung voraussetzen müssen und in diesem Sinne auch *immer schon notwendigerweise* akzeptiert haben.

III,5. Die transzendentalpragmatische Begründung der ethischen Grundnorm

Transzendentalpragmatische Voraussetzungen der Kommunikation sind nicht »Präsuppositionen« im Sinne der empirisch-pragmatischen Kontext-Bedingungen einer nachweisbar regelmäßig erfolgreichen Kommunikation. Transzendentalpragmatische Reflexion oder Besinnung ist nicht kluge Berücksichtigung des Hintergrundwissens, der Interessen, der akzeptierten Meinungen, der soziokulturell bedingten Verhaltensregeln und Gepflogenheiten des Partners. Die Erforschung *dieser* »Voraussetzungen« erfolgreicher Kommunikation, die früher Gegenstand der Rhetorik und Hermeneutik als Kunstlehren waren, fällt heute einer Vielfalt empirisch-analytischer und normativ-analytischer Einzelwissenschaften zu. Auch diese Kommunikationswissenschaften werden aber in ihren theoretischen Grundannahmen und Idealisierungen auf Voraussetzungen zurückgehen müssen, die als Regeln und als Normen immer schon von allen Kommunikationspartnern implizit akzeptiert sind und deren Geltung selbst und gerade dann unterstellt wird, wenn man sie nicht befolgt. Eine *universalpragmatische Theorie* kann solche Voraussetzungen als solche der »kommunikativen Kompetenz« für alle kommunikativen Handlungen als Bedingungen der konstruktiven Erzeugung einer »idealen Kommunikationssituation« (für Rede und

Verstehen) unterstellen. Aber zwingend nachweisen lassen sich die jetzt gemeinten Voraussetzungen m. E. nur aus der *transzendentalpragmatischen Reflexionsperspektive*, d. h. aus der Perspektive von Dialog-Partnern, die durch die »Natur der Sache« – z. B. angesichts von Mißverständnissen und Verständnisschwierigkeiten besonderer Art – gezwungen sind, sich auf solche »Präsuppositionen« zu besinnen, die sie als Bedingungen der Möglichkeit aller kommunikativen Verständigung notwendigerweise akzeptiert haben. Dies wiederum besagt m. E., daß die *universalpragmatischen Bedingungen aller Kommunikation* nur auf dem Wege der Reflexion auf die *Bedingungen der Möglichkeit argumentativer Diskurse* als *nicht empirische* Bedingungen exemplarisch sichtbar gemacht werden können. So etwa wird auch ein Sprachphilosoph, der nur empirisch pragmatische Präsuppositionen glaubt anerkennen zu können[56], in einer philosophischen Diskussion, in der er seinen Kontrahenten überzeugen will, schließlich zugeben müssen, daß er – ganz abgesehen von allen linguistischen und psychologisch-strategischen Regeln und Präsuppositionen – immer schon voraussetzen muß, daß Kommunikationspartner in einer Diskussion prinzipiell in der Lage sind, zur Sinn-Verständigung und zur Wahrheitsfindung durch Konsensbildung zu gelangen (was natürlich nicht impliziert, daß er es empirisch-pragmatisch für wahrscheinlich halten muß, daß er hic et nunc seine Kontrahenten überzeugen wird).

In diesem Sinne nun muß prinzipiell auch vorausgesetzt werden, daß alle Diskussionspartner zumindest implizit ein Wissen um die normativen – und darunter auch die ethisch-normativen – Bedingungen der Sinn-Verständigung und der Wahrheitsfindung durch Kommunikation besitzen und diese normativen Bedingungen auch immer schon implizit anerkannt haben. Eine *transzendentale Sprachpragmatik* hat zunächst einmal dieses implizit Gewußte und Anerkannte explizit zu machen und als *Maßstab* für eine *kritische Rekonstruktion* der im Sinne der institutionellen und quasi-insti-

tutionellen Tatsachen konventionell realisierten Sprachregeln bereitzustellen.
Ein Beispiel für das hier gemeinte Explizitmachen des implizit Gewußten und Anerkannten liefert unsere Analyse der Lüge im Unterschied zur empirisch-analytischen Deskription von Sprachspielen, in denen das Lügen mehr oder weniger dazu gehört: Der schon erwähnte Umstand, daß wir eine Lüge nicht sprachlich explizit als Sprechakt vollziehen können, obwohl wir ihren Vollzug im Sinne einer solchen performativen Explizitheit reflektieren können, – dieser Umstand zeigt uns zunächst einmal, was eine *normative Bedingung der Möglichkeit* der Kommunikation ist: Es handelt sich hier ersichtlich nicht um eine *Normsetzung* aufgrund *subjektiver* – *dezisionistischer* oder *emotional bewertender* – Stellungnahme[57]; und damit ist zunächst einmal der Denkzwang des heute herrschenden *szientistischen* Paradigmas[58] durchbrochen. Es handelt sich offenbar um eine Norm, die durch die *konstitutiven Regeln* der von uns nicht begründeten und nicht aufhebbaren Meta-Institution der Kommunikation gesetzt ist. Wir können diese Norm zwar verletzen, aber wir können sie nicht als Norm aus unserer privaten Entscheidung heraus verneinen, ohne eine Bedingung der Möglichkeit der Kommunikation überhaupt, und damit auch der Verständigung mit uns selbst, aufzuheben. Tatsächlich begibt sich ja derjenige, der die stillschweigende performative Kontrolle über sein Lügen – die reflexive Kontrolle *im Sinne* der sprachlich paradoxen Wendung »Ich lüge jetzt hiermit« – verliert, bereits auf den Weg in die Geisteskrankheit – wenn es hier auch empirisch harmlose Übergangsstadien der Selbsttäuschung gibt. Und der wirkliche Nihilist ist wohl – wie Dostojewskij richtig sah – nur als entschlossener Selbstmörder (d. h. Vernichter seiner Identität, die auf der kommunikativ vermittelten Identität mit und zugleich Verschiedenheit von den Anderen beruht) denkbar.[59]
Das praktische Unterscheidenkönnen zwischen Wahrhaftigkeit und Lüge, zwischen aufrichtigen und unaufrichtigen Sprech-

akten, ist aber nur ein Beispiel für das implizite Regel-Wissen der »kommunikativen Kompetenz«, die wir bei uns selbst und allen nur denkbaren Kommunikationspartnern immer schon *notwendigerweise* a priori voraussetzen. Wir können in diesem Sinne das ganze Feld der konventionell realisierten Sprechakt-Regeln im Sinne einer *normativgenetischen Rekonstruktion* thematisieren, und der Sache nach scheint mir Searle dies für das Versprechen auch geleistet zu haben. (Er hat nämlich das Versprechen, und anhand dieses Beispiels die Struktur illokutionärer Akte, nicht im Sinne einer *empirischen Deskription* von sozialen *Institutionen* und *Quasi-Institutionen* der Kommunikation analysiert; er hat nicht etwa die *empirischen* Bedingungen des *Gelingens* von Sprechakten soziolinguistisch untersucht, sondern die von jedermann notwendigerweise anzuerkennenden Bedingungen der Geltung eines Sprechakts – z. B. eines Versprechens – als eines solchen. Er hat seine Ergebnisse zwar anhand des heuristischen Leitfadens der englischen Sprache, d. h. durch Reflexion auf die Verwendung englischer Sätze zur Erzeugung von Sprechakten gewonnen; aber er hat dabei nicht auf das Empirisch-Kontingente der *konventionellen Realisierung der Sprechakt-Regeln* abgehoben, sondern auf diese selbst als *universale* Bedingungen der Kommunikation.)

Freilich könnte man einwenden, daß wegen der heuristischen Vermittlung der *Regel*-Analyse über die Analyse von Sprach-*Konventionen* und insbesondere wegen der Befangenheit des Denkers in den Konventionen der eigenen Muttersprache eine praktisch relevante Unterscheidung der *transzendental-normativen* von den bloß *empirischen* Bedingungen der Möglichkeit der Kommunikation unmöglich sei. Auf diesen Einwand läßt sich m. E. eine zweifache Antwort geben:

1. Einmal liefert die transzendentale Fragestellung selbst – *die Reflexion auf die Bedingungen der Möglichkeit von Geltung* – auch für die Sprachpragmatik einen Ausgangspunkt für die geforderte Unterscheidung: Denn im Sinne der Kantschen Frage läßt sich nicht nur die Analyse der *allgemeinen*

Bedingungen des Gelingens von Sprechakten reinterpretieren und kontrollieren: auch die Frage nach der *universalen Notwendigkeit bestimmter Sprechakte oder Klassen von Sprechakten* läßt sich unter diesem Gesichtspunkt stellen. Es läßt sich dann, wie im vorigen schon betont, zeigen, daß z. B. die Möglichkeit von so etwas wie Versprechen implizit als eine Bedingung der Möglichkeit für *gültige* – d. h. als freie *Übereinkünfte* interpretierbare – *Konventionen* vorausgesetzt wird. Ohne solche Konventionen aber ist *Sinn-Verständigung* und *Konsensbildung über intersubjektive Geltung von Regeln* auf der Ebene des argumentativen Diskurses der Geltungsreflexion sowenig möglich wie auf der präreflexiven Ebene der konventionellen Realisierung von Kommunikationsregeln. Mithin lassen sich die normativen Bedingungen der Möglichkeit eines gültigen Versprechens als *Bedingungen der Möglichkeit jenes argumentativen Diskurses* reklamieren, *in dem wir immer schon begriffen sind, wenn wir die Frage nach der intersubjektiven Geltung von Normen stellen und diskutieren.* Damit aber sind die normativen Bedingungen der Möglichkeit von Versprechen als Teil jenes transzendentalen Sprachspiels erwiesen, das für jede mögliche Diskussion als *nichthintergehbar* vorausgesetzt und in Anspruch genommen werden muß.[60]

Im Sinne einer *universalpragmatisch* interpretierten Sprechakttheorie läßt sich die Funktion der Regeln des Versprechens und ähnlicher *regulativer* Sprechakte, wie z. B. *erlauben, verbieten, ablehnen, annehmen* u. dergl., wohl darin erblicken, daß sie es möglich machen, in Sprechakten den Sprecher selbst und die Adressaten auf die Befolgung von Regeln als Handlungs-Normen zu verpflichten, und daß sie dadurch implizit *Regeln* als *Normen* allererst thematisierbar und die Unterscheidung zwischen *Sein* und *Sollen* möglich machen.[61] Ich zweifle nicht daran, daß diese und andere Befunde einer *universalpragmatischen* Interpretation der Sprechakttheorie, wie sie J. Habermas entwickelt hat, Bedingungen der Möglichkeit gültiger argumentativer Diskurse sind und insofern *transzen-*

dentalpragmatischen Status haben. Vor allem gilt dies von dem von Habermas formulierten Prinzip der »notwendigen Unterstellung« und »kontrafaktischen Antizipation« einer »idealen Sprechsituation« im Sinne der Realisierung aller Normen der »kommunikativen Kompetenz« im Sinne einer idealen Kommunikationsgemeinschaft. Ich möchte aber sogleich hinzufügen, daß das Prinzip der »kontrafaktischen Antizipation«, das im Sinne der *universalpragmatischen Theorie* für alle Kommunikationen mündiger Sprecher/Hörer mit der »kommunikativen Kompetenz« zugleich implizit vorausgesetzt wird, als *notwendige Unterstellung* nur auf dem Wege *transzendentalpragmatischer Reflexion auf die Bedingungen der Möglichkeit gültiger Diskurse* zwingend ausgewiesen werden kann. Ohne diese *transzendentalpragmatische* – d. h. *reflexive* und nicht *deduktive* – »Letztbegründung« würde das Habermassche Prinzip nur den Status eines theoretischen Axioms besitzen, und unter dieser Voraussetzung wäre es m. E. nicht möglich, aus ihm ethische Normen für die Mitglieder einer Kommunikationsgemeinschaft abzuleiten, die alle Axiome allererst durch Konventionen in Kraft setzen müssen. Anders gesagt: Es kann nicht etwa die Ethik durch eine *universale Theorie rekonstruktiver Sozialwissenschaft* begründet werden – dies wäre nur eine zeitgemäße Reproduktion jener »naturalistic fallacy«, die bisher schon mit dem Selbstverständnis jeder aufsteigenden Realwissenschaft verbunden war –, sondern eine transzendentalpragmatische Begründung der Ethik *verweist sich selbst* auf ihre substanzielle Konkretisierung mit Hilfe der kritisch-rekonstruktiven Sozialwissenschaften und begründet dadurch deren gegenstandskonstitutives Erkenntnisinteresse.

Da im Kontext der vorliegenden Untersuchung alles davon abhängt, daß tatsächlich eine *zwingende Begründung der intersubjektiven Gültigkeit* ethischer Normen als möglich erwiesen wird, so möchte ich an dieser Stelle noch einmal eigens die Frage aufwerfen, ob nicht die Berufung auf so etwas wie die »kommunikative Kompetenz« des Menschen (bzw.

aller mündigen Menschen) und das in ihr implizierte *intuitive Kennen* und *faktische Anerkannthaben* von ethischen Normen letzten Endes doch als *Berufung auf eine Tatsache* angesehen werden muß und insofern auch die *universalpragmatische* Begründung ethischer Normen auf eine »naturalistic fallacy« hinausläuft. Im Sinne der soeben gebrauchten Formulierungen müßte diese Frage tatsächlich bejaht werden. Und genauso verhält es sich auch mit dem Versuch, etwa die *Begründung* der Normen durch eine *Nachkonstruktion* der im *Faktum* der »kommunikativen Kompetenz« implizierten, *faktisch immer schon anerkannten* Normen geben zu wollen (nicht zu reden von dem Versuch, sie durch »normative Genese«[62] der menschlichen Sozialgeschichte oder durch Nachkonstruktion der Entwicklungsgeschichte des moralischen Bewußtseins im Sinne von J. Piaget und L. Kohlberg[63] liefern zu wollen). Nicht, daß geleugnet werden müßte, daß die hier gemeinten *universalen Normen* (die möglicherweise im Sinne einer *universal* gültigen ontogenetischen und gattungsgeschichtlichen Entwicklungsgesetzlichkeit zum Bewußtsein gebracht werden) sich als solche im Sinne der *transzendentalen Begründung* erweisen lassen (im Unterschied zu bloß *konventionellen Normen*); aber zu diesem Zweck muß die *transzendentale Letztbegründung* schon vorausgesetzt werden. Nur in ihrem Lichte kann eine *rationale Nachkonstruktion* von Normen als solche sich ausweisen und – freilich – zur inhaltlichen Entfaltung der normativen Begründung beitragen.

Am Anfang der Ethik kann nicht die Berufung auf ein noch so *universales Faktum* stehen, sondern nur der – in *reflexiver Argumentation* zu erbringende – Nachweis, daß jeder mögliche Diskussionspartner (jeder also, der überhaupt die Frage nach einer möglichen Begründung der intersubjektiven Gültigkeit von Normen aufwerfen kann) die universalpragmatischen Normen der Ethik *notwendigerweise* (nämlich als *Bedingungen der Möglichkeit seines sinnvollen Argumentierens)* schon anerkannt hat. Es genügt nicht etwa zu zeigen, daß er sie *faktisch* in allen Fällen schon anerkannt hat – und in einem empirisch-psychologischen Sinn dürfte das auch gar nicht möglich sein –, sondern die *interne* – konzeptuelle – Voraussetzungsrelation zwischen der Anerkennung der ethischen Normen und der Möglichkeit des Sinnes jeder Art ernsthafter Argumentation muß aufgewiesen werden. Darin liegt, daß eine *transzendentalpragmatische Begründung* ethischer Normen – und eine andere ist m. E. nicht möglich – vom *methodischen Primat der Selbstbegründung des argumentativen Diskurses* (d. h. der selbst noch argumentativen Reflexion auf die Geltungsbedingungen der Argumentation) ausgehen muß. (Und darin liegt die transzendentalpragmatische Transformation der kartesischen – methodisch-solipsistischen – Reflexion auf die Nichthintergehbarkeit des Denkens.)

Die Rede vom *methodischen Begründungsprimat* des argumentativen Diskurses besagt jedoch nicht etwa, daß die ethischen Normen primär solche des argumentativen Diskurses wären oder nur für den Bereich möglicher Diskurse universale Geltung hätten. Eine solche Auffassung würde voraussetzen, daß der argumentative Diskurs lediglich ein Sprachspiel *neben* anderen Sprachspielen (*eine Institution neben anderen Institutionen*) wäre, derart daß man sich zu dieser »Lebensform« oder auch zu einer völlig anderen beliebig entscheiden könnte.[64] Der argumentative Diskurs steht jedoch zu allen denkbaren Sprachspielen und Institutionen – und auch zu der zu unterstellenden *Regel*, die eine einsame Entscheidung als *sinnvolle* Handlung verständlich machen kann[65] – im Verhältnis der *implizit zugehörigen Meta-Institution*; d. h. er bildet die einzige Instanz, in der das *Regel-Befolgen* von Handlungen – sei es im Sinne »monologischer« Handlungen, sei es im Sinne »dialogischer Interaktion« – als Regelbefolgen, und das heißt als *verständlich*, erwiesen und *legitimiert* oder *kritisiert* werden kann. Insofern gelangt m. E. im argumentativen Diskurs *das* »transzendentale Sprachspiel«, das implizit in allen denkbaren kontingenten Sprachspielen als Bedingung der Möglichkeit ihrer rationalen Selbst-

reflexion und hermeneutischen Verständigung untereinander vorausgesetzt werden muß, zum expliziten Bewußtsein und zur Institutionalisierung seiner transzendentalen Funktion.
Ich kann daher mit Habermas ausdrücklich darin übereinstimmen, daß »jeder, der überhaupt kommunikativ handelt..., indem er unvermeidlicherweise Wahrheits- und Richtigkeitsansprüche erhebt, implizit anerkannt haben (muß), daß sein Handeln auf Argumentation als einzigen Weg der *Fortsetzung* konsensuellen Handelns für den Fall verweist, daß die naiv erhobenen und faktisch anerkannten Geltungsansprüche problematisiert werden«. (Und ich bezweifle nicht, »daß wir bei sprach- und handlungsfähigen Subjekten ein bestimmtes intuitives Wissen auch dann antreffen, wenn sie sich faktisch niemals an einer Argumentation beteiligt haben«.)[66] Allein: die »naiv erhobenen Geltungsansprüche« aller moralischen Normen menschlicher Interaktion sind ja immer schon *problematisiert*, wenn die (philosophische) Frage nach der möglichen (oder etwa unmöglichen) Begründung der intersubjektiven Gültigkeit von Normen erhoben wird. Folglich *muß* bei der *Begründung* der Ethik von der vorgesehenen »Fortsetzung konsensuellen Handelns« durch den argumentativen Diskurs Gebrauch gemacht werden; und die einzige Chance einer *zwingenden Begründung* der intersubjektiven Geltung ethischer Normen liegt darin, daß man in der Lage ist, sich selbst oder jeden möglichen Dialogpartner, »der nach der Begründung eines argumentativ gefaßten Vernunftprinzips fragt, dessen zu überführen, daß er sich mit seiner Frageabsicht, recht begriffen, bereits auf dem Boden eben dieses Prinzips gestellt hat«.[67] Es verweist also gewissermaßen der *substanzielle Primat* einer Ethik der Mündigkeit alles kommunikativen Handelns auf den *methodischen Begründungsprimat* des argumentativen Diskurses, und umgekehrt. Dies scheint mir Habermas auch selbst zu bestätigen, wenn er schreibt (ich erlaube mir, meine Lesart des folgenden Zitats durch Hervorhebungen zu verdeutlichen): »*Sobald* wir den Sinn der *diskursiv einlösbaren* Geltungsansprüche *explizit*

machen, wird uns bewußt, daß wir schon im kommunikativen Handeln die *Möglichkeit von Argumentation* voraussetzen.«[68]

Man sollte sich m. E. nicht irre machen lassen durch den seit den Tagen der antiken Skepsis beliebten Hinweis, daß Menschen die Argumentation – die Teilnahme am Diskurs also – verweigern können. Dieser Umstand ist natürlich praktisch von großer Wichtigkeit insofern, als alle diejenigen, die im Falle einer Meinungsverschiedenheit oder eines Interessenkonfliktes entweder zum offenen Kampf oder bloß zur strategischen Verhandlungseinstellung ihre Zuflucht nehmen, tatsächlich den in der Struktur des auf die »kommunikative Kompetenz« bezogenen transzendentalen Sprachspiels gleichsam vorgesehenen Übergang zum Diskurs nicht vollziehen und insofern die Argumentation im Sinne der rationalen Begründung von Meinungen oder Ansprüchen verweigern. Indessen: für die Frage der *Begründung* ethischer Normen ist dieses im üblichen Sinn (des »Freund-Feind-Verhältnisses«) politische Verhalten natürlich völlig irrelevant; denn unter seiner Voraussetzung kann die *Frage nach einer möglichen Begründung* von Normen ja nicht einmal aufgeworfen, geschweige denn positiv oder negativ entschieden werden. Es ist eben schlicht falsch, mit Karl Popper zu behaupten, daß die Argumentationsverweigerung als ein Argument angesehen werden müßte oder könnte, durch das man ohne Selbstwiderspruch die Position des Irrationalismus oder Obskurantismus verteidigen könne[69]; denn *wenn* die Verweigerung aller Argumente als *Argument* vorgetragen wird – wie z. B. durch Popper als ihren Anwalt –, dann muß sie in einen aktuellen Selbstwiderspruch geraten; wird sie aber überhaupt durch niemanden als Argument geltend gemacht, dann scheint mir nach wie vor Aristoteles recht zu haben, wenn er darauf hinweist, daß man jeden, der überhaupt als Opponent etwas sagt, dessen überführen kann, daß er gewisse, *deduktiv* nicht weiter zu begründende letzte Voraussetzungen schon akzeptiert haben muß, daß es aber absurd ist, jemandem, der nicht argumentiert, unsere Ansichten begründen zu wollen; da »solch ein Mann von vornherein gleichsam wie eine Pflanze« angesehen werden kann.[70] Ich möchte hiermit übrigens nicht sagen, daß die noch Unmündigen oder diejenigen, die durch legitimierbare oder nicht mehr legitimierbare Verhältnisse der gesellschaftlichen Institutionen an der argumentativen Vertretung ihrer Interessen gehindert sind, für die mögliche Konsens-Bildung im »praktischen Diskurs« nicht zählen. Die Pointe einer transzendentalpragmatischen Begründung der ethischen Normen liegt vielmehr darin, daß alle Interessen – und d. h. die potentiellen »Ansprüche« aller potentiellen Diskurs-Partner – nur im *Diskurs* rational wahrgenommen werden können, – nur im *Diskurs* deshalb, weil er – im Unterschied zu beliebigen anderen Sprachspielen – seiner Idee nach die Institutionalisierung der rationalen Selbstreflexion des transzendentalen Sprachspiels der unbegrenzten Kommunikationsgemeinschaft darstellt.[71] Damit sind wir nun auch in die Lage versetzt, eine Antwort auf die Frage nach dem substanziellen Inhalt des Vernunftprinzips als der Grundnorm einer Ethik der unbegrenzten Kommunikationsgemeinschaft zu geben.

Der substanzielle Inhalt des Vernunftprinzips, das immer schon notwendigerweise in jedem Diskurs vorausgesetzt und insofern als notwendigerweise anzuerkennende Grundnorm der Ethik transzendentalreflexiv begründet werden kann, liegt in der nichthintergehbaren[72] Verpflichtung aller, die argumentieren, auf die Idee der »diskursiven Einlösbarkeit«[73] aller normativen Geltungsansprüche nach Maßgabe der *intersubjektiven Universalisierbarkeit* der durch sie vertretenen Interessen.

Man kann dieses Prinzip mit P. Lorenzen das der »Transsubjektivität« nennen und darunter eine Rekonstruktion des »kategorischen Imperativs« von Kant verstehen.[74] Dies setzt aber m. E. voraus, daß man auf den Unterschied reflektiert zwischen einer durch das »intelligible Ich« geforderten Universalisierung der »Maxime der Gesinnung« jedes Einzelnen im Sinne *kommunikationsfrei gedachter intersubjektiver Geltung* und einer in den Regeln der Kommunikation begründeten Verpflichtung auf *soziale Realisierung der Intersubjektivität* durch Sinnverständigung und Konsensbildung über *Ansprüche* in einer prinzipiell unbegrenzten Kommunikationsgemeinschaft. Das erste »Transsubjektivitäts«-Prinzip, das letztlich ein metaphysisches »Faktum der Vernunft« voraussetzt und insofern einer sublimen Form der »naturalistic fallacy« unterliegt[75], gehört noch einer Transzendentalphilosophie des prinzipiell sprachlosen transzendentalen Subjekts an. Es vermag m. E. sich selbst nicht als Prinzip auf die substanzielle Konkretisierung seiner formal-apriorischen Forderung durch den sozialen Dialog unter allererst zu realisierenden politischen Bedingungen einer idealen Kommunikationsgemeinschaft zu verweisen. Demgegenüber begründet das von uns gemeinte »Transsubjektivitäts«-Prinzip ohne jede metaphysische Garantie eine Transzendentalphilosophie, deren »transzendentales Subjekt« zwar aus sinnkritischen Gründen postuliert, im übrigen aber kontrafaktisch antizipiert und immer noch allererst – in the long run – realisiert werden muß.

Damit dürfte m. E. die erste – rein transzendentalphilosophische – Antwort auf die im vorigen aufgeworfene Frage nach einer methodischen Unterscheidung der *transzendentalnormativen* von den bloß *empirischen* Bedingungen der Möglichkeit der Kommunikation hinreichend expliziert sein. In dem Umstand, daß das *transzendentale Subjekt* im Sinne der Transzendentalpragmatik zwar immer schon antizipiert, andererseits aber auch immer noch erst realisiert werden muß, ist nun aber schon impliziert, daß das transzendentalpragmatische Transsubjektivitäts-Prinzip der Ethik in zweifacher Weise die methodische Rationalität der Wissenschaft für seine eigene inhaltliche Explikation in Anspruch nimmt: Einmal verweist es sich selbst auf die Hilfe rationaler Strategien der zukünftigen Realisierung des bloß antizipierten Ideals einer das transzendentale Subjekt repräsentierenden Kommunikationsgemeinschaft; zum anderen verweist es sich auf die

Hilfe *kritischer Sozialwissenschaften* bei der *normativen und empirischen Rekonstruktion* der menschlichen Gattungsgeschichte als der Genesis des uns bekannten realen Substrats[76] des zu realisierenden transzendentalen Subjekts der Kommunikation.

Und hiermit scheint mir auch der wissenschaftstheoretische Ort der »rekonstruktiven Wissenschaften« im Sinne von Habermas, und in ihrem Zusammenhang der historisch-soziologischen *Genese der menschlichen Gattungsgeschichte* sowie der mit ihr verzahnten psychologischen und psychoanalytischen *Onto-Genese* im Sinne Freuds, Piagets und Kohlbergs, bezeichnet zu sein; und auch das Programm einer nicht bloß *empirisch-analytischen,* sondern die Entwicklungsgeschichte der Sprach-Kompetenz (im Sinne Chomskys und darüberhinaus im Sinne der »kommunikativen Kompetenz«) *empirisch und normativ rekonstruierenden* Linguistik (einschließlich der Pragma-, Sozio- und Psycholinguistik) läßt sich m. E. in diesen Rahmen kritischer Sozialwissenschaften einordnen. Versteht man nun die Funktion dieser Wissenschaften im Sinne der zweiten von uns postulierten *Selbstverweisung* der Kommunikationsethik, so ergibt sich die Möglichkeit einer wissenschaftlichen Vermittlung der inhaltlichen Explikation des normativen Prinzips der Ethik durch die methodische Rationalität von Wissenschaften, die – außer der Verbindlichkeit formallogischer Konsistenz und empirischer Evidenzen – das normative Prinzip selbst als Maßstab ihrer Fragestellung und ihrer kritisch wertenden Befunde voraussetzen. Damit aber ergibt sich noch eine zweite Antwort auf den Einwand der praktischen Nichtunterscheidbarkeit der *transzendental-normativen* und bloß *empirisch-konventionellen* Bedingungen der Möglichkeit der Kommunikation.

2. Während die erste (für die Begründung der Ethik entscheidende) Antwort in der Möglichkeit der *transzendentalen Reflexion* auf die Bedingungen der Möglichkeit des argumentativen Diskurses liegt, kann die zweite Antwort m. E. in dem Umstand gefunden werden, daß die *kritischen Sozial-*

wissenschaften in dem soeben umschriebenen Sinn der transzendentalpragmatischen Ethik in die Hände arbeiten können. Sie können dies z. B. einerseits dadurch, daß sie die *institutionellen Konventionen*, so wie sie unter jeweils besonderen historischen Bedingungen zur Ausbildung kamen, als *im Sinne der Lebensnotwendigkeit verständliche* und insofern *historisch legitimierbare Teilrealisierungen der universalen Regeln bzw. Normen* erweisen. Schon in diesem primär *normativ-hermeneutischen* Verfahren dürfte sich eine zusätzliche Bestätigung der Unterscheidung zwischen echten *transzendentalen Normen* und bloßen *Konventionen* ergeben. (Z. B. dadurch, daß man im Detail zeigt, wie in den uns bekannten sozio-kulturellen Lebensformen die, als Bedingung der Möglichkeit des Diskurses schon erwiesene, transzendentalpragmatische Norm der Wahrhaftigkeit zwar niemals völlig mißachtet werden konnte[77], aber doch mit der konventionellen Realisierung zugleich durch zahllose mehr oder weniger konventionelle Praktiken des Euphemismus, des taktvollen Verschweigens, des Ausweichens und Ablenkens, aber auch des Overstatements, der übertreibenden Dramatisierung, der politischen und kommerziellen Propaganda, der künstlerischen »Lüge, durch die die Wahrheit sichtbar wird« (Picasso), usw. usw., ihren Kompromiß mit der jeweiligen »condition humaine« eingehen mußte.[78])

Zugleich mit dieser primär *historisch-hermeneutischen* Verstehensleistung können die *kritisch-rekonstruktiven* Sozialwissenschaften jedoch, im Lichte einer normativ begründeten und zugleich empirisch zu bewährenden theoretischen Systematisierung[79] der Phasenstruktur der menschlichen Gattungsgeschichte und der damit verschränkten Struktur der individuellen Lebensgeschichte, den Versuch machen, die aus der historischen Situation der jeweiligen Lebensbedingungen heraus als notwendig verständlichen und insofern historisch legitimierbaren Konventionen von solchen Konventionen zu unterscheiden, deren Abweichung von der transzendentalen Norm der Kommunikation und Interaktion nicht mehr die »prudentia«

der Anpassung an das »Realitätsprinzip« (Freud), sondern den Verlust der Selbsttransparenz im Sinne der quasi-pathologischen Verdinglichung der Selbstentfremdung – eventuell sogar der Regression auf eine bereits überholte Stufe verantwortlicher Lebensführung – bezeugt. (In diesem Sinne lassen sich z. B. in der Gegenwart die Ideologien und die Normen einer Samurai-Ethik oder einer absoluten religiösen Gehorsams-Ethik im Sinne des Opfers der eigenen Gewissensentscheidung oder des ökonomischen Sozialdarwinismus oder des Rassismus – etwa im Sinne des SS-Staates – von den noch immer notwendigen, konventionell verankerten Begrenzungen der menschlichen Solidarität im Sinne der Identifizierung mit der eigenen Familie, Gruppe, Nation, Kultur und dergl. unterscheiden.) Es dürfte einleuchten, daß durch dieses methodische Unterscheidungsverfahren der kritischen Sozialwissenschaften eine weitere inhaltliche Bestätigung und Explikation der transzendentalpragmatischen These der prinzipiellen Verschiedenheit der Normen der idealen Kommunikationsgemeinschaft und der bloß empirischen Konventionen erbracht werden kann.

In den Fällen nun, in denen sich eine Unterscheidung zwischen noch legitimierbaren, weil »verständlichen«, und nicht mehr legitimierbaren (weil nicht mehr als lebensnotwendige Antwort auf die reale Situation, sondern allenfalls als Antwort auf eine scheinbare, idiosynkratisch erfahrene Situation verständlichen) Konventionen bzw. Institutionen durchführen läßt, in diesen Fällen kann m. E. noch ein dritter Schritt im methodischen Verfahren der kritischen Sozialwissenschaften postuliert werden: Soweit menschliche Lebensäußerungen im weitesten Sinn sich als für die Subjekte selbst nicht mehr transparent zu machende quasi-pathologische Verdinglichungen (z. B. regressive Ritualisierungen[80]) darbieten, insoweit ist der kritische Sozialwissenschaftler m. E. »durch die Sache selbst« aufgefordert und legitimiert, das kommunikative Subjekt-Subjekt-Verhältnis zu seinem Gegenstand partiell zu suspendieren und die Methoden des *hermeneutischen*

Verstehens im Lichte von theoretischen Geschichts-Systematisierungen mit solchen eines *quasi-funktionalistischen* und *quasi-kausalanalytischen Erklärens* der Verdinglichungen aus unterstellten determinativen Zwängen zu kombinieren.
Auf individualpsychologischem und sozialpsychologischem Gebiet geschieht dies z. B. in der Psychoanalyse, wo die *tiefenhermeneutischen* Methoden der Traum- und Symptom-*Interpretation* mit solchen der triebenergetischen *Quasi-Kausalerklärung* verknüpft werden[81], und in der *system-theoretisch-kybernetisch inspirierten Kommunikationstheorie*, wo die unbewußten, zwanghaften Determinationen des Verhaltens von Einzelnen und Gruppen durch pathologisch fixierte Regel-Kreise im Rahmen *quasi-funktionalistischer Erklärungen* herausgearbeitet werden.[82] Auf soziologischem Gebiet hat Karl Marx das klassische Modell einer dialektischen Vermittlung von historischem Verstehen der Gattungsgeschichte durch das quasi-kausalanalytische Erklären der verdinglichten sozio-ökonomischen Strukturen und der zugehörigen Ideologien bereitgestellt. Dieses Modell wäre in der Gegenwart freilich mit dem funktionalistisch-systemtheoretischen Ansatz und mit dem psychoanalytischen Rekonstruktionsansatz zu vermitteln (z. B. im Sinne der wechselseitigen Vermittlung von ontogenetisch orientierter Sozialisationstheorie und gattungsgeschichtlich orientierter Evolutionstheorie); und um eine solche Vermittlung zu ermöglichen, wären die naturalistisch-reduktionistischen Verabsolutierungen der Erklärungs-Prinzipien sowohl auf seiten des Marxismus wie auf seiten des orthodoxen Freudianismus wie heute auf seiten der »Systemtheorie« rückgängig zu machen.
Von solcher Rückgängigmachung eines *objektivistisch-reduktionistischen Materialismus-Naturalismus-Szientismus* hängt nun zuletzt auch die Möglichkeit ab, die von uns postulierte Unterscheidung der transzendental-idealen Normen und der empirisch bedingten Konventionen und Institutionen durch den dritten methodischen Schritt der kritisch-rekonstruktiven Sozialwissenschaften vollends zu verdeutlichen. Denn soviel

dürfte klar sein: Wenn es zur Fixierung des Reduktionismus im Selbstverständnis der kritischen Sozialwissenschaften kommt, dann muß zugleich mit der normativ-hermeneutischen Komponente der Rekonstruktion die *ideale Maßstabfunktion der transzendentalen Normen* verleugnet werden – zugunsten einer vorgeblich illusionslos eindeutigen gesetzmäßigen »Erklärung der Notwendigkeit« der ontogenetischen und der gattungsgeschichtlichen Lebensprozesse. Unbemerkt zwar, doch unausweichlich geht in diesem Moment auch der Sinn des *kritischen* Motivs verloren[83]; denn einen deterministisch erklärbaren Naturprozeß kann man nicht sinnvoll der (Entfremdungs-, Verdinglichungs-, Regressions-, Ideologie-)*Kritik* unterziehen. Ist der szientistische Objektivismus konsequent durchgeführt, so läßt sich der Ansatz der kritisch-rekonstruktiven Sozialwissenschaften nicht mehr unterscheiden von einem verhaltens-wissenschaftlichen Ansatz der empirisch-analytischen Sozialwissenschaften, der im Interesse sozialtechnologischer Anwendung (regional begrenztes) quasi-nomologisches Verfügungswissen produziert – etwa im Sinne der »Erklärung« des Konsumenten-Verhaltens.

Im Sinne unserer Frage nach dem Verhältnis der Sozialwissenschaften zu den Normen einer Kommunikations-Ethik kommt jedoch alles darauf an zu erkennen, daß die methodologische Denkfigur des Ansatzes im Falle der kritischen Sozialwissenschaften gerade umgekehrt strukturiert sein muß wie im Falle der dem Interesse am Verfügungswissen dienenden Verhaltenswissenschaften. Im letzteren Falle wird man im Sinne des sozialwissenschaftlich erweiterten Erklärungsmodells von C. G. Hempel das zweckrationale Motiv-Verstehen in dem Sinne transformieren, daß man statt nach *guten Gründen* nach *effektiven* Gründen des menschlichen *Verhaltens* fragt und im Sinne dieser Frage die zuvor *verstandenen guten Gründe zweckrationalen Handelns* von Menschen in ebenfalls verstandenen Situationen der Mittel-Zweck-Beziehung versuchsweise als *Ursachen* im Sinne eines *kognitiv-volitionalen Kausalkomplexes* in ein kausal-analytisches oder

statistisches Erklärungsmodell einfügt, das der empirisch-induktiven Überprüfung unterliegt. Kurz: im Falle der sozialtechnologisch relevanten Verhaltenswissenschaften wird man das Verstehen in den Dienst des quasi-nomologischen Erklärens stellen und in diesem Sinne das zu erzielende *Erklärungs-Wissen heuristisch durch das Verstehen von Gründen vermitteln.* Im Falle des dritten methodischen Schrittes der kritisch-rekonstruktiven Sozialwissenschaften dagegen wird man genau die *umgekehrte Denkfigur* als regulatives Prinzip voraussetzen müssen: Man stellt hier von vornherein das quasi-nomologische Erklären in den Dienst der Vertiefung des reflexiven menschlichen Selbstverständnisses und einer durch dieses zu vermittelnden Selbstbefreiung von quasi-pathologischen Zwängen; und in diesem Sinne hat man *das normativ-kritische Verstehen* (das die idealen Normen der Kommunikationsethik voraussetzt) *durch das quasi-kausalanalytische und das quasi-funktionale Erklären* der zwanghaften Momente der »privaten« Verhaltensgewohnheiten und öffentlichen »Konventionen« und »Institutionen« *zu vermitteln.*[84]
Der Grund für diese Umkehrung der methodologischen Struktur kann freilich nicht auf der Abstraktions-Ebene einer *syntaktisch-semantisch* orientierten – d.h. an der Konstruktion bzw. Rekonstruktion axiomatisierter oder partiell axiomatisierter Theorien interessierten – »Wissenschaftslogik« entdeckt werden. Er muß auf dieser Abstraktionsebene (auf der man logische Konsistenz-Probleme zweifellos am besten lösen kann) als lediglich *empirisch-pragmatisches* Problem der *empirisch-psychologisch* oder soziologisch zu erforschenden kontingenten und *wissenschafts-externen* Interessen erscheinen und entsprechend bagatellisiert werden. Der Grund für den Unterschied der methodologischen Denkfiguren kann ersichtlich auch nicht durch irgendeine normativ neutrale *Metatheorie* entdeckt werden, denn er ist erheblich fundamentaler als der Unterschied zwischen Theorien verschiedener Struktur, bezieht er sich doch auf das Verhältnis von Theorien zu quasitheoretischen Geschichtssystematisierungen im Sinne empiri-

scher und normativer Geschichts-Rekonstruktion (einschließlich z. B. der Rekonstruktion der Wissenschaftsgeschichte als *Theorien-Geschichte*!). Der Grund für die von uns postulierte Strukturverschiedenheit läßt sich prinzipiell nur auf der Reflexionsebene einer *transzendental-pragmatischen Wissenschaftstheorie* sichtbar machen, d. h. aber: im Lichte einer Wissenschaftstheorie, die von der Voraussetzung *interner, erkenntnisleitender Interessen* ausgeht, die als *normative Bedingungen der Möglichkeit der Sinnkonstitution menschlicher Erfahrung* und ihrer methodischen Ausarbeitung in den Wissenschaften in demselben *nichthintergehbaren Situations-Apriori* entspringen, in dem auch das normative Grundprinzip der Ethik von uns lokalisiert wurde. Im folgenden möchte ich die leitenden Gesichtspunkte der hiermit postulierten normativen Explikation und Begründung der erkenntnisleitenden Interessen wenigstens andeuten – im Sinne eines exemplarischen Hinweises auf die transzendentalpragmatische Einheit der (wissenschafts-)theoretischen und der praktischen Vernunft.

III, 6. Die normative, transzendentalpragmatische Begründung der erkenntnisleitenden Interessen

Ich möchte davon ausgehen, daß im Falle der *erkenntnisleitenden Interessen,* ähnlich wie im Falle der *universalen Regeln* menschlicher Kommunikation, unterstellt werden darf, daß sie einerseits als normative Prinzipien durch Herleitung aus einem nichthintergehbaren normativen Prinzip der Ethik transzendentalphilosophisch zu begründen sind, daß sie aber gleichzeitig als *intuitive Regel-Kompetenzen* im Sinne einer erkenntnisanthropologisch erweiterten *Universalpragmatik* aller menschlichen Sprachspiele aufweisbar und rekonstruierbar sind. Unmittelbar einleuchtend ist diese Analogie, ja darüberhinaus eine Koinzidenz der Themen, im Falle der von Habermas postulierten »kommunikativen Kompetenz« als Vermögen im Sinne der Beherrschung »dialogkonstitutiver Universalien«. Die »kommunikative Kompetenz« des Menschen kann und muß m. E. in der Tat ebenso als anthropologische Gewissens-Instanz für die im Dialog notwendigerweise unterstellten Normen der Kommunikationsethik wie andererseits als Instanz im Sinne des zugleich anthropologisch fundierten und normativ a priori legitimierten *Interesses an der interpersonalen oder intersubjektiven Verständigung* angesehen werden.

Ich möchte in diesem fundamentalen Reflexionszusammenhang den Begriff »Verständigung«, in positiver Ausnutzung der weiten Bedeutung des deutschen Wortes, nicht nur im Sinne von *Sinn-Verständigung*, sondern auch im Sinne von *Konsensbildung über Geltungsansprüche* aller Art verwenden. Es ist zwar durchaus legitim und nützlich, zwischen den beiden Bedeutungsaspekten von »Verständigung« zu unterscheiden – etwa um sprachanalytisch die Frage des sinnvollen Sprachgebrauchs von der Frage nach der Wahrheit von Aussagen versuchsweise zu trennen oder um die Konstitution der hermeneutischen Wissenschaften im engeren Sinn (der Philologien) unter dem abstraktiven Gesichtspunkt der isolierenden Thematisierung der Sinn-Exegese begreifen zu können; und J. Habermas hat in seiner universalpragmatischen *Klassifikation der Sprechakte* bzw. der sie ausdrückenden Verben nach Maßgabe der zugehörigen Geltungsansprüche sogar eine höchst plausible Unterscheidung der »Kommunikativa« von den »Konstativa« durch Zuordnung der ersteren zum Geltungsanspruch der »Verständlichkeit« und der letzteren zum Geltungsanspruch der »Wahrheit« (ergänzt durch die Zuordnung von »Regulativa« und normativer »Richtigkeit« und diejenige von »Repräsentativa« und »Wahrhaftigkeit«) vornehmen können.[85] Andererseits gilt es jedoch zu bedenken, daß Wittgenstein in seinem Spätwerk überzeugend dargelegt hat, daß die Leitidee der frühen sprachanalytischen Philosophie, die Frage des sinnvollen Sprachgebrauchs und damit

die Frage der Sinnverständigung vor und unabhängig von der Wahrheitsfrage zu klären, letztlich auf eine Illusion hinausläuft: Kinder vermögen eine Sprache nicht zu erlernen, ohne damit zugleich ein Verhalten in bezug auf paradigmatische Erfahrungsevidenzen zu erlernen, die wiederum als Gewißheits-Paradigmen im sinnvollen Sprachgebrauch vorausgesetzt werden müssen.[86] Kurz: *Zeichen-Verständlichkeit*, *Aussagen-Wahrheit* und *Erfahrungs-Evidenzen* sind als *Momente funktionierender Sprachspiele* zwar nicht auseinander ableitbar, aber doch a priori »verwoben«. Ich möchte die systematische Bedeutung dieses Schlüssel-Terminus der Philosophie des späten Wittgenstein im Sinne einer *transzendentalpragmatischen Kategorie* verstehen. In ähnlicher Pointierung hat H. G. Gadamer gezeigt, daß das Verstehen nicht primär in abstraktiv-psychologistisch-objektivistischer Verkürzung (im Sinne Diltheys) als Thematisierung nur der *intentionalen Akte* und allenfalls der zugehörigen *Sinn-Gebilde* von Dialogpartnern zu begreifen ist, sondern primär aus dem Zusammenhang einer *Verständigung über die Sachen*, bei denen wir uns immer schon im In-der-Welt-sein aufhalten. Dementsprechend hat Gadamer als Bedingung der Möglichkeit des Dialogs zwischen Menschen nicht lediglich eine Verständigung über den Sprachgebrauch, sondern darüberhinaus ein gewisses – auf geschichtlichem »Vorverständnis« beruhendes – »Einverständnis« über die Sache postuliert.[87]
Im Zusammenhang unserer Problematik möchte ich in der Tat von der *transzendentalpragmatischen Verwobenheit* von möglicher *Sinn-Verständlichkeit* und möglicher *sachbezogener Wahrheit* und von der entsprechenden Verwobenheit der zugehörigen Interessen im *Verständigungsinteresse* ausgehen. Die Bedeutung dieses fundamentalen Zusammenhangs scheint mir darin zu liegen, daß von ihm her der Schritt von der normativen Begründung des *Interesses an der intersubjektiven Verständigung* zur ebenfalls normativen Begründung des *Interesses an der Sach-Orientierung* im Sinne des *objektiven Verfügungswissens* gemäß der zunächst praktisch und schließlich

radikal-theoretisch realisierten *Subjekt-Objekt-Relation* möglich wird. Um von diesem Gesichtspunkt her das erkenntnisleitende Interesse der modernen »science« begründen zu können, ist es freilich erforderlich, einige Zwischenüberlegungen im Sinne historischer (empirischer und normativer) Rekonstruktion einzuschalten:

Die Grundsituation des doppelpoligen Interesses an einer *intersubjektiven* Verständigung über die *Sach-Verhalte* der Umwelt dürfte in ihrer erkenntnis-anthropologisch-universalpragmatischen Konstanz schwerlich zu hinterfragen sein; sie muß von Anfang an bestanden haben, so wie sie heute als *Situations-Apriori* nichthintergehbar ist. Gleichwohl sind m. E. zumindest *drei geschichtliche Schwellen der Erkenntnis-Evolution* zu berücksichtigen, um die gegenwärtige Konstellation der sinnkonstitutiven Erkenntnisinteressen im Falle der »science« (Naturwissenschaft und analog konzipierte empirisch-analytische Sozialwissenschaft) und der hermeneutischen »Geisteswissenschaften« zu begreifen:

1. die reale, vorwissenschaftliche Ausbildung der *Subjekt-Objekt-Relation* im *quasi-experimentellen Arbeitswissen,* in dem die Überwindung des magischen Wunschdenkens zugunsten des Baconschen »Natura nonnisi parendo vincitur« zuerst exemplarisch eingeübt werden mußte;
2. die sublimative Ausbildung der *theoretischen Subjekt-Objekt-Relation* und der zugehörigen *reflexiven Weltdistanzierung* in der (griechischen) *Philosophie;*
3. die *Kombination der theoretischen Philosophie mit dem quasi-experimentellen Arbeitswissen unter Ausmerzung des kommunikativen Verstehens der Natur* in der »Instauratio magna« der *neuzeitlichen Naturwissenschaft.* Deren konstitutive Voraussetzung dürfte darin liegen, daß die Arbeits-Technik im Experiment in den Dienst theoretischer Erkenntnis qua nomologischer Erklärung gestellt wird und durch die Voraussetzung der experimentell-technischen Präzisierung der Fragestellung und der empirischen Überprüfung zugleich die *mögliche technologische Relevanz* der Erkenntnisresultate im

Prinzip sichergestellt ist. Eben diese apriorische Vermittlung von experimentell nachprüfbarem explanatorischen Wissen und technologischer Relevanz war nur durch den Verzicht auf das teleologische und sympathetisch-einfühlende und wertende Natur-Verstehen möglich: der Vorblick auf die technologische Auswertbarkeit im Sinne der Mittel-Zweck-Relation gab a priori die reine Kausal-Gesetzlichkeit als Thema der Erklärung frei.

Nach der Überschreitung der dritten Schwelle, d. h. seit der Ausbildung der *nomologisch erklärenden Naturwissenschaften* unter der konstitutiven Voraussetzung des Verzichts auf das *kommunikative Natur-Verstehen*, konstituiert sich in aller Klarheit das *wechselseitige Ausschließungs- und Voraussetzungs-* (bzw. Ergänzungs-)*Verhältnis zwischen dem erkenntnisleitenden Interesse an der objektivierenden Verfügbarmachung von Weltbeständen*[88] *unter der Voraussetzung der* (primär empirisch-theoretisch konzipierten und möglichst experimentell zu realisierenden) *Subjekt-Objekt-Relation und dem Interesse an der* – z. B. in der Interpretations- und Traditionsgemeinschaft der Wissenschaftler zu realisierenden – *intersubjektiven Verständigung.*[89] Dieses *Verständigungs-Interesse* hat dann wiederum im 19. Jahrhundert (durch Anknüpfung an eine vorausgehende dogmatisch gebundene Tradition theologischer und juristischer Text-Interpretation unter *Abstraktion von der Frage nach der Wahrheit bzw. der normativen Richtigkeit der Überlieferung*) seine methodologische Präzisierung im Sinne der *philologisch-historischen Frage nach dem Sinn* der überlieferten Dokumente erfahren. Aber auch danach bleibt die prinzipielle Rückbeziehung der »Geisteswissenschaften« als mehr oder weniger abstraktiv praktizierter Sinn-Verständigungs-Wissenschaften auf das Verständigungs-Interesse im weiteren Sinn m. E. bestehen. Dies läßt sich nicht nur aus der notorischen Unsicherheit der Geisteswissenschaften in allen normativen bzw. Werturteilsfragen, sondern heute wiederum aus dem Umstand ersehen, daß die Wissenschafts-Historie als jüngste sich etablierende Geisteswissenschaft in unübersehbarer Weise vor die Notwendigkeit gestellt ist, die Problematik der *normativ* verbindlichen oder zumindest relevanten *Rekonstruktion des Sinns und der Geltungsansprüche* der von ihr interpretierten Texte mitzuthematisieren.[90]

Mit Bezug auf diese *Komplementaritäts-Situation* ist es zunächst ohne weiteres einleuchtend, daß die erkenntnisleitenden Interessen an der progressiven – möglichst nomologisch explanativen – *Verfügbarmachung von Weltbeständen* einerseits, an der *intersubjektiven Verständigung* andererseits als einander ausschließende und ergänzende normative Bedingungen der Sinnkonstitution selbst normativ zu begründen sind. Denn es ist ebenso einsichtig, daß die im Sinne der idealen Kommunikations-Regeln ethisch gebotene *intersubjektive Verständigung* u. a. auch die Bedingung der Möglichkeit intersubjektiv gültiger Naturerkenntnis ist, derart, daß sie im Prinzip nicht durch objektiv-explanatives Verfügungswissen ersetzt werden kann, wie es andererseits einsichtig ist, daß die, ebenfalls ethisch gebotene, *substanziell-informative* Verständigung *über die Inhalte der Lebenswelt* unter den Bedingungen der Gegenwart die progressive Erweiterung von *explanatorischem Verfügungswissen* voraussetzt. (Daß letztere Voraussetzung nicht durch *hermeneutisches Verstehen* zu ersetzen ist, braucht man, im Gegensatz zum umgekehrten Voraussetzungsverhältnis, niemandem mehr klarzumachen!)

Die ethisch relevanten und aktuellen Fragen einer normativen Begründung der erkenntnisleitenden Interessen ergeben sich indessen aus einer über die *Komplementaritäts-Situation* hinausgehenden Problematik: Nicht nur die anorganische Natur (oder die bereits neue Probleme der Sinnkonstitution aufwerfende organische Natur), sondern auch die Menschen, die in der Perspektive der Verständigung und der hermeneutischen Verständigungswissenschaften in rein *kommunikativer Erfahrung*[91] als *Ko-Subjekte* (als miterfahrene Subjekte von sprachlich ausgedrückten Sinn-Intentionen) begegnen, lassen sich unbestreitbar auch als Gegenstand von raum-zeitlich objektivierenden *Real-Wissenschaften* thematisieren. Dies geschieht z. B. bereits in den *historischen Wissenschaften*, sofern sie nicht aus der Perspektive der *Philologien*, sondern als Wissenschaften von der raumzeitlichen Realität der geschichtlich gesellschaftlichen Welt aufgefaßt werden. Insofern nämlich ist zu unterstellen, daß die historischen Wissenschaften zwar ein Tatsachenwissen über menschliche Handlungen, Institutionen und dergl. gewinnen wollen, das in der Regel durch *Sinn-Interpretation* von Überlieferungsdokumenten vermittelt ist, daß sie jedoch – im Gegensatz zu den Philologien – den Sinn der Dokumente nicht schon als eigentlichen Erkenntnis-Gegenstand betrachten, sondern lediglich als Informations-»Quelle« über die geschichtliche Realität. Erst recht verstehen sich die *Sozialwissenschaften* (des 20. Jahrhunderts) als *Realwissenschaften*, ganz gleich ob sie im Sinne von *Verhaltens-*, *Handlungs-* oder *System*-Theorien ihren Gegenstand thematisieren. Angesichts dieser Erkenntnisproblematik hat sich nun bereits frühzeitig die Frage gestellt, ob es dem Menschen und seinen Produkten und Institutionen ebenso wie der Natur gegenüber angemessen sein könnte, eine Gegenstandskonstitution im Sinne des wertfreien explanativen Verfügungswissens zu unterstellen und demgemäß alle Momente *kommunikativer Erfahrung* im Sinne des *Verstehens von zeichenvermittelten Sinn-Intentionen* nach dem Vorbild der neuzeitlichen Naturwissenschaft bereits aus der Fragestellung der Sozialwissenschaften a priori auszuschalten (wie dies etwa mit letzter Radikalität im »methodischen Behaviorismus« geschieht).

Diese Frage ist nun keineswegs *nur* eine solche nach der Zweckmäßigkeit im Sinne der methodologischen Durchführbarkeit. Dies wird sofort klar, wenn man bedenkt, daß es ja im Prinzip möglich ist, eine »Schwierigkeit« wie die von Merton formulierte Paradoxie der »self-fulfilling« und »self-destroying prophecy« dadurch auszuschalten, daß man durch *rigorose Unterbindung der Reziprozität der Kommunikation* zwischen den Subjekten und den Objekten der sozialwissenschaftlichen Prognosen eine *quasi-naturwissenschaftliche Subjekt-Objekt-Relation* etabliert, die eine Wiederholung von Experimenten und eine vergleichende Auswertung der Ergebnisse unter Umständen möglich macht. (Ich sehe hier davon ab, daß unter Umständen auch schon die Kreativität im Sinne geschichtlicher Innovationen auf seiten der menschlichen Subjekt-Objekte ausreicht, die Möglichkeit wiederholbarer Experimente unter der Voraussetzung einer quasi-naturwissenschaftlichen Subjekt-Objekt-Relation zu vereiteln. Diese Möglichkeit war aber z. B. im Falle von Verhaltensstudien an Primitiven bis vor kurzem ziemlich irrelevant.) Im gegenwärtigen Problemzusammenhang liegt aber die Signifikanz der unterstellten Ausschaltung der Mertonschen Paradoxie nicht primär in der rein methodologischen Problematik ihrer Durchführbarkeit, – obwohl auch diese keineswegs zu bagatellisieren ist, läuft doch der vorgeschlagene »Ausweg« auf die Herstellung einer völlig atypischen Grenzsituation – gewissermaßen eines defizienten Modus – der »condition humaine« und damit auch der normalen Problemsituation der Sozialwissenschaften hinaus. Die eigentliche Bedeutung der skizzierten Problematik liegt jedoch auf ethisch-politisch-pädagogischem Gebiet: darin nämlich, daß die vom Interesse am Verfügungswissen suggerierte Herstellung einer quasi-naturwissenschaftlichen Subjekt-Objekt-Relation auf dem Gebiet der Sozialwissenschaften letztlich mit einer Umgestaltung der Gesellschaft im Sinne einer Technokratie oder Expertokratie einhergehen könnte – wie das ja auch z. B. von Skinner ganz offen gefordert wird.[92] Eine solche Tendenz der Gesellschafts-»Formierung« aber würde nicht nur dem üblichen Verständnis von Demokratie widersprechen, sondern – wie gerade im Zusammenhang einer Transzendentalpragmatik deutlich wird – auch der möglichen normativ-ethischen Begründung der Demokratie im Lichte des Grundprinzips einer Realisierung der immer schon notwendigerweise vorausgesetzten Kommunikationsgemeinschaft.

Nun wird man aus unserem Beispiel nicht etwa die Verurteilung aller *empirisch-analytischen, quasi-naturwissenschaftlich explanativen* Sozialwissenschaften und der auf ihrer Basis möglichen Sozialtechnologie herleiten dürfen. Eine solche Einstellung wäre angesichts der unabweisbaren Planungsaufgaben in einer industriellen oder postindustriellen Gesellschaft im schlechten Sinne romantisch (und würde, ähnlich wie der Anarchismus, in der Praxis wohl eher das Gegenteil der gewünschten Verhinderung der Technokratie herbeiführen). Zu fordern wäre eher eine Art von Kompensation der unvermeidlichen Sozialtechnologie und des von ihr vorausgesetzten soziographischen und soziologischen Verfügungswissens durch eine komplementäre Ausbildung des Verständigungswissens im Sinne einer Mobilisierung der öffentlichen Meinung auf der Höhe des vorhandenen Verfügungswissens. Die öffentliche Meinung und durch sie hindurch die Gesellschaft als Subjekt im Sinne einer Kommunikationsgemeinschaft wäre durch das Verständigungswissen in den Stand zu versetzen, die verantwortliche Kontrolle über die sozialtechnologisch fundierte Gesellschaftsplanung in der Hand zu behalten: *technologische Planungs-Maßnahmen*, welche die vergesellschafteten Menschen direkt oder indirekt zum Gegenstand haben, wären durch dieselben Menschen im Sinne von *Beratungs-Resultaten* zu verantworten.[93]

An dieser Stelle, wo es so aussieht, als gelte es lediglich, das *Komplementaritätsprinzip* der einander zugleich ausschließenden und ergänzenden Erkenntnisinteressen am *Verfügungswissen* und am *Verständigungswissen* zur Geltung zu bringen, – an dieser Stelle muß jedoch ein *drittes Erkenntnisinteresse* berücksichtigt werden, das der realwissenschaftlichen Objektivierung des Menschen bzw. der Gesellschaft, in zumeist undurchschauter Konkurrenz mit dem Interesse am sozialtechnologisch relevanten Verfügungswissen, *auch* zugrundeliegen kann. Wir haben es im vorigen bereits als das der *kritisch-rekonstruktiven Sozialwissenschaften* indirekt zur Geltung gebracht; und wir haben sein Verhältnis zum quasinaturwissenschaftlichen Interesse am sozialtechnologisch relevanten Verfügungswissen dadurch charakterisiert, daß wir von einer *umgekehrten Strukturierung der wechselseitigen Vermittlung von Erklären und Verstehen* sprachen. Formulieren wir noch einmal die Pointe dieser Denkfigur: Die Sozialwissenschaften als *empirisch-analytische Verhaltenswissenschaften* setzen im Sinne C. G. Hempels das *Verstehen* heuristisch voraus, um ein *quasi-nomologisches* (freilich regional und epochal begrenztes und letztlich durch observativ stilisierte kommunikative Erfahrung zu testendes) *Erklärungs*-Wissen zu erzielen. Die *kritisch-rekonstruktiven Sozialwissenschaften* dagegen vermitteln die von ihnen angestrebte *reflexive Vertiefung des menschlichen Selbstverständnisses* durch eine *quasinaturalistische Phase* der partiellen Suspendierung der Subjekt-Subjekt-Relation der kommunikativen Erfahrung zugunsten *quasi-kausaler* und *quasi-funktionaler Erklärungen* zwanghafter Verhaltensprozesse und ihrer institutionellen Verdinglichungen. Im gegenwärtigen Kontext wäre nun offenbar das *leitende Erkenntnisinteresse, das dieser Denkfigur als Bedingung der Möglichkeit zugrundeliegt,* zu den beiden komplementären Erkenntnisinteressen am *Verfügungswissen* und am *Verständigungswissen* ins Verhältnis zu setzen und in diesem Zusammenhang auf seine normative Grundlage (im Apriori der Kommunikationsgemeinschaft) zurückzuführen.

Wenn wir noch einmal auf die vorgeschlagene Kompensation der Sozialtechnologie durch ein zu mobilisierendes Verständigungswissen Bezug nehmen, so scheint mir die zunächst beiseitegelassene – und vom ethisch-hermeneutischen Idealismus tatsächlich übersehene – Relevanz der dialektischen Vermittlung des menschlichen Selbstverständnisses durch eine quasinaturalistische Phase darin zu liegen, daß zunächst einmal sichtbar wird, daß *wir* – die Gesellschaft qua Kommunikationsgemeinschaft, die als *Subjekt* der verantwortlichen Kontrolle zu mobilisieren ist – das noch gar nicht sind, was im normativen Postulat einer Mobilisierung der öffentlichen Meinung idealiter vorausgesetzt wird. Die menschliche Gesellschaft präsentiert sich zwar einerseits demjenigen, der sie zum *Objekt* nomologischen Verfügungswissen machen will, als *Subjekt-Objekt,* das seine Absichten im Sinne der Mertonschen Paradoxie vereitelt oder zumindest stört; sie präsentiert sich aber auch umgekehrt demjenigen, der sie als verantwortliches *Subjekt* eigens mobilisieren will, als *Objekt-Subjekt,* das sich selbst noch nicht transparent, sondern eher im Sinne einer Pseudo-Natur entfremdet ist. Daraus läßt sich ersehen, daß das erkenntnisleitende Interesse, das den kritisch-rekonstruktiven Sozialwissenschaften zugrundeliegt, weder das der reinen Objekt-Verfügbarmachung noch das der reinen Verständigung im Sinne einer schon vorausgesetzten (idealen) Kommunikationsgemeinschaft sein kann; eher ist es das *Interesse an der Veränderung des Bewußtseins* (bzw. des Verhältnisses zwischen Bewußtsein und Unbewußtem) im Sinne der *reflexiv vermittelten Beseitigung der Kluft zwischen dem* immer schon antizipierten verantwortlichen *Subjekt und dem* realiter vorgefundenen *Objekt-Subjekt der Geschichte.* Habermas hat in diesem Sinne vom »emanzipatorischen Erkenntnisinteresse« gesprochen.

Aus dieser Charakteristik läßt sich nun aber unmittelbar entnehmen, wie das leitende Erkenntnisinteresse der kritisch-rekonstruktiven Sozialwissenschaften durch das von uns reklamierte nichthintergehbare *Apriori der Kommunikationsgemeinschaft* normativ begründet werden kann. Die im vorigen analysierte methodische *Denkfigur der Vermittlung des menschlichen Selbstverständnisses durch eine naturalistische Phase* entspricht offenbar in ihrer normativ zu begründenden dialektischen Struktur dem aufzuhebenden *dialektischen Widerspruch zwischen der realen und der idealen Kommunikationsgemeinschaft.* Wenn demnach die letztere Struktur als nichthintergehbares Situationsapriori von jedem Menschen – explizit, im Sinne des methodischen Begründungsprimats, von jedem Argumentierenden – vorausgesetzt wird, dann begründet sie unmittelbar das emanzipatorische Erkenntnisinteresse der kritisch-rekonstruktiven Sozialwissenschaften.

o

o/1 H. Schnelle, *Sprachphilosophie und Linguistik*, Reinbek bei Hamburg 1973, Teil I.

o/2 H. Schnelle, a.a.O., S. 16.

o/3 Vgl. G. W. F. Hegel, *Phänomenologie des Geistes*, ed. J. Hoffmeister, Hamburg [6]1952, S. 63 ff.; ferner: *Wissenschaft der Logik*, ed. G. Lasson, Hamburg 1966, Bd. II, S. 496; ferner: *Vorlesungen über die Geschichte der Philosophie*, Bd. III, Ausg. Glockner Bd. XIX, S. 555 ff.; ferner: *Enzyklopädie*, 1830, § 10, ed. Nicolin u. Pöggeler, S. 43 ff. – Vgl. auch J. Habermas, *Erkenntnis und Interesse*, Frankfurt 1968, I, 1.

o/4 Schnelle, a.a.O., S. 16.

o/5 Ebda. S. 27.

o/6 Schnelle, a.a.O., S. 22.

o/7 Ebda. S. 28.

o/8 Ebda. S. 32 ff. und S. 42 ff.

o/9 Vgl. bes. Abschnitt D (»Das Metasprachliche Toleranzprinzip«) des Teils I (»Die Transzendentale Frage«) des Buches von Schnelle.

o/10 Vgl. a.a.O., S. 74 ff.

o/11 Vgl. K.-O. Apel, *Transformation der Philosophie*, Frankfurt 1973, Bd. II, Teil II: »Transformation der Transzendentalphilosophie«. Ferner die folgenden Aufsätze: »Programmatische Bemerkungen zur Idee einer transzendentalen Sprachpragmatik«, in: T. Airaksinen u. a. (ed.), *Studia Philosophica in Honorem Sven Krohn*, Turku 1973, auch in C. H. Heidrich (ed.), *Semantics and Communication*, Amsterdam 1974. Ferner: »Zur Idee einer transzendentalen Sprachpragmatik«, in: J. Simon (Hrsg.), *Aspekte und Probleme der Sprachphilosophie*, Freiburg/München 1974, S. 283–326.

o/12 Vgl. hierzu meinen Aufsatz »Das Problem der Letztbegründung im Lichte einer transzendentalen Sprachpragmatik«, in: B. Kanitscheider (Hrsg.), Festschrift für G. Frey: *Sprache und Erkenntnis*, erscheint 1975.

o/13 Vgl. hierzu meine »Einführungen« zu C. S. Peirce, *Schriften* I und II, Frankfurt 1967 und 1970; ferner die Aufsätze

»Von Kant zu Peirce« und »Szientismus oder transzendentale Hermeneutik«, in: *Transformation der Philosophie*, Bd. II, a.a.O.

0/14 Schnelle, a.a.O., S. 27.

0/15 In einer Argumentation unter Mathematikern muß z. B. vorausgesetzt werden, daß die Referenz-Korrelate der Zeichen entweder selbst den Status der (einer bestimmten) Realität besitzen oder nicht und eben dadurch von der überhaupt als Referenz-Korrelat von Zeichen vorauszusetzenden Realität unterschieden sind.

0/16 Vgl. meinen Aufsatz »Von Kant zu Peirce: die semiotische Transformation der transzendentalen Logik«, in: *Transformation der Philosophie*, Bd. II, a.a.O.

0/17 Vgl. Ludwig Wittgenstein, *Philosophische Untersuchungen*, I, 50.

0/18 Vgl. L. Wittgenstein, *Bemerkungen über die Grundlagen der Mathematik*, Oxford 1956, p. 30 f.

0/19 Vgl. meine Auseinandersetzungen mit Wittgenstein in: *Transformation der Philosophie*, Bd. I, 2. Teil.

0/20 Vgl. J. Habermas, »Vorbereitende Bemerkungen zu einer Theorie der kommunikativen Kompetenz«, Kap. III, in J. Habermas/N. Luhmann, *Theorie der Gesellschaft oder Sozialtechnologie*, Frankfurt 1971, S. 101 ff. Vgl. auch J. Habermas, »Nachwort« zu *Erkenntnis und Interesse*, Frankfurt 1973, S. 382 ff. und derselbe, »Wahrheitstheorien«, in: H. Fahrenbach (Hrsg.), *Wirklichkeit und Reflexion*, Festschrift für Walter Schulz, Pfullingen 1973, S. 211 ff.

0/21 Vgl. J. R. Searle, *Sprechakte*, Frankfurt 1971, S. 38 ff. – die prinzipiell unselbständigen »propositionalen Akte« scheinen bei Searle an die Stelle der von Austin zunächst von den »illokutiven Akten« unterschiedenen »lokutiven Akte« zu treten.

0/22 Vgl. J. L. Austin, *How to do things with words*, London/Oxford/New York 1962, pp. 132 ff.

0/23 Als Extreme in diesem aktuellen Streit der Wissenschaftstheoretiker wären etwa die Erlanger Schule der methodischen (Re-)Konstruktion des methodischen Aufbaus der Wissenschaften und die von Th. Kuhn und P. Feyerabend vertretene Inkommensurabilitätsthese zu nennen. – Ich sehe im gegenwärtigen Kontext davon ab, daß eine Wissenschaftstheorie auf transzendentalpragmatischer (und darin aufgehobener erkenntnisanthropologischer) Basis eine im engeren Sinn vermittelnde Lösung in dem o. a. Streit ins Auge fassen könnte.

0/24 Vgl. meine kritische Einleitung zu: Ch. W. Morris, *Zeichen, Sprache und Verhalten,* Düsseldorf 1974, sowie meine Abhandlung »Noam Chomskys Sprachtheorie und die Philosophie der Gegenwart«, in: *Transformation der Philosophie,* Bd. II, a.a.O. – Von den a.a.O. genauer explizierten Voraussetzungen der sozialwissenschaftlich relevanten Gegenstandskonstitution her kann ich den folgenden Ausführungen H. Schnelles in *Sprachphilosophie und Linguistik* (a.a.O., S. 37) nicht zustimmen: Die wissenschaftstheoretisch-methodologische »Situation«, schreibt Schnelle in Beantwortung meiner These von der in der Verwendung *mentaler* Ausdrücke implizierten Voraussetzung *kommunikativer Erfahrung,* »ist bei dem Ausdruck ›...hat die Absicht...‹ nicht wesentlich anders als bei ›...ist rot‹. In beiden Fällen sind subjektive Erfahrungen von ›selber eine Absicht haben‹ und ›selber rot sehen‹ *und* Erfahrungen erfolgreichen (d. h. unkorrigierten) Zusprechens dieser und analoger Ausdrücke im Spiel«. Der von Schnelle übersehene Unterschied besteht m. E. in folgendem Umstand: Im Falle von »ist rot« genügt für die Gegenstandskonstitution in der Tat die Voraussetzung der eigenen subjektiven Rot-Erfahrung und die Erfahrung des erfolgreichen Zusprechens des Prädikators »rot«, d. h. die – durch Kommunikation mit anderen Wissenschaftlern als Erkenntnissubjekten erzielte – »Einigung darüber ..., daß die Anwendungsbedingungen für diese Ausdrücke ausreichend intersubjektiv verständlich sind« (Schnelle, a.a.O., S. 36). Im Falle von »... hat die Absicht« und analoger Prädizierungen aber genügt weder eine Erfahrung im Sinne der Verhaltensbeobachtung (dies wäre ja die genaue Analogie zu »selber rot sehen«) noch die von Schnelle immerhin postulierte Erfahrung von »selber eine Absicht haben«; vielmehr ist die Erfahrung der analogen Übertragbarkeit der letzteren Erfahrung auf ein begegnendes Ko-Subjekt vorausgesetzt, d. h. *kommunikative Erfahrung.* Dementsprechend genügt für die aktuelle Anwendung des Ausdrucks »... hat die Absicht« auch nicht die Einigung mit anderen

Erkenntnissubjekten (Wissenschaftlern) über die intersubjektive Verständlichkeit des Ausdrucks, sondern diese muß *im Prinzip* durch das begegnende Ko-Subjekt selbst bestätigt werden können (was z. B. bei Automaten nicht und bei Tieren nur in einem privativen Sinn möglich ist). Mit anderen Worten: es ist vorausgesetzt, daß die Möglichkeit derselben Kommunikation, durch die unter den Wissenschaftlern qua *Erkenntnissubjekten* Einigung über die intersubjektive Sinn-Geltung des Ausdrucks »... hat die Absicht« erzielt wird, im Prinzip auch gegenüber dem *Erkenntnisobjekt*, das »die Absicht hat...«, besteht. Diese gegenstandskonstitutive Voraussetzung realisiert sich in der Weise der – von reiner *Beobachtung* prinzipiell zu unterscheidenden – *kommunikativen Erfahrung* von Handlungen eines »Subjekt-Objekts«, mit dem sprachlich kommunizieren zu können das Erkenntnissubjekt sowohl heuristisch wie im Sinne der möglichen Verifikation seiner kognitiven Hypothese unterstellen muß. Wer, wie Schnelle, vom »methodischen Behaviorismus« abrückt und die Verwendung *mentaler* Ausdrücke zugesteht, der muß auch den weiteren Schritt tun und die Notwendigkeit kommunikativer Erfahrungen zugestehen.

0/25 Schon auf phonologischer Ebene der Wahrnehmung sprachlicher Daten ergibt sich aus dem *Kriterium der doppelten Sprachvermittlung sprachwissenschaftlicher Daten*, daß die *Einheit* der zu thematisierenden Zeichen-»types« weder, wie im Logischen Empirismus behauptet, aus der Ähnlichkeit der zu beobachtenden »tokens« abgeleitet noch, wie die Popperianer wohl postulieren müßten, im Lichte einer durch die Erkenntnissubjekte an die Beobachtungsdaten herangetragene Theorie ermittelt werden kann; die *Einheit* schon der Zeichen-»types« konstituiert sich nur unter der Voraussetzung der *kommunikativen Erfahrung*, d. h. des – zumindest tentativen – *Verstehens* des unter den Sprach-Voraussetzungen der Objektseite konstituierten Zeichen-*Sinns*. – Diese Unterscheidung impliziert nicht etwa, daß die Beobachtungsdaten der Naturwissenschaft (genauer: der Physik) entgegen unseren transzendentalsemiotischen Voraussetzungen überhaupt nicht als *Zeichen* im Sinne einer *interpretativen* Gegenstandskonstitution verstanden werden dürften. Die scheinbare Schwierigkeit, die hier entsteht, löst sich auf, wenn man mit Peirce eine semiotische Unterscheidung trifft zwischen reinen »indices«, deren Zeichenfunktion lediglich auf der Interpretation von naturhaften Kausalverhältnissen durch die Erkenntnissubjekte (aufgrund herangetragener Theorien) beruht, und »Symbolen«, deren Zeichenfunktion auf »Konventionen« und »Intentionen« beruht, die als solche der Subjekt-Objekte der kommunikativen Erfahrung von den Erkenntnissubjekten zu verstehen sind. (Die Problematik der »Symbole« im Sinne des Ausdrucksverstehens, die Peirce eher als solche der »Ikone« behandelt, bleibt hier unberücksichtigt.) – Man kann selbstverständlich die hier angedeuteten Unterscheidungen ignorieren und einfach von »Daten«, »Beobachtung«, »Theorien«, »empirischen Tests durch Beobachtung« usw. reden. Es fragt sich nur, ob so nicht der Weg wissenschaftstheoretischer Forschung blockiert wird. Die relevanten *synthetischen Erkenntnis-Hypothesen* (»abduktive Schlüsse« im Sinne von Peirce) dürften, im Gegensatz zu solchen deduktiv-nomologischen »Erklärungen«, die aufgrund eines bloß *syntaktisch-semantischen* Modells explizierbar sind, in den differentiellen semiotischen Bedingungen der Gegenstands-Konstitution ihre *transzendentalpragmatischen Explikationsbedingungen* haben.

0/26 Vgl. hierzu unten III, 6.

0/27 Vgl. hierzu H. Schnelle, *Sprachphilosophie und Linguistik*, a.a.O., I, D und II.

0/28 Vgl. hierzu insbesondere P. Lorenzen, *Konstruktive Wissenschaftstheorie*, Frankfurt 1974, und P. Lorenzen/O. Schwemmer, *Konstruktive Logik, Ethik und Wissenschaftstheorie*, Mannheim 1973.

0/29 Vgl. meine Abhandlung »N. Chomskys Sprachtheorie und die Philosophie der Gegenwart«, a.a.O.

0/30 Vgl. oben Anm. 0/20.

0/31 Vgl. meinen Aufsatz: »Das Problem der Letztbegründung im Lichte einer transzendentalen Sprachpragmatik«, a.a.O.

0/32 Habermas, »Wahrheitstheorien«, a.a.O., S. 221.

0/33 H. Schnelle, a.a.O., S. 39.

0/34 Ebda.

0/35 Vgl. hierzu auch meine Auseinandersetzung mit W. Esslers Versuch, die – meiner Meinung nach implizit selbstrückbezüglichen – universalen Feststellungen der auf die Nichtabschließbarkeit der Metasprachenhierarchie reflektierenden Philosophie selbst noch als solche der jeweils letzten Metasprache in die potentiell unendliche Reihe einzuordnen; in K.-O. Apel, »Zur Idee einer transzendentalen Sprachpragmatik«, in: J. Simon (Hrsg.), *Aspekte und Probleme der Sprachphilosophie*, a.a.O., S. 322, Anm. 48.

0/36 Die »pragmatische Selbstrückbezüglichkeit« der Umgangssprache möchte ich von der von Tarski suggerierten semantischen Selbstrückbezüglichkeit der Umgangssprache als eines – »geschlossenen« – semantischen Systems unterscheiden, da die letztere Unterstellung die unsinnige Vorstellung von der prinzipiellen – also unabhängig vom vernünftigen oder unvernünftigen Gebrauch bestehenden – »Inkonsistenz der Umgangssprache« zur Folge hat. Praktisch wird damit nicht nur die reflexive Philosophie, sondern damit zugleich das Charakteristikum der menschlichen Sprachfähigkeit, die kommunikativ-metakommunikative Kompetenz, geleugnet.

0/37 Ich möchte hier nicht den Unterschied und das eventuelle Konkurrenzverhältnis zwischen dem Carnapschen Programm »indirekter« Klärung der menschlichen Argumentationsmöglichkeiten durch formalisierte semantische Systeme und dem Lorenzenschen Programm »direkter« Klärung der Argumentation durch eine konstruktiv-rekonstruktive (Transzendental-) Pragmatik des »Lehrens und Lernens« der »Orthosprache« erörtern. Nur dies möchte ich betonen, daß auch und gerade das Lorenzensche Programm, das durch den Anspruch der pragmatisch verstandenen »methodischen Ordnung« in der Rekonstruktion der Wissenschaftssprachen und der Sprache der praktischen Vernunft über den Pluralismus-Relativismus axiomatisierbarer Systeme hinausgeht, auf eine *Ergänzung und reflexive Begründung des jeweils ersten konstruktiven Schrittes durch transzendentalpragmatische Besinnung auf die nichthintergehbare Situation der Argumentation* angewiesen ist. Vgl. hierzu meinen Aufsatz »Das Problem der Letztbegründung im Lichte einer transzendentalen Sprachpragmatik«, a.a.O., Fußnote IV, 22.

0/38 Vgl. H. Schnelle, a.a.O., S. 38 ff.

0/39 H. Schnelle, a.a.O., S. 64.

0/40 Ebda.

0/41 H. Schnelle, a.a.O., S. 70.

0/42 Ebda.

0/43 In: *Transformation der Philosophie*, Bd. II, a.a.O.

0/44 Vgl. z. B. Schnelle S. 41 f. und bes. S. 63, wo es heißt: »Sprachphilosophisch fundamentaler aber als die Entwicklung der meta-theoretischen Sprachkonstruktion ist bei den metatheoretisch orientierten Sprachphilosophen die Betonung der Zwecke, für die Sondersprachformen entwickelt werden. Dies findet man weder bei den Philosophen der Gemeinsprache noch bei Lorenzen; als einziger Zweck tritt bei Lorenzen die rationale Rechtfertigung der Sprachform auf. Bei Apel gibt es eine Zweckorientierung der Sprache und Sprachverwendung, aber genau eine, nämlich die Ausrichtung auf die ideale Sprechsituation, die die Sprachverständigung der unbegrenzten Kommunikationsgemeinschaft ermöglicht.«

0/45 Nur eine Anmerkung sei hier erlaubt: Die Habermassche »Symmetrie«-Forderung bezüglich der »idealen Sprechsituation« steht nicht etwa der *notwendigen* Asymmetrie in pädagogischen oder sogar militärischen Sprachspielen entgegen, sondern sie lehrt ihren strukturellen Sinn als legitimationsbedürftig verstehen und bietet darüber hinaus einen normativen Maßstab für jeden möglichen Versuch einer Legitimation. Wer diesen Gesichtspunkt z. B. auf militärische Befehlsverhältnisse nicht anzuwenden vermag, der hat auch die sog. demokratische Legitimation militärischer Institutionen nicht verstanden. Freilich transzendiert die Ethik der »unbegrenzten idealen Kommunikationsgemeinschaft« im Prinzip auch die nationale Begrenzung der möglichen demokratischen Legitimation.

0/46 Gemeint ist der Aufsatz von Y. Bar-Hillel, »On Habermas' Hermeneutic Philosophy of Language«, in: *Synthese* 26 (1973).

0/47 Schnelle, a.a.O., S. 42.

0/48 Vgl. bes. die »Programmatischen Bemerkungen zur Idee einer transzendentalen Sprachpragmatik«, a.a.O., I, wo »vier Wege« in die Problematik der Transzendentalpragmatik angedeutet werden. Die Wege 1 (von Peirce zu Morris), 2 (die Aporetik Carnaps) und 4 (die notwendige Ergänzung der Chomsky-Linguistik) glaube ich in meinen Arbeiten im 2. Bd.

von *Transformation der Philosophie* (2. Teil) und in der kritischen Einführung zu Ch. Morris, *Zeichen, Sprache und Verhalten* (Düsseldorf 1974) einigermaßen deutlich skizziert zu haben, den 3. Weg (Wittgenstein II und die »Ordinary Language Philosophy«) jedoch in den erwähnten Arbeiten nur hinsichtlich der ersten Hälfte.

0/49 Vgl. H. Schnelle, a.a.O., S. 42 ff.

I

I/1 Vgl. D. Hume, *A Treatise on Human Nature*, ed. L. A. Selby-Bigge, Oxford 1888, p. 469; cf. A. C. MacIntyre, »Hume on ›is‹ and ›ought‹«, in: *The Philosophical Review*, 67, (1959).

I/2 Vgl. zuletzt K. H. Ilting, »Der naturalistische Fehlschluß bei Kant«, in: M. Riedel (Hrsg.), *Rehabilitierung der praktischen Philosophie*, Bd. I, S. 113 ff.

I/3 Vgl. z. B. C. L. Stevenson, *Ethics and Language*, New Haven/Conn. 1944.

I/4 J. R. Searle, *Speech Acts*, Cambridge Univ. Press 1969: deutsch: *Sprechakte*, Frankfurt 1971. Ich zitiere im folgenden, wenn nicht ausdrücklich anders vermerkt, nach dem deutschen Text.

I/5 Searle, a.a.O., S. 200 ff.

I/6 A.a.O., S. 261 ff.

I/7 Vgl. Searle, a.a.O., S. 279.

I/8 Vgl. a.a.O.

II

II/1 Vgl. Searle, a.a.O., II, 6 (= S. 199 ff.).

II/2 Im englischen Text heißt es: »What I intend to do is to show that certain examples which have been presented to illustrate the *impossibility* of deriving evaluative from descriptive statements are precisely examples where the evaluative statements *are derivable* from descriptive statements.« (A.a.O., p. 132)

II/3 Searle bezieht sich auf J. O. Urmsons Artikel »Some questions concerning validity«, in: *Revue Internationale de Philosophie*, 1953; wieder abgedruckt in: A. G. N. Flew

(Hrsg.), *Essays in Conceptual Analysis,* London 1956, S. 120 ff.

II/4 Searle, a.a.O., S. 202 f.

II/5 Vgl. a.a.O., S. 202, wo Searle in Parenthese präzisiert: »›Definition‹ im Sinne der Angabe eines logischen Äquivalents, d. h. einer Gruppe logisch notwendiger und hinreichender Bedingungen«.

II/6 Vgl. Searle, a.a.O., S. 203.

II/7 Vgl. Searle, a.a.O., S. 203.

II/8 Searle (a.a.O., S. 204 f.) bezieht sich auf Urmsons Aufsatz »On Grading«, in: A. G. N. Flew (Hrsg.), *Logic and Language,* zweite Folge, New York 1953.

II/9 Searle, a.a.O., S. 205.

II/10 Searle, a.a.O., S. 119 f. und S. 206.

II/11 Searle, a.a.O., S. 204 und S. 261 f.

II/12 Searle, a.a.O., S. 220.

II/13 Searle, a.a.O., S. 223 f.

II/14 Searle, a.a.O., S. 206.

II/15 Vgl. auch a.a.O., S. 232 f.

II/16 Bisweilen sieht es so aus, als ob Searle *diesen* Umstand für die Pointe seiner Ableitung des Sollens aus dem Sein hielte.

II/16 a N. B.: auch der explizite Ausdruck des Sprechaktes durch einen performativen Satz kann die Form einer Tatsachen-Feststellung haben, wenn die Satz-Äußerung die illokutionäre Rolle – und das heißt: die pragmatische Funktion – einer Bewertung erfüllt. Eben dies ist der Fall etwa bei dem Satz: »Ich stelle hiermit fest, daß ein deduktiver Schluß vorliegt, bei dem aus den Prämissen die Konklusion folgt.«

II/17 Wenn Searle (a.a.O., S. 203) schreibt: »Damit, daß man sagt, ein Schluß sei deduktiv, sind bereits die Kriterien für seine Gültigkeit festgelegt«, so scheint er mir genau die von uns zuletzt explizierte Pointe zu bestätigen. Daß damit gerade nicht die Ableitbarkeit wertender Aussagen aus wertungsfreien beschreibenden Aussagen gezeigt ist – somit keine Metakritik der klassischen Kritik an der »naturalistic fallacy« geleistet ist –, hoffe ich gezeigt zu haben.

II/18 Searle, a.a.O., S. 232.

II/19 Searle, a.a.O., S. 29.

II/20 Searle, a.a.O., S. 32.

II/21 Searle, a.a.O., S. 32.

II/22 Searle, a.a.O., S. 32.

II/23 Searle, a.a.O., S. 33.

II/23a In einem Vortrag über »Meaning, Communication and Representation«, den er im Oktober 1974 auf der Ernst Cassirer-Tagung in Hamburg hielt, hat Searle die Einsicht, daß es zu unserer Vorstellung der Bedeutung eines Satzes »gehört«, daß »eine aufrichtige Äußerung dieses Satzes mit dieser Bedeutung in einem bestimmten Zusammenhang den Vollzug eines bestimmten Sprechaktes bedeutet«, sogar durch die These ersetzt, »that communication is derived from meaning rather than constitutive of meaning«, wobei »meaning« qua Bedeutung einer Proposition jetzt auf kommunikationsunabhängige »Repräsentation der Realität« zurückgeführt werden soll. Diese Rückwendung von einer *pragmatischen* zu einer *semantischen* Bedeutungstheorie im Sinne des frühen Wittgenstein hängt offenbar damit zusammen, daß Searle seine Einsicht in die ideale funktionale Interdependenz von Sätzen und Sprechakten schon in seinem Buch nicht voll realisiert hat.

II/24 Searle, a.a.O., S. 264.

II/25 Searle, a.a.O., Kap. 8 (S. 262–294).

II/26 A.a.O., S. 264.

II/27 Vgl. Searle, a.a.O., S. 277; vgl. auch S. 283 ff.

II/28 Vgl. z. B. die Kritik an Searles Argumentation in F. von Kutschera, *Einführung in die Logik der Normen, Werte und Entscheidungen*, Freiburg/München 1973. – Dagegen könnte man das folgende Argument Searles ausspielen (a.a.O., S. 285): »Damit wird aber die These, daß aus Beschreibungen keine Bewertungen abgeleitet werden können, trivial. Denn zum Kriterium dafür, ob eine Aussage beschreibend ist oder nicht, wird dann, ob aus ihr eine Wertaussage folgt oder nicht.«

II/29 Wenn Searle (a.a.O., S. 276) sich lustig macht über den positivistischen Base-Ball-Spieler, der mit dem Hinweis, daß niemals ein Sollen aus einem Sein abgeleitet werden kann, sich weigert, der Anweisung des Schiedsrichters zu folgen und das Spielfeld zu verlassen, weil er »abgeschossen« wurde, so berücksichtigt er eben nicht, daß der Schiedsrichter seine Anweisung nicht nur durch die Feststellung einer Tatsache mit bestimmter Bedeutung, sondern auch durch die für die Bedeutung konstitutiven normativen Spielregeln begründen kann, die der Spieler ebenso wie der Schiedsrichter *anerkannt* haben muß.

II/30 Im »dritten Einwand«, den Searle gegen seine These formuliert, scheint er selbst einzusehen, »daß das ursprüngliche Werturteil« bei seiner Ableitung »die Entscheidung für die Anerkennung oder Ablehnung der Institution des Versprechens ist« (a.a.O., S. 282). Aber er verwirft diesen entscheidenden Einwand, da er die Anerkennung der Institution und ihrer impliziten Norm durch den »aufrichtigen Gebrauch« bzw. das »Verständnis« des Wortes »Versprechen« durch den, der von einem Versprechen *berichtet*, glaubt ersetzen zu dürfen und dadurch die besondere *Wertprämisse* glaubt zum Verschwinden bringen zu können. – Unsere obige Argumentation will demgegenüber zeigen, daß die empirische Feststellung eines Versprechens nur dann zur Ableitung einer normativen Aussage über das Verpflichtetsein führt, wenn außerdem die »Institution des Versprechens« als normativ verbindlich anerkannt ist – dies ist der Fall des Richters. Der im folgenden analysierte Fall des Kulturanthropologen soll zeigen, daß unter der von Searle eigens eingeräumten Bedingung, daß die Institution des Versprechens nicht als normativ verbindlich anerkannt wird, das »Verständnis« des Wortes »Versprechen«, wie es zu einem neutralen Bericht gehört, keineswegs zur Ableitung einer echten normativen Aussage führt. Freilich ist jeder, der beim Sprechakt des Versprechens das Wort »Versprechen« in ernst gemeinter, aufrichtiger Weise verwendet, an dessen Verpflichtungen einschließende logische Folgen gebunden. Darin liegt nichts Besonderes« (a.a.O., S. 283). Aber daß darin nichts Besonderes liegt, besagt nur, daß darin keine Ableitung eines Sollens aus einem Sein liegt. Denn wer ein ernst gemeintes Versprechen leistet, der hat ja – genauso wie sein möglicher späterer Richter – die Norm der Institution des Versprechens damit anerkannt.

II/31 Allerdings keineswegs durchgängig; so z. B. nicht in dem oben (Anm. II/29) erwähnten Beispiel, in dem vorauszusetzen ist, daß die normativen Spielregeln des Base-Ball-Spiels von den Kontrahenten – Schiedsrichter und »positivistischer« Spieler – *anerkannt sind.*

II/32 Searle, a.a.O., S. 281; vgl. auch S. 290.

II/33 Vgl. a.a.O., S. 291 f.

II/34 Searle, a.a.O., S. 290.

II/35 Übrigens ist noch ergänzend zu bemerken, daß auch im Sinne der bloß *logisch-hermeneutischen* Ableitung des Verpflichtetseins *im Sinne* einer verstandenen Institution diese Ableitung keineswegs ohne normative Prämisse möglich ist. Sofern sie nämlich *Ableitung eines Sollens* im Rahmen der Beschreibung einer Institution ist, setzt sie das im *Verstehen* der *Bedeutung* von »Versprechen« implizierte *Verstehen* der *institutionellen Norm* voraus, aus der für alle, welche die Institution des Versprechens auch nur implizit anerkennen, die normativen Implikationen gegebener Versprechen ableitbar sind.

II/36 Searle, a.a.O., S. 283.

II/37 Dieser Philosoph kann natürlich auch der Kulturanthropologe selbst sein.

II/38 Nur scheinbar berücksichtigt Searle *diese* Erwägung der möglicherweise entgegenstehenden Verpflichtungen durch seine Argumentation im Sinne einer *ceteris paribus*-Klausel (s. a.a.O., S. 268 f. und S. 280). Denn auch bei der Berücksichtigung der etwa entgegenstehenden Gründe macht es einen Unterschied, ob lediglich *empirisch-hermeneutisch* geklärt werden soll, wozu ein Versprechen als Faktum im Rahmen bestimmter Rechtsinstitutionen jemanden *ceteris paribus* verpflichtet, oder ob diese Frage im Sinne normativer Verbindlichkeit beantwortet werden soll. Im letzteren Fall macht es z. B. einen entscheidenden Unterschied, ob man die Institution des Versprechens selbst anerkennen muß oder nicht; denn im letzteren Fall – also z. B. für den konsequenten Nihilisten, den Searle (a.a.O., S. 281) glaubt berücksichtigen zu können – hat die *ceteris paribus*-Formel gar keinen Sinn mehr. – Wenn Searle behauptet, auch der Nihilist müßte im Falle eines tatsächlich vorliegenden Versprechens die aus diesem Faktum ableitbare Verpflichtung prinzipiell anerkennen und könnte allenfalls im Nachhinein und als externen Hinderungsgrund das Argument zur Geltung bringen, man könne bzw. solle niemals Versprechen halten, weil die Anerkennung derartiger Verpflichtungen die Selbstverwirklichung behindere (a.a.O., S. 281), so begeht er gleich zwei Fehler: Erstens übersieht er den Unterschied zwischen bloß *empirisch-hermeneutischer* und *normativ verbindlicher* Feststellung der normativen Implikationen des Versprechens. D. h. aber: er sieht nicht, daß im ersteren Fall die Vorbehalte des Nihilisten völlig irrelevant sind, da sie nur als Antwort auf die Frage, *ob das Versprechen nun wirklich gehalten werden soll*, als Gegengründe sinnvoll vorgebracht werden können. Zweitens aber übersieht Searle, daß der *konsequente Nihilist* auch nicht im Sinne einer *ceteris paribus*-Klausel die normativen Implikationen des Versprechens als normativ verbindlich anerkennen könnte, denn der *konsequente Nihilist* könnte keine Hinderungsgründe – im Sinne etwa der entgegenstehenden *Norm* der Selbstverwirklichung – gegen die im Prinzip anerkannten normativen Implikationen des Versprechens geltend machen. Ein konsequenter Nihilist könnte auch die Versprechen, die er sich selbst im Sinne seiner Selbstverwirklichung geben müßte, nicht als verbindlich ansehen, d. h. er könnte – entgegen der Unterstellung Searles – überhaupt keine normativen Implikationen von Versprechen anerkennen. – Vgl. aber hierzu oben S. 118.

II/39 Vgl. Searle, a.a.O., S. 78 ff.

II/40 Vgl. Peter Winch, *The Idea of a Social Science and its Relation to Philosophy* (dt.: *Die Idee der Sozialwissenschaft*, Frankfurt 1966); hierzu meine kritischen Würdigungen in: *Transformation der Philosophie*, a.a.O., Bd. II, S. 72 ff. u. S. 250 ff.

II/41 Daß sie darüber hinaus auch selbst im Sinne des Paradigmas bloß *logisch-hermeneutischer Ableitung eines Sollens* logisch fehlerhaft ist, wurde schon bemerkt, vgl. oben Anm. II/35.

II/42 Vgl. Anm. II/38.

III

III/1 Searle, a.a.O., S. 294.

III/2 Vgl. hierzu meine Abhandlungen zur »Transformation der

Transzendentalphilosophie« im 2. Teil des 2. Bandes von *Transformation der Philosophie*, Frankfurt 1973, sowie die folgenden Aufsätze: »Programmatische Bemerkungen zur Idee einer transzendentalen Sprachpragmatik« (in: Timo Airaksinen/Risto Hilpinen (ed.), *Studia Philosophica in Honorem Sven Krohn*, Turku 1973; auch in: C. H. Heidrich (ed.), *Semantics and Communication*, Amsterdam 1974) und: »Zur Idee einer transzendentalen Sprachpragmatik« (in: J. Simon, *Aspekte und Probleme der Sprachphilosophie*, Freiburg 1974).

III/3 Searle, a.a.O., S. 61.

III/4 Searle, a.a.O., S. 63 f.

III/5 A.a.O., S. 66.

III/6 A.a.O., S. 64.

III/7 A.a.O., S. 32.

III/8 A.a.O., S. 36.

III/9 Vgl. Habermas, »Vorbereitende Bemerkungen zu einer Theorie der kommunikativen Kompetenz«, in: J. Habermas/N. Luhmann, *Theorie der Gesellschaft oder Sozialtechnologie*, Frankfurt 1971, S. 101 ff.

III/10 Erst nach mehrfacher Lektüre ist mir klar geworden, daß Searle nicht, wie man zunächst glauben möchte, einen radikal *pragmatischen* Standpunkt der Sprachanalyse – ähnlich dem des späten Wittgenstein – einnimmt, sondern eher in pragmatischer Erweiterung des Chomsky-Konzepts nach den »semantischen Regeln« (wie er selbst sagt) der »Verwendung sprachlicher Mittel« unter den – allerdings von ihm zusätzlich eruierten – »Bedingungen« der erfolgreichen Verwendung dieser Mittel im Sinne des Vollzugs von Sprechakten sucht. So heißt es schon im Einleitungskapitel: »Um Sprechakte wie Versprechen oder Entschuldigungen zu untersuchen, brauchen wir nur Sätze zu untersuchen, deren aufrichtige und richtige Äußerung ein Versprechen oder eine Entschuldigung bedeutet« (a.a.O., S. 36). Und später deutet er mehrfach an, daß sich die *Regeln* der Sprechakt-Produktion der semantischen Tiefenstruktur von Sätzen zuordnen lassen (vgl. z. B. a.a.O., S. 98 und S. 148 f.). Die Rede von der »semantischen Tiefenstruktur von Sätzen« ist freilich zweideutig. Denn man kann dabei einerseits im Sinne des erweiterten Chomsky-Programms an eine sprachsystembezogene Tiefenstruktur denken, die zur Erklärung der »linguistischen Kompetenz« der Erzeugung konventioneller Sprachmittel unterstellt wird, andererseits auch an eine pragmatisch bezogene Tiefenstruktur, die gerade das Abweichen des Gebrauch-Sinns (der »illokutionären Rolle«) der Satz-Äußerungen im Sinne der »kommunikativen Kompetenz« von dem durch die Form der konventionellen Sprachmittel normalerweise suggerierten Gebrauchs-Sinn erklären würde. Nur im letzteren Sinn werden m. E. die *universalpragmatischen Regeln* der Sprechakt-Erzeugung bzw. des Sprechakt-Verstehens in ihrer möglichen Differenz von den *einzelsprachlichen Konventionen* getroffen. – Im Sinne dieser »pragmatischen Differenz« wäre letztlich auch das Abweichen der Tiefenstruktur von der Oberflächenstruktur im Sinne Wittgensteins zu verstehen, z. B. im Falle der sog. »Beschreibung« von logischen »Tatsachen«.

III/11 Vgl. J. Habermas, »Vorbereitende Bemerkungen zu einer Theorie der kommunikativen Kompetenz«, a.a.O., S. 108.

III/12 Nicht etwa nur von prinzipieller »Unbestimmtheit der Übersetzung« im Sinne von W. V. Quine.

III/13 Vgl. hierzu K.-O. Apel, *Transformation der Philosophie*, a.a.O., Bd. II, S. 350 f.

III/14 Vgl. N. Chomsky, »Logical Syntax and Semantics. Their Linguistic Relevance«, in: *Language*, 31, S. 36–45.

III/15 Vgl. N. Chomsky in: »Noam Chomsky and Stuart Hampshire discuss the Study of Language« (B.B.C. Third Program, 8. Juni 1968).

III/16 (entfällt)

III/17 Vgl. hierzu K.-O. Apel, *Transformation der Philosophie*, a.a.O., Bd. II, S. 275 f. und S. 350 ff.

III/18 Vgl. W. von Humboldt, *Ges. Schriften* (hrsg. von der Berliner Akad. d. Wiss. 1903 ff.), Bd. IV, S. 14 ff.

III/19 Vgl. J. Habermas, a.a.O., S. 104, Anm. 4.

III/20 Habermas' Fußnote 4 zu seinen »Vorbereitenden Bemerkungen ...« (a.a.O., S. 108/4) scheint diese Unterscheidung auch in Searles Konzeption der funktionalen Interdependenz von Sätzen und Sprechakten finden zu wollen. Ich wurde dagegen durch eine erneute Searle-Lektüre vom Schluß (d. h.

von der Kritik an der Kritik des naturalistischen Fehlschlusses) her zu der Bemerkung geführt, daß Searle zwar nicht de facto, aber doch seinem Selbstverständnis nach immer nur von »langue«-Semantik handelt und daher auch – wie noch zu zeigen ist – die konstitutiven Regeln der Sprechakte vom Modell der »institutionellen Fakten«, z. B. von den Regeln des Schachspiels her, glaubt begreifen zu können.

III/21 Vgl. hierzu J. Habermas, »Was heißt Universalpragmatik?« (unveröffentlichtes Ms., S. 3 ff.).

III/22 Habermas, a.a.O., S. 8 f. – Ich selbst kam in einer »wissenschaftstheoretischen Fallstudie« über »Noam Chomskys Sprachtheorie und die Philosophie der Gegenwart« zu einem sehr ähnlichen Ergebnis. Vgl. *Transformation der Philosophie*, a.a.O., Bd. II, S. 266 f. und S. 291.

III/23 Habermas, a.a.O., S. 9.

III/24 Vgl. Searle, a.a.O., S. 62 f.

III/25 Searle, a.a.O., S. 276 f., Anm. 9.

III/26 Vgl. Searle, a.a.O., S. 263.

III/27 Vgl. meinen Aufsatz »Arnold Gehlens Philosophie der Institutionen und die Metainstitution der Sprache«, in: *Transformation der Philosophie*, a.a.O., Bd. I, S. 197 ff.

III/28 Vgl. meine Kritik an W. Esslers Antwort auf die Frage nach der Möglichkeit sprachphilosophischer Reflexions-Aussagen durch Einordnung dieser Aussagen in eine nach dem Muster der Metasprachen-Hierarchie formalisierter Kunstsprachen vorgestellte »Sprachenfolge« innerhalb der natürlichen Gebrauchssprache (*Analytische Philosophie*, Bd. I, Stuttgart 1972, S. 151 f.) in meinem Aufsatz »Zur Idee einer transzendentalen Sprachpragmatik«, a.a.O., S. 322, Anm. 48. – Für eine umfassende und durchschlagende Explikation der recht verstandenen Nichthintergehbarkeit der selbstrückbezüglichen bzw. »geschlossenen« Umgangssprache, verbunden mit einer erledigenden Kritik der in Anknüpfung an Tarski entwickelten These von der »Inkonsistenz der natürlichen Sprache« und einer inhaltlichen Auflösung der sog. »semantischen Antinomien« im Sinne der *reductio ad absurdum* »exotischer« oder »pathologischer Prämissen«, vgl. jetzt D. Mans, »Intersubjektivitätstheorien der Wahrheit« (Dissertation, Frankfurt 1975, S. 49–77).

III/29 Vgl. vorläufig meine Abhandlung »Das Apriori der Kommunikationsgemeinschaft und die Grundlagen der Ethik«, in: *Transformation der Philosophie*, Bd. II, S. 358–436; ferner: »Das Problem der philosophischen Letztbegründung im Lichte einer transzendentalen Sprachpragmatik«, a.a.O.

III/30 Ich bin freilich nicht sicher, ob der Ausdruck »monologisch« das von Habermas gemeinte Phänomen angemessen charakterisiert; denn ein »Monolog« im üblichen Sinn – z. B. der Hamlet-Monolog – besteht keineswegs aus reziprozitätsfreien, von austauschbaren Subjekten in reproduzierbarer Form vollziehbaren Akten bzw. »Operationen«, sondern stellt eher einen Dialog im defizienten Modus dar.

III/31 In diesem Sinn hat Ch. S. Peirce eine Begründung der Wissenschafts-Logik in der Ethik gefordert. Vgl. meine Einführung zu: Ch. S. Peirce, *Schriften II*, Frankfurt 1970, S. 20 ff.

III/32 Vgl. z. B. F. von Kutschera, *Einführung in die Logik der Normen, Werte und Entscheidungen*, Freiburg/München 1973.

III/33 Vgl. zum »logischen Sozialismus« von Ch. S. Peirce meine Einführungen zu Peirce, *Schriften I* und *II* (Frankfurt 1967 und 1970) sowie G. Wartenberg, *Logischer Sozialismus*, Frankfurt 1971.

III/34 Allenfalls im Sinne privativer Reduktion auf kommunikative »Ansprüche« von Menschen läßt sich von Ansprüchen bei Tieren und vielleicht sogar von Ansprüchen der Natur – z. B. an unser mimetisch-kommunikatives Verhalten im Sinne ästhetischer Würdigung – sprechen. – Vgl. hierzu J. Kreft, »Mündigkeit und die Idee der Versöhnung« (erscheint demnächst).

III/35 Searle, a.a.O., S. 294.

III/36 Vgl. Searle, a.a.O., S. 263 und S. 279.

III/37 Vgl. Utz Maas/Dieter Wunderlich, *Pragmatik und sprachliches Handeln*, Frankfurt 1972, und D. Wunderlich (Hrsg.), *Linguistische Pragmatik*, Frankfurt 1972.

III/38 Vgl. D. Wunderlich, »Zur Konventionalität von Sprechhandlungen«, in: D. Wunderlich (Hrsg.), *Linguistische Pragmatik*, a.a.O., S. 21, Anm. 5.

III/39 Wunderlich, a.a.O., S. 40.

III/40 Wunderlich, a.a.O., S. 11.

III/41 Wunderlich, a.a.O., S. 12 f.

III/42 Die zitierten Arbeiten legen freilich eher ein Selbstverständnis im Sinne kritisch-rekonstruktiver Sozialwissenschaft nahe.

III/43 Vgl. H. Schnelle, *Sprachphilosophie und Linguistik*, Hamburg 1973, S. 42 f.

III/44 Ebda. Schnelle gebraucht den Terminus »Konversationspostulat« im Sinne von H. P. Grice, »Logic and Conversation«, Harvard Lectures (unveröffentlichtes Manuskript).

III/45 Schnelle, a.a.O., S. 45.

III/46 Wunderlich, a.a.O., S. 21.

III/47 Schnelle, a.a.O., S. 43 f.

III/48 Schnelle, a.a.O., S. 43.

III/49 Der Satz »Ich lüge jetzt« führt – transzendentalpragmatisch interpretiert – nicht deshalb in eine Paradoxie, weil Sätze keine selbstrückbezügliche Bedeutung haben dürften – jeder *performative* Satz widerlegt diese These einer einseitig an *Propositionen* orientierten Semantik –, sondern deshalb, weil er den Versuch darstellt, die Verneinung der *Aufrichtigkeitsbedingung* als einer normativen Bedingung der Möglichkeit der Kommunikation noch im Medium der Kommunikation zu vollziehen. Wäre es möglich, performativ explizit zu lügen, so könnte der Mensch nicht nur in existientiell verbindlicher Weise, sondern in intersubjektiv gültiger Form die Normen der Kommunikation verneinen. Vgl. Searle, a.a.O., S. 93 ff.

III/50 Vgl. D. Wunderlich, a.a.O., S. 41 f.

III/51 Wunderlich, a.a.O., S. 37 f.

III/52 Wunderlich, a.a.O., S. 24.

III/53 Vgl. P. Lorenzen, *Normative Logic and Ethics*, Mannheim/Zürich 1969, S. 85 ff. und ders., »Szientismus versus Dialektik«, in: R. Bubner u. a. (Hrsg.), *Hermeneutik und Dialektik*, Tübingen 1970, S. 70 ff.

III/54 J. Habermas mit Bezug auf P. Lorenzen in »Einige Bemerkungen zum Problem der Begründung von Werturteilen«, in: L. Landgrebe (Hrsg.), *9. Dtsch. Kongress für Philos.* (Düsseldorf 1969), Meisenheim 1972, S. 89–99.

III/55 Daraus folgt, bei rechtem Verständnis, natürlich nicht, daß man das Abgerichtetwerden einfach als die normale Form der Sprach(-Spiel)-Erlernung unterstellen dürfte – wie es Wittgenstein zuweilen nahelegt, um von Skinner nicht zu reden.

III/56 Vgl. z. B. Y. Bar-Hillels Argumentation gegen Habermas in: *Synthese* 26 (1973), p. 7 f. Bar-Hillel gibt auf S. 7 (unten) ein ausgezeichnetes Beispiel für die Plausibilität universalpragmatischer Unterstellung eines Vorwissens darüber, »was das heißt, in der Sprache zu kommunizieren, Äußerungen zu verstehen und möglicherweise mißzuverstehen« (Habermas). Genau dies nämlich muß derjenige voraussetzen, der im fremden Land, ohne auf die üblichen linguistischen und empirisch-pragmatischen Verständigungsvoraussetzungen rekurrieren zu können, erfolgreich eine Auskunft über den Weg zum Hotel einholen möchte. Trotzdem glaubt Bar-Hillel, ein Beispiel gegen die Notwendigkeit eines Vorwissens im universalpragmatischen Sinn geliefert zu haben. Aus diesen und ähnlichen Mißverständnissen der »Universalpragmatik« bei Bar-Hillel, H. Schnelle und anderen scheint mir hervorzugehen, daß der einzig zwingende Weg zur *Anerkennung* universalpragmatischer Kommunikations-Voraussetzungen der Weg der Reflexion auf die Bedingungen der Möglichkeit argumentativer Diskurse ist. (Damit ist freilich auch kein empirisch-pragmatisches Erfolgsrezept angegeben.)

III/57 Auch Searle scheint diesen subjektivistischen Begriff der Normativität vorauszusetzen und aus diesem Grunde sein Heil in der Ableitung von Normen aus »objektiven Tatsachen« zu suchen. Vgl. z. B. Searle, a.a.O., S. 66.

III/58 Unter dem szientistischen Paradigma verstehe ich die Absolutsetzung der methodischen Rationalität wertneutraler, empirisch-analytischer – deskriptiver und nomologisch explanativer – oder formal-apriorischer Wissenschaft unter Verleugnung der – selbst für die wertneutralen Wissenschaften noch methodologisch vorauszusetzenden – normativen Rationalität.

III/59 Dies als Antwort auf Searles harmlose Auffassung des Nihilisten als eines Menschen, der im Interesse seiner Selbstverwirklichung keine intersubjektiv gültigen Normen anerkennt. Vgl. oben Anm. II/38.

III/60 Vgl. meinen Aufsatz über »Das Problem der philosophischen Letztbegründung im Lichte einer transzendentalen Sprachpragmatik«, a.a.O.

III/61 Vgl. J. Habermas, »Vorbereitende Bemerkungen zu einer Theorie der kommunikativen Kompetenz«, a.a.O., S. 112 ff.

III/62 Zum Begriff der »normativen Genese« vgl. P. Lorenzen, *Normative Logics and Ethics*, a.a.O., ch. 7.

III/63 Vgl. J. Piaget, *Das moralische Urteil beim Kinde*, Frankfurt 1973. – L. Kohlberg, »From Is to Ought: How to commit the Naturalistic Fallacy and get away with it in the Study of Moral Development«, in: Th. Mischel (ed.), *Cognitive Development and Epistemology*, New York and London 1971. Ders.: »Stages of Moral Development as a Basis for Moral«, in: C. Beck and E. Sullivan (eds.): *Moral Education*, Toronto University Press 1970.

III/64 Vgl. hierzu meine Auseinandersetzung mit Hans Lenk in: »Das Problem der philosophischen Letztbegründung in der Sicht einer transzendentalen Sprachpragmatik«, a.a.O., Fußnote IV, 14.

III/65 H. Schnelle (a.a.O., S. 40) ist der Meinung, daß Wittgensteins Diktum, daß man nicht »privatim einer Regel folgen« könne, nur für eine solche Regel – und zwar per definitionem – gilt, »die regulär in einer Gruppe gilt oder von den Mitgliedern der Gruppe regulär befolgt wird«. Dagegen setzt Schnelle die »Regel im Sinne einer normativen Handlungsweisung«, z. B. die Regel, die jemand für sich aufstellen könnte, »bei jeder Begegnung mit einem Löwen in freier Wildbahn beherzt auf ihn zuzulaufen, um ihn zu streicheln«. Eine solche Regel kann nach Schnelle »einer allein aufstellen und (zufälligerweise) nur einmal anwenden«. – Ich bezweifle nicht, daß diese Unterscheidung, in dem Sinne, wie Schnelle sie versteht, zu Recht besteht. Nur bedarf es zum Verständnis dieser Unterscheidung keiner Wittgenstein-Lektüre, und noch weniger hätte sie jemals zum Gegenstand einer ausgedehnten Diskussion über »The Private Language-Problem« werden können. Wittgensteins Problem war aber ein anderes, nämlich die Frage, *ob man sinnvollerweise davon reden könne*, daß jemand *einer Regel folge*, wenn man dabei voraussetzt, daß er dies »privatim« oder »allein und nur einmal« tun könne. Wie die zugehörige Diskussion um die Möglichkeit einer »Privatsprache« zeigt, bedarf auch diese Formulierung noch weiterer Präzisierung, um die Pointe unzweideutig hervortreten zu lassen. Unter »Privatsprache« versteht Wittgenstein eine Sprache, die ein anderer im Prinzip nicht verstehen könnte, die wir aber gleichwohl Sprache nennen würden. Diese Möglichkeit verneint er – m. E. mit Recht. Ebenso können wir nach Wittgenstein nicht sinnvoll davon reden, daß jemand einer *Regel* – welcher Art auch immer – folgt (gefolgt ist, folgen wird), von der man im Prinzip unterstellt, daß sie nicht ein zweites Mal und von niemand anderem befolgt werden könnte. Und diese Bemerkung gilt nichttrivialerweise gerade auch für solche normativen Handlungsanweisungen, die faktisch wahrscheinlich nur einmal von irgendjemandem befolgt werden; sie gilt interessanterweise nicht nur von Regeln der »Interaktion«, die in ihrem besonderen Sinn durch »Reziprozität« (im Sinne von G. H. Mead) konstituiert sind, sondern auch für die Regeln der – im Sinne von Habermas – »monologischen« Handlungen, die jeder für sich ausführen kann; denn auch diese können nur deshalb und insofern als »Regeln« bezeichnet werden, als sie a priori als *nachvollziehbare* Handlungsvorschriften *verstanden* werden können. In diesem Sinne ist nun m. E. sogar die *Regel des Sichentscheidens gemäß einer Alternative* nicht »privatim« zu befolgen. Und darin liegt m. E. die Überwindung des – freilich ungemein tiefsitzenden – Vorurteils des »methodischen Solipsismus« (der nach Schnelles Meinung »ungeschickte« Terminus stammt von E. Husserl), demzufolge noch K. Popper meint, der Mensch könne und müsse sich für das Vernunftprinzip (d. h. für das Prinzip des intersubjektiv kontrollierbaren Regelbefolgens) von einem prärationalen Standort aus in einer »irrationalen Wahl« entscheiden. Tatsächlich kann sich der Mensch m. E. in einer »irrationalen Wahl« nur *gegen das Vernunftprinzip* (u. d. h. für die Verneinung des in der Entscheidung selbst noch vorausgesetzten Prinzips der Regel-Befolgung) entscheiden; und das ist der Weg in den Selbstmord aus existenzieller Verzweiflung oder der Weg in die Geisteskrankheit. *Für das Vernunftprinzip* kann er sich dagegen nur in der Weise einer *willentlichen Bekräftigung des Prinzips*, das er bei seiner Entscheidung schon als gültig voraussetzen muß, entscheiden. Und eine solche Entscheidung stellt keine *Ersetzung der Begründung* des Prinzips (die transzendental-reflexiv zu erfolgen hat) dar und hat daher auch nichts mit »Dezisionismus« zu tun.

III/66 Vgl. J. Habermas, »Zwei Bemerkungen zum praktischen Diskurs«, in: K. Lorenz (Hrsg.), Festschrift für Paul Lorenzen.

III/67 F. Kambartel, »Zum diskursiven Vernunftbegriff«, in ders. (Hrsg.), *Praktische Philosophie und konstruktive Wissenschaftstheorie*, Frankfurt 1974. – Vgl. meine Abhandlung »Das Apriori der Kommunikationsgemeinschaft und die Grundlagen der Ethik«, a.a.O., S. 358 ff.

III/68 J. Habermas, a.a.O.

III/69 K. Popper, *Die offene Gesellschaft und ihre Feinde*, Band II, Bern 1958, S. 284.

III/70 Vgl. Aristoteles, *Metaphysik*, Buch 4, 1006 a 6–18.

III/71 Würde freilich ein Diskurs sich jemals im Sinne der Vorschläge von H. Schnelle (a.a.O., S. 39) auf eine begrenzte Kommunikationsgemeinschaft als mögliches Subjekt – sei es der Wissenschaft, sei es der Ethik – festlegen, dann hätte er seine transzendentale Funktion verloren (aufgegeben, eventuell verraten) und wäre von der internen Beratung eines Interessenverbandes nicht mehr zu unterscheiden.

III/72 Das bedeutet nicht, daß das Prinzip nicht willentlich bejaht oder verneint werden könnte, vielmehr wird eine *willentliche Bekräftigung* der reflexiven Einsicht in die Geltung des Prinzips im Interesse der *Realisierung der Vernunft* sogar in jeder existentiell relevanten Lebenssituation gefordert. Aber solche *Entscheidung* hat nichts mit einer irrationalen Quasibegründung des Prinzips durch ein dezisionistisches »fiat« im Sinne des skotistischen Willensgottes und seiner existentialistischen Säkularisationen zu tun. Vielmehr unterliegt die menschliche Ja/Nein-Entscheidung selbst noch der durchs Prinzip begründeten Alternative von rational und irrational. Und im Falle der irrationalen Verneinung des Prinzips verneint der Verneinende – der radikale Nihilist – die Bedingung der Möglichkeit seines Selbstverständnisses und damit seiner geistigen Identität. – Vgl. oben Anm. III, 49 über die Struktur der Lüge.

III/73 Vgl. Habermas, a.a.O., S. 8.

III/74 Vgl. P. Lorenzen, *Normative Logic and Ethics*, a.a.O., S. 82.

III/75 Vgl. K. H. Ilting, »Der naturalistische Fehlschluß bei Kant«, in: M. Riedel (Hrsg.), *Die Rehabilitierung der praktischen Philosophie*, Bd. I, Freiburg 1972.

III/76 Eine transzendentale Sprachpragmatik oder Semiotik muß m. E. mit Peirce die Möglichkeit außermenschlicher Substrate der unbegrenzten Kommunikationsgemeinschaft prinzipiell vorsehen.

III/77 Es wäre interessant, der Frage nachzugehen, ob ganze Kulturen, in ähnlicher Weise wie dies für Einzelne und sogar für Familien in der modernen Psychopathologie nachgewiesen wurde, durch Perversion im Sinne der Unwahrhaftigkeit (etwa durch Hypertrophie magischer Praktiken und religiöse Formen der Selbstentfremdung) die Fähigkeit der Realitätsanpassung verlieren können.

III/78 In einer brillanten »Skizze« über »Perlokution« (in: *Sprache im technischen Zeitalter*, 52/1974) hat B. Schlieben-Lange erstmals die Frage nach der allgemeinen Funktion der, von Austin und Searle nur beiläufig behandelten und für nichtkonventionell und nichtklassifizierbar gehaltenen, Klasse der »perlokutiven Sprechakte« gestellt. Ihre These geht dahin, daß man diese Akte durchaus als konventionelle Praktiken klassifizieren kann, wenn man sie gewissermaßen als »Anti-Sprechakte«, d. h. als mehr oder weniger »tabu- und hierarchie-gebundene« »Pervertierungen« der auf Diskurs hin angelegten »dialogkonstitutiven Universalien« im Sinne von Habermas betrachtet. Ausgehend von der Beobachtung, daß perlokutive Akte im Gegensatz zu illokutiven Akten nicht dann gelingen, wenn sie »verstanden« werden, sondern dann, wenn sie in ihrer eigentlichen Intention entweder »nicht durchschaut« oder, auf einer inoffiziell vorgesehenen Ebene, intentionsgemäß »durchschaut« werden, gelangt die Verfasserin zu einer versuchsweisen Klassifikation dieser Akte, die heuristisch als »Anti-Typik« zur Habermasschen Klassifikation der *illokutiven Akte* im Sinne der vier »Geltungsansprüche«: »Verständlichkeit«, »Wahrheit«, normative »Richtigkeit« und »Wahrhaftigkeit« gewonnen ist: Der ersten Habermasschen Klasse der »Kommunikativa«, die den Sinn von Äußerungen als Sprechakten explizit machen sollen, entsprechen dann gewissermaßen zwei Klassen von *perlokutiven Akten*, die durch die Stichworte »ablenken«, »ausweichen« einerseits, »andeuten«, »zu verstehen geben« andererseits umschrieben werden: im ersteren Fall darf der Sinn der Äußerung überhaupt nicht durchschaut werden, im letzteren Fall soll er zwar vom Adressaten durchschaut, aber nicht offiziell – im Sinne eines Geltungsanspruchs – durchschaut werden. Der zweiten Habermasschen Klasse der »Konstativa«, die den Sinn der kognitiven Verwendung von Sätzen ausdrücken und so die Unterscheidung intersubjektiv gültiger Aussagen von bloß subjektiven Meinungen ermöglichen sollen, setzt die Verfasserin perlokutive Akte im Sinne der »Ironie«, des »Spaßmachens«, »Verschleierns«, »im Unklaren Lassens« entgegen. Besonders zahlreich sind in unserer personbestimmten Kultur nach dem Befund der Verfasserin die perlokutiven Akte, die der dritten Habermasschen Klasse der »Repräsentativa« (die den pragmatischen Sinn der Selbstdarstellung eines Sprechers aussprechen) antitypisch entsprechen. Bei diesen Akten scheint stets das Durchschautwerden durch den Adressaten oder durch dritte Personen Bedingung des Gelingens zu sein: so etwa im Falle von »beleidigen«, »herausfordern«, »hochnehmen«, »bloßstellen«. Der vierten Habermasschen Klasse der »Regulativa«, die den Sinn des Verhältnisses, das Sprecher und Hörer zu Regeln einnehmen, die sie befolgen oder verletzen können, explizit machen, werden versuchsweise solche perlokutiven Akte zugeordnet, die »nicht das Verhältnis zu gewissen Regeln erst herstellen, sondern die Gültigkeit gewisser Regeln unbefragt annehmen und ihre Verletzung beanstanden«. Die Verfasserin erwähnt »beschimpfen, verantwortlich machen, zurechtweisen, vorwerfen«.

Ich habe diesen Ansatz deshalb referiert, weil er mir exemplarisch zu verdeutlichen scheint, daß und wie eine kritische Pragma-Linguistik der universalen bzw. transzendentalen Pragmatik in die Hände zu arbeiten vermag. Die heuristische Idee der Antitypik von performativen Akt-Klassen im Verhältnis zu idealtypischen Klassen von »dialogkonstitutiven Universalien« zeigt auch, wie normativ-ethische Idealisierungen der Philosophie in sinnvoller Weise mit der soziokulturellen Realität der »Konventionen« und »Institutionen« konfrontiert werden können. Ihr Sinn liegt ja nicht darin, die Realität utopisch zu verschleiern, sondern darin, als *normative Maßstäbe* den *kritischen Blick* für die soziale Realität zu öffnen bzw. zu schärfen.

III/79 Mit Habermas, wenn ich ihn recht verstehe, würde ich diese theoretischen *Systematisierungen* von Phasenstrukturen, die in den kritisch-rekonstruktiven Wissenschaften vorausgesetzt werden, von den *Theorien* im Sinne der nomologischen, empirisch-analytischen Wissenschaften unterscheiden, was nicht besagt, daß nicht auch Theorien im letzteren Sinn mit der kritischen Rekonstruktion der Lebens- bzw. Gattungsgeschichte verknüpft werden könnten. Letzteres geschieht z. B., wenn biologisch-anthropologische Programmierungsvoraussetzungen der menschlichen Natur bei der Rekonstruktion berücksichtigt werden, so etwa die Ergebnisse der Ethologie (z. B. von K. Lorenz) oder die »Innateness«-These Chomskys und Lennebergs. Vgl. hierzu meine »wissenschaftstheoretische Fallstudie« über »Noam Chomskys Sprachtheorie und die Philosophie der Gegenwart«, in: *Transformation der Philosophie*, a.a.O., Bd. II.

III/80 Ebenso wie »Mythen« und »Symbole« wird man m. E. auch »Riten« und »Ritualisierungen« zumindest versuchsweise in zweifachem Sinne zu verstehen haben: einmal im Sinne der kreativen Fortsetzung der bereits von den Ethologen festgestellten notwendigen Fixierungen kognitiver und kommunikativer Strukturen; zum anderen im kritischen Sinne als der Selbstentfremdung und dem falschen Bewußtsein zugeordnete Regressions-Fixierungen, die unter Umständen einen Rückfall auf die Stufe des von Signalen ausgelösten tierischen Verhaltens darstellen.

III/81 Vgl. J. Habermas, *Erkenntnis und Interesse*, Frankfurt 1968, 1973, III, 10–12; P. Ricœur, *Die Interpretation: ein Versuch über Freud*, Frankfurt 1969; A. Lorenzer, *Sprachzerstörung und Rekonstruktion*, Frankfurt 1970.

III/82 Vgl. z. B. Watzlawick/Beavin/Jackson, *Menschliche Kommunikation*, Bern/Wien 1971.

III/83 Dazu wäre das Obsoletwerden des *ideologiekritischen* Themas im orthodoxen »Diamat« und in der gegenwärtig in

Westdeutschland formierten Neo-Orthodoxie zu vergleichen: Der Bereich der Ideologie wird hier – nicht sehr viel anders als in der Mannheimschen Wissenssoziologie – im Sinne eines normalen Produkts des »Überbaus« neutralisiert. Wie sollte auch Ideologie-*Kritik* und durch sie zu erzielende Emanzipation durch Bewußtseinsveränderung noch einen Sinn haben, wenn an dem prinzipiellen Determinationsverhältnis zwischen »Basis« und »Überbau« durch Bewußtseinsveränderung nichts *Wesentliches* geändert werden kann? – Es entspricht freilich einer trivialen Einsicht, daß durch Bewußtseinsveränderung *allein* keine soziale und politische Emanzipation bewerkstelligt werden kann. Weniger trivial im philosophischen Sinn ist jedoch der Umstand, daß der Verlust der *Sinn-Voraussetzungen* für *Kritik* und *Emanzipation durch Bewußtseinsveränderung* im objektivistisch reduzierten Marxismus zur Folge hat, daß sogenannte emanzipatorische Veränderungen nur noch als manipulative Veränderungen im Sinne des »Social Engineering« gedacht werden können – nicht anders als bei Skinner. Das schlägt dann oft bis auf das Verhalten der ungeduldigen Emanzipateure durch, die ohnehin die Paradoxie der Frage »Wer erzieht die Erzieher?« kaum noch empfinden. (Vgl. aber Karl Marx, »Thesen über Feuerbach«.) – Siehe zum Thema insgesamt: D. Böhler, *Metakritik der Marxschen Ideologiekritik*, Frankfurt 1971, und ders.: »Zu einer historisch-dialektischen Rekonstruktion der bürgerlichen Rechts-Probleme einer Rechts- und Sozialphilosophie nach Marx«, in: H. Rottleuthner (Hrsg.), *Probleme der marxistischen Rechtstheorie*, Frankfurt 1975, S. 92–158.

III/84 Vgl. meine Aufsätze »Szientistik, Hermeneutik, Ideologiekritik«, in: *Transformation der Philosophie*, a.a.O., Bd. II, sowie »Das Kommunikationsapriori und die Grundlagen der Geisteswissenschaften«, in: R. Simon-Schaefer u. W. Ch. Zimmerli (Hrsg.), *Wissenschaftstheorie der Geisteswissenschaften*, Hamburg 1975.

III/85 Siehe J. Habermas, »Vorbereitende Bemerkungen zu einer Theorie der kommunikativen Kompetenz«, a.a.O., sowie ders.: »Wahrheitstheorien«, in: *Wirklichkeit und Reflexion*, Festschrift für W. Schulz, S. 211–265.

III/86 Vgl. dazu meinen Aufsatz »Das Problem der philosophischen Letztbegründung in der Sicht einer transzendentalen Sprachpragmatik«, a.a.O.

III/87 Vgl. H. G. Gadamer, *Wahrheit und Methode*, Tübingen 1965², S. 205 ff., bes. S. 218 ff.

III/88 Auch das Interesse am »Weltbild« möchte ich durchaus als Sublimation des Interesses am Verfügungswissen verstehen, das sein ursprüngliches erkenntnisanthropologisches Paradigma in der vorwissenschaftlichen Vergegenständlichung der Natur-Dinge und Natur-Prozesse hat. In der Gegenwart scheint übrigens durch die »Unanschaulichkeit« (genauer: durch die nicht mehr herzustellende anschauliche Schematisierbarkeit) der theoretischen Vergegenständlichung der Natur eine neue Sublimationsschwelle der Idee des theoretischen Weltbildes überschritten worden zu sein. Darüberhinaus ist zu bedenken, daß das Interesse am Verfügungswissen natürlich an jeder Art theoretischer Erkenntnis – auch selbst an der von uns aktualisierten philosophischen Geltungsreflexion – Anteil hat. Die erkenntnisanthropologisch interessante Problematik der Erkenntnisinteressen ergibt sich gerade aufgrund der vielfältigen Vermittlungen der drei fundamentalen Erkenntnisinteressen auf den höheren Reflexionsebenen und aufgrund der daraus entstehenden dialektischen Denkfiguren. Das Verständnis dieser Problematik erübrigt m. E. eine Erweiterung der triadischen Grundlage, die nur auf eine Verwässerung der transzendentalpragmatischen Begründung zugunsten empirisch-pragmatischer Klassifikationen hinauslaufen würde. – Zum Verhältnis von »Weltbild« und »Verfügungswissen« vgl. auch M. Heidegger, »Zeit des Weltbildes«, in: *Holzwege*, Frankfurt 1950.

III/89 Zu dieser von mir so genannten »Komplementaritäts-These« vgl. die unter Anm. III/84 angeführten Arbeiten.

III/90 In der Debatte zwischen Th. Kuhn und den Popperianern hat sich mit exemplarischer Deutlichkeit gezeigt, daß die Wissenschaftshistorie als Kontrahent der Wissenschaftstheorie nicht aufgrund des von Kuhn anfangs in Anspruch genommenen *empirisch-sozialwissenschaftlichen* Selbstverständnisses, sondern nur im Sinne eines *normativ-hermeneutischen* Selbstverständnisses relevant sein kann: Nicht die *überhaupt empirisch feststellbaren Motive von Wissenschaftlern* konnte Kuhn in relevanter Weise den methodologischen Postulaten Poppers entgegensetzen, sondern die Tatsache, daß sie *aus guten Gründen* oft anders verfahren sind als in der Popperschen Methodologie vorgesehen. Kurz: Kuhn hatte – entgegen seinem expliziten Selbstverständnis – eine *empirisch-hermeneutische und normativ-hermeneutische Rekonstruktion* der Wissenschaftsgeschichte betrieben. – Vgl. hierzu I. Lakatos/A. Musgrave, *Criticism and the Growth of Knowledge*, Cambridge/London 1970.

III/91 »Kommunikative Erfahrung« konstituiert sich, sobald Sinnesdaten nicht mehr als »indices« (Peirce) einer mit ihnen kausal- oder statistisch-gesetzmäßig zusammenhängenden Realität, sondern als Zeichen im Sinne von »Symbolen« (Peirce), d. h. im Sinne einer sie konstituierenden *Sinn-Intention* von zu unterstellenden *Subjekt-Objekten* aufgefaßt werden (z. B. im Falle der versuchten Interpretation von Stein-Ritzungen als Schriftzeichen oder von Serien von Lichtwellen als Signal-Folgen). Wer glaubt, die Einheit von Zeichen-»types« in der Sprache auf die Ähnlichkeit des »tokens« qua physischer Vorkommnisse zurückzuführen zu können, wird diese Unterscheidung freilich für unverständlich halten und daraus eventuell *einheitswissenschaftliche* (d. h. *reduktionistische*) Konsequenzen ziehen.

III/92 Vgl. B. F. Skinner, *Jenseits von Freiheit und Würde*, Hamburg 1973.

III/93 Vgl. zum »Beratungs«-Modell der kommunikativen Begründung öffentlich gültiger Ziele und Normen P. Lorenzen/O. Schwemmer, *Konstruktive Logik, Ethik und Wissenschaftstheorie*, Mannheim 1973. – Es scheint mir irreführend oder zumindest zweideutig, von einer dialogischen *Begründung* der ethischen Normen durch den »praktischen Diskurs« im Sinne der »Beratung« zu sprechen. Die eigentliche (philosophische) Begründung der ethischen Normen – d. h. des Grundprinzips oder der Grundnorm der Ethik – muß m. E., wie in dieser Untersuchung dargelegt, auf der *transzendentalen Reflexionsebene des philosophischen Diskurses* erfolgen. »Praktisch« ist dieser Diskurs allenfalls insofern, als es in ihm thematisch um die Frage nach den *normativen* Bedingungen der Möglichkeit seiner selbst und damit der explizit reflektierten, nichtstrategischen Kommunikation geht. Praktisch im Sinne der »Beratung« ist dieser »Diskurs« noch nicht, wohl aber begründet er u. a. das normative Prinzip, praktische Zielplanungs- und juristische Norm-»Begründungs«-Fragen auf dem Wege der »Beratung« aller Betroffenen bzw. ihrer beauftragten Vertreter – und nicht etwa auf dem Wege eines diktatorischen Octroys – zu lösen. Wollte man die »Beratung« *als solche* als *Begründung* (*Rechtfertigung*) der Normen im philosophischen Sinn ansehen, so liefe dies auf eine konventionalistisch-dezisionistische Theorie der Begründung durch faktischen Interessen-Kompromiß hinaus. Eine über das strategische Verhalten von Mitgliedern eines (begrenzten) Interessenverbandes hinausgehende *Verbindlichkeit* der Beschlüsse des Beratungsgremiums kann auf diese Weise *nicht begründet* werden. Die Beratungsbeschlüsse sind *verbindlich* und *legitim* im Sinne dialogischer Vermittlung von Ansprüchen durch diskursive Argumente dann und nur dann, wenn die Beratung gemäß der transzendentalpragmatischen Begründung ihrer Funktion sich als stellvertretende Vollzugsinstitution der unbegrenzten idealen Kommunikationsgemeinschaft *verbindlich* versteht – und nicht etwa lediglich als Institution des Interessenausgleichs einer begrenzten Gruppe von Interessenvertretern. Darin ist natürlich nicht impliziert, daß nicht unter Umständen auch ein *Interessen-Kompromiß* als *optimale Lösung* im Sinne einer *ethisch begründeten* Beratung angesehen werden kann oder sogar angesehen werden muß. Die eigentlich interessante Funktion des »Beratungs«-Modells scheint mir darin zu liegen, daß es den legitimen Übergang zwischen dem Begründungs-Diskurs und der *sozialen Planung* charakterisiert; anders ausgedrückt: die zu postulierende Vermittlung zwischen den z. B. von der politologischen *System-Theorie* unterstellten *Steuerungsmaßnahmen* (z. B. administrativer Art), deren *Objekt* die Bürger sind, und der in einer Demokratie notwendigerweise unterstellten Verantwortung aller Maßnahmen durch die *Kommunikationsgemeinschaft der Bürger.*

Jürgen Habermas
Was heißt Universalpragmatik?

Inhaltsübersicht

I.

Die Universalpragmatik hat die Aufgabe, universale Bedingungen möglicher Verständigung zu identifizieren und nachzukonstruieren.[0] In anderen Zusammenhängen spricht man auch von »allgemeinen Kommunikationsvoraussetzungen«; ich spreche lieber von allgemeinen Voraussetzungen kommunikativen Handelns, weil ich den Typus des auf Verständigung abzielenden Handelns für fundamental halte. Ich gehe also (ohne an dieser Stelle den Nachweis anzutreten) davon aus, daß andere Formen des sozialen Handelns, z. B. Kampf, Wettbewerb, überhaupt strategisches Verhalten, Derivate des verständigungsorientierten Handelns darstellen. Da auf soziokultureller Entwicklungsstufe zudem Sprache das spezifische Medium der Verständigung ist, möchte ich noch einen Schritt weitergehen und unter den kommunikativen Handlungen explizite Sprechhandlungen auszeichnen; nicht-verbalisierte Handlungen und leibgebundene expressive Äußerungen werde ich vernachlässigen.

1. Für die allgemeinen Voraussetzungen von konsensuellen Sprechhandlungen finde ich bei Apel[1] den folgenden Formulierungsvorschlag: um solche Voraussetzungen zu identifizieren, meint er, müssen wir die Perspektive der Beobachtung von Verhaltenstatsachen verlassen und uns auf das besinnen, »was wir notwendigerweise immer schon bei uns selbst und den Anderen als normative Bedingungen der Möglichkeit der Verständigung voraussetzen müssen und in diesem Sinne auch immer schon notwendigerweise akzeptiert haben«. Apel bedient sich hier des apriorischen Perfekts (»immer schon«) und setzt auch noch den Modus der Notwendigkeit hinzu, um die transzendentale Nötigung auszudrücken, der wir als Sprecher unterliegen, sobald wir einen Sprechakt ausführen oder verstehen oder beantworten; wir können uns im oder nach dem Vollzug dieses Aktes inne werden, daß wir unwillkürlich bestimmte Voraussetzungen gemacht haben, die Apel hier »normative Bedingungen der Möglichkeit von Verständigung« nennt. Der Zusatz »normativ« mag Mißverständnisse nahelegen. Man kann allerdings sagen, daß die allgemeinen und unvermeidlichen, in diesem Sinne transzendentalen Bedingungen möglicher Verständigung einen normativen Gehalt haben, wenn man dabei nicht nur an den Geltungscharakter von Handlungs- oder Bewertungsnormen denkt, nicht einmal nur an den Geltungscharakter von Regelungen überhaupt, sondern an die Geltungsbasis der Rede in ganzer Breite. Ich

möchte vorweg kurz andeuten, was ich mit »Geltungsbasis der Rede« meine.

Ich werde die These entwickeln, daß jeder kommunikativ Handelnde im Vollzug einer beliebigen Sprechhandlung universale Geltungsansprüche erheben und ihre Einlösbarkeit unterstellen muß. Sofern er überhaupt an einem Verständigungsprozeß teilnehmen will, kann er nicht umhin, die folgenden, und zwar genau diese universalen Ansprüche zu erheben:

- sich verständlich *auszudrücken,*
- *etwas* zu verstehen zu geben,
- *sich* dabei verständlich zu machen,
- und sich *miteinander* zu verständigen.

Der Sprecher muß einen *verständlichen* Ausdruck wählen, damit Sprecher und Hörer *einander verstehen* können; der Sprecher muß die Absicht haben, einen *wahren* propositionalen Gehalt mitzuteilen, damit der Hörer *das Wissen* des Sprechers *teilen* kann; der Sprecher muß seine Intentionen *wahrhaftig* äußern wollen, damit der Hörer an die Äußerung des Sprechers *glauben* (ihm vertrauen) kann; der Sprecher muß schließlich eine im Hinblick auf bestehende Normen und Werte *richtige* Äußerung wählen, damit der Hörer die Äußerung akzeptieren kann, so daß beide, Hörer und Sprecher, in der Äußerung bezüglich eines anerkannten normativen Hintergrunds *miteinander übereinstimmen* können. Ferner gilt, daß kommunikatives Handeln ungestört nur so lange fortgesetzt werden kann, wie alle Beteiligten unterstellen, daß sie die reziprok erhobenen Geltungsansprüche zu Recht erheben.

Ziel der Verständigung ist die Herbeiführung eines *Einverständnisses,* welches in der intersubjektiven Gemeinsamkeit des wechselseitigen Verstehens, des geteilten Wissens, des gegenseitigen Vertrauens und des miteinander Übereinstimmens terminiert. Einverständnis ruht auf der Basis der Anerkennung der vier korrespondierenden Geltungsansprüche: Verständlichkeit, Wahrheit, Wahrhaftigkeit und Richtigkeit. Wir sehen, daß im Deutschen der Ausdruck ›Verständigung‹ mehrdeutig ist. Er hat die Minimalbedeutung, daß zwei Subjekte einen sprachlichen Ausdruck identisch verstehen; und die Maximalbedeutung, daß zwischen beiden Übereinstimmung besteht über die Richtigkeit einer Äußerung in bezug auf einen gemeinsam anerkannten normativen Hintergrund. Überdies können sich zwei Kommunikationsteilnehmer über etwas in der Welt verständigen und ihre Intentionen einander verständlich machen. Wäre das volle Einverständnis, das alle vier genannten Komponenten enthält, ein Normalzustand sprachlicher Kommunikation, wäre es nicht nötig, den Prozeß der Verständigung unter dem dynamischen Aspekt der *Herbeiführung* eines Einverständnisses zu analysieren. Typisch sind Zustände in der Grauzone zwischen Unverständnis und Mißverständnis, beabsichtigter und unfreiwilliger Unwahrhaftigkeit, verschleierter und offener Nicht-Übereinstimmung einerseits, Vorverständigtsein und erzielter Verständigung andererseits. Verständigung ist der Prozeß der Herbeiführung eines Einverständnisses auf der *vorausgesetzten* Basis gemeinsam anerkannter Geltungsansprüche. Sobald dieser Hintergrundkonsensus erschüttert und mindestens für einen der Geltungsansprüche die Präsupposition der Erfüllung bzw. Einlösbarkeit suspendiert wird, kann kommunikatives Handeln nicht fortgesetzt werden: es besteht dann grundsätzlich die Alternative, auf strategisches Handeln umzuschalten oder die Kommunikation überhaupt abzubrechen oder aber das verständigungsorientierte Handeln auf der Ebene argumentativer Rede (zum Zwecke einer diskursiven Prüfung des hypothetisch dahingestellten Geltungsanspruchs) wieder aufzunehmen. Ich werde im folgenden den Diskurs ebenso wie das strategische Handeln vernachlässigen und nur konsensuelle Sprechhandlungen in Betracht ziehen.

Dabei soll der Hintergrundkonsens, nämlich die »gemeinsame Anerkennung« reziprok erhobener Geltungsansprüche mindestens folgendes heißen:

- Sprecher und Hörer wissen implizit, daß jeder von ihnen die genannten Geltungsansprüche erheben muß, wenn überhaupt eine Kommunikation im Sinne verständigungsorientierten Handelns zustandekommen soll;

- beide unterstellen gegenseitig, daß sie diese Kommunikationsvoraussetzungen auch tatsächlich erfüllen, d. h. ihre Geltungsansprüche zu Recht erheben;
- dies bedeutet die gemeinsame Überzeugung, daß die jeweils erhobenen Geltungsansprüche entweder (wie im Falle der Verständlichkeit der geäußerten Sätze) bereits eingelöst sind oder (wie im Falle von Wahrheit, Wahrhaftigkeit und Richtigkeit) eingelöst werden könnten, weil die Sätze, Propositionen, ausgedrückten Intentionen und Äußerungen den entsprechenden Adäquatheitsbedingungen genügen.

Ich unterscheide also die *Bedingungen* für die Gültigkeit eines grammatischen Satzes, einer wahren Proposition, eines wahrhaftigen intentionalen Ausdrucks, einer kontextgerechten, normativ richtigen Äußerung sowohl von den *Ansprüchen*, mit denen Sprecher intersubjektive Anerkennung für die Wohlgeformtheit eines Satzes, die Wahrheit einer Proposition, die Wahrhaftigkeit eines intentionalen Ausdrucks und die Richtigkeit eines Sprechakts verlangen, wie andererseits von der *Einlösung* der zu Recht erhobenen *Geltungsansprüche*. Einlösung hieße, daß der Proponent sei es durch Appell an Erfahrungen und Intuitionen oder durch Argumentation und Handlungskonsequenzen die Anerkennungswürdigkeit begründete und eine übersubjektive Anerkennung der Gültigkeit herbeiführte. Indem der Hörer einen vom Sprecher erhobenen Geltungsanspruch *akzeptiert*, erkennt er die Gültigkeit der symbolischen Gebilde an, d. h. er erkennt an, daß ein Satz grammatisch, eine Aussage wahr, ein intentionaler Ausdruck wahrhaftig, eine Äußerung korrekt ist. Die Gültigkeit dieser symbolischen Gebilde ist dadurch, daß sie bestimmten Adäquatheitsbedingungen genügen, *begründet*; aber der Sinn der Gültigkeit besteht in der Anerkennungs*würdigkeit*, d. h. in der Garantie, daß unter geeigneten Umständen eine intersubjektive Anerkennung herbeigeführt werden *kann*.[2]

Ich habe ›Universalpragmatik‹ als Namen für das Forschungsprogramm vorgeschlagen, das darauf gerichtet ist, die universale Geltungsbasis der Rede zu rekonstruieren.[3] Das Thema dieses Forschungsprogramms möchte ich auf eine vorläufige Weise eingrenzen. Bevor ich (im zweiten Teil) auf die Theorie der Sprechakte eingehe, möchte ich deshalb einige Regiebemerkungen voranschicken. Dabei handelt es sich um eine erste Abgrenzung des Gegenstandsbereichs der geforderten Universalpragmatik (2); um die Erläuterung des Verfahrens rationaler Nachkonstruktion im Unterschied zu einem im engeren Sinne empirisch-analytischen Vorgehen (3); um einige methodologische Schwierigkeiten, die sich daraus ergeben, daß die Linguistik den Status einer rekonstruktiven Wissenschaft beansprucht (4); und schließlich (5) um die Frage, ob die geforderte Universalpragmatik eher die Stellung einer transzendentalen Reflexionstheorie oder die einer empirisch gehaltvollen rekonstruktiven Wissenschaft einnimmt. Ich werde mich auf Regiebemerkungen beschränken, weil diese Fragen einerseits fundamental sind und eine selbständige Untersuchung verdienten, weil sie aber andererseits für das Thema, das ich behandeln werde, nur den Kontext bilden und daher im Hintergrund bleiben müssen.

2. K.-O. Apel hat in mehreren Arbeiten auf den *abstraktiven Fehlschluß* hingewiesen, der dem Ansatz der sprachanalytischen Wissenschaftslogik zugrunde liegt.[4] Die auf Carnap zurückgehende logische Analyse der Sprache richtet sich vornehmlich auf syntaktische und semantische Eigenschaften sprachlicher Gebilde. Ähnlich wie die strukturalistische Linguistik grenzt sie ihren Gegenstandsbereich ab, indem sie von den pragmatischen Eigenschaften der Sprache zunächst abstrahiert und die pragmatische Dimension nachträglich so einführt, daß der konstitutive Zusammenhang zwischen den generativen Leistungen des sprach- und handlungsfähigen Subjekts einerseits und den allgemeinen Strukturen der Rede andererseits nicht in den Blick kommen kann. Natürlich ist es legitim, einen Abstraktionsschnitt zwischen Sprache als

Struktur und Sprechen als Prozeß zu legen. Eine Sprache wird dann als System von Regeln zur Erzeugung von Ausdrücken verstanden, so daß alle wohlgeformten Ausdrücke (z. B. Sätze) als Elemente dieser Sprache gelten dürfen. Andererseits können die sprachfähigen Subjekte als Teilnehmer an einem Kommunikationsprozeß solche Ausdrücke verwenden, z. B. Sätze äußern, verstehen und beantworten. Diese Abstraktion der »Sprache« von der Verwendung der Sprache in der »Rede« (langue vs. parole, language vs. speech), die sowohl die logische wie die strukturalistische Sprachanalyse vornehmen, ist sinnvoll. Mit diesem methodischen Schritt läßt sich jedoch nicht die Auffassung motivieren, daß sich die pragmatische Dimension der Sprache, von der abstrahiert wird, einer logischen (bzw. linguistischen) Analyse entzieht. Einen abstraktiven Fehlschluß sehe ich darin, daß die erfolgreiche, mindestens aussichtsreiche Rekonstruktion sprachlicher Regelsysteme als ein Umstand angesehen wird, der es rechtfertigt, die logische Analyse auf diesen Gegenstandsbereich zu beschränken. Die Trennung der beiden analytischen Ebenen »Sprache« und »Rede« darf nicht so vorgenommen werden, daß die pragmatische Dimension der Sprache einer ausschließlich empirischen Analyse, d. h. empirischen Wissenschaften wie beispielsweise der Psycho- und der Soziolinguistik überlassen bleibt.

Ich möchte die These vertreten, daß nicht nur Sprache, sondern auch Rede, also die Verwendung von Sätzen in Äußerungen, einer logischen Analyse zugänglich ist. Wie die elementaren Einheiten der Sprache (Sätze), so lassen sich auch die elementaren Einheiten der Rede (Äußerungen) in der methodischen Einstellung einer rekonstruktiven Wissenschaft analysieren.

Nun sind im Anschluß an die Semiotik von Charles Morris[5] Ansätze zu einer allgemeinen Kommunikationstheorie entwickelt worden. Diese integriert in ihrem grundbegrifflichen Rahmen das Modell des Sprachbehaviorismus (die zeichenvermittelte Verhaltensreaktion des reizstimulierten Einzelorganismus) mit dem Modell der Nachrichtenübertragung (En-

und Dekodierung von Signalen zwischen Sender und Empfänger bei gegebenem Kanal und (mindestens teilweise) gemeinsamem Zeichenvorrat). Wenn jemand den Sprechvorgang mit diesen Mitteln konzeptualisiert, kann die Grundfrage der Universalpragmatik nach den allgemeinen Bedingungen möglicher Verständigung nicht angemessen gestellt werden. So wird z. B. die Intersubjektivität von Bedeutungen, die für mindestens zwei Sprecher identisch sind, gar nicht erst zum Problem, wenn (a) wie im Falle des Sprachbehaviorismus die Identität von Bedeutungen auf extensional gleiche Klassen von Verhaltensmerkmalen *reduziert* wird[6]; oder wenn (b) wie im Falle der Informationstheorie auf analytischer Ebene festgesetzt wird, daß ein für Sender und Empfänger gemeinsamer Kode und Zeichenvorrat bestehen.

Neben empiristischen Ansätzen, die in der einen oder anderen Weise an die Semiotik von Morris anschließen, finden sich andererseits auch interessante Ansätze zur logischen Analyse von allgemeinen Strukturen der Rede und des Handelns. Die im folgenden aufgezählten Analysen lassen sich als Beiträge auf dem Wege zu einer Universalpragmatik verstehen. Bar-Hillel hat schon früh auf die Notwendigkeit einer pragmatischen Erweiterung der logischen Semantik hingewiesen.[7] Bemerkenswert sind ferner die Entwürfe zu einer *deontischen Logik* (Hare, H. v. Wright, N. Rescher)[8] und entsprechende Versuche zu einer Formalisierung von Sprechakten wie Behauptungen und Fragen (Apostel).[9] Hierher gehören auch Ansätze zu einer Logik nicht-deduktiver Argumentation (Toulmin, Botha).[10] Von *linguistischer Seite* führt die Untersuchung von Präsuppositionen (Kiefer, Petöfi)[11], von Konversationspostulaten (Grice, Lakoff)[12], Sprechakten (Ross, McCawley, Wunderlich)[13], Dialogen und Texten (Fillmore, Posner)[14] zu einer Berücksichtigung der pragmatischen Dimension der Sprache; in die gleiche Richtung weisen auch die Schwierigkeiten der Semantiktheorie (Katz, Lyons).[15] Von seiten der *analytischen Philosophie* gewinnt insbesondere die auf Frege und Russell zurückgehende Diskussion über die

Logik der Verwendung *denotativer Ausdrücke* (Strawson)[16] Bedeutung für eine Universalpragmatik; das gleiche gilt für die *analytische Handlungstheorie* (Danto, Hampshire, Shwayder)[17], auch für die Diskussion, die sich im Zusammenhang mit der Logik der Erklärung intentionalen Handelns ergeben hat (Winch, Taylor, v. Wright).[18] Universalpragmatische Aspekte hat die von Wittgenstein eingeführte Gebrauchstheorie der Bedeutung (Alston)[19] und der von Grice unternommene Versuch, Bedeutung auf Sprecherintentionen zurückzuführen (Bennet, Schiffer).[20] Als vielversprechenden Ausgangspunkt für die Universalpragmatik werde ich mich in erster Linie auf die von Austin angeregte Theorie der Sprechakte (Searle, Wunderlich)[21] stützen.

Diese aus Logik, Sprachwissenschaft und analytischer Sprachphilosophie entwickelten Ansätze kommen in dem Ziel überein, Prozesse der Sprachverwendung unter logischen Gesichtspunkten zu klären. Wenn man diese Ansätze im Hinblick auf den Beitrag, den sie zu einer Universalpragmatik leisten, bewerten soll, zeigen sich freilich auch Schwächen. In vielen Fällen sehe ich die Gefahr, daß die Analyse der Bedingungen möglicher Verständigung verkürzt wird, sei es

- weil diese Ansätze nicht radikal genug verallgemeinern und, wie beispielsweise die meisten linguistischen Untersuchungen von semantischen und pragmatischen Präsuppositionen, nicht durch die Schicht zufälliger Kontexte hindurch zu den allgemeinen und unvermeidlichen Präsuppositionen vordringen; oder
- weil sie sich auf die in Logik und Grammatik entwickelten Instrumente auch dann beschränken, wenn diese (wie z. B. bei syntaktischen Erklärungen des performativen Charakters von Sprechhandlungen)[22] für die Erfassung pragmatischer Beziehungen ungenügend sind; oder
- weil sie zu einer Formalisierung von unzureichend analysierten Grundbegriffen verleiten, was sich m. E. am Beispiel von Normlogiken zeigen läßt, die Handlungsnormen auf Befehle zurückführen; oder schließlich

– weil sie vom Modell des einsamen, zweckrational handelnden Aktors ausgehen und darum, wie z. B. Grice oder Lewis[23], das spezifische Moment der Gemeinsamkeit im Verstehen identischer Bedeutungen oder in der Anerkennung intersubjektiver Geltungsansprüche nicht angemessen rekonstruieren.

Nach meinem Eindruck ist die Theorie der Sprechakte von diesen und ähnlichen Schwächen weitgehend frei.

3. Ich habe bisher den Ausdruck ›logische Analyse‹ ohne nähere Erläuterung dem im engeren Sinne empirisch-analytischen Vorgehen gegenübergestellt. Das ist mindestens mißverständlich. Ich möchte logische Analyse nicht etwa durch den Hinweis auf die Standardprädikatenlogik oder irgendeine bestimmte Logik erläutern. Der tolerante Sinn, in dem ich logische Analyse verstehe, läßt sich am besten durch die methodische Einstellung charakterisieren, die wir bei rationalen Nachkonstruktionen von Begriffen, Kriterien, Regeln und Schemata einnehmen. So sprechen wir von der Explikation von Bedeutungen und Begriffen, der Analyse von Voraussetzungen, Regelsystemen usw. Natürlich sind rekonstruktive Verfahren auch für empirisch-analytische Forschungen wichtig, z. B. bei der Explikation des grundbegrifflichen Rahmens, der Formalisierung zunächst umgangssprachlich formulierter Annahmen, der Klärung von Folgebeziehungen zwischen einzelnen Hypothesen, der Deutung von Meßresultaten usw. Dennoch sind rekonstruktive Verfahren nicht charakteristisch für Wissenschaften, die nomologische Hypothesen über Bereiche beobachtbarer Gegenstände und Ereignisse entwickeln; charakteristisch vielmehr sind diese Verfahren für solche Wissenschaften, die *vortheoretisches Wissen systematisch nachkonstruieren.*

(a) Ausgehen möchte ich von der Unterscheidung zwischen sensorischer Erfahrung oder *Beobachtung* und kommunikativer Erfahrung oder *Verstehen.* Die Beobachtung richtet sich auf wahrnehmbare Dinge und Ereignisse (bzw. Zustände);

das Verstehen auf den Sinn von Äußerungen.[24] Der Beobachter macht seine Erfahrung prinzipiell einsam, auch wenn das kategoriale Netz, in dem Erfahrungen als Objektivität beanspruchende Erfahrungen organisiert sind, immer schon von mehreren (oder gar allen) Individuen geteilt wird. Der sinnverstehende Interpret hingegen macht seine Erfahrung grundsätzlich als Kommunikationsteilnehmer auf der Grundlage einer durch Symbole hergestellten intersubjektiven Beziehung mit anderen Individuen, auch wenn er sich faktisch mit einem Buch oder einem Dokument oder einem Kunstwerk allein befindet. Ich möchte das komplexe Verhältnis von Beobachten und Verstehen an dieser Stelle nicht weiter analysieren, sondern die Aufmerksamkeit nur auf *einen* Aspekt lenken: auf die Ebenendifferenz zwischen der wahrnehmbaren Realität und dem verstehbaren Sinn eines symbolischen Gebildes. Die sensorische Erfahrung bezieht sich unmittelbar auf Realitätsausschnitte, die kommunikative Erfahrung nur mittelbar:

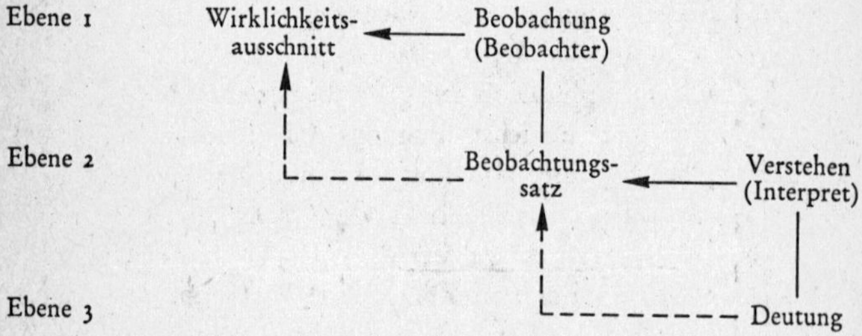

Das Schema gibt drei verschiedene Relationen wieder:

- epistemische Relationen zwischen Erfahrungsakten und deren Gegenständen; in diesem Sinne bezieht sich der Akt des Verstehens auf den symbolischen Ausdruck (hier des Beobachtungssatzes) in ähnlicher Weise wie der Akt der Beobachtung auf die Realität;

- Relationen der Darstellung eines Wirklichkeitsaspekts in einem Ausdruck; in diesem Sinne gibt die Deutung den semantischen Gehalt (hier des Beobachtungssatzes) in ähnlicher Weise wieder wie der Beobachtungssatz einen Realitätsausschnitt;
- Relationen des Ausdrückens von intentionalen Akten; in diesem Sinne ist das Verständnis (hier des Beobachtungssatzes) im propositionalen Gehalt der Deutung ebenso ausgedrückt wie die Beobachtung im propositionalen Gehalt des Beobachtungssatzes.

Abgesehen davon, daß alle drei Typen von Beziehungen fundamentale Probleme lediglich anzeigen, besteht eine zusätzliche Schwierigkeit darin, genau anzugeben, worin sich die epistemischen Relationen des Beobachters und des Interpreten zu ihren jeweiligen Gegenständen und worin sich die Darstellungsrelationen zwischen Beobachtungssatz und Realität einerseits, Deutungssatz und (symbolisch vorstrukturierter) Wirklichkeit andererseits unterscheiden. Das erforderte einen Vergleich zwischen Beobachtung und Interpretation, zwischen Beschreibung und Explikation. Vorerst soll das Schema lediglich die beiden Realitätsebenen illustrieren, auf die sich sensorische und kommunikative Erfahrung jeweils beziehen. Die Ebenendifferenz zwischen wahrnehmbarer und symbolisch vorstrukturierter Wirklichkeit spiegelt sich in dem Gefälle zwischen einem *direkten* Zugang durch Beobachtung *der* Realität und dem kommunikativ vermittelten Zugang durch Verstehen einer Äußerung *über* die Realität.

(b) Den beiden Begriffspaaren »wahrnehmbare Realität« vs. »symbolisch vorstrukturierte Wirklichkeit« und »Beobachtung« vs. »Verstehen« läßt sich das Begriffspaar »Beschreiben« vs. »Explizieren« zuordnen. Mit Hilfe eines Satzes, der eine Beobachtung wiedergibt, kann ich den beobachteten Aspekt der Wirklichkeit *beschreiben*; mit Hilfe eines Satzes, der die Deutung des Sinnes eines symbolischen Gebildes wiedergibt, kann ich den Sinn einer solchen Äußerung *explizieren*. Freilich muß die Explikation als ein selbständiger analytischer

Schritt erst dann hervorgehoben werden, wenn der Sinn des symbolischen Gebildes unklar ist. Soweit es sich um Sätze handelt, mit deren Hilfe wir die Realität beschreiben, kann die Unklarheit auf verschiedenen Ebenen liegen. Je nachdem fordern wir Explikationen verschiedener Art. Wenn das beschriebene Phänomen *erklärungsbedürftig* ist, verlangen wir nach einer Explikation, die klar macht, wie die Realität arbeitet und wie das erklärungsbedürftige Phänomen zustandekommt; wenn hingegen die Beschreibung selbst *unverständlich* ist, verlangen wir nach einer Explikation, die klar macht, was der Beobachter mit seiner Äußerung gemeint hat und wie der erläuterungsbedürftige symbolische Ausdruck zustandekommt. Im ersten Fall wird eine befriedigende Explikation die Form einer Erklärung haben, die wir mit Hilfe einer kausalen Hypothese vornehmen; im zweiten Fall sprechen wir von einer Bedeutungsexplikation. (Natürlich brauchen sich Bedeutungsexplikationen nicht, wie in unserem Beispiel, auf deskriptive Sätze zu beschränken; alle sinnhaft strukturierten Gebilde können der Operation der Bedeutungsexplikation unterzogen werden.)

Nun haben Explikationen verschiedene Reichweiten; sie können an der Oberfläche ansetzen und bis zu den zugrundeliegenden Strukturen vordringen. Das ist uns geläufig bei der Explikation natürlicher Phänomene: je allgemeiner die Theorien sind, mit deren Hilfe wir die beschriebenen Phänomene erklären, desto besser können wir die Beschreibungen explizieren. Das gleiche gilt für Bedeutungsexplikationen. Freilich hängt in *diesem* Falle die Reichweite der Explikation nicht ab von der Allgemeinheitsstufe des theoretischen Wissens über Strukturen der in Beobachtungen zugänglichen äußeren Realität, sondern von einem Wissen über Tiefenstrukturen der dem Verstehen zugänglichen Realität regelhaft erzeugter symbolischer Gebilde. Die Explikation erklärungsbedürftiger Phänomene dringt in eine andere Richtung vor als die Bedeutungsexplikation von Ausdrücken.

(c) Ich möchte weiterhin zwei *Stufen der Bedeutungsexpli-*

kation unterscheiden. Wenn der Sinn eines schriftlich fixierten Satzes, einer Handlung, einer Geste, eines Kunstwerks, eines Werkzeugs, einer Theorie, eines Gebrauchsgegenstandes, eines überlieferten Dokuments usw. unklar ist, richtet sich die Explikation der Bedeutung zunächst auf den semantischen Gehalt des symbolischen Gebildes. Indem wir seinen Inhalt zu verstehen suchen, nehmen wir die gleiche Stellung ein, die der Autor eingenommen hat, als er den Satz schrieb, die Geste ausführte, das Werkzeug gebrauchte, die Theorie anwandte usw.; oft müssen wir auch über das vom Autor Gemeinte und Beabsichtigte hinausgehen und einen Kontext in Betracht ziehen, der ihm nicht bewußt gewesen ist.[25] Aber typischerweise geht das *Inhaltsverstehen* solchen Verbindungen nach, die die Oberflächenstrukturen des unverständlichen Gebildes mit den Oberflächenstrukturen anderer bekannter Gebilde verbindet. So lassen sich sprachliche Ausdrücke durch Paraphrasierung in derselben Sprache oder durch Übersetzung in eine andere Sprache explizieren – in beiden Fällen bedienen sich kompetente Sprecher der intuitiv gewußten Sinnrelationen, die innerhalb des Lexikons einer Sprache oder zwischen den Lexika zweier Sprachen bestehen.

Wenn man auf diesem Wege nicht zum Ziel gelangt, kann sich der Interpret genötigt sehen, seine Einstellung zu wechseln. Er tauscht dann die auf Oberflächenstrukturen gerichtete Einstellung des Inhaltsverstehens, in der er gleichsam durch das symbolische Gebilde hindurch auf die Welt sieht, über die etwas geäußert wird, gegen eine Einstellung ein, in der er sich auf die Erzeugungsstrukturen der Ausdrücke selbst richtet. Dann versucht der Interpret, die Bedeutung eines symbolischen Gebildes anhand der Regeln zu explizieren, nach denen es der Autor hervorgebracht haben muß. Beim gewöhnlichen Paraphrasieren und Übersetzen bedient sich der Interpret der inhaltssemantischen Sinnrelationen (beispielsweise zwischen verschiedenen Wörtern einer Sprache) sozusagen ad hoc, indem er das mit den kompetenten Sprechern dieser Sprache geteilte Wissen einfach anwendet; deshalb ist auch dem Autor selbst (unter geeigneten Umständen) die Rolle des Interpreten zuzumuten. Die Einstellung ändert sich jedoch, sobald der Interpret versucht, dieses intuitive Wissen des Sprechers nicht nur *anzuwenden,* sondern zu *rekonstruieren.* Dann wendet der Interpret den Blick von der Oberfläche des symbolischen Gebildes ab, er sieht nicht mehr intentione recta durch es hindurch auf die Welt, sondern er versucht, gleichsam durch die Oberfläche des symbolischen Gebildes hindurch in es hineinzusehen, um die Regeln zu entdecken, nach denen es hervorgebracht worden ist (in unserem Beispiel die Regeln, nach denen das Lexikon einer Sprache aufgebaut ist). Gegenstand des Verstehens ist nicht länger der *Inhalt* eines symbolischen Ausdrucks oder das, was mit ihm in bestimmten Situationen von bestimmten Autoren gemeint worden ist, sondern das intuitive *Regelbewußtsein,* das ein kompetenter Sprecher von seiner Sprache hat.

(d) Wir können (im Anschluß an eine Unterscheidung von Ryle)[26] unterscheiden zwischen dem *know how* oder dem Können eines kompetenten Subjekts, das sich auf die Hervorbringung einer Sache oder einer bestimmten Leistung versteht, einerseits und dem *know that* andererseits, also dem expliziten Wissen davon, wie es das macht, daß es sich auf seine Sache versteht. In unserem Falle ist das, was der Autor mit einer Äußerung meint, und das, was ein Interpret davon inhaltlich versteht, ein *know that erster Stufe.* Der Autor hat seine Äußerung, soweit sie überhaupt eine regelrecht gebildete und daher verständliche Äußerung ist, nach bestimmten Regeln oder aufgrund bestimmter Strukturen hervorgebracht. Er versteht sich auf das Regelsystem seiner Sprache und auf deren kontextspezifische Verwendung, er hat von diesem Regelsystem ein vortheoretisches Wissen, das jedenfalls ausreicht, um die betreffende Äußerung tun zu können. Dieses implizite Regelbewußtsein ist ein *know how.* Der Interpret wiederum, der dieses implizite Wissen des kompetenten Sprechers nicht nur teilt, sondern verstehen will, muß das *know how* in ein explizites Wissen, also in ein *know that zweiter Stufe* überführen. Das ist die Aufgabe des *rekonstruktiven Verstehens*, also der Bedeutungsexplikation im Sinne der rationalen Nachkonstruktion von Erzeugungsstrukturen, die der Hervorbringung symbolischer Gebilde zugrundeliegen. Da das zu rekonstruierende Regelbewußtsein ein kategoriales Wissen ist, sind wir bei der Rekonstruktion zunächst auf die Operation der begrifflichen Explikation angewiesen.

Carnap hat vier Forderungen aufgestellt, die eine Begriffsexplikation, wenn sie adäquat sein soll, erfüllen muß:

»1. Das Explikat soll dem Explikandum *ähnlich* sein, d. h. in allen relevanten Fällen soll statt des Explikandums nunmehr das Explikat benutzt werden können. 2. Es sollen Regeln angegeben werden, die den Gebrauch des Explikats (im Zusammenhang mit anderen wissenschaftlichen Begriffen) in *exakter* Weise festlegen. 3. Das Explikat soll sich hinsichtlich der Formulierung genereller Aussagen als fruchtbar erweisen. 4. Das Explikat soll (unter der Voraussetzung, daß die Forderungen 1 bis 3 erfüllt werden können) so *einfach* wie möglich sein.«27

Wunderlich faßt seine Überlegungen zum Status der Begriffsexplikation so zusammen:

»1. Die Explikation erfolgt, gemäß den Forderungen 2 bis 4 von Carnap, immer im *Hinblick auf Theorien;* entweder werden derart zentrale Begriffe expliziert (wie ›Bedeutung‹), daß ihnen ganze Theorien als Explikat entsprechen, oder es werden verschiedene Begriffe im Zusammenhang expliziert. 2. Wir explizieren stets *im Hinblick auf die klaren Fälle*, um bei ihnen unsere Intuitionen durch exakte Argumente ersetzen zu können. Die Theorie kann dann aber auch Antworten auf die jeweiligen Grenzfälle geben; oder wir explizieren gesondert, was ein klarer Grenzfall ist. 3. Die Explikationssprache *ist von derselben Stufe* wie die Explikandumsprache (z. B. die Umgangssprache oder eine aus ihr hervorgegangene standardisierte Version); es handelt sich hier demnach nicht um eine Beschreibungssprache oder eine Metasprache relativ zur Sprache des Explikandums (das Explikat beschreibt nicht das Explikandum).«28

(e) Ein Punkt scheint mir bei diesen Überlegungen zur Begriffsexplikation nicht genügend herausgearbeitet zu sein: ich meine die *evaluative Leistung des Regelbewußtseins.* Rekonstruktionsvorschläge richten sich auf Bereiche vortheoretischen *Wissens,* d. h. nicht auf *irgendeine* implizite Meinung, sondern auf ein *bewährtes* intuitives Vorwissen. Das Regelbewußtsein des kompetenten Sprechers fungiert z. B. im Hinblick auf die Grammatikalität von Sätzen als Bewertungsinstanz. Während sich das Inhaltsverstehen auf beliebige Äußerungen richtet, bezieht sich rekonstruktives Verstehen nur auf die von kompetenten Subjekten selber als »gekonnt« ausgezeichneten symbolischen Gegenstände. So gehen z. B. die Syntaxtheorie, die Aussagenlogik, die Wissenschaftstheorie, die Ethik von syntaktisch *wohl*geformten Sätzen, von *korrekt* gebildeten Aussagen, von *gut* bestätigten Theorien, von moralisch *einwandfreien* Konfliktlösungen aus, um die Regeln zu rekonstruieren, nach denen diese Gebilde erzeugt werden können. Soweit den intuitiven Bewertungen, wie in den hier genannten Beispielen, universale Geltungsansprüche zugrundeliegen (die Grammatikalität von Sätzen, die Konsistenz von Aussagen, die Wahrheit von Hypothesen, die Richtigkeit von Handlungsnormen), beziehen sich die Rekonstruktionen auf ein vortheoretisches Wissen allgemeiner Art, auf ein *universelles Können,* und nicht nur auf besondere Kompetenzen einzelner Gruppen (z. B. die Fähigkeit, Sätze in einem niederdeutschen Dialekt zu äußern oder Probleme der Schwerionenphysik zu lösen) oder gar auf die Fähigkeit bestimmter Individuen (z. B. in der Mitte des 20. Jahrhunderts noch einen vorbildlichen Entwicklungsroman zu schreiben). Wenn das zu rekonstruierende vortheoretische Wissen ein universelles Können, eine allgemeine kognitive, sprachliche oder interaktive Kompetenz (oder Teilkompetenzen) ausdrückt, zielt das, was als Bedeutungsexplikation beginnt, auf die Rekonstruktion von Gattungskompetenzen. Diese Rekonstruktionen können in ihrer Reichweite und ihrem Status mit allgemeinen Theorien verglichen werden.

Es ist Chomskys großes Verdienst, diese Idee am Beispiel der Grammatiktheorie (zum ersten Mal 1957 in den *Syntactic*

Structures) entwickelt zu haben. Die Grammatiktheorie hat, in groben Zügen, die Aufgabe, das intuitive Regelbewußtsein, das allen kompetenten Sprechern gemeinsam ist, so zu rekonstruieren, daß die Rekonstruktionsvorschläge dasjenige Regelsystem darstellen, das potentiellen Sprechern erlaubt, in mindestens einer Einzelsprache L die Kompetenz zu erwerben, beliebige Sätze, die als grammatisch in L gelten dürfen, hervorzubringen und zu verstehen, wie auch diese mit Bezug auf L wohlgeformten Sätze von ungrammatischen Sätzen zu unterscheiden.[29]

4. Ich hoffe, das rekonstruktive Verfahren von Wissenschaften, die ein praktisch beherrschtes vortheoretisches Wissen (know how) kompetenter Subjekte in ein gegenständliches und explizites Wissen (know that) überführen, soweit charakterisiert zu haben, daß klar geworden ist, in welchem Sinne ich den Ausdruck ›logische Analyse‹ gebrauchen möchte. Bevor ich methodologische Schwierigkeiten einer rekonstruktiv verfahrenden Linguistik nenne, möchte ich in groben Zügen zwei Versionen der Sprachwissenschaft, nämlich eine empirisch-analytische und eine rekonstruktive Sprachwissenschaft einander gegenüberstellen (Wunderlich spricht von einer empirisch-deskriptiven und einer empirisch-explikativen Sprachwissenschaft).[30]
Daten: Soweit die Erfahrungsbasis allein durch Beobachtungen gesichert werden soll, bestehen sprachwissenschaftliche Daten aus gemessenen Variablen des Sprachverhaltens; soweit dagegen konstruktives Verstehen zugelassen ist, liefert das mäeutisch (d. h. durch geeignete Nachfrage mit Hilfe systematisch angeordneter Beispiele) ermittelte Regelbewußtsein kompetenter Sprecher die Daten. So unterscheiden sich die Daten, wenn man will, nach ihrer ontologischen Stufe: das aktuelle Sprachverhalten ist Teil der wahrnehmbaren Realität, das Regelbewußtsein verweist auf die Erzeugung symbolischer Gebilde, in denen etwas über die Realität geäußert wird.[31] Ferner bedeuten Beobachtungen stets ein Wissen von etwas

Partikularem, während das Regelbewußtsein kategoriales Wissen enthält. Schließlich werden Beobachtungsdaten allein unter den analytischen Gesichtspunkten des Linguisten ausgewählt, während im anderen Fall die kompetenten Sprecher selbst mögliche Daten unter dem Gesichtspunkt ihrer grammatischen Wohlgeformtheit bewerten und vorselegieren.

Theorie und Gegenstandsbereich: Solange die natürlichen Sprachen als Gegenstand linguistischer Beschreibungen und nicht als Repräsentationsform eines rekonstruierbaren vortheoretischen Wissens gelten, verhält sich die linguistische Theorie zu ihrem Gegenstandsbereich wie eine empirische Theorie, die die linguistischen Beschreibungen der Sprachrealität mit Hilfe von Gesetzeshypothesen erklärt. Wenn hingegen die linguistische Theorie der Rekonstruktion vortheoretischen Wissens dienen soll, verhält sich die Theorie zu ihrem Gegenstandsbereich wie eine Bedeutungsexplikation zu ihrem Explikandum. Während sich in der empiristischen Version das Verhältnis der linguistischen Theorie zur Sprache, die erklärt werden soll, grundsätzlich nicht von dem Verhältnis zwischen Theorie und Wirklichkeit, wie es in anderen nomologischen Wissenschaften besteht, unterscheidet, erzwingt in der explikativen Version der sprachliche Charakter des Gegenstandes eine Beziehung, die nur zwischen verschiedenen sprachlichen Ausdrücken statthaben kann: eben die Beziehung zwischen Explikation und Explikandum, wobei die Explikandumsprache, also die sprachwissenschaftliche Konstruktsprache, die eine standardisierte Version der Umgangssprache ist, prinzipiell der gleichen Stufe angehört wie die natürliche Sprache, die expliziert werden soll. (Weder im deskriptiven noch im explikativen Fall der Theoriebildung läßt sich das Verhältnis der linguistischen Theorie zu ihrem Gegenstandsbereich als das von Metasprache und Objektsprache auffassen.[32])

Theorie und Alltagswissen: Aus den verschieden angesetzten Konzeptualisierungen ergibt sich noch eine weitere Eigentümlichkeit. Eine im engeren Sinne empirisch-analytische Theorie kann (und wird in der Regel) das Alltagswissen, das wir zunächst vorwissenschaftlich über einen Objektbereich besitzen, widerlegen und durch ein korrektes, vorläufig als wahr angesehenes theoretisches Wissen ersetzen. Ein Rekonstruktionsvorschlag kann hingegen das vortheoretische Wissen mehr oder weniger explizit und angemessen darstellen, aber niemals falsifizieren. Als falsch kann sich allenfalls die Wiedergabe einer Sprecherintuition erweisen, aber nicht diese Intuition selbst.[33] Diese gehört zu den Daten, und Daten können erklärt, aber nicht kritisiert werden. An Daten läßt sich höchstens kritisieren, daß sie keine geeigneten Daten sind, also entweder fehlerhaft ermittelt oder für einen bestimmten theoretischen Zweck falsch ausgewählt worden sind.

Rekonstruktionen stellen gewissermaßen einen *essentialistischen Anspruch*. Man kann zwar sagen, daß theoretische Beschreibungen, wenn sie wahr sind, bestimmten Strukturen der Wirklichkeit so »entsprechen« wie Rekonstruktionen, wenn sie zutreffen, den explizierten Tiefenstrukturen »ähnlich« sind. Andererseits läßt die behauptete Entsprechung zwischen einer deskriptiven Theorie und ihrem Gegenstand viele epistemologische Deutungen zu, außer realistischen Deutungen z. B. instrumentalistische oder konventionalistische. Rationale Nachkonstruktionen können hingegen nur in einem essentialistischen Sinne das vortheoretische Wissen, das sie explizieren, wiedergeben; sie müssen, wenn sie wahr sind, genau den Regeln entsprechen, die im Gegenstandsbereich operativ wirksam sind, d. h. die Erzeugung von Oberflächenstrukturen tatsächlich bestimmen.[34] Daher ist Chomskys Korrelationsannahme, derzufolge die linguistische Grammatik auf seiten des Sprechers durch eine genau entsprechende mentale Grammatik repräsentiert ist, zunächst einmal konsequent.

Methodologische Schwierigkeiten: Im Zusammenhang mit dem Chomskyschen Programm einer allgemeinen Sprachwissenschaft als rationaler Nachkonstruktion der Sprachkompetenz haben sich allerdings erhebliche methodologische Schwierigkeiten ergeben. Unter anderem haben sich zwei

Diskussionszusammenhänge herausgebildet, die ich unter methodologischen Aspekten erwähnen möchte. Der eine betrifft den Status und die Zuverlässigkeit des intuitiven Wissens von kompetenten Sprechern (a) und der andere das eben erwähnte Verhältnis von linguistischer und mentaler Grammatik (b).

(a) Gegen die Wahl von Sprecherintuitionen als Ausgangspunkt einer rekonstruktiv verfahrenden Theoriebildung sind vor allem *zwei Einwände* geltend gemacht worden.[35] Zunächst wird bezweifelt, ob eine rekonstruktiv verfahrende Linguistik überhaupt zu einer Theorie der Sprachkompetenz gelangen kann, ob sie nicht auf der von ihr gewählten Datenbasis bestenfalls eine Theorie des intuitiven Verständnisses, das kompetente Sprecher von ihrer eigenen Sprache haben, entwickeln kann. Da der metasprachliche Gebrauch der eigenen Umgangssprache, auf den eine an Sprecherurteile appellierende Wissenschaft rekurrieren muß, etwas anderes ist (und wahrscheinlich anderen Gesetzen gehorcht) als der direkte Gebrauch der Sprache, kann eine Grammatiktheorie Chomskyschen Typs höchstens jenen speziellen Teil der Sprachkompetenz, die den metasprachlichen Gebrauch regelt, rekonstruieren, aber nicht die Kompetenz, die Sprechen und Sprachverstehen geradehin zugrundeliegt:

»The empirical question is whether a complete theory of linguistic intuitions is identical with a complete theory of human linguistic competence ... Chomsky has no doubt as to this identity ... The theory of one kind of linguistic behavior, namely metalinguistic judgement on such things as grammaticality and paraphrase, would then as a whole be built into theories on other forms of linguistic behavior such as speaking and understanding ... If we wish to think in terms of primary and derived forms of verbal behavior, the speaking and the understanding of language fall precisely into the category of primary forms, while metalinguistic judgements will be considered highly derived, artificial forms of linguistic behavior, which moreover are acquired late in development ... The empirical problem in the psychology of language is in turn divided in two, the investigation of psychological factors in primary language usage, and the psychological investigation of linguistic intuitions.«[36]

Ich glaube, daß diesem Einwand eine Verwechslung der beiden soeben als empirisch-analytisch und als rekonstruktiv erläuterten Forschungsparadigmen zugrunde liegt. Dazu drei Bemerkungen:

- Die Rekonstruktion bezieht sich auf ein vortheoretisches Wissen kompetenter Sprecher, das sich einerseits in der Produktion von Sätzen einer natürlichen Sprache und andererseits in der Bewertung der Grammatikalität sprachlicher Ausdrücke äußert. Gegenstand der Rekonstruktion ist der Erzeugungsprozeß derjenigen Sätze, die von kompetenten Sprechern jeweils zur Menge der grammatischen Sätze gerechnet werden. Die metasprachlichen Äußerungen hingegen, in denen kompetente Sprecher vorgelegte Sätze bewerten, sind nicht Gegenstand der Rekonstruktion, sondern Teil der Ermittlung der Daten.
- Wegen des reflexiven Charakters natürlicher Sprachen gehört das Sprechen über Gesprochenes, die direkte oder indirekte Erwähnung von Redebestandteilen, zum normalen sprachlichen Verständigungsprozeß. Der Ausdruck ›metasprachliche Urteile‹ in einer natürlichen Sprache über Sätze derselben Sprache suggeriert eine Ebenendifferenz, die nicht besteht: es gehört zu den interessantesten Eigenschaften natürlicher Sprachen, daß sie als ihre eigene Explikationssprache verwendet werden können. (Darauf komme ich noch zurück.)
- Das Mißverständnis scheint mir aber vor allem darin zu bestehen, daß Levelt den Rekurs auf Sprecherintuitionen losgelöst vom Forschungsparadigma betrachtet. Nur wenn man einen im engeren Sinne empirisch-analytischen Zugang zur Realität einer natürlichen Sprache und der Äußerungen in ihr voraussetzt, kann man Sprechen und Sprachverstehen einerseits, Urteile in einer Sprache über diese Sprache andererseits als zwei verschiedene Gegenstandsbereiche auffassen. Wählt man einen rekonstruktiven Zugang, dann

wählt man *damit* eine Konzeptualisierung des Gegenstandsbereichs, derzufolge das sprachliche know how eines kompetenten Sprechers den Sätzen, die er mit Hilfe (und allein mit Hilfe) dieses know how erzeugt, zugrundeliegt. Es mag sein, daß sich dieses Forschungsparadigma als unfruchtbar erweist. Das läßt sich aber nicht auf der Ebene einer Kritik, die bereits ein konkurrierendes Forschungsparadigma zur Voraussetzung hat, entscheiden, sondern allein am Erfolg oder Mißerfolg der Theorien und Erklärungen, welche die konkurrierenden Forschungsparadigmen ermöglichen.

Der andere Einwand richtet sich gegen die Unzuverlässigkeit von intuitiv fundierten Sprecherurteilen, für die es eindrucksvolle empirische Belege gibt.[37] Hier scheint mir indessen wiederum die empiristische Deutung von Sprecherurteilen falsche Erwartungen zu stimulieren und falsche Hilfsmittel nahezulegen. Der Ausdruck ›intuitives Wissen‹ darf nicht so verstanden werden, als sei das vortheoretische Wissen eines Sprechers über die Grammatikalität eines Satzes (über die Stringenz einer Ableitung, über die Triftigkeit einer Theorie usw. usw.) von der Art direkt abfragbarer Intuitionen, die einer diskursiven Rechtfertigung nicht fähig sind. Das implizite Wissen muß im Gegenteil durch die Wahl geeigneter Beispiele und Gegenbeispiele, durch Kontrast- und Ähnlichkeitsrelationen, durch Übersetzungen, Paraphrasen usw., also durch eine wohlüberlegte, mäeutische Befragungsmethode bewußt gemacht werden. Die Ermittlung der sogenannten Intuitionen eines Sprechers ist bereits der Beginn ihrer Explikation. Daher scheint mir das von Chomsky und vielen anderen praktizierte Verfahren sinnvoll und hinreichend zu sein: man geht von klaren Fällen, bei denen die Reaktionen der Befragten nicht streuen, aus, um auf dieser Grundlage Strukturbeschreibungen zu entwickeln und im Lichte der gewonnenen Hypothesen sodann die unklareren Fälle in der Weise zu präsentieren, daß der Befragungsprozeß eine hinreichende Klärung auch in diesen Fällen herbeiführen kann.

Ich sehe in diesem zirkulären Vorgehen nichts Falsches; in einem solchen Zirkel zwischen Präzisierung des Gegenstandsbereichs und Theoriebildung bewegen sich alle Forschungsprozesse.[38]

(b) Schwieriger ist die zweite methodologische Frage, die in der Psycholinguistik der letzten zehn Jahre als eine empirische Frage behandelt worden ist und eine große Zahl von Forschungen inspiriert hat, die Frage nämlich, ob es eine direkte Entsprechung zwischen der linguistischen Grammatiktheorie und der mentalen Grammatik sozusagen »im Kopf« des Sprechers gibt.[39] Der Korrelationshypothese zufolge sind linguistische Nachkonstruktionen nicht nur übersichtliche und ökonomische Darstellungen linguistischer Daten; vielmehr soll der transformationellen Komplexität, die an der Strukturbeschreibung sprachlicher Ausdrücke abzulesen ist, die psychologische Komplexität des tatsächlichen Erzeugungsprozesses entsprechen. Ich kann hier auf die einzelnen Forschungen und die verschiedenen Interpretationen nicht eingehen. In der Psycholinguistik verstärkt sich offenbar die Tendenz, von der ursprünglichen Korrelationshypothese abzurücken: die mentale Grammatik, die der psychologisch nachweisbaren Sprachproduktion und den entsprechenden Verstehensprozessen zugrundeliegt, kann nach Meinung von Bever, Watt u. a. im Rahmen einer Kompetenztheorie, d. h. einer rekonstruktiv ansetzenden Linguistik nicht erklärt werden. Ich bin mir in der Beurteilung dieser Kontroverse nicht sehr sicher, möchte aber zwei Gesichtspunkte nennen, die in der Diskussion, soweit ich sie kenne, nicht hinreichend berücksichtigt werden:

– Wie stark müssen die essentialistischen Behauptungen einer rekonstruktiven Linguistik im Hinblick auf die psychische Realität der nachkonstruierten Regelsysteme sein? Chomskys maturationistische Annahme, daß die Grammatiktheorie genau die angeborenen Dispositionen darstellt, die das Kind befähigen, die den Spracherwerb dirigierenden, die Sprachdaten der Umgebung verarbeitenden Hypothesen zu entwickeln, scheint mir zu stark zu sein.[40] Innerhalb der rekonstruktiven Begriffsstrategie genügt vielmehr die plausiblere Annahme, daß die Grammatiktheorie die Sprachkompetenz des erwachsenen Sprechers darstellt. Diese wiederum ist das Resultat eines Lernprozesses, der vielleicht sogar in ähnlicher Weise wie die kognitive Entwicklung oder die Entwicklung des moralischen Bewußtseins einem rational nachkonstruierbaren Muster folgt.[41] Auch diese These kann, wie Bever vorschlägt, ohne Preisgabe des kategorialen Rahmens einer Kompetenztheorie noch dahingehend abgeschwächt werden, daß nichtsprachliche perzeptuelle Mechanismen oder überhaupt nichtsprachliche Wissenssysteme den Erwerb und die Anwendung grammatischen Regelwissens beschränken.

– Mir ist nicht klar, in welchem Maße die psycholinguistische Kritik an den zugestandenermaßen essentialistischen Implikationen der Chomskyschen Kompetenztheorie wiederum auf eine Vermengung von Forschungsparadigmen zurückgeht. Das ließe sich erst dann hinreichend diskutieren, wenn Klarheit darüber bestünde, auf welchem Wege Kompetenztheorien überprüft und gegebenenfalls falsifiziert werden können. Ich habe den Eindruck, daß die psycholinguistischen Untersuchungen empirisch-analytisch vorgehen und a limine die Unterscheidung von Kompetenz/Performanz vernachlässigen.[42]

5. Nachdem ich die Idee einer rekonstruktiven Wissenschaft vorgestellt und an der rekonstruktiv verfahrenden Linguistik (sowie an zweien ihrer methodologischen Schwierigkeiten) kurz erläutert habe, möchte ich vorweg noch *eine* weitere Frage berühren. Wie verhält sich eine universalpragmatische Nachkonstruktion allgemeiner und unvermeidlicher Präsuppositionen möglicher Verständigungsprozesse zu dem Untersuchungstypus, den man seit Kant transzendentale Analyse nennt? Kant nennt transzendental eine Untersuchung, die die Bedingungen apriori der Möglichkeit von Erfahrung angibt und analysiert. Klar ist die zugrundeliegende Idee: daß es

neben der empirischen Erkenntnis, die sich auf Erfahrungsgegenstände bezieht, eine transzendentale Erkenntnis geben soll, die sich mit den der Erfahrung vorausgehenden Begriffen von Gegenständen überhaupt befaßt. Weniger eindeutig ist die Methode, mit der wir diese Begriffe apriori von Gegenständen überhaupt als gültige Bedingungen möglicher Erfahrungen nachweisen können. Umstritten ist bereits der Sinn der These: »Die Bedingungen apriori einer möglichen Erfahrung überhaupt sind zugleich Bedingungen der Möglichkeit der Gegenstände der Erfahrung.«[43]

Die analytische Rezeption des Kantischen Programms, für die Strawson ein bekanntes Beispiel gibt[44], führt zu einer minimalistischen Deutung des Transzendentalen. Jede kohärente Erfahrung ist in einem kategorialen Netz organisiert; soweit wir in beliebigen kohärenten Erfahrungen dieselbe implizit begriffliche Struktur entdecken, dürfen wir dieses grundbegriffliche System möglicher Erfahrung ›transzendental‹ nennen. Diese Konzeption verzichtet auf den Anspruch, den Kant mit einer transzendentalen Deduktion einlösen wollte: auf einen Beweis für die objektive Geltung unserer Begriffe von Gegenständen möglicher Erfahrung überhaupt.[45] Der starke Apriorismus der Kantischen Philosophie weicht einer schwächeren Version. Eine transzendentale Untersuchung muß sich fortan auf die Kompetenz erkennender Subjekte verlassen, die beurteilen, welche Erfahrungen ›kohärente‹ Erfahrungen genannt werden dürfen, um dieses Material sodann auf allgemeine und notwendige kategoriale Voraussetzungen hin zu analysieren. Jede Rekonstruktion eines grundbegrifflichen Systems möglicher Erfahrung muß als hypothetischer Vorschlag betrachtet werden, der anhand neuer Erfahrungen getestet werden kann. ›Transzendental‹ nennen wir die in allen kohärenten Erfahrungen wiederkehrende begriffliche Struktur, solange die Behauptung ihrer Notwendigkeit und Universalität nicht widerlegt ist. In dieser schwächeren Version wird der Anspruch fallen gelassen, daß man dafür einen Beweis apriori antreten kann.

Daraus ergeben sich Konsequenzen, die mit dem ursprünglichen Programm kaum noch vereinbar sein dürften. Wir können nämlich dann nicht mehr ausschließen, daß unsere Begriffe von Gegenständen möglicher Erfahrung nur unter kontingenten Randbedingungen, die beispielsweise durch Naturkonstanten bisher regelmäßig erfüllt worden sind, aussichtsreich appliziert werden können.[46] Wir können dann auch nicht mehr ausschließen, daß sich die grundbegriffliche Struktur möglicher Erfahrung phylogenetisch entwickelt hat und in jeder normal verlaufenden Ontogenese von neuem in einem der empirischen Analyse zugänglichen Prozeß entsteht.[47] Wir können nicht einmal ausschließen, daß ein in diesem Sinne relativiertes Erfahrungsapriori nur für bestimmte, anthropologisch allerdings tiefsitzende Funktionskreise des Handelns, die jeweils eine bestimmte Strategie der Objektivierung der Wirklichkeit ermöglichen, gilt. Der von Ch. S. Peirce begründete transzendental gerichtete Pragmatismus versucht den Nachweis eines solchen strukturellen Zusammenhangs zwischen Erfahrung und instrumentalem Handeln[48]; und die von Dilthey ausgehende Hermeneutik versucht gegenüber diesem Erfahrungsapriori das weitere Apriori des Verstehens oder der kommunikativen Erfahrung zur Geltung zu bringen.[49]
In der Perspektive einer (im Sinne Apels) transformierten Transzendentalphilosophie erscheinen freilich zwei weitere Verzichte, die die analytische Kant-Rezeption leistet, als voreilig: der Verzicht auf den Begriff der Konstitution der Erfahrung und auf eine explizite Behandlung des Geltungsproblems. Der Vorbehalt gegen einen starken Apriorismus verlangt keineswegs, wie ich meine, die Beschränkung auf eine *logisch-semantische* Analyse der Bedingungen möglicher Erfahrungen. Wenn wir den Begriff des transzendentalen Subjekts preisgeben – jenes die Synthesis vollziehenden Subjekts, das samt seinen erkenntnisermöglichenden Strukturen aller Erfahrung enthoben ist –, dann heißt das nicht, daß wir auf die universalpragmatische Analyse der Anwen-

dung unserer Begriffe von Gegenständen möglicher Erfahrung, d. h. auf die Untersuchung der Konstitution der Erfahrung verzichten müssen.[50] Ebensowenig ergibt sich aus der Preisgabe des Unternehmens einer transzendentalen Deduktion die Notwendigkeit, Geltungsprobleme an andere, etwa wissenschafts- oder wahrheitstheoretische Untersuchungsbereiche abzugeben. Freilich wird sich das Verhältnis zwischen der Objektivität möglicher Erfahrung und der Wahrheit von Propositionen anders darstellen als unter Kantischen Prämissen. An die Stelle eines Beweises apriori tritt die transzendentale Untersuchung der Bedingungen argumentativer Einlösung der Geltungsansprüche, die auf diskursive Einlösung mindestens implizite bezogen sind.[51]

Allerdings scheint es mir eine nicht nur terminologisch interessante Frage zu sein, ob man solche Untersuchungen von allgemeinen und unvermeidlichen Kommunikationsvoraussetzungen (in diesem Falle: von Voraussetzungen der argumentativen Rede) noch »transzendental« nennen soll. Wenn wir Verständigungsprozesse (die »Rede«) in gleicher Weise wie Erkenntnisprozesse einer auf allgemeine und unvermeidliche Präsuppositionen[52] gerichteten rekonstruktiven Analyse zugänglich machen wollen, bietet sich, das will ich nicht verkennen, das Vorbild der Transzendentalphilosophie an – und dies umso eher, als es einen Kant der Sprach- und Handlungstheorie (trotz Humboldt) nicht gegeben hat. Verständlich ist dieser Rekurs freilich nur, wenn man dabei eine der schwächeren Versionen von Transzendentalphilosophie, die ich erwähnt habe, im Blick hat. In diesem Sinne spricht Apel, um seine Fragestellung programmatisch zu kennzeichnen, von transzendentaler Hermeneutik oder transzendentaler Pragmatik. Ich möchte zwei Gründe nennen, die mich zögern lassen, diesen Sprachgebrauch zu übernehmen.

(a) Plausibel erscheint mir so etwas wie eine transzendentale Untersuchung von Verständigungsprozessen, solange wir diese unter dem Aspekt von Erfahrungsprozessen betrachten. In diesem Sinne spreche ich ja von kommunikativer Erfahrung:

indem der Hörer als Teilnehmer an einem Kommunikationsvorgang die Äußerung eines anderen Sprechers versteht, macht er, ähnlich wie der Beobachter, der einen Realitätsausschnitt wahrnimmt, eine Erfahrung. In dieser Perspektive des Vergleichs würden die konkreten Äußerungen den empirischen Gegenständen entsprechen, und Äußerungen überhaupt den Gegenständen überhaupt (im Sinne von Objekten möglicher Erfahrungen). Wie unsere Begriffe apriori von Gegenständen überhaupt, also die begriffliche Struktur beliebiger kohärenter Erfahrungen, so könnten wir auch unsere Begriffe apriori von Äußerungen überhaupt analysieren: die Grundbegriffe von Situationen möglicher Verständigung, jene begriffliche Struktur, die es uns ermöglicht, Sätze in korrekten Äußerungen zu verwenden. Zu diesem kategorialen Rahmen würden Begriffe wie Bedeutung und Intentionalität, Sprach- und Handlungsfähigkeit (agency), interpersonale Beziehung usw. gehören.

Der Ausdruck »Situation möglicher Verständigung«, der in dieser Perspektive dem Ausdruck »Objekt möglicher Erfahrung« entsprechen würde, zeigt indessen schon, daß der Erwerb von Erfahrungen, die wir in Kommunikationsprozessen machen, gegenüber dem Ziel der Verständigung, dem diese Prozesse doch dienen, sekundär ist. Die allgemeinen Strukturen der Rede müssen wohl zunächst einmal unter dem Verständigungsaspekt, nicht unter dem Erfahrungsaspekt untersucht werden. Sobald wir das zugestehen, treten aber die Parallelen mit einer (wie immer aufgefaßten) Transzendentalphilosophie in den Hintergrund. Die der Transzendentalphilosophie zugrundeliegende Idee ist, mit einer gewissen Übervereinfachung, die, daß wir Erfahrungen konstituieren, indem wir die Wirklichkeit unter invarianten Gesichtspunkten objektivieren; diese Objektivierung zeigt sich in den jeder kohärenten Erfahrung notwendig supponierten Gegenständen überhaupt; diese wiederum lassen sich als ein System von Grundbegriffen analysieren. Zu dieser Idee finde ich aber keine Entsprechung, unter die sich die Analyse allgemeiner

Kommunikationsvoraussetzungen stellen ließe: Erfahrungen werden, wenn wir der Kantischen Grundidee folgen, konstituiert, Äußerungen allenfalls generiert. Eine auf Verständigungsprozesse übertragene transzendentale Untersuchung müßte sich also nach einem anderen Modell richten – nicht nach dem erkenntnistheoretischen der Erfahrungskonstitution, sondern vielleicht nach dem Modell von Tiefen- und Oberflächenstruktur.

(b) Außerdem könnte die Adoption des Ausdrucks ›transzendental‹ den inzwischen vollzogenen Bruch mit dem Apriorismus verdecken. Kant muß scharf zwischen empirischer und transzendentaler Analyse trennen. Wenn wir nun die transzendentale Untersuchung im Sinne einer Rekonstruktion von allgemeinen und unvermeidlichen Präsuppositionen von Erfahrungen, die auf Objektivität Anspruch erheben dürfen, verstehen, bleibt gewiß der Unterschied zwischen rekonstruktiven und empirisch-analytischen Verfahrensweisen bestehen. Unscharf wird hingegen der Unterschied zwischen der Inanspruchnahme von apriorischem und aposteriorischem Wissen. Einerseits ist das Regelbewußtsein kompetenter Sprecher für diese selbst ein Wissen apriori, andererseits verlangt die Rekonstruktion dieses Wissens Ermittlungen, die mit empirischen Sprechern vorgenommen werden – der Linguist beschafft sich ein Wissen aposteriori. Das implizite Wissen kompetenter Sprecher unterscheidet sich nämlich von der expliziten Form der linguistischen Beschreibung so weitgehend, daß sich der einzelne Linguist nicht auf die Reflexion seiner eigenen Sprachintuitionen verlassen kann. Die Verfahren, die zur Konstruktion und Überprüfung von Hypothesen, zur Bewertung rivalisierender Rekonstruktionsvorschläge, zur Beschaffung und Auswahl der Daten angewendet werden, gleichen in vieler Hinsicht den in den nomologischen Wissenschaften üblichen Verfahren. Methodologische Unterschiede, die auf Unterschiede in der Datenstruktur (beobachtbare Ereignisse vs. verständliche Zeichen) und auf Unterschiede zwischen Gesetzes- und Regelstruktur zurückgeführt werden können,

reichen nicht hin, um z. B. die Linguistik aus dem Kreis empirischer Wissenschaften zu verbannen.
Das gilt erst recht für Theorien der Ontogenese, die, wie Piagets kognitivistische Entwicklungspsychologie, die strukturelle Beschreibung von Kompetenzen (wie auch von nachkonstruierten Mustern der Entwicklung dieser Kompetenzen) mit Annahmen über kausale Mechanismen verbinden.[53] Die von Chomsky und Piaget eingeführten Paradigmen haben den Anstoß zu einem Typus von Forschungen gegeben, die durch eine eigenartige Verknüpfung logischer und empirischer Analyse eher als durch deren klassische Trennung bestimmt sind. Der Ausdruck ›transzendental‹, mit dem wir einen Gegensatz zu empirischer Wissenschaft assoziieren, ist daher nicht geeignet, eine Forschungsrichtung wie die Universalpragmatik unmißverständlich zu charakterisieren. Hinter der terminologischen Frage steht die systematische Frage nach dem bislang unzureichend geklärten Status von nicht-nomologischen Erfahrungswissenschaften des rekonstruktiven Typs. Diese Frage muß ich hier auf sich beruhen lassen. Wenig aussichtsreich erscheint jedenfalls der Versuch, die interessanten methodologischen Unterschiede, die sich hier ergeben, herunterzuspielen und im Sinne des Programms der Einheitswissenschaft wegzuinterpretieren.[54]

II.

In der Diskussion über Sprechakte[55] haben sich Auffassungen herausgebildet, auf die sich die Grundannahmen der Universalpragmatik stützen können. Der universalpragmatische Gesichtspunkt, unter dem ich diese Auffassungen auswähle und wiedergebe, führt jedoch zu einer Interpretation, die sich in einigen wichtigen Punkten von Austins und Searles Verständnis der Sprechakttheorie entfernt.

1. Die universalpragmatische Grundintention der Sprechakttheorie drückt sich darin aus, daß sie elementare Einheiten der Rede (Äußerungen) in derselben Einstellung thematisiert wie die Linguistik Einheiten der Sprache (Sätze). Ziel der rekonstruktiven Sprachanalyse ist die explizite Beschreibung der Regeln, die ein kompetenter Sprecher beherrschen muß, um grammatische Sätze zu bilden und akzeptabel zu äußern. Die Sprechakttheorie teilt sich diese Aufgabe mit der Linguistik. Während diese davon ausgeht, daß jeder erwachsene Sprecher über ein rekonstruktionsfähiges implizites Wissen verfügt, in dem sich seine linguistische Regelkompetenz (Sätze zu erzeugen) ausdrückt, postuliert die Sprechakttheorie eine entsprechende kommunikative Regelkompetenz – nämlich Sätze in Sprechhandlungen zu verwenden. Es wird ferner angenommen, daß die kommunikative Kompetenz einen ebenso universalen Kern hat wie die linguistische. Eine allgemeine Theorie der Sprechhandlungen würde mithin genau das fundamentale Regelsystem beschreiben, das erwachsene Sprecher beherrschen, soweit sie die *Bedingungen für eine glückliche Verwendung von Sätzen in Äußerungen* erfüllen können – gleichviel welcher Einzelsprache die Sätze angehören und in welche zufälligen Kontexte die Äußerungen jeweils eingebettet sind.

Der Vorschlag, die Sprachverwendung kompetenztheoretisch zu untersuchen, verlangt eine Revision der Begriffe Kompetenz und Performanz. Chomsky versteht diese Begriffe zunächst so[56], daß die Forderung sinnvoll ist, die phonetischen, syntaktischen und semantischen Eigenschaften von Sätzen linguistisch im Rahmen einer Rekonstruktion der Sprachkompetenz zu untersuchen und die pragmatischen Eigenschaften von Äußerungen einer Theorie der Sprachperformanz zu überlassen. Diese Konzeptualisierung legt die Frage nahe, ob nicht »kommunikative Kompetenz« ein hybrider Begriff ist. Ich habe der Abgrenzung von Linguistik und Universalpragmatik zunächst die geläufige Unterscheidung zwischen Sätzen und Äußerungen zugrunde gelegt. Die

Erzeugung von Sätzen nach Regeln der Grammatik ist ja etwas anderes als eine Verwendung von Sätzen nach pragmatischen Regeln, welche die Infrastruktur von Sprechsituationen überhaupt bilden. Dann stellen sich aber folgende Fragen: (a) Könnten nicht die allgemeinen Strukturen der Rede, das also, was allen Äußerungen, unabhängig von ihren jeweils besonderen Kontexten gemeinsam ist, hinreichend durch universale Satzstrukturen bestimmt sein? In diesem Falle wäre der Sprecher mit seiner linguistisch nachzukonstruierenden Sprachkompetenz auch für die Bewältigung von Situationen möglicher Verständigung, für die generelle Aufgabe, Sätze zu äußern, ausgestattet; und das Postulat einer allgemeinen kommunikativen Kompetenz, die von der linguistischen zu unterscheiden wäre, könnte nicht gerechtfertigt werden. Außerdem stellt sich (b) die Frage, ob nicht die semantischen Eigenschaften von Sätzen (bzw. Worten) im Sinne der Gebrauchstheorie der Bedeutung ohnehin nur mit Bezugnahme auf Situationen möglicher typischer Verwendungen expliziert werden können. Dann wäre zumindest für die Semantiktheorie die Unterscheidung von Sätzen und Äußerungen nicht relevant (jedenfalls so lange nicht, wie hinreichend typische Äußerungskontexte in Betracht gezogen werden). Sobald aber die Unterscheidung zwischen einer linguistischen Analyse von Sätzen und der pragmatischen Analyse von Äußerungen unscharf wird, droht auch der Gegenstandsbereich einer Universalpragmatik zu verschwimmen.

ad a) Mit bestimmten Einschränkungen[57] würde ich der Behauptung zustimmen, daß ein Sprecher, indem er einen wohlgeformten Satz in einen Akt verständigungsorientierten Handelns überführt, das, was in den Satzstrukturen angelegt ist, lediglich aktualisiert. Damit ist nämlich die Differenz zwischen der Erzeugung eines grammatischen Satzes und der Verwendung dieses Satzes in einer Situation möglicher Verständigung noch nicht geleugnet, und ebensowenig die Differenz zwischen den universalen Voraussetzungen, die ein kompetenter Sprecher in beiden Fällen erfüllen muß. Um einen Satz zu äußern, muß der Sprecher allgemeine Kommunikationsvoraussetzungen erfüllen. Selbst wenn er diese Voraussetzungen gemäß den Strukturen erfüllt, die mit dem verwendeten Satz bereits gegeben sind, kann er den Satz selbst sehr wohl bilden, ohne zugleich die redespezifischen Voraussetzungen zu erfüllen. Das kann man sich anhand der Realitätsbezüge klar machen, in die jeder Satz erst mit dem Akt der Äußerung eingebettet wird. Indem der Satz (a) in einen Bezug zur äußeren Realität dessen, was wahrgenommen werden kann, (b) in einen Bezug zur inneren Realität dessen, was ein Sprecher als seine Intentionen ausdrücken möchte, und schließlich (c) in einen Bezug zur normativen Wirklichkeit dessen, was gesellschaftlich und kulturell anerkannt ist, eingerückt wird, wird der damit geäußerte Satz unter Geltungsansprüche gestellt, die er als nicht-situierter Satz, als reines grammatisches Gebilde nicht zu erfüllen braucht und nicht erfüllen kann. Eine Kette von Symbolen »gilt« als Satz einer natürlichen Sprache L, wenn sie, gemessen an dem grammatischen Regelsystem G_L, wohlgeformt ist. Die Grammatikalität eines Satzes bedeutet (unter pragmatischem Aspekt), daß der Satz, wenn ein Sprecher ihn äußert, für alle Hörer, die G_L beherrschen, *verständlich* ist. Verständlichkeit ist der einzige sprachimmanent zu erfüllende universale Anspruch, der von Kommunikationsteilnehmern an einen Satz gestellt werden kann. Hingegen hängt die Gültigkeit des Aussageinhalts einer Äußerung davon ab, ob dieser eine Erfahrung oder eine Tatsache wiedergibt; die Gültigkeit der geäußerten Intention davon, ob diese sich mit der vom Sprecher gemeinten Intention deckt, und die Gültigkeit des ausgeführten Sprechaktes davon, ob diese Handlung einem anerkannten normativen Hintergrund entspricht. Während ein grammatischer *Satz* den Anspruch auf Verständlichkeit erfüllt, muß eine gelingende *Äußerung* drei weiteren Geltungsansprüchen genügen: sie muß für die Beteiligten als wahr gelten, soweit sie etwas in der Welt darstellt, sie muß als wahrhaftig gelten, soweit sie etwas vom Sprecher Gemeintes ausdrückt, und sie muß als richtig gelten, soweit sie auf gesellschaftlich anerkannte Erwartungen trifft.

Natürlich lassen sich an den Oberflächenstrukturen von Sätzen Merkmale identifizieren, die für die drei allgemeinen pragmatischen Funktionen der Äußerung, etwas darzustellen, eine Intention auszudrücken und eine interpersonale Beziehung herzustellen, eine spezielle Bedeutung haben: propositionale Sätze können dazu verwendet werden, um eine Erfahrung oder einen Sachverhalt darzustellen (oder um sich auf sie indirekt zu beziehen); intentionale Ausdrücke, modale Formen usw. dazu, um Intentionen des Sprechers auszudrücken; performative Sätze dazu, um interpersonale Beziehungen zwischen Sprecher und Hörer herzustellen. Die allgemeinen Strukturen der Rede werden auch auf der Ebene von Satzstrukturen abgebildet. Aber soweit wir einen Satz als grammatisches Gebilde, d. h. unabhängig von Redesituationen, in denen er geäußert werden kann, betrachten, sind diese allgemeinen pragmatischen Funktionen noch nicht »besetzt«. Um einen grammatischen Satz hervorzubringen, etwa einen Beispielsatz für Linguisten, braucht ein kompetenter Sprecher einzig dem Anspruch auf Verständlichkeit zu genügen. Er muß das entsprechende grammatische Regelsystem beherrschen – und das nennen wir seine linguistisch analysierbare Sprachfähigkeit. Etwas anderes ist seine Kommunikationsfähigkeit, die allein der pragmatischen Analyse zugänglich ist. Darunter verstehe ich die Fähigkeit des verständigungsbereiten Sprechers, einen wohlgeformten Satz in Realitätsbezüge einzubetten, das heißt:

- den Aussageinhalt so zu wählen, daß er eine Erfahrung oder Tatsache wiedergibt oder (unter Erfüllung bestimmter Wahrheitsvoraussetzungen) erwähnt (so daß der Hörer das Wissen des Sprechers teilen kann);
- seine Intentionen so zu äußern, daß der sprachliche Ausdruck das Gemeinte wiedergibt (so daß der Hörer dem Sprecher vertrauen kann);

– die Sprechhandlung so auszuführen, daß sie anerkannte Normen erfüllt bzw. akzeptierten Selbstbildern entspricht (so daß der Hörer mit dem Sprecher in diesen Werten übereinstimmen kann).

Soweit diese Entscheidungen nicht von partikularen Wissensvoraussetzungen und wechselnden Kontexten abhängen, sondern bewirken, daß Sätze überhaupt in die allgemeinen pragmatischen Funktionen der Darstellung, des Ausdrucks und der Mitteilung eingesetzt werden, äußert sich in ihnen genau die kommunikative Kompetenz, für die ich eine universalpragmatische Untersuchung vorschlage.

Am weitesten entwickelt ist der Teil der Universalpragmatik, der sich auf die Darstellungsfunktion von Äußerungen, z. B. auf die Verwendung von Elementarsätzen bezieht. Dieser klassische Forschungsbereich ist in der analytischen Philosophie in Form einer logisch-semantischen Analyse der Aussage fortgeführt worden.[58] Daß es sich dabei um eine universalpragmatische Untersuchung handelt, zeigt sich an der systematischen Berücksichtigung des Wahrheitswerts der Aussagen. Die Prädikationstheorie untersucht nicht, wie die Linguistik, Sätze überhaupt, sondern Sätze in ihrer Funktion, Erfahrungen oder Tatsachen wiederzugeben: die Analyse richtet sich vor allem auf die Logik der Verwendung von Prädikaten und von Ausdrücken, die die Identifikation von Gegenständen erlauben. Freilich ist dieser Teil der Universalpragmatik weniger wichtig für eine Kommunikationstheorie. Für den Teil der Universalpragmatik, der sich auf die Mitteilungsfunktion von Äußerungen bezieht, bietet die Sprechakttheorie einen guten Ansatzpunkt, während die Analyse der Intentionalität, die einer Universalpragmatik der Ausdrucksfunktion von Äußerungen den Weg bahnt, heute noch einen geringen theoretischen Reifegrad besitzt.[59]

ad b) Eine weitere Schwierigkeit meines Konzeptualisierungsvorschlags für eine Universalpragmatik könnte darin gesehen werden, daß sich die Semantiktheorie der Unterscheidung zwischen einer mit Sätzen befaßten linguistischen und einer mit Äußerungen befaßten pragmatischen Analyse nicht gut einfügt. Die verschiedenen semantiktheoretischen Ansätze zeigen eine breite Streuung. Linguistisch orientierte Bedeutungstheorien[60] versuchen, den semantischen Gehalt sprachlicher Ausdrücke systematisch zu erfassen. Die *transformationsgrammatische Erklärung* der Oberflächenstrukturen von Sätzen geht entweder von semantischen Tiefenstrukturen aus oder rechnet mit semantischen Einsetzungen in syntaktische Strukturen. Dieser Ansatz führt in der Regel zu einer elementaristisch aufgebauten Kombinatorik allgemeiner semantischer Merkmale. Ähnlich verfährt die *Inhaltssemantik*, die auf dem Wege einer logischen Analyse von Sinnrelationen die Bedeutungsstrukturen eines gegebenen Lexikons klärt. Die Schwäche dieser linguistischen Ansätze besteht darin, daß sie die pragmatische Dimension der Verwendung von Sätzen nur ad hoc einbeziehen, obgleich die im Anschluß an Wittgenstein entwickelte Gebrauchstheorie der Bedeutung mit guten Gründen geltend macht, daß die Bedeutung sprachlicher Ausdrücke nur mit Bezugnahme auf Situationen möglicher Verwendung *ausgewiesen* werden können.

Pragmatische Semantiktheorien[61] stehen ihrerseits vor der Schwierigkeit, die für einen sprachlichen Ausdruck typischen Verwendungssituationen von solchen Kontexten abzugrenzen, die zufälligerweise eine zusätzliche bedeutungsgenerierende Kraft haben, aber den semantischen Kern des sprachlichen Ausdrucks nicht berühren. Nach welchen Kriterien dürfen wir aus dem aktuellen Sprachverhalten das typische Verhalten auswählen? Die *Referenzsemantik*[62], gleichviel ob sie als Theorie der extensionalen oder der intensionalen Bezeichnung entworfen wird, bestimmt die Bedeutung eines Ausdrucks durch die Klasse von Gegenständen, auf die er in wahren Sätzen Anwendung finden kann. Unter dieser Prämisse kann die Bedeutung von Ausdrücken expliziert werden, die in Sätzen mit Darstellungsfunktion auftreten. Es ist jedoch nicht einzusehen, warum die Semantiktheorie die Darstellungsfunktion der Sprache monopolistisch auszeichnen und die spezifischen Bedeutungen vernachlässigen sollte, die die Sprache in Ausdrucks- und Mitteilungsfunktionen entfaltet.

Diese vorläufigen Überlegungen sollen nur die Vermutung stützen, daß die Semantiktheorie nicht aussichtsreich als eine einheitliche Theorie entwickelt werden kann. Wenn sie aber heterogen zusammengesetzt ist, läßt sich aus Abgrenzungsschwierigkeiten zwischen Semantik und Pragmatik (die übrigens ebenso zwischen Semantik und Syntax bestehen) kein Einwand gegen die für die Universalpragmatik wichtige methodische Trennung zwischen einer Analyse von Satzstrukturen und der von Äußerungsstrukturen ableiten. Die Analyse allgemeiner Redestrukturen kann wohl von allgemeinen Satzstrukturen ausgehen. Sie richtet sich aber auf formale Eigenschaften von Sätzen allein unter dem Aspekt der Möglichkeit, *Sätze* als Element der Rede, d. h. für Darstellungs-, Ausdrucks- und Mitteilungsfunktionen *zu verwenden*. Auch die Universalpragmatik läßt sich als semantische Analyse verstehen. Aber von linguistischen Bedeutungstheorien unterscheidet sie sich dadurch, daß die Bedeutungen sprachlicher Ausdrücke nur insoweit relevant sind, wie diese Ausdrücke in Sprechhandlungen, die Geltungsansprüchen der Wahrheit, der Wahrhaftigkeit und der Richtigkeit genügen, verwendet werden. Von den philosophischen Gebrauchstheorien der Bedeutung unterscheidet sich die Universalpragmatik andererseits dadurch, daß die Bedeutung sprachlicher Ausdrücke nur soweit in Betracht kommt, wie sie durch *formale* Eigenschaften von Sprechsituationen *überhaupt*, nicht aber durch typische oder gar zufällige Verwendungssituationen bestimmt ist.

Ich möchte nun die analytischen Gesichtspunkte, unter denen sich im Rahmen der Semiotik verschiedene Ebenen der Analyse und entsprechende Objektbereiche abgrenzen lassen, zusammenfassen.

(a) *Sätze vs. Äußerungen.* Wenn wir von konkreten, in bestimmte Kontexte eingebetteten Sprechhandlungen ausgehen und dann von *allen* Aspekten absehen, die diese Äußerungen ihren pragmatischen Funktionen verdanken, behalten wir sprachliche Ausdrücke zurück. Während die elementare Einheit der Rede die Sprechhandlung ist, ist die elementare Einheit der Sprache der Satz. Die Abgrenzung ergibt sich unter dem Aspekt der Gültigkeitsbedingungen: der grammatisch wohlgeformte Satz genügt dem Anspruch auf Verständlichkeit, die kommunikativ gelingende Sprechhandlung verlangt über die Verständlichkeit des sprachlichen Ausdrucks hinaus, daß die Kommunikationsteilnehmer verständigungsbereit sind und die Ansprüche auf Wahrheit, Wahrhaftigkeit und Richtigkeit jeweils erheben und wechselseitig als erfüllt unterstellen. Sätze sind Gegenstand der linguistischen (b, c), Sprechhandlungen Gegenstand der pragmatischen Analyse (d, e).

(b) *Einzelsprache vs. Sprache überhaupt.* Die Aufgabe der Linguistik besteht zunächst darin, für jede Einzelsprache eine Grammatik derart zu entwickeln, daß jedem beliebigen Satz dieser Sprache eine Strukturbeschreibung zugeordnet werden kann. Die allgemeine Grammatiktheorie hat es hingegen mit der Rekonstruktion des Regelsystems zu tun, das der Fähigkeit eines Subjekts zugrundeliegt, wohlgeformte Sätze *irgendeiner* Sprache zu generieren. Die Grammatiktheorie stellt mithin den Anspruch, die universale Sprachfähigkeit erwachsener Sprecher zu rekonstruieren (wobei diese Sprachkompetenz einer starken Version zufolge die Fähigkeit bedeutet, aufgrund einer angeborenen Disposition die den Spracherwerb steuernden Hypothesen zu entwickeln, während die Sprachkompetenz einer schwächeren Version zufolge das Ergebnis von konstruktivistisch gedeuteten Lernprozessen darstellt).

(c) *Aspekte der linguistischen Analyse.* Jeder sprachliche Ausdruck kann unter mindestens drei analytischen Gesichtspunkten betrachtet werden: die Phonetik untersucht einen sprachlichen Ausdruck als Inskription in ein zugrunde liegendes Medium, also als Lautgebilde, Schriftgebilde usw.; die Syntaxtheorie untersucht einen sprachlichen Ausdruck im Hinblick auf die formalen Verknüpfungen kleinster bedeutungsvoller

Einheiten; die Semantiktheorie untersucht den Bedeutungsgehalt sprachlicher Ausdrücke. Offenbar sind nur Phonetik- und Syntaxtheorie selbstgenügsame linguistische Theorien, während sich die Semantiktheorie in der Einstellung des Linguisten, d. h. unter Absehung von pragmatischen Aspekten, nicht vollständig durchführen läßt.

(d) *Konkrete Sprechhandlungen vs. Situierung von Sätzen in beliebigen Sprechhandlungen.* Die Aufgabe der empirischen Pragmatik besteht zunächst in der deskriptiven Erfassung situationstypischer Sprechhandlungen eines bestimmten Milieus, das seinerseits unter soziologischen, ethnologischen und psychologischen Gesichtspunkten analysiert werden kann. Die allgemeine Pragmatiktheorie hat es hingegen mit der Rekonstruktion des Regelsystems zu tun, das der Fähigkeit eines Subjekts zugrundeliegt, Sätze in *irgendeiner* Situation zu äußern. Die Universalpragmatik stellt mithin den Anspruch, die Fähigkeit erwachsener Sprecher zu rekonstruieren, Sätze derart in Realitätsbezüge einzubetten, daß sie die allgemeinen pragmatischen Funktionen der Darstellung, des Ausdrucks und der Mitteilung übernehmen können. Diese kommunikative Kompetenz drückt sich u. a. in jenen Leistungen aus, die die Hermeneutik zu einer Kunstlehre stilisiert: nämlich darin, Äußerungen durch kontextgleiche Äußerungen derselben Sprache zu paraphrasieren oder in fremdsprachliche Äußerungen eines vergleichbaren Kontextes zu übersetzen.

(e) *Universalpragmatische Aspekte.* Die drei allgemeinen pragmatischen Funktionen, mit Hilfe eines Satzes etwas darzustellen, eine Sprecherintention zu äußern und eine interpersonale Beziehung zwischen Sprecher und Hörer herzustellen, liegen allen Funktionen, die eine Äußerung in besonderen Kontexten übernehmen kann, zugrunde. Die Erfüllung jener Funktionen bemißt sich an den universalen Geltungsbedingungen der Wahrheit, Wahrhaftigkeit und Richtigkeit. So kann jede Sprechhandlung unter den entsprechenden analytischen Gesichtspunkten betrachtet werden: die Theorie des Elementarsatzes untersucht den propositionalen Gehalt unter Gesichtspunkten einer logico-semantischen Analyse der Aussage; eine noch kaum entwickelte Theorie des intentionalen Ausdrucks untersucht den sprecherbezogenen intentionalen Gehalt unter dem Gesichtspunkt des Verhältnisses von Subjektivität und sprachlicher Intersubjektivität; und die Sprechakttheorie schließlich untersucht die illokutive Kraft unter dem Gesichtspunkt einer interaktionistischen Analyse der Herstellung interpersonaler Beziehungen.

Das folgende Diagramm gibt die genannten semiotischen Unterscheidungen wieder:

Theoretische Ebene	Objektbereich
Linguistik	Sätze
Grammatik	Sätze einer Einzelsprache
G.theorie	Regeln der Generierung von Sätzen in beliebigen Sprachen
Aspekte linguistischer Analyse	
Phonetiktheorie	(Sprechlaute) Inskriptionen
Syntaxtheorie	syntaktische Regeln
Semantiktheorie	lexikalische Einheiten
Pragmatik	Sprechhandlungen
empirische Pragmatik	situationstypische Sprechhandlungen
Universalpragmatik	Regeln der Situierung von Sätzen in beliebigen Sprechhandlungen

Theoretische Ebene	Objektbereich
Aspekte der univ. pragm. Analyse	
Theorie des Elementarsatzes	Akte der Identifikation und der Prädikation
Theorie des intentionalen Ausdrucks	sprachliche Äußerung von Intentionen
Theorie der illokutiven Akte	Herstellung interpersonaler Beziehungen

Für eine Theorie des kommunikativen Handelns ist der dritte Aspekt von Äußerungen, nämlich die Herstellung interpersonaler Beziehungen, zentral. Ich knüpfe deshalb zunächst an die Theorie der Sprechakte an.

2. Kernstück der Sprechakttheorie ist die Klärung des performativen Status sprachlicher Äußerungen. Den Sinn, in dem ich Sätze in Sprechakten äußern kann, hat Austin als die *illokutive Kraft* von Sprechhandlungen analysiert. Indem ich ein Versprechen oder eine Behauptung oder eine Warnung äußere, vollziehe ich mit den entsprechenden Sätzen zugleich eine Handlung: ich versuche, ein Versprechen zu *geben*, eine Behauptung *aufzustellen*, eine Warnung *anzubringen*: I do things in saying something. Obgleich es andere Modi der Sprachverwendung gibt – Austin erwähnt u. a. ›Gedichte schreiben‹ und ›Witze erzählen‹ –, scheint der illokutive Gebrauch die Grundlage zu sein, auf die sich auch jene anderen Verwendungsarten stützen müssen. Jede Äußerung muß, damit sie in einer gegebenen Situation verstanden werden kann, wenigstens implizit eine bestimmte *Beziehung* zwischen dem Sprecher und seinem Gegenspieler herstellen und zum

Ausdruck bringen. Wir können auch sagen, daß die illokutive Kraft einer Sprechhandlung darin besteht, die kommunikative Funktion des geäußerten Inhalts festzulegen.

Nun hat die geläufige Unterscheidung zwischen dem Inhalts- und Beziehungsaspekt einer Äußerung[63] zunächst eine triviale Bedeutung. Sie besagt, daß mit einer Äußerung der verwendete Satz in einen Kontext eingebettet, und zwar in bestimmten Interaktionsbeziehungen situiert wird. Jede explizit performative Äußerung *stellt* in gewisser Weise eine Interaktionsbeziehung zwischen mindestens zwei sprach- und handlungsfähigen Subjekten zugleich *her* und *dar*. Trivial ist dieser Umstand, solange wir unter dem Beziehungsaspekt nur den Äußerungscharakter der Rede vom Inhalt der Rede abheben. Wäre mit der illokutiven Kraft eines Sprechaktes nichts anderes gemeint, könnte der Begriff ›illokutiv‹ allenfalls zur Erläuterung der Tatsache dienen, daß sprachliche Äußerungen den Charakter von Handlungen haben, also Sprech*handlungen* sind. Darin kann die Pointe des Begriffs nicht liegen. Diese sehe ich vielmehr in der eigenartig generativen Kraft von Sprechakten.

Auf diese generative Kraft führe ich es zurück, daß ein Sprechakt gelingen (und mißlingen) kann. Wir können sagen, daß ein Sprechakt gelingt, wenn zwischen Sprecher und Hörer eine, und zwar die vom Sprecher intendierte Beziehung zustande kommt, und wenn der Hörer den vom Sprecher geäußerten Inhalt in dem indizierten Verwendungssinn, beispielsweise als Versprechen, Behauptung, Ratschlag usw. verstehen und akzeptieren kann. Die generative Kraft besteht also darin, daß der Sprecher in Ausführung eines Sprechaktes auf den Hörer derart einwirkt, daß dieser mit ihm eine interpersonale Beziehung aufnehmen kann.[64] Nun kann man freilich für *jede* Interaktion, und nicht nur für *Sprech*handlungen behaupten, daß sie eine interpersonale Beziehung herstellt. Kommunikative Handlungen sind, gleichviel ob sie eine explizit sprachliche Form annehmen oder nicht, auf einen Kontext von Handlungsnormen und Werten bezogen. Ohne den normativen Hintergrund von Routinen, Rollen, soziokulturell eingeübten Lebensformen, kurz: Konventionen, bliebe die einzelne Handlung unbestimmt. Alle kommunikativen Handlungen erfüllen oder verletzen normativ festgeschriebene soziale Erwartungen oder Konventionen. Handelnd eine Konvention zu erfüllen, bedeutet, daß ein sprach- und handlungsfähiges Subjekt mit mindestens einem weiteren eine interpersonale Beziehung aufnimmt. Deshalb ist Herstellung einer interpersonalen Beziehung ein Kriterium, das für unsere Zwecke nicht selektiv genug ist. Ich habe schon zu Beginn betont, daß ich die Analyse auf paradigmatische Fälle des sprachlich expliziten verständigungsorientierten Handelns beschränken will. Diese Abgrenzung muß nun etwas genauer getroffen werden. Dabei können wir von den Standardbeispielen ausgehen, an denen die Sprechakttheorie entwickelt worden ist. Sprechakte haben im Deutschen typischerweise die Form[65]:

»ich ..... dir, daß ..... .«
Verb Satz
z. B.: »Ich verspreche dir (hiermit), daß ich morgen kommen werde.«

»es ist (bzw. wird) ....«
Verb (2. Partizip) Satz
z. B. »Es wird gebeten, das Rauchen einzustellen.«

»Ich ..... dich ..... , daß ..... .«
Hilfsverb Verb Satz
z. B. »Ich kann dir versichern, daß ich es nicht gewesen bin.«

Ich werde mich terminologisch an die folgenden Regelungen halten. Die *explizite Sprechhandlung* genügt in ihrer Oberflächenstruktur der *Standardform*, wenn sie sich aus einem *illokutiven* und einem *propositionalen Bestandteil* zusammensetzt. Der illokutive Bestandteil besteht in einem *illokutiven Akt*, der mit Hilfe eines *performativen Satzes* ausgeführt wird. Dieser Satz ist im Indikativ Präsens in der positiven Form gebildet und enthält als logisches Subjekt die 1. Person und als logisches (direktes) Objekt die 2. Person; das mit Hilfe eines performativen Ausdrucks gebildete Prädikat erlaubt im allgemeinen den Partikel »hiermit«.[66] Dieser performative Bestandteil bedarf der Ergänzung durch einen propositionalen Bestandteil, der mit Hilfe eines Satzes *propositionalen Gehalts* gebildet wird. Der Satz propositionalen Gehalts nimmt immer dann, wenn er in konstativen Sprechakten verwendet wird, die Form eines *Aussagesatzes* an. In seiner elementaren Form enthält der Aussagesatz (a) einen *Namen* oder einen *kennzeichnenden Ausdruck*, mit Hilfe dessen der Sprecher einen Gegenstand bezeichnet, von dem er etwas aussagen möchte, und (b) einen Prädikatausdruck für die allgemeine Bestimmung, die der Sprecher dem Gegenstand zu- oder absprechen möchte. In nicht-konstativen Sprechakten wird der propositionale Gehalt nicht ausgesagt, sondern *erwähnt*, wobei sich »propositionaler Gehalt« mit dem deckt, was »unasserted proposition« genannt wird. (Ich unterscheide also zwischen dem nominalisierten Satz »daß p«, der einen Sachverhalt ausdrückt, und dem Aussagesatz »p«, der eine Tatsache wiedergibt und der seine assertorische Kraft dem Umstand verdankt, daß er jeweils in eine Sprechhandlung vom Typus einer Behauptung eingebettet, d. h. mit einem illokutionären Akt des Behauptens verknüpft ist. In der formalen Logik behandeln wir freilich Aussagesätze als autonome Einheiten; nur der Wahrheitswert, den wir »p« im Unterschied zu »daß p« zuordnen, erinnert an den dort systematisch vernachlässigten Zusammenhang der Aussage mit (irgend) einem konstativen Sprechakt.)[67]

Sprechhandlungen, die die erwähnte Struktur haben, nenne ich propositional ausdifferenziert. Sie unterscheiden sich von symbolisch vermittelten Interaktionen, z. B. einem Zuruf wie »Feuer«, der komplementäre Handlungen, Hilfsaktionen oder Fluchtreaktionen, auslöst, dadurch, daß ein propositionaler Redebestandteil vom illokutionären Akt entkoppelt ist, so daß a) bei wechselndem illokutionären Potential der Aussageinhalt invariant gehalten und b) der holistische Sprachmodus, in dem Verhaltenserwartung, Darstellung und Ausdruck noch eins sind, von differenziellen Sprachmodis abgelöst werden

kann. Darauf komme ich im nächsten Abschnitt zurück. An dieser Stelle genügt die Feststellung, daß dieses Differenzierungsniveau der Rede Bedingung dafür ist, daß eine Handlung Darstellungsfunktionen übernehmen, also etwas über die Welt aussagen kann, sei es direkt in Form einer Aussage, sei es indirekt durch Erwähnung eines propositionalen Gehalts.
Explizite Sprechhandlungen haben stets einen propositionalen Bestandteil, in dem eine Erfahrung oder ein Sachverhalt ausgedrückt wird. Nichtsprachlichen Handlungen fehlt normalerweise dieser Bestandteil; sie können daher Darstellungsfunktionen nicht erfüllen. Indem ich ein Taxi heranwinke, um acht Uhr morgens im Büro meine Arbeit aufnehme, auf die Nachricht von miserablen Schulnoten mit dem verzweifelten Blick des Vaters reagiere, indem ich mich einem Demonstrationszug anschließe, durch Fernbleiben das Nichtakzeptieren einer Einladung ausdrücke, einem Kandidaten nach bestandener Prüfung die Hand schüttele usw., befolge oder verletze ich Konventionen. Natürlich haben diese normativen Erwartungen einen propositionalen Gehalt; der propositionale Gehalt muß jedoch den Beteiligten bereits bekannt sein, wenn das geäußerte Verhalten als Dienstantritt, als Reaktion eines Vaters, als Teilnahme an einer Demonstration, kurz: als Handlung verständlich sein soll. Die nicht-verbale Äußerung selbst kann den propositionalen Gehalt der vorausgesetzten Norm nicht zum Ausdruck bringen, da sie Darstellungsfunktionen nicht übernehmen kann; sie kann freilich als ein Indikator verstanden werden, der an den propositionalen Gehalt der vorausgesetzten Norm erinnert.
Propositional ausdifferenzierte *Sprechhandlungen* gewähren wegen ihrer Darstellungsfunktion eine größere Gestaltungsfreiheit bei der Befolgung von Normen. Der Dienstbeginn um acht Uhr morgens läßt nur die Option zu, zu erscheinen oder nicht zu erscheinen, im Falle des Erscheinens: pünktlich zu sein oder sich zu verspäten, im Falle des Nicht-Erscheinens: entschuldigt oder unentschuldigt wegzubleiben, usw. Nichtverbale Handlungen sind oft Resultate von solchen verzweig-

ten Ja-Nein-Entscheidungen. Wenn sich der Handelnde aber verbal ausdrücken kann, befindet er sich in einer alternativenreichen Situation. Er kann den gleichen Sprechakt, z. B. einen Befehl, auf sehr differenzierte Weise ausdrücken; er wird dasselbe Rollensegment, z. B. das eines Englischlehrers beim Diktat in der Klasse, mit sehr verschiedenen Sprechakten erfüllen. Kurz, die propositional ausdifferenzierte Rede räumt dem Handelnden gegenüber einem anerkannten normativen Hintergrund mehr Freiheitsgrade ein als die nichtsprachliche Interaktion.

Freilich haben propositional ausdifferenzierte Äußerungen keineswegs immer eine sprachliche Form, wie das Beispiel einer grammatikalisierten Zeichensprache, etwa der standardisierten Taubstummensprache zeigt. In diesem Zusammenhang könnte man auch Zeigegesten erwähnen, die ja ein Äquivalent für die Verwendung referentieller Ausdrücke darstellen, mithin die propositionale Rede ergänzen. Auf der anderen Seite gibt es auch Sprechhandlungen, die nicht propositional ausdifferenziert sind, nämlich illokutiv verkürzte Sprechhandlungen wie »Hallo« als Grußformel oder »Schach« und »Matt« als performative Ausdrücke für Spielzüge und deren Konsequenzen. Der Umstand, daß ein propositionaler Bestandteil fehlt, stellt diese verbalen Äußerungen auf dieselbe Stufe mit normalen nicht-sprachlichen Handlungen, die sich zwar auf den propositionalen Gehalt einer vorausgesetzten Konvention beziehen, ihn aber nicht ausdrücken.

Als einen ersten Schritt zur Abgrenzung pragmatischer Einheiten der Analyse können wir aus der Menge der kommunikativen Handlungen, die auf der konsensuellen Grundlage reziprok erhobener und anerkannter Geltungsansprüche beruhen, die Teilmenge der *propositional ausdifferenzierten Sprechhandlungen* bestimmen. Aber auch diese Bestimmung ist noch nicht selektiv genug. Denn unter diesen Äußerungen befinden sich solche Sprechakte wie »wetten«, »taufen«, »ernennen« usw. Sie sind trotz ihres propositional ausdifferenzierten Gehalts (wetten um ..., taufen auf ..., ernennen zu ...) an eine einzige Institution (oder an eine eng umschriebene Klasse von Institutionen) gebunden und können deshalb als Äquivalente für Handlungen angesehen werden, die vorausgesetzte Normen sei es nicht-sprachlich oder illokutiv verkürzt erfüllen. Die *institutionelle Bindung* dieser Sprechakte zeigt sich u. a. daran, daß die erlaubten propositionalen Gehalte durch den normativen Sinn der Wette, der Taufe, Ernennung, Heirat usw. eng begrenzt sind: es wird um Preise gewettet, auf Namen getauft, zur Inhaberschaft von Ämtern ernannt, Ehepartner werden geheiratet usw. Für institutionell gebundene Sprechhandlungen lassen sich stets bestimmte Institutionen angeben; für institutionell ungebundene Sprechhandlungen lassen sich lediglich allgemeine Kontextbedingungen angeben, die typischerweise erfüllt sein müssen, damit ein entsprechender Akt gelingen kann. Die institutionell gebundenen Sprechhandlungen drücken in ähnlich unmittelbarer Weise eine bestimmte Institution aus wie propositional nicht ausdifferenzierte und nicht-verbale Handlungen eine vorausgesetzte Norm. Um zu erklären, was Wett- oder Taufakte bedeuten, muß ich mich auf die Institution der Wette oder der Taufe beziehen. Hingegen stellen Befehle oder Ratschläge oder Fragen keine Institutionen dar, sondern Sprechhandlungstypen, die zu sehr verschiedenen Institutionen passen. »Institutionelle Bindung« ist gewiß ein Kriterium, das nicht in jedem Fall eine unzweideutige Einstufung erlaubt: Befehle kann es überall geben, wo Autoritätsverhältnisse institutionalisiert sind; Ernennungen setzen spezielle, nämlich bürokratisch ausgebildete Ämterorganisationen voraus; und Heiraten verlangen eine einzige Institution (die andererseits universell verbreitet ist). Das entwertet aber nicht die Brauchbarkeit des analytischen Gesichtspunkts. Institutionell ungebundene Sprechhandlungen beziehen sich (soweit sie überhaupt einen regulativen Sinn haben) auf allgemeine Aspekte von Handlungsnormen überhaupt; sie sind aber nicht wesentlich durch besondere Institutionen festgelegt.

Die gewünschten analytischen Einheiten können wir nun als

propositional ausdifferenzierte und *institutionell ungebundene* Sprechhandlungen definieren. Freilich eignen sich für die Analyse nur diejenigen, die eine *explizite sprachliche* Form annehmen. Häufig macht ja der Kontext, in den die Sprechhandlungen eingebettet sind, sprachliche Standardformen überflüssig, so z. B.

- wenn der performative Sinn ausschließlich durch den Äußerungskontext bestimmt ist;
- wenn der performative Sinn nur indiziert, d. h. durch Tonfall bzw. Interpunktion, Wortstellung oder Partikel wie: nicht wahr? – oder? – mal – ja – klar – doch usw. ausgedrückt wird.

Schließlich sollen unter den expliziten Sprechhandlungen der Standardform noch solche ausgeschlossen werden, die in bedeutungsverschiebenden Kontexten auftreten. Das ist immer dann der Fall, wenn die pragmatische Bedeutung eines kontextabhängigen Sprechakts abweicht von der Bedeutung der im Sprechakt verwendeten Sätze (und der indizierten allgemeinen Kontextbedingungen, die für den jeweiligen Sprechhandlungstypus erfüllt sein müssen). Dieser Forderung trägt Searles »principle of expressibility« Rechnung: im Prinzip ist es möglich, daß jeder Sprechakt, den man ausführt oder ausführen könnte, eindeutig bestimmt wird durch einen komplexen Satz, sofern man nur annimmt, daß der Sprecher seine Intention genau, explizit und wörtlich ausdrückt.

Kanngießer hat dieses Prinzip in die folgende Form gebracht: »Für jede Bedeutung x gilt: wenn es einen Sprecher S einer Sprachgemeinschaft P gibt, der x meint, dann ist es möglich, daß es in der in P gesprochenen Sprache einen Ausdruck gibt, der ein exakter Ausdruck von x ist.«[68] In unserem Zusammenhang können wir dieses Postulat dahingehend abschwächen, daß in einer gegebenen Sprache für jede interpersonale Beziehung, die ein Sprecher mit einem anderen Mitglied seiner Sprachgemeinschaft explizit aufnehmen möchte, ein angemessener performativer Ausdruck entweder zur Verfügung steht oder nötigenfalls durch eine Spezifizierung verfügbarer Ausdrücke gewonnen oder neu eingeführt werden kann. Mit diesen Modifikationen lassen sich Bedenken, die gegen Searles Prinzip vorgetragen worden sind, berücksichtigen.[69] Der heuristische Sinn ist ohnehin klar: wenn das Postulat der Ausdrückbarkeit gilt, kann sich die Analyse auf institutionell ungebundene explizite Sprechhandlungen der Standardform beschränken.

Das folgende Diagramm faßt die Gesichtspunkte zusammen, unter denen ich die der Analyse zugrundegelegte Klasse von Sprechakten abgegrenzt habe.

Nicht erläutert habe ich die Einbettung kommunikativen (»verständigungsorientierten«) Handelns in andere Handlungstypen. Mir scheint, daß sich das strategische Handeln (z. B. Wettbewerbsverhalten, Kampfspiele, überhaupt Hand-

Zur Ableitung der analytischen Einheiten der Sprechakttheorie

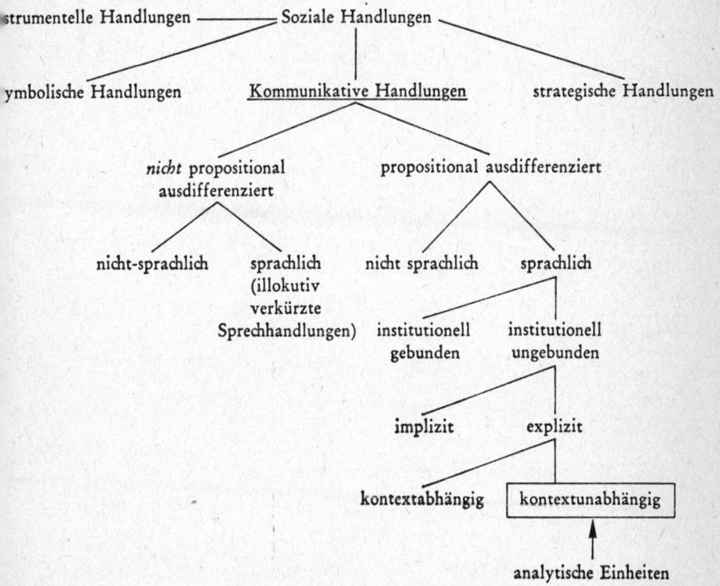

lungsweisen, die dem utilitaristischen Muster zweckrationalen Handelns entsprechen) wie auch das (noch nicht hinreichend analysierte) symbolische Handeln (z. B. eines Konzerts, eines Tanzes, überhaupt Handlungsweisen, die an nicht-propositionale Systeme des symbolischen Ausdrucks gebunden sind) vom kommunikativen Handeln dadurch unterscheiden, daß einzelne Geltungsansprüche (Wahrhaftigkeit beim strategischen, Wahrheit beim symbolischen Handeln) suspendiert sind. Diese drei Kategorien sozialen Handelns wiederum unterscheiden sich durch ihre Konventionalität von einem Handeln, das empirisches Wissen verkörpernden Regeln folgt. Meine bisherigen Analysen von »Arbeit« und »Interaktion« erfassen noch nicht hinreichend die allgemeinsten differenzierenden Merkmale von instrumentalem und sozialem (bzw. kommunikativem) Handeln. Ich kann hier auf dieses Desiderat nicht eingehen.

3. Ich möchte nun auf die charakteristische *Doppelstruktur* zurückkommen, die sich an der Standardform von Sprechhandlungen ablesen läßt. Offenbar können die beiden Bestandteile, der illokutive und der propositionale, unabhängig voneinander variieren: wir können einen propositionalen Gehalt gegenüber verschiedenen Typen von Sprechakten, in denen er auftritt, invariant halten. In dieser Abstraktion des Aussageinhalts von der *behaupteten* Aussage drückt sich eine fundamentale Leistung unserer Sprache aus. Darin unterscheidet sich die propositional ausdifferenzierte Rede von symbolisch vermittelten Interaktionen, die wir schon bei Primaten beobachten.[70] Für die *Sprechhandlungsinvarianz* von *Aussageinhalten* lassen sich beliebige Beispiele anführen; für den propositionalen Gehalt »Peters Pfeiferauchen« etwa die folgenden:

»Ich behaupte, daß Peter Pfeife raucht.«
»Ich bitte Dich (Peter), Pfeife zu rauchen.«.
»Ich frage Dich (Peter), rauchst Du Pfeife?«
»Ich warne Dich (Peter), Pfeife zu rauchen.« usw.

In genetischer Perspektive stellt sich die Sprechhandlungsinvarianz von Aussageinhalten als eine *Entkoppelung des illokutiven* und des *propositionalen Bestandteils* bei der Bildung und der Transformation von Sprechhandlungen dar. Diese Entkoppelung ist Bedingung für die Ausdifferenzierung der Doppelstruktur der Rede, d. h. für die Trennung von zwei kommunikativen Ebenen, auf denen sich Sprecher und Hörer *gleichzeitig* verständigen müssen, wenn sie ihre Intentionen einander mitteilen wollen. Ich möchte unterscheiden a) die Ebene der Intersubjektivität, auf der Sprecher und Hörer durch illokutive Akte die Beziehungen herstellen, die ihnen erlauben, sich *miteinander* zu verständigen, und b) die *Ebene der Erfahrungen und Sachverhalte*, über die sie sich in der durch (a) festgelegten kommunikativen Funktion verständigen möchten. Dem Beziehungs- und dem Inhaltsaspekt, unter dem sich jede Äußerung analysieren läßt, entsprechen in der Standardform der illokutive und der propositionale Bestandteil des Sprechakts. Der illokutive Akt legt den Verwendungssinn des propositionalen Gehalts fest, und das Aktkomplement bestimmt den Inhalt, der unter der festgelegten kommunikativen Funktion »als etwas . . .« verstanden wird.
Das hermeneutische »als« kann nach beiden kommunikativen Ebenen differenziert werden. Mit einer Proposition kann ein identifizierbarer Gegenstand, dessen Existenz unterstellt ist, prädikativ »als etwas« (beispielsweise als ein ›roter‹, ›weicher‹, ›idealer‹ Gegenstand) *bestimmt* werden; dieser propositionale Gehalt wiederum kann in Verbindung mit einem illokutiven Akt (bzw. durch Einbettung in einen Sprechakt) »als etwas« (beispielsweise als Befehl oder Behauptung) *geäußert* werden. Wir können hier zwar von einer illokutiven »Bestimmung« in ähnlicher Weise sprechen wie dort von einer prädikativen Bestimmung, aber die Bestimmung bezieht sich dann nicht auf einen Gegenstand in der Welt, sondern auf den Modus, in dem über etwas in der Welt kommuniziert wird. Entsprechend können wir das illokutive Verstehen vom prädikativen unterscheiden. Illokutiv verstehen wir den (an-

nehmbaren) Versuch, eine interpersonale Beziehung herzustellen; wir verstehen einen spezifizierten Weltbezug, *in* den wir eintreten, sofern wir uns *dazu* verstehen können, das als seriös vorausgesetzte Angebot eines Sprechers anzunehmen. Prädikativ verstehen wir hingegen den propositionalen Gehalt einer Äußerung; wir verstehen, wie es sich mit einem Gegenstand im Rahmen der für Sprecher und Hörer gemeinsam konstituierten Welt verhält. Man kann in beiden Fällen sagen, daß der Hörer zu einem *Verständnis von etwas* gelangt; aber das prädikative Verstehen führt zu einer Verständigung *über etwas* (in der Welt), während das illokutive Verstehen eine Verständigung anderer Art herbeiführt – eine Verständigung *zu etwas*, nämlich zur Aufnahme einer interpersonalen Beziehung (die ein Weltbezug *ist*).

Mit der Doppelstruktur der Rede hängt ein Grundzug der Sprache zusammen, nämlich die ihr innewohnende Reflexivität. Die standardisierten Möglichkeiten der direkten und indirekten Redeerwähnung machen lediglich eine Selbstbezüglichkeit explizit, die in jedem Sprechakt bereits enthalten ist. Indem die Gesprächsteilnehmer die Doppelstruktur der Rede ausfüllen, müssen sie auf beiden Ebenen gleichzeitig kommunizieren: sie müssen die Kommunikation eines Inhalts mit der Metakommunikation über den Verwendungssinn des kommunizierten Inhalts vereinigen. Hier könnte der Ausdruck »Metakommunikation« freilich irreführen, weil er mit »Metasprache« assoziiert wird und eine Idee von Sprachstufen nahelegt, derzufolge auf jeder höheren Stufe metasprachliche Aussagen über die Objektsprache der jeweils niedrigeren Stufe gemacht werden können. Das Konzept der Sprachenhierarchie ist jedoch für formale Sprachen eingeführt worden, denen die Reflexivität der Umgangssprache gerade fehlt. Zudem bezieht man sich in einer Metasprache auf eine Objektsprache stets in propositionaler (= assertorischer) Einstellung; man bildet metasprachliche *Aussagen*. Hingegen sind auf der metakommunikativen Ebene der Rede Aussagen gerade nicht möglich; hier wird vielmehr die illokutionäre Rolle gewählt,

in der ein Aussageinhalt verwendet werden soll. Die Metakommunikation über den Verwendungssinn des Satzes propositionalen Gehalts verlangt eine performative Einstellung der Kommunikationsteilnehmer. Die eigenartige Reflexivität der natürlichen Sprache beruht also *zunächst* auf der Vereinigung einer in propositionaler Einstellung vollzogenen Kommunikation des Inhalts und einer in performativer Einstellung vollzogenen Metakommunikation über den Beziehungsaspekt, unter dem der Inhalt verstanden werden soll.
Allerdings haben die Gesprächsteilnehmer normalerweise die Wahl, jeden ausgeführten illokutiven Akt als Inhalt eines weiteren (konstativen) Sprechakts zu *vergegenständlichen.* Sie können gegenüber dem illokutiven Bestandteil einer abgeschlossenen Sprechhandlung eine propositionale Einstellung annehmen und diesen auf die Ebene propositionaler Gehalte verschieben – dies freilich nur in Ausführung eines neuen Sprechakts, der seinerseits einen nicht vergegenständlichten illokutiven Bestandteil enthält. Die direkten und indirekten Redeerwähnungen standardisieren diese Möglichkeit einer explizit gemachten Reflexivität der natürlichen Sprache. Die Metakommunikation, die im Sprechakt t_n auf der Ebene der Intersubjektivität stattfindet, läßt sich in einem (konstativen) Sprechakt t_{n+1} auf die Ebene propositionaler Gehalte abbilden. Es ist hingegen nicht möglich, einen illokutiven Akt *zur gleichen Zeit* auszuführen und zu vergegenständlichen.[71]
Diese Option wird übrigens manchmal zum Anlaß eines deskriptivistischen Fehlschlusses, dem auch Pragmatiktheorien zum Opfer fallen. Die Strukturen der Rede können wir, wie jeden anderen Gegenstand, nur in propositionaler Einstellung analysieren; dabei kann, wie gezeigt, der jeweils zugehörige illokutive Bestandteil nicht uno acto Gegenstand werden. Dieser Umstand verführt manche Sprachtheoretiker zu der Auffassung, daß sich Kommunikationsprozesse auf einer einzigen Ebene, eben der der Übertragung von Inhalten (= Informationen) abspielen. In dieser Perspektive verliert der Be-

ziehungsaspekt gegenüber dem Inhaltsaspekt seine Selbständigkeit. Die kommunikative Rolle einer Äußerung verliert ihre konstitutive Bedeutung und wird dem Informationsgehalt zugeschlagen. Der pragmatische Operator der Aussage, der in den formalisierten Darstellungen (z. B. deontischer Logiken) den illokutiven Bestandteil einer Äußerung repräsentiert, wird dann nicht mehr als ein bestimmter Modus der Verständigung *über* propositionale Gehalte interpretiert, sondern *als Teil* der übertragbaren Information.

Ich möchte den Fehlschluß an dieser Stelle nicht analysieren, sondern nur auf die Konsequenz hinweisen: daß die konstitutive Bedeutung der Doppelstruktur der Rede im theoretischen Ansatz vernachlässigt wird. Demgegenüber sehe ich die Aufgabe der Universalpragmatik darin, daß sie die Doppelstruktur der Rede rational nachkonstruiert. In Anknüpfung an Austins Theorie der Sprechakte möchte ich diese Aufgabe für Probleme der Bedeutung (4) und der Geltung (5) präzisieren.

4. Austins Gegenüberstellung von locutionary und illocutionary acts hat eine breite Diskussion in Gang gesetzt, die auch für die Bedeutungstheorie Klärungen gebracht hat. Austin hat den Begriff »meaning« der Bedeutung von Sätzen propositionalen Gehalts vorbehalten, während er den Begriff »force« nur für den illokutiven Akt der Äußerung von Sätzen propositionalen Gehalts verwenden wollte. Damit ergeben sich die Zuordnungen:

meaning – sense and reference – locutionary act
force – attempt to reach an uptake – illocutionary act

Austin konnte darauf hinweisen, daß Sätze gleichen propositionalen Gehalts in Sprechakten verschiedenen Typs und das heißt: mit einer jeweils verschiedenen illokutiven Kraft geäußert werden können. Dennoch ist die vorgeschlagene Unterscheidung unbefriedigend. Wenn man »Bedeutung« nur im linguistischen Sinne als Satzbedeutung einführt (wobei die Satzbedeutung entweder als Funktion ihrer Wortbedeutungen oder, mit Frege, die Wortbedeutungen als Funktionen möglicher Satzbedeutungen aufgefaßt werden können), ist die Beschränkung auf die propositionalen Bestandteile der Sprechakte nicht recht einzusehen. Auch deren illokutive Bestandteile haben offensichtlich im linguistischen Sinne eine Bedeutung. Im Falle einer explizit performativen Äußerung hat das verwendete performative Verb eine lexikalische Bedeutung, und der mit seiner Hilfe gebildete performative Satz hat in *ähnlicher* Weise eine Bedeutung wie der von ihm abhängige Satz propositionalen Gehalts: »What Austin calls the illocutionary force of an utterance is that aspect of its meaning which is either conveyed by its explicitly performative prefix, if it has one, or might have been so conveyed by the use of such an expression.«[72]

Dieses einleuchtende Argument sieht freilich von dem Umstand ab, daß »force« etwas ist, das auf eine spezifische Weise nur Äußerungen zukommt. So könnte man zunächst auf den Gedanken kommen, »force« für den Bedeutungsgehalt zu reservieren, der dem Satz durch den Umstand zuwächst, daß er geäußert, d. h. in Redestrukturen eingebettet wird. Wir können ja das Phänomen der Bedeutung, die durch die Verwendung eines Satzes in einer Äußerung zustande kommt, vom Phänomen der Satzbedeutung unterscheiden. Wir können im pragmatischen Sinne von der *Bedeutung einer Äußerung* in ähnlicher Weise sprechen wie im linguistischen Sinne von der *Bedeutung eines Satzes*. So hat Alston die Tatsache, daß die gleichen Sprechakte mit Hilfe sehr verschiedener Sätze ausgeführt werden können, zum Anlaß genommen, der pragmatischen Bedeutung gewissermaßen Vorrang vor der linguistischen einzuräumen. Im Sinne einer konsequenten Gebrauchstheorie der Bedeutung schlägt er vor, daß Satz- (und Wort-)Bedeutungen eine Funktion der Bedeutung der Sprechakte sind, in denen sie »hauptsächlich« verwendet werden.[73] Freilich hat dieser Vorschlag die Mißlichkeit, daß er die relative Selbständigkeit von Satzbedeutungen gegenüber kontingenten Bedeutungsänderungen, die ein Satz in verschiedenen Kontexten erfahren kann, nicht hinreichend berücksichtigt. Auch ist die Bedeutung eines Satzes offensichtlich weniger abhängig von den Intentionen des Sprechers als die Bedeutung einer Äußerung.

Selbst wenn ein Satz sehr oft in einem pragmatisch bedeutungsverschiebenden Kontext und mit verschiedenen Intentionen gebraucht wird, muß sich seine linguistische Bedeutung nicht ändern; so wenn beispielsweise bestimmte soziale Rollen vorschreiben, Befehle in der Form von Bitten zu äußern: die pragmatische Bedeutung der Äußerung (als Befehl) ändert nichts an der linguistischen Bedeutung des verwendeten Satzes (als Bitte). Das ist ein weiterer Grund dafür, die Standardbedingungen auszuzeichnen, unter denen die pragmatische Bedeutung einer expliziten Sprechhandlung mit der linguistischen Bedeutung der in ihr verwendeten Sätze zusammenfällt. Gerade am Fall einer expliziten Sprechhandlung in der Standardform kommt jedoch wiederum der kategoriale Unterschied zwischen der Bedeutung der ursprünglich propositional verwendeten Ausdrücke einerseits und der Bedeutung der illokutiven Kräfte (sowie der geäußerten Intentionen) andererseits zum Vorschein. Daran zeigt sich, daß es nicht sinnvoll ist, das Begriffspaar »meaning« vs. »force« mit Bezugnahme auf den Unterschied zwischen der linguistischen Bedeutung eines Satzes und der pragmatischen Bedeutung einer Äußerung zu explizieren.

Die linguistische Analyse einer Satzbedeutung wird von bestimmten Realitätsbezügen, in die der Satz, sobald er geäußert wird, eingerückt, und von den Geltungsansprüchen, unter die er damit gestellt wird, abstrahieren. Andererseits ist eine konsequente Bedeutungsanalyse ohne Bezugnahme auf *irgendwelche* Situationen möglicher Verwendung auch nicht möglich. Nun kann jeder sprachliche Ausdruck verwendet werden, um Aussagen zu bilden. Auch illokutive Redebestandteile (und ursprünglich intentionale Ausdrücke) lassen sich propositional vergegenständlichen. Darum liegt es nahe, der linguistischen Analyse von Bedeutungen sprachlicher Ausdrücke dadurch eine gewisse Einheitlichkeit zu sichern, daß man sie in allen Fällen auf die Verwendungsmöglichkeiten der Ausdrücke in Propositionen bezieht. Sinnvoll ist das aber nur für solche Ausdrücke, die *ausschließlich* in propositionalen Bestandteilen der Rede auftreten können. Die Bedeutung performativer Ausdrücke sollte hingegen mit Bezugnahme auf die Verwendungsmöglichkeiten in illokutiven Akten (und die Bedeutung ursprünglich intentionaler Ausdrücke mit Bezugnahme auf Möglichkeiten einer direkten Äußerung von Intentionen) geklärt werden. Die linguistische Bedeutungsexplikation von »versprechen« sollte sich an den Verwendungsmöglichkeiten des Satzes:

(1) Hiermit verspreche ich Dir, daß ...

und nicht an den Verwendungsmöglichkeiten des Satzes:

(2) Er verspricht ihm, daß ...

orientieren.

(Entsprechend hätte sich die Bedeutungsexplikation von »hassen« auf den Satz:

(1') Ich hasse Dich

statt auf den Satz:

(2') Er haßt ihn

zu beziehen.)

Nur weil und solange die linguistische Bedeutungsanalyse zugunsten der propositionalisierten Formen 2 (oder 2') voreingenommen ist, entsteht die Notwendigkeit, die Bedeutung des sprachlichen Ausdrucks zu ergänzen durch die Bedeutung der illokutiven Kraft einer Äußerung (und der Intention eines Sprechers). Dieser Umstand hat wohl auch Austin zu seiner Unterscheidung zwischen »meaning« and »force« motiviert. Mir scheint es geboten zu sein, schon die linguistische Bedeutung eines Ausdrucks (und nicht erst die pragmatische einer Äußerung) nach den universalen Verwendungsmöglichkeiten (und den korrespondierenden Geltungsansprüchen) zu differenzieren, in (bzw. unter) denen der Ausdruck ursprünglich auftritt. Aber was heißt in diesem

Zusammenhang »ursprünglich«? Nehmen wir zwei Beispielssätze:

(3) Ich kündige Dir an, daß Vaters neues Auto gelb ist.

(4) Ich frage Dich, ist Vaters neues Auto gelb?

Das Verständnis der beiden (verschiedenen) illokutiven Akte ist an andere Voraussetzungen gebunden als das Verständnis ihres (übereinstimmenden) propositionalen Gehalts. Die Differenz wird sichtbar, sobald ich auf Bedingungen zurückgehe, die von Situationen erfüllt sein müßten, in denen jemand, der die deutsche Sprache nicht beherrscht, die Bedeutungen lernen, d. h. originär verstehen könnte.

Die Bedeutung des Satzes mit dem propositionalen Gehalt »Das Gelbsein von Vaters neuem Auto« kann ein Hörer unter der Bedingung verstehen, daß er gelernt hat, den Aussagesatz in der Behauptung

(5) Ich sage Dir, Vaters neues Auto ist gelb

angemessen zu verwenden, z. B. um eine entsprechende Erfahrung auszudrücken, in diesem Falle seine Wahrnehmung, daß Vaters neues Auto gelb ist. Die Fähigkeit, diese oder eine ähnliche Wahrnehmung zu machen, muß vorausgesetzt werden, denn eine angemessene Verwendung des Aussagesatzes in (5) verlangt vom Sprecher (mindestens) folgende Leistungen:

(a) die Existenzpräsupposition: es gibt einen und nur einen Gegenstand derart, daß auf ihn die Kennzeichnung ›Vaters neues Auto‹ zutrifft;

(b) die Präsupposition der Identifizierbarkeit: der in der Kennzeichnung ›Vaters neues Auto‹ enthaltene (denotativ verwendete) propositionale Gehalt genügt für einen Hörer in einem gegebenen Kontext als Hinweis, um den und nur den Gegenstand auszuwählen, auf den die Kennzeichnung zutrifft.

(c) den Akt der Prädikation: dem gekennzeichneten Gegenstand darf das Prädikat ›gelb‹ zugesprochen werden.

Und das Verständnis der Bedeutung des in (5) enthaltenen Aussagesatzes verlangt vom Hörer entsprechend, daß er

(a)′ die Sprecherpräsupposition (a) teilt;
(b)′ die Sprecherpräsupposition (b) erfüllt, d. h. den gekennzeichneten Gegenstand tatsächlich identifiziert;
(c)′ den Akt der Prädikation (c) seinerseits vornimmt.

Anders verhält es sich mit den illokutiven Bestandteilen der Äußerungen (3) und (4). Die Bedeutung von »Ankündigung« oder »Frage« kann ein Hörer unter der Bedingung verstehen, daß er gelernt hat, an gelungenen Sprechhandlungen vom Typ

(6) Ich kündige Dir (hiermit) an, daß ...
(7) Ich frage Dich (hiermit), ob ...

teilzunehmen, d. h. sowohl die Rolle des (handelnden) Sprechers wie die des (kooperierenden) Hörers zu übernehmen. Die Ausführung eines illokutiven Aktes kann nicht so wie die Verwendung eines Aussagesatzes dazu dienen, eine Wahrnehmung auszudrücken. Hier muß auch nicht die Fähigkeit, Wahrnehmungen zu machen, wesentlich vorausgesetzt werden. Vielmehr ist umgekehrt der Vollzug einer Sprechhandlung Bedingung dafür, daß eine *Erfahrung* möglich wird, nämlich die kommunikative Erfahrung, die der Hörer macht, wenn er das in der versuchten Sprechhandlung enthaltene Angebot annimmt und mit dem Sprecher die angesonnene Bindung eingeht.

Während das Verstehen von (5) die Möglichkeit sensorischer Erfahrungen (Erfahrungen vom Typus der Beobachtung) *voraussetzt*, gilt für das Verstehen von (6) und (7), daß es selber eine kommunikative Erfahrung (eine Erfahrung vom Typus der ›teilnehmenden Beobachtung‹) *darstellt*: illokutives Verstehen *ist* eine kommunikativ ermöglichte Erfahrung.

Der Unterschied zwischen ursprünglich illokutiven und ursprünglich propositionalen Bedeutungen (force und meaning im Sinne Austins) läßt sich auf Unterschiede möglicher Lernsituationen zurückführen. Die Bedeutung illokutiver Akte lernen wir allein in der performativen Einstellung von Teilnehmern an Sprechhandlungen; die Bedeutung von

Sätzen propositionalen Gehalts hingegen lernen wir in der nicht-performativen Einstellung von Beobachtern, die ihre Erfahrungen korrekt in Aussagesätzen wiedergeben.[74] Ursprünglich illokutive Bedeutungen erlernen wir mit Bezugnahme auf kommunikative Erfahrungen, die wir machen, indem wir die Ebene der Intersubjektivität betreten und eine interpersonelle Beziehung herstellen; ursprünglich propositionale Bedeutungen erlernen wir, indem wir Erfahrungen mit Gegenständen in der Welt wiedergeben. Ungeachtet dieser Ursprungsdifferenz können freilich die in performativer Einstellung erlernten Bedeutungen auch in Sätzen propositionalen Gehalts auftreten:

(8) Ich versichere Dir, daß er mir gestern angekündigt hat, daß ...

(9) Ich berichte Dir, daß er mich gestern gefragt hat, ob ...

Dieser Umstand mag erklären, warum der analysierte Unterschied zwischen den beiden Bedeutungskategorien oft nicht bemerkt wird. In Sätzen propositionalen Gehalts lassen sich jedoch die Bedeutungen von Ausdrücken, die in performatorischer Einstellung verwendet werden *können*, von den Wortbedeutungen unterscheiden, die *nur* als Bedeutungskomponenten in Sätzen propositionalen Gehalts zugelassen sind. In Äußerungen wie (8) und (9) tragen ›ankündigen‹ und ›fragen‹ einen Bedeutungston, den sie der Kraft *entlehnen*, welche sie allein in illokutiven Rollen (wie in (6) und (7)) haben.

Im Sinne dieser beiden Bedeutungskategorien können wir Austins Unterscheidung zwischen *force* und *meaning* beibehalten; ›force‹ steht dann für die Bedeutung von Ausdrücken, die ursprünglich im Zusammenhang illokutiver Akte, und ›meaning‹ für die Bedeutung von Ausdrücken, die ursprünglich im Zusammenhang von Propositionen verwendet werden. Wir unterscheiden also ›force‹ und ›meaning‹ als zwei Kategorien von Bedeutungen, die sich im Hinblick auf die allgemeinen pragmatischen Funktionen der Mitteilung (Herstellung interpersonaler Beziehungen) einerseits und der

Darstellung (Wiedergabe eines propositionalen Gehalts) andererseits ergeben (die dritte Bedeutungskategorie, die der Ausdrucksfunktion, d. h. dem Äußern von Intentionen, entspricht, lasse ich hier unberücksichtigt, obgleich für Intentionalsätze ähnliche Überlegungen gelten, wie wir sie für illokutive Akte angestellt haben).

Als Ergebnis möchte ich festhalten:

- Es ist nicht sinnvoll, den Begriff des semantischen Gehalts für den propositionalen Bestandteil einer Sprechhandlung zu reservieren und die Bedeutung des illokutiven Bestandteils nur durch einen pragmatischen Operator (der eine bestimmte illokutive Kraft bezeichnet) zu charakterisieren.
- Andererseits ist es auch unzureichend, die Bedeutung eines performativen Satzes in genau der gleichen Weise zu rekonstruieren wie die Bedeutung eines Satzes propositionalen Gehalts: der illokutive Bestandteil eines Sprechaktes drückt weder eine Proposition aus, noch erwähnt er einen propositionalen Gehalt.[75]
- Ebenso unzureichend ist der Versuch, die illokutive Kraft mit der Bedeutungskomponente gleichzusetzen, die der Bedeutung eines Satzes durch den Akt seiner Verwendung in einem gegebenen Kontext zuwächst.
- Unter universalpragmatischen Gesichtspunkten läßt sich vielmehr die Bedeutung sprachlicher Ausdrücke kategorial danach unterscheiden, ob diese nur in Sätzen auftreten dürfen, die eine Darstellungsfunktion übernehmen, oder ob sie spezifisch der Herstellung interpersonaler Beziehungen bzw. der Äußerung von Intentionen dienen können.[76]

5. Austins Gegenüberstellung von locutionary und illocutionary acts ist nicht nur für die Bedeutungstheorie wichtig geworden; an diesem Begriffspaar hat auch die Diskussion über Grundtypen von Sprechhandlungen und Grundmodi des Sprachgebrauchs angesetzt. Zunächst hatte Austin die Grenze so ziehen wollen, daß

– the performative should be doing something as opposed to just saying something; and
– the performative is happy or unhappy as opposed to true and false.[77]

Damit ergaben sich die Zuordnungen:

locutionary acts – constatives – true/untrue
illocutionary acts – performatives – happy/unhappy.

Diese Abgrenzung von lokutiven und illokutiven *Akten* ließ sich aber nicht aufrechterhalten, als sich herausstellte, daß *alle*, auch die konstativen Sprechhandlungen einen lokutiven Bestandteil (in Form eines Satzes propositionalen Gehalts) und einen illokutiven Bestandteil (in Form des performativen Satzes) enthalten.[78] Was Austin zunächst als locutionary act eingeführt hatte, wurde nun ersetzt durch a) den propositionalen Bestandteil, der in *jeder* explizit performativen Äußerung enthalten ist, und b) eine besondere Klasse von illokutiven Akten, die Wahrheit als Geltungsanspruch implizieren – die konstativen Sprechakte. Später betrachtete auch Austin die konstativen Sprechakte nurmehr als eine unter verschiedenen Klassen von Sprechhandlungstypen. Die beiden Sätze:

(1) Ich behaupte, daß ...
(2) Ich warne Dich davor, daß ...

drücken gleichermaßen illokutive Akte aus.[79] Als eine interessante Konsequenz ergibt sich dann aber, daß der in konstativen Sprechakten enthaltene Geltungsanspruch (Wahrheit/Falschheit) lediglich ein spezieller Fall unter den Geltungsansprüchen darstellt, die der Sprecher in Sprechakten gegenüber dem Hörer erhebt und einzulösen anbietet:

»In general we may say this: with both statements (and, for example, descriptions) and warnings etc., the question of whether, granting that you did warn and had the right to warn, did state, or did advise, you were *right* to state or to warn or advise, can arise – not in the sense of whether it was opportune or expedient, but whether, on the facts and your knowledge of the facts and the purpose for which you were speaking, and so on, this was the proper thing to say.«[80]

An dieser Stelle betont Austin den *Rechts-* oder *Geltungs*anspruch, den wir mit beliebigen (und nicht nur mit konstativen) Sprechakten erheben. Er unterscheidet diese aber nur beiläufig von den allgemeinen, sprechhandlungstypisch eingeschränkten Kontextbedingungen, die ebenfalls erfüllt sein müssen, damit ein Sprechakt gelingen kann, d. h. von den happiness/unhappiness conditions im allgemeinen. Für Behauptungen gilt in gleicher Weise wie für Warnungen, Ratschläge, Versprechen usw., daß sie nur gelingen können, wenn *beide* Voraussetzungen erfüllt sind: (a) to be in order, and (b) to be right:

»But the real conclusion must surely be that we need ... to establish with respect to each kind of illocutionary act – warnings, estimates, verdicts, statements, and descriptions – what if any is the specific way in which they are intended, first to be in order or not in order, and second, to be ›right‹ or ›wrong‹; what terms of appraisal and disappraisal are used for each and what they mean. This is a wide field and certainly will not lead to a simple distinction of ›true‹ and ›false‹; nor will it lead to a distinction of statements from the rest, for stating is only one among very numerous speech acts of the illocutionary class.«[81]

Sprechhandlungen können im Hinblick auf typisch eingeschränkte Kontexte »in Ordnung« sein (a), aber nur im Hinblick auf einen fundamentalen Anspruch, den der Sprecher mit einem illokutiven Akt jeweils erhebt, können sie »gültig« sein (b). Ich werde auf diese beiden Klassen von Bedingungen, die erfüllt sein müssen, damit Sprechhandlungen gelingen können, noch zurückkommen. An dieser Stelle interessiert mich nur der Umstand, daß der Vergleich zwischen konstativen und nicht-konstativen Sprechakten ein Licht auf die Geltungsbasis wirft, die offenbar *allen* Sprechhandlungen zugrundeliegt.

Dabei wird freilich zunächst die Sonderstellung der konstativen Sprechakte deutlich. Behauptungen unterscheiden sich von anderen Sprechhandlungstypen nicht in ihrer performativ/propositionalen Doppelstruktur; und ebensowenig durch allgemeine Kontextbedingungen, die ja bei allen Sprechhandlungen in typischer Weise variieren; wohl aber unterscheiden sie sich von (fast) allen anderen Sprechhandlungstypen dadurch, daß sie prima facie einen unmißverständlichen Geltungsanspruch implizieren: eben einen Wahrheitsanspruch. Auch für andere Sprechhandlungstypen ist kaum zu bestreiten, daß sie *irgendeinen* Geltungsanspruch implizieren; aber wenn wir angeben sollen, genau welchen Geltungsanspruch sie implizieren, stoßen wir selten auf einen so klar geschnittenen, als universal anerkannten Geltungsanspruch wie »Wahrheit« (im Sinne propositionaler Wahrheit). Der Grund dafür liegt nahe: der Geltungsanspruch konstativer Sprechakte wird in gewisser Weise von Sprechhandlungen *jedes* Typs vorausgesetzt. Die Bedeutung des in nicht-konstativen Sprechakten erwähnten propositionalen Gehalts kann durch die Transformation eines Satzes propositionalen Gehalts in einen Aussagesatz explizit gemacht werden – und zum Sinn der darin ausgedrückten Proposition gehört der Wahrheitsanspruch wesentlich hinzu. Wahrheitsansprüche sind mithin Geltungsansprüche eines Typs, die in die Strukturen möglicher Rede überhaupt eingebaut sind. Wahrheit ist ein universaler Geltungsanspruch: seine Universalität spiegelt sich in der Doppelstruktur der Rede.

Rückblickend vergewissert sich Austin, was er mit der Gegenüberstellung von konstativen und nichtkonstativen Sprechhandlungen (constatives vs. performatives) ursprünglich im Sinn gehabt hatte:

»With the constative utterances, we abstract from the illocutionary ... aspects of the speech act, and we concentrate on the locutionary: moreover, we use an oversimplified notion of correspondence with the facts ... We aim at the ideal of what would be right to say in all circumstances, for any purpose, to any audience etc. Perhaps this is sometimes realized. With the performative we attend as much as possible to the illocutionary force of the utterance, and abstract from the dimension of correspondence with facts.«[82]

Nachdem Austin erkannt hatte, daß die konstativen Sprechakte nur einen unter mehreren Typen von Sprechhandlungen darstellen, hat er die eben erwähnte Gegenüberstellung zugunsten einer Menge ungeordneter Familien von Sprechhandlungen preisgegeben. Ich meine jedoch, daß sich das mit der Gegenüberstellung »constative« vs. »performative« Intendierte in angemessener Weise rekonstruieren läßt.

Wir haben gesehen, daß eine sprachliche Kommunikation nur stattfinden kann, wenn die Beteiligten zwei kommunikative Ebenen, indem sie miteinander über etwas kommunizieren, gleichzeitig betreten: die Ebene der Intersubjektivität, auf der sie interpersonale Beziehungen aufnehmen, und die Ebene von Erfahrungen und Sachverhalten, die den Inhalt der Kommunikation bilden. Nun kann aber in einer Rede eher die interpersonale Beziehung oder eher der propositionale Gehalt zum Thema erhoben werden; entsprechend machen wir einen eher interaktiven oder eher kognitiven Gebrauch von unserer Sprache. Im *interaktiven Sprachgebrauch* thematisieren wir die Beziehungen, die Sprecher und Hörer eingehen, als Warnung, als Versprechen, als Aufforderung, während wir den propositionalen Inhalt der Äußerungen nur *erwähnen*. Im *kognitiven Sprachgebrauch* hingegen thematisieren wir den Inhalt der Äußerung als eine Proposition über etwas, das in der Welt statthat (oder der Fall sein könnte), während wir die interpersonale Beziehung nur beiläufig ausdrücken. Diese Beiläufigkeit zeigt sich z. B. im Deutschen daran, daß die explizite Form der Behauptung (Ich behaupte (Dir gegenüber), daß ...), die in anderen konstativen Sprechakten die Normalform ist (Ich berichte Dir, daß ...; ich erkläre Dir, daß ...), zwar grammatisch richtig, aber gegenüber der Kurzform, die von der interpersonalen Beziehung absieht, ganz ungebräuchlich ist.

Da im kognitiven Sprachgebrauch der Inhalt thematisiert wird, sind dafür nur Sprechakte zugelassen, in denen propositionale Gehalte die explizite Form von Aussagesätzen annehmen können. Mit diesen konstativen Sprechakten erheben wir jeweils für die behauptete Proposition einen

Wahrheitsanspruch. Im interaktiven Sprachgebrauch, der die interpersonale Beziehung thematisch hervorhebt, beziehen wir uns in verschiedener Weise auf die Geltung des normativen Hintergrundes der Sprechhandlung.

Hierfür hat der (autorisierte) Befehl eine ähnlich paradigmatische Bedeutung, wie die Behauptung für den kognitiven Sprachgebrauch. Wahrheit ist nur der auffälligste, nicht der einzige in den formalen Strukturen der Rede gespiegelte Geltungsanspruch. Die illokutive Kraft des Sprechakts, die zwischen den Beteiligten eine interpersonale Beziehung erzeugt, ist der bindenden Kraft anerkannter Normen des Handelns (oder der Bewertung) entlehnt; soweit der Sprechakt Handlung ist, aktualisiert er ein bereits etabliertes Beziehungsmuster. Die Geltung eines normativen Hintergrundes von Institutionen, Rollen, soziokulturell eingewöhnten Lebensformen, d. h. von Konventionen, wird immer schon vorausgesetzt. Das gilt keineswegs nur für die institutionell gebundenen Sprechhandlungen, die, wie »wetten«, »grüßen«, »taufen«, »ernennen« usw., eine jeweils *bestimmte* Handlungsnorm (oder eine eng umschriebene Klasse von Normen) erfüllen. Auch in Versprechungen, Empfehlungen, Verboten und Vorschriften, die nicht im vorhinein durch Institutionen geregelt sind, impliziert der Sprecher einen Geltungsanspruch, der, wenn die Sprechakte gelingen sollen, durch bestehende Normen, und das bedeutet: durch die (mindestens) faktische Anerkennung des *Anspruchs, daß diese Normen zu Recht bestehen*, gedeckt sein muß. Diese interne Beziehung zwischen den in Sprechhandlungen implizit erhobenen Geltungsansprüchen und der Geltung ihres normativen Hintergrundes wird im interaktiven Sprachgebrauch genauso hervorgehoben wie der Wahrheitsanspruch im kognitiven Sprachgebrauch. Wie für den kognitiven Sprachgebrauch nur konstative Sprechakte zugelassen sind, so für den interaktiven nur solche Sprechakte, die ein bestimmtes Verhältnis charakterisieren, das Sprecher und Hörer zu Handlungs- (oder Bewertungs-)Normen einnehmen können.

Diese nenne ich regulative Sprechhandlungen.[83] Mit der illokutiven Kraft der Sprechhandlungen ist der normative Geltungsanspruch – Richtigkeit bzw. Angemessenheit – ebenso universal in die Redestrukturen eingebaut wie der Wahrheitsanspruch. Aber nur in regulativen Sprechakten (in Befehlen und Ermahnungen, in Verboten und Weigerungen, in Versprechen und Vereinbarungen, Aufkündigungen, Entschuldigungen, Empfehlungen, Zugeständnissen usw.) wird der Geltungsanspruch eines normativen Hintergrundes explizit angerufen. Hingegen bleibt der Wahrheitsbezug des jeweils erwähnten propositionalen Gehalts bloß implizit. In konstativen Sprechakten, die explizit einen Wahrheitsanspruch erheben, bleibt umgekehrt der normative Geltungsanspruch implizit, obgleich auch diese (beispielsweise Berichte, Erklärungen, Mitteilungen, Erläuterungen, Erzählungen usw.) einem etablierten Beziehungsmuster entsprechen, d. h. von einem anerkannten normativen Hintergrund gedeckt sein müssen, wenn die mit ihnen beabsichtigten interpersonalen Beziehungen zustandekommen sollen.

Was Austin mit seiner (später preisgegebenen) Einteilung constative vs. performative utterances im Sinne hatte, scheint mir durch die Unterscheidung des kognitiven und des interaktiven Sprachgebrauchs getroffen zu werden: im *kognitiven Sprachgebrauch* thematisieren wir mit Hilfe konstativer Sprechhandlungen den propositionalen Gehalt einer Äußerung, im *interaktiven Sprachgebrauch* mit Hilfe regulativer Sprechakte die Art der hergestellten interpersonalen Beziehung; die verschiedene Thematisierung ergibt sich durch die Wahl eines der universal in jeder Rede angelegten Geltungsansprüche, also dadurch, daß wir im kognitiven Sprachgebrauch für Propositionen Wahrheitsansprüche erheben, im interaktiven Sprachgebrauch für interpersonale Beziehungen die Geltung eines normativen Hintergrundes in Anspruch nehmen (oder bestreiten). Austin selber hat diese Konsequenz nicht gezogen, weil er einerseits nur einen universalen Geltungsanspruch, nämlich die korrespondenztheoretisch gedeutete propositionale Wahrheit in Betracht gezogen hat, aber andererseits diesen einzigen Geltungsanspruch mit vielen Typen von Sprechhandlungen (also nicht nur mit konstativen Sprechhandlungen) kompatibel machen wollte: »If, then, we loosen up our ideas of truth and falsity we shall see that statements, when assessed in relation to the facts, are not so different after all from pieces of advice, warnings, verdicts and so on.«[84] Die Aufweichung des Wahrheitsbegriffs zugunsten einer breiten Bewertungsdimension, in der eine Behauptung ebensosehr als übertrieben oder genau oder unangemessen charakterisiert werden kann wie als wahr oder falsch, hat freilich andererseits eine Angleichung aller Geltungsansprüche an den einen universalen Geltungsanspruch der propositionalen Wahrheit zur Folge: »we see, that, when we have an order or a warning or a piece of advice, there is a question about how this is related to fact which is not perhaps so different from the kind of question that arises when we discuss how a statement is related to fact.«[85] Mir scheint, daß Austin den Geltungsanspruch der propositionalen Wahrheit, der sich im Sinne einer Korrespondenz von Aussagen und Tatsachen zunächst einmal verstehen läßt, mit dem Geltungsanspruch der normativen Richtigkeit, der sich keineswegs korrespondenztheoretisch deuten läßt, verwechselt.

Soweit Warnungen oder Ratschläge sich auf Voraussagen stützen, sind sie Teil eines kognitiven Sprachgebrauchs. Ob die Beteiligten im Recht waren, in einer gegebenen Situation bestimmte Warnungen oder Ratschläge auszusprechen, hängt dann von der Wahrheit der entsprechenden Voraussagen ab. Als Teil des interaktiven Sprachgebrauchs können Warnungen und Ratschläge auch einen normativen Sinn haben; dann hängt die Berechtigung zu bestimmten Warnungen und Ratschlägen wiederum davon ab, ob die vorausgesetzte Norm, auf die sie sich beziehen, gilt (intersubjektiv anerkannt ist) oder nicht (und auf einer nächsten Stufe: gelten, d. h. intersubjektiv anerkannt werden sollte oder nicht). Die meisten

Sprechhandlungstypen lassen sich allerdings eindeutiger einem einzigen Modus der Sprechverwendung zuordnen. Ob eine Schätzung gut oder schlecht ist, hängt unzweideutig von der Wahrheit einer entsprechenden Aussage ab – Schätzungen können nur im kognitiven Sprachgebrauch auftreten; ob das Urteil eines Gerichtshofs oder ob der Tadel einer Person oder ob der Befehl eines Vorgesetzten an einen Untergebenen wegen eines bestimmten Verhaltens »gerecht« gesprochen, »verdient« erteilt oder zu Recht gegeben worden sind, hängt ebenso unzweideutig davon ab, ob eine anerkannte Norm auf einen gegebenen Fall richtig angewendet (bzw. ob die richtige Norm auf diesen Fall angewendet) worden ist – Gerichtsurteile, Tadel, Befehle können nur Teil eines interaktiven Sprachgebrauchs sein. Austin selbst macht sich einmal den Einwand, daß in diesen Fällen verschiedene Geltungsansprüche im Spiel sind:

»Man mag auf korrekte Weise und in gutem Glauben zu dem Urteil gekommen sein, das den Angeklagten schuldig spricht; es bleibt dennoch offen, ob das Urteil gerecht oder angemessen war. Man mag das Recht zu einem Tadel gehabt und ihn ohne Böswilligkeit ausgesprochen haben, aber man kann sich immer noch fragen, ob der Tadel verdient war ... Mancher wird freilich gegen jeden Vergleich zwischen dieser zweiten Beurteilung und der den Aussagen zukommenden Beurteilung Folgendes einwenden wollen: Diese Fragen des Guten, Gerechten oder Verdienten sind doch völlig verschieden von der Frage nach Wahrheit und Falschheit! Das letztere ist eine so einfache Angelegenheit wie Schwarz und Weiß: entweder entspricht die Äußerung den Tatsachen oder sie entspricht ihnen nicht, und das ist alles.«[86]

Austin hat die Unterschiede zwischen den klargeschnittenen universalen Geltungsansprüchen der propositionalen Wahrheit und der normativen Richtigkeit verwischt, indem er den universalen Geltungsanspruch der Wahrheit mit einer Fülle von partikularen Bewertungskriterien zu einer Klasse zusammenfaßt. Das erweist sich jedoch als unnötig, wenn wir bei einer gegebenen Sprechhandlung unterscheiden zwischen

a) den implizit vorausgesetzten allgemeinen Kontextbedingungen
b) dem spezifischen Sinn der herzustellenden interpersonalen Beziehung, und
c) dem implizit erhobenen allgemeinen Geltungsanspruch.

Während (a) und (b) die (einzelsprachlich verschieden) ausgeprägten Klassen von standardisierten Sprechhandlungen festlegen, bestimmt (c) die universalen, d. h. in der Rede überhaupt angelegten Kommunikationsmodi.

Bevor ich auf (a) und (b) eingehe, möchte ich wenigstens bemerken, daß der Austinsche Ausgangspunkt der Unterscheidung zwischen performativen und konstatierenden Äußerungen den Blick zu sehr einengt. Denn mit den beiden Kommunikationsmodi, die ich an dieser Unterscheidung entwickelt habe, ist das Geltungsspektrum der Rede noch nicht erschöpft. Gewiß kann es einen Kommunikationsmodus, in dem die Verständlichkeit eines Ausdrucks thematisch hervorgehoben würde, nicht geben: denn jeder Sprechakt muß in gleicher Weise die Voraussetzung der Verständlichkeit erfüllen. Wenn die *Verständlichkeit* irgendeiner Kommunikation *zusammenbricht*, kann die Forderung nach Verständlichkeit nur mit dem Übergang zum hermeneutischen Diskurs, und dann im Zusammenhang mit dem zugehörigen Sprachsystem, zum Thema gemacht werden. Was aber auf der Ebene des kommunikativen Handelns in ähnlicher Weise hervorgehoben werden kann wie die Wahrheit einer Proposition und die Richtigkeit (bzw. Angemessenheit) einer interpersonalen Beziehung, ist die *Wahrhaftigkeit*, mit der der Sprecher seine Intentionen äußert. Wahrhaftigkeit verbürgt die Transparenz einer sprachlich sich darstellenden Subjektivität. Sie wird besonders hervorgehoben im *expressiven Sprachgebrauch*. Paradigmatisch sind Sätze, in denen die Sprecherintentionen, die beiläufig in jedem Sprechakt ausgedrückt werden, als solche thematisch werden, d. h. Intentionalsätze wie

(3) Ich sehne mich nach Dir

(4) Ich wünsche mir, daß ...,
wobei die explizite Einbettung in einen illokutiven Akt
(3)′ Hiermit bringe ich Dir gegenüber zum Ausdruck, daß ich mich nach Dir sehne
ungewöhnlich ist. Die interpersonale Beziehung, die die Funktion der Selbstdarstellung tragen kann, ist im expressiven Sprachgebrauch nicht Thema und bedarf daher nur in Situationen der Erwähnung, in denen die Präsupposition der Wahrhaftigkeit des Sprechers nicht selbstverständlich ist:

(5) Ich muß Dir gestehen, daß ...

(6) Ich möchte Dir nicht verheimlichen, daß ...

Daher lassen sich solche repräsentativen Sprechakte (wie: zum Ausdruck bringen, enthüllen, verschweigen, preisgeben usw.) nicht in der gleichen Weise dem (illokutionärer Akte in gewisser Weise unbedürftigen) expressiven Sprachgebrauch zuordnen wie die konstativen Sprechhandlungen dem kognitiven und die regulativen Sprechhandlungen dem interaktiven Sprachgebrauch. Aber auch der Wahrhaftigkeitsanspruch ist ein universales Implikat der Rede, solange nicht die Voraussetzungen kommunikativen Handelns überhaupt suspendiert sind. Im konstativen Sprachgebrauch muß der Sprecher seine Gedanken, Meinungen, Annahmen usw. trivialerweise wahrhaftig zum Ausdruck bringen, aber indem er eine Proposition behauptet, kommt es nicht auf die Wahrhaftigkeit seiner Intention an, sondern auf die Wahrheit der Proposition. Ebenso bringt der Sprecher im interaktiven Sprachgebrauch die Absicht des Versprechens, des Tadelns, des Verweigerns usw. zum Ausdruck, aber indem er eine interpersonale Beziehung mit einem Hörer zustande bringt, ist die Wahrhaftigkeit seiner Intention nur eine notwendige Bedingung, während es darauf ankommt, daß die Handlung zu einem anerkannten normativen Hintergrund paßt.

Es ergeben sich also die folgenden Zuordnungen:

Kommunikationsmodus	Sprechhandlungstypus	Thema	themenbestimmender Geltungsanspruch
kognitiv	konstativ	propositionaler Gehalt	Wahrheit
interaktiv	regulativ	interpersonale Beziehung	Richtigkeit, Angemessenheit
expressiv	(repräsentativ)	Sprecherintention	Wahrhaftigkeit

P.S. Die Modi des Sprachgebrauchs lassen sich gegeneinander nur paradigmatisch abgrenzen. Ich behaupte nicht, daß sich beliebige Sprechhandlungssequenzen unter diesen Gesichtspunkten *eindeutig* klassifizieren lassen; ich behaupte lediglich, daß jeder kompetente Sprecher grundsätzlich die Möglichkeit hat, einen Modus eindeutig zu wählen, weil er mit jedem Sprechakt vier universale Geltungsansprüche erheben *muß*, so daß er einen von drei universalen Geltungsansprüchen zur Thematisierung einer Redekomponente auszeichnen *kann*.

6. Nachdem ich Bedeutungsstruktur und Geltungsbasis der Sprechhandlung erläutert habe, möchte ich zu der Frage zurückkehren, worin die illokutive Kraft einer Äußerung besteht. Wir wissen vorerst nur, worin die illokutive Kraft, wenn die Sprechhandlung gelingt, resultiert – im Zustandekommen einer interpersonalen Beziehung. Austin und Searle haben die illokutive Kraft in der Weise analysiert, daß sie nach Bedingungen des Gelingens bzw. Mißlingens von Sprechakten suchten. Ein geäußerter Inhalt erhält eine bestimmte kommunikative Funktion dadurch, daß Standardbedingungen für das Zustandekommen einer entsprechenden interpersonalen Beziehung erfüllt sind. Mit dem illokutiven Akt macht der Sprecher ein Angebot, das angenommen oder zurückge-

wiesen werden kann. Der Versuch, den ein Sprecher mit einem illokutiven Akt unternimmt, mag aus kontingenten Gründen an der Weigerung des Adressaten scheitern, die angebotene Beziehung einzugehen. Dieser Fall interessiert in unserem Zusammenhang nicht. Uns interessiert der andere Fall, in dem der Sprecher selbst ein Mißlingen des Sprechaktes verschuldet, weil die Äußerung illokutiv unverständlich, d. h. unannehmbar ist (dabei geht es nicht um die Unverständlichkeit der Bedeutung des in der Äußerung verwendeten Satzes. Illokutiv unverständlich ist ein Sprechakt vielmehr dann, wenn der illokutive Akt nicht *annehmbar* ist). Wenn der Sprecher eine Äußerung tut, die ersichtlich kein seriöses Angebot enthält, kann er nicht damit rechnen, daß die von ihm intendierte Beziehung zustandekommt.

Ich spreche vom »Gelingen« eines Sprechaktes erst dann, wenn der Hörer nicht nur die Bedeutung des geäußerten Satzes versteht, sondern die vom Sprecher intendierte Beziehung tatsächlich eingeht. Und ich analysiere die Bedingungen für das Gelingen von Sprechakten in terms ihrer »Annehmbarkeit«. Da ich die Untersuchung von vornherein auf kommunikatives, d. h. verständigungsorientiertes Handeln beschränkt habe, gilt ein Sprechakt nur als annehmbar, wenn der Sprecher ein seriöses Angebot nicht lediglich vorspiegelt, sondern aufrichtig macht.

Das »seriöse Angebot« verlangt ein bestimmtes Engagement des Sprechers. Bevor ich auf dieses Sprecherengagement eingehe, möchte ich weitere Gründe für die Unannehmbarkeit von illokutionären Akten erwähnen.

Austin entwickelt seine Lehre von den »infelicities« vornehmlich an institutionell gebundenen Sprechakten; daher sind die Beispiele für »Misfires« (nämlich für misinvocations, misexecutions, misapplications) typisch für alle möglichen Fälle von Regelverletzungen. So kann die Unannehmbarkeit von Sprechakten auf Verstöße gegen zugrundeliegende Handlungsnormen zurückgehen. Wenn ein Priester bei einer Heiratszeremonie die vorgeschriebene Vermählungsformel nicht oder falsch ausspricht, liegt die Verfehlung auf der gleichen Ebene wie, sagen wir, der Befehl eines Dozenten an einen seiner Hörer, der ihm (wie wir annehmen mit Recht) entgegnen kann: »Sie können mich zwar um eine Gefälligkeit bitten, aber befehlen können Sie mir nicht.« Die Bedingungen der Annehmbarkeit sind nicht erfüllt – in beiden Fällen sind diese Bedingungen jedoch durch die *vorausgesetzten* Normen des Handelns definiert. Wir suchen hingegen nach Bedingungen der Akzeptabilität, die im institutionell ungebundenen Sprechakt selber liegen.

Searle hat für verschiedene Typen von Sprechhandlungen konventionelle Voraussetzungen analysiert, die erfüllt sein müssen, wenn der illokutive Akt verständlich und annehmbar sein soll. Unter dem Namen von preparatory rules bestimmt er *generalisierte* oder eingeschränkte *Kontexte* von möglichen Sprechhandlungstypen: ein Versprechen beispielsweise ist nicht akzeptabel, wenn nicht u. a. die Bedingungen erfüllt sind, daß (a) H eine bestimmte Handlung A von S der Unterlassung von A vorzieht und S zudem meint, daß es sich so verhält; und wenn (b) sowohl S wie H nicht davon ausgehen, daß S unter normalen Umständen A ohnehin tun würde.[87] Wenn konventionelle Voraussetzungen dieser Art nicht erfüllt sind, ist der Akt eines Versprechens »witzlos«, das heißt: der Versuch eines Sprechers, den illokutiven Akt dennoch auszuführen, ergibt keinen Sinn und muß von vornherein scheitern.[88] Die allgemeinen Kontextbedingungen institutionell ungebundener Sprechhandlungen sind zu unterscheiden von den Anwendungsbedingungen etablierter Handlungsnormen.[89] Beide Sätze von Anwendungsbedingungen, die für Sprechhandlungstypen und die für Handlungsnormen, müssen (weitgehend) unabhängig voneinander variieren, wenn die (institutionell ungebundenen) Sprechhandlungen ein instrumentelles Repertoir darstellen sollen, aus dem das handelnde Subjekt mit Hilfe einer endlichen Anzahl von Typen eine beliebige Anzahl normenkonformer Handlungen zusammensetzen kann.

Die eigentümliche Kraft des Illokutiven, die im Fall institutionell ungebundener Sprechhandlungen nicht unmittelbar der Geltung etablierter Handlungsnormen entlehnt sein kann, läßt sich freilich mit den sprechhandlungstypisch eingeschränkten Kontexten nicht erklären. Das gelingt erst mit Hilfe spezifischer Voraussetzungen, die Searle unter dem Namen der »essential rule« einführt. Er scheint dabei freilich nur zu einer Paraphrasierung der Bedeutung der entsprechenden performativen Verben zu gelangen (z. B. gilt für Aufforderungen: count as an attempt to get H to do A; oder für Fragen: count as an attempt to elicit an information from H). Diese Umschreibungen enthalten jedoch interessanterweise die gemeinsame Bestimmung: count as an attempt ... Die wesentliche Voraussetzung für das Gelingen eines illokutiven Aktes besteht darin, daß der Sprecher jeweils ein bestimmtes *Engagement* eingeht, so daß sich der Hörer auf ihn verlassen kann. Eine Äußerung kann dann und nur dann als ein Versprechen, eine Behauptung, Aufforderung oder Frage »zählen«, wenn der Sprecher ein Angebot macht, das er, sofern der Hörer es akzeptiert, »wahrzumachen« bereit ist – der Sprecher muß sich »engagieren«, d. h. zu erkennen geben, daß er in bestimmten Situationen bestimmte Handlungskonsequenzen ziehen wird. Die Art der Obligationen macht den *Inhalt* des Engagements aus.[90] Davon ist die *Aufrichtigkeit* des Engagements zu unterscheiden. Diese von Searle als »sincerety rule« eingeführte Bedingung muß im Falle verständigungsorientierten Handelns *stets* erfüllt sein. Ich werde deshalb im folgenden, wenn von Sprecherengagement die Rede ist, beides voraussetzen: einen bestimmten Inhalt des Engagements und die Aufrichtigkeit, mit der der Sprecher sein Engagement einzugehen bereit ist. Die bisherigen Sprechaktanalysen sind, soweit ich sehe, unbefriedigend, weil sie das Engagement des Sprechers, von dem die Annehmbarkeit seiner Äußerung spezifisch abhängt, nicht geklärt haben.

Die erkennbare und aufrichtige Bereitschaft des Sprechers,

eine bestimmte Art von interpersonaler Bindung einzugehen, hat, verglichen mit den allgemeinen Kontextbedingungen, einen eigentümlichen Status. Die eingeschränkten Kontexte, die bestimmte Sprechhandlungstypen jeweils voraussetzen, müssen (a) gegeben sein und (b) von den Beteiligten als existent unterstellt werden. Mithin müssen die beiden folgenden Aussagen gelten: a) eine Aussage des Inhalts, daß bestimmte, und zwar typischerweise geforderte Kontexte bestehen, und b) eine Aussage des Inhalts, daß Sprecher und Hörer unterstellen, daß diese Kontexte bestehen. Interessanterweise ist es nicht sinnvoll, auch die *spezifische* Voraussetzung des Sprecherengagements in gleicher Weise zu analysieren, so daß wiederum zwei Aussagen gelten würden: a) eine Aussage des Inhalts, daß auf seiten des Sprechers ein bestimmtes Engagement besteht, und b) eine Aussage des Inhalts, daß der Hörer unterstellt, daß das Sprecherengagement besteht. Man *kann* diese Strategie der Analyse wählen. Ich halte sie aber für unangemessen, sie würde nämlich nahelegen, vom Bestehen eines Sprecherengagements im gleichen Sinne zu sprechen wie von der Existenz eingeschränkter Kontexte. Ob bestimmte Kontexte bestehen oder nicht bestehen, kann ich in geeigneter Weise durch Beobachtung oder Befragung feststellen; ob sich hingegen ein Sprecher in bestimmter Weise engagiert und zu bestimmten Handlungskonsequenzen verpflichtet, kann ich nur *erproben* – feststellen kann ich allenfalls, ob hinreichende Indikatoren für die Vermutung vorliegen, daß das Angebot einer Erprobung standhalten würde.

Die Bindung, die der Sprecher mit dem Vollzug eines illokutiven Aktes einzugehen bereit ist, bedeutet eine Garantie, daß er in der Konsequenz seiner Äußerung bestimmte Bedingungen erfüllen wird: z. B. eine Frage als erledigt zu betrachten, wenn eine befriedigende Antwort gegeben wird; eine Behauptung fallen zu lassen, wenn sich ihre Unwahrheit herausstellt; selber einem Ratschlag zu folgen, wenn er sich in der gleichen Situation wie der Hörer befindet; einer Aufforderung Nachdruck zu verschaffen, wenn ihr nicht Folge geleistet wird usw. *Die illokutive Kraft eines akzeptablen Sprechakts besteht also darin, daß sie einen Hörer dazu bewegen kann, sich auf die sprechhandlungstypischen Verpflichtungen des Sprechers zu verlassen.* Was kann aber, wenn die illokutive Kraft nicht einfach eine suggestive Wirkung hat, den Hörer veranlassen, seinem Handeln die Prämisse zugrunde zu legen, daß der Sprecher das Engagement, das er erkennen läßt, auch ernst meint? Wenn es um institutionell gebundene Sprechhandlungen geht, kann sich der Gegenspieler vielleicht auf die bindende Kraft einer geltenden Handlungsnorm verlassen. Bei institutionell ungebundenen Sprechakten kann jedoch die illokutive Kraft nicht *unmittelbar* auf die Verbindlichkeit des normativen Hintergrunds zurückgeführt werden. Ich möchte deshalb die These vertreten, daß die illokutive Kraft, mit der der Sprecher in Ausführung seines Sprechakts auf den Hörer einwirkt, nur zu verstehen ist, wenn man über einzelne Sprechakte hinaus Sprechhandlungssequenzen in Betracht zieht, die auf der Grundlage einer reziproken Anerkennung von Geltungsansprüchen miteinander verknüpft sind.

Sprecher und Hörer erheben mit ihren illokutiven Akten Geltungsansprüche und fordern deren Anerkennung. Diese Anerkennung braucht jedoch nicht irrational zu erfolgen, weil die Geltungsansprüche einen kognitiven Charakter haben und der Nachprüfung fähig sind. Ich möchte deshalb die folgende These vertreten: *In letzter Instanz kann der Sprecher illokutiv auf den Hörer und dieser illokutiv wiederum auf den Sprecher einwirken, weil die sprechhandlungstypischen Verpflichtungen mit kognitiv nachprüfbaren Geltungsansprüchen verknüpft sind,* d. h. weil die reziproken Bindungen eine rationale Grundlage haben. Der engagierte Sprecher verbindet den spezifischen Sinn, in dem er eine interpersonale Beziehung aufnehmen möchte, normalerweise mit einem thematisch hervorgehobenen Geltungsanspruch – und wählt damit einen bestimmten Kommunikationsmodus.

Der Inhalt des Sprecherengagements ist mithin durch beides bestimmt:

– den spezifischen Sinn der herzustellenden interpersonalen Beziehung; und
– einen thematisch hervorgehobenen universalen Geltungsanspruch.

So haben Behauptungen, Beschreibungen, Klassifikationen, Schätzungen, Voraussagen, Einwände usw. einen verschiedenen spezifischen Sinn, aber der in diesen verschiedenen interpersonalen Beziehungen geltend gemachte Anspruch ist oder stützt sich auf die Wahrheit entsprechender Propositionen bzw. auf die Fähigkeit eines Subjektes, Erkenntnisse zu haben; entsprechend haben Bitten, Befehle, Ermahnungen, Versprechen, Vereinbarungen, Entschuldigungen, Zugeständnisse usw. einen verschiedenen spezifischen Sinn; aber der in diesen verschiedenen interpersonalen Beziehungen geltend gemachte Anspruch ist oder bezieht sich auf die Richtigkeit von Normen bzw. auf die Fähigkeit eines Subjektes, Verantwortung zu übernehmen. Bei verschiedenen Sprechakten, so können wir sagen, wird der Inhalt des Sprecherengagements jeweils *durch eine spezifische Bezugnahme auf denselben thematisch hervorgehobenen universalen Geltungsanspruch bestimmt.* Und weil die sprechhandlungstypischen Verpflichtungen wegen dieser Bezugnahme auf universale Geltungsansprüche den Charakter von Begründungs- oder Bewährungsverpflichtungen annehmen, kann der Hörer durch das signalisierte Sprecherengagement zur Annahme des Angebots rational motiviert werden. Ich möchte das für die drei Kommunikationsmodi erläutern.

Im kognitiven Sprachgebrauch bietet der Sprecher eine sprechaktimmanente *Begründungsverpflichtung* an. In konstativen Sprechakten ist das Angebot enthalten, nötigenfalls auf die *Erfahrungsquelle* zu rekurrieren, aus der der Sprecher die *Gewißheit* schöpft, daß seine Aussage wahr ist. Wenn diese unmittelbare Begründung einen ad hoc erhobenen Zweifel nicht behebt, kann der fortgesetzt problematisierte Wahrheitsanspruch Gegenstand eines theoretischen Diskurses werden. Im interaktiven Sprachgebrauch bietet der Sprecher eine sprechaktimmanente *Rechtfertigungsverpflichtung* an. Die regulativen Sprechakte enthalten freilich nur das Angebot des Sprechers, nötigenfalls auf den *normativen Kontext* hinzuweisen, der dem Sprecher die *Überzeugung* gibt, daß seine Äußerung richtig ist. Wiederum können wir, wenn diese unmittelbare Rechtfertigung einen ad hoc erhobenen Zweifel nicht beseitigt, zur Ebene des Diskurses, hier des praktischen Diskurses übergehen. Darin wird jedoch nicht der mit dem Sprechakt geradehin verbundene Richtigkeitsanspruch, sondern der *Geltungsanspruch* der *zugrundeliegenden Norm* zum Gegenstand diskursiver Prüfung. Schließlich geht der Sprecher auch im expressiven Sprachgebrauch eine sprechaktimmanente Verpflichtung ein, nämlich die *Bewährungsverpflichtung*, in den Konsequenzen seines Handelns zu zeigen, daß er genau die Intention zum Ausdruck gebracht hat, die ihn tatsächlich leitet. Falls die unmittelbare *Versicherung*, die zum Ausdruck bringt, was dem Sprecher selbst *evident* ist, ad hoc erhobene Zweifel nicht zerstreuen kann, läßt sich die Wahrhaftigkeit der Äußerung nur an der Konsistenz der Handlungskonsequenzen überprüfen. In diesen Konsequenzen bewährt sich die mit dem Sprechakt selbst übernommene Verpflichtung, und nicht ein Geltungsanspruch, der, wie im Falle des normativen Hintergrunds, außerhalb der Äußerung verankert ist.

Alle sprechaktimmanenten Verpflichtungen können auf zwei Ebenen, nämlich unmittelbar im Äußerungskontext, sei es durch Rekurs auf Erfahrungsgewißheit, durch Hinweis auf einen entsprechenden normativen Hintergrund oder durch Versicherung eigener Evidenzen, und mittelbar in Diskursen oder in der Folge konsistenter Handlungen eingelöst werden. Aber nur im Falle der Begründungs- und der Bewährungsverpflichtung, die wir mit konstativen und mit repräsentativen Sprechakten eingehen, beziehen wir uns auf beiden Ebenen auf *denselben* Wahrheits- bzw. Wahrhaftigkeitsanspruch; die Rechtfertigungsverpflichtung, die wir mit regulativen Sprechakten eingehen, bezieht sich unmittelbar auf den Anspruch, daß die vollzogene Sprechhandlung zu einem bestehenden normativen Hintergrund paßt, während mit dem Eintritt in einen praktischen Diskurs die Geltung der Norm selbst, der der Richtigkeitsanspruch des Sprechakts bloß entlehnt ist, zur Diskussion steht.

Unsere Überlegungen führen zu dem folgenden vorläufigen Ergebnis:

(1) Ein Sprechakt gelingt, d. h. er bringt die interpersonale Beziehung, die S mit ihm intendiert, zustande, wenn er
- verständlich und annehmbar ist und
- vom Hörer akzeptiert wird.

(2) Die Annehmbarkeit eines Sprechakts hängt u. a. davon ab, daß zwei pragmatische Voraussetzungen erfüllt sind:
- das Bestehen sprechhandlungstypisch eingeschränkter Kontexte (preparatory rule);
- ein erkennbares Engagement des Sprechers, bestimmte sprechhandlungstypische Verpflichtungen einzugehen (essential rule, sincerety rule).

(3) Die illokutive Kraft eines Sprechaktes besteht darin, daß sie einen Hörer zu bewegen vermag, unter der Prämisse zu handeln, daß das signalisierte Sprecherengagement ernst gemeint ist; diese Kraft kann der Sprecher
- im Falle institutionell gebundener Sprechakte unmittelbar der obligatorischen Kraft geltender Normen entlehnen;
- im Falle institutionell nicht gebundener Sprechakte in der Weise entfalten, daß er die Anerkennung von Geltungsansprüchen induziert.

(4) Sprecher und Hörer können sich gegenseitig zur Anerkennung von Geltungsansprüchen bewegen, weil der Inhalt des Sprecherengagements durch eine spezifische Bezugnahme auf einen thematisch hervorgehobenen Geltungsanspruch bestimmt ist, wobei der Sprecher
- mit einem Wahrheitsanspruch Begründungsverpflichtungen,

– mit einem Richtigkeitsanspruch Rechtfertigungsverpflichtungen,
– mit einem Wahrhaftigkeitsanspruch Bewährungsverpflichtungen

auf eine kognitiv nachprüfbare Weise übernimmt.

7. Die Analyse dessen, was Austin die illokutive Kraft einer Äußerung genannt hat, führt uns zurück zur Geltungsbasis der Rede. Ihre illokutive Kraft verdanken institutionell ungebundene Sprechakte einer Bündelung der Geltungsansprüche, die von Sprecher und Hörer reziprok erhoben und als berechtigt anerkannt werden müssen, wenn grammatische (also verständliche) Sätze mit dem Erfolg einer gelingenden Kommunikation verwendet werden sollen. Ein Kommunikationsteilnehmer handelt nur unter der Bedingung verständigungsorientiert, daß er unter Verwendung verständlicher Sätze mit seinen Sprechakten drei Geltungsansprüche auf eine akzeptable Weise erhebt: er beansprucht Wahrheit für einen ausgesagten bzw. für die Existenzpräsuppositionen eines erwähnten propositionalen Gehalts; sodann Richtigkeit (bzw. Angemessenheit) für Normen (bzw. Werte), die eine performativ herzustellende interpersonale Beziehung im gegebenen Kontext rechtfertigen; schließlich Wahrhaftigkeit für die geäußerten Intentionen. Zwar können einzelne Geltungsansprüche thematisch hervorgehoben werden, wobei die Wahrheit des Aussageinhalts im kognitiven, die Richtigkeit (bzw. Angemessenheit) der interpersonalen Beziehung im interaktiven und die Wahrhaftigkeit des Sprechers im expressiven Sprachgebrauch im Vordergrund steht; in jeder Äußerung kommt aber das System aller vier Geltungsansprüche ins Spiel – diese sind universal, d. h. sie müssen stets *gleichzeitig* erhoben und als berechtigt anerkannt werden, obwohl sie nicht alle zugleich thematisch sein können.

Die Universalität der in die Redestruktur eingelassenen Geltungsansprüche läßt sich vielleicht mit Hinweisen auf den systematischen Ort der Sprache erläutern. Sprache ist das

Medium, durch das Sprecher und Hörer ihre Abgrenzungsleistungen realisieren. Das Subjekt grenzt sich (a) gegen eine Umwelt ab, die es in der propositionalen Einstellung eines Beobachters vergegenständlicht, (b) gegen eine Umwelt, die es in der performativen Einstellung eines Beteiligten erfährt; es grenzt sich (c) gegen seine eigene Subjektivität ab und schließlich (d) gegen das Medium der Sprache selber. Ich habe für diese Realitätsbereiche die etwas willkürlich gewählten Terme: äußere Natur, Gesellschaft, innere Natur und Sprache vorgeschlagen. Die in jeder Sprechhandlung unvermeidlicherweise implizierten Geltungsansprüche zeigen, daß in der verständigungsorientierten Rede jene vier Regionen stets gleichzeitig zur Erscheinung gelangen müssen. Die Erscheinungsweise dieser Regionen möchte ich mit wenigen phänomenologischen Hinweisen charakterisieren.

Mit »äußerer Natur« meine ich den objektivierten Ausschnitt der Realität, den das erwachsene Subjekt (sei es auch nur mittelbar) wahrnehmen und manipulativ behandeln kann. Eine objektivierende Einstellung kann es natürlich nicht nur gegenüber der unbelebten Natur, sondern gegenüber allen Gegenständen und Sachverhalten, die der sinnlichen Erfahrung direkt oder indirekt zugänglich sind, einnehmen. »Gesellschaft« soll jenen symbolisch vorstrukturierten Wirklichkeitsausschnitt bezeichnen, den das erwachsene Subjekt in nicht-objektivierender Einstellung, d. h. als kommunikativ Handelnder (als Teilnehmer an einem Kommunikationssystem) verstehen kann: dazu gehören Sätze und Handlungen, Institutionen, Überlieferungen, kulturelle Werte, semantisch gehaltvolle Objektivationen überhaupt, sowie die sprach- und handlungsfähigen Subjekte selber. Diese performative Einstellung können wir durch eine objektivierende Einstellung gegenüber der Gesellschaft ersetzen; und umgekehrt auf eine performative Einstellung einschwenken in Bereichen, in denen wir uns (heute) normalerweise objektivierend verhalten: z. B. gegenüber Tieren und Pflanzen. Zur »inneren Natur« rechne ich alle Intentionen, die ich als jeweils meine Erlebnisse äußern kann. Gerade in dieser expressiven Einstellung weiß sich das Ich nicht nur als Subjektivität, sondern als eine Instanz, die gleichzeitig in Kognition, Sprache und Interaktion die Grenzen bloßer Subjektivität immer schon transzendiert hat. In einer objektivierenden Einstellung des Subjekts gegenüber sich selbst wird allerdings der Sinn, in dem Intentionen jeweils als meine Intentionen ausgedrückt werden können, verstellt.[91]

Schließlich habe ich das Medium unserer Äußerungen als eine eigene Region eingeführt; gerade weil *Sprache* (einschließlich nicht-propositionaler Symbolsysteme) im Vollzug unserer kommunikativen Handlungen und Expressionen in einer eigentümlichen Halbtranszendenz verharrt, präsentiert sie sich dem Sprecher und dem Handelnden (vorbewußt) als ein Realitätsausschnitt sui generis. Das schließt wiederum nicht aus, daß wir gegenüber sprachlichen Äußerungen oder Symbolsystemen sei es eine auf das materielle Substrat gerichtete objektivierende oder eine auf den semantischen Gehalt illokutiver Akte gerichtete performative Einstellung einnehmen können.

Das Modell, das ich damit intuitiv eingeführt habe, ist das einer Kommunikation, in der grammatische Sätze über universale Geltungsansprüche in drei Realitätsbezüge eingebettet werden, so daß sie die entsprechenden pragmatischen Funktionen der Darstellung, der Mitteilung und des Ausdrucks übernehmen.

Äußere Natur ist alles, was explizit als Inhalt von Aussagen behauptet werden kann. Dabei könnte »Objektivität« die Art und Weise bezeichnen, in der die vergegenständlichte Realität in der Rede erscheint. Und »Wahrheit« ist der Anspruch, den wir für eine entsprechende Proposition geltend machen. Die *gesellschaftliche Realität* der Handlungsnormen und Werte tritt über die illokutiven Bestandteile der Sprechakte (gleichsam durch die performative Einstellung der Sprecher und Hörer hindurch) als ein Stück nicht-objektivierter Wirklichkeit in die Rede ein. Ebenso manifestiert sich die *innere Natur* der beteiligten Subjekte über die Sprecherintentionen als ein anderes Stück nicht-objektivierter Wirklichkeit in der Rede. Ich möchte ›Normativität‹ und ›Subjektivität‹ als Termini für die Art und Weise vorschlagen, in der die nicht-objektivierte Gesellschaft beziehungsweise die nicht-objektivierte innere Natur in der Rede erscheint. ›Richtigkeit‹ ist der Anspruch, den wir im Hinblick auf die Normativität einer Äußerung, ›Wahrhaftigkeit‹ der, den wir im Hinblick auf die darin geäußerte Intention geltend machen. So sichern die allgemeinen Strukturen der Rede nicht nur den Bezug zur objektivierten Wirklichkeit, sie geben ebenso der Normativität der Äußerungen wie der Subjektivität der geäußerten Intentionen Spielraum. Schließlich gebrauche ich ›Intersubjektivität‹ als Terminus für die über das Verständnis identischer Bedeutungen und die Anerkennung universaler Ansprüche hergestellte Gemeinsamkeit zwischen sprach- und handlungsfähigen Subjekten. Der Anspruch, der im Hinblick auf Intersubjektivität geltend gemacht werden kann, ist Verständlichkeit – dies ist der redespezifische Geltungsanspruch.

Wir können jede Äußerung daraufhin prüfen, ob sie wahr oder unwahr, gerechtfertigt oder ungerechtfertigt, wahrhaftig oder unwahrhaftig ist, weil in der Rede, gleichviel mit welcher Hervorhebung, grammatische Sätze so in Realitätsbezüge eingebettet werden, daß in der akzeptablen Sprechhandlung stets Ausschnitte der äußeren Natur, der Gesellschaft und der inneren Natur zugleich zur Erscheinung gelangen. Auch die Sprache selber erscheint in ihr, denn die Rede ist ein Medium, in dem sich die sprachlichen Mittel, die instrumental verwendet werden, auch reflektieren. In der Rede hebt sich die Rede von den Regionen der äußeren Natur, der Gesellschaft und der inneren Natur als eine Wirklichkeit sui generis ab, sobald an einer sprachlichen Äußerung Zeichensubstrat, Bedeutung und Denotatum auseinandergehalten werden können. So ergeben sich für

a) die Realitätsbereiche, zu denen jede Sprechhandlung einen Bezug aufnimmt;

b) die Art und Weise, in der die Realitätsbereiche in den hergestellten Realitätsbezügen erscheinen;
c) die Geltungsansprüche, unter denen die Realitätsbezüge hergestellt werden;
d) die allgemeinen Funktionen, die grammatische Sätze in ihren Realitätsbezügen übernehmen

schematisch die folgenden Zuordnungen:

Realitätsbereiche	Erscheinungsform der Realitätsbezüge	implizite Geltungsansprüche	allgemeine Funktionen der Sprechhandlung
äußere Natur	Objektivität	Wahrheit	Darstellung
Gesellschaft	Normativität	Richtigkeit	Mitteilung
innere Natur	Subjektivität	Wahrhaftigkeit	Ausdruck
Sprache	Intersubjektivität	Verständlichkeit	– – –

0 Für hilfreiche Kritik an einer ersten Fassung der vorliegenden Arbeit danke ich E. Tugendhat und G. Grewendorf, die auch mit der verbesserten Fassung nicht ganz einverstanden sein werden.

1 K.-O. Apel, »Sprechakttheorie und transzendentale Sprachpragmatik zur Frage ethischer Normen«, in diesem Band S. 10 ff.

2 Im Rahmen des südwestdeutschen Neukantianismus hat schon Emil Lask den Begriff »der transsubjektiven Geltung« im Zusammenhang mit dem Sinn sprachlicher Ausdrücke, der Wahrheit von Aussagen und der Schönheit von Kunstwerken als Anerkennungswürdigkeit rekonstruiert. Lasks Geltungsphilosophie vereinigt Motive von Lotze, Bolzano, Husserl und natürlich Rickert: »Geltender Wert ist Anerkennungswürdigkeit, Anerkennungswert, was Hingabe verdient, dem sie gebührt, auch das sie fordert oder erheischt. Gelten ist Wert, Fordern, Norm ... Alle jene Termini wie ›Würdigkeit‹, ›verdienen‹, ›gebühren‹, ›fordern‹ sind korrelative Begriffe, deuten auf ein dem Gelten korrespondierendes subjektives Verhalten hin: würdig, irgendwie behandelt oder angesehen zu werden, es fordert ein gewisses Verhalten ...« (E. Lask, »Zum System der Logik«, in: *Ges. Schriften*, III, Tübingen 1924, S. 57–170, hier S. 92).

3 Dies verkennt Y. Bar-Hillel in seiner Kritik: »On Habermas' Hermeneutic Philosophy of Language«, in: *Synthese* 26, 1973, S. 1–12. Die Kritik bezieht sich auf ein als vorläufig charakterisiertes Seminarpapier: »Vorbereitende Bemerkungen zu einer Theorie der kommunikativen Kompetenz«, in: J. Habermas/N. Luhmann, *Theorie der Gesellschaft oder Sozialtechnologie*, Frankfurt 1971, S. 101–141. Ich fühle mich von Bar-Hillel in so vielen Punkten mißverstanden, daß ich eine Replik im einzelnen nicht für sinnvoll halte. Ich hoffe, in der vorliegenden Skizze meinen (immer noch stark programmatischen) Ansatz auch für aggressiv eingestellte und hermeneutisch nicht besonders aufgeschlossene Leser hinreichend klar zu machen.

4 Z. B. K.-O. Apel, *Transformation der Philosophie*, Bd. II, Frankfurt 1971, S. 406 ff.; ders., »Programmatische Bemerkun-

gen zur Idee einer transzendentalen Sprachgrammatik«, in: *Annales Universitatis Tukuensis Sarja*, Series B Osa Tom 126, Turku 1973, S. 11–35.

5 Ch. Morris, »Foundations of the Theory of Signs«, in: *Encycl. of Univ. Science 1*, No. 2, Chicago 1938; ders., *Signs, Language, Behavior*, New York 1955, deutsch Düsseldorf 1974 (mit einer Einleitung von K.-O. Apel).

6 Vgl. meine Bemerkungen zu Morris in: *Logik der Sozialwissenschaften*, Frankfurt 1970, S. 150 ff.

7 Bar-Hillel, »Indexical Expressions«, in: *Aspects of Language*, Jerusalem 1970, S. 69–88; ders., »Semantics and Communication«, in: H. Heidrich, *Semantics and Communication*, Amsterdam 1974, S. 1–36. Im Anschluß an Bar-Hillel hat A. Kasher eine formale Repräsentation für die Einbettung von sprachlichen Ausdrücken in außersprachliche Kontexte vorgeschlagen: »A step forward to a Theory of Linguistic Performance«, in: Y.Bar-Hillel (Ed.), *Pragmatics of Natural Languages*, Dordrecht 1971, S. 84–93. Ferner: R. C. Stalnaker, »Pragmatics«, in: Davidson, Harman, *Semantics of Natural Language*, Dordrecht 1972, S. 380–397.

8 R. M. Hare, *Die Sprache der Moral*, Frankfurt 1972; H. v. Wright, *Norm and Action*, London 1963; N. Rescher, *Topics in Philosophical Logic*, Dordrecht 1968.

9 L. Apostel, »A Proposal on the Analysis of Questions«, in: *Logique et Analyse*, 12, 1969, S. 376–381; W. Kuhlmann, *Reflexion zwischen Theorie und Kritik*, Frankfurt 1975.

10 St. Toulmin, *The Uses of Argument*, Cambridge 1964; W. C. Salmon, *The Foundation of Scientific Inference*, Pittsburgh 1967; vgl. das zusammenfassende Kapitel über »non-demonstrative inference«, in: R. P. Botha, *The Justification of Linguistic Hypotheses*, Den Haag 1973, S. 25–72.

11 F. Kiefer, »On Presuppositions«, in: F. Kiefer, N. Ruwet (Eds.), *Generative Grammar in Europe*, Dordrecht 1973, S. 218–242; K. H. Ebert, »Präsuppositionen im Sprechakt«, in: Cate, Jordens (Hrsg.), *Linguistische Perspektiven*, Tübingen 1973, S. 45–60; F. Petöfi, *Präsuppositionen in Linguistik und Philosophie*, Frankfurt 1974.

12 H. P. Grice, »The Logic of Conversation«, MS 1968; D. Gordon, G. Lakoff, »Conversational Postulates«, MS 1973.

13 J. R. Ross, »On Declarative Sentences«, in: Jacob Rosenbaum (Eds.), *Readings in English Transformational Grammar*, Waltham, Mass. 1970, S. 222–277; J. D. MacCawley, »The Role of Semantics in a Grammar«, in: Bach, Harms, *Universals of Language*, New York 1968, S. 125–170; D. Wunderlich, »Sprechakte«, in: Maas, Wunderlich, *Pragmatik und sprachliches Handeln*, Frankfurt 1972, S. 69–188; ders., »Zur Konventionalität von Sprechhandlungen«, in: D. Wunderlich (Hrsg.), *Linguistische Pragmatik*, Frankfurt 1972, S. 11–58.

14 C. J. Fillmore, »Pragmatics and the Description of Discourse«, MS 1973; G. Posner, *Textgrammatik*, Frankfurt 1973.

15 J. Lyons, *Einführung in die moderne Linguistik*, München 1971, S. 409–492; J. J. Katz, *Semantic Theory*, New York 1972.

16 P. F. Strawson, *Logico-Linguistic Papers*, London 1971.

17 A. C. Danto, *Analytical Philosophy of Action*, Cambridge 1973; St. Hampshire, *Thought and Action*, London 1960; D. S. Schwayder, *The Stratification of Behavior*, London 1965; Care, Landesman (Eds.), *Readings in the Theory of Action*, London 1968.

18 P. Winch, *Die Idee einer Sozialwissenschaft*, Frankfurt 1969; Ch. Taylor, »Explaining Action«, *Inquiry* 13, 1973, S. 54–89 (dt. in: ders., *Erklärung und Interpretation in den Wissenschaften vom Menschen*, Frankfurt 1975); H. v. Wright, *Explanation and Understanding*, London 1971; ders.: »On the Logic and Epistemology of the Causal Relation«, in: P. Suppes (Ed.), *Logic, Methodology and Philos. of Science*, Vol. IV 1973, S. 293–312.

19 W. P. Alston, *Philosophy of Language*, Englewood Cliffs 1964.

20. J. Bennett, »The Meaning-Nominalist Strategy«, *Foundations of Language*, 10/1973, S. 141–168; S. R. Schiffer *Meaning*, Oxford 1972.

21 Vgl. die von Savigny (in: J. L. Austin, *Zur Theorie der Sprechakte*, Stuttgart 1972) zusammengestellte Literatur S. 203 ff.

22 G. Grewendorf, »Sprache ohne Kontext«, in: D. Wunderlich (Hrsg.), *Linguistische Pragmatik*, a.a.O., S. 144–182.

23 H. P. Grice, »Meaning«, *Phil. Rev.*, 66, 1957, S. 377–388; ders., »Utterer's Meaning, Sentence-Meaning, and Word-Meaning«, *Foundations of Language* 4, 1968, S. 225–242; D. K. Lewis, *Convention*, Cambridge 1969.

24 J. Habermas, *Zur Logik der Sozialwissenschaften*, a.a.O., S. 184 ff.

25 Das betont H. G. Gadamer, *Wahrheit und Methode*, Tübingen 1960.

26 G. Ryle, *The Concept of Mind*, dt. Stuttgart 1969; zur Interpretation vgl. E. v. Savigny, *Die Philosophie der normalen Sprache*, Frankfurt 1974, S. 91–126.

27. R. Carnap, W. Stegmüller, *Induktive Logik und Wahrscheinlichkeit*, Wien 1959, S. 15.

28 D. Wunderlich, *Grundlagen der Linguistik*, Hamburg 1974, S. 209.

29 N. Chomsky, *Aspekte der Syntaxtheorie*, Frankfurt 1969.

30 D. Wunderlich, *Grundlagen*, a.a.O., S. 210–218.

31 R. P. Botha, *Justification*, a.a.O., S. 75 ff. spricht in diesem Zusammenhang von external vs. internal linguistic evidence.

32 D. Wunderlich, *Grundlagen*, a.a.O., S. 216. Wenn ich recht sehe, gibt Schnelle, *Sprachphilosophie und Linguistik*, Hamburg 1973, S. 82–114 der modelltheoretischen Version der Sprachwissenschaft eine empiristische Deutung.

33 Botha, *Justification*, a.a.O., S. 224 meint, daß ein Sprecher nicht nur richtige linguistische Intuitionen falsch wiedergeben, sondern falsche Intuitionen haben könne; aber das Konstrukt des vortheoretischen *Wissens* läßt diese Möglichkeit nicht zu. Ich halte es für sinnvoll, davon auszugehen, daß linguistische Intuitionen nur »falsch« sein können, wenn sie von inkompetenten Sprechern stammen. Ein anderes Problem ist das Zusammenwirken von grammatischen und nicht-grammatischen (z. B. perzeptuellen) Wissenssystemen beim Zustandekommen von diffusen Urteilen über die Akzeptabilität von Sätzen, d. h. die Frage der Isolierung von Äußerungen des grammatischen Regelbewußtseins bzw. von genuin sprachlichen Intuitionen: Th. G. Bever, »The Ascent of the Specious«, in: D. Cohen (Ed.), *Explaining Linguistic Phenomena*, New York 1974, S. 173–200.

34 U. Oevermann verweist in diesem Zusammenhang auf die interessante Parallele zum Begriff der »reflektierenden Abstraktion« bei Piaget. J. Piaget, *Abriß der genetischen Epistemologie*, Olten 1974. Das Verfahren rationaler Nachkonstruktion ist vielleicht nur eine stilisierte und gleichsam unter Kontrolle gebrachte Form der reflektierenden Abstraktion, die das Kind

vollzieht, wenn es beispielsweise an seinen instrumentalen Handlungen das zugrundeliegende Schema »abliest«.

35 W. J. M. Levelt, *Formal Grammars in Linguistics and Psycholinguistics*, I–III, Amsterdam 1974.

36 Levelt, *Formal Grammars*, a.a.O., Bd. III, S. 5–7.

37 Levelt, *Formal Grammars*, a.a.O., Bd. III, S. 14 ff.

38 Gegen die Bedenken, die Botha, *Justification*, a.a.O., S. 224 gegen das »clear case principle« erhebt, möchte ich ein Argument wiedergeben, das J. J. Katz und B. G. Bever in einem empirismuskritischen Papier (»The Fall and Rise of Empiricism«, Ms Febr. 1974, S. 38 f.) gegen ähnliche Bedenken ins Feld führen: »Such a theory ... seeks to explicate intuitions about the interconnectedness of phonological properties in terms of a theory of the phonological component, to explicate intuitions about the interconnectedness of syntactic properties in terms of a theory of the syntactic component, and to explicate intuitions about the interconnectedness of semantic properties in terms of a theory of the semantic component. The theory of grammar seeks finally to explicate intuitions of relatedness among properties of different kinds in terms of the systematic connections expressed in the model of a grammar that weld its components in a single integrated theory of the sound-meaning correlation in a language.

These remarks are, of course, by way of describing the theoretical ideal. But as the theory of grammar makes progress toward this ideal, it not only sets limits on the construction of grammars and provides a richer interpretation for gammatical structures but it also defines a wider and wider class of grammatical properties and relations. In so doing, it marks out the realm of the grammatical more clearly, distinctly, and securely than could have been done on the basis of the initial intuitions. As Fodor has insightfully observed, such a theory literally defines its own subject-matter in the course of its progress: ›There is then an important sense in which a science has to discover what it is about: it does so by discovering that the laws and concepts it produced in order to explain one set of phenomena can be fruitfully applied to phenomena of other sorts as well. It is thus only in retrospect that we can say of all the phenomena embraced by a single theoretical framework that *they* are what we meant, for example, by the presystematic term »physical event«, »chemical interaction«, or »behavior«. To the extent that such terms, or their employments, are neologistic, the neologism is occasioned by the insights that successful theories provide into the deep similarities that underlie superficially heterogeneous events.‹ (Fodor, J. A., *Psychological Explanation*, Random House, New York, 1968, pp. 10–11).«

39 H. Leuninger, M. H. Miller, F. Müller, *Psycholinguistik*, Frankfurt 1973; dies. (Hrsg.), *Linguistik and Psychologie*, Frankfurt 1974; H. Leuninger, »Linguistik und Psychologie«, in: R. Bartsch, Vennemenn (Hrsg.), *Linguistik und Nachbarwissenschaften*, Kronberg 1973, S. 225–241.

40 E. H. Lenneberg, *Biologische Grundlagen der Sprache*, Frankfurt 1972; ders., »Ein Wort unter uns«, in: Leuninger et. al., *Linguistik und Psychologie*, a.a.O., S. 53–72.

41 L. Kohlberg, *Die Entwicklung des Kindes*, Frankfurt 1974.

42 Dazu U. Oevermann, »Kompetenz und Performanz«, MS MPI Bildungsforschung 1974.

43 Kant, *Kritik der reinen Vernunft*, A 111.

44 B. Stroud, »Transcendental Arguments«, *Journ. Philos.* 9, 1968, S. 241–254; M. S. Gram, »Transcendental Arguments«, *Nous* 5, 1971, S. 15–26; J. Hintikka, »Transcendental Arguments«, *Nous* 6, 1972, S. 174–281; M. S. Gram, »Categories and Transcendental Arguments«, *Man and World*, 6, 1973, S. 252–269.

45 R. Bittner, »Transzendental«, *Handbuch Philos. Grundbegriffe*, Bd. 5, S. 1524–1539 (1974).

46 So die Erlanger Kant-Rezeption, die für die Grundbegriffe der Protophysik nur in eingeschränktem Sinn einen transzendentalen Status annimmt; vgl. jetzt den Diskussionsband von G. Böhme (Hrsg.), *Protophysik*, Frankfurt 1975.

47 Dafür ist der Kantianismus von Jean Piaget charakteristisch.

48 Vgl. die Einleitungen von K.-O. Apel zu: Ch. S. Peirce, *Schriften* I und II, Frankfurt 1967 und 1970.

49 Vgl. mein Nachwort zur Taschenbuchausgabe von *Erkenntnis und Interesse*, Frankfurt 1973; vgl. auch R. Bubner, »Transzendentale Hermeneutik«, in: Simon-Schäfer, Zimmerli (Hrsg.), *Wissenschaftstheorie der Geschichtswissenschaften*, Hamburg 1975, S. 57–70.

50 F. Kambartel, *Erfahrung und Struktur*, Frankfurt 1968.

51 J. Habermas, »Wahrheitstheorien«, in: *Festschrift f. Walter Schulz*, Pfullingen 1973, S. 211–265.

52 W. Sellars, »Presupposing«, *Phil. Rev.* 63, 1954, S. 197–215; P. F. Strawson, »A Reply to Mr. Sellars«, *Phil. Rev.* 63, 1954, S. 216–231.

53 U. Oevermann, »Theorie der individuellen Bildungsprozesse«, MS MPI Bildungsforschung (1974).

54 Vgl. dazu die Kontroverse zwischen Quine und Chomsky: N. Chomsky, »Quine's Empirical Assumptions«; W. V. O. Quine, »Replies«, beide in: Davidson, Hintikka (Eds.), *Words and Objections*, Dordrecht 1969, S. 53–68 und S. 292–352; W. V. O. Quine, »Methodological Reflection on Current Linguistic Theory«, in: Davidson, Harman (Eds.), *Semantics of Natural Language*, Dordrecht 1972. Charakteristisch für den methodischen Behaviorismus in der Linguistik auch: H. Schnelle, *Sprachphilosophie und Linguistik*, Hamburg 1973.

55 J. L. Austin, *How to do Things with Words* (1955), Oxford 1962, (dt. Stuttgart 1972; darin Literatur zur Theorie der Sprechakte, zusammengestellt von E. v. Savigny S. 204–209); ders., »Performative Utterances«, in: *Philosophical Papers*, Oxford 1970, S. 233–252; ders. »Performative und konstatierende Äußerungen«, in: R. Bubner, *Sprache und Analysis*, Stuttgart 1968, S. 140–153; weitere Literaturangaben zu Austin in: E. v. Savigny, *Die Philosophie der normalen Sprache*, Frankfurt 1974, S. 162–166.

J. R. Searle, »What is a Speech Act?« in: M. Black (Ed.), *Philosophy in America*, Ithaca 1965, S. 221–239, abgedr. in: Rosenberg, Travis (Eds.), *Readings in the Philosophy of Language*, Englewood Cliffs 1971, S. 614–628; ders., »Austin on Locutionary and Illocutionary Acts«, *Phil. Rev.* 77, 1968, S. 405–424, abgedr. in: Rosenberg, Travis, a.a.O., S. 262–275; ders. *Speech Acts*, London 1969 (dt. Frankfurt 1971); ders., »Linguistik und Sprachphilosophie«, in: Bartsch, Vennemann, *Linguistik und Nachbarwissenschaften*, Kronberg 1973, S. 113–126.

W. P. Alston, *Philosophy of Language*, Englewood Cliffs, 1964, 1; ders., »Linguistic Acts«, *Am. Phil. Quart.* 1, 1964, S. 138–146.

L. J. Cohen, »Do Illocutionary Forces exist?« *Phil. Quart.* 14,

1964, S. 118–137, abgedr. in: Rosenberg, Travis, a.a.O., S. 580–598; ders., »Speech Acts«, *Current Trends in Linguistics*, 12, 1970.
R. M. Hare, »Meaning and Speech Acts«, *Phil. Rev.* 79, 1970, S. 3–24; ders., »Austins Distinction between Locutionary and Illocutionary Acts«, in: Hare, *Practical Inferences*, London 1972.
D. Holdcroft, »Performatives and Statements«, *Mind* 83, 1974, S. 1–19.
P. F. Strawson, »Intention and Convention in Speech Acts«, *Phil. Rev.* 73, 1964, S. 439–460, abgedr. in: Rosenberg, Travis, a.a.O., S. 599–613.
S. Thau, »The Distinction between Ebetic and Illocutionary Act«, *Analysis* 32, 1972/73, S. 177–183.
Ch. Travis, »A Generative Theory of Speech Acts«, in: Rosenberg, Travis, a.a.O., S. 629–644.
G. J. Warnock, »Hare on Meaning and Speech Acts«, *Phil. Rev.* 80, 1971, S. 80–84.
D. Wunderlich, *Grundlagen der Linguistik*, Hamburg 1974, S. 309–352 (Sprechhandlungssemantik).

56 N. Chomsky, *Aspekte der Syntaxtheorie*, Frankfurt 1969, S. 13–28.

57 Die ich unten im Anschluß an Searles principle of expressibility anführe.

58 P. F. Strawson, *Individuals*, London 1959; M. Dummet, *Frege, Philosophy of Language*, London 1973; E. Tugendhat, »Vorlesungen zur analytischen Bedeutungstheorie«, MS. 1975.

59 Zur Analyse der Intentionalität und der Äußerung von Intentionen: W. Sellars, »Empiricism and the Philosophy of Mind«, in: *Metaphysics*, London 1968; ders., R. M. Chisholm, »Intentionality and the Mental«, in: *Minnesota Studies*, Vol. I, 1963, S. 507–539; ders., *Science and Metaphysics*, London 1968; E. Tugendhat, »Phänomenologie und Sprachanalyse«, in: *Festschrift f. Gadamer*, II, Tübingen 1970, S. 3–24; J. Hintikka, *Knowledge and Belief*, Ithaca 1962; Ch. Taylor, »Explaining Action«, *Inquiry* 13, 1970, S. 54–89 (dt. in: ders., *Erklärung und Interpretation in den Wissenschaften vom Menschen*, Frankfurt 1975).

60 Vgl. z. B. B. Steinberg, Jakobovits (Eds.), *Semantics*, Cambridge

1971, S. 157–484, ferner: H. E. Boekle, *Semantik*, München 1972.

61 Exemplarisch die Arbeiten von P. W. Alston.

62 F. v. Kutschera, *Sprachphilosophie*, München 1971, S. 117–161; H. Schnelle, *Sprachphilosophie und Linguistik*, Hamburg 1973, S. 190–240; D. Wunderlich, *Grundlagen der Linguistik*, Hamburg 1974, S. 238–273.

63 P. Watzlawick, J. H. Beavin, D. D. Jackson, *Pragmatics of Human Communication*, New York 1967 (dt. München 1970).

64 Eine Kommunikationstheorie, die Bedingungen verständigungsorientierten Handelns rekonstruieren soll, verlangt als Basiseinheit der Analyse nicht unbedingt Paare komplementärer Sprechhandlungen, also reziprok vollzogene und akzeptierte Sprechhandlungen, aber jedenfalls die Äußerung eines Sprechers, die von mindestens einem weiteren sprach- und handlungsfähigen Subjekt nicht nur *verstanden*, sondern auch *akzeptiert* werden *kann.*

65 D. Wunderlich, »Zur Konventionalität von Sprechhandlungen«, in: Wunderlich (Hrsg.), *Linguistische Pragmatik*, a.a.O., S. 16; dort auch die linguistische Charakterisierung der Standardform, auf die ich nicht eingehe. Vgl. auch Wunderlichs Analyse eines Ratschlags in: Wunderlich, *Grundlagen*, a.a.O., S. 349 ff.

66 Ausnahmen sind repräsentative Sprechakte, die, wenn sie explizit sind, auch negative Form annehmen können: »Ich will Dir (hiermit) nicht verschweigen, daß . . .«.

67 Abweichend von einem weit verbreiteten Usus halte ich es nicht für sinnvoll, Aussagen von Behauptungen in der Weise zu unterscheiden, daß eine Aussage dadurch, daß sie behauptet wird, zwar in eine bestimmte Sprechsituation eingebettet wird, nicht aber ihre assertorische Kraft erhält. Ich meine vielmehr, daß die assertorische Kraft einer Aussage nicht anders als mit Bezugnahme auf den Geltungsanspruch rekonstruiert werden kann, den irgendein kompetenter Sprecher für die Aussage, indem er sie behauptet, erhebt. Ob dieser Anspruch erforderlichenfalls diskursiv eingelöst werden kann, d. h. ob die Aussage »gültig« (wahr) ist, hängt freilich davon ab, ob sie bestimmten Adäquatheitsbedingungen genügt. Wir können gewiß Aussagen monologisch betrachten, d. h. als symbolische Gebilde mit abstraktem Wahrheitswert ohne Sprecherbezug; aber dann abstra-

hieren wir eben von der Sprechsituation, in der ein Aussageinhalt dank des Umstandes, daß er als Aussage behauptet wird, einen Realitätsbezug erhält, d. h. die Voraussetzung erfüllt, wahr oder falsch sein zu können. Diese Abstraktion liegt allerdings nahe (und bleibt selbst dem Logiker oft verborgen), weil der vom Sprecher erhobene Wahrheitsanspruch universalistisch ist, also gerade dahin geht, daß er, obwohl er in einer bestimmten Situation erhoben wird, jederzeit gegen jedermanns Zweifel verteidigt werden könnte.

68 S. Kanngiesser, »Aspekte zur Semantik und Pragmatik«, in: *Linguistische Berichte*, H. 24, 1973, S. 1–28, hier S. 5.

69 Wunderlich, *Grundlagen*, a.a.O., S. 337 ff.

70 I. Dornbach, *Primatenkommunikation*, Frankfurt 1975. Für die verhältnismäßig frühe Differenzierung verschiedener Sprechhandlungstypen in der kindlichen Sprachentwicklung vgl. jetzt die bahnbrechende Dissertation von M. Miller, »Die Logik der frühen Sprachentwicklung«, Diss. Frankfurt 1975.

71 G. Grewendorf nennt (brieflich) als Gegenbeispiel: Unterzeichnung eines Vertrages, Gesuchs usw. bei gleichzeitiger Vergegenständlichung des entsprechenden illokutionären Aktes. Es scheint aber nur folgende Alternative möglich zu sein: entweder wird die Vertragsunterzeichnung mit Hilfe einer performativen Äußerung rechtskräftig ausgeführt – dann liegt keine Vergegenständlichung vor; oder die nicht-verbale Vertragsunterzeichnung wird durch eine Feststellung: S unterzeichnet Vertrag X begleitet – dann handelt es sich um zwei parallel ausgeführte und unabhängige illokutive Akte (so daß normalerweise eine Rollenteilung vorliegt: der Staatsmann unterzeichnet, der Reporter berichtet von der Vertragsunterzeichnung).

72 L. J. Cohen, »Do Illocutionary Forces exist?« in: Rosenberg, Travis (Eds.), *Readings*, a.a.O., S. 580–598, hier S. 587.

73 W. P. Alston, »Meaning and Use«, in: Rosenberg, Travis (Eds.), *Readings*, a.a.O., S. 403–419, hier S. 412: »I can find no cases in which sameness of meaning does not hang on sameness of illocutionary act.«

74 Für die Ontogenese scheint mir eine Kombination der Piagetschen Bedeutungstheorie für die an manipulierten Gegenständen ausgebildeten kognitiven Schemata (vgl. H. G. Furth, *Intelligenz und Erkennen*, Frankfurt 1972, bes. Kap. III und IV) und der

Meadschen Bedeutungstheorie für die in Interaktionen ausgebildeten Begriffe (vgl. Arbeitsgruppe Bielefelder Soziologen (Hrsg.), *Alltagswissen, Interaktion und gesellschaftliche Wirklichkeit*, 2 Bde., Hamburg 1973) aussichtsreich zu sein.

75 Dagegen B. Richards, »Searle on Meaning and Speech Acts«, *Found. of Language*, 7, 1971, S. 519–538, hier S. 536: »Austin argued that sentences such as Ra (I promise that I shall pay within one year) never *assert* anything that is either true or false, i. e. never assert propositions. Here we agree; but this in no way upsets the claim that Ra nevertheless *expresses* a proposition ... viz. the proposition that Ra.« Richards setzt den propositionalen Gehalt der Sprechhandlung Ra nicht gleich mit dem propositionalen Gehalt des abhängigen Satzes: I shall pay within one year, sondern mit dem Gehalt der vergegenständlichten Sprechhandlung Ra, die dann aber in eine weitere Sprechhandlung Rv eingebettet werden muß, z. B.: »I tell you, I promised him that I shall pay within one year.« Ich halte die Verwechslung von performativen Sätzen mit propositional vergegenständlichten Sätzen für einen Kategorienfehler, der, nebenbei, Richards' Argument gegen Searles principle of expressibility, insbesondere gegen seinen Vorschlag, die Bedeutung von Sprechhandlungen der Standardform in terms der Bedeutung der in den Sprechakten verwendeten Sätze zu analysieren, für entwertet.

76 Eine Konsequenz dieses Vorschlags ist, daß jede der universalpragmatischen Teiltheorien, d. h. die Theorie der illokutiven Akte ebenso wie die Theorie des Elementarsatzes (und des intentionalen Ausdrucks) ihren spezifischen Beitrag zur Bedeutungstheorie leisten kann. Noch in Austins Wahl der beiden Terme ›meaning‹ und ›force‹ schwingt das, wenn nicht schon seit Humboldt, so spätestens seit Wittgenstein überholte deskriptivistische Vorurteil mit, daß die Theorie des Elementarsatzes, die sense und reference zu klären hat, ein Monopol für die Bedeutungstheorie geltend machen darf. (Von diesem Vorurteil lebt natürlich auch die Referenzsemantik.)

77 Austin, *How to do*, a.a.O., S. 132.

78 Ebd. S. 147 f.; Searle, *Speech Acts*, a.a.O., S. 64 ff.

79 Austin, »Performative Utterances«, in: *Phil. Papers*, a.a.O., S. 248.

80 Austin, *How to do*, a.a.O., S. 144.

81 Ebd. S. 145 ff. Vgl. auch Austin, »Performative und konstatierende Äußerungen«, in: Bubner, *Sprache und Analysis*, a.a.O., S. 150: »Fürs erste ist klar, daß eine solche Äußerung nicht jeder weiteren Kritik entzogen ist, wenn wir bloß feststellen, sie sei nicht mißlungen, d. h. der Redner habe seinen Akt glücklich und in aller Aufrichtigkeit vollzogen. Man kann sie stets noch in einer anderen Dimension kritisieren. Gesetzt den Fall, ich sage jemandem: ›Ich rate Ihnen, das zu tun‹, und gesetzt auch, die Umstände wären angemessen, alle Bedingungen des Erfolges gegeben. Indem ich so spreche, rate ich Ihnen in der Tat, es zu tun – und mache nicht etwa eine wahre oder falsche *Aussage* darüber, *daß* ich Ihnen rate. Es handelt sich also um eine performative Äußerung. Gleichwohl stellt sich noch eine kleine Frage: war der Rat gut oder schlecht? Zwar sprach ich ganz aufrichtig; ich glaubte, es sei in Ihrem Interesse, so zu verfahren, wie ich anriet; doch hatte ich Recht? War mein Glaube unter den gegebenen Umständen zulässig? Und hat sich – obwohl dieser Punkt geringeres Gewicht hat – im tatsächlichen Ablauf der Dinge herausgestellt, daß der Rat zu Ihrem Vorteil war? Meine Äußerung steht da der Situation gegenüber, in welcher und in bezug auf welche sie formuliert worden ist. Ich war wohl berechtigt, aber war ich auch im Recht?«

82 Austin, *How to do*, a.a.O., S. 144 f.

83 J. Habermas, »Vorbereitende Bemerkungen«, in: Habermas, Luhmann, *Gesellschaftstheorie*, a.a.O., S. 11 ff.

84 Austin, »Performative Utterances«, a.a.O., S. 250 f.

85 Ebd., S. 251.

86 Austin, »Performative und konstatierende Äußerungen«, a.a.O., S. 151 f.

87 Searle, *Speech acts*, a.a.O., S. 63.

88 In Wunderlichs Analyse eines Ratschlags (*Grundlagen*, a.a.O., S. 349 f.) dürfen als allgemeine Kontextbedingungen gelten:
»(A) S gibt konventionellerweise zu verstehen (d. h. S sollte den Ratschlag nur tun, wenn diese Bedingungen zutreffen, und H sollte danach glauben, daß sie zutreffen):
(1) S weiß, glaubt oder nimmt an (je nach vorhergegangener Kommunikation),

(a) daß H sich in einer ihm unangenehmen Situation Z befindet.

(b) daß H will oder wünscht, irgendeine andere ihm angenehmere Situation $Z' \neq Z$ zu erreichen.

(c) daß H nicht weiß, wie Z' zu erreichen ist.

(d) daß H in der Lage ist, h zu tun.

(2) S glaubt oder nimmt an,

(e) daß H nicht schon will, h zu tun.

(f) daß H eine ihm angenehmere Situation Z'' (relatives Optimum) besser erreichen kann mit h als mit irgendeiner alternativen Handlung h.

(3) S weiß oder glaubt,

(C) Für H werden die folgenden Obligationen hergestellt:

(7) Wenn eine der unter (a) bis (g) in (A) aufgeführten Teilbedingungen nicht zutrifft (genauer: H weiß, glaubt oder annimmt, daß sie nicht zutrifft), so gibt H dies S auf konventionellem Wege zu verstehen.«

89 Diese Unterscheidung ignoriert D. Holdcroft, »Performatives and Statements«, *Mind* 83, 1974, 1–18, und kommt daher zu der falschen Schlußfolgerung, daß nur die Sprechhandlungen, die wir institutionell gebunden nennen, konventionellen Regelungen im Sinne des Satzes unterliegen: »A sentence type is a performative if and only if its literal and serious utterance can constitute the performance of an act which is done in accordance with a convention which convention is not merely a grammatical or semantical one.«

90 In Wunderlichs Analyse des Ratschlags bilden die Bedingungen B 4–6 den Inhalt der Obligationen.

91 H. Delius, »Zum Wahrheitscharakter egologischer Aussagen«, in: Brockman, Hofer (Hrsg.), *Die Wirklichkeit des Unverständlichen*, Den Haag 1974, S. 38–77.

Siegfried Kanngießer
Sprachliche Universalien und diachrone Prozesse

Inhalt

Nach Chomsky (1965) ist eine natürliche Sprache eine potentiell unendliche Menge von Sätzen, und eine natürliche Sprache sprechen zu können heißt, im Sinne dieses Sprachbegriffs, beliebig viele Sätze dieser Sprache erzeugen, d. h. bilden und verstehen zu können. Nun ist es zwar offenkundig richtig, daß eine natürliche Sprache *L* als eine potentiell unendliche Menge von Sätzen aufgefaßt werden kann, aber ebenso offenkundig ist es auch problematisch, ob die Explikation von ›*L* sprechen können‹ durch ›beliebig viele Sätze in *L* erzeugen können‹ adäquat ist. So wurde insbesondere im Rahmen der sog. Sprechakttheorie herausgearbeitet, daß ›*L* sprechen können‹ etwas anderes bedeuten muß als nur ›beliebig viele Sätze in *L* erzeugen können‹: Eine Sprache sprechen zu können bedeutet immer auch, vermittels dieser Sprache kommunikative *Handlungen* vollziehen zu können, also Fragen stellen, Aufforderungen und Behauptungen formulieren zu können, etc. – und der Vollzug derartiger kommunikativer Handlungen steht, wie verschiedentlich gezeigt wurde, unter gänzlich anderen Bedingungen als die bloße Erzeugung von Sätzen in *L* (cf. etwa Searle (1969) und Wunderlich (1974) für entsprechende Argumente). Es sind also, um es kurz zu sagen, nicht nur grammatische Aspekte, die in der Linguistik zu thematisieren sind, sondern auch pragmatische Aspekte, denn die Untersuchung der Bedingungen und Möglichkeiten des sprachlichen Handelns ist sicherlich eine genuine Aufgabe der Pragmatik. Und ohne Zweifel ist eine gegenüber der Konzeption Chomskys um eine pragmatische Komponente erweiterte Linguistik-Konzeption auch die adäquatere Linguistik-Konzeption, denn sie gestattet es, die Bedingungen der Möglichkeit sprachlicher Kommunikation zu thematisieren, ohne dabei notwendig den grammatischen Aspekt ausklammern zu müssen; sie ist insofern umfassender und zumindest tendenziell erklärungsstärker als die Konzeption Chomskys, in deren Rahmen pragmatische Aspekte kaum und sicherlich nicht angemessen zum Gegenstand einer Untersuchung genommen werden können. Es liegt nun auf der Hand, daß im Rahmen einer Linguistik-Konzeption, deren Ansatzpunkt die Analyse von sprachlichen Handlungen ist, vor allem eine theoretische Pragmatik ausgearbeitet werden muß, vermittels derer die erforderliche Analyse solcher Handlungen überhaupt geleistet werden kann. Einschlägige Ansätze zur Theorienbildung müssen zweifellos eine linguistisch signifikante Rekonstruktion der primär philosophisch motivierten Sprechakttheorie einschließen; sie können sich aber keinesfalls in einer solchen Rekonstruktion erschöpfen: denn es sollen ja nicht nur die Bedingungen der Möglichkeit von sprachlichen Handlungen eines bestimmten Typs (etwa von Fragehandlungen, Aufforderungshandlungen, Befehlshandlungen, Behauptungshandlungen, etc.) untersucht werden, wie es im Rahmen der Sprechakttheorie bereits mit unbestreitbarem Erfolg geschehen ist, sondern es müssen, darüber hinaus, auch die Bedingungen der Möglichkeit von sprachlicher Kommunikation überhaupt untersucht werden – es muß thematisiert werden, unter welchen *allgemeinen* Bedingungen Kommunikation überhaupt möglich wird und welche konkreten Kommunikationsformen unter bestimmten *kontingenten* Bedingungen ausgebildet werden, die für eine Sprachgemeinschaft einschlägig sind, die sich in einem bestimmten Zustand befindet. Es muß also, so könnte man zusammenfassend sagen, erklärt werden, von welchen universellen und von welchen kontingenten Bedingungen die Möglichkeit von sprachlicher Kommunikation abhängig ist. Dabei ist es beim Versuch einer solchen Klärung gewissermaßen vorab klar, daß die sprachlichen Mittel, über die die Mitglieder einer Sprachgemeinschaft verfügen – also ihre grammatische Kompetenz –, einen entscheidenden Parameter für die ihnen mögliche kommunikative Praxis darstellen; es ist also auch zu fragen, in welcher Art und mit welchen Konsequenzen die den Sprecher-Hörern zur Verfügung stehenden grammatischen Mittel ihre Möglichkeiten zu kommunikativer Praxis prädisponieren – und insofern sind die pragmatischen und die grammatischen Aspekte der Sprachanalyse natürlich systematisch aufeinander zu beziehen. Ferner ist zu beachten, daß die kommunikative Praxis der Individuen ebenso wie zumindest eine Teilklasse der ihr zugrundeliegenden Bedingungen *veränderlich* ist und sich in der Tat auch verändert; entsprechend muß im Rahmen einer einschlägigen Theorie auch eine Antwort auf die Frage gegeben werden können, wie, warum und mit welchen Konsequenzen sich die kommunikative Praxis der Individuen verändert. Anders gesagt: im Rahmen der Theorie müssen die verschiedenen und in der Tat recht verschiedenartigen diachronen Prozesse beschrieben und erklärt werden, die sich im pragmatischen Bereich ebenso vollziehen wie auf der grammatischen Ebene. Es gibt also eine Fülle von Fragestellungen für eine linguistische Theorie, die von der Analyse sprachlicher Handlungen ausgeht; insbesondere ist, grob gesagt, nach den *Universalien* der sprachlichen Kommunikation und den *diachronen Prozessen* zu fragen, denen die sprachliche Kommunikation unterliegt. Denn es ist ja gerade die Möglichkeit des Eintretens diachroner Prozesse, die es gestattet, von nicht-universalen, von *kontingenten* Kommunikationsstrukturen und Sprachstrukturen zu sprechen: die Veränderungen, die die Sprachen und die Formen der sprachlichen Kommunikation erfahren können, begründen die Kontingenz sprachlicher und kommunikativer Phänomene ja allererst. – Es kann nun im Rahmen der folgenden Überlegungen nicht darum gehen, eine definitive und erschöpfende Antwort auf die skizzierten Fragestellungen zu versuchen; ein derartiger Versuch kann wohl beim derzeitigen Forschungsstand auch gar nicht sinnvoll unternommen werden. Es soll lediglich versucht werden, eine Perspektive zu entwickeln, die sich für den Versuch einer Antwort auf die gestellten Fragen als fruchtbar erweisen könnte.[1] Insofern kann es nicht verwundern, wenn die folgenden Annahmen hochgradig provisorisch sind; es handelt sich bei ihnen gewissermaßen um die Bruchstücke einer Theorie, von der nicht einmal sicher ist, ob ihre weitere Ausarbeitung lohnt. Aber es mag immerhin sein, daß die Wege zum Aufbau einer vollständigen Sprachtheorie mit solchen Bruchstücken gepflastert sind.

1. Kommunikationsbedarf und Kommunikationsbedürfnisse

1.1 Unter den Fragen, die anerkanntermaßen als einschlägig für die linguistische Forschung gelten, wird normalerweise der Frage eine besondere Bedeutung beigemessen, *wie* Kommunikation, genauer: wie sprachliche Kommunikation möglich wird. Die Konzentration auf diese Frage, deren Beantwortung die Linguistik zweifellos erheblich weiterführen würde, hat allerdings dazu geführt, daß eine andere Frage, die auf die Beantwortung der *wie*-Frage nicht ganz ohne Einfluß sein dürfte, weitgehend aus dem Blickfeld geraten ist: die Frage nämlich, *warum* überhaupt Kommunikationsprozesse ablaufen, *warum* die Mitglieder einer Sprachgemeinschaft bzw. Gesellschaft in Kommunikation miteinander treten. Die marginale Rolle, die die *warum*-Frage in der Diskussion spielt, ist wohl in der scheinbaren Trivialität dieser Frage begründet: die Praxis, die mit ihr thematisiert wird, ist so selbstverständlich, daß die Frage nach den Gründen für diese Praxis nur als trivial, als müßig erscheinen kann. Dieser Schein der Trivialität ist jedoch trügerisch, denn in dieser Frage ist, wie sich zeigen wird, die Frage nach den Konstitutionsbedingungen von Sprachgemeinschaften und Gesellschaften zumindest teilweise mitenthalten, und diese Frage wird man wohl kaum als trivial bezeichnen können. – Sprachliches Handeln ist, wie man in erster Näherung sagen kann, immer *hörerbezogen*; das heißt: sprachliche Handlungen werden vollzogen, um einem anderen etwas mitzuteilen oder eine Information einzuholen, ihn zu etwas aufzufordern o. ä. – ein bloßes ›Vor-sich-hin-reden‹ ist in diesem Sinne kein sprachliches Handeln. Sprachliches Handeln ist, eben weil es hörerbezogen ist, immer auch zielgerichtet (wobei sich die respektiven Ziele der Sprecher natürlich erheblich voneinander unterscheiden können): man handelt sprachlich, um gewisse Zwecke zu erreichen, um bestimmte Situationen zu verändern, kurz: um Situationen in Situationen zu transformieren. Und relativ zu diesem Aspekt kann man wohl sagen, daß eine Antwort auf die Frage, warum in einer Gesellschaft Kommunikationsprozesse ablaufen, genau dann möglich wird, wenn geklärt werden kann, warum die Mitglieder einer Gesellschaft Situationen in Situationen transformieren (warum sie also handeln) und welche Rolle Kommunikationsprozesse in derartigen Handlungsvollzügen spielen. Nun ist die Antwort auf den ersten Teil dieser Frage offenkundig: in jeder Gesellschaft muß gehandelt werden, um auch nur die Primärbedürfnisse der Mitglieder einer Gesellschaft (etwa Hunger und Durst) befriedigen zu können. Der Vollzug von Handlungen (und zwar, wie einschränkend gesagt werden muß, von Handlungen einer bestimmten Art) ist eine unabdingbare

Voraussetzung für die Reproduktion des materiellen Lebens im Rahmen der Gesellschaft: die Transformation von Situationen in Situationen ist notwendig für die Lebensfähigkeit der Gesellschaft.

Die Rolle, die Kommunikationsprozesse in diesem Zusammenhang spielen, charakterisiert Wunderlich folgendermaßen:

»Kommunizieren ist zunächst funktional an bestimmte kollektive Arbeitsformen gebunden. In einfachen Arbeitsprozessen genügen auch einfache Verständigungsformen (man denke an Beispiele wie Fischfang, Hausbau, Jagd usw.). Ergibt sich der Anteil der Beteiligten an einem Arbeitsprozeß aber noch nicht selbstverständlich und entstehen Probleme über die Richtung, die die gemeinsame Arbeit nehmen soll, dann werden komplexere Koordinierungs- und Verständigungsformen nötig« (Wunderlich 1974, 40).

Faßt man diese Ausführungen derart, daß an die Stelle des Arbeitsbegriffes der der Interaktion tritt (es gibt Formulierungen des Arbeitsbegriffes, denen zufolge nicht jede Interaktion Arbeit, aber jede Arbeit Interaktion ist), so kann man sagen, daß die Möglichkeit, erfolgreich in Kommunikation miteinander treten zu können, eine Bedingung der Möglichkeit erfolgreicher Interaktion ist; Interaktion aber ist eine Bedingung der Möglichkeit von Gesellschaft überhaupt. Die Notwendigkeit, gewisse Probleme im koordinierten (teilweise sogar im kooperativen) Handeln gemeinsam mit anderen lösen zu müssen, setzt die Existenz von Kommunikationsmöglichkeiten unabdingbar voraus; anders gesagt: *die Notwendigkeit koordinierten Handelns erzeugt in der Gesellschaft einen bestimmten Kommunikationsbedarf, der gedeckt werden muß, wenn eine effektive Koordinierung von Handlungen zum Zwecke der Bedürfnisbefriedigung möglich sein soll.* Gesellschaften, die ihren Kommunikationsbedarf nicht zu decken vermögen, sind nicht lebensfähig.[2] Und die Deckung eines solchen Kommunikationsbedarfs erfolgt in erster Linie durch die Ausbildung von Sprachen und durch die Konventionalisierung ihres Gebrauchs: die Entwicklung von Formen einer sprachlichen kommunikativen Praxis ist eine Funktion der Notwendigkeit von Kommunikation, wie sie sich aus dem Zwang zum koordinierten Handeln ergibt – sie ist gewissermaßen die Resultante, die aus dem Auftreten eines Kommunikationsbedarfs gezogen wird. Anders gesagt: ohne Sprache wäre gesellschaftliche Praxis nicht möglich; das Verfügen über Sprache ist eine notwendige (wenngleich natürlich keine hinreichende) Bedingung für die Möglichkeit von Gesellschaft.

Nun liegt in dieser letzten Feststellung weder etwas Merkwürdiges noch etwas, was je bestritten worden wäre.[3] Allerdings sollte dabei nicht übersehen werden, daß es nur in eben dem Grade naheliegend ist, in dem es naheliegend ist, vom Kommunikationsbedarf einer Gesellschaft zu sprechen, und die Konsequenzen zu akzeptieren, die sich aus der Einführung dieser Sprechweise ergeben. Denn wenn die Funktion einer Sprache im wesentlichen darin gesehen wird, einen bestimmten Kommunikationsbedarf abzudecken, so ist es eine Konsequenz dieser funktionalen Bestimmung, daß Sprachen über gewisse strukturelle Eigenschaften verfügen müssen, die eine Bedarfsdeckung überhaupt ermöglichen. Eben dieser Gesichtspunkt klingt in den zuvor zitierten Ausführungen Wunderlichs bereits an, denen zufolge der Grad der Komplexität einer Sprache eine Funktion der Komplexität der Koordinationsprobleme ist, die vermittels dieser Sprache gelöst werden sollen. Das heißt zunächst freilich nur, daß es der Kommunikationsbedarf ist, der über die erforderliche Komplexität – besser wäre es wohl zu sagen: über die erforderliche *kommunikative Kapazität* einer Sprache entscheidet: diese muß zumindest die Ausdrucksmöglichkeiten bereitstellen, die erforderlich sind, um einen gewissen Kommunikationsbedarf abdecken zu können.[4] Mit anderen Worten: die Sprache muß so *strukturiert* sein, daß sie eine Deckung des Kommunikationsbedarfs gestattet; es muß also eine bestimmte Korrelation zwischen Kommunikationsbedarf und Sprachstruktur angenommen werden. Denn wenn die sprachliche Praxis gesellschaftliche Praxis mit ermöglicht und von dieser mit bedingt

wird, so können die – *grosso modo* gesprochen – respektiven Strukturbedingungen dieser beiden Praxisbereiche nicht essentiell voneinander verschieden sein. Die Typen von Sprechhandlungen zum Beispiel, die vermittels der in einer Sprachgemeinschaft *P* gesprochenen Sprache *L* vollzogen werden können, müssen dem in *P* vorliegenden Kommunikationsbedarf korrespondieren, der seinerseits wiederum aus der spezifischen Form erwächst, die das koordinierte Handeln in *P* annimmt. Man beachte, daß dieser Aspekt alles andere als trivial ist: ein System *H* von sprachlichen Handlungen, das etwa Befehlshandlungen umfaßt, genaue Reglementierungen für die Möglichkeit von Rückfragen vorsieht (also die Möglichkeit, sich bestimmter Zusammenhänge rückfragend zu versichern, einschränkt), die Zerstörung der Symmetrierelation zwischen Sprecher und Hörer zur Voraussetzung für den Vollzug gewisser Sprechhandlungen macht, etc., ist von einem System *H'*, in dem dies alles (oder auch nur Vergleichbares) nicht vorgesehen ist, *radikal verschieden*, und zwar in dem Sinne, daß *H* und *H'*, wie Wittgenstein sagen würde, zwei grundsätzlich voneinander verschiedene *Lebensformen* sind. Die linguistische Analyse von *H* bzw. *H'* ist insofern gewissermaßen *per se* Analyse einer sozialen Praxis, denn sie ist auch die Analyse einer Lebensform.
Allerdings hat der Kommunikationsbedarf nicht nur Einfluß auf die pragmatische Dimension (etwa im Hinblick auf den Umfang eines Systemes von sprachlichen Handlungsmöglichkeiten, auf den Charakter der Gelingens- und Erfolgsbedingungen für sprachliche Handlungen, etc. – cf. hierzu Abschnitt 3 und 4), sondern auch auf die grammatische Struktur einer Sprache. Angenommen etwa, gewisse Handlungsvollzüge setzen eine möglichst unzweideutige Kommunikation voraus; es bestehe also ein Bedarf an eindeutigen Ausdrucksformen. Dieser Bedarf wird offenkundig am besten durch eine Sprache abgedeckt, die eine möglichst geringe Ambiguitätsrate aufweist. Die Grammatik dieser Sprache muß also so organisiert sein, daß sie möglichst wenig ambige Sätze erzeugt

– und eine solche Organisation einer Grammatik ist alles andere als selbstverständlich: sie ist die Funktion eines bestimmten Kommunikationsbedarfs. Und natürlich sind Fälle denkbar, in denen ein bestimmter Kommunikationsbedarf auch vermöge einer hochgradig ambigen Sprache gedeckt werden kann (cf. hierzu etwa Abschnitt 3); die Verschiedenheit der natürlichen Sprachen ist sicherlich nicht zuletzt auch eine Funktion der Unterschiedlichkeit der Bedarfslagen, zu deren Deckung sie entwickelt worden sind.
Zwischen den Aspekten des Kommunikationsbedarfs, der grammatischen Struktur einer Sprache und den Formen und Bedingungen des Sprachgebrauchs bestehen also gewisse Korrelationen. Es bleibt zu fragen, wie solche Korrelationen zustande kommen. – Vielleicht gibt das zuvor erörterte grammatische Beispiel einen ersten Hinweis darauf, wie diese Frage zu beantworten ist. Entscheidend für die Auszeichnung einer möglichst ambiguitätsfreien Sprache war es offenbar, daß eine solche Sprache besser als eine ambige zur Deckung des Kommunikationsbedarfs beiträgt; sie wird also, relativ zu einem bestimmten Aspekt (Ambiguitätsfreiheit), *bewertet*, wobei die Ausbildung entsprechender Wertvorstellungen an der Struktur eines bestimmten Kommunikationsbedarfs orientiert ist. Allgemein kann man sagen, daß ein bestimmter Kommunikationsbedarf ein bestimmtes System *kommunikativer Werte* erzeugt, die die Ausformung der grammatischen Struktur einer Sprache und der spezifischen Formen und Bedingungen des Sprachgebrauchs bestimmen. Einschlägige Wertsysteme gelten dabei nicht kategorisch, sondern sie sind Funktion eines wandelbaren Kommunikationsbedarfs; eine Bedarfslage B kann ein Wertesystem W erzeugen, das mit einem Wertsystem W' disjunkt ist, das sich einer gänzlich anderen Bedarfslage B' verdankt. Wo der Kommunikationsbedarf es nicht erforderlich macht, über eine nicht-ambige Sprache zu verfügen, wird Ambiguitätsfreiheit auch kein kommunikativer Wert sein. Die Verschiedenheit der natürlichen Sprachen, sogar die Verschiedenheit der Zustände einer

Sprache reflektiert also, im Sinne dieser Ausführungen, auch die Verschiedenheit von Systemen kommunikativer Werte, die ihrerseits wiederum eine Funktion unterschiedlicher Lagen des Kommunikationsbedarfs ist. Und dies gilt, wenn es denn gilt, sicher nicht nur für die grammatischen Aspekte der Sprache, sondern auch bezüglich der Formen und Bedingungen des Sprachgebrauchs. Ob und wie differenziert ein System sprachlicher Handlungsmöglichkeiten sein muß, über welche Sprechakttypen es verfügen muß, wie die Gelingens- und Erfolgsbedingungen für sprachliche Handlungen auszuformen sind, wie auf Fragen zu reagieren, wie Argumente zu bewerten sind: dies alles hängt ab von Lagen des Kommunikationsbedarfs in der Gesellschaft, die Systeme kommunikativer Werte erzeugen, die der entscheidende Parameter auch für die Ausformung der möglichen Typen sprachlichen Handelns sind. (Dabei dürfen derartige Ausformungsprozesse zumindest im Normalfall nicht als bewußt vorgenommene gedacht werden; die kommunikativen Werte werden vielmehr ebenso internalisiert wie etwa grammatische Regeln und konventionelle Bedingungen des sprachlichen Handelns, und die verschiedenen, nur vage so benannten Ausformungsprozesse laufen, im Rahmen eines komplizierten Systems von Wechselwirkungen, auf eben dieser Ebene der Internalisierung ab. Dabei ist dieses System von Wechselwirkungen weder linguistisch noch psycholinguistisch, also bezüglich der mentalen Realität der postulierten Prozesse, in irgendeiner Hinsicht hinreichend erforscht.) – Allgemein kann man also sagen, daß die Vermittlung zwischen den Bedingungen des Kommunikationsbedarfs und den Aspekten der grammatischen Struktur und den Formen und Bedingungen des Sprachgebrauchs über ein System kommunikativer Werte erfolgt, über das die Sprecher-Hörer in der gleichen Weise verfügen, in der sie über Sprachkenntnisse verfügen, und an dem sie, in Abhängigkeit von den Bedingungen des Kommunikationsbedarfs, ihre sprachliche Praxis orientieren. Es bedarf keiner Frage, daß solche Wertsysteme ebenso instabil sind wie die Bedarfslagen, auf die sie zurückgehen, und daß die Veränderung dieser Wertsysteme aufgrund veränderter Bedarfslagen ein entscheidender, vielleicht sogar der entscheidende Parameter möglicher Sprachveränderungen ist.

1.2 Die Kommunikationsprozesse, die in einer Gesellschaft ablaufen, werden, so wurde argumentiert, wesentlich durch den Kommunikationsbedarf dieser Gesellschaft bestimmt, der seinerseits eine Funktion der Notwendigkeit ist, Interaktionsprozesse zu koordinieren. Im Sinne dieser Annahme kann man dann etwa sagen, daß der Kommunikationsbedarf einer Gesellschaft proportional mit dem Anwachsen der Koordinierungsnotwendigkeiten wächst; eine Gesellschaft, die stark arbeitsteilig verfährt, hat demzufolge einen höheren Kommunikationsbedarf als eine Gesellschaft, in der die Formen der Arbeitsteiligkeit noch nicht sonderlich stark ausgebildet sind – es ist eine Sache, zu mehreren eine Hütte zu errichten, und eine ganz andere, ein Hochhaus zu bauen oder einen Fluß zu untertunneln. In den letzteren Fällen dürfte der Kommunikationsbedarf unstreitig höher sein als im ersten Fall. Aber Bedarfslagen können nicht nur ihrem Umfang nach, sondern auch, man kann vielleicht sagen: ihrer Qualität nach voneinander verschieden sein. Das heißt, daß die Art, in der eine Koordinierung von Interaktionsprozessen herbeigeführt wird, Rückwirkungen auf den Charakter der Bedarfslage hat. Wunderlich schreibt in diesem Zusammenhang:

»Sprachliche Äußerungen sind auch insofern Handlungen, als sie zu verantworten sind, Obligationen unterliegen und selbst neue Obligationen schaffen können. Die Art und Stärke dieser Obligationen ergibt sich aus dem Charakter der Institutionen, in denen diese Handlungen ausgeführt werden. Zahlreiche Institutionen in allen uns bekannten Gesellschaften dienen der Sicherung von Herrschaft. Deshalb sind auch sprachliche Kommunikationen nicht völlig losgelöst von den bestehenden Herrschaftsverhältnissen (und u. U. auch Gewaltverhältnissen) zu betrachten: Kooperativ bedingte

Obligationen werden hier partiell außer Kraft gesetzt und von der einen Seite aus neu definiert; auch sprachliche Instrumente werden zur Sicherung der Herrschaft eingesetzt (politische Propaganda, Ideologievermittlung, Werbung)« (Wunderlich 1974, 41).

Die Koordinierung von Handlungen durch Herrschaft unterliegt sicherlich gänzlich anderen Bedingungen als eine Koordinierung der Handlungen aufgrund des freien Entschlusses aller Beteiligten; entsprechend werden sich in den beiden Fällen Lagen des Kommunikationsbedarfs ergeben, die qualitativ voneinander verschieden sind, und die demzufolge auch zur Ausformung voneinander verschiedener Sprachstrukturen und Formen des sprachlichen Handelns führen.[5] Der Hinweis auf die Notwendigkeit der Kommunikation, die aus der Notwendigkeit resultiert, Handlungen zu koordinieren, besagt mithin noch nichts über die verschiedenen Möglichkeiten, dieser Notwendigkeit Rechnung zu tragen: die jeweils spezifischen Bedingungen, unter denen die Koordinierung von Handlungen erreicht wird, sind zugleich Strukturbedingungen für die Entwicklung einer bestimmten Kommunikationsform, in deren Rahmen sich die Koordinierungsmöglichkeit als gegeben erweist. Anders gesagt: die Formel »Koordinierungszwang erzeugt Kommunikationsbedarf« bleibt solange abstrakt, wie ungeklärt bleibt, unter welchen je spezifischen Bedingungen (grob: in welcher Gesellschaftsform) dem Koordinierungszwang Rechnung getragen wird. Denn diese je spezifischen Bedingungen sind zugleich die entscheidenden Parameter des anfallenden Kommunikationsbedarfs und damit zugleich auch Parameter des resultierenden sprachlichen Kommunikationssystems. Bei der Untersuchung des für eine Gesellschaft spezifischen Kommunikationsbedarfs ist es also unerläßlich, Faktoren zu berücksichtigen wie etwa den Grad der Institutionalisierung von Handlungsmöglichkeiten, spezifische Formen und Bedingungen von Herrschaft, die Art und Stärke der Sanktionen, unter die bestimmte Handlungen gestellt sind, etc. – kurz: man kann Arten der Koordinierung voneinander unterscheiden, und die verschiedenen Koordinierungsarten (die verschiedenen Arten des gesellschaftlichen Verkehrs) erzeugen einen je spezifischen Kommunikationsbedarf, in dessen Konsequenz wiederum je spezifische sprachliche Kommunikationssysteme ausgebildet werden.[6] Es gibt also Mannigfaltigkeiten von Koordinierungsmöglichkeiten (Mannigfaltigkeiten der Organisationen des gesellschaftlichen Verkehrs); demzufolge gibt es auch Mannigfaltigkeiten von Bedarfslagen bezüglich kommunikativer Prozesse, und entsprechend gibt es auch eine Mannigfaltigkeit von möglichen sprachlichen Kommunikationssystemen. Mithin muß bei der Analyse der sprachlichen Verkehrsformen auch auf eine Mannigfaltigkeit von Bedingungsfaktoren Bezug genommen werden; die abstrakte Formel »Koordinierungszwang erzeugt Kommunikationsbedarf« bedarf also noch einer Reihe weiterer (und teilweise weitreichender) Qualifikationen, wenn es darum geht, die sprachlichen Verkehrsformen zum Gegenstand einer Untersuchung zu nehmen, die in einer *bestimmten* Gesellschaft ausgebildet worden sind. Mit anderen Worten: die verschiedenen Formen der sprachlichen Kommunikation sind, ebenso wie die zugrundeliegenden Bedarfslagen bezüglich kommunikativer Prozesse und die korrespondierenden Systeme kommunikativer Werte, weitgehend *kontingent*; sie sind veränderlich und werden im Zuge der gesellschaftlichen Entwicklung auch verändert; die Ausdrucksmöglichkeiten einer Sprache (etwas, was sich zunächst grob als das lexikalische und grammatische Potential dieser Sprache sowie als das System der vermittels dieser Sprache vollziehbaren sprachlichen Handlungen umschreiben läßt) sind innovierbar und bedürfen, korrelativ zu gewissen strukturellen Veränderungen der Gesellschaft, eben auch der Innovation.

Die Kontingenz der Kommunikationsparameter und der Formen der sprachlichen Kommunikation ergibt sich noch unter einem weiteren Aspekt: es ist bekannt, *daß die Deckung eines Bedarfs eine neue Bedarfslage erzeugt*; entsprechendes gilt natürlich auch im Hinblick auf den Kommunikationsbedarf einer Gesellschaft und desssen Deckung. Angenommen etwa, in einer Sprachgemeinschaft *P* werden gewisse Aspekte des Kommunikationsbedarfs dadurch gedeckt, daß der Vollzug von Aufforderungshandlungen möglich ist und praktiziert wird. Nun kann sich *P* so entwickeln, daß – unter welchen, die Bedarfslage innovierenden Bedingungen auch immer – der Vollzug von Aufforderungshandlungen als nicht mehr hinreichend angesehen wird, um bestimmte koordinierte Handlungsvollzüge zu garantieren – der Kommunikationsbedarf also nicht voll abgedeckt werden kann. Dieses Defizit der Bedarfsdeckung kann ausgeglichen werden, indem beispielsweise Aufforderungen zu Anordnungen bzw. Befehlen spezialisiert werden; allgemeiner: gewisse Sprechakttypen könnten so *verschärft* werden, daß neue Typen von Sprechakten entstehen, die auf spezielle Aspekte des innovierten Kommunikationsbedarfs zugeschnitten sind. Umgekehrt ist es natürlich auch denkbar, daß – unter gewissen Bedingungen – die Klasse der verfügbaren Sprechakttypen nicht erweitert, sondern verengt wird, indem z. B. Befehlshandlungen aus ihr eliminiert werden o. ä.; ähnliche Gesichtspunkte lassen sich für die Entwicklung der grammatischen Struktur einer Sprache geltend machen, z. B. im Hinblick auf Modi, Modalitäten und Tempusformen. Allgemein gilt also, daß eine Neukonstitution des Kommunikationsbedarfs relativ zu einer bereits gedeckten Bedarfslage zu einer Veränderung der in einer Sprachgemeinschaft verfügbaren Formen der sprachlichen Kommunikation führt, daß Sprachstruktur und Sprachgebrauch der veränderten Bedarfslage angepaßt werden.[7] Und es ist klar, daß in derartige Innovationsprozesse immer auch eine Innovation der zugrundeliegenden kommunikativen Werte einbezogen ist – denn wenn etwa Aufforderungshandlungen zu Befehlshandlungen verschärft werden, so ist dies nur auf der Basis von grundsätzlich veränderten Vorstellungen über den kommunikativen Wert einer Handlung möglich. Während der Vollzug von Aufforderungshandlungen als wünschenswert gilt (als gut oder zweckmäßig angesehen wird), weil durch Aufforderungen Handlungen koordiniert werden können, ohne daß dem Aufgeforderten die Möglichkeit genommen wird, sich dagegen zu entscheiden, die von ihm verlangte Handlung auszuführen, gilt der Vollzug von Befehlshandlungen deshalb als wünschenswert (und wird die Befehlsverweigerung deshalb unter starke gesellschaftliche Sanktionen gestellt), weil dem Angesprochenen genau diese Möglichkeit genommen werden soll, sich gegen den Vollzug der von ihm verlangten Handlung zu entscheiden – mit den Wertsystemen ändert sich, wiederum im Sinne Wittgensteins, die Lebensform der Individuen. Die Kontingenz der Möglichkeiten zur sprachlichen Kommunikation und ihrer Grundlagen reflektiert eine Kontingenz der Lebensformen, und es ist eine Aufgabe der Linguistik, diese Kontingenz angemessen zu erklären und zu beschreiben.

Die Perspektive, die zuvor skizziert wurde, wird durch die Bezugnahme auf *diachrone* Aspekte (immer, wenn von Kontingenz, von Veränderung und Veränderungsfähigkeit die Rede ist, stehen diachrone Aspekte zur Debatte) offenkundig noch erheblich kompliziert. Denn im Rahmen einer vollständigen linguistischen Theorie kann es, im Sinne dieser Bezugnahme auf diachrone Aspekte, nicht nur darum gehen, die Wechselwirkungen zwischen – grob gesagt – Sprachstruktur und Sprachgebrauch einerseits und der gesellschaftlichen Praxis andererseits relativ zu einem bestimmten Zustand zu erklären und zu beschreiben, sondern im Rahmen einer solchen Theorie muß auch spezifiziert werden können, unter welchen Bedingungen und mit welchen Konsequenzen sich dieses System von Wechselwirkungen verändert; die Theorie muß auch Zustandsfolgen erfassen können. Entsprechend muß sie eine diachrone Teiltheorie enthalten, deren Gegenstand die kontingenten Eigenschaften von Sprache und Sprechen sind – was impliziert, daß die verschiedenen Innovationsmöglichkeiten und Innovationsbedingungen, die für Sprache und Sprechen existieren, Gegenstand dieses Teilstücks der linguistischen Theorie sein müssen (cf. etwa Abschnitt 5 und 6 zu Ansätzen einer einschlägigen Theoriebildung); sie muß, kurz gesagt, die verschiedenen möglichen diachronen Prozesse und deren Parameter erklären und beschreiben. Die Aufgabe der diachronen Linguistik besteht demzufolge in der Erklärung und Beschreibung der Veränderung jener Wechselwirkungen, die zwischen der Ausbildung bestimmter Formen der sprachlichen Kommunikation und der Ausbildung bestimmter Lagen des Kommunikationsbedarfs bestehen. Und diese Aufgabe muß nicht notwendig auf die Untersuchung natürlicher Sprachen beschränkt werden: es lassen sich Lagen des Kommunikationsbedarfs denken (und sie sind in der Tat auch nachweisbar), in denen eine vollständige Bedarfsdeckung vermittels der natürlichen Sprachen allein nicht mehr möglich oder zumindest nicht mehr optimal möglich ist. So erwies es sich beispielsweise im Hinblick auf die Organisation gewisser industrieller Arbeitsvollzüge, im Hinblick auf die Verwaltungsarbeit, die in Industriegesellschaften anfällt, etc., als nützlich, jederzeit abrufbare Informationen zu speichern, Systeme zur automatischen Problemlösung zu konstruieren, etc. In diesem Zusammenhang wurde nun versucht – mit Erfolg, wie man weiß –, gewisse Teilbereiche der kommunikativen Praxis, die bislang von Menschen wahrgenommen wurden, an Automaten zu delegieren. Entsprechend entstand ein Bedarf nach Kommunikation zwischen Mensch und Maschine und damit auch nach für diesen Zweck geeigneten Sprachen. Dieser Bedarf wurde, wie bekannt ist, durch die Konstruktion sog. Programmiersprachen wie etwa COBOL, ALGOL 68, FORTRAN IV, LISP, usf. gedeckt; diese Sprachen – deren Konstruktion natürlich an ganz anderen kommunikativen Werten orientiert ist als die Entwicklung der natürlichen Sprachen – lassen sich gewissermaßen als Ergänzungen der natürlichen Sprachen auffassen; sie komplettieren die sprachlichen Möglichkeiten der Individuen relativ zu einer bestimmten Lage des Kommunikationsbedarfs.[8] »Unsere Sprache«, schreibt Wittgenstein, »kann man ansehen als eine alte Stadt: Ein Gewinkel von Gäßchen und Plätzen, alten und neuen Häusern, und Häusern mit Zubauten aus verschiedenen Zeiten; und dies umgeben von einer Menge neuer Vororte mit geraden und regelmäßigen Straßen und mit einförmigen Häusern« (Wittgenstein, *Phil. U.*, § 18). Natürlich heißt »unsere Sprache« hier nicht »unsere natürliche Sprache«; gemeint ist vielmehr eine Gesamtheit sprachlicher Ausdrucksmöglichkeiten, die auch die durch die formalen Sprachen (die – im Sinne des Bildes – ›Vororte‹ der natürlichen Sprachen) bereitgestellten, bestimmten Zwecken dienenden Ausdrucksmöglichkeiten einschließt. Aber das Bild macht doch sehr deutlich, daß Sprachen – »unsere Sprachen«, und das heißt auch: die natürlichen Sprachen – gewissermaßen vielschichtige, heterogene Gebilde sind, die unter bestimmten charakteristischen Bedingungen und relativ zu bestimmten, teilweise recht unterschiedlichen Zwecken ausgeformt wurden, und die in unterschiedlicher Weise weiterentwickelt werden. Es ist diese Kontingenz der Sprachen, auch und gerade der natürlichen Sprachen, die ihre universelle Anwendbarkeit garantiert, und die es gestattet, jeden möglichen Kommunikationsbedarf durch die Entwicklung einschlägiger Formen der sprachlichen Kommunikation zu decken; es ist, anders gesagt, die Kontingenz der Sprachen, die es gestattet, die Ausdrucksadäquatheit der Sprachen (genauer: die Adäquatheit ihres Ausdrucksreichtums) immer aufs Neue sicherzustellen.

1.3 Der für eine Gesellschaft charakteristische Kommunikationsbedarf ist, so wird man sagen dürfen, ein entscheidender Parameter für die Art und Weise, in der in dieser Gesellschaft die sprachliche Kommunikation organisiert wird, d. h. dafür, welche Möglichkeiten zur sprachlichen Kommunikation ausgebildet werden. Er ist jedoch nicht der einzige Parameter. Denn es muß unterschieden werden zwischen dem *Kommunikationsbedarf einer Gesellschaft* und den *Kommunikationsbedürfnissen der Individuen*, und es verhält sich keineswegs so, daß der Kommunikationsbedarf der Gesellschaft schlicht durch die Summe der Kommunikationsbedürfnisse der in dieser Gesellschaft lebenden Individuen bestimmt wäre. Vielmehr kann es Bedarfslagen ohne ihnen zugeordnete spezifische Kommunikationsbedürfnisse geben, und es ist ferner nicht auszuschließen, daß es bestimmte Kommunikationsbedürfnisse gibt, deren Befriedigung keinen gesellschaftlich vermittelten Kommunikationsbedarf deckt. Es kann also, zusammenfassend gesagt, spezifische Asymmetrien zwischen dem Kommunikationsbedarf einer Gesellschaft und den Kommunikationsbedürfnissen ihrer Mitglieder geben. Zum Beispiel kann der Vollzug von Befehlshandlungen sehr wohl der Deckung gewisser Aspekte des Kommunikationsbedarfs dienen, ohne zugleich zur Befriedigung spezifischer Kommunikationsbedürfnisse beizutragen (er kann sogar den vorliegenden Kommunikationsbedürfnissen diametral entgegengesetzt sein), und umgekehrt kann es sich so verhalten, daß der Vollzug von Bitthandlungen sehr wohl Kommunikationsbedürfnisse befriedigt, aber zur Deckung des Kommunikationsbedarfs nichts beiträgt (man kann sich eine Form des gesellschaftlichen Verkehrs denken, in der das Institut des Bittgesuchs nicht vorgesehen ist). Die Möglichkeit solcher Asymmetrien legt nun die Annahme nahe, daß die Konstitutionsbedingungen der Kommunikationsbedürfnisse mit den Konstitutionsbedingungen des Kommunikationsbedarfs nicht identisch sind, daß also spezifische Unterschiede zwischen den beiden Bedingungsmengen bestehen, die ansonsten keineswegs disjunkt sein müssen. Fraglich ist nun, um welche Unterschiede es sich handelt, und wie derartige Unterschiede zustandekommen können.

Der Kommunikationsbedarf, der in einer Gesellschaft anfällt, ist, im Sinne der vorausgegangenen Ausführungen, eine Funktion bestimmter Zwänge zur Koordinierung von Handlungen, soweit deren Vollzug für die Reproduktion der Gesellschaft unerläßlich ist; die Bedarfsdeckung gelingt dabei im wesentlichen über die Introjektion eines Systems kommunikativer Werte, an dem die Individuen ihre sprachliche Praxis orientieren. Nun ist es jedoch naheliegend, auch die Existenz solcher Handlungsmöglichkeiten anzunehmen, deren Realisierung zwar nicht unmittelbar für die Reproduktion der Gesellschaft, wohl aber für die Ausbildung der Persönlichkeitsstruktur relevant ist. Im ersten Fall ist die Etablierung eines Systems zweckrationaler Handlungen intendiert; im zweiten Fall sind schon die Antriebsmomente des Handelns so beschaffen, daß von einer resultierenden Zweckrationalität der Handlungen schwerlich die Rede sein kann; Antriebsmomente können etwa sein Aggressivität, Feigheit, Güte, Großzügigkeit, Geltungsbedürfnis, das Bedürfnis nach Geselligkeit, Herrschaftsansprüche, Hilfsbereitschaft, Nachgiebigkeit oder Rechthaberei, Neid, Pedanterie, der Hang zur Selbstdarstellung, Sinnlichkeit, etc. (cf. Murray 1938). Das Handeln ist also *motivational* bestimmt, und diese Bestimmung muß sich nicht notwendig mit den Handlungsbestimmungen decken, die für die Deckung einer Bedarfslage einschlägig sind; entsprechend werden sich die von einem motivationalen Handeln erzeugten Kommunikationsbedürfnisse auch von dem Kommunikationsbedarf der Gesellschaft unterscheiden; sie implizieren die Introjektion eines *anderen* Systems kommunikativer Werte und damit die Ausbildung *anderer* Formen der sprachlichen Kommunikation (von Formen der sprachlichen Kommunikation, die für die Deckung des Kommunikationsbedarfs nicht einschlägig sind). Es gibt also einen weiteren, vom Bedarf an Kommunikation zumindest grundsätzlich unterscheidbaren Parameter, von dem die Ausbildung der verschiedenen Formen der sprachlichen Interaktion abhängt: nämlich die Kommunikationsbedürfnisse der Individuen, die eine Funktion motivational bestimmter Handlungsvollzüge sind, und die durch die Entwicklung von sprachlichen Kommunikationsformen befriedigt werden, deren Existenz für die Deckung des Kommunikationsbedarfs nicht unbedingt erforderlich ist. Und natürlich ist auch dieser zweite Parameter der sprachlichen Kommunikation *instabil*; die Kommunikationsbedürfnisse der Individuen können sich (aus welchen Gründen und unter welchen Bedingungen auch immer) verändern, und in der Konsequenz solcher Änderungen können auch Veränderungen im System der sprachlichen Kommunikationsformen auftreten, wobei auch diese Veränderungen weitgehend über Veränderungen der bedürfnisspezifischen Kommunikationswerte zustandekommen. Die Annahme, daß die sprachlichen Kommunikationsformen grundsätzlich kontingent sind, scheint sich also auch unter diesem zweiten Aspekt zu bewähren.

Die Unterscheidung zwischen Kommunikationsbedarf und Kommunikationsbedürfnissen soll zwei gut voneinander unterscheidbare Momente des Kommunikationsaufkommens in einer Gesellschaft erfassen. Das heißt allerdings nicht, daß diese beiden Momente einander strikt entgegengesetzt oder auch nur vollkommen unabhängig voneinander sind. Das motivationale Handeln wirkt sicher ein auf den Ablauf selbst von hochgradig standardisierten instrumentellen Handlungsvollzügen, und die Art, in der bestimmte Koordinationsprobleme gelöst werden, kann ihrerseits wiederum bestimmte Handlungsmotive nicht nur verstärken, sondern sogar neu erzeugen (wer beispielsweise in einen Betrieb eintritt, in dem die Zuweisung der sozialen Rolle allein nach dem sozialen Rang erfolgt, wird wahrscheinlich auch dann – möglicherweise kompensatorische – Geltungsansprüche entwickeln, wenn diese bei ihm zuvor nicht dezidiert ausgeprägt waren, und seine sprachliche Praxis entsprechend einrichten, etwa bezüglich der Art, in der er Anweisungen erteilt oder entgegennimmt, sich an Diskussionen beteiligt, Kantinengespräche einleitet, etc.). Persönlichkeitsstruktur und gesellschaftliche Situation wirken also wechselseitig aufeinander ein, und das bedeutet auch, daß zwischen dem Kommunikationsbedarf einer Gesellschaft und den Kommunikationsbedürfnissen der Individuen Wechselwirkungen bestehen; ein Tatbestand, der nun freilich kaum überraschen kann, da es sich ja weder um einen organischen Bedarf noch um organische Bedürfnisse handelt, sondern um einen gesellschaftlich vermittelten Bedarf und gesellschaftlich vermittelte Bedürfnisse, und beide sind natürlich durch die Art ihrer Vermittlung miteinander verknüpft. Insofern ist es eben möglich, instrumentelles sprachliches Handeln und motivationales sprachliches Handeln (sprachliches Handeln zum Zwecke der Bedarfsdeckung und sprachliches Handeln zum Zwecke der Bedürfnisbefriedigung) als zwei gänzlich voneinander unabhängige mögliche Formen sprachlichen Handelns anzusehen – es gibt sprachliche Handlungen, die sowohl diesem als auch jenem Zwecke dienen können. Aber es ist wesentlich zu sehen, daß die Forderung nach der Deckung des Kommunikationsbedarfs nicht die einzige Forderung ist, die das sprachliche Handeln und die Ausbildung von Handlungsmöglichkeiten und von Sprachformen bestimmt; eine zweite, das sprachliche Handeln nicht minder bestimmende Forderung ist die Forderung nach der Befriedigung der Kommunikationsbedürfnisse. Und sowohl der Kommunikationsbedarf als auch die Kommunikationsbedürfnisse sind veränderlich, kontingent – und die Kontingenz dieser Faktoren begründet die Kontingenz der grammatischen Strukturen ebenso wie die Kontingenz der Formen des Sprachgebrauchs; sie begründet die Kontingenz von Sprache und Sprechen.

Nun wurden zuvor die Kommunikationsbedürfnisse der Individuen als eine Funktion motivationalen Handelns dargestellt. Diese Darstellung gestattet es zwar, zwischen Kommunikationsbedarf und Kommunikationsbedürfnissen zumindest sinnvoll zu unterscheiden (sie gestattet es allerdings, soviel ist unbestritten klar, nicht, ein hinreichendes Abgrenzungskriterium zu formulieren[9]); sie eröffnet aber andererseits auch eine Möglichkeit zur Kritik, die nicht unbesprochen bleiben sollte. Motivationales, also im Sinne der Darstellung bedürfnisbedingtes Handeln ist immer auch zweckgerichtetes Handeln, es dient der Erlangung gewisser Ziele. Ein Handeln dieser Art aber ist, so könnte man einwenden, nicht so sehr bedürfnisbestimmt, sondern vielmehr interessenorientiert; entsprechend wäre es adäquater, statt von

Kommunikationsbedürfnissen von *Kommunikationsinteressen* zu sprechen. Inwieweit ein solcher Einwand stichhaltig ist, hängt nun ersichtlich davon ab, in welcher Art der Bedürfnisbegriff einerseits und der Interessebegriff andererseits eingeführt wird. Rubinstein unterscheidet wie folgt zwischen ›Bedürfnis‹ und ›Interesse‹:

»Das Interesse äußert sich in der Gerichtetheit der Aufmerksamkeit, der Gedanken und Absichten, das Bedürfnis in den Trieben, Wünschen und dem Willen. Das Bedürfnis ruft den Wunsch, über einen Gegenstand in bestimmtem Sinn *verfügen* zu können, hervor, das Interesse, ihn *kennenzulernen.* Die Interessen sind daher die spezifischen Motive der kulturellen und insbesondere der kognitiven Tätigkeit des Menschen« (Rubinstein 1970, 137).

Man beachte, daß im Sinne dieser Formulierung die Interessen eine Teilklasse der Motive sind, genauer: kognitives Handeln wird als ein Spezialfall des motivationalen Handelns bestimmt; entsprechend wären die Kommunikationsinteressen ein Spezialfall der Kommunikationsbedürfnisse: nämlich eine Funktion derjenigen motivationalen Handlungen, die als kognitive ausgezeichnet werden können. Die Frage, wie derartige Kommunikationsinteressen verallgemeinert, ihres partikularen Charakters entkleidet werden können, ließe sich dann über die Frage beantworten, inwieweit die Wahrnehmung dieser Interessen zur Deckung des Erkenntnisbedarfs einer Gesellschaft, und das heißt auch: zur Deckung eines bestimmten Kommunikationsbedarfs beitragen kann. Sie sind verallgemeinerungsfähig genau in dem Grade (und die aus ihnen resultierenden Kommunikationsformen in genau dem Grade allgemeinverbindlich), in dem sie als eine Funktion eines existierenden Kommunikationsbedarfs ausweisbar sind.

Nun ist die skizzierte Möglichkeit zur Einführung des Interessebegriffs und des Bedürfnisbegriffs natürlich nicht die einzige existierende Möglichkeit. Zwar sind alle Versuche fehlgeschlagen, den Interessebegriff durch dessen vollständige Reduktion auf den Bedürfnisbegriff gänzlich zu eliminieren (cf. Rubinstein 1970), aber es ist natürlich immer noch die

Möglichkeit gegeben, an Stelle der oben angeführten Inklusionsbeziehung eine vollständige Disjunktion zwischen den beiden Handlungsarten zu behaupten (also zwischen motivationalem Handeln und kognitivem Handeln strikt zu trennen); dies hätte zur Folge, daß die Kommunikationsinteressen als ein weiterer und zwar als ein gleichgewichtiger Parameter der sprachlichen Kommunikation neben die Kommunikationsbedürfnisse treten würden. Nun kann im hier behandelten Zusammenhang die Frage, welche der Arten der Einführung dieser beiden Begriffe die adäquatere ist, weitgehend offen gelassen werden; es genügt zunächst, eine Formulierung Rubinsteins anzuführen, die den Unterschied zwischen Interessen und Bedürfnissen hinreichend hervorhebt: »Wenn die Bedürfnisse nicht befriedigt werden, wird das Leben schwierig. Finden jedoch die Interessen keine Nahrung oder sind überhaupt keine vorhanden, so wird das Leben langweilig« (Rubinstein 1970, 138). In diesem Sinne – in diesem sehr allgemeinen und vagen Sinne, der gleichwohl die fundamentale Rolle der Bedürfnisse hervortreten läßt – soll auch zwischen Kommunikationsbedürfnissen und Kommunikationsinteressen unterschieden werden. Dabei ist noch die Variabilität der Kommunikationsinteressen (auch der verallgemeinerungsfähigen) hervorzuheben; sie unterscheiden sich in dieser Hinsicht keineswegs von den Kommunikationsbedürfnissen, kurz: die Einführung des Begriffs des Kommunikationsinteresses besagt, wenn sie sich als erforderlich erweisen sollte, nichts gegen die zuvor behauptete Kontingenz der grammatischen Strukturen und der Formen und Bedingungen des Sprachgebrauchs. Auch der Interessebegriff gibt, so wie er umrissen wurde, keine Möglichkeit an die Hand, Annahmen über nicht-kontingente Kommunikationsstrukturen, etwa über sprachliche Universalien, in signifikanter Art einzuführen[10]: auch Interessen sind grundsätzlich veränderlich. Die Kontingenz *aller* Kommunikationsparameter verweist auf die Kontingenz der Kommunikationsformen; mithin könnte sich die Annahme nahelegen, daß eine adäquate linguistische

Theorie primär als eine Theorie der diachronen Prozesse zu konzipieren ist.

2. Konversationspostulate

2.1 Die Einführung von Begriffen wie dem des Kommunikationsbedarfs, des Kommunikationsbedürfnisses und, gegebenenfalls, des Kommunikationsinteresses gestattet es, die *Funktion* sprachlicher Kommunikation näherungsweise zu bestimmen; weiterhin lassen sich einige provisorische Annahmen über die Strukturbedingungen der sprachlichen Kommunikation formulieren – ungeklärt blieb jedoch die Frage, wie sprachliche Kommunikation überhaupt möglich ist; die Frage also nach den Bedingungen der Möglichkeit von Kommunikation. Bei dem Versuch, eine Antwort auf diese Frage zu finden, müssen zunächst zwei Aspekte sorgfältig voneinander unterschieden werden: zum einen muß es darum gehen, die Bedingungen zu charakterisieren, die erfüllt werden müssen, wenn sprachliche Kommunikation überhaupt möglich werden soll (diese Bedingungen gelten also, wie man sagen kann, *universell*; es handelt sich bei ihnen um Universalien der sprachlichen Kommunikation); zum anderen muß es darum gehen, die dieses System universeller Bedingungen *ergänzenden* Bedingungen zu charakterisieren, die eine jeweils spezifische Form sprachlicher Praxis definieren, wobei diese Bedingungen als *kontingente* anzusehen sind. Denn die Veränderung dieser Bedingungen würde zwar die Entwicklung einer neuen (und wiederum spezifischen) Form der sprachlichen Kommunikation zur Folge haben; die grundsätzliche Möglichkeit der Kommunikation wird jedoch durch die Kontingenz der Bedingungen nicht gefährdet. Mit anderen Worten: es muß zwischen universell geltenden und kontingent geltenden Bedingungen des sprachlichen Handelns unterschieden werden; die ersteren legen fest, wie sprachliche Handlungen (gleich welchen Typs) überhaupt möglich werden;

letztere spezifizieren u. a., wie sprachliche Handlungen eines bestimmten Typs möglich sind. Es liegt auf der Hand, daß das System der kontingenten Bedingungen des sprachlichen Handelns dem System der universellen Bedingungen logisch nachgeordnet ist; jeder Sprechakt, der gewissen kontingenten Bedingungen genügt, muß auch die universellen Bedingungen erfüllen. Die Frage nach der Möglichkeit von sprachlicher Kommunikation fällt damit, im Sinne der getroffenen Unterscheidung, mit der Frage zusammen, ob es Universalien der sprachlichen Kommunikation gibt. Eine Antwort auf diese Frage ist nun verschiedentlich versucht worden; insbesondere Grice (1968) hat ein System von Bedingungen formuliert, das in diesem Zusammenhang einschlägig ist.[11] Grice formuliert dabei zunächst ein allgemeines *Prinzip der sprachlichen Kooperation*, das dann durch eine Reihe sog. *Konversationspostulate* weiter spezifiziert wird. Dieses Kooperationsprinzip läßt sich wie folgt formulieren:

(1) RICHTE DEINEN BEITRAG ZUR KONVERSATION AN JEDER STELLE, AN DER ER ERFORDERLICH WIRD, SO EIN, WIE ES DEM AKZEPTIERTEN ZWECK ODER DEM VERLAUF DES REDEWECHSELS, AN DEM DU BETEILIGT BIST, ENTSPRECHEND NOTWENDIG IST.

Um den Status dieses Prinzips genauer bestimmen zu können, ist es nützlich, sich einmal die Konsequenzen seiner *generellen Nicht-Befolgung* vor Augen zu führen: würde (1) grundsätzlich nicht befolgt, so wäre sprachliche Kommunikation nämlich ebenso grundsätzlich nicht mehr möglich. Wenn die Sprache disfunktional gebraucht würde, und zwar *generell* disfunktional gebraucht würde (also nicht mehr benutzt würde, um etwa konkrete, situationsspezifische Kommunikationsbedürfnisse zu befriedigen, sondern ein jeder unter Mißachtung aller vorliegenden Kommunikationsbedürfnisse, einschließlich der eigenen, gleichsam nurmehr drauflosreden würde), so wäre die Möglichkeit der Kommunikation nicht mehr sicherzustellen; es wäre nicht mehr gesichert, daß auf Fragen geantwortet wird, Behauptungen diskutiert werden, etc. Mit anderen Worten: wo immer sprachliche Kommunikation gelingt, *muß* das Prinzip aus (1) erfüllt sein – es spezifiziert eine der Bedingungen der Möglichkeit von Kommunikation überhaupt; es hat mithin, wie man in erster Näherung sagen kann, den Status einer *transzendentalen* kommunikationstheoretischen Bedingung – die Möglichkeit der sprachlichen Kommunikation bricht zusammen, wenn diese Bedingung nicht erfüllt wird. Der Ansatz von Grice weist denn in der Tat auch eine starke Affinität zur Transzendentalphilosophie Kants auf; eine Affinität, die zumal auch durch die Benennung deutlich wird, die die speziellen *Konversationspostulate* bei Grice erfahren: Mit der Einführung der Konversationspostulate der *Quantität*, der *Qualität*, der *Relation* und der *Art und Weise* verbindet sich offenbar eine spezifische Adaption der Kantischen Kategorientafel. Grice formuliert diese ›Kategorientafel der Konversationspostulate‹ wie folgt:

(2) MACHE DEINEN BEITRAG ZUR KONVERSATION SO INFORMATIV, WIE ES FÜR DIE ZWECKE DES REDEVERLAUFS ERFORDERLICH IST.

(3) VERSUCHE DEINEN BEITRAG ZUR KONVERSATION SO EINZURICHTEN, DASS ER WAHR IST. (Sage nichts, von dem du glaubst, daß es falsch sei. Sage nichts, für das du keine adäquaten Evidenzen beibringen kannst.)

(4) RICHTE DEINEN BEITRAG ZUR KONVERSATION SO EIN, DASS ER FÜR DEN KONVERSATIONSVERLAUF RELEVANT IST.[12]

(5) GESTALTE DEINEN BEITRAG ZUR KONVERSATION SO, DASS ER KLAR UND DEUTLICH IST. (Vermeide Dunkelheiten im Ausdruck und Ambiguitäten, drücke dich knapp und methodisch aus.)

Natürlich: Im Hinblick auf eine solche Kategorientafel der Kommunikationsprinzipien ist die Frage nach der Vollständigkeit der Tafel naheliegend[13]; sie soll hier jedoch vorerst vernachlässigt werden, zugunsten einer neuerlichen Erläuterung des Charakters der Postulate. Zunächst ist es wesentlich zu sehen, daß es sich bei diesen Postulaten weder um moralische Gebote handelt, wie man etwa im Hinblick auf (3) anzunehmen versucht sein könnte (cf. hierzu auch Anm. 13), noch etwa um stilistische Empfehlungen, wie man sie möglicherweise in (5) sehen könnte. So ist (3) nicht mit dem moralischen Gebot »Sag immer die Wahrheit« zu verwechseln; mit (3) soll vielmehr zum Ausdruck gebracht werden, daß jede sinnvolle Kommunikation unmöglich werden würde, wenn alle Leute lügen würden – und damit natürlich auch jede Zusammenarbeit, wie sie zur Deckung gesellschaftlicher Bedarfslagen und individueller Bedürfnisse erforderlich ist. In diesem Sinne ist auch (3) eine universelle Kommunikationsbedingung, und entsprechendes gilt für (5). Denn wenn alle Beiträge zur Kommunikation grundsätzlich dunkel, undeutlich, ambig, verworren und unmethodisch sind, geht die Möglichkeit zur sinnvollen Kommunikation ebenfalls verloren – an die Stelle der sprachlichen Verständigung tritt das dunkle Raunen der Individuen. Und gleiches gilt schließlich auch für das Quantitätspostulat und das Relationspostulat: wenn alle Beiträge zur Kommunikation *grundsätzlich* überinformativ wären oder immer ein systematisches Informationsdefizit aufweisen würden, so würde die Möglichkeit der Konversation ebenso zusammenbrechen wie dann, wenn die Beiträge zur Konversation grundsätzlich irrelevant wären (wenn also grundsätzlich nicht zur Sache geredet würde, usf.). Im Sinne dieser Erläuterungen handelt es sich bei den Griceschen Postulaten zweifellos um universelle Kommunikationsbedingungen, die erfüllt werden *müssen*, wenn sprachliche kommunikative Handlungen erfolgreich sein sollen.

Man kann nun sicherlich darüber streiten, ob es in der Tat die in (1) – (5) angegebenen Postulate sind, in denen die Bedingungen der Möglichkeit von sprachlicher Kommunikation adäquat niedergelegt sind, oder ob sich andere, adäquatere Systeme von Postulaten entwickeln lassen; man kann ferner darüber debattieren, ob die Postulate in (1) – (5) optimal formuliert sind, ob sie unabhängig voneinander und ob sie vollständig sind, etc. Aber wie auch immer diese Fragen zu beantworten sind – man wird zugeben müssen, daß es *Bedingungen dieser oder sehr ähnlicher Art* sind, die der

Möglichkeit von sprachlicher Kommunikation zugrundeliegen. Denn die Erläuterungen, die zu diesen Bedingungen gegeben wurden, machen wohl hinreichend deutlich, daß mit den Bedingungen sehr wohl Aspekte erfaßt wurden, die konstitutiv für die Kommunikationsmöglichkeit sind. Es ist daher wohl nicht unzweckmäßig, zunächst zu erörtern, wie Bedingungen dieser Art überhaupt formuliert werden können, welchen Status sie haben und wie sie *begründet* werden können. Und dabei ist durchaus in Rechnung zu stellen, daß es sich erweisen könnte, daß zumal diese letztere Frage sinnlos ist – daß es sich bei den Postulaten (1) – (5) oder sehr ähnlichen Postulaten um die Formulierung von Kommunikationsbedingungen handelt, die gewissermaßen so fundamental sind, daß sie einer Begründung nicht mehr fähig, ihrer aber auch nicht mehr bedürftig sind.

2.2 Die Frage, ob die Griceschen Konversationspostulate (oder ähnliche Formulierungen von Postulaten) einer weiteren Begründung fähig oder auch nur bedürftig sind, wird sich nur dann befriedigend beantworten lassen, wenn geklärt ist, von welchem Typ die Aussagen sind, in denen sie formuliert wurden. Die Antwort auf diese Frage läßt sich nun relativ einfach geben: die Griceschen Postulate sind in *Normsätzen* formuliert; sie haben also den Status von allgemeinen Kommunikationsnormen. Um welche Art von Normen handelt es sich dabei? Genauer: liegen unbedingte oder bedingte Normen vor? Die Erläuterungen zu (1) – (5) könnten nun die Annahme nahelegen, daß es sich bei diesen Normen eher um bedingte als um unbedingte Normen handelt. Denn diese Normen sollen ja nur unter einer bestimmten Bedingung gelten, unter der Bedingung nämlich, daß die Möglichkeit zur sprachlichen Kommunikation bewahrt bleiben soll. Diese Auffassung ist jedoch nicht stichhaltig. Bedingte Normen – also etwa Gebote wie »Wenn Christian spielt, soll Annette auf ihn aufpassen«; im Gegensatz zum unbedingten Gebot »Annette soll auf Christian aufpassen« – oder eben besser:

bedingte Gebote (denn bei den Griceschen Postulaten handelt es sich ja offenkundig um Gebote; allerdings könnte ihr Inhalt auch durch die Formulierung von Verboten zum Ausdruck gebracht werden) werden üblicherweise als *Implikationen* zwischen einer *Tatsachenbehauptung* und einem *Normsatz* aufgefaßt[14]; der Satz »Unter der Bedingung *A* ist *B* geboten« wird also durch $A \rightarrow \mathrm{GEB}(B)$ dargestellt. Entsprechendes gilt für bedingte Verbote und für bedingte Erlaubnisse. Zu fragen bleibt nun, ob sich die Griceschen Konversationspostulate in dieser Form adäquat darstellen lassen.

Der Anlaß zu dieser Frage ist, wie schon hervorgehoben, die Beobachtung, daß die Postulate ja unter einer bestimmten Bedingung gelten sollen: unter der Bedingung, daß die Kommunikationsmöglichkeit erhalten bleiben *soll*. Die vollständige Formulierung eines Postulates, etwa von (3), hätte demzufolge derart zu lauten: WENN ES GEBOTEN IST, DIE KOMMUNIKATIONSMÖGLICHKEIT ZU ERHALTEN, DANN IST ES AUCH GEBOTEN, DIE BEITRÄGE ZUR KONVERSATION SO EINZURICHTEN, DASS SIE WAHR SIND. Diese Formulierung beinhaltet aber offenkundig keine Implikation zwischen einer Tatsachenbehauptung und einem Normsatz, sondern eine Implikation zwischen zwei Normsätzen. Die Postulate haben also die allgemeine Form $\mathrm{GEB}(A) \rightarrow \mathrm{GEB}(B)$; die imperative Form, in der Grice die Postulate formuliert, täuscht über diesen Tatbestand hinweg. Es ist ja der Kernpunkt der Griceschen Überlegungen, notwendige und hinreichende Bedingungen für die Möglichkeit der Kommunikation anzugeben; das aber heißt nicht anderes als das, daß es ihm um die Formulierung von Aussagen der Form $\mathrm{GEB}(A) \rightarrow \mathrm{GEB}(B)$ geht. Eben deshalb geht es ihm auch um die Formulierung von unbedingten Normen: es ist grundsätzlich geboten, die Kommunikationsmöglichkeit zu erhalten, und eben deshalb ist es auch grundsätzlich geboten, die in (1) – (5) angegebenen Kommunikationsnormen zu erfüllen.

2.3 Ein klassischer Versuch zur Begründung von Normen

besteht bekanntlich darin, daß man Verfahren entwickelt, die es gestatten, Normen aus nicht-normativen Tatsachen abzuleiten. Dieser Ansatz – die sog. naturalistische Begründung der Ethik – lag stillschweigend auch den Erläuterungen zugrunde, mit denen die universelle Geltung der Konversationspostulate *plausibel* gemacht werden sollte. Man betrachte in diesem Zusammenhang etwa (3) oder besser noch das dem Gebot in (3) entsprechende Verbot, das man auf die Kurzformel »es ist verboten zu lügen« bringen kann. In den Erläuterungen zu (3), die natürlich auch für das korrespondierende Verbot einschlägig sind, wurde nun versucht, die *Geltung* dieses Gebotes bzw. des Verbotes durch den Hinweis plausibel zu machen, daß der systematische Verstoß gegen das Gebot oder auch gegen das Verbot die Möglichkeit sinnvoller Kommunikation zunichte machen würde, und daß damit ein *Schaden* entstehen würde, da auch die Zusammenarbeit der Individuen damit unmöglich werden würde. Zu fragen bleibt nun, ob sich diese *Plausibilitätserwägungen* in einen *Begründungszusammenhang* umformen lassen. In diesem Zusammenhang kann man die folgenden Aussagen betrachten, die eine mögliche Systematisierung der vorausgegangenen Plausibilitätserwägungen darstellen:

(a) p ist es verboten, Z zu tun (zum Beispiel kann es der Person p verboten sein zu lügen)

(b) Wenn alle Personen Z tun würden, so würde ein Schaden entstehen

(c) Es ist verboten, Schaden anzurichten

Offenkundig handelt es sich bei (a) um einen Normsatz, während es sich bei (b) um einen nicht-normativen, um einen empirischen Satz handelt. Bei (c) schließlich handelt es sich weder um einen normativen noch um einen empirischen Satz; (c) ist ein *analytischer* Satz – und als analytischer Satz drückt (c) ebensowenig eine Norm aus wie etwa $\text{GEB}(A) \vee \neg \text{GEB}(A)$; mehr noch: als analytischer Satz ist (c) – im Rahmen eines rein extensionalen Aufbaus der Logik – logisch äquivalent mit jeder beliebigen normfreien Tautologie. Insofern scheint es nun in der Tat möglich zu sein, Normen naturalistisch zu begründen: aus der nicht-normativen Aussage (b) und dem analytischen Satz (c) kann man den normativen Satz (a) ableiten, wobei (a) natürlich so beschaffen ist, daß für die Variable alle Mitglieder einer Gesellschaft eingesetzt werden können – weshalb denn umgangssprachlich auf *p* auch gar nicht mehr Bezug genommen wird; (a) wird umgangssprachlich schlicht wiedergegeben mit »Es ist verboten, *Z* zu tun«. Der naturalistische Ansatz scheint also in der Tat die Begründung (genereller) Normen durch nicht-normative Annahmen zu gestatten.

Er gestattet dies jedoch nur insofern, wie es möglich ist, die Analytizität von Sätzen wie (c) sicherzustellen. Und offensichtlich ist (c) dann und nur dann analytisch, wenn man bereit ist anzunehmen, daß – wie Kutschera, auf den die hier nur skizzierte Argumentation zurückgeht, schreibt – »das Prädikat ›*x* stellt einen Schaden dar‹ die Bedeutungskomponente enthält ›*x* zu bewirken ist verboten‹« (Kutschera 1973, 71). Unter Zugrundelegung dieser Annahme – und sie ist offenbar erforderlich, um (c) als analytischen Satz bezeichnen zu können – verhält es sich aber so, daß aus Satz (d) der Satz (e) logisch folgt:

(d) Q stellt einen Schaden dar

(e) Q zu bewirken ist verboten

Hier ist nun (d) klarerweise als eine normative Aussage anzusehen; das aber heißt, daß (a) gerade nicht durch den Rekurs auf die nicht-normative Aussage in (b) und die analytische Aussage in (c) begründet wird, sondern im Rekurs auf die normative bzw. analytische Aussage in (b) bzw. (c). Denn wenn die Analytizität von (c) in der beschriebenen Art gesichert wird (und sie muß offenbar in dieser Art gesichert werden), geht (b) in einen normativen Satz über. Entscheidend ist nun, daß die Normativität von (b) nur dann bestritten werden kann, wenn zugleich auch die These von der Analytizität von (c) preisgegeben wird – und damit sind dem naturalistischen Versuch, Normsätze aus empirischen Sätzen abzuleiten, die Voraussetzungen entzogen. Normsätze, wie die unter (1) – (5) aufgeführten, lassen sich also im Rahmen des naturalistischen Ansatzes *nicht* begründen.

Das allerdings bedeutet nicht, daß es grundsätzlich keine Möglichkeit gibt, Normen zu begründen; es bedeutet zunächst nur, daß es nicht möglich ist, die zuvor angestellten Plausibilitätserwägungen in einen Begründungszusammenhang umzuformen. Und sicher ist zuvor auch nur eine Erscheinungsform der sog. *naturalistic fallacy* erörtert worden; es gibt jedoch eine Fülle von Nachweisen für diesen Fehlschluß (cf. beispielsweise Kutschera (1973, 71–72) für eine Kritik der, man kann sagen: Searleschen Variante der *naturalistic fallacy*), und man kann in der Tat generell sagen, daß es nicht möglich ist, Normsätze aus empirischen Sätzen abzuleiten und sie damit zu begründen. Hier gilt allerdings das Proviso, daß nur die deduktive Ableitung eines Satzes *S* aus anderen Sätzen als Begründung für *S* angesehen wird – und es gibt sicherlich keine Gründe, die es zwangsläufig erforderlich machen, *dieser* sehr eng gefaßten Explikation des Begründungsbegriffs zuzustimmen. Aber selbst dann, wenn man ihr zustimmt, besteht immer noch eine Möglichkeit, zu einer Begründung für Normsätze zu kommen. Denn es ist logisch durchaus möglich, *Normaussagen aus Wertaussagen abzuleiten.* Entsprechend kann man versuchen, die Normen, die etwa in (1) – (5) angegeben wurden, aus einem bestimmten Wertsystem abzuleiten und auf diese Art zu begründen.

Der zentrale Begriff für einen solchen Ansatz, der an dieser Stelle nur angedeutet werden kann, ist der der *Bewertung von Handlungen* sowie der Begriff der *Entscheidung*. (Dabei ist es durchaus möglich, Wertaussagen über Handlungen in Wertaussagen über Ereignisse umzuformulieren.) Natürlich muß in diesem Zusammenhang zwischen *objektiven* und *subjektiven* Werten unterschieden werden; der objektive Wert etwa eines DM-Betrags ist durch die Goldparität der Deutschen Mark bestimmt; der subjektive Wert dieses Betrags für eine Person *p* und eine Person *q* kann jedoch, relativ zur Vermögenslage von p und q, personenspezifisch differieren. – Handlungen haben nun einen mehr oder weniger großen Nutzen, und es liegt nahe zu sagen, daß der Nutzen einer Handlung eine Funktion des Wertes ist, den das Handlungsresultat für die handelnde Person hat. Die Handlungen der Individuen werden also durch Wertvorstellungen bestimmt, und zwar werden sie insbesondere durch eine *normative Präferenzrelation* bestimmt, die spezifiziert, wie sich ein Individuum in einer bestimmten Situation *voller Handlungsalternativen* entscheidet. Diese Entscheidung kann dabei wiederum an subjektiven oder objektiven Wertvorstellungen orientiert sein; entsprechend ist eine subjektive normative Präferenzrelation und eine objektive normative Präferenzrelation zu definieren: erstere besagt, welche Handlungen eine Person oder eine Gruppe von Personen aufgrund subjektiver Werteinstellungen gegenüber anderen Handlungen zu tun vorzieht; letztere dagegen besagt, welche Handlungen aufgrund objektiver Werte (etwa aufgrund eines gesamtgesellschaftlich internalisierten Wertsystems) vorgezogen werden müssen. Die Präferenzrelationen legen also die Handlungsweisen der Individuen relativ zu bestimmten Wertsystemen fest. Dabei kann es sich so verhalten, daß derartige Wertsysteme ungemein komplex sind, in Subsysteme zerfallen, bezüglich derer eine Rangordnung festgelegt ist; natürlich kann auch der Fall nicht ausgeschlossen werden, daß in einer Gesellschaft voneinander verschiedene Wertsysteme (beliebigen Komplexitätsgrades) miteinander konkurrieren. Die Homogenität bzw. Inhomogenität eines Wertsystems ist natürlich eine Funktion der Homogenität bzw. Inhomogenität der Gesellschaft, in der es ausgebildet wurde.

Sicher ist diese Skizze über den Zusammenhang zwischen Normaussagen und Wertaussagen sehr allgemein und vage, und insbesondere ist noch unklar, wie sie für das Problem der Begründung von Konversationspostulaten fruchtbar gemacht werden könnte. Hier ist folgendes anzumerken: in Abschnitt 1 wurde hervorgehoben, daß ein bestimmter Kommunikationsbedarf auch ein bestimmtes System *kommunikativer Werte* erzeugt, die natürlich durch Wertaussagen charakterisierbar sind. Es möge nun die Aussage ES IST GUT, SICH KLAR UND DEUTLICH AUSZUDRÜCKEN eine in diesem Zusammenhang einschlägige Aussage sein. Dann ist klar, daß sich aus dieser Wertaussage (über eine Reihe allerdings sehr komplizierter Zwischenschritte) eine Kommunikationsnorm ableiten läßt, nämlich genau die in (5) angegebene Norm. Dies verdeutlicht zunächst, daß sich auch Kommunikationsnormen, etwa die Griceschen Konversationspostulate, aus einschlägigen Wertaussagen ableiten lassen. Im Zuge eines solchen Ansatzes ist es dann auch unnötig, diese Postulate als Implikationen zwischen Normsätzen aufzufassen; es reicht hin, sie als einfache Normsätze darzustellen, die aus einschlägigen Wertaussagen ableitbar und damit begründbar sind. Im Rahmen eines solchen Begründungsansatzes tritt nun allerdings die Frage auf, ob sich die in den Plausibilitätserwägungen zu (1) – (5) angenommene Universalität der Postulate weiterhin sinnvoll behaupten läßt. Hier sind sicher Zweifel angebracht. Denn die kommunikativen Werte werden ja in Abhängigkeit von einem bestimmten Kommunikationsbedarf entwickelt; durch sie soll eine Kommunikationsform spezifiziert werden, die die Deckung der Bedarfslage gestattet. Und es kann nicht ausgeschlossen werden, daß es Bedarfslagen gibt, die so beschaffen sind, daß zu ihrer Deckung auch weniger klare und deutliche, möglicherweise sogar unklare und undeutliche Ausdrucksweisen vollständig hinreichen. In einem solchen Fall dürfte die Klarheit und Deutlichkeit der Ausdrucksweise kaum als ein sonderlicher Wert angesehen werden; ein Postulat wie (5) dürfte entsprechend kaum zur Geltung kommen. Entsprechendes gilt auch für das Quantitätspostulat: es sind Formen des gesellschaftlichen Verkehrs denkbar, in denen es grundsätzlich gefordert ist, die Beiträge zur Konversation nicht nur, wie in (2) verlangt, so informationsreich wie *nötig*, sondern so informationsreich wie *möglich* zu gestalten. In diesem Fall würde etwa eine Wertaussage wie ES IST GUT, WENN DIE BEITRÄGE ZUR KONVERSATION SO INFORMATIONSREICH WIE MÖGLICH GESTAL-

TET WERDEN gelten und nicht die Aussage ES IST GUT, WENN DIE BEITRÄGE ZUR KONVERSATION GENAU SO INFORMATIONSREICH SIND, WIE ES FÜR DEN KONVERSATIONSVERLAUF ERFORDERLICH IST, aus der, bei einer entsprechenden Rekonstruktion des Griceschen Ansatzes, das Quantitätspostulat in (2) abzuleiten wäre. Und in *beiden* Fällen wäre die Möglichkeit zur Kommunikation grundsätzlich gegeben, obwohl natürlich die respektiven Konversationsverläufe erheblich voneinander verschieden wären – die zu (2) und (5) angestellten Plausibilitätserwägungen sind also nicht stichhaltig. Sie sind nicht stichhaltig, weil die Wertkonzeptionen, die diesen Postulaten stillschweigend zugrundeliegen, sich als kontingent herausstellen, und deren Kontingenz vererbt sich natürlich auf die Normen, die sie begründen: der Aspekt der Kontingenz der sprachlichen Kommunikationsformen und Bedingungen, der Umstand, daß die Modi und Bedingungen der sprachlichen Kommunikation diachronen Prozessen unterliegen können, schlägt also auch bei der Analyse der Griceschen Konversationspostulate durch. Dies ist im Rahmen eines werttheoretischen Ansatzes auch nicht weiter verwunderlich; eine wesentliche Annahme dieses Ansatzes ist es ja, daß die kommunikativen Werte, in einem bestimmten Sinn, von Lagen des Kommunikationsbedarfs erzeugt werden, und die Kontingenz der Bedarfslagen überträgt sich entsprechend auf die Werte. Der Kontingenz-Aspekt wird schließlich noch deutlicher, wenn man sich nicht nur auf Lagen des Kommunikationsbedarfs, sondern auch auf die Kommunikationsbedürfnisse der Individuen bezieht. Ersteren kann man dabei, im Sinne der zuvor angeführten Unterscheidungen, die Erzeugung *objektiver* kommunikativer Werte, *letzteren* die Hervorbringung *subjektiver* kommunikativer Werte zuschreiben – und wie die objektive Bedarfslage den subjektiven Bedürfnissen nicht zu entsprechen braucht, so können auch die objektiven Kommunikationswerte unverträglich mit den subjektiven Kommunikationswerten sein. Es ist also der Fall denkbar, daß der Konzeption des klaren und methodischen Ausdrucks ein objektiver Wert beigemessen wird, eine Reihe von Personen oder

Personengruppen aber in einer unmethodischen, dunklen, dafür aber vielleicht ›tiefen‹ Art des Ausdrucks einen besonderen Wert sieht. Die Menge der Parameter der sprachlichen Kommunikation braucht also keineswegs konsistent zu sein; ihre Instabilität dürfte darüber hinaus kaum bestreitbar sein – und insofern scheint nur der Schluß möglich zu sein, daß alle Formen der sprachlichen Kommunikation, die im Zuge der Entwicklung der Sprachen herausgebildet worden sind, ihre Entstehung grundsätzlich kontingenten Faktoren verdanken. Und der Versuch, sinnvoll von sprachlichen Universalien zu sprechen (und zwar sowohl in grammatischer wie in pragmatischer Hinsicht), scheint angesichts dieses Umstandes von vornherein zum Scheitern verurteilt zu sein: die Besonderheit der Entwicklungsbedingungen der natürlichen Sprachen scheint sich in der Besonderheit der verschiedenen natürlichen Sprachen, quasi ihrer grammatischen und pragmatischen Unvergleichbarkeit, in deutlicher Weise niederzuschlagen.

Gleichwohl dürfte eine solche Radikalisierung des Kontingenz-Aspektes, wie sie zumal in der sog. romantischen Sprachwissenschaft kompromißlos ausgebildet wurde, kaum haltbar zu sein. Denn die Argumente, die gegen (2) und (5) aufgeführt wurden, lassen sich schon gegen (1), (3) und (4) nicht in vergleichbarer Art vorbringen: der Status dieser Normen scheint ein grundsätzlich anderer zu sein als der von (2) und (5). Zunächst ist jedoch festzuhalten, daß das Relationspostulat in (4) bereits mit in (1) enthalten sein dürfte; die – man kann sagen: *Einschlägigkeit* von Beiträgen zur Konversation, die in (4) explizit gefordert wird, wird ja implizit auch schon mit (1) verlangt; (4) wird also von (1) impliziert[15], die beiden Postulate sind also nicht unabhängig voneinander. Dagegen ist (3) sehr wohl unabhängig von (1), denn mit (3) wird verlangt, daß die Konversationsbeiträge, die (1) erfüllen, noch eine weitere Bedingung erfüllen müssen: sie müssen nämlich nicht nur einschlägig, sondern auch *wahr* sein. Und es ist nun in der Tat schwer zu sehen, wie sprachliche Kommunikation möglich werden soll, wenn diese beiden Forderungen – die Einschlägigkeitsforderung und die Wahrheitsforderung – im Konversationsverlauf grundsätzlich nicht erfüllt werden. Schließlich ist auch die Möglichkeit zu lügen an die Voraussetzung gebunden, daß (3) grundsätzlich vorausgesetzt wird; die Möglichkeit zu lügen ist nur deshalb gegeben, weil die Verpflichtung besteht, die Wahrheit zu sagen. Eine Dispensierung von dieser Verpflichtung nimmt *allen* Konversationsbeiträgen den Charakter der Verläßlichkeit, so daß Kommunikation unmöglich wird. Und entsprechendes gilt für (1): wenn grundsätzlich kein Zusammenhang zwischen den diversen Konversationsbeiträgen besteht, ist es sicher ebenso grundsätzlich unmöglich, kommunikativ Probleme zu lösen oder auch nur Problemlösungen zu versuchen – zwar versteht man die Äußerungen des anderen oder der anderen (eben weil man die Sprache versteht, in der sie geäußert werden), aber die Loslösung dieser Äußerung von den Zwecken der Konversation bringt es mit sich, daß sie irrelevant für die Konversation werden. Wertaussagen wie ES IST GUT, WENN ALLE KONVERSATIONSBEITRÄGE EINSCHLÄGIG SIND und ES IST GUT, WENN ALLE KONVERSATIONSBEITRÄGE WAHR SIND scheinen also, im Sinne dieser Plausibilitätserwägungen, *universell* zu gelten. Vielleicht kann man sagen, daß alle kommunikationsfähigen und kommunikationsbedürftigen Gemeinschaften kommunikative Werte wie die genannten ausbilden *müssen*, wenn sie überhaupt eine Möglichkeit zur Kommunikation schaffen wollen. Es handelt sich bei diesen Werten also nicht um von jeweils bestimmten Bedarfslagen oder jeweils bestimmten Bedürfnissen erzeugte Werte, sondern um Wertvorstellungen, deren Ausbildung für die Deckung von Bedarfslagen und Bedürfnissen (unabhängig davon, wie diese jeweils beschaffen sein mögen) unerläßlich ist, weil sonst überhaupt keine, geschweige denn eine adäquate Form der sprachlichen Kommunikation entwickelt werden kann. Es muß also zwischen zwei Arten von Wertkonzeptionen unterschieden werden, nämlich zwischen bedarfs- und bedürfnisabhängigen kommunikativen Werten einerseits (und den durch diese Werte definierten Kommunikationsnormen) und bedarfs- und bedürfnisspezifischen kommunikativen Werten (und den durch diese Werte definierten Kommunikationsnormen) andererseits. Letztere sind eine Voraussetzung für die Möglichkeit von Kommunikation überhaupt (unter der nicht-trivialen Bedingung, daß ein Kommunikationsbedarf vorliegt bzw. Kommunikationsbedürfnisse existieren); erstere sind eine Voraussetzung für die Möglichkeit der Deckung jeweils bestimmter Bedarfslagen bzw. für die Befriedigung jeweils bestimmter Kommunikationsbedürfnisse. Erstere gelten kontingent, letztere universell. Insofern hat die Sprechweise von sprachlichen Universalien, wie sie unter pragmatischen und grammatischen Aspekten zu analysieren sind, einen guten Sinn; die Genese dieser Universalien ist, in einem spezifischen Sinn, an die Ausbildung derartiger universeller kommunikativer Werte gebunden. Die Annahme der Existenz universeller kommunikativer Werte basiert dabei, wie man allgemein sagen kann, auf der weiteren Annahme, daß die Möglichkeit der Kommunikation (unter bestimmten gesellschaftlichen Bedingungen, die in kommunikationsfähigen und kommunikationsbedürftigen Gemeinschaften gelten) selbst als ein Wert erkannt wird, der das Handeln der Individuen beeinflußt.

Natürlich stellt die Bezugnahme auf Wertaussagen, wie sie zuvor skizziert wurde, keine Lösung, sondern nur eine *Verlagerung* des Begründungsproblems dar. Es wurde verlagert in das Problem der Wahrheitsfähigkeit von Wertaussagen oder, allgemeiner, in das Problem der Werterkenntnis. Nur wenn dieses Problem eine positive Lösung findet (und es ist keineswegs sicher, daß eine solche Möglichkeit gegeben ist), ist der skizzierte Weg gangbar. Da eine naturalistische Begründung von Kommunikationsnormen, wie angedeutet, nicht möglich ist, und der intuitionistische Ansatz zu einer Begründung im Rekurs auf Wertaussagen sich keineswegs bewähren muß (cf. Kutschera 1973, § 5.3 für die Erörterung einer Reihe von Argumenten und Gegenargumenten), kann es nicht ausgeschlossen werden, daß sich letztlich allein die von Grice zweifellos intendierte und auch von der Frankfurter Schule versuchte apriorische Begründung von Kommunikationsnormen als allein möglich erweist. Im Sinne dieses Ansatzes geht es darum, bei der Rekonstruktion der Möglichkeit von Kommunikation aller an der Debatte Beteiligten gewissermaßen einsichtig zu machen, was sie »immer schon« als Grundprinzipien der Kommunikation implizit zugrundegelegt haben, und daß sie diese Grundprinzipien als Bedingungen der Möglichkeit von Kommunikation gleichsam nachträglich, aber auf einer höheren Stufe der Reflexion kraft der gewonnenen Einsicht als solche Grundprinzipien akzeptieren müssen (cf. etwa Apel 1973, 405 für eine vergleichbare Argumentation im Zusammenhang mit der Möglichkeit der Rechtfertigung eines Moralprinzips). Ersichtlich wird hier ein anderer Begründungsbegriff als der zuvor benutzte gebraucht. Die Begründung besteht sozusagen darin, daß jemand, der sich einmal ›auf Kommunikation eingelassen hat‹, dessen ›überführt‹ wird, worauf er sich eingelassen hat – nämlich etwa darauf, daß er gewisse Prinzipien, die etwa die vernunftorientierte Kommunikation steuern, immer schon anerkannt hat. Diese sind damit als universelle Kommunikationsprinzipien ausgewiesen: ihre Universalität kommt gerade darin zum Ausdruck, daß *jeder*, der sich überhaupt auf Kommunikation einläßt, der Befolgung dieser Prinzipien überführt werden kann. – Es dürfte nun beim derzeitigen Stand der Dinge vermessen sein, auch nur zu versuchen, eine definitive Entscheidung zwischen den konkurrierenden Begründungsansätzen herbeizuführen. Aber es ist zumindest eine interessante Frage, ob die gleichsam aus der Faktizität der Lebenszusammenhänge gewonnenen Kommunikationsnormen, denen eine gewissermaßen praktische apriorische Geltung zugeschrieben wird, sich in irgendwelchen relevanten Aspekten von den Postulaten der Art unterscheidet, die Grice (in einer gewiß nur provisorischen Formulierung) vorgeschlagen hat. Es ist allerdings auch eine schwer zu beantwortende Frage, schon deshalb, weil keine vergleichsweise expliziten Formulierungen solcher Normen vorliegen. Aber es gibt einen Ansatz, in dem

– unter dem Titel ›Pragmatische Universalien‹ – ein System von Kommunikationsnormen entwickelt wird; er wird von Habermas (1971) vertreten. Habermas formuliert dabei Universalitätsbehauptungen bezüglich einer Reihe von Elementen der grammatischen Struktur, entwickelt eine universelle Typologie von sprachlichen Handlungen und formuliert einige Universalitätsbehauptungen über die Struktur des kommunikativen und des diskursiven sprachlichen Handelns. Im Folgenden soll es zunächst nur um die Universalitätsbehauptungen der letzten Art gehen (cf. Abschnitt 3 zu den beiden anderen Aspekten), da diese am ehesten noch mit den von Grice formulierten Konversationspostulaten vergleichbar sind.

2.4 Angenommen, in einer bestimmten Situation stellt ein Sprecher *p* gegenüber einem Hörer *q* die Behauptung auf: »Morgen ist der Weltuntergang«. *q* wird in einer solchen Situation (wenn er überhaupt noch am Fortgang der Diskussion interessiert ist) natürlich nach Beweisen für diese Behauptung fragen, und es ist nicht ausgeschlossen, daß *p* sich bemüht, Beweise zu erbringen. Es ist aber auch möglich, daß *p* sagt: »Wieso? Ich habe eine Behauptung aufgestellt; nach Beweisen dafür kannst du dich selbst umsehen.« Und darauf könnte *q* erwidern: »Das ist mehr als eine Zumutung. Wer Behauptungen aufstellt, hat auch die Verpflichtung, sie zu beweisen.« – Im ersten der beiden Fälle spricht Habermas von kommunikativem Handeln (oder von Interaktion); im zweiten Fall liegt nach Habermas ein *Diskurs* vor – sprachliche Interaktionen sind von Diskursen dadurch unterschieden, daß in ihnen die Geltung gewisser Kommunikationsnormen gleichsam naiv vorausgesetzt wird; in den Diskursen dagegen wird die Geltung solcher Normen *problematisiert* (im Beispiel also die Geltung der Norm WER BEHAUPTUNGEN AUFSTELLT, HAT AUCH DIE VERPFLICHTUNG, BEWEISE FÜR DIE BEHAUPTUNG BEIZUBRINGEN). Habermas thematisiert nun insbesondere die folgende Frage: wie kann in Diskursen ein wahrer Konsensus über die Geltung bestimmter problematisierter Normen gewonnen werden? Die Antwort, die Habermas hier gibt, ist eindeutig: ein solcher Konsensus kann nur unter den Bedingungen einer *idealen Sprechsituation* zustandekommen. Die Bedingungen, die für die ideale Sprechsituation gelten, sind natürlich universell geltende Bedingungen (in welcher Art sie für die sprachliche Interaktion einschlägig sind, wird zu prüfen sein). Um welche Bedingungen handelt es sich dabei, wie ist die ideale Kommunikationssituation charakterisiert? Habermas führt hier an erster Stelle ein *Symmetriepostulat* ein, das dann durch verschiedene andere Bestimmungen ergänzt wird. Da nun Habermas seine Konzeption der idealen Kommunikationssituation sicherlich auch Humboldts Modell der freien Seminardiskussion verdankt, ist es wohl nicht unangemessen, dieses Symmetriepostulat zunächst in einer Formulierung Humboldts wiederzugeben:

(6) Es darf also niemand auf andre Weise zum andern reden, als dieser, unter gleichen Umständen, zu ihm gesprochen haben würde (Humboldt 1830, 419).

Natürlich trifft diese Formulierung die Intentionen von Habermas nicht ganz, kommt ihnen aber doch nahe genug, um verdeutlichen zu können, was mit der Symmetrieforderung verlangt wird. Verlangt wird vor allem, daß alle Teilnehmer am Diskurs die gleichen Chancen bei der Wahrnehmung von Dialogrollen haben; das Symmetriepostulat ist also eine *Gleichheitsforderung* in Ansehung der Rechte, Pflichten und Möglichkeiten der am Diskurs Beteiligten. Nun ist es natürlich häufig genug der Fall, daß in der faktischen Kommunikation die spezifischen Situationsumstände, wie sie sich aus nicht nur kontingenten Randbedingungen der Kommunikation (etwa bezüglich des sozialen Status, des Kenntnisstands der Individuen, etc.) ergeben, eine solche Gleichverteilung der Kommunikationschancen schlechterdings unmöglich machen. Situationen, die unter der Einwirkung derartiger Umstände stehen, können aber nicht ideal genannt werden. Deshalb bedarf es weiterer Bestimmungen, die die Idealität einer Sprechsituation charakterisieren, und zwar derart, daß durch diese Bestimmung die Möglichkeit ausgeschlossen wird, daß die

Anwendung des Symmetrieprinzips unterlaufen wird. Habermas führt hier unter anderen die folgenden Bedingungen ein:

(a) *Den am Diskurs Beteiligten müssen die gleichen sprachlichen Möglichkeiten zur Verfügung stehen.*

(b) *Keine Vormeinung der Individuen, die am Diskurs teilnehmen, darf auf Dauer der Thematisierung und der Kritik entzogen werden.*

(c) *Die Eigentümlichkeiten der Individuen* (soziale Herkunft, Kenntnisstand, etc.) *dürfen den Diskursverlauf nicht prädisponieren.*

(d) *Die Diskursteilnehmer dürfen weder sich noch andere über ihre Intentionen täuschen.*

Diese Bedingungen sind in den faktischen Kommunikationsprozessen sicherlich nicht erfüllt: es sind ideale und deshalb kontaktfaktische Bedingungen, die zugleich, durchaus im Sinne Wittgensteins, eine ideale Lebensform charakterisieren: »Die kontrafaktischen Bedingungen der idealen Sprechsituation erweisen sich als Bedingungen einer idealen Lebensform« (Habermas 1971, 139). Insofern ist es nicht verwunderlich, daß sich diese Bedingungen nur in mittelbarer Art auf die kommunikative Praxis der Individuen beziehen, soweit diese in Diskursen abläuft; es handelt sich bei den Bedingungen (a) – (d) primär offenkundig um Bedingungen, die eine bestimmte (möglicherweise zukünftig zu realisierende) Form des gesellschaftlichen Verkehrs definieren. Und es ist diese Verkehrsform, die allein die Möglichkeit zur diskursiven Kommunikation bietet, in deren Rahmen (und nur in deren Rahmen) die Möglichkeit gegeben ist, einen wahren Konsensus der Beteiligten (etwa über die Legitimität bestimmter Kommunikationsnormen) zu erzielen.

Zwischen der Konzeption von Habermas und etwa der von Grice ist nun, wenn überhaupt, nur sehr schwer zu vermitteln. Und zwar ist diese Vermittlung (oder auch nur der Vergleich der Konzeptionen) deshalb so schwierig, weil es in der Griceschen Konzeption kein Gegenstück zum Begriff der idealen Sprechsituation gibt. Ferner ist es der Anspruch von Grice, die Bedingungen der Möglichkeit von Kommunikation überhaupt zu explizieren, während die Konzeption von Habermas (zumindest, soweit sie bislang skizziert wurde) in eigentümlicher Weise nur eine Explikation der Bedingungen der Möglichkeit einer sehr spezifischen Form der Kommunikation zu gestatten scheint: nämlich die Bedingungen der Möglichkeit des Diskurses. Die beiden Konzeptionen werden also nur dann vergleichbar, wenn gezeigt werden kann, daß sie die gleichen Allgemeinheitsansprüche implizieren, und das kann im Hinblick auf den Ansatz von Habermas nur heißen: es muß gezeigt werden, daß die ideale Sprechsituation nicht nur Bedingung der Möglichkeit des Diskurses, sondern von Kommunikation überhaupt ist. Genau dies ist auch der Anspruch, den Habermas stellt: »Die Bedingungen der empirischen Rede sind mit denen der idealen Sprechsituation (und des reinen kommunikativen Handelns) ersichtlich nicht, jedenfalls oft oder meistens nicht, identisch. Gleichwohl gehört es zur Struktur möglicher Rede, daß wir im Vollzug der Sprechakte (und der Handlungen) kontrafaktisch so tun, als sei die ideale Sprechsituation (oder das Modell reinen kommunikativen Handelns) nicht bloß fiktiv, sondern wirklich – eben das nennen wir eine Unterstellung« (Habermas 1971, 140). Zu fragen bleibt, warum diese Unterstellung zur Erklärung der Struktur möglicher Rede, wie sie ja auch Grice intendiert, *notwendig* erforderlich sein soll.

Die Antwort auf diese Frage kann gegeben werden, wenn man die *Funktion* der Diskurse vergegenwärtigt. Die Funktion der Diskurse besteht darin, ein problematisiertes Einverständnis etwa über bestimmte Kommunikationsnormen, das der kommunikativen Praxis zugrundegelegen hat, durch Begründung wiederherzustellen. Man kann sich also diskursiv verständigen, und Verständigung heißt, »einen wirklichen Konsensus herbeizuführen« (Habermas 1971, 122); etwa also einen Konsensus über die Gültigkeit einer Norm für den Vollzug von Behauptungshandlungen. (Natürlich gelten auch diskursiv gewonnene Normen wieder naiv, wenn sie neuerlich in die kommunikative Praxis eingehen.) Die Möglichkeit, einen wirklichen Konsensus herbeiführen zu können, ist aber an die Bedingungen der idealen Sprechsituation gebunden: dies begründet die Notwendigkeit der Bezugnahme auf diese Situation. Es begründet freilich noch nicht die Notwendigkeit der angeführten *Unterstellung*: deren Notwendigkeit ergibt sich dadurch, daß sich Normen nur deshalb naiv einspielen können, weil die Möglichkeit ihrer diskursiven Thematisierung jederzeit gegeben ist; diese aber setzt die Antizipation der idealen Sprechsituation voraus. Mit anderen Worten: *die Möglichkeit des Diskurses, die an die Unterstellung einer idealen Sprechsituation gebunden ist, ist die Bedingung der Möglichkeit umgangssprachlicher Kommunikation, und sie ist es, weil anders Normen sich nicht etablieren lassen.* – Nun ist diese Feststellung, so wie sie steht, sicherlich mehr als befremdlich; die Etablierung von Normen, also auch von Kommunikationsnormen, ist – wie nachgewiesen wurde – unter einer Vielzahl von Bedingungen möglich (cf. etwa Parsons 1964) – wenn diese Feststellung nicht empirisch falsifizierbar sein soll, kann es sich also nicht schlechthin um die Etablierung *beliebiger* Normen handeln. So geht es denn Habermas auch nicht um Normen schlechthin, *sondern um Normen, deren Geltung begründet werden kann.* Die Anerkennung von Geltungsansprüchen muß also *rational motiviert* werden; die Annahme, daß ein Geltungsanspruch rational motiviert werden kann, ist aber nach Habermas äquivalent mit der Annahme, »daß ein Konsensus über die Annahme einer empfohlenen Norm *mit Gründen* herbeigeführt werden« kann (Habermas 1973 *a*, 144). Ein solcher Konsensus drückt, wenn er denn zustande kommt, einen *vernünftigen Willen* aus, wobei dieser diskursiv erzeugte Wille eben deshalb als vernünftig gelten kann, weil die Diskursbedingungen (die ideale Sprechsituation) garantieren, »daß ein Konsensus nur über angemessen interpretierte *verallgemeinerungsfähige* Interessen, darunter verstehe ich: Bedürfnisse, *die kommunikativ geteilt werden*, zustande kommen kann« (Habermas 1973 *a*, 149). Es geht also nicht nur um das

Problem der *Normetablierung*, sondern um das Problem der *Normbegründung* – und zumindest in dieser Hinsicht stimmen Habermas und Grice überein; die beiden Ansätze sind *insofern* grundsätzlich vergleichbar. Sie stimmen sogar partiell überein: auch Grice hätte vermutlich keine Schwierigkeiten, das in (1) angegebene Kooperationsprinzip als ein Prinzip anzusehen, das Ausdruck eines nicht-partikularen Interesses, nämlich des verallgemeinerten Interesses an Kommunikation ist. Gleichwohl bleibt der fundamentale Unterschied zwischen den beiden Konzeptionen bestehen, der darin besteht, daß in der einen Konzeption mit dem Begriff der idealen Sprechsituation gearbeitet werden muß, während dieser Begriff in der anderen Konzeption nicht einmal auftritt. Wie ist dieser gravierende Unterschied zwischen den beiden Konzeptionen zu erklären? – Entscheidend dürfte hier der in den beiden Ansätzen vorausgesetzte Begriff der *sprachlichen Verständigung* sein. Nach Habermas heißt »sich sprachlich verständigen« soviel wie »einen wahren Konsensus herbeiführen«; gleichviel, ob diese Verständigung diskursiv, das heißt: über problematisierte Normen, oder kommunikativ, das heißt: unter Zugrundelegung jedenfalls problematisierbarer Normen, erzielt wird; man kann »in *jedem* Gespräch selbstverständlich davon ausgehen, daß wir es führen, und das heißt: in ihm zu einer Verständigung gelangen können. Tatsächlich trauen wir uns ja jederzeit zu, einen wirklichen Konsensus von einem trügerischen zu unterscheiden: sonst könnten wir den metakommunikativ immer schon akzeptierten Sinn von Rede nicht stillschweigend voraussetzen, ohne den umgangssprachliche Kommunikation überhaupt nicht möglich wäre« (Habermas 1971, 135/6. Hervorhebung von mir). Und weil die Möglichkeit, einen wahren Konsensus zu erzielen, im Rahmen der Konzeption von Habermas an die ideale Sprechsituation und deren Bedingungen gebunden ist, ist der *Vorgriff* auf die ideale Sprechsituation im Rahmen *aller* kommunikativen Prozesse unvermeidlich: sprachliche Verständigung wäre sonst nicht möglich.

Es ist die Frage, ob diese Konsequenz hinfällig wird, wenn

»sich sprachlich verständigen« nicht als »einen wahren Konsensus herbeiführen« gedeutet wird. Grice liefert hier in der Tat eine andere Deutung; er nimmt an, daß der Prozeß der sprachlichen Verständigung allein darin besteht, daß der Hörer versteht, was der Sprecher meint (die Art, in der Grice diese schlicht klingende Idee entwickelt, liest sich allerdings sehr viel weniger schlicht; cf. Wunderlich 1974, 326–335 zu einer präzisen Fassung des Begriffs der sprachlichen Verständigung bei Grice). Ersichtlich impliziert dieser Verständigungsbegriff nicht den Konsensusbegriff; sprachliche Verständigung in diesem Sinne setzt mithin auch keine ideale Sprechsituation voraus, sondern beispielsweise die gemeinsame Kenntnis einer Sprache, die Möglichkeit der Entwicklung und der Rekonstruktion von Intentionen auf Seiten des Sprechers bzw. des Hörers, eine sinnvolle Einschätzung der Einwirkung von Situationen auf das Resultat von Sprechhandlungsvollzügen, etc. Vorausgesetzt wird aber natürlich auch die Befolgung der Konversationspostulate – und deren Geltung muß sich, akzeptiert man die Prämissen des transzendentalphilosophischen Ansatzes, kraft ihrer Vernünftigkeit erweisen. Grice akzeptiert diese Prämissen; er führt aus:

»Deshalb denke ich, daß die Beachtung des Kooperationsprinzips und der Postulate in folgendem Sinne vernünftig ist: von einem jeden, dem die zentralen Ziele von Konversation und Kommunikation (d. h. Informationen geben und Informationen erhalten, Beeinflussen und Beeinflußtwerden) wichtig sind, kann man sagen, daß er Interessen hat, die nur dann erfüllbar sind, wenn er sich in Übereinstimmung mit dem Kooperationsprinzip und den Postulaten verhält« (Grice 1968, II, S. 11/12). Die Übersetzung folgt teilweise der von Wunderlich 1972).

Grice sieht also die Vernünftigkeit der Postulate und damit den Grund für ihre Geltung darin, daß jeder, der das nichtpartikulare Interesse an Kommunikation hat, die Postulate befolgen muß, wenn er sich im Griceschen Sinne verständigen will. Da dieser Verständigungsbegriff in einem gewissen Sinne sehr viel eingeschränkter ist als der Habermassche, kann

Grice auch sehr viel eingeschränktere Bedingungen für die Vernünftigkeit von Normen formulieren – die Unterschiedlichkeit der Verständigungsbegriffe reflektiert also letztlich unterschiedliche Fassungen des Begriffs ›Vernünftigkeit einer Norm‹ bei Grice und Habermas. Diese Feststellung kann nicht überraschen: die Frage, wie sprachliche Verständigung möglich wird, kann natürlich nicht unabhängig von einer Explikation des Begriffs der sprachlichen Verständigung beantwortet werden.[16] Und es ist natürlich eine wichtige Frage, wie die beiden hier (sicherlich nur unzureichend) charakterisierten Verständigungsbegriffe sich zueinander verhalten, ob sie miteinander verträglich sind oder ob sie einander wechselseitig ausschließen. Eine mögliche, aber vielleicht allzu provisorische Antwort wäre es hier, daß ein Verständigungsbegriff im Sinne von Habermas einen Verständigungsbegriff im Sinne von Grice voraussetzt: es ist eine notwendige Bedingung für die Herbeiführung eines Konsensus, daß die am Diskurs Beteiligten einander im Griceschen Sinne verstehen – vielleicht ist der Gricesche Verständigungsbegriff in der Zusatzbedingung (a) zu dem Symmetriepostulat in (6) mitenthalten. Denn das Verfügen über die gleichen sprachlichen Möglichkeiten könnte vielleicht in dem Sinne gedeutet werden, daß grundsätzlich eine Verständigung im Griceschen Sinne verlangt wird (obwohl man, wie unter anderen Bennett (1973, 151) hervorgehoben hat, nicht davon ausgehen kann, daß das Verfügen über *dieselbe* Sprache eine notwendige Voraussetzung für eine Verständigung im Griceschen Sinne ist; cf. hierzu auch § 2.5 sowie die Abschnitte 5 und 6. Insofern müßte die Zusatzbedingung (a) zu (6) noch genauer gefaßt werden). – Aber wie auch immer: die eingangs gestellte Frage, ob ein System von Kommunikationspostulaten, das auf einer Griceschen Basis beruht, sich von einem Postulatensystem unterscheidet, dessen Entwicklung ein nicht-deduktiver Begründungsbegriff zugrundeliegt, hat eine klare Antwort gefunden. Es gibt ohne Zweifel eine Reihe gravierender Unterschiede – und diese Unterschiede bleiben keineswegs abstrakt; sie schlagen sich durchaus im Aufbau der linguistischen Theorie nieder – sie haben beispielsweise Einfluß auf die Art, in der Sprechakttypologien entwickelt werden (cf. hierzu Abschnitt 3). Allerdings besteht beim derzeitigen Stand der Dinge (und vermutlich nicht nur beim derzeitigen Stand der Dinge) kaum eine Aussicht, *mit den Mitteln der Linguistik* eine definitive Entscheidung zwischen den beiden Ansätzen herbeiführen zu können; die Probleme sind zu verwickelt (insbesondere deshalb, weil sie schon philosophisch ungemein schwierig sind; Stichwort: Konsensustheorie der Wahrheit – die hier anfallenden Probleme wurden nicht einmal angedeutet), um einer schnellen Lösung fähig zu sein.

2.5 Die Frage, wie man Systeme von Kommunikationsnormen begründen kann, gehört ohne Zweifel zu den heikelsten Fragen der Linguistik (und nicht nur der Linguistik). Es gibt jedoch noch – glücklicherweise, möchte man sagen – eine Reihe weiterer Fragen, die man hinsichtlich solcher Systeme stellen kann, und die, zumindest in erster Näherung, sicherlich weniger heikel sind. Auf zwei dieser Fragen soll hier noch kurz eingegangen werden, nämlich einmal auf die Frage nach der *Realisierbarkeit* und zum anderen auf die Frage nach der *Vollständigkeit* solcher Normensysteme. Zumindest die erste dieser beiden Fragen hängt dabei sehr eng mit dem Problem der Vernünftigkeit solcher Normensysteme zusammen; allerdings ergibt sich die Vernünftigkeitsfrage hier nicht als eine Folge der Begründbarkeitsproblematik, sondern eher als Folge einer *Konsistenzproblematik*. Ein System etwa, das aus zwei Normen besteht, die einander wechselseitig ausschließen, wird man nicht als konsistent ansehen wollen, und inkonsistente Systeme sind nicht realisierbar – sie verstoßen letztlich gegen den Grundsatz *impossibile nulla obligatio*. Und da sie Unmögliches verlangen, sind sie auch nicht vernünftig; sie können grundsätzlich nicht erfüllt werden.[17] – Den damit angesprochenen Realisierbarkeitsbegriff könnte man derart zu präzisieren versuchen:

(7) *Ein System K von Konversationspostulaten* $K_1, \ldots, K_r$ *ist* realisierbar *genau dann, wenn es keine Situation C derart geben kann, daß die Befolgung von* K_i *die Befolgung von* K_j *(mit* $i \neq j$*) unmöglich macht.*

Eine Formulierung wie in (7) reicht jedoch noch nicht aus, den Realisierbarkeitsbegriff klar zu fassen. Denn in (7) werden zwei Gesichtspunkte miteinander vermischt, die in einem strikten Sinne voneinander zu trennen sind, nämlich zum einen der Aspekt der Widerspruchsfreiheit von *K*, und zum anderen der Aspekt der Realisierbarkeit im spezielleren Sinne. Dieser zweite Aspekt kommt in der Klausel »wenn es keine Situation *C* derart geben kann« zum Ausdruck, mit der offenbar angesprochen wird, daß es Verfassungen (oder Zustände) der Wirklichkeit geben kann, die die Erfüllung der Postulate gestatten oder unmöglich machen. Mit anderen Worten: es kann durchaus der Fall eintreten, daß ein System K_1 bezüglich einer Menge *C* möglicher Situationen (und das heißt: bezüglich einer möglichen Welt oder auch, eingeschränkter, bezüglich eines möglichen Zustands der Wirklichkeit) realisierbar ist, während ein System K_2 bezüglich *C* nicht erfüllt werden kann. Wenn es in *C* beispielsweise nicht möglich ist, sich grundsätzlich ambiguitätsfrei auszudrücken (etwa, weil die zur Verfügung stehende Sprache dies grundsätzlich nicht gestattet), so ist es im Sinne des Prinzips *impossibile nulla obligatio* sinnlos, eine grundsätzlich ambiguitätsfreie Ausdrucksweise zu verlangen: ein entsprechendes System wäre in *C* nicht realisierbar, obwohl es in einer anderen Menge von Situationen möglicherweise durchaus realisiert werden könnte. Im Sinne dieser Ausführungen muß (7) also in zwei Teile aufgespalten werden, und zwar derart, daß zum einen die *deontische Widerspruchsfreiheit* von *K* (hier als *D-Realisierbarkeit* bezeichnet: ein deontisch nicht widerspruchsfreies System ist in keinem Falle realisierbar) und zum anderen die Realisierbarkeit von *K* bezüglich möglicher Situationen (kurz: die *C-Realisierbarkeit* von *K*) erfaßt wird. Geht man davon aus, daß jede Menge *C* möglicher Situationen durch eine Menge *N* von *normfreien Sätzen* beschrieben werden kann, so kann man die beiden in (7) vermischten Aspekte wie folgt auseinanderhalten:

(8) *Ein System K von Konversationspostulaten ist* D-realisierbar *genau dann, wenn es keinen Satz A derart gibt, daß sowohl* GEB(*A*) *als auch* GEB($\neg$*A*) *aus K folgt.*

(9) (*a*) *Ein System K von Konversationspostulaten ist* C-realisierbar bezüglich einer Menge *N* von normfreien Sätzen *genau dann, wenn es eine deontische Interpretation I gibt, die K, N und alle Sätze der Form* GEB(*A*) $\rightarrow$ *A erfüllt.*

(*b*) *K ist* C-realisierbar *genau dann, wenn es ein N derart gibt, daß K bezüglich N C-realisierbar ist.*

(C) *K ist* immer C-realisierbar *genau dann, wenn K bezüglich jeder (konsistenten) Menge N C-realisierbar ist.*

Mit diesen Formulierungen (cf. hierzu auch Kutschera 1973) sind die Mängel von (7) offenbar behoben: es ist klar, in welchem Sinne man von der Realisierbarkeit eines Systemes von Kommunikationsnormen sprechen kann. Und es ist auch klar, inwieweit es im Hinblick auf die Konsistenzproblematik sinnvoll ist, von der Vernünftigkeit eines Systemes von Konversationspostulaten zu sprechen: *ein System K von Konversationspostulaten ist* vernünftig *genau dann, wenn es D-realisierbar und C-realisierbar ist.* Und schließlich gestattet es (9) weiterhin, zwischen universellen und kontingenten Systemen von Konversationspostulaten präzise zu unterscheiden: *ein System K von Konversationspostulaten heißt* kontingent *dann, wenn K D-realisierbar und C-realisierbar ist; K heißt* universell *dann und nur dann,* wenn *K D-realisierbar und immer C-realisierbar ist.* (Im Sinne dieser Definitionen ist also jedes kontingente und damit, a fortiori, auch jedes universelle Postulatensystem *vernünftig im angegebenen Sinne.* Damit tritt natürlich die Frage nach dem Status der nicht C-realisierbaren Postulatensysteme auf, die in Anm. 17 angesprochen wurden: diese Systeme sind sicherlich nicht vernünftig, aber sie sind ohne Zweifel veränderlich; man könnte sie also auch als kontingent bezeichnen. Dies wird jedoch durch die oben angeführte Definition keineswegs ausgeschlossen; die C-Realisierbarkeit ist eine hinreichende, aber keine notwendige Bedingung für die Kontingenz von *K*. Wichtig ist lediglich die Feststellung, daß nur C-realisierbare kontingente Postulatensysteme Systeme sind, die im angegebenen Sinne vernünftig sind – pathologische Systeme sind also nicht vernünftig, wohl aber kontingent.) – Man beachte dabei, daß hier lediglich von der Universalität von *Systemen* von Postulaten bzw. von der Kontingenz solcher Systeme die Rede war – über die Universalität bzw. Kontingenz *bestimmter* Einzelpostulate ist damit natürlich nichts gesagt. Aber es dürfte, angesichts der Verschiedenheit der natürlichen Sprachen, der Verschiedenheit ihrer Entwicklung und der Verschiedenheit ihrer Gebrauchsbedingungen, naheliegend sein anzunehmen, daß der sprachlichen Kommunikation in den verschiedenen Sprachgemeinschaften ein universelles Postulatensystem zugrundeliegt (man beachte dabei, daß es den oben angeführten Definitionen zufolge eine Mehrzahl von Systemen geben kann, die universell sind. Zum entsprechenden Begriff des Universale cf. Abschnitt 3), und daß dieses System (sei es nun im Sinne von Grice oder im Sinne von Habermas zu explizieren) durch verschiedene *sprachspezifische*, und das heißt auch: für unterschiedliche Lebensformen spezifische, also *kontingente*, veränderungsfähige und sich verändernde Postulatensysteme supplementiert wird. Das universelle System spezifiziert dann, zusammen mit einem einschlägigen Supplement, die notwendigen und hinreichenden Bedingungen der sprachlichen Kommunikation in einer Gemeinschaft *P*, die sich im Zustand Z befindet. Im Rahmen einer Theorie der diachronen Prozesse sind dann insbesondere diejenigen Veränderungen zu erklären und zu beschreiben, die solche Supplemente erfahren. Aber es kann auch die Aufgabe dieser Theorie sein, zu erklären und zu beschreiben, wie ein universelles System von einem anderen universellen System abgelöst wird – nämlich genau dann, wenn es sich als unmöglich erweisen sollte, die *Einzigartigkeit* eines bestimmten Postulatensystemes zu beweisen, so daß die Möglichkeit alternativer universeller Systeme in Rechnung gestellt werden muß, und damit auch die Möglichkeit, daß in einer Sprachgemeinschaft *P* ein solches System von einem anderen abgelöst wird, kurz: daß auch in diesem Bereich diachrone Prozesse ablaufen.[18] Universalität und Kontingenz sind insofern die beiden Seiten einer Medaille.

Die notwendigen und hinreichenden Bedingungen der sprachlichen Kommunikation in einer Sprachgemeinschaft *P*, die sich im Zustand *Z* befindet, lassen sich also, im Sinne dieser Ausführungen, durch die Angabe eines universellen Systems von Konversationspostulaten und des für *P* spezifischen Supplements dieses universellen Systems charakterisieren. Natürlich muß dabei das resultierende Gesamtsystem *K vollständig* sein – es muß also möglich sein, *alle* in *P* vorkommenden sprachlichen Handlungen *normativ zu bewerten*, und zwar vermöge *K*: mit diesem System muß sich also spezifizieren lassen, ob diese Handlungen *geboten*, *verboten* oder relativ zu *K* weder geboten noch verboten, sondern *indifferent* sind. (Indifferent relativ zu *K* sind sprachliche Handlungen genau dann, wenn sie erlaubt, aber nicht geboten bzw. wenn sowohl diese Handlungen wie auch ihre Unterlassung nach *K* erlaubt ist.) Eine Vollständigkeitsforderung dieser Art kann man als eine Forderung nach der *deontischen Vollständigkeit* (kurz: D-Vollständigkeit) von *K* auffassen, also gewissermaßen als eine Forderung nach der *deskriptiven Adäquatheit* von *K* – und von dieser Forderung ist die Forderung nach der *deontologischen* Vollständigkeit von *K* wohl zu unterscheiden, die besagt, daß alle in *K* deontologisch wahren Sätze beweisbar sind. Die Forderung nach deontologischer Vollständigkeit von *K* bezieht sich also auf logische Aspekte, die Forderung nach deontischer Vollständigkeit auf deskriptive Aspekte; sie bezieht sich gewissermaßen auf den Umfang oder die Reichweite von *K*. *K* ist *D*-vollständig genau dann, wenn *K* keinen in *P* möglichen Handlungsaspekt unberücksichtigt läßt. – Natürlich lassen sich diese vagen Formulierungen präzisieren. Dazu sind einige Hilfsbegriffe nützlich:

(10) *Das* Regulationsfeld **R** (*K*) *eines Systems K von Konversationspostulaten ist die Menge derjenigen Sätze A, für die einer der Sätze* GEB(*A*), VER(*A*) *oder* IND(*A*) *in* **R** (*K*) *enthalten ist.*

(11) *Das* Handlungsfeld **H** (*K*) *ist die Menge aller Sätze über sprachliche Handlungen, die man in der K zugrundeliegenden Sprache formulieren kann.*

Es kann nun natürlich der Fall eintreten, daß es Sätze gibt, die wohl im Handlungsfeld von *K*, nicht aber im Regulationsfeld von *K* liegen – solche Sätze also, die in *K* nicht normativ bewertet werden. Man kann dann sagen, daß das Regulationsfeld das Handlungsfeld nicht vollständig bestimmt; in einem solchen Fall ist *K* natürlich nicht *D*-vollständig. Damit ist aber auch klar, wie sich der Begriff der *D*-Vollständigkeit von *K* genauer fassen läßt:

(12) *Ein System K von Konversationspostulaten ist D*-vollständig *genau dann, wenn alle Sätze aus* **H** (*K*) *auch Sätze aus* **R** (*K*) *sind, und umgekehrt.*

Mit anderen Worten: ein *D*-vollständiges Postulatensystem *K* läßt keine in *P* mögliche sprachliche Handlung normativ unbewertet; entsprechend ist *K* dann, wenn *K D*-vollständig ist, auch deskriptiv adäquat.

Man kann nun die Frage aufwerfen, ob beispielsweise das System von Grice (im folgenden kurz: das System *G*, oder auch einfach *G*) *D*-vollständig und damit deskriptiv adäquat ist. Die Antwort scheint hier eindeutig zu sein: das System *G* (dessen Universalität hier einmal kontrafaktisch unterstellt werden soll) ist *nicht D*-vollständig; zumindest ein Aspekt, der von nicht unerheblicher Bedeutung ist, wird mit *G* nicht erfaßt. Sprachen, so wurde argumentiert, sind jedenfalls so beschaffen, daß sie die Kommunikationsbedürfnisse ihrer Sprecher-Hörer zu erfüllen und den für eine Sprachgemeinschaft *P* spezifischen Kommunikationsbedarf zu decken vermögen (cf. hierzu Abschnitt 1, insbesondere jedoch auch Abschnitt 5). Nun versteht es sich nahezu von selbst, daß nicht alle Sprecher-Hörer in *P* über *dieselben* Kommunikationsbedürfnisse verfügen, und daß sie nicht in derselben Art zur Deckung des Kommunikationsbedarfs beizutragen genötigt sind. Entsprechend werden die Sprecher-Hörer auch unterschiedliche, auf ihre diversen Kommunikationsbedürfnisse bzw. auf ihre speziellen *P*-spezifischen Bedarfsanteile gewissermaßen zugeschnittene Sprachformen ausbilden, die sich dann sehr wohl voneinander unterscheiden. Anders gesagt: natürliche Sprachen sind *inhomogene* Gebilde[19]; die in *P* gesprochene Sprache *L* zerfällt (und dies weitgehend korrelativ zur unterschiedlichen Beschaffenheit der Kommunikationsbedürfnisse der *L*-Sprecher-Hörer und zu den unterschiedlichen Arten, in der sie zur Deckung des *P*-spezifischen Kommunikationsbedarfs beizutragen genötigt sind) in voneinander verschiedene *L*-Teile $l_1, \ldots, l_n$ (mit $L = \bigcup_{i=1}^{n} l_i$), wobei diese *L*-Teile mit den verschiedenen Gruppen $P_1, \ldots, P_n$ von Sprecher-Hörern in *P* gesprochenen Sprachen in *L* identifiziert werden können (cf. hierzu Kanngießer (1972, Kap. 2) sowie Abschnitt 4). Das aber heißt, daß in der gruppenexternen Kommunikation in *P* voneinander verschiedene *L*-Teile gebraucht werden; die Möglichkeit, voneinander verschiedene, *koexistierende* *L*-Teile in der Kommunikation in *P* gebrauchen zu können, setzt aber voraus, daß in *P* *sprachliche Toleranz* geübt wird, daß also der Gebrauch alternativer Sprachformen grundsätzlich zulässig ist – zumindest insoweit, wie durch den Gebrauch einer bestimmten Sprachform (eines *L*-Teiles l_i) die Möglichkeit der sprachlichen Verständigung (im Griceschen Sinne) nicht gefährdet wird.[20] Entsprechend muß das System *G*, in Ansehung der Inhomogenität der in den verschiedenen Sprachgemeinschaften gesprochenen Sprachen, bezüglich derer durch *G* nichts festgelegt ist (*G* ist also *D*-unvollständig), um ein Toleranzprinzip erweitert werden. Dieses Prinzip läßt sich, in erster Näherung, etwa wie folgt formulieren:

(13) *Jeder Sprecher-Hörer p aus P muß den Gebrauch koexistie-*

render L-Teile l_i soweit akzeptieren, wie der Gebrauch dieser L-Teile mit seinen Verstehungsmöglichkeiten konsistent ist.

Es ist unbestritten, daß die Formulierung des Toleranzprinzipes in (13) reichlich vage ist; eine Präzisierung ist sicher notwendig. Aber immerhin sollte die Notwendigkeit eines solchen Prinzipes einsehbar sein, wenn es denn zutreffen sollte, daß natürliche Sprachen inhomogen sind: unter dieser Voraussetzung muß natürlich auch in irgendeiner Art festgelegt werden, inwieweit der Gebrauch unterschiedlicher *L*-Teile zulässig ist – und die Festlegung, die mit (13) erfolgt, besagt, daß der Gebrauch unterschiedlicher *L*-Teile nur durch die Verstehensmöglichkeiten der Sprecher-Hörer begrenzt ist.[21] Ferner ist klar, daß das System *G* – immer unter der Inhomogenitätsvoraussetzung – in der Tat *D*-unvollständig ist, also keine normative Bewertung des Gebrauchs unterschiedlicher *L*-Teile gestattet; zumindest keine *explizite* derartige Bewertung. Dieser Tatbestand ist nun unter zwei Aspekten von Interesse: zum einen kann man fragen, ob normative Bewertungen von sprachlichen Handlungen, die in *G* explizit herzuleiten nicht möglich ist, nicht doch implizit vermöge *G* getroffen werden können; zum anderen kann man fragen, ob (13) überhaupt statusgleich mit (1)–(5) ist, denn die sinnvolle Einführung von (13) setzt offenbar die Geltung einer sehr speziellen linguistischen Hypothese – der Inhomogenitätshypothese – voraus (trivialerweise entfiele ja der Zwang zur Tolerierung voneinander verschiedener, miteinander koexistierender *L*-Teile, wenn es solche gar nicht gäbe; natürliche Sprachen also grundsätzlich homogen wären), während die sinnvolle Einführung von (1)–(5) von der Geltung bestimmter Hypothesen über die Eigenschaften natürlicher Sprachen vollständig unabhängig zu sein scheint. – Zunächst zur ersten Frage, also der Frage, ob ein System *K* von Konversationspostulaten, das *D*-unvollständig ist, *implizit* normative Bewertungen von sprachlichen Handlungen gestattet und mithin, unter speziellen Bedingungen, *vervollständigt* werden kann.

Die Möglichkeit, ein *D*-unvollständiges System *K* von Konversationspostulaten einer impliziten Bewertung von mit *K* nicht explizit erfaßten sprachlichen Handlungen zugrundezulegen, ist offensichtlich genau dann gegeben, wenn es *Prinzipien* gibt, nach denen derartige implizite Bewertungen vorgenommen werden können – Bewertungen, die zwar relativ zu *K*, aber unabhängig von solchen Prinzipien erfolgen, würden an der grundsätzlichen *D*-Unvollständigkeit von *K* selbstverständlich nicht das Geringste ändern: bei ihnen würde es sich um bloße *ad-hoc*-Bewertungen handeln. Nun sind bekanntlich alle Normensysteme – und Systeme von Konversationspostulaten sind ja Normensysteme (und damit letztlich Systeme von *Konventionen* (cf. hierzu Lewis 1969); der Konventionsbegriff ist also, wie Wunderlich (1972) zu Recht hervorhebt, grundlegend sowohl für die grammatische als auch die pragmatische Sprachanalyse) – nach einem von zwei Prinzipien organisiert: nach einem *konzessionalen* Prinzip, wie es in (14) angegeben ist, oder nach einem *interdiktionalen* Prinzip, wie es in (15) formuliert ist:

(14) Alle sprachlichen Handlungen, die vermöge einer in einer Sprachgemeinschaft *P* gesprochenen natürlichen Sprache *L* vollzogen werden können, und die durch ein in *P* geltendes System *K* von Konversationspostulaten nicht explizit verboten sind, sind als erlaubt anzusehen.

(15) Alle sprachlichen Handlungen, die vermöge einer in einer Sprachgemeinschaft *P* gesprochenen natürlichen Sprache *L* vollzogen werden können, und die durch ein in *P* geltendes System *K* von Konversationspostulaten nicht explizit erlaubt sind, sind als verboten anzusehen.

Wie es scheint, ist die Kommunikation vermittels natürlichen Sprachen grundsätzlich nach dem konzessionalen Prinzip (›nullum crimen sine lege‹; die sprachliche Kommunikation und das römische Recht sind also nicht gänzlich voneinander verschieden) organisiert; es gibt eine Fülle von Freiheitsspielräumen in der Wahl der Kommunikationsmöglichkeiten; es gibt Kommunikationssituationen, in denen – in dem durch *K* gesetzten Rahmen – in einer Fülle von Arten sprachlich agiert werden kann, ohne daß die Wahl der Handlungsmöglichkeiten weiteren Restriktionen unterliegt (zumindest keinen weiteren durch Konversationspostulate angebbaren Restriktionen. Es kann jedoch allgemeinere Konventionen geben, die die Freiheit der Handlungswahl weiter beschränken, cf. hierzu Anm. 13). Mit anderen Worten: (14) beinhaltet eine empirisch prüfbare Aussage der linguistischen Pragmatik, die sich etwa wie folgt formulieren ließe: *Für alle Sprachgemeinschaften P gilt*: *wenn in P ein System K von Konversationspostulaten gilt*, so *sind auch diejenigen sprachlichen Handlungen zulässig in P*, die *vermöge L(P) vollzogen werden können*, *und die durch K weder ausgeschlossen noch zugelassen sind.* Mit dieser Hypothese wird nun ein wesentlicher Aspekt der sprachlichen Kommunikation erfaßt; der Aspekt nämlich, daß es Bereiche der sprachlichen Kommunikation gibt, die nicht *K*-bestimmt sind – daß also die möglichen Kommunikationsformen partiell indeterminiert sind. Und es ist eben diese Indeterminiertheit, die es letztlich ermöglicht, das Zustandekommen sehr spezifischer Formen der sprachlichen Kommunikation – etwa die Möglichkeit von indirekten Sprechakten, aber auch die Fülle der Wahlmöglichkeiten bezüglich möglicher Kommunikationsstrategien, beispielsweise hinsichtlich bestimmter Sprechhandlungssequenzen – zulänglich zu erklären: denn nur dann, wenn die möglichen Kommunikationsformen und Kommunikationsabläufe nicht vollständig determiniert, also durch ein bestimmtes Normensystem festgelegt sind, können sich situationsspezifische, rollenspezifische oder auch persönlichkeitsspezifische Formen der sprachlichen Kommunikation überhaupt ausbilden. Und in diesem Zusammenhang wird auch klar, daß die in (13) in Anspruch genommene *grammatische* Toleranz (Zulässigkeit des Gebrauchs voneinander verschiedener, aber miteinander koexistierender *L*-Teile) nur einen Teilaspekt der grundsätzlich zu übenden, allgemeineren *sprachlichen* Toleranz darstellt. Denn nicht nur die – wie man verkürzt sagen kann – Wahl der Grammatik ist in dem durch (13) angedeuteten Rahmen frei; Toleranz muß auch geübt werden im Hinblick auf voneinander verschiedene Modi, *L*-Teile situationsspezifisch zu gebrauchen, auf die Wahl der Kommunikationsstrategie, etc. Generell kann man sagen, daß die partielle Indeterminiertheit der Formen und Arten der sprachlichen Kommunikation es zur Folge hat, daß notwendig sprachliche Toleranz geübt werden muß; daß also die grundsätzliche Geltung des in (6) mitgeteilten Humboldtschen Prinzips in jeder Sprachgemeinschaft vorausgesetzt werden muß, wenn sprachliche Kommunikation in dieser Sprachgemeinschaft *grundsätzlich* möglich sein soll.

Sprachsysteme, die nach dem interdiktionalen Prinzip organisiert sind, sind dagegen voll determinierend: sie lassen bestimmte Handlungen zu, und schließen alle anderen Möglichkeiten aus, sprachlich zu handeln; die Möglichkeiten, hier Toleranz zu üben, sind kaum gegeben; im Gegenteil: Toleranz im Umgang mit einem formalen Sprachsystem zu üben, kann sehr wohl heißen, dieses System inadäquat zu gebrauchen; die Möglichkeiten etwa, eine Programmiersprache zu verwenden, sind eindeutig festgelegt, und Verstöße gegen diese Verwendungsbedingungen sind eben nicht tolerierbar, weil sie schlicht zu Programmierungsfehlern führen. Hier zeigt sich wohl einer der wesentlichen Unterschiede, die zwischen dem Gebrauch einer natürlichen Sprache und dem Gebrauch eines formalen Sprachsystemes bestehen: die Freiheitsgrade, die der Gebrauch einer natürlichen Sprache zuläßt, sind beim Gebrauch einer formalen Sprache eben nicht gegeben; um auf das von Wittgenstein bemühte Bild zurückzukommen: Die Vorstädte unserer Sprache sind eben nach anderen Prinzipien gebaut als unsere Sprache selbst. Unsere Sprachen sind Wildwuchs; formale Sprachsysteme sind am Reißbrett konstruiert; es ist symptomatisch, daß der Gebrauch dieser nach dem konzessionalen und der Gebrauch jener nach dem interdiktionalen Prinzip organisiert ist. (Und es ist insofern auch gut einsehbar, daß in bestimmten Teilen der Wissenschaften der Gebrauch formaler Sprachsysteme dem Gebrauch natürlicher Sprachen vorgezogen wird; die Forschung wird durch den Gebrauch solcher Systeme kontrollierbarer, in ihren Resultaten auch eindeutiger, bestimmter; sie wird insbesondere jener Vagheit weitgehend entzogen, die ein nicht vollständig geregelter Sprachgebrauch nahezu zwangsläufig nach sich zieht.)

Zusammenfassend wird man auf die erste der beiden gestellten Fragen wohl wie folgt antworten könen: es ist grundsätzlich möglich, ein *D*-unvollständiges System *K* von Konversationspostulaten einer impliziten normativen Bewertung von mit K nicht explizit erfaßten sprachlichen Handlungen zugrundezulegen. Die Resultate, die eine solche implizite Bewertung ergibt, hängen allerdings davon ab, ob *K* interdiktional oder konzessional organisiert ist, d. h. ob (14) oder (15) gilt. Ferner ist klar, daß im System *G* implizite Bewertungen von sprachlichen Handlungen vorgenommen werden können, die dem Toleranzprinzip in (13) genügen; vermöge von *G* können nur solche sprachlichen Handlungen als unzulässig bewertet werden, die mit den Verstehensmöglichkeiten der Hörer inkonsistent sind; eine solche Inkonsistenz ist jedoch keine notwendige Folge des Gebrauchs voneinander verschiedener, aber miteinander koexistierender *L*-Teile, und demzufolge besteht auch kein Anlaß, die kommunikativen Möglichkeiten der Individuen auf den Gebrauch eines bestimmten *L*-Teils zu beschränken. (Entsprechendes gilt natürlich auch, wie man leicht sieht, für das System von Habermas.) Und schließlich ist klar, daß *G* etwa durch die Aufnahme von (13) sehr wohl weiter vervollständigt werden könnte, aber nicht dieser Aspekt der Vervollständigungsfähigkeit von *G* ist der entscheidende – entscheidend ist vielmehr, daß die Systeme von Kommunikationsnormen, die dem Gebrauch natürlicher Sprachen zugrundeliegen, im Sinne der zu (14) formulierten Hypothese grundsätzlich *D*-unvollständig, aber eben vervollständigungsfähig sind. In dieser Unvollständigkeit der Normen ist die Indeterminiertheit der Formen und Arten der sprachlichen Kommunikation mitbegründet – und damit auch die Möglichkeit der Veränderung der Modi der sprachlichen Kommunikation, kurz: die Möglichkeit diachroner Prozesse im pragmatischen Bereich. Denn gerade in den nur schwach (also implizit) konventionalisierten Bereichen der sprachlichen Kommunikation ist natürlich Innovation möglich, zeigt sich die Kontingenz der Kommunikationsformen am nachhaltigsten: je geringer der Grad der Konventionalisierung ist, desto höher muß der Grad der Variabilität der Kommunikationsformen sein; desto umfassender müssen die Möglichkeiten sein, Kommunikationssysteme und Kommunikationsprozesse partiell zu verändern, und zwar nach Maßgabe der Kommunikationsbedürfnisse der Individuen, kurz: desto höher ist die Wahrscheinlichkeit diachroner Prozesse.

Es bleibt noch die zweite Frage zu beantworten; die Frage also, ob das Toleranzprinzip in (13) überhaupt statusgleich mit den Prinzipien in (1)–(5) ist. Denn aus dem Umstand, daß – wie die auf die erste Frage gegebene Antwort zeigt – (13) in *G* aufgenommen werden *kann*, folgt natürlich nicht, daß (13) in *G* aufgenommen werden *muß*. Eine solche Notwendigkeit besteht vielmehr erst dann, wenn es sich erweisen läßt, daß (13) eine ebenso fundamentale Kommunikationsnorm ist wie (1)–(5). Und dies ist nun, entgegen dem ersten Anschein, in der Tat der Fall. Zwar hängt die Geltung von (13), wie man unter bestimmten Gesichtspunkten sagen kann, sicherlich von der Geltung bestimmter linguistischer Hypothesen ab (etwa der Annahme, daß jede natürliche Sprache *L* grundsätzlich in *L*-Teile zerfällt), aber entsprechendes gilt auch im Hinblick auf (1)–(5). Im Abschnitt 2.3 wurden, unter vergleichbaren Gesichtspunkten, die Postulate (2) und (5) bereits diskutiert; mit dem Resultat, daß diese Postulate nur dann erfüllbar sind, wenn in der Kommunikation Sprachen zur Verfügung stehen, die u. a. ambiguitätsfrei oder doch zumindest weitgehend frei von Ambiguitäten sind, die es gestatten, Informationen effektiv zu codieren, etc. Insofern aber ist es nicht falsch zu sagen, daß die Geltung von (2) und (5) abhängig von der Geltung bestimmter linguistischer Hypothesen ist – abhängig etwa von der Hypothese, daß die Ambiguitätsrate einer natürlichen Sprache ein bestimmtes Maß nicht überschreitet, daß Kommunikationsinhalte so ausgedrückt werden können, daß sie weder grundsätzlich überinformativ noch unterinformativ sind, was ebenfalls die Existenz gewisser Spracheigenschaften voraussetzt, etc. Die Toleranzforderung ist mithin durchaus statusgleich mit (2) und (5), oder genauer: der Hinweis darauf, daß die Geltung von (13) von der Geltung bestimmter linguistischer Hypothesen abhängt, ergibt kein Argument gegen die Annahme, daß (13) statusgleich mit (2) und (5) ist. Denn die Geltung von (2) und (5) ist ebenfalls von der Geltung bestimmter linguistischer Hypothesen abhängig. Die Frage der Statusgleichheit entscheidet sich also an der Frage, ob (1) – also das Kooperationsprinzip, das das Relevanzpostulat in (4) in einem bestimmten Sinn bereits mit beinhaltet – und (3) – also das Wahrheitspostulat – ebenfalls in Abhängigkeit von linguistischen Hypothesen gesehen werden können und müssen. Hier scheint die Antwort zunächst eindeutig zu sein – eine Abhängigkeit dieser Art annehmen zu wollen, hat auf den ersten Blick etwas geradezu Abwegiges. Aber dieser erste Blick trügt: auch (1) und (3) können nur dann erfüllt werden, wenn die in der Kommunikation benutzten Sprachen bestimmte Eigenschaften haben, und das heißt eben, daß auch (1) und (3) nur dann sinnvoll eingeführt werden können, wenn bestimmte linguistische Hypothesen gelten; Hypothesen nämlich, die besagen, daß die natürlichen Sprachen die Eigenschaften haben, die erforderlich sind, um (1) und (3) erfüllen zu können. – Um welche Eigenschaften könnte es sich dabei handeln? – Man stelle sich etwa eine Sprache L_1 vor, vermittels derer man nur Behauptungshandlungen vollziehen kann, und ferner stelle man sich eine Sprache L_2 vor, die keine Behauptungssätze enthält (und auch keine Äquivalente zu solchen, wie diese auch aussehen könnten – in der also generell keine Sachverhalte ausgedrückt werden können). In der L_2-Kommunikation kann dann (3) trivialerweise nicht erfüllt werden, eben weil L_2 gar nicht über die Mittel verfügt, (3) erfüllbar zu machen – dieses Postulat ist mithin für die L_2-Kommunikation nicht einschlägig. Und in der L_1-Kommunikation, die ja kraft der Struktur der zugrundeliegenden Sprache hochgradigen Beschränkungen unterworfen ist, dürfte es dagegen nahezu unmöglich sein, die vielfältigen Kommunikationsbedürfnisse zu befriedigen, über die die Mitglieder einer Sprachgemeinschaft normalerweise verfügen, und das heißt eben: es dürfte schwer halten, (1) zu erfüllen; unter der Voraussetzung, daß der Begriff ›Zweck der Kommunikation‹ angemessen expliziert wird. Auch (1) und (3) können also nur dann erfüllt werden, wenn die natürlichen Sprachen über bestimmte Eigenschaften verfügen (und die Einführung dieser Postulate ist mithin nur dann sinnvoll, wenn angenommen wird, daß die natürlichen Sprachen über diese Eigenschaften verfügen; wenn also die Geltung bestimmter linguistischer Hypothesen vorausgesetzt wird), und insofern wird man es wohl kaum in Abrede stellen können, daß (13) statusgleich mit den anderen Postulaten ist – denn für alle Konversationspostulate scheint ja zu gelten, daß sie nur dann sinnvoll formuliert werden können, wenn *vorab* angenommen wird, daß die natürlichen Sprachen so strukturiert sind, daß die grundsätzliche Erfüllbarkeit der Postulate kraft dieser ihrer Strukturierung gesichert ist.

Dieser Tatbestand ist nun keineswegs unproblematisch. Im Gegenteil; hier scheint sich ein *Erklärungsdilemma* für die Linguistik anzubahnen, das durch die zuvor gewählte Sprechweise eher verdeckt als klar vor Augen geführt wird. Denn es scheint sich ja so zu verhalten, daß einerseits die Geltung der Konversationspostulate im Rekurs auf Spracheigenschaften erklärt wird, und daß andererseits die Genese dieser Eigenschaften im Rekurs auf die Geltung der Konversationspostulate erklärt wird. Dieses Dilemma, das in der Tat nur ein scheinbares Dilemma ist, kann jedoch aufgelöst werden, und zwar dann, wenn zwischen Sprachstrukturen und Sprachfunktionen systematisch unterschieden und ferner geklärt wird, welche Beziehungen zwischen Sprachfunktionen und Sprachfunktionen bestehen.

3. Sprachstrukturen und Sprachfunktionen

3.1 Unter Erklärungen, auch unter Erklärungen von sprachlichen Fakten, versteht man üblicherweise Antworten auf *warum*-Fragen. Diese Fragen lassen sich jedoch in höchst unterschiedlicher Art beantworten (der Ausdruck ›warum‹ ist eben mehrdeutig, cf. Nagel 1961); es gibt also, kurz gesagt, unterschiedliche Typen von Erklärungen, und zwar auch im Rahmen der Linguistik. Die sprachlichen Fakten können im Rahmen unterschiedlichster Erklärungsmodelle thematisiert werden, und es ist alles andere als merkwürdig, daß ein und dasselbe Faktum im Rahmen unterschiedlicher Modelle unterschiedlich erklärt werden kann. Diese Erklärungen unterschiedlichen Typs müssen einander im übrigen natürlich keineswegs ausschließen, und sie dürfen einander auch gar nicht ausschließen, wenn sie Bestandteile *eines* systematischen, annähernd vollständigen Modells der Spracherklärung sein sollen. Um ein Beispiel zu geben: es ist ein Faktum, daß natürliche Sprachen potentiell unendlich sind, genauer: daß sie die Mächtigkeit $Aleph_0$ haben. Warum haben natürliche Sprachen diese (und keine andere) Kardinalzahl?
Eine mögliche Antwort, und zwar die üblicherweise gegebene, lautet: sie haben diese Mächtigkeit, *weil* es, im Rahmen gewisser, durch die Grammatik festgelegter Beschränkungen, möglich ist, Sätze mit Sätzen derart zu verknüpfen bzw. Sätze in Sätze derart einzubetten, daß kein längster Satz entstehen kann, sondern zu jedem Satz ein solcher konstruiert werden kann, der länger ist – was eben bedeutet, daß natürliche Sprachen potentiell unendlich sind.

Es ist jedoch noch eine andere Antwort, eine Antwort *anderen Typs* möglich; sie lautet: natürliche Sprachen sind deshalb potentiell unendlich, *damit* die Kommunikationsbedürfnisse der Individuen durch sie befriedigt werden können. (Diese Antwort beruht offenbar auf den Hypothesen, daß Sprachen von geringerer Mächtigkeit die Kommunikationsbedürfnisse der Sprecher-Hörer *nicht* zu befriedigen vermögen, und daß ferner die natürlichen Sprachen *immer* so strukturiert sind, daß sie den Kommunikationsbedürfnissen der Individuen adäquat sind. Beide Hypothesen sind offenkundig nichttrivial, und insbesondere die zweite wird noch zu erörtern sein. Cf. hierzu Abschnitt 4.)

Man sieht leicht den Unterschied, der zwischen den beiden Antworten besteht: bei der ersten Antwort, die in Form eines *weil*-Satzes gegeben wird, wird nur auf die strukturellen Eigenschaften von Sprachen Bezug genommen; derartige Antworten auf *warum*-Fragen mögen *strukturelle Erklärungen heißen*. Bei der zweiten Antwort, die charakteristischerweise in Form eines *damit*-Satzes vorgelegt wird, wird dagegen auf die funktionalen Aspekte der Sprache Bezug genommen; derartige Antworten auf *warum*-Fragen mögen *funktionale Erklärungen* heißen.[22]

Welche Beziehungen bestehen nun zwischen diesen beiden Typen von Spracherklärungen? – Unter dem strukturellen Aspekt können offenkundig nur die Bedingungen angegeben werden, deren Erfüllung für die potentielle Unendlichkeit der natürlichen Sprachen konstitutiv ist; anders gesagt: im Rahmen des strukturellen Ansatzes ist es zwar möglich, zwischen endlichen und unendlichen Sprachen streng zu unterscheiden, aber es kann nicht *erklärt* werden, warum natürliche Sprachen von einem anderen Typ sein *müssen* als endliche Sprachen – daß natürliche Sprachen einem anderen Sprachtyp zugehören als endliche Sprachen, wird vorausgesetzt, aber warum diese Voraussetzung gilt, kann nicht erklärt werden. Eine solche Erklärung wird jedoch durch den funktionalistischen Ansatz möglich, demzufolge die Kardinalzahl natürlicher

Sprachen eben eine Funktion menschlicher Kommunikationsbedürfnisse ist (und damit eine Funktion des Zwanges, Probleme durch das koordinierte Handeln vieler lösen zu müssen). Funktionale Erklärungen von sprachlichen Fakten sind *insofern* grundlegender als strukturelle Erklärungen dieser Fakten.
Das heißt jedoch keineswegs, daß letztere entbehrlich wären. Denn im Rahmen des funktionalistischen Ansatzes kann ja nur erklärt werden, warum eine natürliche Sprache eine bestimmte Mächtigkeit haben *muß*; es kann jedoch nicht erklärt werden, warum sie diese Mächtigkeit auch faktisch aufweist bzw. aufweisen *kann*. Für die Beantwortung *dieser* Frage ist der strukturelle Ansatz natürlich voll einschlägig; in seinem Rahmen kann erklärt werden, *aufgrund welcher Gegebenheiten die Funktionsgerechtheit der natürlichen Sprachen zustandekommt*. Damit ist die Beziehung zwischen den beiden Typen von möglichen Spracherklärungen, zumindest in erster Hinsicht, wohl hinreichend geklärt: das strukturelle Erklärungsmodell ist in das funktionale Modell eingebettet; im Rahmen des letzteren wird erklärt, warum eine bestimmte Form kommunikativer sprachlicher Praxis ausgeübt wird, und im Rahmen des ersteren wird erklärt, aufgrund welcher Gegebenheiten eben diese Form von sprachlicher Praxis möglich wird.
Damit ist nun auch eine Basis gewonnen, auf der das zuvor skizzierte Erklärungsdilemma der Linguistik als ein Pseudo-Dilemma ausgewiesen werden kann. Die Konversationspostulate, so wurde ausgeführt, spezifizieren Relationen zwischen Kommunikationsbedürfnissen und Formen der sprachlichen Praxis der Individuen; das Zustandekommen der Postulate ist mithin, im angedeuteten Sinne, funktional zu erklären, und das heißt, daß die Genese der Postulate als eine Funktion von Kommunikationsbedürfnissen gedeutet werden muß. Entsprechend sind die Postulate in genau dem Grade universell bzw. kontingent, in dem die Kommunikationsbedürfnisse, auf die mit der Konventionalisierung einschlägiger Postulate reagiert wird, universell bzw. kontingent sind (und das heißt

eben: in dem ihre Konventionalisierung zur Lösung von Koordinationsproblemen unerläßlich wird). Und warum vermöge natürlicher Sprachen, also kraft des Vorliegens bestimmter Sprachstrukturen und der Geltung bestimmter Bedingungen des Sprachgebrauchs, postulatenkonform gehandelt werden *kann*, ist im Rahmen des strukturellen Ansatzes zu erklären; die beiden Erklärungsmodelle ergänzen also einander. – Natürlich sind diese Formulierungen noch reichlich vage, und sie bedürfen sicher noch einiger Erläuterungen und Modifikationen, wenn vor Augen geführt werden soll, warum sie eine Auflösung des Erklärungsdilemmas bewirken. Denn man könnte ja versucht sein, aus diesen Formulierungen etwa die folgende Resultante zu ziehen: die allgemeine Form von näherungsweise vollständigen, also sowohl funktionale als auch strukturelle Gesichtspunkte erfassenden Spracherklärungen (näherungsweise vollständig, weil vollständige Spracherklärungen auch noch andere Gesichtspunkte, beispielsweise genetische, mit berücksichtigen müssen) lautet wie folgt:

(I) *p*, damit *q* und weil *r*,

wobei *p* eine Aussage über ein sprachliches Faktum beinhaltet, das durch die (möglicherweise komplexen) Aussagen *q* und *r* funktional bzw. strukturell erklärt wird. – Dieses Schema ist jedoch unbefriedigend; seine Anwendung führt lediglich dazu, daß jedes sprachliche Faktum *doppelt* erklärt werden muß, einmal strukturell und einmal funktional, und in einer solchen schlichten Verdoppelung der Erklärungsmodelle wird man wohl kaum eine befriedigende Auflösung des Dilemmas sehen können. Es geht aber auch gar nicht um eine solche Verdoppelung, sondern um die Explikation des zwischen den beiden Erklärungsmodellen bestehenden Zusammenhangs, und dieser Zusammenhang wird durch (II) sicher weit besser erfaßt als durch (I):

(II) *p*, (weil *r*, damit *q*)

In dieser Fassung wird mit dem Schema offenkundig weit mehr behauptet als in der Fassung (I); ihm liegt nämlich die Annahme zugrunde, daß es – in einem noch vagen Sinne

– grundsätzlich keine dysfunktionalen Sprachstrukturen und Formen des Sprachgebrauchs gibt; mit anderen Worten: daß die Bedingungen des Sprachgebrauchs und die Sprachstrukturen grundsätzlich funktional adäquat bestimmt sind. Unter dieser Voraussetzung – und diese Voraussetzung ist mit Sicherheit nicht-trivial – ist das Erklärungsdilemma mühelos lösbar. Dieses Dilemma kommt ja nur dadurch zustande, daß die Beziehungen, die zwischen der *Geltung* der Postulate und ihrer *Erfüllbarkeit* im Rahmen einer sprachbedingten kommunikativen Praxis bestehen, nicht vollständig analysiert werden. Zunächst einmal ist festzustellen, daß nicht die Geltung der Postulate, sondern nur ihre Erfüllbarkeit von der Beschaffenheit der Sprachen (und das heißt hier: von den Möglichkeiten, eine Sprache zu gebrauchen, und von der Struktur dieser Sprache) abhängig ist; die Geltung der Postulate hängt ausschließlich von den Beziehungen ab, die zwischen Kommunikationsbedürfnissen und Koordinationsproblemen bestehen. Die Begriffe ›Geltung eines Konversationspostulates‹ und ›Erfüllbarkeit eines Konversationspostulates‹ werden also *unabhängig voneinander* eingeführt, und sie fallen keineswegs zusammen. Insofern aber kann rein logisch der Fall nicht ausgeschlossen werden, daß es gewisse geltende Postulate gibt, die unerfüllbar sind, weil die Beschaffenheit der Sprachen sie unerfüllbar macht. Dieser Fall ist nun der eigentlich kritische und für das Dilemma spezifische. Aus (II) geht nun hervor, daß dieser Fall grundsätzlich nicht vorkommen kann, denn es wird ja – durch die komplexe Aussage in (II) – vorausgesetzt, *daß Sprache und Sprechen generell funktional adäquat bestimmt sind.*

Zur Rechtfertigung dieser Voraussetzung ist natürlich eine ganze Reihe allgemeiner sprachtheoretischer Annahmen erforderlich, von deren Stichhaltigkeit die Signifikanz des Erklärungsschemas in (II) abhängt. Bevor diese Annahmen entwickelt werden (cf. Abschnitt 4), ist es jedoch angebracht, die Möglichkeiten der Spracherklärung, die das Schema (II) bietet, genauer zu erörtern.

Grundlegend ist also die Annahme einer vollständigen Funktionalisierung der Formen des Sprachgebrauchs und der grammatischen Strukturen. Im Sinne dieser Annahme ist es dann korrekt zu sagen, daß Sprachstrukturen und Sprachgebrauchsbedingungen grundsätzlich so konventionalisiert werden, daß die unabhängig von ihnen geltenden Konversationspostulate erfüllbar werden, und die Mächtigkeit natürlicher Sprachen wäre näherungsweise vollständig wie folgt zu erklären:

Natürliche Sprachen sind potentiell unendlich, *weil* es, im Rahmen gewisser, durch die Grammatik festgelegter Beschränkungen, in jeder natürlichen Sprache *L* möglich ist, beliebig viele Sätze zu erzeugen, *damit* die Kommunikationsbedürfnisse der Individuen vollständig befriedigt werden können, die es erforderlich machen, über beliebig viele Sachverhalte sprechen zu können, etc.

Eine solche Formulierung vermag wohl die Einschlägigkeit von (II) für die Erklärung eines bestimmten Aspektes der grammatischen Struktur von Sprachen zu belegen; es ist jedoch noch offen, ob sich die funktionalistische Hypothese (die ganz sicher nicht sonderlich spektakulär ist; sie hat jedenfalls eine lange linguistische Tradition, wenngleich nicht die, der der Ansatz Chomskys verpflichtet ist; cf. Anm. 23) auch in anderen Fällen, auf anderen Ebenen der Sprachanalyse bewährt; daher ist es wohl angebracht, ihre grundsätzliche Einschlägigkeit an Hand einer Reihe von Einzelfällen zumindest näherungsweise zu illustrieren. In diesem Zusammenhang kann dann auch die Frage nach der Universalität und Kontingenz der Konventionen, denen die sprachliche Praxis verpflichtet ist (und das heißt hier: der Konventionen im Bereich der Pragmatik und der Grammatik) genauer formuliert und versuchsweise beantwortet werden, der Zusammenhang zwischen den sprachlichen Universalien (aller Ebenen) und diachronen Prozessen (die ebenfalls auf allen Ebenen der Sprachanalyse zu konstatieren sind) kann genauer beschrieben werden.

3.2 Sprachliche Kommunikation vollzieht sich in Form von sprachlichen Handlungen, von Sprechakten. Das System der

Konversationspostulate spezifiziert dabei, welchen *allgemeinen* Bedingungen sprachliche Handlungen genügen müssen, die den *allgemeinen* Zwecken der Kommunikation entsprechend – nach Grice: Informationen geben und Informationen empfangen, Beeinflussen und Beeinflußtwerden; nach Habermas: einen wahren Konsensus herbeizuführen – vollzogen werden müssen. Es besagt jedoch nichts darüber, welche speziellen Sprechakte erforderlich sind, um die Zwecke der Kommunikation erreichen zu können; es läßt die Frage offen, welche Sprechakte es geben kann und welche *Typen* von Sprechakten es geben kann bzw. geben muß, wenn die sprachliche Kommunikation erfolgreich, zweckentsprechend verlaufen soll. Es ist nun nicht verwunderlich, daß insbesondere die letzte der beiden Fragen die Aufmerksamkeit von Linguisten und Sprachphilosophen auf sich gezogen hat: eine *Typologie* möglicher Sprechakte könnte es gestatten, die spezifischen Zwecke des sprachlichen Handelns vollständig zu erfassen; sie böte also eine Basis für die Explikation der spezielleren Zwecke des sprachlichen Handelns, die erreicht werden müssen, um Kommunikation im allgemeinen Sinne zu ermöglichen. Diese Formulierungen, wie vage auch immer sie sein mögen, deuten bereits an, daß funktionale Annahmen ein integraler Bestandteil jeder Sprechakttypologie sein müssen, denn die Typologisierung muß offenbar funktional gedeutet werden können. Und in der Tat, alle bislang vorgeschlagenen Typologien von Sprechakten sind letztlich Hypothesen über die möglichen Funktionen sprachlichen Handelns bzw. sie basieren auf solchen Hypothesen. Dies gilt zum einen für die von Searle (1973) vorgeschlagene Typologie; es gilt zum anderen auch für die von Habermas (1973) vorgeschlagene Typologie. – Searles Grundannahme ist es, daß der Begriff des illokutionären Zwecks – »also dessen, was der Sprecher mit seiner Äußerung leisten will« (Searle 1973, 116) – ein zureichendes Typologisierungskriterium liefert; das heißt aber: es werden funktionale Aspekte herangezogen, um die Klassifikation überhaupt vornehmen zu können. Searles auf dieser Grundlage formulierte Behauptung ist es nun, daß es genau fünf funktional voneinander verschiedene Typen von Sprechakten gibt; schematisch läßt sich diese Hypothese derart skizzieren:

Sprechakttyp	Funktion	Beispiele
Repräsentative (R_1)	Darstellung von Sachverhalten	Feststellungen, Behauptungen, Voraussagen, etc.
Direktive (*D*)	Den Hörer dazu bewegen, etwas zu tun	Aufforderungen, Befehle, Bitten, etc.
Kommissive (K_1)	Den Sprecher auf einen zukünftigen Lauf zu verpflichten	Versprechen, Drohungen, Gelübde, etc.
Expressive (*E*)	Die psychische Einstellung eines Sprechers gegenüber einem Sachverhalt ausdrücken zu können	Bedankungen, Beglückwünschungen, Entschuldigungen, Klagen, etc.
Deklarative (*d*)	Übereinstimmung zwischen einem propositionalen Gehalt und der Wirklichkeit herstellen zu können	Krieg erklären, exkommunizieren, ernennen, abdanken, kündigen, etc.

Fig. 1

Es geht hier nun nicht darum, die Konsistenz dieses Typologisierungsvorschlags zu überprüfen (in einem solchen Zusammenhang wäre vor allem zu fragen, ob die Typen disjunkt und ob das Schema vollständig ist; unter beiden Gesichtspunkten wäre dann zu überlegen, wie beispielsweise Positionsaussagen einzuordnen sind – die Typen R_1 und *E* könnten sich hier als problematisch erweisen), sondern es geht darum zu überprüfen, inwieweit dieser Vorschlag im Rahmen des Schemas in (II) rekonstruiert werden kann. Und das ist offenbar der Fall, wobei allerdings in Rechnung zu stellen ist, daß jeder Sprechakt, der vollzogen werden kann, durch eine Menge von Bedingungen charakterisiert ist, die erfüllt sein müssen, wenn eine typkonforme Handlung vollzogen werden soll, und diese *Erfolgsbedingungen für Sprechakte* sind in der Tat so beschaffen, daß durch sie die verschiedenen, einem Typ zugehörenden Sprechakte (etwa Bitten und Befehle) voneinander unterschieden werden können; ebenso wie sie einander typfremde Sprechakte voneinander zu unterscheiden gestatten. Fig. 2 macht deutlich, worum es dabei geht.

Bedingungen	Typ *D*		Typ K_1
	Bitten	Befehlen	Versprechen
Voraus-bedingungen	1. *H* ist in der Lage, die Handlung *A* zu vollziehen 2. *S* ist verpflichtet, *H* Gründe dafür beizubringen, warum *H A* vollziehen soll	1. *H* ist in der Lage, die Handlung *A* zu vollziehen 2. *S* hat Macht über *H*	*S* ist in der Lage, *A* zu vollziehen; *H* will, daß *S A* vollzieht
Aufrichtigkeits-bedingung	*S* will, daß *H A* vollzieht	*S* will, daß *H A* vollzieht	*S* beabsichtigt, *A* zu vollziehen
Bedingung des propositionalen Gehalts	*S* sagt eine zukünftige Handlung *A* von *H* aus	*S* sagt eine zukünftige Handlung *A* von *A* aus	*S* sagt eine zukünftige Handlung *A* von *S* aus

Fig. 2

Der erfolgreiche Vollzug eines Sprechaktes – gleich welchen Typs – ist also daran gebunden, daß bestimmte Bedingungen erfüllt sind. Bei diesen Bedingungen handelt es sich zum großen Teil um Bedingungen, unter denen der gesellschaftliche Verkehr der Individuen untereinander steht; es handelt sich jedoch nicht nur um solche Bedingungen. Denn auch die hier exemplarisch aufgeführten Sprechakte können nur dann erfolgreich vollzogen werden, wenn die beim Vollzug dieser Sprechakte verwendete Sprache die entsprechenden Möglichkeiten bereitstellt, und das heißt hier: wenn sie es zumindest gestattet, zwischen Gegenwart und Zukunft zu unterscheiden; in der Sprache muß also ein einschlägiges Tempussystem ausgebildet sein – und darin, daß es ausgebildet wird, relativ zu den Kommunikationsbedürfnissen der Individuen, besteht eben die Funktionalisierung der grammatischen Struktur, die es im skizzierten Fall gestattet, die Bedingung des propositionalen Gehalts zu erfüllen. – Es bleibt zu klären, inwieweit das Schema in (II) zu einer Erklärung von sprachlichen Handlungen herangezogen werden kann. – In den diversen Sprachgemeinschaften werden bekanntlich unterschiedliche Formen der sprachlichen Kommunikation praktiziert, und die Frage, warum in ihnen unter anderen Sprechakte vom Typ R_1 Modi der Kommunikation sind, wäre auf der Basis von (II) näherungsweise etwa in der folgenden Art zu beantworten:

Sprechakte vom Typ R_1 sind Modi der Kommunikation, *weil* es, im Rahmen gewisser, durch die Konventionen des Sprachgebrauchs festgelegter Beschränkungen (»Erfolgsbedingungen«) und auf der Basis gewisser, durch die Grammatik der Sprache bereitgestellter Ausdrucksformen, möglich ist, *Propositionen* zum Ausdruck zu bringen, *damit* zur Befriedigung der Kommunikationsbedürfnisse der Individuen Sachverhalte dargestellt werden können.

Wie vage diese Formulierung auch immer sein mag, sie macht doch deutlich, worum es bei Spracherklärungen im Sinne von (II) geht: in der *weil*-Klausel des Schemas werden die Strukturbedingungen der sprachlichen Kommunikation (die Bedingungen des Sprachgebrauchs und der Sprachstruktur) spezifiziert, und in der *damit*-Klausel werden die funktionalen Bestimmungen angegeben, denen der Sprachgebrauch und die Sprachstruktur unterliegen – man überlegt sich leicht, wie (II) auf die Sprechakte anderen Typs angewendet werden kann (wobei klar sein sollte, daß sowohl das Schema als auch seine Anwendungsbedingungen noch weiterer Ausarbeitung bedürfen, wenn in einem hinreichend präzisierbaren Sinne von Spracherklärungen auf der Basis von (II) die Rede sein soll).

Damit ist klar, wie die eingangs gestellte Frage nach der Möglichkeit einer Rekonstruktion der Searleschen Typologisierungshypothese im Rahmen der mit (II) angedeuteten Konzeption zu beantworten ist: eine solche Rekonstruktion ist ohne weiteres möglich; die Strukturverschiedenheit der diversen Sprechakttypen ist eine Funktion ihrer Funktionsverschiedenheit. – Und es ist wichtig festzuhalten, daß die Typologisierungshypothese Searles zugleich als eine Hypothese darüber gedeutet werden kann, wie die allgemeinen Zwecke der Kommunikation – nach Grice: Informieren und Informiertwerden, Beeinflussen und Beeinflußtwerden – faktisch erreicht werden können: sie sind nämlich erreichbar (im Sinne der Hypothese) genau dann, wenn es möglich ist, Sachverhalte darzustellen, wenn der Hörer dazu bewegt werden kann, etwas zu tun, und wenn der Sprecher sich auf einen zukünftigen Lauf der Dinge verpflichten kann, wenn er psychische Einstellungen gegenüber Sachverhalten zum Ausdruck bringen und vermöge gewisser Sprechakte eine Übereinstimmung zwischen einem propositionalen Gehalt und der Wirklichkeit herbeiführen kann, kurz: wenn ein sprachliches Handeln möglich ist, das im Sinne von Fig. 1 funktionsgerecht ist. Insofern wäre es durchaus möglich, die Sprechakttypen aus dem System der Griceschen Konversationspostulate abzuleiten; der wesentlichste Gesichtspunkt einer solchen Ableitung bestände darin zu zeigen, daß die allgemeinen Zwecke der Kommunikation vermöge der verschiedenen Sprechakttypen *vollständig* erreicht werden können. – Eine solche Vollständigkeitsannahme steht natürlich in einem engen Zusammenhang mit Annahmen darüber, wie universell bzw. wie kontingent die in Fig. 1 aufgeführten Sprechakttypen sind. Bevor solche Annahmen näher erörtert werden, ist es zweckmäßig, zwei voneinander verschiedene Gebrauchsweisen von ›universell‹ klar gegeneinander abzuheben. Man betrachte hierzu die beiden folgenden Aussagen über R_1-Sprechakte:

(i) Für alle Sprachgemeinschaften gilt, daß in ihnen Sprechakte vom Typ R_1 vollzogen werden.

(ii) Für alle Sprachgemeinschaften gilt: wenn in ihnen Sprechakte vom Typ R_1 vollzogen werden, dann haben diese Sprechakte die Struktur Q und die Funktion *F*.

Entsprechende Annahmen lassen sich selbstverständlich für alle Sprechakttypen formulieren.

Die Unterschiede zwischen (i) und (ii) sind augenfällig; mit (i) wird offenkundig mehr behauptet als mit (ii). Mit (ii) wird die strukturelle und funktionale Konstanz des Sprechakttypes zum Ausdruck gebracht (Annahme der Typenkonstanz, oder: Annahme einer formalen oder *schwachen* Universalität); es wird jedoch nicht behauptet, daß in allen Sprachgemeinschaften Sprechakte dieses Typs vollzogen werden. Eben das ist jedoch die mit (i) zum Ausdruck gebrachte Behauptung (Annahme einer substantiellen oder *starken* Universalität); sie ist äquivalent mit der Annahme, daß die auftretenden Koordinationsbedürfnisse es grundsätzlich unerläßlich machen, Sprechakte beispielsweise vom Typ R_1 vollziehen zu können.

Gegen die Annahme, daß die Searleschen Sprechakttypen schwach universell sind, dürfte wohl wenig sprechen; allerdings ist es problematisch, ob mit einer solchen Deutung der Typen, die ganz sicher nicht Searles Intentionen entspräche, sehr viel gewonnen wäre. Denn es wäre dann offenbar möglich, aus den verschiedenen Sprechakttypen eine Vielzahl von schwach universellen Sprechakttypologien zu konstruieren, und es müßte dann unter Bezugnahme auf die spezifischen Kommunikationsbedürfnisse der diversen Sprachgemeinschaften geklärt werden, warum in bestimmten Sprachgemeinschaften bestimmte Systeme realisiert sind (etwa das in Fig. 1 skizzierte, das ja dann nur eines von vielen möglichen wäre); mit anderen Worten: die Selektion der schwach universellen Systeme wäre von Faktoren abhängig, die eher kontingent zu nennen sind. – Voraussetzung einer solchen Deutung der Searleschen Hypothese wäre es natürlich, daß angenommen wird, daß nicht notwendig alle in Fig. 1 genannten Sprachfunktionen erforderlich sind, um die allgemeinen Zwecke der Kommunikation erreichen zu können – daß es also Sprachgemeinschaften geben kann, in denen es für die Lösung von Koordinationsproblemen unerheblich ist, daß beispielsweise Sachverhalte dargestellt werden können, oder daß psychische Einstellungen gegenüber Sachverhalten ausgedrückt werden können.

Eine solche Voraussetzung ist jedoch keineswegs unproblematisch; eine Sprachgemeinschaft, in der keine Sprechakte vom Typ R_1 vollzogen werden können, ist ebenso schwer vorstellbar wie eine Sprachgemeinschaft, in der das Postulat (3) nicht gilt (in der Tat ist ja auch dieses Postulat besonders für Sprechakte dieses Typs einschlägig); in jeder Sprachgemeinschaft wird man sich zur Lösung von Koordinationsproblemen in der einen oder anderen Art auf die Wirklichkeit beziehen können müssen. Dieser Aspekt legt natürlich die Annahme nahe, daß nicht alle im Rahmen der Searleschen Typologisierungshypothese *logisch* möglichen schwach universellen Systeme auch *linguistisch* möglich sind; vermutlich wird es auch hier Beschränkungen geben, die die Klasse der linguistisch möglichen Systeme genauer spezifizieren – und eine dieser Beschränkungen könnte lauten: alle Systeme erfordern den Vollzug von Sprechakten des Typs R_1; dieser Typ wäre somit stark universell. Ähnliches ließe sich vielleicht noch für den Typ D vermuten; dagegen bereitet es wohl keine besonderen Schwierigkeiten, sich Sprachgemeinschaften vorzustellen, in denen keine Sprechakte vom Typ K_1 und E, insbesondere aber keine Sprechakte vom Typ d vollzogen werden. Sprech-

akte vom Typ *d* sind ja institutionell gebundene Sprechakte, und es ist eine vielleicht wahrscheinliche, keineswegs aber notwendige Annahme, daß in allen Sprachgemeinschaften gewisse Formen der sprachlichen Kommunikation ausgebildet werden, in denen institutionsabhängige Handlungen gewissermaßen kodifiziert sind. Eine Lösung von Koordinationsproblemen (sicher nicht von allen Koordinationsproblemen; aber es ist auch keine plausible Vermutung, daß in allen Sprachgemeinschaften alle Koordinationsprobleme auftreten) und damit die Deckung eines einschlägigen Kommunikationsbedarfs ließe sich auch dann noch denken, wenn den Sprecher-Hörern keine Möglichkeit geboten wäre, psychische Einstellungen gegenüber Sachverhalten auszudrücken; sie ließe sich – wenngleich mit Mühe – selbst dann noch denken, wenn die Sprecher-Hörer keine Möglichkeit hätten, sich auf einen zukünftigen Lauf der Dinge zu verpflichten; zumindest kann die Möglichkeit einer Welt, in der die Individuen zu nichts verpflichtet sind, aus logischen Gründen nicht ausgeschlossen werden. Daß es empirische Gründe gibt, die gegen eine solche Möglichkeit sprechen, steht zunächst einmal auf einem anderen Blatt.
Eine Deutung der Typologie im Sinne der starken Universalität ist natürlich in genau dem Grade unmöglich, in dem eine Deutung im Sinne der schwachen Universalität möglich ist. Und es ist keineswegs so, daß die zuvor formulierten *Vermutungen* es unmöglich machen würden, die Typologie als stark universell zu kennzeichnen; zumindest sprechen keine empirischen Befunde gegen eine solche Deutung, denn in allen bislang bekannten Sprachgemeinschaften werden, zur Deckung des anfallenden Kommunikationsbedarfs, Sprechakte vollzogen, die einem Typ der Typologie zugehören; das gilt von Sprechakten des Typs R_1 bis hin zu simplen Beschwörungsformeln, die dem Typ *d* zugehören. Die Searlesche Hypothese ist insofern empirisch gut abgesichert; daß sie dennoch problematisch ist, liegt daran, daß sie noch keine signifikante Begründung erfahren hat. Eine solche Begründung hätte darin zu bestehen, daß die verschiedenen Sprechakttypen aus den

allgemeinen Zwecken der Kommunikation, genauer: aus einem System von Konversationspostulaten *abgeleitet* werden (und zwar im technischen Sinne von ›ableiten‹); eine Konzeption, die dies gestatten würde, liegt derzeit jedoch noch nicht vor, und man braucht kein Prophet zu sein, um sagen zu können, daß eine solche Konzeption weder in der allernächsten noch in der nächsten Zukunft wird vorgelegt werden können. – Wie kann nun, beim derzeitigen Stand der Dinge, zwischen den beiden Versionen der typologischen Hypothese, der schwach universalistischen und der stark universalistischen, sinnvoll entschieden werden? Eine sinnvolle Entscheidung ist hier, wo zwei empirisch gleichermaßen gut bestätigte Hypothesen vorliegen (denn wenn die Hypothese in ihrer starken Deutung empirisch abgesichert ist, ist sie a fortiori auch in ihrer schwachen Deutung empirisch abgesichert), nur nach *methodologischen* Kriterien möglich – und die besagen, daß in einem solchen Fall die stärkere der beiden Hypothesen auszuzeichnen ist, da diese informationsreicher und damit auch erklärungsstärker und empirisch besser prüfbar ist (cf. Popper 1969). Es ist also zumindest eine vernünftige Forschungsstrategie, die starke Universalität der Searleschen Sprechakttypen zu *unterstellen* und die Arbeit an dem einschlägigen Begründungsproblem weiter voranzutreiben.

Diese Auffassung wird man wohl auch dann vertreten können, wenn man in Rechnung stellt, daß Searles Hypothese nicht ohne Konkurrenten ist. Wie bereits angemerkt, gibt es auch eine von Habermas vorgeschlagene Typologie der Sprechakte, die sich, wiederum schematisch, knapp wie folgt darstellen läßt (vgl. Fig. 3).

Es soll auch hier nicht darum gehen, die interne Konsistenz des Typologisierungsvorschlags zu überprüfen; allerdings kann nicht übersehen werden, daß die von Habermas vorgenommene Zuordnung der verschiedenen Sprechakte zu den einzelnen Typen und die Funktionsbestimmung der Sprechakte, die in der Beispielrubrik aufgeführt sind, mehr als problematisch ist; die Typologie ist ganz sicher nicht intern

Sprechakttyp	Funktion	Beispiele
Kommunikative (K_2)	Ausdruck des pragmatischen Sinns der Rede	sagen, sprechen, sich äußern, entgegnen, zitieren, fragen, antworten
Konstative (K_3)	Unterscheidung von Sein und Schein	behaupten, beschreiben, bestreiten, erklären, voraussagen
Repräsentative (R_2)	Unterscheidung von Wesen und Erscheinung	wissen, hassen, entscheiden, verschweigen
Regulative (R_3)	Unterscheidung von Sein und Sollen	befehlen, versprechen, zugestehen, bestätigen, zugestehen, vereinbaren

Fig. 3

konsistent. Diese Inkonsistenzen sind aber eher Inkonsistenzen der *Anwendung* der Typologisierungskriterien (es ist beispielsweise unklar, warum Entgegnungen und Fragen zu K_2, Behauptungen, Bestreitungen und Erklärungen aber zu K_3 gehören; warum Bestätigungen eine Unterscheidung zwischen Sein und Sollen herbeiführen sollen, etc.); das aber widerlegt die Kriterien nicht.

Bei einem Vergleich der beiden Typologien ist zunächst festzustellen, daß in beiden von funktionalen Typologisierungskriterien Gebrauch gemacht wird; entsprechend ließe sich auch die Typologie in Fig. 3 im Rahmen von (II) rekonstruieren, unerachtet des Umstandes, daß Habermas selbst keine Erfolgsbedingungen für Sprechakte formuliert. Ferner ist offensichtlich, daß die beiden Typologien, obwohl sie gewisse Aspekte gemeinsam haben (Sprechakte vom Typ R_1 entsprechen wohl Sprechakten vom Typ K_3, und der Typ E stimmt wohl näherungsweise mit dem Typ R_2 überein), grundverschieden voneinander sind, und zwar nicht aufgrund des eher marginalen Umstandes, daß Habermas Sprechakte vom Typ *d* expressis verbis als nicht-universell ausschließt (Habermas 1973, 112), eine Welt, in der es keine institutionsabhängigen (sprachlichen) Handlungen gibt, also für möglich hält.

Der Hauptunterschied besteht ganz offensichtlich in der Wahl der funktionalen Unterscheidungskriterien; der allgemeine Zweck der Kommunikation – und das heißt nach Habermas: die Herbeiführung eines wahren Konsensus – kann im Sinne von Fig. 3 nur dann erreicht werden, wenn es möglich ist, mit sprachlichen Mitteln den pragmatischen Sinn der Rede zum Ausdruck zu bringen und zwischen Sein und Schein, Wesen und Erscheinung und Sein und Sollen unterscheiden zu können. Den beiden Ansätzen liegen also radikal voneinander verschiedene Kommunikationsbegriffe zugrunde; wer pointierte Formulierungen liebt, könnte versucht sein zu sagen, daß nach Habermas die Funktionen der Sprache darin bestehen, die Formulierung der klassischen philosophischen Problemstellungen zu gestatten. Aber das ist ein Slogan, und kein Gegenargument.

Gegenargumente dürften sich (unter der Voraussetzung, daß die internen Inkonsistenzen der Typologie sich ausräumen lassen) auch nicht eben leicht beibringen lassen, denn es ist, wie schon ausgeführt (cf. Abschnitt 2.4), beim derzeitigen Stand der Dinge nahezu unmöglich zu entscheiden, ob eine der beiden skizzierten Konzeptionen von sprachlicher Kommunikation mit guten Gründen eliminiert werden kann. Vielleicht wird man sagen können, daß Searles Funktionsbestimmungen der sprachlichen Kommunikation in einem ähnlichen Sinne fundamentaler sind als die Bestimmungen von Habermas, in dem Grices Begriff der sprachlichen Verständigung (relativ zu dem allgemeinen Zweck der Kommunikation) fundamentaler ist als der Habermassche Begriff der sprachlichen Kommunikation, der ohne eine Konsensustheorie der Wahrheit nicht konstruiert werden kann. – Um es zu wiederholen:

die Wahl zwischen den beiden Ansätzen, die Möglichkeit ihrer Präzisierung immer vorausgesetzt, wird sich letztlich nicht vermittels empirischer Argumente begründen lassen[23]; sie wird vielmehr davon abhängen, inwieweit es in einem dieser beiden Ansätze (oder in noch vorzulegenden weiteren Ansätzen) gelingt, eine Theorie der sprachlichen Kommunikation zu entwickeln, die es gestattet, aus den allgemeinen Zwecken der sprachlichen Kommunikation die spezifischen Funktionen der diversen Sprechakttypen, Sprechakte und Sprachstrukturen abzuleiten; es ist eine Konzeption erforderlich, die, wie man knapp sagen kann, auf allen Ebenen der Sprachanalyse eine Formulierung von *funktionalen Universalien* möglich macht und es gestattet, diese in sinnvoller Weise mit den *strukturellen Universalien* zu verknüpfen.

3.3 Thematisiert wurden bisher die universellen Aspekte des sprachlichen Handelns, genauer: erörtert wurde die funktionale Universalität verschiedener Konversationspostulate und Sprechakttypen. Selbst wenn man aber eine der vorgeschlagenen Typologien als adäquat voraussetzt, so heißt dies nicht, daß vermittels solcher Typologien alle Probleme des sprachlichen Handelns zu lösen wären. Denn wenn die sprachliche Kommunikation gewissermaßen die Resultante ist, die aus dem Auftreten von Kommunikationsbedürfnissen gezogen wurde, und wenn in Rechnung gestellt wird, daß die Kommunikationsbedürfnisse der Individuen sich ändern können und ändern, so ist klar, daß die sprachliche Kommunikation auch von einer Reihe kontingenter Parameter abhängen muß, also auch nicht-universellen Bedingungen unterliegt. Worin bestehen nun diese kontingenten Aspekte, welchen speziellen Kommunikationsbedürfnissen entsprechen sie? – Im System *G* wurde angenommen, daß der allgemeine Zweck der Kommunikation im Informieren und Informiertwerden, im Beeinflussen und Beeinflußtwerden besteht, und dieser allgemeine Zweck wird nun nach Searle nur dann erreicht, wenn es – unter anderem – möglich ist, Sachverhalte darzustellen, sie zur Sprache zu bringen. Sachverhalte können aber durchaus unterschiedlich zur Sprache gebracht werden, etwa in Form von Feststellungen, Behauptungen, Voraussagen, etc. Mit anderen Worten: es kann eine Fülle von Sprechakten vom Typ R_1 geben, und der Typumfang kann sicher von Sprachgemeinschaft zu Sprachgemeinschaft verschieden sein. Paraphrasierend kann man sagen, daß es eine Fülle sehr spezifischer Zwecke der Kommunikation (gewissermaßen Zwecke der Ordnung 3) gibt, denen nur auf sehr spezifische Weise Rechnung getragen werden kann – und das heißt eben unter anderen, daß Sachverhalte in einer für die Kommunikationsbedürfnisse einer Sprachgemeinschaft spezifischen Art zur Sprache gebracht werden. (Eine Gesellschaft, in der es keine sprachlichen Mittel gibt, um Voraussagen zu formulieren, ist durchaus denkbar.) Der Umfang der Typkategorien kann also von Sprachgemeinschaft zu Sprachgemeinschaft variieren; sogar die Sprecher-Hörer-Gruppen innerhalb einer Sprachgemeinschaft können über Typkategorien unterschiedlichen Umfangs verfügen, und dies ist sicher ein Umstand, der kontingente Eigenschaften der sprachlichen Kommunikation augenfällig macht. Aber es ist nicht nur der Typenumfang, der variabel ist; auch die Erfolgsbedingungen für einen Sprechakt X können von Sprachgemeinschaft zu Sprachgemeinschaft, von Sprecher-Hörer-Gruppe zu Sprecher-Hörer-Gruppe variieren. Man betrachte in diesem Zusammenhang etwa Fig. 2: es sind sicher Formen des gesellschaftlichen Verkehrs denkbar, in denen die zweite der Vorausbedingungen für Bitthandlungen nicht gilt (in denen es sogar als nicht statthaft angesehen wird, wenn der Gebetene seine Hilfe davon abhängig macht, daß der Bittende seine Notsituation vollständig vor ihm ausbreitet). Selbst die Erfolgsbedingungen für Behauptungen können sprachgemeinschaftsspezifisch oder sogar sprecher-hörer-gruppen-spezifisch strukturiert sein. Wer eine Behauptung aufstellt, ist zwar in jedem Falle dazu verpflichtet, gute Gründe (und nicht einfach Gründe) für diese seine Behauptung anzugeben, wenn nachgefragt

wird – aber was unter Gründen, und gar unter guten Gründen zu verstehen ist, ist bekanntlich ein weites Feld. Es kann Sprachgemeinschaften (Sprecher-Hörer-Gruppen) geben, die sehr viel strengere Begründbarkeitsforderungen stellen als andere Sprachgemeinschaften (Sprecher-Hörer-Gruppen); als Behauptungen intendierte Sprechakte, die diesen Forderungen nicht standhalten, werden in diesen Sprachgemeinschaften (von diesen Sprecher-Hörer-Gruppen) nicht als Behauptungen bewertet – die Bedingungen des Sprachgebrauchs können somit von Sprachgemeinschaft zu Sprachgemeinschaft variieren bzw. in den diversen Sprachgemeinschaften läßt sich bereits eine Inhomogenität dieser Bedingungen beobachten. Und diese Phänomene – das der pragmatischen Sprachverschiedenheit und das der pragmatischen Inhomogenität von Sprachgemeinschaften – verdeutlichen die Kontingenz der Bedingungen, unter denen das sprachliche Handeln (jedenfalls auch) steht.
Diese Kontingenzannahme läßt sich jedoch nicht nur bezüglich des Umfangs der Typkategorien und der Struktur der Erfolgsbedingungen für Sprechakte einführen. Sprachliches Handeln besteht ja nicht nur darin, daß man Sprechakte eines bestimmten Typs produziert, die bestimmten Erfolgsbedingungen genügen müssen, sondern man handelt in einer bestimmten Art, etwa persuasiv oder argumentativ. Und auch der argumentative Sprachgebrauch kann sprachgemeinschaftsspezifisch oder gruppenspezifisch variieren; die Bedingungen, unter denen ein Argument als adäquat aufgefaßt wird, sind in dieser Hinsicht durchaus kontingent. Wunderlich, hierin Hamblin folgend (cf. Wunderlich 1974, 64 ff.), unterscheidet drei Klassen von Adäquatheitskriterien für Argumente, die knapp wie folgt zu skizzieren sind:

(16) *Ein Argument* ist alethisch adäquat *genau dann, wenn*
1. *die Prämissen wahr sind*
2. *die Konklusion von den Prämissen impliziert wird*
3. *die Konklusion (einigermaßen) unmittelbar folgt*
4. *Prämissen, die nicht explizit aufgeführt werden, von spezieller, zu vernachlässigender Art sind.*

(17) *Ein Argument ist* epistemisch adäquat *genau dann, wenn*
1. *die Prämissen bekannt sind*
2. *die Konklusion in klarer Weise aus den Prämissen folgt*
3. *nicht genannte Prämissen als selbstverständlich bekannt erweisbar sind*
4. *die Konklusion zweifelhaft wäre, wenn das Argument nicht vorgetragen worden wäre.*

(18) *Ein Argument ist* dialogisch adäquat *genau dann, wenn*
1. *die Prämissen akzeptiert sind*
2. *der Übergang von den Prämissen zur Konklusion von einer der akzeptierten Arten ist*
3. *nicht aufgeführte Prämissen von der Art sind, daß ihre Auslaßbarkeit akzeptiert wird*
4. *die Konklusion nicht (oder zumindest weniger) akzeptabel ist, wenn das Argument nicht vorgetragen worden wäre.*

Es ist wohl unbestritten, daß sich diese Bewertungskriterien noch erheblich verfeinern lassen (schon die möglichen Explikationen des Begriffs ›von einer der akzeptierten Arten‹ dürften eine Fülle von Subklassifizierungen von (18) erlauben), und es besteht wohl auch kein Zweifel daran, daß nicht in allen Sprachgemeinschaften und nicht in allen Sprecher-Hörer-Gruppen innerhalb einer Sprachgemeinschaft dieselben Bewertungskriterien gelten; auch der Gebrauch von Argumenten ist spezifisch für Sprachgemeinschaften und Sprecher-Hörer-Gruppen: er ist inhomogen innerhalb einer Sprachgemeinschaft, und er variiert von Sprachgemeinschaft zu Sprachgemeinschaft. Und genau das macht natürlich einen weiteren Teilaspekt der Kontingenz der Bedingungen des sprachlichen Handelns aus. Und diese Kontingenz ist *erklärbar*; sie ist eine Funktion variierender Kommunikationsbedürfnisse, unterschiedlicher Arten der Lösung von Koordinationsproblemen. Denn in der Tat sind Formen des gesellschaftlichen Verkehrs denkbar (und es ist sogar empirisch nachweisbar, daß solche Verkehrsformen praktiziert werden), in denen etwa der Austausch von Argumenten hinreicht, die (18) genügen, und es sind Verkehrsformen denkbar, die – was den Austausch von Argumenten betrifft – nur dann möglich sind, wenn (16) gilt, also alethische Kriterien zur Bewertung von Argumenten herangezogen werden. Und natürlich sind die Bedingungen des Sprachgebrauchs, soweit sie kontingent sind, auch veränderbar: sie können sich wandelnden Erfordernissen der sprachlichen Kommunikation angepaßt werden.

Was für die Bedingungen des Sprachgebrauchs gilt, gilt in entsprechender Weise auch für die Struktur der natürlichen Sprachen, deren Ausbildung in weiten Bereichen ebenfalls durchaus kontingenten Bedingungen genügt. – Wie zuvor schon hervorgehoben, ist die Entwicklung von natürlichen Sprachen nicht unabhängig von der Entwicklung der Kommunikationsbedürfnisse zu sehen; natürliche Sprachen sind, wenn sie funktional adäquat sind, eben in dem Sinne funktional adäquat, daß sie bestimmten, für eine Sprachgemeinschaft spezifischen Kommunikationsbedürfnissen entsprechen; eben darin besteht ja die Funktionalisierung der grammatischen Struktur. So muß es etwa in einer Sprachgemeinschaft, deren Kommunikationsbedürfnisse nicht homogen sind, eine Mehrzahl von voneinander verschiedenen, miteinander koexistierenden Sprachen in *L* geben, die insgesamt erst *L* ausmachen (cf. hierzu auch Weinreich et al. 1968 sowie die entsprechenden Bemerkungen in Abschnitt 2); die Sprache ist insofern inhomogen. Und diese funktionsbedingte Inhomogenität der grammatischen Struktur betrifft dabei keineswegs, wie es auf den ersten Blick scheinen mag, lediglich oder insbesondere phonologische Aspekte, sondern sie betrifft auch und gerade semantische Gesichtspunkte, also tiefenstrukturelle Gegebenheiten. Einige Hinweise mögen diese Zusammenhänge zwischen der Ausbildung von Sprachstrukturen und Kommunikationsbedürfnissen, also die Funktionalisierung der grammatischen Struktur, genauer belegen. – Eine entscheidende Voraussetzung für die Möglichkeit koordinierten Handelns ist ohne Zweifel die Möglichkeit, sich in Raum und Zeit orientieren zu können, und diese Orientierung muß mitteilbar sein.

Eben das aber wird durch die grammatische Organisation der Raumerfahrung und der Zeiterfahrung sichergestellt, und der Reichtum eines Tempussystemes (die Unterscheidung beispielsweise zwischen verschiedenen Vergangenheitsformen, etwa durch ein Resultativperfekt und ein Zustandsperfekt; die Möglichkeiten, sich sprachlich auf Zukünftiges beziehen zu können, etc.) reflektiert durchaus die Kommunikationsbedürfnisse, die erfüllt werden müssen, wenn die Koordinierung von Handlungen gelingen soll. Die Möglichkeiten, die eine Sprache L_1 oder, um den Aspekt der grammatischen Inhomogenität mitzuberücksichtigen, eine Sprache l_1 in L_1 bereitgestellt, können sich von den von einer Sprache L_2 bzw. von einer Sprache l_2 in L_1 bereitgestellten Möglichkeiten erheblich unterscheiden, und diese Unterschiede ergeben sich nicht grundlos: ihnen korrelieren unterschiedliche Kommunikationsbedürfnisse in den respektiven Sprachgemeinschaften P^1 und P^2 bzw. in den respektiven Sprecher-Hörer-Gruppen P_1 und P_2 in P^1, die ihrerseits wiederum aus unterschiedlichen Formen des gesellschaftlichen Verkehrs resultieren.
Analoges gilt unter einer Vielzahl von Aspekten – die Möglichkeiten, die eine Sprache zur Prädikation bereitstellt, sind ein weiteres Beispiel. So können etwa die Bedingungen, denen der gesellschaftliche Verkehr unterliegt, es erforderlich machen, Prädikate (also Ausdrücke der Kategorie S/NP im Sinne von Lewis 1972) weiter zu spezialisieren, also zur Einführung von Ausdrücken der Kategorie (S/NP)/(S/NP) nötigen (also zur Einführung von Adverbien); es könnte sich ferner als funktionsgerecht erweisen, noch weitere Differenzierungen vorzunehmen, etwa durch die Einführung von Ausdrücken der Kategorie ((S/NP)/(S/NP))/((S/NP) /(S/NP)), oder etwa durch die Einbettung von Sätzen in Prädikatsausdrücke gleich welcher Kategorie. Man kann vielleicht sagen, daß der Grad der Komplexität, den die Prädikate in L bzw. in l_i in L aufweisen, eine Funktion der Differenzierungen ist, die von den Sprecher-Hörern vorgenommen werden müssen, um die Möglichkeit des koordinier-

ten Handelns, einer bestimmten Form gesellschaftlicher Praxis sichern zu können. Und Entsprechendes gilt ohne Zweifel dann auch für die Komplexität der Argumente, kurz: die Ausformung bestimmter grammatischer Strukturen erfolgt in der Konsequenz der Konstitution bestimmter Kommunikationsbedürfnisse. Das läßt sich, um ein letztes Beispiel anzuführen, auch im Hinblick auf die performativen Verben (wie *behaupten, versprechen, fragen,* etc.) und die Positionsverben (wie *glauben*, *wissen*, *vermuten*, etc.) belegen, über die die Sprecher-Hörer verfügen: das System der einschlägigen Verben, das Teil ihrer Grammatik ist, ist korrelativ zu bestimmten (und wohl unterscheidbaren) Kommunikationsbedürfnissen entwickelt worden, genauer: es entspringt einer Form von gesellschaftlicher Praxis, zu deren Organisation das Verfügen über bestimmte Ausdrucksmöglichkeiten unerläßlich ist – also etwa die Möglichkeit, Behauptungen und Gegenbehauptungen aufzustellen, Vermutungen auszusprechen, etc. Und es kann kaum bezweifelt werden, daß eine soziale Praxis, für die unter anderem etwa die Möglichkeiten, etwas aufkündigen zu können bzw. etwas gestehen zu können bzw. zu müssen, von einer sozialen Praxis, in der dies nicht möglich oder zulässig ist, radikal verschieden ist, daß hier, im Sinne Wittgensteins, zwei voneinander verschiedene Lebensformen vorliegen, wobei diese Lebensformen eben auch dadurch charakterisiert sind, daß in ihnen unterschiedliche grammatische Ausdrucksmöglichkeiten entwickelt worden sind. Dabei ist es wichtig zu sehen, daß zwischen der Ausbildung eines Systems von Performativa und der eines Systems von Positionsausdrücken sehr wohl Wechselwirkungen bestehen: *denn man nimmt in der Regel nur dann eine Position zu einer Aussage ein* (d. h. man stimmt ihr zu; man stimmt ihr vorbehaltlich zu; man hofft, daß *p*; man befürchtet, daß *p*; usf.), *wenn diese Aussage in einer bestimmten Form zur Sprache gebracht worden ist* (als Behauptung, als Frage, als Versprechen, als Beteuerung, usf.), und umgekehrt wird man auf das Einnehmen von Positionen wiederum mit der Äußerung von Performativsätzen reagieren können. Die beiden Ausdruckssysteme werden also in wechselseitiger Abhängigkeit voneinander ausgeformt[24], und in dem Umstand, *daß* sie ausgeformt werden, kann man unschwer den Versuch erkennen, die Möglichkeit des Vollzugs gewisser Sprechakte – nämlich von Sprechakten der Typen R_1 und E bzw. K_3 und R_2 – sozusagen vermöge grammatischer Mittel mit abzusichern.

Beispiele wie die aufgeführten belegen wohl hinreichend einen Tatbestand, den man als *Funktionalisierung der grammatischen Struktur* bezeichnen kann. ›Funktionalisierung‹ heißt dabei: zweckentsprechende Ausformung der grammatischen Struktur, und in eben diesem Sinne kann man auch von einer Funktionalisierung der Bedingungen des Sprachgebrauchs reden; nicht nur die Struktur einer Sprache, auch die Möglichkeiten, vermöge dieser Sprache kommunikativ handeln zu können, sind funktionsbestimmt ausgeprägt worden. – Natürlich sind die angeführten Beispiele zugleich auch Indikationen für die zuvor angedeutete These, daß natürliche Sprachen grundsätzlich funktional adäquat sind, also in jeder Phase ihrer Entwicklung die Befriedigung der Kommunikationsbedürfnisse ihrer Sprecher-Hörer gestatten. Diese These muß selbstverständlich noch genauer begründet werden. Insofern ist es – eben weil diese These eine zentrale Rolle für die Möglichkeit funktionalistischer Sprachanalysen spielt – wohl angebracht, zunächst einen Versuch zur Begründung der These zu skizzieren, um dann die mit der Frage nach den universellen und den kontingenten Bedingungen der Sprachstruktur und des Sprachgebrauchs zusammenhängenden Probleme auf einer klareren Basis diskutieren zu können.

4. Sprachvollständigkeit und Sprachveränderung

4.1 Die Annahme, daß jede natürliche Sprache in jeder Phase ihrer Entwicklung funktional adäquat ist, mag provozierend klingen; sie kann es jedoch letztlich nicht sein, denn diese These ist in der Entwicklung der Sprachtheorie schon verschiedentlich formuliert worden. Und allen diesen Formulierungen liegt die Auffassung zugrunde, daß ein Prinzip gilt, das beispielsweise von Searle (1969) explizit eingeführt wurde, und das Searle *Prinzip der Ausdrückbarkeit* nennt. Diesem Prinzip zufolge ist der Ausdrucksreichtum von natürlichen Sprachen im Grundsatz unbegrenzt – es gibt also *keine* grundsätzlichen sprachbedingten Grenzen für die Ausdrucksmöglichkeiten der Individuen; alles, was man meinen kann, kann man auch sagen (sprachlich ausdrücken), kurz: im Sinne des Prinzips ist jede natürliche Sprache grundsätzlich so beschaffen, daß alles, was in *L* ausgedrückt werden *soll*, auch ausgedrückt werden *kann*. – Searle gibt zwei etwas präzisere Formulierungen dieses Prinzips, eine verbale und eine formale, aus denen jedoch nicht hervorgeht, daß nicht von sprachlichen Ausdrücken schlechthin, sondern von *Ausdrücken in L* die Rede sein soll, also mit dem Ausdrückbarkeitsprinzip nicht etwas über ›die Sprache‹, sondern vielmehr über die Elemente der Klasse der natürlichen Sprachen behauptet wird. Insofern scheint es angebracht, der weiteren Erörterung nicht Searles Formulierungen dieses Prinzips zugrundezulegen, sondern die beiden folgenden Reformulierungen des Ausdrückbarkeitsprinzips, bei denen nicht auf Ausdrücke, sondern eben auf Ausdrücke in *L* Bezug genommen wird:

(19) *Für jede Bedeutung X und für jeden Sprecher-Hörer p, der einer natürlichen Sprachgemeinschaft P angehört, in der die Sprache L gesprochen wird, ist, wenn p X auszudrücken beabsichtigt* (symbolisch: b_a), *ein Ausdruck A in L(P) derart möglich, daß A ein adäquater Ausdruck für* (symbolisch: A_F) *X ist*; formal:

$$\bigwedge_{X} \bigwedge_{p \in P} . b_a(p, X) \longrightarrow \Diamond \Big(\bigvee_{A \in L(P)} . A_F(A, X).\Big).$$

Die Tragweite von (19) wird deutlich, wenn man bedenkt, daß aus (19) die in (20) formulierte Annahme folgt:

(20) *Alles, was in einer natürlichen Sprache L_i ausgedrückt werden kann, kann auch in einer natürlichen Sprache L_r ausgedrückt werden* (mit $i \neq r$ und $i, r = 1, 2, 3, \ldots$), *und umgekehrt.*

Natürliche Sprachen sind grundsätzlich vollständig übersetzbar ineinander.

Das Ausdrückbarkeitsprinzip impliziert also ein Prinzip der vollständigen Übersetzbarkeit, und insofern ist jede empirische Prüfung von (20) zugleich auch eine empirische Prüfung von (19). Allein, es fragt sich, welche Prüfungssignifikanz eine Betrachtung der derzeit überschaubaren Fakten in diesem Fall haben könnte. Denn es dürfte Searle wohl kaum entgangen sein, daß es, beim derzeitigen Stand der Sprachentwicklung, ebenso unmöglich ist, die Sprache, in der z. B. die Philosophie Kants abgefaßt ist, in das Grönländische zu übersetzen, wie es unmöglich ist, das Grönländische, mit seiner Fülle von Schnee-Wörtern, vollständig in das Mittelhochdeutsche, das Türkische und alle persischen Dialekte zu übersetzen. Mit anderen Worten: mit (20) wird gewiß nicht *aktuale* Übersetzbarkeit behauptet, sondern es wird lediglich behauptet, daß beliebige Sprachen *potentiell* vollständig ineinander übersetzbar sind. Und entsprechend wird mit (19) nicht behauptet, daß jede natürliche Sprache *aktual* über einen unbegrenzten Ausdrucksreichtum verfügt, sondern es wird behauptet, daß jede natürliche Sprache *potentiell unbegrenzt ausdrucksfähig ist,* wie es das explizite Auftreten des Modaloperators ›Es ist möglich, daß‹ in (19) und das implizite Auftreten dieses Operators in (20) (›*kann* ausgedrückt werden‹, ›grundsätzlich übersetzbar‹) hinlänglich belegt. Insofern aber fällt die Frage, wie (19) und (20) genauer zu verstehen sind, mit der Frage zusammen, wie der bei der Formulierung dieser Prinzipien verwendete Modaloperator zu verstehen ist. Und auf diese Frage gibt Searle eine eindeutige Antwort, die sich in Übereinstimmung mit der linguistischen Tradition befindet: seine These lautet, daß jede Sprache so *verändert* werden kann, daß alles, was in ihr ausgedrückt werden soll, in der Tat auch ausgedrückt werden kann. Damit wird nun klar, daß die Behauptbarkeit von (19) und (20) davon abhängt, daß eine weitere Annahme zu Recht behauptet werden kann, und zwar eine Annahme, die ihren systematischen Ort in einer *diachronen* Sprachtheorie hat, und die Searle wie folgt erläutert:

»... wenn die existierende Sprache oder die existierenden Mittel nicht ausreichen, wenn ihnen einfach die Mittel fehlen, um in ihnen sagen zu können, was ich meine, so kann ich im Prinzip die Sprache zumindest durch die Einführung neuer Begriffe oder anderer Mittel bereichern. Jede Sprache stellt uns eine begrenzte Anzahl von Wörtern und syntaktischen Formen zur Verfügung, um zu sagen, was wir meinen, aber bei jeder Grenze, die eine Sprache der Ausdrückbarkeit setzt, bei jeder Unmöglichkeit, einen Gedanken sprachlich auszudrücken, handelt es sich um eine kontingente Tatsache und nicht um eine Notwendigkeit« (Searle 1969, 19/20), zit. nach der dt. Übers. von 1971, S. 35).

Dieser Passus macht wohl deutlich, daß die Behauptbarkeit von (19) und (20) eine ziemlich starke Hypothese über die *Veränderungsfähigkeit* von natürlichen Sprachen voraussetzt, die sich grob derart formulieren läßt:

(21) *Jede natürliche Sprache ist unbegrenzt innovierbar.*

Falls sich die diachrone Hypothese in (21) rechtfertigen läßt, sind damit zugleich natürlich auch die Prinzipien in (19) und (20) gerechtfertigt.

Aber selbst die Rechtfertigung dieser Prinzipien legitimiert noch nicht die funktionalistische Grundthese, daß alle natürlichen Sprachen in jeder Phase ihrer Entwicklung kommunikativ adäquat ausgeformt sind. Denn aus dem Umstand, daß natürliche Sprachen unbegrenzt innovierbar sind, und deshalb Ausdrucksadäquatheit im Sinne von (19) jederzeit erreicht werden *kann*, folgt ja keinesfalls, daß diese Ausdrucksadäquatheit auch immer faktisch erreicht *wird*; von den Modalaussagen in (19)–(21) kann also nicht auf die entsprechenden nicht-modalen Aussagen *geschlossen* werden. Gleichwohl führen die Modalprinzipien aber vor Augen, daß Adäquatheit im skizzierten Sinne für natürliche Sprachen erreichbar ist; es bleibt also zu klären, warum sie erreicht wird. – In (19) wurde von dem Ausdruck ›b_a (p, X)‹ Gebrauch gemacht; in dem Prinzip sind also die Ausdrucksintentionen des Sprecher-Hörers, und das heißt eben: seine Kommunikationsbedürfnisse mitberücksichtigt; entsprechend wird man annehmen dürfen, daß die Innovation von Sprachen, die die kommunikative Adäquatheit der Sprachen erreichbar macht, an diesen Bedürfnissen orientiert verläuft. Die Sprecher-Hörer *müssen* ihre Kommunikationsbedürfnisse befriedigen, und sie *können* ihre Kommunikationsbedürfnisse befriedigen; es ist mithin eine vernünftige Annahme, *daß* sie ihre Kommunikationsbedürfnisse befriedigen werden; ihre Sprachen also so strukturieren, daß sie kommunikativ (oder funktional) adäquat sind, etwa auftretende Ausdrucksdefizite durch Innovationen ausgleichen. Wittgenstein spricht in diesem Zusammenhang von der *Vollständigkeit von Sprachen* (PU, § 18 ff.), und so gesehen ist die Adäquatheitsannahme nichts anderes als eine Vollständigkeitsannahme, die sich wie folgt einführen läßt:

(22) *Eine natürliche Sprache L ist genau dann vollständig, wenn sie die Kommunikationsbedürfnisse der L-Sprecher-Hörer erfüllt.*

(23) JEDE NATÜRLICHE SPRACHE IST IN JEDER PHASE IHRER ENTWICKLUNG VOLLSTÄNDIG.

Mit (23) – und (23) ist, wie wohl offenkundig ist, keineswegs mit (19) und (20) äquivalent, sondern mit (23) wird weit mehr als mit diesen beiden Prinzipien behauptet – ist eine Formulierung für die These von der kommunikativen Adäquatheit der natürlichen Sprachen gefunden, und zwar eine Formulierung, in der der funktionalistische Aspekt mit abgedeckt ist, denn mit (23) wird ja behauptet, daß die Ausformung der grammatischen Struktur und der Bedingungen des Sprachgebrauchs immer funktionsgerecht, also den Kommunikationsbedürfnissen entsprechend erfolgt. Der funktionalistische Ansatz scheint somit gerechtfertigt zu sein.

4.2 Die Argumentation, die zugunsten von (23) angeführt wurde, basierte entscheidend auf der Annahme, daß das in (21) ausgesprochene Innovationsprinzip gilt. Dieses Prinzip, das für die Begründung der Vollständigkeitsannahme unerläßlich zu sein scheint, ist jedoch nicht ganz problemlos; insbesondere kann es zu einer *Trivialisierung* von (23), aber auch von (19) führen, und diese Trivialisierung kann das Verständnis der Prinzipien neuerlich erschweren. – Man betrachte etwa folgenden Fall: es sei *E* die Eskimo-Sprache in ihrem jetzigen Zustand, und es sei *K* derjenige Ausschnitt des Deutschen, in dem Kant seine Transzendentalphilosophie abgefaßt hat. Eine vollständige Übersetzung von *E* in *K* bzw. von *K* in *E* ist derzeit unmöglich. Im Sinne von (21) könnte nun dadurch Übersetzbarkeit hergestellt werden, daß die Sprachen in entsprechender Art verändert werden; also beispielsweise *E* zu einer Sprache *E'* erweitert wird. Und Für *E'* möge nun gelten: $E' = E \cup K$. *Diese* Erweiterung gestattet es nun ganz selbstverständlich, transzendentalphilosophische Reflexionen in *E'* zur Sprache zu bringen, aber ebenso selbstverständlich ist es, daß (21) eine ganz und gar triviale Annahme ist, wenn man die Möglichkeit solcher Innovationen annimmt, und diese Trivialität würde sich natürlich auch auf (19) und (20) übertragen. Die Prinzipien würden aber nicht nur trivialisiert, auch ihre linguistische Signifikanz würde problematisch. Denn Sprachveränderungen verlaufen ganz ganz einfach nicht so, wie sie im Sinne des Beispiels, *das sich in Übereinstimmung mit dem Prinzip in (*21*) befindet*, verlaufen könnten, und das heißt: zumindest in der Form, in der es in (21) formuliert wurde, ist das Innovationsprinzip nicht haltbar. Dadurch aber scheint auch (19) und (20) und damit letztlich auch der Vollständigkeitsannahme der Boden entzogen zu sein. Um diese Annahme aufrechterhalten zu können, muß also eine Formulierung des Innovationsprinzips gefunden werden, mit der einerseits offenkundig unsinnige Konzeptionen von Sprachveränderung ausgeschlossen werden, andererseits aber auch klar wird, daß die Klasse der möglichen diachronen Prozesse nicht so beschränkt ist, daß in der Konsequenz dieser Beschränkungen die Sprachvollständigkeit nicht mehr erreichbar wird. Es muß also ein realistisches Modell für diachrone Prozesse gefunden werden; ein Modell, das es gestattet, den Aspekt der Sprachdynamik mit dem der Sprachvollständigkeit sinnvoll zu verknüpfen.

Bar-Hillel unterscheidet zwischen *offenen* und *halb-offenen* Sprachen, wobei eine Sprache genau dann offen ist, wenn sie in der Art des skizzierten Beispiels verändert werden kann (Bar-Hillel 1964, 56–57). Natürliche Sprachen sind, wie ausgeführt, keine in diesem Sinne offenen Sprachen; sie sind halb-offen, oder besser: *halb-geschlossen*, das heißt: sie können nicht *beliebig* verändert werden (und insbesondere nicht in der angedeuteten Art); ihre Innovierbarkeit ist vielmehr durch bestimmte *Restriktionen* in charakteristischer Art beschränkt. Zu fragen ist nun, wie diese Restriktionen zustandekommen und welchen Status sie haben, und nur, wenn diese Frage zumindest näherungsweise beantwortet ist, wird sich eine sinnvolle Reformulierung von (21) und damit eine Rechtfertigung von (19) und (20) als möglich erweisen können. Eine solche Antwort muß sowohl grammatische als auch pragmatische Aspekte erfassen, und bei dem Versuch, eine solche Antwort zu formulieren, muß man sich entsprechend auf eine zumindest provisorisch ausgearbeitete sprachtheoretische Konzeption beziehen können. Eine solche Konzeption soll, mit einer Fülle von Vereinfachungen, vorab knapp skizziert werden, und zwar ausschließlich unter für den in Rede stehenden Zusammenhang relevanten Aspekten, ohne weitere Implikationen der Konzeption zu diskutieren.

1. Im Zusammenhang mit der Erörterung des Toleranzprinzips wurde bereits darauf hingewiesen, daß eine natürliche Sprache L – im Hinblick auf ihre grammatische Struktur – in eine Reihe von Teilsprachen, in die L-Teile $l_1, \ldots, l_n$ zerfällt. Genau dies macht die grammatische Inhomogenität natürlicher Sprachen aus, die in erster Linie als eine Funktion der Ungleichartigkeit der Kommunikationsbedürfnisse zu

erklären ist, die die Sprecher-Hörer-Gruppen $P_1, \ldots, P_n$ in einer Sprachgemeinschaft P haben. Die L-Teile sind strukturverschieden, und zwar deshalb, weil sie funktionsverschieden sind (cf. hierzu das Schema in (II) sowie die Bemerkungen in § 3.4). Funktionsverschiedenheit ist aber etwas anderes als Dysfunktionalität; der Gebrauch voneinander verschiedener L-Teile in der Kommunikation in P ist mithin durchaus zulässig und adäquat. Entsprechend muß in P die Koexistenz unterschiedlicher L-Teile von L toleriert werden; es muß grammatische Toleranz geübt werden, um die Kommunikationsmöglichkeit zu wahren.

2. Aus diesen Grundannahmen ergeben sich bestimmte Konsequenzen für den Aufbau der grammatischen Theorie, deren wichtigste wohl darin besteht, daß die grammatische Theorie nicht, wie Chomsky (1965) aufgrund einer idealisierenden Homogenitätsannahme annimmt, in Form einer und nur einer Grammatik aufgebaut werden kann, sondern in Form einer Familie F von (miteinander koexistierenden) Grammatiken $G_1, \ldots, G_n$ konzipiert werden muß, wobei die G_i aus F die P_i-Kompetenzen abbilden und die Menge der L-Teile erzeugen. Ein solcher Ansatz muß natürlich zwangsläufig zu einer Revision des Chomskyschen Grammatizitätsbegriffs führen; ›grammatisch in L‹ kann nicht mehr kategorisch, sondern nur noch relational (in Relation zu den G_i aus F) expliziert werden – man könnte etwa festlegen, daß der Grad der Grammatizität eines Satzes s aus L durch die *Anzahl* der G_i aus F gemessen wird, die s erzeugen können. Diese Gradierbarkeit des Grammatizitätsbegriffs verdeutlicht im übrigen neuerlich die Berechtigung der Toleranzforderung.

3. Im Rahmen eines solchen Ansatzes sind Veränderungen der grammatischen Struktur einer Sprache offenbar als Veränderungen der zugrundeliegenden Grammatiken erfaßbar; eine Theorie der möglichen Veränderungen der grammatischen Struktur muß entsprechend als eine Theorie der generellen Bedingungen konzipiert werden, unter denen Grammatiken bzw. Grammatiken-Familien innoviert, und das heißt: in

nachfolgende Grammatiken bzw. Grammatiken-Familien überführt werden können. Und wenn hier von generellen Bedingungen die Rede ist, so liegt dieser Sprechweise natürlich die Annahme zugrunde, daß auf eine bestimmte Grammatik aus *F* nicht jede beliebige andere Grammatik bzw. daß auf *F* nicht jede beliebige andere mögliche Grammatiken-Familie folgen kann. In derartigen Beschränkungen, wie auch immer sie genau zu beschreiben sein mögen, wird man unschwer jene Restriktionen erkennen können, die Veränderungsprozesse wie den, der von *E* zu *E'* führt, als unmöglich ausschließen. Solche Beschränkungen der Innovierbarkeit der grammatischen Struktur kann man als *Sukzessionsgesetze* oder diachrone Universalien der grammatischen Struktur (kurz: d_1-Universalien) bezeichnen; sie spezifizieren in ähnlicher Weise, in der Chomskys Universalien den Begriff ›mögliche generative Grammatik einer natürlichen Sprache‹ explizieren, die Begriffe ›mögliche Transformation von Grammatiken einer natürlichen Sprache in Grammatiken einer natürlichen Sprache‹ bzw. ›mögliche Transformation von Grammatiken-Familien in Grammatiken‹ und damit letztlich den Begriff der möglichen Folge von Sprachzuständen. Ein d_1-Universale könnte es beispielsweise sein, daß die Folge der Sprachzustände bzw. der unterliegenden Grammatiken-Familien niemals so beschaffen ist, daß bereits realisierte Sprachzustände sich in der Folge wiederholen können.

4. Der Zustandsbegriff kann zunächst unter rein synchronen Gesichtspunkten erläutert werden. Hier ginge es vor allem darum, einschränkende Bedingungen für die möglichen Koexistenzrelationen zwischen *L*-Teilen bzw. den zugrundeliegenden Grammatiken zu formulieren; es ginge also um eine Explikation der Bedingungen, unter denen Grammatiken miteinander koexistieren können. Beschränkungen dieser Art kann man als *Koexistenzgesetze* oder synchrone Universalien der grammatischen Struktur (kurz: s_1-Universalien) deuten; sie könnten beispielsweise spezifizieren, daß es in einer Grammatiken-Familie *F* Grammatiken G_1 und G_2 mit den Eigen-

schaften E_1 und E_2 geben muß, wenn eine Grammatik mit der Eigenschaft E_3 möglich sein soll, aber keine Grammatik mit einer Eigenschaft E_4 geben darf.

5. Was für die Analyse der grammatischen Struktur gilt, gilt in analoger Weise auch für die Analyse der Bedingungen des Sprachgebrauchs, die ja, wie die Ausführungen in Abschnitt 3 verdeutlichen, ebenfalls inhomogen sind. Auch hier kann vorausgesetzt werden, daß die Veränderungen des Sprachgebrauchs gewissen Sukzessionsgesetzen oder diachronen Universalien der pragmatischen Struktur (kurz: d_2-Universalien) unterliegt, und auch die Koexistenz voneinander verschiedener Formen des Sprachgebrauchs dürfte durch synchrone Universalien der pragmatischen Struktur (kurz: s_2-Universalien) bestimmt sein. So könnte es etwa durch die d_2-Universalien festgelegt sein, daß die Umfangsveränderungen von Sprechakttypen nicht beliebig vorgenommen werden können, daß einmal eingeführte Kriterien zur Bewertung von Argumenten nicht beliebig abgeschwächt werden können, etc.; die s_2-Universalien könnten spezifizieren, daß die in P geltenden Erfolgsbedingungen für Sprechakte nicht in beliebiger Weise, sondern nur unter bestimmten Bedingungen P_i-spezifisch ausgebildet werden können, wenn die Möglichkeit der gruppenexternen sprachlichen Kommunikation erhalten bleiben soll, oder daß, wenn die Möglichkeit der durchgängigen sprachlichen Verständigung in P erhalten bleiben soll, die Umfangsunterschiede zwischen den Sprechakttypen ein gewisses Maß nicht überschreiten dürfen, etc. Und wie vage diese Hinweise auch immer sein mögen, sie verdeutlichen doch, daß auch die Bedingungen des Sprachgebrauchs nicht beliebig, sondern nur unter bestimmten Voraussetzungen abgeändert werden können.

6. Es bleibt zu klären, welche Beziehungen zwischen den diachronen Universalien der beiden Arten (kurz: den *d*-Universalien) und den synchronen Universalien der beiden Arten (kurz: den *s*-Universalien) bestehen. Hier könnte es zunächst so scheinen, als seien die *d*-Universalien von den *s*-Univer-

salien logisch abhängig, denn die letzteren spezifizieren ja den Zustandsbegriff, und ein Zustandsbegriff muß bereits vorliegen, wenn der Begriff der Zustandsfolge, der ja durch die *d*-Universalien charakterisiert werden kann, sinnvoll eingeführt werden soll. Es ist klar, daß diese Annahme mit der klassischen Saussureschen Annahme vom methodologischen Primat der Synchronie äquivalent ist, und diese Annahme scheint ja in der Tat intuitiv klar zu sein. Bei einer genaueren Analyse beginnt diese Klarheit jedoch zu schwinden. Naiv betrachtet, macht schon sein Umfang den Begriff ›möglicher Sprachzustand‹ problematisch, denn zur Extension dieses Begriffes gehört ja auch die Klasse aller zukünftigen, bislang noch nicht realisierten Sprachzustände – und über diese kann man derzeit beim besten Willen nicht viel sagen. Und sie soll durch die *s*-Universalien auch keineswegs vorausgesagt werden; was vorausgesagt werden soll, ist vielmehr die Klasse der möglichen (und unmöglichen) Koexistenzrelationen. Wie aber kommen diese Relationen zustande? Die Antwort ist klar; ihre Ausbildung ist eine Funktion von Sprachveränderungen, oder anders gesagt: daß es eine Mannigfaltigkeit solcher Relationen geben kann, ist eine Funktion des Umstandes, daß es mannigfaltige Möglichkeiten der Sprachveränderung gibt; diese aber werden durch die *d*-Universalien charakterisiert. Und in der Tat: wenn das Auftreten einer Grammatik G_1 in F das Auftreten einer Grammatik G_2 in F bedingt, und umgekehrt (weil dies Bedingungsverhältnis etwa deshalb vorliegen muß, um gruppenexterne Kommunikation zu gestatten) – was heißt das anderes, als daß die Transformation der vorausgehenden Grammatiken-Familie F' bestimmten d_1-Universalien unterliegt, die ein bestimmtes Transformationsresultat erforderlich machen, und zwar eben das durch die Koexistenzrelationen beschreibbare? Allgemeiner gesagt: die Geltung der Koexistenzgesetze ist von der Geltung der Sukzessionsgesetze abhängig; die *s*-Universalien sind aus den *d*-Universalien ableitbar. Diese Behauptung stellt natürlich eine Umkehrung der klassischen Saussureschen Annahme dar;

an die Stelle der Annahme vom methodologischen Primat der Synchronie wird die vom methodologischen Primat der Diachronie gesetzt. Und diese Umkehrung ist in genau dem Grade vertretbar, in dem es sich als möglich erweist, die *s*-Universalien aus den *d*-Universalien abzuleiten.

7. Natürlich sind diese Bemerkungen über die Struktur diachroner Prozesse hochgradig spekulativ; es gibt kein ausgearbeitetes theoretisches Bezugssystem, in dessen Rahmen diese Bemerkungen präzise formuliert werden könnten, und es kann mithin auch keine empirischen Untersuchungen geben, vermöge derer der spekulative Charakter dieser Annahmen abgebaut werden könnte.[26] Gleichwohl scheint eine solche Spekulation nicht von vornherein sinnlos zu sein, denn wenn die These von der Halbgeschlossenheit der natürlichen Sprachen gilt – und die Geltung *dieser* These dürfte wohl kaum irgendeinem Zweifel unterliegen –, so *muß* es Restriktionen für mögliche Sprachveränderungen geben, die in einem Rahmen wie dem spekulativ gewonnenen zumindest im Grundsatz erklärt werden können. Und es ist dann, unter Hintanstellung aller Bedenken, die gegen die skizzierte Spekulation geltend gemacht werden können, eine Formulierung von (21) möglich, die dem Innovationsprinzip alle Trivialität nimmt. Eine solche Formulierung – und um die vor allem geht es in diesem Zusammenhang – könnte etwa derart lauten:

(24) *Jede natürliche Sprache L ist grundsätzlich im Rahmen der durch das System der d-Universalien gegebenen Innovationsbeschränkungen innovierbar.*

Gegen diese Fassung des Prinzips lassen sich die gegen (21) geäußerten Bedenken mit Sicherheit nicht mehr geltend machen; es ist in diesem Sinne nicht-trivial. Die Kehrseite der Medaille scheint jedoch darin zu bestehen, daß es nunmehr nicht mehr *einschlägig* ist: denn aus (24) kann offenkundig nicht die Annahme abgeleitet werden, daß *L* grundsätzlich so verändert werden kann, daß jede Sprache im Prinzip immer die Eigenschaft aufweist, vollständig, also kommunikativ adäquat zu sein. (24) ist nicht mehr einschlägig, weil vollständig unklar bleibt, inwieweit dieses Prinzip diese Adäquatheitsannahme zu stützen vermag.

4.3 Die Frage, warum das Innovationsprinzip in der in (24) vorgelegten Fassung nicht einschlägig ist, läßt sich klar beantworten: bei der Konstruktion des Modells, aus dem (24) hervorgeht, ist dem Schema in (II) nicht Rechnung getragen worden. Bei den *d*-Universalien, auf deren Grundlage die diachronen Prozesse erklärt werden sollen, handelt es sich ausschließlich um Strukturuniversalien; also um Annahmen, die zwar die Möglichkeit gewisser Innovationen begründen können, die es aber nicht gestatten, die Funktion dieser Innovationen zu erklären. Und worin besteht diese Funktion? Aus Searles Erörterung des Ausdrückbarkeitsprinzips und den zuvor diskutierten Beispielen für die Funktionalisierung der grammatischen Struktur und des Sprachgebrauchs geht der Innovationszweck eindeutig genug hervor; Innovationen haben den Zweck, Ausdrückbarkeitsdefizite zu kompensieren, Ausdrucksadäquatheit und damit eben Sprachvollständigkeit erreichbar zu machen. Und unter der Voraussetzung, daß die Entwicklung der Sprachstruktur und der Bedingungen des Sprachgebrauchs nicht dysfunktional verläuft – und eine solche Voraussetzung wäre wohl wenig plausibel –, kann (24) derart modifiziert werden:

(25) Jede natürliche Sprache *L* ist grundsätzlich im Rahmen der durch das System der *d*-Universalien gegebenen Innovationsbeschränkungen derart innovierbar, daß *L* in jeder Phase ihrer Entwicklung die Kommunikationsbedürfnisse der *L*-Sprecher-Hörer zu befriedigen vermag, wie auch immer diese Kommunikationsbedürfnisse beschaffen sein mögen.[28]

In dieser Fassung stellt die Innovierbarkeitsannahme natürlich eine Basis dar, auf der, unter den genannten Bedingungen, die Annahme von der Vollständigkeit der natürlichen Sprachen gegründet werden kann. Nach (25) haben die Sprecher-Hörer grundsätzlich die Möglichkeit, ihre Kommunikationsbedürfnisse sprachlich zu befriedigen, unerachtet des Umstandes, daß der Innovierbarkeit einer Sprache Grenzen gesetzt sind (eben das macht (25) zu einer nicht-trivialen Annahme), und da die Befriedigung der Kommunikationsbedürfnisse zur Reproduktion der Lebensbedingungen unerläßlich ist, kann wohl zu Recht angenommen werden, daß diese Möglichkeit konsequenterweise auch realisiert wird, also Sprachvollständigkeit hergestellt wird. Die Vollständigkeit einer natürlichen Sprache ist also eine Funktion ihrer adäquaten Innovation, wie sie zur Reproduktion der Lebensbedingungen der Individuen, zu denen eben auch Kommunikationsbedingungen rechnen, erforderlich ist.

Damit ist auch klar, daß eine adäquate Erklärung von diachronen Prozessen nur im Rahmen des in (II) angegebenen Schemas möglich ist – mit seiner Hilfe kann erklärt werden, unter welchen Strukturbedingungen und zu welchen Zwecken Innovationen vonstatten gehen, warum und zu welchen Zwecken Ausdrucksmöglichkeiten eliminiert bzw. neue Ausdrucksmöglichkeiten entwickelt werden. – Die Anwendbarkeit des Schemas soll durch ein Beispiel kurz verdeutlicht werden. Angenommen einmal, die Bedeutungen von Prädikaten seien Begriffe, und die Funktion des Gebrauchs prädikativer Ausdrücke bestünde darin, Gegenstände zu beschreiben (cf. jedoch Searle 1969; ›Beschreiben‹ ist hier natürlich nicht im Sinne von ›Kennzeichnen‹, ›Identifizieren‹ o. ä. zu verstehen), dann könnte die Frage, *warum* ein Prädikationssystem *S*, das einer Sprache *L* zugehört, die sich im Zustand z_i (*L*) befindet, und das nur nicht-komplexe Prädikate umfaßt, im nachfolgenden Zustand z_j (*L*) in ein System *S'* übergeht, das eine reiche Binnenstruktur aufweist (etwa Prädikatspezifikatoren der Kategorien (S/NP)/(S/NP) und ((S/NP)/(S/NP))/((S/NP)/(S/NP)) zuzüglich der Möglichkeit von Satzeinbettungen in Prädikate), unter Zugrundelegung von (II) näherungsweise etwa wie folgt beantwortet werden:

Das System *S* wird in das System *S'* überführt, *weil* Prädikationssysteme in einer durch die *d*-Universalien festgelegten Art *erweitert* werden können, so daß ein zunehmend differenzierteres System von Begriffen verfügbar wird, *damit* zur Befriedigung der Kommunikationsbedürfnisse der Individuen Gegenstände zunehmend genauer beschrieben werden können.

Vermöge solcher Erklärungen werden diachrone Prozesse natürlich relativ zu sprachexternen Faktoren, eben den Kommunikationsbedürfnissen, und damit auch relativ zu einem bestimmten Zweck, eben dem der Befriedigung der Kommunikationsbedürfnisse, thematisiert. Damit ist jedoch keineswegs eine Neuaufnahme klassischer teleologischer Begriffe verbunden; der Erklärungsansatz basiert *nicht* auf der Vorstellung, daß die diachronen Prozesse sich gewissermaßen nach Plan vollziehen und die Gegenwart durch die Zukunft bestimmt wäre, daß also am Ende der Sprachentwicklung ein fernes, zu erreichendes Ziel stünde, oder auch nur, daß jede Sprachveränderung einen Fortschritt – wie auch immer man ›Fortschritt‹ explizieren mag – mit sich brächte (etwa im Hinblick auf die Erreichung eines Planziels ›Vereinfachung der Sprachstruktur‹ o. ä.). Worum es vielmehr geht, ist schlicht dieses: es wird angenommen, daß im Zuge des Ablaufs diachroner Prozesse gewisse Eigenschaften der Sprache *erhalten* bleiben, etwa die der Vollständigkeit (wobei ›Sprachvollständigkeit‹ natürlich nur eine abkürzende Bezeichnung für eine Fülle von zu erhaltenden Eigenschaften der Sprache ist). Der Ablauf diachroner Prozesse ist zwar zweckbestimmt, aber diese Zweckbestimmung ist keine klassisch-teleologische; knapp und vereinfacht kann man sagen, daß der Ablauf diachroner Prozesse bestimmten *Erhaltungsprinzipien* unterliegt. In derartigen Erhaltungsprinzipien kann man nun unschwer einen Typ von Universalien erkennen, von dem zuvor schon ohne weitere Qualifikationen die Rede war: Erhaltungsprinzipien sind *funktionale* Universalien; sie spezifizieren, wie die grammatische Struktur einer Sprache und die Bedingungen des Sprachgebrauchs in Relation zu bestimmten Kommunikationsbedürfnissen auszuformen sind. Die *Wirksamkeit* dieser Prinzipien setzt dabei keineswegs das geplante

Handeln aller voraus; ebenso wenig, wie etwa der Vollzug von Sprechakten des Typs R_1 oder die Produktion von verknüpften Sätzen nach Plan verläuft. Daß in allen natürlichen Sprachen beispielsweise Tempussysteme ausgebildet worden sind, Personalpronomina existieren etc., ist sicherlich nicht durch die Annahme zu erklären, die Sprecher-Hörer hätten sich zusammengesetzt und den Beschluß gefaßt, solche Systeme auszuformen. Es ist vielmehr in der Konsequenz universeller Kommunikationsbedürfnisse zustandegekommen, daß derartige Systeme ausgeformt wurden, und weil mit ihnen auf universelle Kommunikationsbedürfnisse reagiert wurde, hat sich der Typ dieser Systeme erhalten, wie unterschiedlich sie selbst auch von Sprache zu Sprache ausgefallen sein mögen. Derartige Konstanzphänomene belegen die Wirksamkeit der Erhaltungsprinzipien, der funktionalen Universalien. – Und unter Bezugnahme auf diesen Typ von Universalien sollte es auch möglich sein, einige Wege zu zeigen, auf denen das eingangs aufgeworfene und unter einer Reihe von Aspekten behandelte Problem der sprachlichen Universalität und Kontingenz einer zumindest provisorischen Lösung zugeführt werden kann.

5. Universalien

5.1 Auf F. de Saussure geht die bekannte Unterscheidung zwischen Synchronie, Diachronie und Panchronie zurück. In der linguistischen Diskussion hat nur die Synchronie-Diachronie-Dichotomie eine Rolle gespielt; der Aspekt der Panchronie ist eher marginal geblieben, und Saussure selbst führt aus:

> »Der panchronische Gesichtsausdruck findet niemals Anwendung auf bestimmte Tatsachen der Sprache« (de Saussure 1967, 114).

Mit anderen Worten: man kann, nach Saussure, für Sprachen keine Gesetze (»Universalien«) formulieren, »die zu jeder Zeit gelten« (ebd., 113).

Die Überlegungen, die zuvor angestellt wurden, sollten klar

gemacht haben, daß diese klassische Position unhaltbar ist. Denn panchrone Universalien (kurz: *p*-Universalien) können durchaus formuliert werden; bei den Annahmen über die Kardinalzahl natürlicher Sprachen handelt es sich beispielsweise um geradezu typische *p*-Universalien, und auch die Chomskysche Unterscheidung zwischen formalen und substantiellen Universalien, der die zuvor angeführte Unterscheidung zwischen starker und schwacher Universalität in etwa entspricht, ist eine Unterscheidung zwischen zwei Typen von *p*-Universalien. Damit wird auch die Funktion dieses Typs von Universalien klar: das System der *p*-Universalien unterscheidet die *natürlichen* Sprachen von allen anderen möglichen Sprachen, also etwa von Programmiersprachen, spezifischen Wissenschaftssprachen etc. Die *p*-Universalien liefern implizit eine Definition des Begriffs ›Klasse der möglichen natürlichen Sprachen‹, denn nur eine Sprache, die dem System der *p*-Universalien genügt, kann als eine natürliche Sprache aufgefaßt werden, und zwar gilt dies für alle Phasen in der Entwicklung einer Sprache. Die *p*-Universalien charakterisieren also den *Typ* ›Natürliche Sprache‹, und da diese Universalien *mit Notwendigkeit* gelten, garantieren sie zugleich auch die *Typenkonstanz* der natürlichen Sprachen. Diachrone Prozesse, die zu einer Typenveränderung führen, sind nicht möglich.

5.2 Zuvor wurde zwischen Funktionsuniversalien und Strukturuniversalien unterschieden, und es ist offensichtlich, daß diese Unterscheidung auch im Hinblick auf die *p*-Universalien Anwendung finden muß. So ist es beispielsweise ein strukturelles *p*-Universale, daß jede natürliche Sprache potentiell unendlich ist, weil es immer möglich ist, im Rahmen gewisser Beschränkungen Sätze mit Sätzen zu verknüpfen, so daß kein längster Satz entstehen kann (endliche Sprachen sind also keine natürlichen Sprachen), und es ist ein funktionales *p*-Universale, daß alle natürlichen Sprachen in jeder Phase ihrer Entwicklung vollständig, also kommunikativ adäquat sind.

Die Beziehungen zwischen diesen beiden Typen von *p*-Universalien lassen sich knapp derart kennzeichnen: die strukturellen *p*-Universalien spezifizieren, aufgrund welcher Gegebenheiten natürliche Sprachen funktional adäquat sein können; die funktionalen *p*-Universalien, die sich auf Relationen zwischen Kommunikationsbedürfnissen, Sprachen und Formen des Sprachgebrauchs beziehen, erklären, warum die natürlichen Sprachen diese strukturellen Gegebenheiten aufweisen müssen. Sie begründen, warum gewisse Eigenschaften im Zuge des Ablaufs diachroner Prozesse erhalten werden *müssen*; die strukturellen *p*-Universalien charakterisieren, warum diese Eigenschaften erhalten werden *können*.

In diesem Sinne lassen sich beispielsweise Konversationspostulate als funktionale *p*-Universalien, als Erhaltungsprinzipien verstehen; ihre Geltung, die im Rekurs auf universelle Kommunikationsbedürfnisse und aus diesen resultierenden kommunikativen Werten nachgewiesen werden kann, macht es erforderlich, daß gewisse Spracheigenschaften – beispielsweise die Eigenschaft, Sachverhalte ausdrückbar zu machen – beim Ablauf diachroner Prozesse nicht verlorengehen. Entsprechendes gilt für die Typologien der Sprechakte; die hier eingehenden funktionalen Bestimmungen lassen sich ebenfalls als Erhaltungsprinzipien rekonstruieren; allerdings als Erhaltungsprinzipien niedrigerer Ordnung, da sie die Bewahrung solcher Spracheigenschaften erzwingen, die nicht auf die allgemeinen, sondern auf die spezielleren Zwecke der sprachlichen Kommunikation bezogen sind.

Die Eigenschaften der Sprachstruktur und des Sprachgebrauchs, die zu erhalten sind, werden durch das System der strukturellen *p*-Universalien charakterisiert. Das in (II) angegebene Erklärungsschema verdeutlicht dabei, wie die beiden Typen von *p*-Universalien zusammenwirken, und dieses Zusammenwirken besteht nicht einfach darin, daß vorab ausgebildete Strukturen post festum eine Funktionalisierung erfahren; vielmehr ist es so, daß die Ausformung der Strukturen funktionsabhängig erfolgt. Insofern sind die funktionalen *p*-Universalien fundamentaler als die strukturellen *p*-Universalien; im Rahmen einer ausgearbeiteten sprachtheoretischen Konzeption müßte es sich letztlich als möglich erweisen, die letzteren aus den ersteren abzuleiten. Das Schema in (II) deutet diese Perspektive an.

5.3 Alle Eigenschaften natürlicher Sprachen (und das heißt hier eben: der Sprachstruktur und des Sprachgebrauchs), die nicht durch die *p*-Universalien determiniert sind, sind kontingent, sind veränderlich (im durch die *p*-Universalien gesetzten Rahmen). Heißt das, daß die Sprechweise von *d*-Universalien und *s*-Universalien, wie sie zuvor eingeführt wurde, sinnlos ist? Muß man mit Saussure aus dieser Kontingenz den Schluß ziehen, daß »die diachronischen Vorgänge ... immer den Charakter des Zufälligen und Vereinzelten« (ebd., 110) haben?
Das ist keineswegs der Fall. Daß sprachliche Fakten kontingent sind, heißt nicht, daß sie auf eine gewissermaßen anarchische Art zustandekommen; es heißt nicht, daß der nicht vom System der *p*-Universalien erfaßte Bereich der sprachlichen Fakten total chaotisch wäre. Die Möglichkeit zur Innovation ist an bestimmte Bedingungen geknüpft; der Ablauf diachroner Prozesse unterliegt bestimmten Prinzipien. Das hebt gewiß die Kontingenz der nicht durch die *p*-Universalien determinierten Sprachfakten nicht auf, verdeutlicht aber, daß Kontingenz nicht mit Regellosigkeit, nicht mit Unstrukturiertheit gleichgesetzt werden kann.
Ist die Sprachstruktur und der Sprachgebrauch also in allen Hinsichten determiniert? Sind die Sprecher-Hörer Geschöpfe ihrer Sprache? – Die Perspektive, die im Zusammenhang mit der Vollständigkeitsannahme skizziert wurde, gestattet hier eine klare Antwort. Die sprachliche Praxis der Individuen ist immer von bestimmten Regularitäten, von bestimmten Gesetzmäßigkeiten bestimmt. Aber dies nimmt dem Sprecher-Hörer nicht seine Freiheit gegenüber der von ihm gesprochenen Sprache. Denn er kann diese seine Sprache ver-

ändern, er kann sie seinen Kommunikationsbedürfnissen anpassen, und zwar unerachtet des Umstandes, daß auch diese Sprachveränderungen nicht beliebig vorgenommen werden können. Die Sprachveränderung ist bestimmten Bedingungen unterworfen – aber diese Bedingungen sind nicht derart, daß der Sprecher in eine totale Abhängigkeit von seiner Sprache geriete. Die These vom Sprachdeterminismus ist falsch, und zwar ist sie deshalb falsch, weil es für jeden Sprecher, unerachtet aller Restriktionen, denen der Gebrauch einer Sprache und die Ausformung der Sprachstruktur unterliegt, jederzeit grundsätzlich möglich ist, Sprachvollständigkeit zu erreichen, also die von ihm gesprochene Sprache so zu entwickeln, daß sie seinen Kommunikationsbedürfnissen, den Erfordernissen seiner spezifischen sprachlichen Praxis adäquat ist.

1 Dieser Aufsatz geht im wesentlichen auf einen Vortrag zurück, den ich im Dezember 1973 im Zentrum für interdisziplinäre Forschung der Universität Bielefeld unter dem Titel »Universelle und kontingente Bedingungen des sprachlichen Handelns« gehalten habe. Eingearbeitet wurde ferner ein Vortrag, den ich im Januar 1974 unter dem Titel »Grammatische Inhomogenität und grammatische Instabilität« in Hamburg gehalten habe. Für kritische Anmerkungen zu den Vortragsmanuskripten, die mir bei der Abfassung dieses Aufsatzes geholfen haben, danke ich insbesondere Sabine Börsch (Hamburg), Peter Finke (Bielefeld), Wolf König (Göttingen), Martin und Irene Lang (Osnabrück) und Dieter Wunderlich (Düsseldorf).

2 Diese Annahme ist, wenn sie denn zutreffen sollte, möglicherweise auch für die anthropologische Forschung von Bedeutung. P. Lieberman und E. Crelin haben beispielsweise die Hypothese aufgestellt, daß das Aussterben des Neandertalers dadurch zu erklären sei, daß die Neandertaler schon aus physiologischen Gründen gar nicht in der Lage gewesen seien, eine Sprache auszubilden, und deshalb, so kann man ergänzen, auch keine Möglichkeit hatten, jenen Kommunikationsbedarf zu decken, der bei dem Versuch anfiel, die Umweltbedingungen in arterhaltender Weise umzugestalten. Die Cro-Magnons dagegen entwickelten sehr bald eine Sprache – und damit natürlich auch eine Möglichkeit, das soziale Leben arterhaltend organisieren zu können. So gesehen kann die oben angeführte Annahme in der Tat wörtlich genommen werden. (Cf. E. Crelin und P. Lieberman, »On the Speech of the Neanderthal Man«, in: *Linguistic Inquiry* 2 (1971) 203 ff., sowie die Diskussion, die sich in dieser Zeitschrift an diese Publikation anschloß.)

3 Das stimmt nicht ganz. Es bestehen zumindest Tendenzen, nichtverbale Kommunikationssysteme als mit Sprachen zumindest funktional äquivalent anzusehen; also anzunehmen, daß es nichtverbale Kommunikationssysteme gibt (oder doch zumindest geben könnte), die über die gleiche kommunikative Kapazität verfügen wie eine natürliche Sprache. Natürlich ist mit solchen vergleichsweise vagen Vermutungen noch nicht viel gesagt; aber

immerhin müßte doch untersucht werden, warum es korrekt ist zu sagen, daß vermittels nicht-verbaler Kommunikationssysteme grundsätzlich nicht die gleiche Kommunikationsleistung wie mit Sprachen erbracht werden kann. Erforderlich wäre also eine Typologie der Kommunikationssysteme, die Bezug auf die kommunikative Kapazität dieser Systeme nimmt, also spezifiziert, wie gut in welchem System Verallgemeinerungen möglich sind, etc. Cf. hierzu auch Anm. 2.

4 Der Begriff der kommunikativen Kapazität ist aus Finke (1974) übernommen. Es ist klar, daß dieser Begriff noch der weiteren Explikation bedarf.

5 »Unter dem Aspekt des sprachlichen Handelns stellt sich deshalb notwendig auch die Frage nach der moralischen Qualität dieses Handelns. Dies gilt ebenfalls in bezug auf individuelle Täuschungen und Irreführungen. Sprachwissenschaft hat hier Aufklärungsaufgaben« (Wunderlich 1974, 41).

6 Das soll nicht heißen, daß ein bestimmter Bedarf die Ausbildung eines ganz bestimmten Kommunikationssystems gewissermaßen erzwingt. Es kann durchaus Systeme geben, die voneinander strukturell strikt verschieden sind, die aber unerachtet dieser Verschiedenheit alle das Gleiche leisten können: nämlich einen bestimmten Bedarf *B* zu decken. Die Beziehung zwischen Bedarfslagen und Kommunikationssystemen ist also keineswegs umkehrbar eindeutig. Hinzu kommt, daß die Bedarfslagen, wie sich zeigen wird, nicht der einzige Parameter sind, von dem die Entwicklung eines Kommunikationssystems abhängt, wobei die Gesamtmenge der einschlägigen Parameter ebenso unbekannt ist wie die Spezifika der Abhängigkeitsrelation. Mit schnell formulierten Hypothesen ist unter diesen Bedingungen nichts gewonnen.

7 Diese Formulierung könnte die Annahme nahelegen, daß die Entwicklung einer Sprache (in allen ihren Erscheinungsformen) immer *zweckgerichtet* verläuft; Innovationen also immer einem bestimmten (kommunikativen) Zweck dienen (der Deckung einer Bedarfslage dienen). Im Sinne einer solchen Annahme wäre es dann erforderlich, im Rahmen der diachronen Linguistik nicht ein *kausales*, sondern ein *teleologisches* Erklärungsmodell für Innovationen zu entwickeln. Nun ist sicher gegen die Konstruktion teleologischer Erklärungsmodelle nichts einzuwenden, wenn

sie sich denn als erforderlich erweisen. Eben das ist jedoch problematisch: Stegmüller (1970) hat gezeigt, daß sich eine gewisse Klasse von teleologischen Aussagen (genauer: von quasi-teleologischen Aussagen) auf Kausalaussagen reduzieren läßt, und es besteht Anlaß zu der Vermutung, daß es sich bei allen Aussagen im Rahmen der angedeuteten Hypothese um derartige reduzierbare quasi-teleologische Aussagen handelt. Der Umstand allein, daß im Zuge der Entwicklung einer Sprache eine bestimmte Eigenschaft dieser Sprache immer erhalten bleibt (nämlich ihre Ausdrucksadäquatheit, cf. hierzu Abschnitt 5), zwingt jedenfalls noch nicht zur Konstruktion teleologischer Erklärungsmodelle für diachrone Prozesse.

Teleologische Erklärungen im strengen Sinne (also solche, bei deren Formulierung etwa im Rahmen des DN-Modelles bei der Festlegung der Antecedensbedingungen *auf die Motive bewußt handelnder Personen* Bezug genommen werden muß) scheinen bloß für solche Sprachveränderungen erforderlich zu sein, die sich eindeutig als eine Folgeerscheinung sprachpolitischer Maßnahmen bestimmen lassen.

8 Diese Bemerkungen sollen natürlich nicht darüber hinwegtäuschen, daß die Kommunikation zwischen Mensch und Maschine unter grundsätzlich anderen Bedingungen steht als die Kommunikation zwischen Menschen.

9 Es sei an dieser Stelle nochmals hervorgehoben, daß es in dieser Arbeit lediglich um die Erörterung einer Reihe von Perspektiven und nicht um die Ausarbeitung und Begründung einer Theorie geht. Das gilt insbesondere für diesen Abschnitt 1. Natürlich sind die Begriffe Kommunikationsbedürfnis und Kommunikationsbedarf vage, und es ist vollkommen unklar, ob eine quantitative Fassung etwa des Begriffs des Kommunikationsbedarfs, wie sie zweifellos wünschenswert wäre, überhaupt möglich ist. Aber dies ist wohl kein Einwand gegen die zunächst vage Einführung dieser Begriffe und ihren probeweisen Gebrauch, zumal – um mit Wittgenstein zu sprechen – die Explikation des Exaktheitsbegriffs noch offen ist.

10 Diese Annahme ist sicher inkonsistent mit einer Reihe von Konzeptionen, die Habermas entwickelt hat (cf. Habermas 1973, 1971). Ob und inwieweit sie vor dem Hintergrund dieser Konzeptionen revidiert werden (und ob sie überhaupt im Sinne

dieser Konzeption revidierbar ist), läßt sich am ehesten im Zusammenhang mit einer Erörterung von Habermas' Universalienkonzept zeigen. Cf. hierzu die Abschnitte 2 und 3.

11 Grice ist nicht der einzige, der ein solches System entwickelt hat. Entsprechendes ist im Rahmen der sog. Ethnomethodologie versucht worden (cf. etwa Cicourel 1973); allerdings ist dieser Ansatz noch nicht hinreichend linguistisch konkretisiert worden, er wird deshalb im Folgenden vernachlässigt. Ein alternatives System, über das noch zu reden sein wird, geht auf Habermas (1971) zurück; vergleichbare Ansätze finden sich auch in Searle (1973).

12 Grice formuliert hier lakonisch BE RELEVANT! Um dies nicht mit »Mensch, werde wesentlich!« übersetzen zu müssen, habe ich eine eindeutigere und längere Formulierung gewählt, die schon eine Interpretation der Griceschen Formulierung darstellt. Ob diese Interpretation, die durchaus Konsequenzen für die Einschätzung des Status dieses Postulats hat (cf. 2.3), stichhaltig ist, ist aufgrund der Vagheit der Originalformulierung kaum zu entscheiden.

13 Grice selbst scheint anzunehmen, daß die Tafel vollständig ist, fügt jedoch hinzu, daß sie durch eine Reihe nicht-linguistischer Postulate wie BE POLITE! ergänzt werden muß. Eine solche Erweiterung der Tafel durch ästhetische, moralische, soziale etc. Postulate kann jedoch nach Grice nur im Rahmen einer allgemeinen Handlungstheorie, nicht aber im Rahmen einer Theorie der sprachlichen Handlungen erfolgen. – Interessant ist in diesem Zusammenhang vor allem, daß Grice selbst es zurückweist, die Postulate als moralische Postulate zu deuten.

14 Diese Auffassung ist nicht unumstritten; sie führt in der Tat auch zu gewissen Komplikationen bei der Behandlung der Negation. Selbst unter Berücksichtigung dieser Schwierigkeiten dürfte sie jedoch den konkurrierenden Darstellungsweisen GEB($A \rightarrow B$) bzw. GEB(A B) überlegen sein. Cf. Kutschera 1973, 24 ff.

15 Dies gilt nur unter der Voraussetzung, daß die in (4) benutzte Deutung von BE RELEVANT! korrekt ist. Wird dieser Satz etwa mit REDE ZUM WESENTLICHEN! übersetzt, besteht zwar die behauptete Implikationsbeziehung nicht mehr, aber (4) ist dann aus analogen Gründen wie (2) und (5) kontingent.

16 Damit ist in gewisser Weise auch eine Antwort auf die in Anm.

10 aufgeworfene Frage gegeben: in Abschnitt 1 wurde implizit bereits der Gricesche Verständigungsbegriff benutzt. Insofern ist es zumindest möglich, in der angedeuteten Art von einer bedarfs- bzw. bedürfnisrelativen Ausbildung kommunikativer Werte und kommunikativer Normen zu sprechen; ihre Beachtung ist notwendig, wenn eine Gricesche Verständigung unter jeweils spezifischen gesellschaftlichen Bedingungen möglich werden soll. Die Bedarfs- bzw. Bedürfnisrelativität dieser Normen und Werte verdeutlicht dabei, daß in ihrem Kontext nur kontingente Aspekte von Sprache und Sprechen thematisiert sind, die durch den Habermasschen Ansatz zunächst gar nicht erfaßt werden sollen.

17 Damit soll selbstverständlich nicht gesagt sein, daß alle nachweisbaren Systeme dem Grundsatz genügen und insofern vernünftig sind. Ohne Zweifel ist auch die Introjektion von Kommunikationsnormen nachweisbar, die grundsätzlich nicht erfüllt werden können. Die Aufgabe der Linguistik ist es hier, die resultierenden pathologischen Formen der Kommunikation zu analysieren und, soweit das beim derzeitigen Forschungsstand überhaupt möglich ist, Strategien zu entwickeln, die es gestatten, derartige Kommunikationsformen zu überwinden.

18 Natürlich wird diese Einzigartigkeitsvoraussetzung sowohl von Grice als auch von Habermas zumindest implizit gemacht. – Zur Frage, inwieweit es sinnvoll oder sogar notwendig ist, alternative universelle Systeme zuzulassen, cf. Abschnitt 3.

19 Diese Annahme gilt auch dann, wenn der angedeutete Versuch einer Erklärung des Zustandekommens dieser Inhomogenität aus der Unterschiedlichkeit der Kommunikationsbedürfnisse der SprecherHörer und ihrer unterschiedlichen Anteile an der Deckung des Kommunikationsbedarfs sich als nicht stichhaltig erweisen sollte. Die Annahme ist empirisch gut bestätigt, und die Sprachtheorie muß so aufgebaut werden, daß sie diese Annahme zu inkorporieren vermag. Die Kompetenzen der Sprecher-Hörer in einer Sprachgemeinschaft *P* sind nicht miteinander identisch; entsprechend bedienen sie sich in der Kommunikation unterschiedlicher, miteinander koexistierender *L*-Teile (cf. Kanngießer 1972, Kap. 2).

Klein (1975) nimmt in diesem Zusammenhang sogar folgendes an: »Jeder Sprecher verfügt über ein mehr oder minder gut ausgebildetes System von Kompetenzen, zwischen denen er variiert« (Klein 1975, 35). Diese Annahme ist zweifellos zu stark. Im Rahmen der sog. Ethnolinguistik wurde verschiedentlich gezeigt, daß es – allerdings zahlenmäßig sehr kleine – Sprachgemeinschaften gibt, deren Sprecher-Hörer in der Tat *dieselbe* Sprache sprechen; diese Sprachgemeinschaften sind homogen im strengen Sinne, und keiner ihrer Sprecher verfügt über ein System von Kompetenzen, zwischen denen er variieren kann. (Allerdings ist es möglich und sogar erforderlich, Homogenitäten dieser Art als Spezialfälle in der Entwicklung der Sprachstruktur zu betrachten, die sich im Regelfall als inhomogen herausstellt. Mit anderen Worten: eine deskriptiv adäquate Sprachtheorie muß eine generelle Inhomogenitätsannahme beinhalten; Homogenitäten der skizzierten Art lassen sich dann als Spezialfälle behandeln. Eine Umkehrung dieser Beziehung ist sinnvollerweise nicht möglich (cf. hierzu wiederum Kanngießer 1972).

Das Phänomen des *code switching* schließlich, das Klein offenbar im Auge hat, dürfte von sehr speziellen Bedingungen abhängen (etwa der Verbreitung einer Sprache, der Normierung der Art der Kommunikationskontakte zwischen den Individuen, etc.) und keinesfalls der Normalfall sein. Im übrigen ist keineswegs klar, ob das *code switching* in der Tat ein Phänomen ist, das auf der Kompetenzebene abgehandelt werden muß, oder ob es nicht sehr viel besser durch Analysen auf der Performanzebene bzw. durch stilistische Analysen erfaßt werden kann oder sogar durch solche Analysen erfaßt werden *muß*. Cf. hierzu auch die Bemerkungen in Abschnitt 6.

20 In diesem Zusammenhang sind einige zusätzliche Qualifikationen zum Verständigungsbegriff erforderlich. Der Sprachgebrauch ist, wie angedeutet, *hörerbezogen*, und das heißt: ein Sprecher gebraucht seine Sprache nicht in der Art *Y*, weil *Y* die Ausdrucksform ist, in der er ausdrücken kann, was er auszudrücken beabsichtigt, sondern er gebraucht die Sprache in der Art *Y*, weil die Wahl der Ausdrucksform *Y* eine notwendige (zuweilen sogar hinreichende) Bedingung dafür ist, *daß ein Hörer verstehen kann*, was er auszudrücken beabsichtigt. Grice schreibt hierzu: »In any case one feels that the talker who is irrelevant or obscure, has primilary let down not his audience but himself«

(Grice 1968, II, 11). Mit anderen Worten: wer die Hörerbezogenheit des sprachlichen Handelns verfehlt, versetzt sich selbst, nicht seine Zuhörer – eben weil er sich bei diesen nicht verständlich machen kann. Entsprechendes gilt natürlich für den Gebrauch unterschiedlicher *L*-Teile: ihr Gebrauch ist genau soweit zulässig, wie sie Verständigung im skizzierten Sinne gestatten. Er wird unzulässig, sowie diese Bedingung nicht mehr erfüllt ist. Dabei ist es eine altbekannte Tatsache, daß sich die *L*-Sprecher-Hörer auch dann miteinander verständigen können – zumindest im großen und ganzen, nicht aber in allen Fällen –, wenn sie unterschiedliche *L*-Teile benutzen. Cf. hierzu etwa Loflin (1970), Weinreich et. al (1968), sowie die dort angegebene Literatur.

21 Natürlich verläuft die kommunikative Praxis der Individuen häufig genug so, daß das Toleranzprinzip nicht erfüllt wird. Das ist nicht immer ohne Konsequenzen; die Möglichkeit etwa des sozialen Aufstiegs kann unter anderem davon abhängen, daß ein l_i-Sprecher-Hörer einen *L*-Teil l_r erlernt, dessen Sozialprestige höher als das von l_i ist, und über den verfügen muß, wer aufsteigen will. Überhaupt ist es gängig, die *L*-Teile mit einem Prestigeindex zu versehen, so daß der Gebrauch eines bestimmten *L*-Teils durch einen Sprecher-Hörer bereits impliziert, daß diesem ein bestimmter Platz auf einer sozialen Rangskala zugewiesen wird. In einer Vielzahl solcher Fälle wird natürlich gegen (13) verstoßen; allerdings besagt dies nichts gegen die grundsätzliche Geltung von (13), ebensowenig wie Verstöße gegen das Qualitätspostulat dessen grundsätzliche Geltung beeinträchtigen.

Ferner ist festzuhalten, daß (13) nicht notwendig ein Argument gegen Sprachnormierungen, gegen die Auszeichnung eines bestimmten *L*-Teils oder gegen die Entwicklung einer Hochsprache abgibt. Sofern das in *P* entwickelte System kommunikativer Werte so ausfällt, daß etwa ein bestimmter Sprachstil – beispielsweise der hochsprachliche – als besonders geeignet angesehen wird, unter bestimmten Bedingungen bestimmte Sachverhalte auszudrücken, und wenn eine entsprechende Kommunikationsnorm ausgebildet wird, so stellt es keinen Verstoß gegen das Toleranzgebot dar, wenn unter eben diesen bestimmten Bedingungen ein bestimmter Sprachstil gefordert wird, sofern das

Postulatensystem so aufgebaut ist, daß die Geltung von (13) sich nicht auf alle Situationen erstreckt. (Eine entsprechende Einschränkung der Geltung wäre z. B. auch für das Quantitätspostulat denkbar: es kann in jeder Gesellschaft Situationen geben, in denen es geboten ist, überinformativ zu sein.) Spezialfälle dieser Art schränken die grundsätzliche Geltung der Postulate keineswegs ein; sie können vielmehr kraft der grundsätzlichen Geltung der Postulate überhaupt erst zustande kommen. Und ferner sind Spezialfälle dieser Art keineswegs von vornherein illegitim; sie sind vielmehr in genau dem Grade legitim, in dem die zugrundeliegende Norm *begründet* werden kann. Dies gilt für das Postulat »Rede Hochsprache« ebenso wie für das in manchen Breiten auch übliche Postulat »Rede Dialekt« oder vergleichbare Forderungen.

22 Diese Gegenüberstellung von funktionalen Erklärungen und strukturellen Erklärungen entspricht *nicht* der aus der methodologischen Diskussion bekannten Gegenüberstellung von kausalen Erklärungen und teleologischen Erklärungen, und zwar aus den folgenden Gründen: es ist durchaus unklar, ob der Begriff der Kausalerklärung in einer seiner gängigen Explikationen, wie er sie vorzüglich im Bereich der Physik gefunden hat, in der Linguistik überhaupt verwendbar ist. Eine solche Explikation wird beispielsweise von Stegmüller vorgelegt, der schreibt: »Kausalgesetze sind quantitative, deterministische, mittels stetiger mathematischer Funktionen darstellbare Mikro-Sukzessions-Nahwirkungsgesetze, die sich auf ein homogenes und isotropes, von bestimmten Erhaltungsprinzipien beherrschtes Raum-Zeit-Kontinuum beziehen« (Stegmüller 1970, 13).

Die in der Linguistik formulierbaren Gesetzmäßigkeiten, die am ehesten noch Kausalgesetzen entsprechen könnten, nämlich die *d*-Universalien (cf. Abschnitt 4), erfüllen diese Definition natürlich ganz und gar nicht; sie können und brauchen ihr nicht zu genügen. Wenn der Begriff der Kausalität überhaupt in der Linguistik Verwendung finden soll, dann höchstens per analogiam; er muß dann mit Sicherheit anders expliziert werden, als es für die Physik adäquat sein mag. Und schon um die Möglichkeit terminologischer Verwirrungen auszuschalten, sollte man sich überlegen, ob es dann noch zweckmäßig ist, von Kausalgesetzen zu sprechen.

Wichtiger als dieser terminologische Gesichtspunkt ist aber der folgende: es ist vollständig klar, daß nicht alle bei strukturellen Erklärungen verwendeten Gesetzmäßigkeiten kausale Gesetzmäßigkeiten sind. Stegmüllers Formulierung verdeutlicht, daß Kausalgesetze nur ein spezieller, wenngleich wichtiger Fall von Gesetzen überhaupt sind, und in der Tat sind auch nicht alle Strukturgesetze der Linguistik Kausalgesetze; schon dies verbietet die Gleichsetzung von linguistischen Strukturgesetzen und Kausalgesetzen und damit die Gegenüberstellung.

Ferner hat der Vorgang der Kybernetik gezeigt, daß zwischen einer Vielzahl von Typen von Teleologie unterschieden werden muß, die keineswegs alle unter den klassischen Teleologiebegriff fallen – insofern ist die neutrale Sprechweise von funktionalen Erklärungen unverfänglicher. – Im übrigen soll keineswegs ausgeschlossen werden, daß sich gewisse funktionale Erklärungen in strukturelle Erklärungen umformen lassen, und umgekehrt; dies wird in einer Mehrzahl von Fällen, aber sicher nicht in allen Fällen möglich sein. – Für eine genauere Erörterung der *methodologischen* Voraussetzungen und Implikationen der Unterscheidung zwischen funktionalen und strukturellen Erklärungen cf. Kanngießer (1975).

Schließlich soll noch angemerkt werden, daß funktionalistische Ansätze in der Linguistik keineswegs neu sind; sie haben vielmehr eine lange Tradition, die sich beispielsweise in der sog. Londoner Schule gut erhalten hat (cf. etwa Firth 1951), und von deren Aufarbeitung die neuere linguistische Forschung nur profitieren kann.

23 Daß der Empirie hier eine eher marginale Rolle zugewiesen wird, mag befremdlich klingen; gleichwohl läßt sich diese Rollenzuweisung rechtfertigen, wenn man zum Beispiel an Kuhns These von der Erfahrungsresistenz der Paradigmen denkt. Zu den hier einschlägigen methodologischen Gesichtspunkten cf. wiederum die Ausführungen in Kanngießer (1975).

24 Hinweise auf diese Zusammenhänge verdanke ich Wolf König. Cf. auch König (1975) für eine genauere Analyse dieser Wechselwirkungen.

Es ist wohl klar, daß die Verschiedenheit der Sprachen, wenn sie im angedeuteten Rahmen analysiert wird, zugleich auch eine Verschiedenheit der Weltansichten impliziert; insofern bewegt sich diese Skizze durchaus im Rahmen der linguistischen Relativitätshypothese von Sapir und Whorf (cf. etwa Whorf 1958). Es ist jedoch wichtig festzuhalten, daß der skizzierte Ansatz gleichwohl die von Whorf aus dieser Hypothese abgeleitete These vom sprachlichen Determinismus, derzufolge die Sprecher-Hörer gleichsam Geschöpfe ihrer Sprache sind und nicht umgekehrt, *nicht* mit impliziert, da mit der (bestimmten Bedingungen unterliegenden) Möglichkeit der Sprachveränderung immer auch eine Möglichkeit gegeben ist, die sprachlich geprägten Wahrnehmungsmuster umzustrukturieren, etc., kurz: die Sprecher-Hörer sind keineswegs die Gefangenen ihrer Sprache. Cf. hierzu die Ausführungen in den Abschnitten 4 und 5.

25 Diese Formulierung wird hier vor allem deshalb etwas genauer aufgeführt, damit deutlich wird, daß Searle bei der Formulierung seines Prinzips – in (19) wird ja über Bedeutungen quantifiziert – die Existenz eines Reiches *sprachunabhängiger* Bedeutungen annimmt. Diese Annahme ist zwar durchaus gängig (cf. etwa Cresswell 1973), aber nicht unumstritten (cf. Quine 1960 für Gegenargumente). Für den hier behandelten Zusammenhang ist es nicht sonderlich wichtig, ob diese Annahme sich halten läßt oder nicht, aber es ist vielleicht nützlich festzustellen, daß sich ein Ausdrückbarkeitsprinzip auch dann formulieren läßt, wenn eine Konzeption zugrundegelegt wird, derzufolge die Bedeutungen sprachabhängig sind.

26 Ansätze zu einer Präzisierung der hier skizzierten Konzeption habe ich in Kanngießer (1972) und (1973) zu liefern versucht; diese Arbeiten sind in der Literatur verschiedentlich diskutiert worden. Zu einer Stellungnahme zu einigen wichtigen Kritikpunkten und zu einer Erörterung des methodologischen Rahmens der Konzeption cf. Kanngießer (1975).

28 Daß auch diese Formulierung nicht ganz unproblematisch ist, wird insbesondere vor dem Hintergrund des Umstandes deutlich, daß die Befriedigung von Bedürfnissen neue Bedürfnisse erzeugt; dies gilt natürlich auch für Kommunikationsbedürfnisse – in § 1.3 wurde in diesem Zusammenhang ausgeführt, daß bestimmte Kommunikationsbedürfnisse, die sich neu ausgebildet haben, beispielsweise durch die Verwendung von Programmiersprachen befriedigt werden können. Hier tritt nun ein Problem auf, das knapp wie folgt formuliert werden kann: folgt aus

dem Ausdrückbarkeitsprinzip und der Annahme in (25), daß alles, was beispielsweise in LISP ausgedrückt werden kann, auch in den natürlichen Sprachen ausdrückbar ist; folgt ferner, daß alles, was in den Meßsprachen der Physik ausgedrückt werden kann, auch in den natürlichen Sprachen ausgedrückt werden kann – sind diese also auf jene reduzierbar? – Eine positive und sicherlich falsche Antwort auf diese Frage wird sich nur dann vermeiden lassen, wenn der Begriff des Kommunikationsbedürfnisses eine weitere Qualifikation erfährt. Gemeint sind hier *natürliche* Kommunikationsbedürfnisse, und diesen kann weder LISP noch die Meßsprache der Physik zugeordnet werden.
Selbstverständlich ist dieser Begriff des natürlichen Kommunikationsbedürfnisses hochgradig vage und eine Explikation ist unbedingt erforderlich. Aber die Einführung eines Begriffs *dieser Art* ist ohne Zweifel erforderlich, denn (19) und (25) besagen ja gerade nicht, daß alles, was sich überhaupt sagen läßt (in beliebigen Sprachen), sich auch in den natürlichen Sprachen sagen ließe, sondern die Annahmen besagen nur, daß die natürlichen Sprachen jederzeit den natürlichen Ausdrucksbedürfnissen der Individuen entsprechend ausgeformt werden können. (19) und (25) sind insofern konsistent mit der Annahme, daß – gerade unter funktionalen Gesichtspunkten – beispielsweise Wissenschaftssprachen gerade deshalb entwickelt wurden, *damit* ein Bedarf an Kommunikation gedeckt werden kann, der sich vermöge natürlicher Sprachen nicht abdecken läßt.
Darüber hinaus ließe sich selbstverständlich auch eine Modifikation von (19) bzw. (25) denken, der die Annahme zugrundeliegt, daß zu jeder natürlichen Sprache *L* eine nicht-natürliche Spracherweiterung *E* derart möglich ist, daß vermöge *E* ein nicht-natürlicher Kommunikationsbedarf gedeckt werden kann, der durch die Befriedigung eines natürlichen Kommunikationsbedarfs vermöge *L* erzeugt wurde. Im Sinne einer solchen Modifikation ließe sich dann die wohl plausible Auffassung vertreten, daß alle nicht-natürlichen Sprachen *Ergänzungen* der natürlichen Sprachen sind; diese Auffassung entspricht der Wittgensteins, der »unsere Sprache« ja genau als ein solches Konglomerat von Sprachen definiert (cf. die Ausführungen in § 1.3; insbesondere Wittgensteins Analogie zwischen Städten und Sprachen). Allerdings setzt es auch diese Auffassung voraus, daß

zwischen den Begriffen ›natürliches Kommunikationsbedürfnis‹ und ›nicht-natürliches Kommunikationsbedürfnis‹ befriedigend unterschieden werden kann.

Man kann nun in diesem Zusammenhang die Frage aufwerfen, ob eine Homogenisierung der Kommunikationsbedürfnisse, insbesondere der natürlichen Kommunikationsbedürfnisse, zu erwarten ist, in deren Konsequenz sich dann auch eine Homogenisierung von *L* (der grammatischen Struktur einer Sprache und der Bedingungen ihres Gebrauchs) ergeben müßte. Für eine positive Antwort auf diese Frage spricht ohne Zweifel der Umstand, daß an einer Reihe von Sprachen in der Folge einer Vereinheitlichung der Kommunikationsbedürfnisse eine Vereinheitlichung von *L* zu beobachten ist – oder zumindest eine Tendenz zur Vereinheitlichung. Nun ist es sicher, daß die Inhomogenität von *L* eine Sache des Grades ist – *L* kann in den verschiedenen *L*-Zuständen stärker oder schwächer inhomogen sein; der Grad der Vereinheitlichung variiert im Zuge der Sprachveränderung. – Kann es nun solche *L*-Zustände geben, die keine Inhomogenität mehr aufweisen; sind solche Zustände das Ziel der Sprachentwicklung?

Beide Fragen müssen wohl negativ beantwortet werden. Der Zweck diachroner Prozesse besteht im wesentlichen darin, die Eigenschaft der Vollständigkeit von *L* zu *erhalten* – und dazu ist eine Homogenisierung der Kommunikationsbedürfnisse keineswegs eine Voraussetzung. Natürliche Sprachen sind in jedem Moment ihrer Entwicklung vollständig im Sinne von (22) und nicht erst in einem fernen idealen Endzustand. Und auch die Vereinheitlichung der Kommunikationsbedürfnisse ist keineswegs eine notwendige Konsequenz der Entwicklung von Sprachgemeinschaften: sofern das Bedürfnis zur Kommunikation auch das Bedürfnis einschließt, *neue* Erfahrungen sprachlich zu organisieren, noch nicht angesprochene Gesichtspunkte zur Sprache bringen zu können, individuenspezifische Erfahrungen und Erwartungen zu artikulieren – und zweifellos schließt das Bedürfnis nach Kommunikation dieses Bedürfnis ein –, so ist nicht einmal zu erwarten, daß eine Homogenisierung der Kommunikationsbedürfnisse den Interessen der Sprecher-Hörer entsprechen *kann*.

So ist dann auch die Homogenisierung der Kommunikationsbedürfnisse keineswegs eine Bedingung der Möglichkeit herrschaftsfreier Kommunikation, sondern die Kommunikation ist herrschaftsfrei genau dann, wenn – im Sinne von (6) – kommunikative sprachliche Praxis, die zur Befriedigung heterogenster Kommunikationsbedürfnisse dienen kann, unter Beachtung bestimmter Symmetriepostulate ausgeübt wird. – Dieser Hinweis verdeutlicht wohl auch, daß die beiden Begriffe ›Sprachvollständigkeit‹ und ›herrschaftsfreie Kommunikation‹ keinesfalls miteinander identisch sind.

Literatur

Apel, K. O. (1973), *Transformation der Philosophie*, 2 Bde., Frankfurt

Bennett, J. (1973), »The Meaning-Nominalist Strategy«, in: *Foundations of Language* 10 : 141–168

Bar-Hillel, Y. (1964), *Language and Information*, Reading, Mass.

Chomsky, N. (1965), *Aspects of the Theory of Syntax*, Cambridge, Mass.

Cicourel, A. (1973), »Basisregeln und normative Regeln im Prozeß des Aushandelns von Status und Rolle«, in: Arbeitsgruppe Bielefelder Soziologen (Hrsg.), *Alltagswissen, Interaktion und gesellschaftliche Wirklichkeit*, Reinbek b. Hamburg, S. 147–188

Cresswell, M. (1973), *Logics and Languages*, London

Finke, P. (1974), »Sprachverschiedenheit, Kommunikation, Herrschaft«, Ms. (erscheint demnächst)

Firth, J. R. (1951), *Papers in Linguistics, 1934–1951*, London

Grice, H. P. (1968), *Logic and Conversation*, Typoskript

Habermas, J. (1971), *Erkenntnis und Interesse*, Frankfurt

– (1973), »Vorbereitende Bemerkungen zu einer Theorie der kommunikativen Kompetenz«, in: J. Habermas und N. Luhmann, *Theorie der Gesellschaft oder Sozialtechnologie*, Frankfurt, S. 101–141

– (1973 a), *Legitimationsprobleme im Spätkapitalismus*, Frankfurt

Humboldt, W. von (1830), »Über die Verschiedenheit des menschlichen Sprachbaues und ihren Einfluß auf die geistige Entwicklung des Menschengeschlechts«, in: W. von Humboldt, *Schriften zur Sprachphilosophie*, Hrsg. von A. Flitner und K. Giel (= *Werke*, Bd. III), Darmstadt, S. 368–756
Kanngießer, S. (1972), *Aspekte der synchronen und diachronen Linguistik*, Tübingen
– (1973), »Ansätze zu einer Theorie von Synchronie und Diachronie«, in: *Linguistics* 101 : 5–71
– (1975), »Spracherklärungen und Sprachbeschreibungen«, Ms. (erscheint demnächst)
Klein, W. (1975), *Variation in der Sprache*, Kronberg/Ts.
König, W. (1975), »Über Positionsausdrücke«, Ms. (erscheint demnächst)
Kutschera, F. von (1973), *Einführung in die Logik der Normen, Werte und Entscheidungen*, Freiburg-München
Lewis, D. (1969), *Convention: A Philosophical Study*, Cambridge, Mass.
– (1972), »General Semantics«, in: D. Davidson und G. Harman (Hrsg.), *Semantics of Natural Languages*, Dordrecht, S. 169–218
Loflin, M. D. (1970), »On the Structure of the Verb in a Dialect of American Negro English«, in: *Linguistics* 59 : 14–28
Murray, H. A. et al. (1938), *Explorations in Personality*, New York
Nagel, E. (1961), *The Structure of Science*, New York-London
Popper, K. (1969), *Logik der Forschung*, (3., verm. Aufl.), Tübingen
Quine, W. (1960), *Word and Object*, Cambridge, Mass.
Rubinstein, S. (1970), »Die Interessen«, in: H. Thomae (Hrsg.), *Die Motivation menschlichen Handelns* (6. Aufl.), Köln-Berlin, S. 136–144
Saussure, F. de (1967), *Grundfragen der Allgemeinen Sprachwissenschaft*, Berlin
Searle, J. (1969), *Speech Acts*, London
– (1973), »Linguistik und Sprachphilosophie«, in: R. Bartsch und Th. Vennemann (Hrsg.), *Linguistik und Nachbarwissenschaften*, Kronberg/Ts., S. 113–125
Stegmüller, W. (1970), *Aufsätze zur Wissenschaftstheorie*, Darmstadt
Weinreich, U., W. Labov, M. Herzog (1968), »Empirical Foundations for a Theory of Language Change«, in: W. Lehmann und

Y. Malkiel (Hrsg.), *Directions in Historical Linguistics*, Austin-London, S. 95–195

Whorf, B. L. (1958), *Language, Thought and Reality*, Cambridge, Mass.

Wunderlich, D. (1972), »Zur Konventionalität von Sprechhandlungen«, in: D. Wunderlich (Hrsg.), *Linguistische Pragmatik*, Frankfurt, S. 11–58

– (1974), *Grundlagen der Linguistik*, Reinbek b. Hamburg

Helmut Schnelle
Empirische und transzendentale Sprachgemeinschaften

Inhalt

0. Einleitung

Worin besteht die Gemeinschaft zwischen den Sprechern einer Sprache? Besteht sie darin, daß alle die in dieser Sprache gemachten Äußerungen auf genau gleiche Weise verstehen können? Besteht sie darin, daß alle die gleiche Chance haben, die Sprache in all ihren Verwendungsweisen zu sprechen? Es ist mehrfach darauf hingewiesen worden, daß beide Annahmen empirisch nicht nachgewiesen werden können, ja daß empirische Untersuchungen eher das Gegenteil belegen, wenngleich die nachweislichen Unterschiede im Sprachverstehen sich in Grenzen zu halten scheinen.

Da sie sich in Grenzen halten, wird von manchen Sprachwissenschaftlern angenommen, die nichtsdestoweniger nachweisbaren Varianten im Sprachverstehen und Sprachverwenden seien nur durch periphere Faktoren verursachte Mängel, ein Gefüge unwesentlicher Abweichungen von der zugrundeliegenden Gemeinsamkeit. Eine prinzipiell angelegte Sprachanalyse könne also von den empirisch aufweisbaren Unterschieden zunächst absehen und sie der Auswirkung anderer Faktoren zuschreiben, die nicht eigentlich sprachanalytisch zu klären sind. Prinzipiell könne man insbesondere von der Annahme einer homogenen Sprachgemeinschaft wenigstens im Bereich eines Dialekts ausgehen und jedes Mitglied der Sprachgemeinschaft als den anderen gleich ansehen. Dies gilt sowohl für eine empirische Analyse, bei der die Daten einer zufälligen Auswahl von Sprechern als repräsentative Stichprobe einer Gesamtpopulation entnommen werden, als auch bei der Analyse, die die Urteile einer kleinen Gruppe kompetenter Sprecher in ihrem systematisch-grammatischen und eventuell kontextbedingten Zusammenhang explizieren will. Manche Sprachwissenschaftler und Sprachphilosophen – so z. B. Chomsky – halten diese grundlegende Gemeinsamkeit aller Sprecher einer Sprache in der Veranlagung jedes einzelnen Menschen begründet. Die Veranlagung besteht eben darin, daß jeder Mensch, der sie besitzt – und alle Menschen besitzen sie aufgrund ihrer artspezifischen genetischen Einrichtung – *dieselbe* Sprachbeherrschung entwickeln *würde*, *wenn* er in eine homogene Sprachgemeinschaft hineingeboren *würde*, in der jeder Sprecher aufgrund derselben Sprachbeherrschung mit anderen spricht. Umstritten ist dabei, ob das Kriterium für die Auswahl der passenden Sprachbeherrschung sprachspezifisch ist, also speziell nur die möglichen Sprachbeherrschungen bezüglich vorhandener Mengen von Äußerungen bewertet, oder ob das Kriterium nicht-sprachspezifisch ist (wie

z. B. die menschliche Rationalität, Umweltanpassung durch genügend starke Verallgemeinerungsmechanismen etc.). Unklar sind außerdem sowohl die Lokalisierung der genetischen Anlagen als auch die Art der Prozesse der Aktivierung und Steuerung des Spracherwerbs.

Einige Philosophen – so z. B. Apel – betonen darüber hinaus, daß bei allen empirischen Unterschieden gewisse Faktoren als transzendentale Voraussetzungen jeder Sprachverwendung aufgewiesen werden könnten. Dies gelte auch dann, wenn angeborene oder erworbene Bedingungen gewisse Hindernisse gegen eine sowohl semantisch als auch pragmatisch optimale Sprachverwendung entstehen ließen. So sei im Prinzip in jeder Sprachverwendung die transzendentale unbeschränkte Sprachgemeinschaft bereits »im Spiel«, obgleich die tatsächlichen empirischen Fakten des Mißverstehens und der Ungleichheiten bei der Sprachverwendung das nicht zutage treten lassen. Jede reflektierte Leugnung des grundlegenden transzendentalen Faktors wäre jedoch ein Widerspruch in sich.

Ich bezweifle sowohl den Sinn der Chomskyschen Hypothese als auch die Korrektheit der Apelschen Transzendentalanalyse. Obwohl die hier nur skizzierten Annahmen in beiden Fällen sehr fundamental sind und die Gefahr besteht, daß auf dieser grundlegenden Ebene der Diskussion nur Meinung gegen Meinung gesetzt werden kann, glaube ich doch für meine abweichende Auffassung auch diesen beiden Autoren gegenüber argumentieren zu können, weil ich, wie mir scheint, mit ihnen wenigstens ein gemeinsames Kriterium für die Beurteilung der Argumentation teile: Eine Erörterung dieser Annahmen soll einen wesentlichen Aspekt der Fähigkeiten und Möglichkeiten des Menschen klären. Gerade im Bestreben, diesem Kriterium zu genügen, glaube ich, daß sowohl Chomsky und die Mehrzahl sprachwissenschaftlicher Strukturalisten als auch Apel und andere kommunikative Transzendentalpragmatiker irren: Chomsky irrt sich in der Annahme, den wesentlichen Faktor der menschlichen Kreativität erfaßt zu haben, und Apel in der Annahme, sein transzendentaler Begriff sei mit den Bedingungen sprachlicher Kommunikation vereinbar, ja von ihnen impliziert. Chomsky gegenüber werde ich vor allem den Begriff der System-Kreativität (oder Kreativität 2. Ordnung) und gewisse mit ihm verbundene Organisationsprinzipien ins Feld führen, und Apel gegenüber werde ich u. a. auf andere transzendentale Begriffe verweisen, die auch mit der sprachlichen Kommunikation gesetzt sind, die aber zu seinem Transzendentalbegriff in Widerspruch stehen. Es wird sich zeigen, daß endliche Menschen nicht allen Transzendentalbegriffen in gleicher Weise genügen können, so daß die Einheit der transzendentalen unbegrenzten Sprachgemeinschaft nicht begründet werden kann. In beiden Fällen argumentiere ich also nicht im Hinblick auf eine bloße Widerlegung sondern im Hinblick auf eine Widerlegung durch Weiterführung.

Meine Argumentation werde ich in zwei Teilen vortragen. Im ersten Teil stelle ich mich auf den analytischen Standpunkt der empirisch-theoretischen Wissenschaften. Ich versuche, so genau wie im Rahmen dieses Aufsatzes möglich, die geklärten und mehrfach in strenger Weise wenigstens in bezug auf empiristische Kriterien geprüfte und revidierte Begrifflichkeit und Theoriekonzeption der analytischen Wissenschaftstheorie anzuwenden bzw. vorauszusetzen. Die Mengen sprachlicher Äußerungen aus den Artikulationsorganen von Menschen, so wie sie in situativen Kontexten festgestellt werden oder feststellbar sind, sind empirische Daten. Ebenso sind die Vorgänge im Nervensystem sowie in den peripheren Organen Prozesse, die zwar gegenwärtig noch nicht als empirische Daten zugänglich sind, die aber doch eines Tages zugänglich sein werden und für die gewisse einschränkende Strukturbedingungen bereits heute formuliert werden können. Um die systematische Beschreibung und die Erklärung der Zusammenhänge zwischen sprachlichen Äußerungen der Sprecher aller Sprachgemeinschaften sowie zwischen sprachlichen Äußerungen und Prozessen des Formulierens und Verstehens in diesen Sprechern geht es in der Sprachtheorie. Meine eigene Auffassung

zu Teilen dieser Theorie werde ich hier vorbringen, soweit es für meine Argumentation erforderlich ist.
Im zweiten Teil gehe ich auf transzendental-analytische Argumentationen ein. Wie von Apel mehrfach, wie ich glaube zu Recht, hervorgehoben wurde, kann die Argumentation in diesem Bereich nicht geführt werden, wenn man nicht bereit ist, die spezielle Basis empiristischer und formalanalytischer Begrifflichkeit und Theorienkonzeption wenigstens tentativ zu verlassen und prinzipiell in Frage zu stellen. Es läßt sich jedoch zeigen, durch Übertragung der Argumentation im ersten Teil, daß Apel zu beschränkt argumentiert, wenn er transzendentalpragmatisch nur die Kommunikation ins Auge faßt. Andere Aspekte der sprachlichen Entwicklung und Organisation haben ebenfalls ein transzendentalpragmatisches Korrelat, und aus dem komplexen System der transzendentalpragmatischen Korrelate läßt sich für endliche Wesen kein einheitliches transzendentales Regulativ gewinnen.

I. Kreativität und inhomogene Sprachgemeinschaft

1. *Das Postulat der homogenen Sprachgemeinschaft*

Was ist eine Sprachgemeinschaft? Ist zur Konstitution dieses Begriffes mehr erforderlich als beobachtete Regularitäten der Sprachverwendung, wie einige Behavioristen meinten? Dann wäre eine Sprachgemeinschaft als die Menge derjenigen Menschen zu charakterisieren, bei denen sich gleiche Äußerungen in entsprechenden Abfolgen in gleicher Häufigkeit beobachten lassen.
Chomsky verneint dies mit Recht. Nach seiner Meinung besteht Sprachgemeinschaft in einer gleichen Prägung aller Menschen durch dieselbe Sprachbeherrschung. Diese Sprachbeherrschung läßt sich nicht aufgrund eines beobachteten Komplexes von Regularitäten der Sprachverwendung allein definieren.

Sie ist stattdessen eine Funktion der grundlegenden und artspezifischen Veranlagung des Menschen im Zusammenwirken mit der beobachteten Sprachverwendung. Durch diesen notwendigen Rekurs auf grundlegende Fähigkeiten des Menschen erhält die Diskussion der Frage eine neue Dimension. In dieser Dimension hat Chomsky am entschiedensten das sich in der Sprachbeherrschung zeigende Prinzip der kreativen Organisation der Sprache hervorgehoben: Mit endlichen Mitteln (Lexikon und grammatischen Regeln bzw. deren psychischen Korrelaten) beherrscht jeder Mensch eine unbeschränkte, aber strukturierte Menge von Ausdrucksmitteln. Seine artspezifische Veranlagung ermöglicht es ihm, trotz der Komplexität jeder der möglichen Sprachbeherrschungen, die in einer bestimmten Sprachgemeinschaft von allen Sprechern internalisierte Sprachbeherrschung in einem relativ kurzen Lernprozeß auch selbst zu internalisieren und sich damit in die Sprachgemeinschaft einzugliedern. Obgleich aufgrund einer Anzahl sekundärer und störender Faktoren geringfügige Unstimmigkeiten auftreten können, führt die allgemeine sprachliche Veranlagung des Menschen doch im Prinzip zu einer vollkommenen Eingliederung. Wie Chomsky einmal ausführte, besteht die Veranlagung des Kindes gerade darin, daß es in einer homogenen Sprachgemeinschaft selbst das Charakteristikum dieser Sprachgemeinschaft, nämlich *die* adäquate Sprachbeherrschung[1], internalisieren würde.

Chomskys Annahmen sollen in anderer Formulierung zusammenfassend noch einmal erläutert werden: Eine Sprache (bzw. ein Dialekt, Soziolekt etc.) prägt sich bei jedem Sprecher der Sprache in bestimmter Weise aus, d. h. er erwirbt eine bestimmte *Sprachbeherrschung*. Die Sprachbeherrschung ist das an der Sprache, worüber der Sprecher verfügt, sie möge durchaus als eine psychische oder physische Prägung des Sprechers bzw. seines zentralen Nervensystems verstanden werden. Dementsprechend sind die Sprachbeherrschungen verschiedener Sprecher verschiedene Fakten. Sie haben aber, nach Chomsky, sämtlich dieselbe *Sprachstruktur*. Die Sprachstruktur einer Sprachbeherrschung kann infolgedessen in einer einheitlichen *Theorie der Sprachbeherrschungen* der Sprecher der Sprachgemeinschaft (z. B. in Grammatik und Lexikon) formuliert werden. Die Sprachbeherrschungen zweier Sprecher haben dann dieselbe Sprachstruktur in bezug auf eine Theorie, wenn sie die Theorie erfüllen bzw. wenn die Theorie auf sie beide zutrifft. Sofern ein Sprecher einer Sprachgemeinschaft eine Sprachbeherrschung hat, die eine adäquate Theorie der Sprachbeherrschungen der Sprache erfüllt, so ist er *für die Sprache kompetent.*

Obwohl Chomsky die Form der Theorie von Sprachbeherrschungen nur für die Syntax und die Phonologie wirklich ausgeführt hat, ist klar, daß auch andere Bereiche der Sprachbeherrschung, deren systematischer Zusammenhang durch ein System von Regeln oder theoretischen Feststellungen beschreibbar wäre, ebenso aufgefaßt werden können: Ein kompetenter Sprecher einer Sprache verfügt also über einen systematischen Zusammenhang, der seine Sprachbeherrschung organisiert und der durch ein System von Regeln spezifiziert werden kann.

Sei Σ_M die Sprachstruktur, die zu dem in der Sprachgemeinschaft M gesprochenen Dialekt gehört, und sei $S^{m,t}$ die Sprachbeherrschung, über die der Sprecher m zum Zeitpunkt t verfügt, so gilt für jeden kompetenten Sprecher m und jeden Zeitpunkt t, an dem er für die Sprache kompetent ist, daß $S^{m,t}$ die Sprachstruktur Σ_M hat (oder erfüllt), und wir sagen, daß m die Sprachstruktur Σ_M beherrscht.

Das *System aller Dialekte und Sprachen* wird dann durch die Menge aller jemals tatsächlich erworbenen Sprachbeherrschungen gebildet oder strukturell durch die Menge der Sprachstrukturen, die die Sprachbeherrschungen manifestieren. Diese Menge ist eine Teilmenge der *strukturell möglichen Sprachstrukturen*, d.h. derjenigen Klassen äquivalenter Sprachbeherrschungen, die ein System allgemeiner sprachlicher Eigenschaften erfüllen und sich dadurch von anderen nichtsprachlichen semiotischen Strukturen unterscheiden. Die Formulie-

rung eines solchen Systems allgemeiner sprachlicher Eigenschaften sei eine *allgemeine Sprachtheorie.*
Die sprachliche Veranlagung oder Sprachfähigkeit jedes Menschen besteht, nach Chomsky, im Prinzip in der organisatorischen (wenn auch unbewußten) Verfügbarkeit über diese Eigenschaften und andererseits in einem Analysesystem, mit dessen Hilfe festgestellt werden kann, welche Menge sprachlicher Äußerung am besten mit welcher Sprachstruktur gegliedert und in ihrem Zusammenhang erfaßt wird. Je nach angetroffener sprachlicher Kommunikation wird die jeweils beste Sprachstruktur als Inhalt der Kompetenz realisiert: Jemand, der in eine Sprachgemeinschaft eines chinesischen Dialekts hineingeboren wird, wird die Kompetenz der dort passenden Sprachstruktur internalisieren, ein anderer, der in einer deutschen Dialektgemeinschaft aufwächst, wird für die dort optimale Sprachstruktur kompetent.

2. *Inhomogene Sprachgemeinschaft*

Ich werde nun, im Gegensatz dazu, zu zeigen versuchen, daß Chomskys Charakterisierung der grundlegenden menschlichen Sprachfähigkeit zu beschränken ist und daß eine Reihe anderer Faktoren berücksichtigt werden müssen. Nicht nur ist der Mensch in der Lage, eine Beherrschung jeder Sprache so zu entwickeln, daß er mit endlichen Mitteln eine unendliche Menge von Ausdrücken strukturell beherrscht – ich nenne dies seine Struktur-Kreativität –, sondern darüber hinaus ist er in der Lage, mehrere wesentlich unterschiedene Sprachvarianten zu erwerben, zu entwickeln und zu beherrschen und dadurch einer Vielfalt von Normen, aber auch einer Vielfalt bestimmter Zwecke des Sprachgebrauchs – d. h. einer Multi-Normativität und einer Multi-Funktionalität – zu entsprechen, allerdings häufig um den Preis einer Anpassung der jeweiligen Beherrschungen verschiedener Sprachvarianten aneinander zwecks leichterer Organisierbarkeit im Ganzen.
Gerade die Berücksichtigung der Vielfalt *zusammen* mit dem

zuletzt genannten Faktor der Organisierbarkeit führt dazu, daß die Sprachgemeinschaften inhomogen sind, daß also ihr Charakteristikum *nicht* die gleiche Prägung aller Mitglieder der Sprachgemeinschaft ist.

Das bedeutet einerseits, daß ein Sprecher eine Sprache in verschiedenen Sprachvarianten beherrscht; oder mit anderen Worten, er ist *kompetent* für die Sprache, weil er einige wesentliche Sprachvarianten der Sprache beherrscht.

Die systematische Rolle der strukturell einheitlichen Sprache in Chomskys Sprachtheorie wird nun also vom Begriff der *Sprachvariante* übernommen; die Beherrschung einer Sprachvariante durch einen Sprecher nenne ich jetzt seine *Sprachausprägung*, während *Sprachbeherrschung* eines Sprechers die Gesamtheit seiner Sprachausprägungen in ihrem systematischen, strukturell charakterisierbaren Zusammenhang sei.[2] Zu jeder Sprachausprägung eines Sprechers gibt es mindestens einen (normalerweise mehrere) Sprecher, die eine *entsprechende Sprachausprägung* besitzen, so daß eine ausreichende Verständigung zwischen ihnen möglich ist, wenn sie zur Organisation ihrer Äußerungen beim Aussprechen und Hören die entsprechenden Sprachausprägungen verwenden. Die entsprechenden Sprachausprägungen brauchen aber nicht strukturell gleich, sondern höchstens strukturell ähnlich zu sein. Eine Ähnlichkeitsklasse von einander entsprechenden Sprachausprägungen verschiedener Sprecher konstituiere eine *Sprachvariante.*

Die Grundlage der strukturellen Sprachanalyse sind die *Theorien von Sprachausprägungen*; jede von ihnen enthält z. B. eine grammatische Teiltheorie und eine lexikalische Teiltheorie. Strukturell verschiedene Sprachausprägungen unterscheiden sich dann entweder in ihrem grammatischen oder in ihrem lexikalischen Teil oder in beiden.

Systematischer: Die Sprachbeherrschung eines Sprechers in der Sprachgemeinschaft M zum Zeitpunkt t wird durch die Menge seiner Sprachausprägungen und deren systematischen Zusammenhang konstituiert. In der strukturellen Analyse interessieren wir uns nur für die Struktur der Sprachausprägungen, das also, was durch jeweils eine formulierte Theorie einer Sprachausprägung bestimmt wird.

Die sprachtheoretische Zuordnung einer bestimmten Sprachstruktur, die ein Sprecher m zum Zeitpunkt t beherrscht, werde durch eine Funktion – sagen wir $S_{i,j}$ – bestimmt. $S_{i,j}$ ordne m die i, j-te Sprachstruktur zu, wenn er sie dann beherrscht, andernfalls werde sie der leeren Sprachstruktur zugeordnet.

Da ein Sprecher normalerweise mehrere Sprachstrukturen zugleich beherrscht, brauchen wir weitere Funktionen. Wir ordnen sie alle in einer Matrix an, der Matrix der Sprachbeherrschung von Sprecher m zum Zeitpunkt t. Figur 1 deutet eine solche Matrix an, wie in einer »Kartei« aller Matrizen aller Sprecher zum Zeitpunkt t einer Sprachgemeinschaft.

Figur 1:
Strukturelle Basis einer Sprachgemeinschaft

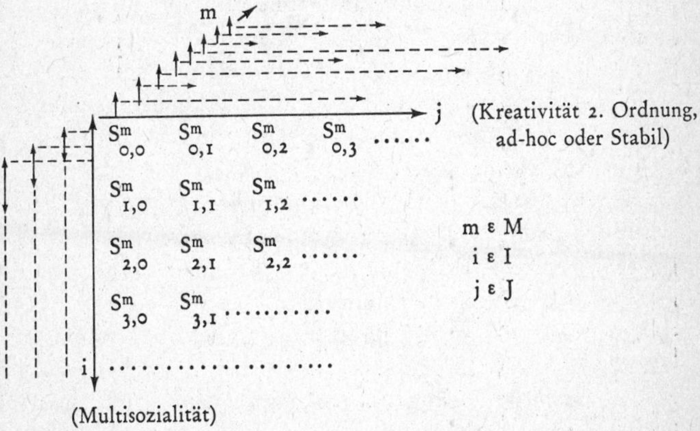

M Menge von Menschen, die einer Sprach- oder Dialektgemeinschaft angehören

I (offene) Menge von Norm-begründeten Sprachen oder Dialekten

J (offene) Menge von kreativ erzeugbaren Normabwandlungen

Ich gehe nun weiterhin davon aus, daß jeder Sprecher zu jeder Sprachstruktur über ein oder mehrere verschiedene Gefüge oder Netze von Annahmen, Erwartungen, Plänen etc. verfügt[2a] und über ein System von Verwendungsbedingungen, die seine Präferenzen für Ausdrucksweisen bei bestimmten Verwendungssituationen wiedergeben.
Manche Linguisten versuchen die Unterschiede zwischen Sprechern bloß auf Unterschiede der beiden letztgenannten Arten (z. B. Unterschiede des Für-wahr-haltens, der speziellen Vorstellungszusammenhänge oder der rhetorischen oder anderweitig bestimmten Ausnutzung der Sprachvariante) zurückzuführen. Ich halte es für wesentlich, daß die Unterschiede zwischen verschiedenen Sprechern auch Unterschiede der Struktur der beherrschten Sprachvariante umfassen können.

3. *Sprachstruktur*

Ehe wir die Kriterien besprechen, nach denen Sprecher Sprachausprägungen ausbilden, und die pragmatischen Relationen, auf die sie sich stützen, müssen noch einige mit dem Begriff Sprachstruktur zusammenhängende Bemerkungen gemacht werden. Sie sind mehr technischer Natur und können daher in der ersten Lektüre überschlagen werden.
Wie bereits gesagt, muß »Sprachstruktur« als Struktur einer Sprachausprägung verstanden und relativ zu einem System sprachtheoretischer Feststellungen (z. B. einem System von Regeln und/oder einem Lexikon) definiert werden. Die Einzelheiten eines Systems sprachtheoretischer Feststellungen brauchen hier nicht beschrieben zu werden, es genügt, wenn ich auf meinen Beitrag »Basic Aspects of the Theory of Grammatical Form« verweise.[3]
Sei ς solch ein System sprachtheoretischer Feststellungen, dann ist die Sprachstruktur relativ zu ς dasjenige, worin alle Sprachausprägungen übereinstimmen, die alle Feststellungen von ς erfüllen. Sei nun speziell ς_L das System sprachtheoretischer Feststellungen, das die Sprachausprägung L sprach-

theoretisch vollständig (also einschließlich Wortschatz, Aussprache etc.) bestimmt. Dann ist die Sprachstruktur relativ zu ς_L die *voll-detaillierte Sprachstruktur* von L. Wenn ς'_L ein Teilsystem von ς_L ist, das einen Teil der sprachtheoretischen Feststellungen von ς_L enthält, so sei die Sprachstruktur relativ zu ς'_L eine *partielle Sprachstruktur* von L.

Gewisse partielle Sprachstrukturen, die durch die Sprachtheorie festgelegt werden, können *eigentliche Sprachstruktur* im Sinne der Sprachtheorie genannt werden. So kann man z. B. das Lexikon und alle grammatischen Formative ganz ausschließen und alle sprachtheoretischen Aussagen mit Stellvertretern für lexikalische Elemente – für jede Art von syntaktisch-phonologischem Typus (z. B. Wortart) einen – formulieren. Alle sprachtheoretischen Aussagen, die so formuliert werden können, bestimmen die eigentliche *grammatische Sprachstruktur*. Werden zusätzlich logisch-grammatische Partikel (z. B. ›und‹, ›oder‹, ›alle‹, ›einige‹ usw.) zugelassen, so bestimmen die dann gültigen sprachtheoretischen Feststellungen die eigentliche *logische Sprachstruktur*.[4] Durch Berücksichtigung immer »konkreterer« Teile des Lexikons und sprachtheoretischer Beziehungen zwischen ihnen (z. B. semantischer Beziehungen) können zunehmend konkretere Sprachstrukturen eingeführt werden.

Wir haben hier die Schichtung in zunehmend konkretere Sprachstrukturen zunächst in semantischer Hinsicht ins Auge gefaßt. Eine andere Schichtung des Lexikons könnte in lautlicher Hinsicht vorgenommen werden, um zum Beispiel dialektale Varianten in der Aussprache als Varianten zu erfassen, deren Unterschiede jedoch auf einer abstrakteren Stufe unberücksichtigt bleiben, die also auf dieser Stufe strukturell gleich sind.

In beiden Fällen handelt es sich jeweils um eine Abstraktionshierarchie. Man hat häufig gemeint, alle systematischen Zusammenhänge zwischen verschiedenen Sprachausprägungen ließen sich mit solchen Abstraktionshierarchien erfassen[5] oder doch so, daß für jede Beziehung je zweier zueinander in

Beziehung stehender Sprachausprägungen eine ihnen gemeinsame Teilmenge der sie bestimmenden sprachtheoretischen Feststellungen charakteristisch ist, das tertium comparationis gewißermaßen. Das möchte ich allerdings bezweifeln. Die partielle strukturelle Äquivalenz zwischen verschiedenen Sprachausprägungen kann nicht die einzige, ihre Beziehung charakterisierende Relation sein. Abwandlungen und Umformungen von sprachtheoretischen Feststellungen (wie grammatischen Regeln usw.) müssen auch in Betracht kommen können. Da die partielle strukturelle Äquivalenz eine spezielle derartige Relation ist (die Identität für Teile der Sprachtheorie), geht man besser von der Vorstellung aus, daß ein System von Sprachausprägungen aus einer Menge von strukturell (d. h. sprachtheoretisch) bestimmten Sprachausprägungen und einer Menge von Relationen zwischen diesen bestimmt wird.

Dies soll insbesondere für die Interpretation der oben dargestellten Figur 1 gelten: Jedes $S_{i,j}$ (m,t) sei durch eine volldetaillierte Struktur von den $S_{i',j'}$ (m,t) unterschieden (mit $i \neq i'$ oder $j \neq j'$), stehe aber in gewissen strukturellen Relationen zu den anderen.

Auf der Grundlage der Abstraktionshierarchien kann man natürlich zu Vergröberungen der Figur 1 übergehen. Angenommen wir interessierten uns nur dafür, welche Sprachausprägungen der Sprecher von welchen anderen grammatisch unterschieden sind. Alle Sprachausprägungen, die sich bloß nach verschiedenen Lexika voneinander unterscheiden, fallen dann zusammen zu Sprachstrukturen $\overline{S}_r^G$ (m,t), den Mengen der Sprachausprägungen von m zum Zeitpunkt t, die die grammatischen sprachtheoretischen Feststellungen G erfüllen.[6]

4. *Bewertungs- und Auswahlkriterien beim Spracherwerb*

Wir wollen uns nun mit der pragmatischen Basis für solche Systeme von Sprachausprägungen beschäftigen, – Systeme, deren Sprachausprägungen z. B. über die Sprecher einer

Sprache so verteilt sind, wie in Figur 1 angedeutet. Es ist klar, daß eine einfach homogene Sprachgemeinschaft ein Spezialfall einer solchen Verteilung ist: Alle Sprecher verfügen über Sprachausprägungen derselben volldetaillierten Struktur und es gibt nur eine solche Struktur.

Wir fragen uns, wie es zur Ausbildung einer solchen Verteilung von Sprachstrukturen kommt. Ich stimme mit Chomsky überein, daß jeder Mensch bei seiner Geburt über eine Ausprägung der Sprachfähigkeit verfügt, die es ihm erlaubt, im kommunikativen Kontakt in einer beliebigen Sprachgemeinschaft die kompetente Beherrschung der Sprache durch mindestens eine in der Sprachgemeinschaft akzeptable Sprachausprägung zu erwerben. In einem Sinne ist es auch ausreichend adäquat, diese ursprüngliche Sprachfähigkeit als ein Verfügen über die Menge aller möglichen Sprachausprägungen zu charakterisieren und den Spracherwerb als eine Auswahl bestimmter passender Sprachausprägungen aus diesem Reservoir. Oder in der Darstellung von D. Lewis (*Conventions*) kann die erste Menge als die Menge der möglichen Sprachausprägungen dargestellt werden, aus der die wirklichen Sprachausprägungen eines Sprechers zu bestimmen sind.

Es ist nun offenbar so, daß die Kriterien, die die Auswahl steuern, jedem Einzelnen verfügbar sein müssen. Selbst dann, wenn der Erwerb der Beherrschung sprachlicher Ausdrucksmittel nur ein System bedingter Reflexe wäre, müßten Kriterien, wie das der Bedarfsdeckung des Individuums, vorhanden sein, die eine bestimmte Reiz-Reaktionsverbindung als für die Bedarfsdeckung besser als eine andere bewerten.

Nach Chomsky stützt sich das Auswahlkriterium auf ein Bewertungsmaß, das seiner abstrakten Form nach als eine zweistellige Funktion dargestellt werden kann, die jedem Paar aus einer umfangreichen Menge von Sprechdaten (das, was in der Umgebung des Kindes oder zu dem Kind im Verlauf des Spracherwerbsprozesses gesagt wurde) und einer Sprachstruktur eine (reelle) Zahl zuordnet, die angibt, in welchem Grad die Grammatik zu den Sprachdaten paßt. Das Auswahlkriterium ist sehr leicht in bezug auf dieses Bewertungsmaß zu formulieren: Wähle diejenige Sprachstruktur (oder diejenigen Sprachstrukturen) zu gegebenen Sprechdaten, der (oder denen) die höchste Bewertungszahl zugeordnet wird; d. h. wähle die relativ zum Bewertungsmaß beste Sprachstruktur als die zu internalisierende.

Da es sich hier um pragmatisch-psychologisch zu begründende Kriterien (Bewertungskriterium und Auswahlkriterien) handelt, muß die Annahme eines quantitativen Bewertungskriteriums als problematisch angesehen werden. Statt dessen sollte man versuchen, zunächst mit der schwächeren Annahme eines komparativen Begriffs durchzukommen:

Sprachstruktur S_M ist relativ zu den Sprachdaten D *besser* als Sprachstruktur S'_M (wobei durchaus der Fall vorkommen kann, daß zwei Sprachstrukturen inkompatibel sind). Das Auswahlkriterium lautet dann: Internalisiere von zwei relativ zu gegebenen Sprachdaten vergleichbaren Sprachstrukturen die bessere; von zwei unvergleichbaren wähle zufallsbestimmt oder ziehe bis auf weiteres beide in Betracht.

5. *Funktionalität und System-Kreativität*

Worin besteht die Grundlage für das Bewertungskriterium, sei es quantitativ oder komparativ? Warum wird nach diesem Kriterium eine Sprachstruktur als besser relativ zu den gegebenen Sprachdaten angesetzt als eine andere? Es muß offenbar damit zusammenhängen, daß der Organismus, der gemäß diesem Bewertungskriterium die bessere Sprachstruktur auswählt, in irgendeinem Sinn besser gestellt ist als einer, der das nicht tut.

Eine rationale Explikation dafür liefert D. Lewis (in *Conventions*). Er behandelt zwar die Frage des Bewertungskriteriums nicht, sondern setzt voraus, daß klar ist (z. B. aufgrund der von anderen verwendeten Sprachdaten in bestimmten Kontexten), daß fast alle gemäß einer gegebenen Sprachstruktur (oder Regularität) handeln (und diese Sprachstruktur also für sie die optimale zu sein scheint). Die Kriterien für dieses Handeln sind einerseits das Interesse an *Wahrheitsangemessenheit*[7], also eine bestimmte Form sprachlicher Funktionalität, die wir W-Funktionalität nennen wollen, und andererseits das Interesse, die *wechselseitige Kommunikation* aufrechtzuhalten, also einander zu verstehen (vgl. *Conventions*, S. 194). Diese beiden Interessen scheinen also den Auswahl- und Bewertungskriterien zugrunde zu liegen. Im Hinblick auf diese Interessen ist jemand bessergestellt, wenn er die Kriterien befolgt, als wenn er das nicht tut. Die die Stabilisierung einer Konvention steuernden Präferenzbedingungen[8] werden also letztlich auf die Interessen der W-Funktionalität und Kommunikation bezogen. Es bleibt allerdings unklar, was geschieht, wenn aus irgendwelchen Gründen die beiden genannten Interessen in Konflikt kommen. Der erste Abschnitt von Tarskis Artikel über den Wahrheitsbegriff in den formalisierten Wissenschaften, Carnaps Bemerkungen zur Explikation von Begriffen und Quines Erläuterung zur sprachlichen Reglementierung für die Zwecke der Klärung der Logik einer Sprache deuten eher darauf hin, daß, wenn man die W-Funktionalität so ernst nimmt, wie es die *wissenschaftliche* Sprachverwendung tut, das Interesse der allgemein verständlichen und geltenden Kommunikation und das der W-Funktionalität nicht notwendigerweise zur gleichen Sprachausprägung führen müssen. Stattdessen genügen reglementierte Abwandlungen der indo-europäischen Umgangssprachen – obwohl nicht ohne weiteres allgemein verständlich und geltend – dem Interesse an einer strengen W-Funktionalität (vor allem der logischen Zusammenhänge zwischen Sätzen) besser als die allgemein geltende Umgangssprache selbst. Das bedeutet nicht, daß die Umgangssprache hinsichtlich der W-Funktionalität nicht im allgemeinen ausreichend ist. Sie genügt dem Interesse nach W-Funktionalität nur nicht im höchsten Grade.

Dasselbe, was für die W-Funktionalität gilt, kann auch für

andere Funktionalitäten in Betracht kommen. Ist es ausgeschlossen, daß mit mehr oder minder radikalen sprachlichen Abwandlungen dem Interesse einer intensiveren Vermittlung poetischer Valenzen der Sprache besser gedient sein kann als mit einer Sprachverwendung, die völlig im Bereich der Sprachrichtigkeit verbleibt? Daß dies so ist, war bereits in der klassischen Rhetorik bekannt, in der zwischen der Fähigkeit des »recte loquendi« und derjenigen des »bene dicendi« unterschieden wird.[9]

Wir wollen im Folgenden annehmen, daß je nach Funktionalität die verschiedensten Sprachausprägungen in Betracht kommen können. Es scheint mir sogar von wesentlicher Bedeutung für die Charakterisierung der Sprach*fähigkeit* des Menschen zu sein, daß er in der Lage ist, mehrere Sprachausprägungen zugleich beherrschen und neue einführen zu können. Hier ist allerdings zu unterscheiden zwischen den *festen*, immer zur Verfügung gehaltenen Sprachausprägungen, die immer wieder beim sprachlichen Formulieren und Verstehen verwendet werden, und den *ad hoc* eingeführten oder abgewandelten Sprachausprägungen, die für die Verwendung in einem bestimmten Text- oder Redezusammenhang bereitgestellt werden.

Die Fähigkeit zur Beherrschung einer größeren Zahl von Sprachausprägungen und die Tendenz zur Einführung neuer Sprachausprägungen möchte ich Kreativität zweiter Ordnung oder *System-Kreativität* nennen. Während die Kreativität erster Ordnung oder Struktur-Kreativität in der Beherrschung einer unbeschränkten Menge von Ausdrucksmitteln mit beschränkten organisatorischen Mitteln besteht, bedeutet die System-Kreativität die Beherrschung eines potentiell unbeschränkten Systems von Strukturen, deren jede die Struktur-Kreativität manifestiert.

6. *Normativität*

Wir sahen oben, daß das Interesse, einer bestimmten Funktionalität zu genügen, mit dem Interesse, in einer allgemein geltenden und allgemein verständlichen Umgangssprache zu kommunizieren, in Konflikt kommen kann[10]; beide Interessen können nicht in optimaler Weise durch dieselbe Sprachausprägung erfüllt werden. Das Kriterium für die Ausbildung einer Sprachausprägung, die der W-Funktionalität genügt, ist klar. Worin aber gründet das Interesse an der Umgangssprache? Dies ist offenbar ein doppeltes: Erstens nimmt jeder Sprecher von der Umgangssprache an, daß sie *allen* in der Sprachgemeinschaft *geläufig* ist und nicht nur Experten oder Sonderlingen, die in den jeweiligen Sondersprachausprägungen kommunizieren können. Zweitens nimmt man an, und das scheint mir grundlegender zu sein, daß die allgemeine Umgangssprache durch ein *allgemein-verbindliches Vorbild* der Sprachform und der Sprachverwendung bestimmt wird: *Man* spricht so! Das heißt keineswegs, daß jeder so spricht. Es ist durchaus denkbar, daß niemand genau so spricht wie das Vorbild, daß aber *in Zweifelsfällen* der Bezug auf das Vorbild die zu wählende Sprachform und Sprachverwendung zu bestimmen vermag. Dies gilt sowohl für Zweifelsfälle eines Einzelnen als auch für Diskussionen über Zweifelsfälle. Auch in diesen wird an die Intuition, daß *man* doch so spricht, appelliert, wobei sich die Intuitionen verschiedener Sprecher durchaus voneinander unterscheiden können.[11]

Die Intuition, daß man so spreche, kann auf zwei Weisen erläutert werden. In dieser Intuition übernimmt jeder, nach der einen Darstellung, ein System von überkommenen und offenbar intersubjektiv geltenden Regeln und befolgt sie, weil das System überkommen – und dadurch offenbar bewährt – ist sowie offenbar intersubjektiv gilt. Jeder stellt sich dadurch in einen historisch gesellschaftlichen Zusammenhang.

Die andere Darstellung bezieht sich auf die Vorstellung eines überpersönlichen Subjekts als Vorbild-Norm, das über das genannte System von Regeln verfügt und es streng befolgt. Bei dieser Vorstellung kann, so scheint mir, die besondere Art dieser Norm besser charakterisiert werden. Der Einzelne braucht nämlich, da er nicht selbst das Vorbild ist, dem Verhalten nur nahe zu kommen, soweit es a) ihm möglich ist und – das ist wichtig – soweit es b) mit anderem, von ihm speziell gewähltem vorbildlichen Verhalten, das für eine Teilgruppe der Sprachgemeinschaft unter bestimmten Bedingungen relevant ist (z. B. Logik und Wissenschaftssprache, Poetik etc.) und soweit es c) mit seinen legitimen *besonderen* Interessen vereinbar ist.

Oft werden die einschränkenden Klauseln allerdings verdrängt und auch in sprachtheoretischen Untersuchungen vergessen. Nichtsdestoweniger werden Abweichungen in der Praxis im allgemeinen toleriert, ja begrüßt, soweit diese Abweichung als ausreichend motiviert gilt. Es ist keineswegs so, daß die Befolgung der Norm so rigide praktiziert wird, wie ihre Formulierung ohne die einschränkenden Klauseln nahezulegen scheint.

Obwohl jeder über eine solche Vorbild-Instanz zur Beurteilung in Zweifelsfällen verfügt, kann die subjektive Sicherheit in bezug auf diese Instanz verschieden groß sein. Ebenso gilt die Annahme, daß gewisse Sprecher der Sprachgemeinschaft für kompetenter als andere im Urteil über dieses Vorbild gelten (z. B. Rundfunk- und Fernsehsprecher) und daß daher sowohl ihr Sprechverhalten als auch ihr Urteil als Bezugsdatum zur Festigung oder Veränderung der eigenen Urteilssicherheit herangezogen oder in einer Diskussion über Sprachrichtigkeit als Argument verwendet werden kann.

Da es sich hier um normative Zusammenhänge handelt, kann außerdem eine Wechselwirkung mit anderen Kompetenzen eintreten: Jemand kann aufgrund seiner nicht-sprachlichen Kompetenz auch im sprachlichen Bereich als Bezugsperson hinsichtlich des allgemein verbindlichen sprachlichen Vorbildes angesehen werden.

Im allgemeinen ist aber der Mensch in der Lage, mehr als

nur eine durch ein Vorbild gesteuerte Norm zu beherrschen. Er kann über die Vorbild-Normen mehrerer Dialekte, ja oft mehrerer Sprachen verfügen. Er ist darüber hinaus in der Lage, aufgrund situativer Anzeichen die für eine Kommunikation passende Norm zur Verfügung zu haben, und zwar mindestens als Bezugsinstanz in Zweifelsfällen, oft aber auch als praktische Beherrschung der entsprechenden Sprachausprägung.

7. *Das System der Sprachausprägungen eines Sprechers*

Wir wollen das in den beiden vorigen Paragraphen Gesagte mit Bezug auf Figur 1 (S. 404) zusammenfassen: Jeder Sprecher in einer Sprach- oder Dialektgemeinschaft M verfügt zu jedem Zeitpunkt t, zu dem er ein kompetenter Sprecher dieser Sprach- oder Dialektgemeinschaft ist, über eine Menge von Sprachausprägungen. In der theoretischen Sprachanalyse werden die Sprachausprägungen in bezug auf ein System theoretischer Feststellungen über Aufbau und Funktion der Sprachausprägung charakterisiert. Das System der theoretischen Feststellungen bestimmt die Sprachausprägung hinsichtlich ihrer voll detaillierten Struktur. Es ist also nicht auszuschließen, daß bei einem anderen Sprecher oder zu einem anderen Zeitpunkt eine Sprachausprägung derselben Struktur vorliegt. Ein wesentliches Merkmal jeder Struktur ist ihr rekursiver Aufbau oder ihre Struktur-Kreativität. In der Matrix von Figur 1 (die für einen bestimmten Zeitpunkt t gilt) stellt jedes Matrixelement $S_{i,j}$ eine Funktion dar, die dem Sprecher m zum Zeitpunkt t eine Sprachstruktur zuordnet, die die zugehörige Sprachausprägung strukturell bestimmt. Wir können nun i als einen Index aus einer Indexmenge I und j als einen Index aus einer Indexmenge J auffassen. I soll dann die Menge der Sprachen und Dialekte umfassen, zu denen es eine für die Dialektgemeinschaft allgemein verbindliche Vorbild-Norm gibt, und J die Menge der

Funktionalitäten (und evtl. Funktionalitätskombinationen), denen besondere Sprachausprägungen besser als die allgemein normierten Formen der Dialekte und Sprachen genügen. Die Vorbild-Norm einer Primär-Sprache oder eines Primär-Dialekts soll jeweils durch den Index $j = 0$ wiedergegeben werden.

Die Dimension I ist also gewissermaßen die Dimension der Multi-Normativität, die Dimension J diejenige der Multi-Funktionalität.

Die Beziehungen zwischen verschiedenen Sprachausprägungen können unterschiedlicher Art sein. Einerseits können viele durch die Matrixelemente strukturell unterschiedenen Sprachausprägungen partiell strukturell äquivalent sein. Sie können z. B. dieselbe grammatische Struktur, dieselbe logische Struktur, dieselbe semantische Struktur bestimmter Stufe haben und sich nur lexikalisch partiell unterscheiden. In der Linguistik spricht man dann im allgemeinen nicht von Sprachausprägungen unterschiedlicher Struktur. Ob man dies nun für zweckmäßig hält oder nicht, für unsere Diskussion ist das ohne Bedeutung, weil wir immer davon ausgehen wollen, daß auch Sprachausprägungen unterschiedlicher grammatischer oder anderer Struktur vorliegen. Hier können nun entweder solche Unterschiede vorkommen, die nur gewisse Teile der Grammatik abwandeln (reglementieren), andere jedoch intakt lassen, so daß eine partielle grammatische, logische, semantische etc. Äquivalenz vorliegt.[12] Auch hier wird mancher Linguist zögern, von einer grundsätzlich anderen Struktur zu sprechen, und lieber eine Grammatik mit unterschiedlichen Regeln an bestimmten Stellen annehmen. Das mag angemessen sein. Da jedoch die gleichzeitige Organisation partiell unterschiedlicher Grammatiken noch wenig erforscht ist, ist es am besten, zunächst von der tatsächlich bestehenden Differenz auszugehen und die Möglichkeiten zu einer integrativen Organisation weiteren Forschungen zu überlassen. Zweifellos sind solche Untersuchungen außerordentlich wichtig. Besonderes Interesse muß hier den Maßen der Komplexität entgegengebracht werden: Eine Menge von Sprachausprägungen

$\bar{S}$ kann organisatorisch schwerer zu beherrschen kein als eine andere $\bar{S}'$, und gewisse Mengen von Sprachausprägungen werden überhaupt mit den dem Menschen verfügbaren Mitteln nicht beherrschbar sein. Im Hinblick auf die Organisierbarkeit einer solchen Menge von Sprachausprägungen mögen also kleine Veränderungen und Anpassungen der verschiedenen Sprachausprägungen aneinander zu einer leichteren Beherrschbarkeit des Systems führen. Wenn auch die daraus resultierenden Veränderungen in den Sprachverwendungen die Verständigung gelegentlich behindern mögen, so kann doch der aus den Abweichungen sich ergebende kommunikative Nachteil geringer sein als der Gewinn in organisatorischer Beherrschbarkeit. Da noch keine Theorie der Organisation eines Systems von Sprachbeherrschungen existiert, sind diese Überlegungen im wesentlichen Spekulationen, die aber, soweit heute möglich, relativ gut fundiert erscheinen.

Sind sie fundiert, so folgt ein wesentliches Resultat: Die Ausbildung einer Sprachausprägung unterliegt nicht nur ihrer optimalen Anpassung an die kommunikativen Daten anderer Sprecher, mit denen man in dieser Sprachausprägung kommuniziert, sondern auch der Anpassung an die anderen Sprachausprägungen, über die man selber verfügt. Da die Mengen der Sprachausprägungen, über die verschiedene Sprecher verfügen, jeweils verschieden sind, sind es auch die internen Anpassungsbedingungen. Daraus folgt, daß im Normalfall gewisse Abweichungen zwischen den korrespondierenden Sprachausprägungen verschiedener Sprecher zu erwarten sind. Dies gilt auch für die jedem Sprecher verfügbaren allgemein verbindlichen Normen der Dialekte; auch sie können organisatorisch den anderen Dialektnormen und den Sprachausprägungen, die anderen Funktionalitäten genügen, angepaßt werden, jedenfalls in einem gewissen, durch die Kommunikation tolerierbaren Grad. Infolgedessen wird sogar für die Kompetenzen bezüglich der dialektalen Normen keine homogene Sprachgemeinschaft zu erwarten sein: *Aufgrund innerer organisatorischer Anpassung aller Sprachausprägungen unterscheiden sich die Kompetenzen verschiedener Sprecher einer Sprachgemeinschaft.*

8. *Pragmatische Präferenzrelationen*

Die Einführung oder Eliminierung einer Sprachausprägung unterliegt, ebenso wie ihre dauerhafte Stabilisierung, pragmatischen Präferenzkriterien. Nach diesen beurteilt ein Sprecher m zu einem Zeitpunkt t, an dem er Anlaß zur Beurteilung hat, ob die Sprachausprägung $S_{i,j}$ (m,t) kommunikativ, funktionell und in ihrer Kompatibilität mit anderen Sprachausprägungen, die er beherrscht, genügend angepaßt ist oder vom nächsten Zeitpunkt t′ an durch eine von $S_{i,j}$ (m,t) strukturell verschiedene Sprachausprägung $S_{i',j'}$ (m,t′) ersetzt werden soll.

Die kommunikative Angemessenheit wird mit Bezug auf Sprechdaten anderer Sprecher und deren Reaktion auf eigene Sprechdaten oder auf Sprechdaten Dritter vorgenommen. Die Sprachstrukturierung, die andere Sprecher den Sprechdaten zuordnen, ist nicht zugänglich; Urteilsinstanz können allein sprachliche Stimuli und Reaktionen der Partner auf sprachliche Stimuli sein. Dabei handelt es sich genauer nicht um alle Sprechdaten, sondern nur um eine Probe davon, die während einer Phase der Urteilsfindung mit besonders kritischer Aufmerksamkeit beachtet wird.

In unserer theoretischen Analyse wollen wir annehmen, daß ein Sprecher sich bei seinem Urteil auf ein komparatives Maß der *Verstehenspräferenz* $V^{m,t}$ ($S_{i,j}$, $S_{k,l}$, K, Z) stützen kann. Die Bedeutung des Maßes ist folgende: $S_{i,j}$ ist für m zum Zeitpunkt t den kommunikativen Fakten K (Sprechdaten und Reaktionen darauf), die m von m′ im Situationstyp Z erfährt, besser angepaßt als $S_{k,l}$. Solange dies für eine beherrschte Sprachausprägung $S_{i,j}$ allen anderen Sprachausprägungen gegenüber gilt, gibt es für m keinen kommunikativen Grund, zu einer anderen Sprachausprägung überzugehen, um mit anderen Partnern m′ besser kommunizieren zu können. Natürlich kann es andere Gründe, nämlich solche der funktionellen Angemessenheit oder der organisatorischen Kompatibilität mit seinen anderen Sprachausprägungen geben, die ihn veranlassen könnten, zu einer anderen, vielleicht sogar kommunikativ weniger angepaßten Sprachausprägung überzugehen. Umgekehrt können die funktionale Angemessenheit und die organisatorische Kompatibilität auch eine Veränderung einer Sprachausprägung verhindern, obgleich sie kommunikativ weniger angepaßt ist als eine andere.

In der theoretischen Analyse wollen wir davon ausgehen, daß die funktionelle Angemessenheit ebenfalls mit Bezug auf eine Präferenzrelation, die *Handlungsbedingungspräferenz*, beurteilt wird. Diese Relation $H^{m,t}$ ($S_{i,j}$, $S_{k,l}$, W) soll sich aber nur auf diejenigen Sprachausprägungen beziehen, die nicht der sprachlichen oder dialektalen Vorbild-Norm zugeordnet sind, d. h. die Bedingung $i \neq 0$, $k \neq 0$ soll erfüllt sein. Die Bedeutung der Relation sei: $S_{i,j}$ ist für m zum Zeitpunkt t besser den von m als wichtig angesehenen Bedingungen W der Organisation seines Handelns und Erlebens angepaßt als $S_{k,l}$. W hat also den analytischen Status eines speziellen Wertesystems.

Das Wertesystem hat normalerweise einerseits Komponenten, die das Wohlbefinden in der gegebenen Umwelt betreffen, andererseits Komponenten, die allgemeinere Zwecke oder Orientierungsgesichtspunkte, die das Handeln und Befinden insgesamt betreffen, enthalten. Die Beurteilung, ob eine gegebene Sprachausprägung zu modifizieren ist oder nicht, hängt auch in diesem Fall nicht allein von dieser Präferenzrelation ab. Auch hier kann eine Sprachausprägung beibehalten werden, selbst dann, wenn sie bei einer Beurteilung nach diesem Kriterium allein ersetzt werden müßte.

Der dritte wesentliche Faktor zur Beurteilung von Veränderung oder Stabilisierung im System der Sprachausprägungen eines Sprechers ist die *Organisationspräferenz*, die die Kompatibilität mit anderen Sprachausprägungen regelt, die ein Sprecher zur gleichen Zeit beherrscht. Die Organisationspräferenz scheidet die Klassen der Sprachausprägungen, die überhaupt von m zum Zeitpunkt t beherrscht werden können, von denen, die dazu zu komplex sind. Außerdem enthält sie eine Relation, die für die beherrschbaren Klassen von Sprachausprägungen definiert ist und von je zwei Paaren solcher Klassen angibt, welche von beiden beherrschbarer ist.

Seien $\bar{S}$, $\bar{S}'$ und $\bar{S}''$ verschiedene Klassen von Sprachausprägungen, dann bedeute $O^{m,t}$ ($\bar{S}$,$\bar{S}'$), daß $\bar{S}$ für m zum Zeitpunkt t organisatorisch leichter oder gleich gut zu beherrschen ist als $\bar{S}'$, und $U^{m,t}$ ($\bar{S}''$), daß $\bar{S}''$ für m zum Zeitpunkt t organisatorisch nicht zu beherrschen ist. Die Organisationspräferenz sei dann für alle $\bar{S}$ und $\bar{S}'$ gegeben durch:

$$U^{m,t}(\bar{S}) \text{ oder } O^{m,t}(\bar{S},\bar{S}') \text{ oder } O^{m,t}(S',\bar{S})$$

In vielen Fällen wird es möglich sein, die Organisationspräferenz auf den Vergleich von Systemen zu stützen, die sich nur durch ein Paar von Sprachausprägungen unterscheiden. Sei E ($S_{i,j}$, $S_{k,l}$, $\bar{S}$) das Ergebnis der Ersetzung von $S_{k,l}$ in $\bar{S}$ durch $S_{i,j}$, wobei $S_{k,l}$ in $\bar{S}$ auch wirklich vorkommen soll. Dann kann $O^{m,t}$ ($\bar{S}$,$\bar{S}'$) die Form $O^{m,t}$ ($\bar{S}$, E ($S_{i,j}$, $S_{k,l}$, $\bar{S}$)) oder $O^{m,t}$ (E ($S_{i,j}$, $S_{k,l}$, $\bar{S}$), $\bar{S}$) annehmen.

Die Berücksichtigung der Organisationspräferenz hat zur Folge, daß zugleich beherrschte Sprachausprägungen sich gegenseitig beeinflussen können. Insbesondere kann auch die Vorbild-Norm eines Dialekts oder einer Sprache sowohl durch die funktionell angepaßten besonderen Sprachausprägungen als auch durch die anderen beherrschten Vorbild-Normen beeinflußt werden, ebenso wie durch die Kommunikation mit anderen Partnern gemäß der Norm. Die anderen Sprachausprägungen treten gewissermaßen als Störungen der kommunikativen Stabilisierung einer Norm auf.

Zweifellos können gerade in bezug auf die Entwicklungen der Normen noch *andere Faktoren* eine Rolle spielen, so z. B., welcher artikulatorische Aufwand bei der Formulierung von Ausdrucksmitteln erforderlich ist und daß dieser aufgrund kontextueller Verständigungshilfen reduziert werden kann, ebenso wie ein Maß für die innere Komplexität der einzelnen

Sprachausprägungen. Beide Faktoren sollen mnemonisch unter dem Terminus *Ökonomie* der Sprachausprägung angesprochen, aber nicht weiter erörtert werden[13]; sie erhöhen nur die Anzahl der zu berücksichtigenden Faktoren und verstärken dadurch die hier vertretene These von der vielfältigen Bestimmtheit der beherrschten Sprachausprägungen eines Sprechers.

9. Thesen

Zum Abschluß möchte ich zusammenfassend einige Thesen formulieren, die sich aus der bisherigen Analyse der Sprecher einer Sprachgemeinschaft ergeben.

These 1: Jeder Sprecher einer Sprache in einer Sprachgemeinschaft verfügt über ein System von Sprachausprägungen bestimmter Struktur. Verschiedene Sprachausprägungen eines Sprechers zu einem Zeitpunkt haben verschiedene Strukturen. Sie können allerdings partiell strukturell äquivalent sein.

These 2: Das System jedes Sprechers unterliegt der für ihn charakteristischen Optimierung und dadurch einer Stabilisierung oder Veränderung je nach Optimierungsbedingungen. Die Optimierung des Systems stützt sich auf

(a) die *kommunikative Anpassung* an andere Sprecher gemäß der offenbaren Verstehenspräferenz

$$V^{m,t}\ (S_{i,j}, S_{k,l}, K, Z);$$

(b) die *funktionelle Angemessenheit* an ein Wertesystem, das sowohl die Handlungs- und Erlebensbedingungen bezüglich der physischen Um- und Innenwelt als auch die innere Organisation von Handeln und Erleben determiniert; das Wertesystem ist implizit in der Handlungsbedingungspräferenz

$$H^{m,t}\ (S_{i,j}, S_{k,l}, W)$$ ausgedrückt;

(c) die *organisatorische Kompatibilität* der Sprachausprägungen im System gemäß der Organisationspräferenz $O^{m,t}$ $(\bar{S},\bar{S}')$ und der Grenze der Organisierbarkeit $U^{m,t}$ $(\bar{S})$.

Weiterhin können andere Faktoren, wie z. B. die Organisation der Anwendung und Beherrschung der einzelnen Sprachausprägungen oder die *Ökonomie* eine Rolle spielen.

These 3: Normale Sprecher in einer Sprachgemeinschaft sind außerdem durch eine Auszeichnung von *Norm-Sprachausprägungen* gekennzeichnet, die den Status von für sie geltenden Vorbild-Normen haben.

These 4: A-normale Menschen sind sprachlich dadurch gekennzeichnet, daß die Unterscheidung zwischen Norm und Abwandlung sowie die kommunikative und funktionelle Anpassung an die Umweltbedingungen in höherem Grade irrelevant werden und andere spezielle Organisationsprinzipien sich in den Vordergrund schieben. Sie »befreien« sich von den gewöhnlichen Zwängen (oft allerdings dadurch, daß sie unter andere, interne Zwänge geraten).

Hypernormale Menschen sind sprachlich dadurch gekennzeichnet, daß sie (praktisch) nur über eine Norm-Sprachausprägung verfügen und extrem kommunikativ angepaßt sind.

Korrolar zu These 4: Die in der Sprachwissenschaft gängige Vorstellung von der Sprachgemeinschaft mit einer einzigen, von allen beherrschten Sprachstruktur ist nur der degenerierte Fall einer Sprachgemeinschaft aus ausschließlich hyper-normalen Sprechern.

These 5: Aufgrund der Vielfalt der Optimierungsbedingungen sind die Sprecher einer Sprache in ihren Sprachbeherrschungen nicht identisch, sondern nur soweit kommunikativ aneinander angepaßt, als dies die Berücksichtigung anderer Faktoren erlaubt. Der Grad der Berücksichtigung anderer Faktoren ist individuellen Schwankungen unterworfen. Eine Sprachgemeinschaft ist zwar ein Gefüge von aneinander partiell angepaßten Sprachausprägungen, nicht dagegen homogen im Sinne einer strukturellen Identität von Sprachbeherrschungen.

Korrolar a) zu These 5: Die Differenz zwischen Experten und anderen Sonderlingen einerseits und dem Common-sense hat auch ihr sprachliches Korrelat. Die Differenz ist unaufhebbar.

Korrolar b) *zu These* 5: Auch die von verschiedenen Sprechern internalisierten Vorbild-Normen für die gemeinsame Sprache bzw. den gemeinsamen Dialekt sind nicht identisch. Auch im Hinblick auf die Norm-Sprachausprägungen sind die Sprachgemeinschaften nicht homogen.

These 6: *Methodologisch* kann dennoch gerechtfertigt werden, daß sich die empirische Sprachwissenschaft unter gewissen Voraussetzungen und für gewisse Zwecke darauf beschränkt, zunächst *nur eine* Sprachstruktur pro Sprachgemeinschaft zu beschreiben, die der Norm-Sprachstruktur, über die die Sprecher der Sprachgemeinschaft verfügen, ausreichend ähnlich ist.

II. Grundlage der Sprachgemeinschaft

10. *Umgangssprache als letzte Grundlage der Sprachwahl?*

Im Rahmen unserer organisatorischen Kapazität können wir also neue Sprachvarianten entwickeln – ad hoc oder auch für ständige Verfügbarkeit. In einer solchen Sprachvariante können wir verschiedene Netze von Annahmen, Erwartungen, Planungen usw. – wir nennen sie A-Netze – aufbauen und verfügbar halten, und schließlich können wir mit jedem A-Netz ein oder mehrere Systeme von Verwendungsbedingungen für kommunikative Akte verbinden.[14] Um unsere organisatorische Kapazität optimal auszunutzen, unterwerfen wir eventuell die verschiedenen Sprachvarianten, A-Netze und Verwendungssysteme gewissen Anpassungen, jedenfalls in dem Grade, in dem dadurch bei der Kommunikation nicht zu viele Mißverständnisse herbeigeführt werden, d. h. das jeweils beherrschte Gefüge aus Sprachvarianten, A-Netzen und Verwendungssystemen ausreichend mit den Gefügen anderer Sprecher synchronisiert bleibt. In allen Fällen sind die möglichen A-Netze nicht unabhängig von den Sprachvarianten; gewisse A-Netze lassen sich nur mit gewissen Sprachvarianten verbinden – und die Verwendungssysteme sind nicht unabhängig von den A-Netzen. Daher können umgekehrt vermeintliche oder tatsächliche Probleme und Schwierigkeiten bei der Art der Verwendung eines in einer Sprachvariante geknüpften A-Netzes zur Wahl eines anderen A-Netzes in dieser Sprachvariante führen, und Probleme und Schwierigkeiten mit den A-Netzen können die Wahl einer anderen Sprachvariante bedingen.

Gewiß interessiert nicht nur die Form der möglichen Sprachvarianten, sondern auch die Bedingungen, nach denen von einem System von Sprachvarianten zu einem anderen übergegangen wird. Eine Klärung dieser Bedingungen könnte schließlich zu einer Dynamik von Systemen von Sprachvarianten, semantischen Netzen (oder Theorien) sowie von Systemen von Verwendungsbedingungen führen. Gewisse orientierende Gesichtspunkte dazu könnte die in den letzten Jahren intensiv in Gang gekommene Diskussion einer Theoriendynamik bieten.[15] Verglichen mit den dort diskutierten Details steckt die Dynamik der Systeme von Sprachvarianten zweifellos in den Kinderschuhen, wenngleich es einige wichtige Ansatzpunkte gibt.[16]

Wesentliche Grundlagen für die theoretische und philosophische Diskussion sollte aber sein, daß man nicht nur die Sprachnormen und ihre »Natur«-Dynamik im Sinne des 19. Jahrhunderts in Betracht zieht, sondern auch die Rolle betrachtet, die absichtlich eingeführte oder entwickelte Sprachvarianten mit ihren von den Norm-Varianten der gewöhnlichen Umgangssprachen abweichenden Leistungen spielen.

Man sollte hier von Carnaps Vorstellungen ausgehen, wenn er z. B. sagt, daß eine Sprach[variant]e, ob natürlich oder künstlich, ein Instrument ist, das unseren Bedürfnissen entsprechend ersetzt oder verändert werden kann wie irgendein anderes Instrument, und daß andererseits gerade die Wechselwirkung zwischen von uns konstruierten Sprachvarianten und den natürlich vorgegebenen wesentliche Aufgaben (z. B. philosophische Probleme) zu lösen vermag. Dies hängt eng mit dem von ihm formulierten Toleranzprinzip zusammen: Jedermann (in einer Gruppe von Menschen, die gleiche Zwecke verfolgen) ist frei, diejenige Sprachvariante (in der Kommunikation innerhalb seiner Gruppe) zu entwickeln und zu benutzen, die seinen Zwecken am besten genügt.

Man darf dies nicht so mißverstehen, als meinte Carnap, jemand brauche nur seine Zwecke und Bedürfnisse klar zu analysieren und in Abhängigkeit von dieser Analyse eine passende Sprachvariante zu wählen. Natürlich setzt die Analyse der Bedürfnisse und Zwecke bereits eine Sprache voraus, in der sie formuliert und analysiert werden können. Es ist eher so, daß größere Klarheit über besondere Zwecke und Bedürfnisse einhergeht mit sprachlicher Ausprägung und gelegentlich mit Entwicklung oder Wahl einer anderen Sprachvariante. Die Ausbildung besonderer Sprachvarianten mag, wie oben schon hervorgehoben, im gesamten organisatorischen Zusammenhang der Sprachbeherrschung auf die Norm-Varianten zurückwirken, so daß hier eine Wechselwirkung vorliegt.

Von philosophischer Seite ist aber die Frage gestellt worden, wie denn die Wahl oder Entwicklung einer Sprachvariante selbst begründet wird. Carnap hat diese Frage im allgemeinen mit dem Hinweis auf pragmatische Bedingungen beantwortet, ohne jedoch eine genauere Analyse dieser Problemstellung zu geben. Angesichts der fundamentalen Rolle der Sprachwahl in Carnaps Philosophie (vor allem auch bei der Eliminierung ontologischer Probleme, die ja gerade durch das Problem der Sprachwahl ersetzt werden) würde man erwarten, daß die Analyse ihrer Bedingungen auf fundamentale Positionen führen würde. Zwei Fragen stellen sich insbesondere: (a) Kann man eine *Sprachvariante* angeben (oder doch einen Typus von Sprachvarianten), in der diese grundlegenden Fragen der Sprachwahl immer geklärt werden müssen? (b) Kann man bestimmte *Grundbegriffe* angeben, die hier notwendig ins Spiel kommen?

So schreibt Apel:

»Und da die *Konstruktion* als ›Explikation‹ (Carnap) von schon vorliegenden Ausdrücken der Wissenschafts- oder philosophischen Bildungssprache prinzipiell nur mit Hilfe der noch nicht formalisierten und semantisch geregelten Sprache thematisiert – z. B. mit Argumenten verteidigt oder kritisiert – und die von der Konstruktion schon ins Auge gefaßte *Interpretation* letztlich nur mit Hilfe der noch nicht formalisierten und semantisch geregelten Sprache durchgeführt werden kann, so stellt sich die radikale Frage, ob nicht eine *Pragmatik* der ›Umgangssprache‹ (im weiteren Sinne) auch für die Philosophie und insofern für die Wissenschaftstheorie so etwas wie den Integrations-Primat beanspruchen kann.«[18] (Apel (1973) S. 13)

An anderer Stelle[19] verweist Apel darauf, daß z. B. auch in der Tarskischen Rekonstruktions-Hierarchie der Semantik die oberste Metasprache immer die Umgangssprache sei. Offenbar wird in beiden Fällen »Umgangssprache«, obgleich im weiten Sinne zu nehmen, doch so verstanden, daß Konstruktsprachen bzw. formalisierte und semantisch geregelte Sprachen nicht selbst umgangssprachliche Sprachvarianten sind.

Nun hat Carnap gegen die hier vorgebrachte Meinung schon mit Recht argumentiert: Obgleich praktisch bei der Konstruktion immer von der Umgangssprache ausgegangen würde, ist dies doch prinzipiell nicht notwendigerweise so: Eine Konstruktsprache könne wie eine natürliche Sprache, etwa nach der Berlitz-Methode u. a., ohne Benutzung einer anderen Sprache eingeführt werden.[20] Lorenz hat gerade dies in allen Details gezeigt und diskutiert.[21] Hinzu kommt, daß prinzipiell nicht auszuschließen ist, daß auch die gewöhnliche Umgangssprache von konstruktsprachlichen und reglementierten Formen beeinflußt werden kann, also ein Gefüge von miteinander in Wechselwirkung stehenden aktuellen oder potentiellen Sprachvarianten vorliegt, aus dem keines in eindeutiger Weise als unabhängig und die anderen als von ihm abhängig ausgezeichnet werden kann. So natürlich sind die Normsprachvarianten auch nicht, daß sie die künstlichen (oder künstlerischen) Konstrukte abstoßen wie Fett das Wasser.

11. *Transzendentale Prinzipien der Sprachwahl?*

Wenn man nun schon keinen bestimmten Typus von Sprachvarianten als prinzipiell grundlegend erweisen kann, kann man dann wenigstens Grundbegriffe oder grundsätzliche Problemlagen angeben, die hier ins Spiel kommen müssen? So vermutet etwa Krauth[22], daß man beim Carnapschen Toleranzprinzip nicht stehen bleiben könne: Da in die pragmatischen Motive der Sprachwahl theoretische Aspekte einflössen, könnten bei einer Klärung des Status dieser theoretischen Aspekte die traditionellen philosophischen Probleme, insbesondere fundamentale erkenntnistheoretische und ontologische Fragen, wieder auftreten. Krauth deutet sogar an, daß eine Fundierung der pragmatischen Sprachwahl eventuell nicht »ohne *letzte* erkenntnismäßige und ontologische Annahmen auskommen kann«.[23]

Ich kann nicht erkennen, wie hier der Rekurs auf letzte Begründungszusammenhänge verstanden werden soll. Zweifellos ist es gewöhnlich so, daß eine Sprachwahl sich auf andere, als verläßlich angesehene Annahmen stützt. Ja, häufig ist es sogar so, daß jemand bei allen seinen Entscheidungen gewisse philosophische Grundpositionen oder existentielle Lebenshaltungen so lange als möglich festzuhalten wünscht; sie wären die letzten, die er in Frage stellen würde. Jedoch nehmen verschiedene Menschen oder verschiedene Menschengruppen unterschiedliche »letzte« Positionen ein.

Im Kontext der Krauthschen Diskussion ist jedoch klar, daß mehr gemeint ist, nämlich die Frage nach einer *allgemein verbindlichen* Letztbegründung. Mir ist unklar, wie diese Frage eine positive Antwort erhalten kann. Krauth übersieht den Unterschied zwischen der Entscheidung zwischen verschiedenen, in ein und derselben Sprachvariante formulierten Theorien und der Entscheidung zwischen verschiedenen Sprachvarianten. Im erstgenannten Fall bietet die Sprachvariante ein System von Kriterien und Begründungszusammenhängen, das den beiden zu vergleichenden Netzen oder Theorien gemeinsam ist; beide stützen sich z. B. auf eine gemeinsame Logik und Semantik. Die Wahl zwischen zwei Sprachvarianten erfordert aber eine Diskussion in einer von beiden oder in einer dritten, ohne daß im allgemeinen davon ausgegangen werden kann, daß sie die Logik und Semantik (und eventuell mehr) gemeinsam haben. So stellt sich durchaus die Frage, ob die Verhältnisse der zu beurteilenden Sprachvariante in der beurteilenden Sprachvariante überhaupt adäquat erfaßt werden. Dies braucht nicht der Fall zu sein und wird im allgemeinen höchstens in eingeschränktem Maße der Fall sein. Die Vertreter einer Sprachvariante brauchen nur zu behaupten, und oft werden sie sich streng dazu berechtigt glauben, daß die Wiedergabe der mit dieser Sprachvariante möglichen Leistungen in der anderen Sprachvariante inadäquat ist und damit die Berechtigung zur Beurteilung nicht gegeben ist. Das ist genau der Fall, der bei der Auseinandersetzung verschiedener philosophischer Richtungen, z. B. des Empirismus mit der Hermeneutik oder der Philosophie in Hegelscher Tradition, eintritt. Hier liegen nicht etwa nur verschiedene Netze von Annahmen vor, sondern völlig verschiedene Sprachvarianten *und* verschiedene Systeme von Verwendungsbedingungen. Die zentrale Rolle, die Hegel und die Hermeneutiker »sprechenden« Begriffen zubilligen, und die Hinführung zu solchen Begriffen und ihrer Verwendung im Text ist völlig anders als der Versuch, die Verwendungen der Begriffe möglichst scharf zu fixieren und streng zu reglementieren. Ich meine, hier hilft es nicht, darauf zu insistieren, wie Bar-Hillel (1960) das tut[24], daß jede Sprachvariante (bzw. jede Philosophenschule, die eine solche entwickelt habe) sich in der Sprache des Marktes verantworten solle und dort wenigstens die Motivation seiner Sprachvariante verhandeln müsse. Als Vorschlag ist dies beherzigenswert. Es ist aber nicht auszuschließen, daß die Verhandlung auf dem Markt der Ideen in der Sprache des Marktes nicht zu einem bündigen Urteil kommt, weil die Leistung einer besonderen Sprachvariante erst *in* der Kenntnis und Verwendung dieser Variante völlig klar wird. Wenn man einmal von dem Prestige der Mathematik und ihrem Beitrag für die moderne Naturwissenschaft und Technik, die sich in unserem Jahrhundert besonderer Wertschätzung erfreuen, absieht, so dürfte es keineswegs ganz leicht sein, in der Sprache des Marktes die besonderen Vorzüge der mathematischen Sprachvarianten klar zu machen, ohne den Diskussionspartner über einen *Lehr*prozeß in die Verwendung der Sprachvariante selbst einzuführen.

Im Prinzip gibt es daher keine Sprachvariante oder Klasse von Sprachvarianten, die derart ausgezeichnet ist, daß in ihr und nur in ihr die letzten Gründe für die Wahl anderer ausgedrückt werden könnten. Da aber die Kriterien und Begründungszusammenhänge verschiedener Sprachvarianten keineswegs identisch zu sein brauchen, sondern allenfalls Familienähnlichkeiten aufweisen (neben charakteristischen Unterschieden), gibt es keine sprachliche Grundlage für diese Fassung und Formulierung der letzten transzendentalen Gründe der Sprachwahl. Es bleibt beim Carnapschen Toleranzprinzip; die pragmatischen Bedingungen sind darum nicht zu fixieren, weil sie unlöslich mit der Entwicklung und der Wahl verbunden sind: In den sich entwickelnden Sprachvarianten *zeigt* sich partiell, welches die besonderen Bedürfnisse und Zwecke sind, denen diejenigen, die diese Sprachvarianten entwickeln, nachgehen. Das ist durchaus vereinbar damit, daß die Leute, die das tun, etwas über ihr Tun in einer bereits verstandenen Sprache sagen können. Es ist nur die Frage, wieviel das, was sie da sagen, über das, was sie da tun, besagt – im Normalfall wird es allenfalls eine gewisse Orientierung ihres Tuns angeben.

12. *Transzendentale, unbegrenzte Kommunikationsgemeinschaft?*

Da nun jede besondere Sprachvariante in einem bestimmten Kontext der Zweckmäßigkeit entwickelt wird, bedeutet die Entwicklung einer Vielzahl von besonderen Sprachvarianten, daß versucht wird, einer großen Zahl von Zwecken besser zu genügen, als dies die vorgegebenen Sprachvarianten, insbesondere die Normen der Umgangssprachen, erlauben. Wie wir sahen, kann das aber auch auf die Vorstellungen von den Normen der Umgangssprachen bei den einzelnen Sprechern zurückwirken und auch diese partiell beeinflussen. Dadurch entsteht bei denen, die diesem Einfluß nachgeben, eine gewisse, zunächst vielleicht geringfügige Verschiebung ihrer Normvariante gegenüber der Normvariante der anderen, die normalerweise nicht ohne Auswirkung auf ihren Sprachgebrauch sein wird. Es können jetzt in der Sprachgemeinschaft einige Mißverständnisse eintreten, die vorher nicht eingetreten wären; d. h. die allgemeine Kommunikation wird partiell behindert aufgrund der Entwicklung besonderer Sprachvarianten, die nur im kleineren Kreis benutzt werden können. So zieht die größere Diversität der Sprachvarianten unter Umständen eine größere Diversität in einer Sprachgemeinschaft nach sich, die in manchen Fällen mit einer Verkleinerung der Gemeinschaften einhergeht, in denen problemlos kommuniziert werden kann.

Die Frage ist, ob dadurch nicht die Annahme Apels verletzt wird, daß die transzendentale unbegrenzte Sprachgemeinschaft *das* regulative Prinzip der Pragmatik der Umgangssprache sei. Wie ist es zu verstehen, daß eventuell immer größere Diversität und potentielle Mißverständlichkeit in die Sprachgefüge durch freie Entscheidung der Sprecher eingeführt werden, wenn doch *das* regulative Prinzip gerade dem entgegenwirken sollte? Wir wollen diese Frage jetzt im einzelnen diskutieren.

Zunächst soll gezeigt werden, daß die wesentlichen Aspekte der Apelschen Position erhalten bleiben können, auch wenn die Pragmatik auf beliebige Sprachvarianten relativiert werden kann und nicht nur auf die Umgangssprache. Das bedeutet, daß die Widerlegung der fundamentalen Rolle der Umgangssprache im System der Sprachvarianten nicht ausreicht, um das Prinzip zu widerlegen. Man kann nämlich auch so argumentieren, daß das transzendental-pragmatische Prinzip der unbegrenzten Kommunikationsgemeinschaft sich durch Reflexion in jeder Sprachvariante müsse erkennen lassen.

Gewiß gibt es universale Prinzipien dieser Art, die sich an jeder Sprachvariante ablesen lassen, welche Sprachvariante man auch auswählen mag. So ist klar, daß jeder sprachliche Ausdruck jeder Sprachvariante artikulierbar sein muß, und zwar so, daß das Resultat hörbar ist, und daß im allgemeinen zu verschiedenen Ausdrücken eine verschiedene Artikulation gehören muß. Weiterhin ist klar, daß der Gebrauch sprachlicher Ausdrücke sich nicht in ihrem Aussprechen erschöpft, sondern daß ein Sprecher, indem er den Ausdruck ausspricht, im Normalfall eine bestimmte Sprechhandlung ausführen will. Allenfalls in untypischen Fällen[25] sind diese Sprechhandlungen nicht zur Beeinflussung anderer Menschen gedacht, sei es auch nur, um sie zu einem Verständnis des Gesagten zu bringen. Darüber hinaus ist zu erwarten, daß gewisse Prinzipien sprachlicher Struktur so grundlegend sind, daß sie von jeder Sprachvariante manifestiert werden müssen. Chomsky hat sich, wie bekannt, intensiv bemüht, solche syntaktischen Strukturprinzipien möglichst spezifisch zu formulieren, in der Erwartung, hiermit charakteristische sprachliche Einschränkungen zu erfassen, deren eingeborene Kenntnis es andererseits dem Menschen gerade ermöglichen soll, sich sehr rasch im frühesten Kindesalter die Beherrschung jeder beliebigen Sprachvariante aneignen zu können. Es ist aber in den letzten Jahren auch klar geworden, daß bisher noch kein Vorschlag ausreichend detailliert und begründet werden konnte. Chomskys Idee ist also eher ein Forschungsprinzip und keineswegs bereits eine Einlösung der Vermutung von Peirce, daß die allgemeinen Grenzen der menschlichen Intelligenz viel enger sind, als dies der romantischen Annahme der unbegrenzten Möglichkeit zur Vervollkommnung des Menschen entspräche.[26] Zu diesen gesuchten allgemeinen Prinzipien könnte nun auch dasjenige gehören, daß mit jedem Sprechakt (oder wenigstens mit bestimmten wichtigen Sprechakten wie Argumentieren und Begründen) in *jeder beliebigen Sprachvariante* die transzendentale, unbegrenzte Kommunikationsgemeinschaft vorausgesetzt wird. Das wesentliche Argument ist also unabhängig von der Wahl der Umgangssprache als grundlegender Sprachvariante.

Was ist nun mit der unbegrenzten transzendentalen Sprachgemeinschaft gemeint? Am klarsten wird dies wohl im Zusammenhang mit ernsthaftem Behaupten und Argumentieren. So schreibt Apel, daß jeder, der argumentiert, »mit dem Argumentieren – und das heißt auch: mit jedem noch so radikalen Zweifel, der als Zweifel einen *Sinn* haben soll – zugleich die transzendentalen Voraussetzungen . . . im Sinne des transzendentalen Sprachspiels einer unbegrenzten kritischen Kommunikationsgemeinschaft selbst gesetzt und implizit anerkannt« hat.[27]

Ich rekonstruiere diese Behauptung zunächst in folgendem Sinn: Wenn jemand etwas ernsthaft behauptet, so ist er bereit, im Bedarfsfall dafür zu argumentieren. Für die Schlagkraft seiner Argumentation kommt es nun darauf an, daß sowohl der Sinn seiner Behauptung als auch seiner dafür vorgebrachten Argumente klar und deutlich und so, wie sie gemeint sind, vom Argumentationspartner verstanden werden und daß die Relevanz der Argumente für die Behauptung von beiden Partnern gleich beurteilt werden. Sind diese Bedingungen nicht erfüllt, so können Mißverständnisse und Fehleinschätzungen die Schlagkraft der Argumentation vermindern. Nun haben wir gesehen, daß im allgemeinen nicht davon ausgegangen werden kann, daß Kommunikationspartner über dieselben Sprachvarianten verfügen, so daß die Schlagkraft der Argumentation im allgemeinen tatsächlich eingeschränkt ist. Es ist jedoch klar, daß die Argumentation ideal wäre, wenn solche Einschränkungen hinsichtlich des gleichen Verstehens und der gleichen Relevanzbeurteilung nicht vorliegen. Die idealen Kommunikationsbedingungen bestimmen, was sinnvolles Argumentieren im vollen Sinn ist. Sie konstituieren in einem bestimmten Sinne die transzendentale Kommunikationsgemeinschaft (der Argumentierenden) als die Gruppe derjenigen Menschen, die als über die idealen argumentativen Kommunikationsbedingungen verfügend vorausgesetzt werden. Diese Gruppe ist unbegrenzt in dem Sinn, daß ihr potentiell alle Menschen angehören können. Sofern mit der unbegrenzten transzendentalen Kommunikationsgemeinschaft im Grunde also nur dies gemeint ist, daß jede Sprachvariante, sofern man in ihr argumentieren kann, nicht grundsätzlich irgendwelche bestimmten Menschen von der Gruppe derjenigen ausschließt, die potentiell auf gleiche Weise argumentieren könnten, so kann der Begriff, wie mir scheint, gerechtfertigt werden.

Allerdings ist hiermit noch nicht gesagt, daß das, was Argumentieren heißt, in allen Sprachvarianten mit denselben Kriterien und Relevanzbedingungen für Argumente verbunden ist. Daher ist es denkbar, daß zwar jeder Sprecher einer Sprachvariante davon ausgeht, daß jeder andere mit ihm in dieser Sprachvariante ideal argumentieren *könnte*, daß aber verschiedene Sprecher eben dies jeweils für partiell verschiedene Sprachvarianten – und damit Weisen des Argumentierens – annehmen.

Man kann also nicht eigentlich von *der* unbegrenzten transzendentalen Kommunikationsgemeinschaft reden, sondern muß dies auf die Sprachvariante relativieren: die unbegrenzte transzendentale Kommunikationsgemeinschaft von Sprachvariante i.

Es ist allerdings zu vermuten, daß diese Relativierung nicht den Intentionen Apels entspricht. Insbesondere kann der so relativierte Begriff natürlich nicht zur Lösung der Aufgabe der allgemeinen philosophischen Letztbegründung verwendet werden, sondern allenfalls zur Fundierung innerhalb einer Sprachvariante. Nur wenn diese eine Sprachvariante transzendental auszuzeichnen wäre, könnte das Apelsche Programm weiter verfolgt werden. Wie wir aber gesehen haben, gibt es keine Möglichkeit einer solchen Auszeichnung.

Um dennoch eine solche Möglichkeit zu erschließen, verweist Apel einerseits auf Wittgensteins Konzeption des prinzipiell nicht privaten Sprachspiels, andererseits auf Peirce' »Indefinite Community of Investigators«, die bei Royce zur »Community of Interpretation«, bei Mead zur »Community of Universal Discourse« verallgemeinert wurde.
In seinem Bezug auf Wittgensteins Begriff des Sprachspiels stützt sich Apel vor allem auf die Interpretation, daß kein Sprecher allein einer (sprachlichen) Regel folgen könne. Diese Interpretation ist jedoch durchaus fraglich. Wittgenstein ging es vor allem darum zu zeigen, daß die Sprachverwendung mit jedermann beobachtbaren Verwendungsbedingungen verwoben ist (und nicht mit angeblich oder tatsächlich nur einem Individuum zugänglichen Erfahrungen). Damit sind folgenden Interpretationen durchaus kompatibel:
a) daß jemand eine Menge von Äußerungen und ihre Zuordnung zu Verwendungssituationen alleine entwickelt hat und alleine beherrscht, die aber »von jedermann, der scharfsinnig genug ist, den Zusammenhang zwischen bestimmten Lauten (oder Schriftzeichen) und bestimmten äußeren Umständen zu erkennen, verstanden werden *könnte*«[28], und
b) daß jemand den Zusammenhang zwischen den Äußerungen und den Umständen in seiner dafür entwickelten Struktur der Sprachvariante anders erfassen könnte als ein anderer.
Im letztgenannten Punkt liegt der Grund für Quines Unbestimmtheit der Übersetzungen. Die Beherrschung unterschiedlicher Sprachvarianten durch verschiedene Sprecher, soweit sie nur kommunikativ synchronisiert sind, wird von Wittgenstein keineswegs ausgeschlossen. Der Verweis auf seine Argumentation leistet also nicht das, was Apel wünscht.
Wie steht es mit den Verweisen auf Peirce, Royce und Mead? Peirce' Begriff der »indefinite community of investigators« ist durchaus in meinem Sinne: Die Gemeinschaft der Forschenden besteht gerade aus denjenigen, die eine besondere Sprachvariante entwickeln. So ist es richtig, daß in der bisherigen historischen Entwicklung der Wissenschaft die Absicht, zu

einem Konsensus zu kommen, immer wieder geholfen hat, daß Brüche im Gebäude der Wissenschaft, sei es durch sog. wissenschaftliche Revolutionen zeitweise hervorgerufen, sei es durch unterschiedliche Arten von Wissenschaften bedingt (z. B. Geisteswissenschaften – Naturwissenschaften), überwunden werden konnten, offenbar nur aufgrund der Tatsache, daß tatsächlich darauf vertraut wird, daß ein Konsens der unbeschränkten Gemeinschaft der Forschenden, die prinzipiell die Gemeinschaft aller Verstandeswesen umfaßt, die Adäquatheit der Erkenntnis nicht nur nicht verhindert, sondern geradezu als »Garant der Objektivität der Erkenntnis« gilt.[29] Apel vergißt hier aber die Kosten zu beachten: In gewissen Fällen, so insbesondere in einigen Bereichen der Naturwissenschaften, ist es nur möglich, diese Gemeinschaft zu erhalten, wenn man die Ausbildung besonderer Sprachvarianten zuläßt und gutheißt, die nicht mehr von allen Nicht-Forschern unbedingt verstanden werden und für alle (Forscher und Nicht-Forscher) Grundlage der Argumentation sind. Dies liegt nicht nur am Umfang von Kenntnissen in diesen Wissenschaften, sondern auch und wesentlich an der Form, in der diese Kenntnisse ausgedrückt sind. Der Konsens ist nun nicht mehr unabhängig von der Entwicklung der Sprachvariante: Er betrifft eben ausdrücklich die Gemeinschaft der Forschenden, und zu dieser gehört nur jemand, der die Sprachvariante beherrscht.

Es ist also höchst problematisch, von hier aus ohne weiteres auf die gesamte Kommunikationsgemeinschaft zu verallgemeinern, wie dies Apel im Anschluß an Royce und Mead tut. Die bisherige historische Entwicklung geht jedenfalls nicht zu einer Vergrößerung der Kommunikationsgemeinschaft, sondern stattdessen zu einer immer weiteren Diversifizierung in Experten verschiedenster Art (von denen einige sogar ihre besonderen Sprachvarianten haben), die alle zugleich Laien sind in den Bereichen, für die sie nicht kompetent sind. Es ist richtig, daß Forscher verschiedener Forschungsbereiche auch als Laien untereinander reden und argumentieren, aber die Bedingungen und die Stringenz des Argumentierens, ihre Qualität, ist eine wesentlich andere, so daß das Verhältnis der laienhaften umgangssprachlichen Diskussion zur fachlichen gespannt und problematisch bleiben muß. Was in den verschiedenen Bereichen argumentieren heißt, mag eine Familienähnlichkeit untereinander aufweisen, ja, es ist sogar denkbar, ein Argument in einem Bereich (z. B. der Umgangssprachvariante) in einem anderen (z. B. einer Sprachvariante der formalen Logik) zu analysieren. Das beste, was hier erreicht werden kann, ist aber das Verhältnis von Explikandum zu Explikat, für das es kein Kriterium des Richtig- oder Falschseins gibt.

Es ist also höchst problematisch, den Konsens, der an eine Sprachvariante gebunden werden kann und der zugleich konstitutiv für *eine* Gemeinschaft der Forschenden ist, ohne weiteres zu *dem* Konsens *der* unbegrenzten Kommunikationsgemeinschaft zu verallgemeinern, sei es auch nur im transzendentalen Verständnis.

Um es nochmal ganz klar zu formulieren: Ich halte es nicht für ausgeschlossen, daß eines Tages eine unbegrenzte Kommunikationsgemeinschaft existieren könnte (obwohl ich das aus den oben dargelegten Gründen als eine starke Einschränkung der Menschheit insgesamt und der Möglichkeiten der Individuen ansehen würde), ebenso wenig wie das Gegenteil, nämlich daß die Menschheit in eine zunehmend große Zahl von Kommunikationsgemeinschaften gegliedert sein wird, die sich jeweils in den Individuen in vielfältiger Weise überlappen (da jeder gleichzeitig den verschiedensten Kommunikationsgemeinschaften angehört). Zu den Eigenschaften, die allen Sprachvarianten zukommen, braucht kein klar umgrenzbarer Begriff des Argumentierens oder ein universaler (Sprachvarianten-unabhängiger) Begriff der Wahrheit zu gehören: Argumentieren ist jeweils Argumentieren-in-einer-Sprachvariante und Wahrheit ist Wahrheit-in-einer-Sprachvariante. Der Versuch der Übersetzungen der Begriffe in den verschiedenen Varianten kann gemacht werden, und soweit dies geschieht, wird sichergestellt, daß im allgemeinen nicht das, was in einer Sprachvariante Nicht-argumentieren heißt, in der anderen Argumentieren heißt, die Begriffe also in der Übersetzung durchaus Familienähnlichkeit aufweisen.

Angenommen es bleibt dabei, daß die Menschheit in eine große Zahl von Kommunikationsgemeinschaften gegliedert ist und ich mit dem einen Partner in dieser Sprachvariante besser argumentieren kann, mit dem anderen aber nur in jener und mit jenem dritten keine Sprachvariante zu gemeinsamem Argumentieren zur Verfügung steht. Es ist dann durchaus richtig, daß ich bei fragloser Kommunikation nicht in Frage stelle, daß der erste Partner sowohl über meine Sprachvariante verfügt als auch bei Reflexion dazu kommen könnte, daß prinzipiell alle sich in dieser Sprachvariante verständigen könnten. Mit dem zweiten Partner wiederholt sich dasselbe für die andere Sprachvariante. Sobald aber die Kommunikation nicht mehr fraglos funktioniert, muß ich doch eben dies in Frage stellen. Ob man das Nicht-in-Frage-stellen der fraglosen Kommunikation so rekonstruieren soll, daß der Sprecher das, was er nicht in Frage stellt, voraussetzt, möchte ich letztlich dahingestellt sein lassen.

Gewiß ist es richtig, daß die Möglichkeit, daß alle Partner über Sprachhandlungen verfügen, die fraglose Kommunikation ermöglichen, ein fast allgemein verbreitetes Desiderat ist. Da es aber in Konkurrenz mit vielen anderen Desideraten steht, die unser Handeln und eventuell die Sprachentwicklung regulativ bestimmen, ist der Grad der Berücksichtigung dieses Desiderats sehr variabel. Die Berücksichtigung einiger der anderen Desiderate wirkt, wie wir gezeigt haben, jedenfalls dem Desiderat der unbegrenzten Kommunikationsgemeinschaft entgegen, so daß nicht davon ausgegangen werden kann, daß eine Kommunikationsgemeinschaft über etwas Gemeinsames verfügt – sei es auch nur über ein gemeinsames Prinzip. Nicht in der gleichen Prägung findet sich letztlich die Grundlage der Gemeinschaft, sondern – sofern diese Gemeinschaft vorhanden ist – in der »brüderlichen« Annahme[30] des anderen als jemand, der mir gleich ist, indem er von mir verschieden sein kann, und in der Ermöglichung dieser Verschiedenheit, auch dann, wenn dadurch die gemeinsame Kommunikation behindert werden könnte.

In der Dialektik der Gleichheit der Menschen untereinander und der Freiheit zum Besseren, auch wenn dies Ungleichheit schafft, kommt es auf die Brüderlichkeit an, die den anderen in seiner Ungleichheit dem Bruder gleich erachtet. Aber diese Brüderlichkeit ist vielleicht eine eher irrationale Hoffnung.

1 Gelegentlich hat Chomsky auch schon angedeutet, daß mehrere Sprachstrukturen gleich optimal sein könnten für ein System von Äußerungen, das in einer Sprachgemeinschaft verwendet wird. Dies ist zwar eine wichtige Erweiterung, reicht aber zur angemessenen Charakterisierung der Inhomogenität der Sprachgemeinschaft nicht aus, wie wir sehen werden.

2 Manches von dem, was hier dargestellt wird, läßt sich zu dem in Beziehung setzen, was H. H. Lieb in *Sprachstadium und Sprachsystem* (Stuttgart 1970) expliziert hat. Gewisse terminologische Unterschiede sollten jedoch beachtet werden. Der hier benutzte Terminus »Sprachausprägung des Sprechers m zum Zeitpunkt t« entspricht eher dem Terminus »ist ein sprachliches Verständigungsmittel für m im Existenzintervall V1« und der Terminus »Sprachstruktur« dem Terminus »System eines (sprachlichen) Verständigungsmittels«. Dabei gehe ich, wie bereits betont, immer davon aus, daß die Sprachstruktur als eine Theorie, d. h. als ein System theoretischer Feststellungen über der Struktur einer Sprachausprägung formulierbar ist.

2 a Im Falle der wissenschaftssprachlichen Sprachvarianten nehmen die Netze die Form von prätheoretischen Begriffszusammenhängen und Bildern und schließlich Theorien an, und die Verwendungsbedingungen werden die Abwendungsbedingungen einer Theorie. Man vergleiche dazu W. Stegmüller, *Theorienstruktur und Theoriendynamik*, 2. Halbband, Berlin-Heidelberg-New York 1973, S. 34, 77 ff., 191. Bei Sprachvarianten für andere Zwecke werden die charakteristischen Aspekte der Netze und Verwendungssysteme gewiß verschieden von denjenigen der wissenschaftssprachlichen Sprachvarianten sein, und es ist ein höchst interessantes Forschungsproblem, die Art der Unterschiede zu klären.

3 Erscheint in: A. Kashec (ed.), *Language in Focus. Foundations, Methods and Systems.* Essays Dedicated to Yehoshua Bar-Hillel on his 60th Birthday, Dordrecht/Boston 1975. Eventuell müßten die Angaben noch um eine Theorie der Modi der Sprachverwendung erweitert werden; möglicherweise so, wie in D. Lewis' *Conventions*, Cambridge, Mass. 1969.

4 Hier muß man beachten, daß in der Logik gewöhnlich zur leichteren Formulierung und Manipulation dieser Beziehungen nicht die »Oberflächenformen« der natürlichen Sprachen genommen werden, sondern gewisse reglementierte Formen. Zwischen der logischen Oberflächenform eines Ausdrucks und der reglementierten Form ist also streng zu unterscheiden. Beispiel:
Oberflächenform: Alle P sind Q
Zwischenform: Alle Dinge, die P sind, sind (auch) Q
Eine reglementierte Form: Für alle x: wenn Px, so Qx

5 Am präzisesten H. H. Lieb, *Sprachstadium und Sprachsystem*, a.a.O.

6 Alle bisher gemachten Feststellungen setzten voraus, daß die Sprachausprägungen strukturell angemessen als Präzisionssprachen charakterisiert werden können. Bis heute ist noch relativ unklar, wie eine Theorie von Sprachausprägungen aufgestellt werden soll, deren Objekt nicht Präzisionssprachausprägungen sind. Eine Möglichkeit bestünde darin, eine Sprachausprägung eines Sprechers als eine wahrscheinlichkeitstheoretisch bewertete Menge von Präzisionssprachausprägungen anzusehen, also z. B.

$$S_{i,j}\,(m,t) = \left\{ S_{i_1,j_1}\,(m,t), \ldots S_{i_r,\,j_r}\,(m,t) \right\} \text{ derart daß}$$

p_{i_q,j_q} die Wahrscheinlichkeit der zugrunde liegenden Präzisionssprachausprägung S_{i_q,j_q} ist und $\sum_{q=1}^{r} p_{i_q,j_q} = 1.$

7 Man sollte beachten, daß hier nicht nur die Wahrheit von Feststellungen von Lewis ins Spiel gebracht wird, sondern auch Wahrheitsbedingungen für Forderungen, absichts-bindende und erlaubende Äußerungen.

8 Vgl. Bedingungen (4) und (5) in Lewis' Definition der Konvention (bzw. die Bedingungen (5) und (6) meiner Modifikation: Schnelle, *Sprachphilosophie und Linguistik*, Reinbek bei Hamburg 1973, S. 302.

9 Vgl. Lausberg, *Elemente der literarischen Rhetorik*, München 1963, § 92.

10 Vgl. »Pflichtenkonflikt« der Rhetorik, Lausberg, a.a.O., § 93; virtus recte loquendi – virtus bene dicendi, und weiter die vir-

tus vere dicendi, die in den Untersuchungen [...]r Sprache wissenschaftlicher Theorien im Vordergrund stehen.

11 Diese Tatsache halte ich für eminent wichtig. Sie ist, wie ich meine, der entscheidende Beleg für die Inhomogenität einer Sprachgemeinschaft auch im Bereich der Umgangssprache.

12 So können z. B. gewisse Sprachstrukturen, sei es daß sie ein Norm-Vorbild wiedergeben oder eine Abwandlung davon, alle Manifestationen derselben Sprachsystembedingungen sein, und andere (z. B. beherrschte Sprachstrukturen verschiedener Sprachen) können zwar verschiedene Sprachsystembedingungen, aber dieselben Sprachtypusbedingungen manifestieren (wobei hier Sprachsystembedingung und Sprachtypusbedingung im Sinne von E. Coseriu, »Synchronie, Diachronie und Typologie« (übers. in: ders., *Sprache, Strukturen und Funktionen*, Tübingen (TBL) 1970) verstanden werden kann und Norm-Vorbild seiner Norm entspricht).

13 Vgl. § 6.5–6.8 bei Martinet, *Grundzüge der allgemeinen Sprachwissenschaft*, Stuttgart 1963.

14 Die Diskussion in Teil I konzentrierte sich auf die Diversität einer Sprachgemeinschaft in bezug auf die in ihr anzutreffenden Sprachbeherrschungen. Dabei wurden die A-Netze, die in Sprachvarianten aufgebaut werden können, und die Systeme von Verwendungsbedingungen nur kurz erwähnt (vgl. S. 406) und nicht näher erörtert, weil die Diversität auf diesen Ebenen ja nicht umstritten ist.

15 Vgl. etwa W. Stegmüller, *Theorie und Erfahrung*, a.a.O.

16 So z. B. H. H. Lieb, *Sprachstadium und Sprachsystem*, a.a.O., und gewisse Grundkonzepte aus E. Coseriu, a.a.O. und auch *Synchronie, Diachronie und Geschichte*, München 1974.

17 Vgl. R. Carnap, »Replies«, in: P. A. Schilpp (ed.), *The Philosophy of Rudolf Carnap*, La Salle, Ill. 1963, S. 933–940, speziell 938.

18 K. O. Apel, »Charles W. Morris und das Programm einer pragmatisch integrierten Semiotik«, in: C. W. Morris, *Zeichen, Sprache und Verhalten*, Düsseldorf 1973, S. 13.

19 K. O. Apel, »Szientismus oder transzendentale Hermeneutik«, in: R. Bubner et al. (Hrsg.), *Hermeneutik und Dialektik*, Tübingen 1970.

20 R. Carnap, »Replies«, a.a.O., S. 938.

21 K. Lorenz, *Elemente der Sprachkritik*, Frankfurt 1970.
22 In: L. Krauth, *Die Philosophie Carnaps*, Wien, New York 1970, Kap. VII.
23 A.a.O., S. 106; Hervorhebung von mir.
24 Y. Bar Hillel, »A Prerequisite for Rational Philosophical Discussion«, *Synthese* 12 (1960) 328–332. Vgl. auch meine Besprechung von *Aspects of Language*, in: *Philosophia* 3 (1973), S. 337 ff.
25 Obwohl untypisch, gibt es natürlich solche Fälle, z. B. Singen.
26 Vgl. N. Chomsky, *Language and Mind*, New York 1972, S. 90.
27 K. O. Apel, »Die Kommunikationsgemeinschaft...«, in: *Neue Hefte für Philosophie*, Heft 2/3 (1972), S. 3.
28 Vgl. Newton Garver, »Wittgenstein, On private Language«, dtsch. Übers. in: *Über Ludwig Wittgenstein*, Frankfurt 1968, S. 106.
29 K. O. Apel, »Szientismus...«, a.a.O., S. 118.
30 Oder in der Solidarität (sofern dem Leser der andere Terminus zu bürgerlich sein sollte).

Dieter Wunderlich
Über die Konsequenzen von Sprechhandlungen

1.

Meine These ist, daß es zur Natur von Sprechhandlungen gehört, Konsequenzen zu haben. »Natur« verstehe ich in dem Sinne, daß es historisch entwickelte Konventionen bzw. Regeln gibt, die die Ausführung von Sprechhandlungen an bestimmten Punkten einer Interaktionsgeschichte (bzw. der Entwicklung einer sozialen Situation) steuern; gemäß der Konvention kann die Ausführung bestimmter Sprechhandlungen an bestimmten Punkten einer Interaktionsgeschichte u. U. erwartet werden, ebenfalls kann das, was auf sie folgt, u. U. erwartet werden. Einige Aspekte oder Bestimmungsstücke einer Konvention können je historisch besonders sein (abhängig von bestimmten Formen der Arbeitsteiligkeit und den wirtschaftlichen, sozialen und kulturellen Institutionen in einer bestimmten Gesellschaft) und sie können in verschiedenen sozialen Gruppen und eventuell relativ zu bestimmten gemeinsam gemachten Erfahrungen oder Festlegungen differieren; andere Aspekte gelten generell, sie sind jedenfalls nicht auf eine bestimmte Sprache oder einen bestimmten historisch einzuordnenden Sprachkreis beschränkt. Ich werde mich hier vorwiegend mit derartigen generellen Aspekten befassen. Genauer: auf der Grundlage einer generellen These, worin die Konsequenz einer Sprechhandlung qua Sprechhandlung gesehen werden soll, wird eine Typologie von Sprechhandlungen entwickelt, die es erlaubt, jeweils bestimmte Sprechhandlungen theoretisch-kategorisch einzuordnen. Im Deutschen (und in vielen benachbarten Sprachen) kann zwischen einer Bitte und einem Befehl unterschieden werden (d. h. die Sprecher kennen die Wörter ›Bitte‹ und ›Befehl‹ – oder evtl. ihre Übersetzungen – und wissen sie auf einzelne Sprechhandlungen anzuwenden). Das Gemeinsame von Bitte und Befehl besteht darin, daß in ihnen eine Bedingung für den jeweils Angesprochenen zum Ausdruck kommt, die von diesem durch eine spätere Handlung erfüllt werden kann; er kommt der Bitte oder dem Befehl nach.

Ich spreche nun im Folgenden von einer semantischen Behandlung bzw. von einem semantischen Sprechhandlungstyp, wenn eine derartige Ebene von Allgemeinheit (bzw. Gemeinsamkeit verschiedener Sprechhandlungen) angezielt ist. Dahinter steht auch die Annahme, daß es möglich sein sollte, derartige generelle Eigenschaften in einer Logik (evtl. formalen Logik) charakterisieren zu können. In ihr wird insbesondere von dem spezifischen Situationskontext einer Sprechhandlung und von dem spezifischen sozialen Verhältnis zwischen den Sprechern (bzw. Sprechern und Angesprochenen) abgesehen; unter anderem auf dieses Verhältnis wird sich aber bezogen, wenn eine Bitte von einem Befehl unterschieden wird (und in diesem Falle würde ich von pragmatischen Unterscheidungen sprechen). Mit den Benennungen ›semantisch‹ und ›pragmatisch‹ verbinde ich hier keine unterschiedlichen methodischen Programme oder philosophischen Orientierungen, sondern hauptsächlich Unterscheidungen verschiedener Allgemeinheit: der Unterschied von Bitte und Befehl liegt auf anderer Ebene als der Unterschied von Bitte und Entschuldigung, oder Warnung. Damit ist nicht die unterschiedliche Bedeutung der Wörter ›Bitte‹ usw. gemeint (wenngleich sie sicher etwas mit diesen Unterschieden zu tun hat), sondern der Unterschied zwischen den erwähnten Sprechhandlungen (die wir u. U. auch in einer anderen Sprache erwähnen könnten). Der Ausdruck ›semantisch‹ bezieht sich also auf die generelle Struktur von Handlungsprozessen (mit der Annahme, daß sie logisch rekonstruierbar sei) und nicht allein auf Wahrheitsfunktionen; insofern unterscheidet sich sein Gebrauch hier von anderen in der Literatur oft üblichen Verwendungsweisen. Darüber hinaus wird angenommen, daß jede empirische oder konkrete Sprachanalyse grundsätzlich unter pragmatischen Bedingungen steht, welche die Besonderheit der Äußerungen berücksichtigen; die dabei vorzunehmenden kategorialen Zuordnungen erfordern jedoch die Bezugnahme auf generelle Zusammenhänge und Strukturen.

Zur Ausführung einer Sprechhandlung gehört immer eine physische raumzeitliche Aktivität eines Menschen, bei der er gewisse lautliche oder graphische Ereignisse herstellt, die im allgemeinen gemäß den Regeln einer spezifischen Sprache und evtl. einer spezifischen Institution interpretierbar sind. Erst aus der Interpretation geht hervor, welche Sprechhandlung ausgeführt wurde und evtl. welchem generellen Typ wir sie zurechnen können. Ich werde z. B. ›Behauptung‹ im Sinne eines Sprechhandlungstyps verstehen (für den allgemeine semantische Regeln gelten), unter dem viele einzelne Behauptungen subsumierbar sind. Umgekehrt muß nicht jede Sprechaktivität als Sprech*handlung* interpretiert werden; ein bloßes Hinmurmeln von Wörtern braucht keine Sprechhandlung zu sein. Dieser Fall wird deshalb ausgeschlossen, wenn von den Konsequenzen von Sprechhandlungen die Rede ist.

Sprechhandlungen, die keine Konsequenzen mehr hätten, würden ihren Sinn für die Fortentwicklung sozialer Situationen, d. h. für die Interaktion von Menschen, verlieren. Sie wären aus der Liste der relevanten Tätigkeiten zu streichen und nur noch als isolierte Möglichkeiten physischer Aktivität des Menschen zu begreifen. Sie wären letztlich nicht mehr interpretierbar, also in dem oben ausgeführten Sinne auch keine Sprechhandlungen mehr. (Wie man sieht, werden ›Interpretierbarkeit‹ und ›Konsequenzen haben‹ in einem gewissen Sinne gleich verstanden.)

Auch in einem Spiel wären derartige Aktivitäten nicht mehr sinnvoll zusammenzubringen. Auch das Spiel hat seine Regeln und verfolgt einen mehr oder weniger definiten Zweck. Jeder Zug im Spiel, der beansprucht, als *Zug in diesem Spiel* genommen zu werden, hat Konsequenzen für die weitere Entwicklung des Spiels. Wohl ist es nicht nur denkbar, sondern auch oft der Fall, daß Züge in einem Spiel vorkommen, die nicht Züge *dieses* Spiels sind. Sie sind dann entweder überhaupt keine Züge, sondern Mißgeschicke, versehentliche Aktivitäten o. ä. (und insofern übergehbar), oder sie sind Züge eines anderen Spiels, das sie *mit diesem* verflechten (z. B. Züge eines Kommentars zum Spiel) oder das sie *statt diesem* in Gang bringen wollen.

Das allgemeinste, was man zu Sprechhandlungen sagen kann, ist etwa dieses: Sie verändern in einer nicht naturgesetzlichen Weise einen Teil der Welt, nämlich die soziale Situation, in der sich betreffende Menschen (Sprecher, Angesprochene und Hörer) gemeinsam befinden. Sie verändern erstens die Einstellungen der Beteiligten, und zwar in konventioneller, normalerweise erwartbarer Art, wie auch eventuell in zufälliger und nicht beabsichtigter Art. (Tatsächlich müssen nicht die Einstellungen aller Beteiligten verändert werden, und auch nicht immer in beiden Arten.) Zweitens verändern sie den Zustand der zwischen den Beteiligten geltenden Handlungsbedingungen; diese sind in dem Sinne objektiv, als sie (gemäß den Regeln der Interaktion) von anderen beurteilt werden können und andere manchmal auch als beurteilende Instanz herangezogen werden.

Zu klären ist nun, was unter ›Handlungsbedingung‹ verstanden werden soll. Eine Handlungsbedingung ist etwas, das durch bestimmte Handlungen bestimmter Personen (je nach Inhalt der Bedingung) erfüllt werden kann. Von den anderen Beteiligten wird erwartet, daß die betreffenden Personen ihre Aktivitäten so ausführen oder auszuführen versuchen, daß sie die für sie bestehenden Handlungsbedingungen erfüllen, und die betreffenden Personen erwarten eine derartige Erwartung und folgen ihr deshalb, sofern sie kooperationswillig sind. Dabei orientieren sie sich daran, ob ihre jeweilige Aktivität als Handlung der betreffenden Art interpretiert werden kann. Zur Erwartung gehört im allgemeinen, daß ihre Enttäuschung nicht widerstandslos hingenommen wird. Dies hängt nun nicht nur mit der jeweils persönlichen psychischen Struktur, sondern auch und wahrscheinlich primär mit der allgemeinen Struktur menschlicher Kooperation zusammen:

diese würden auf die Dauer unmöglich gemacht, wenn alle sich herausbildenden Erwartungen hinsichtlich der Aktivitäten anderer Personen enttäuscht würden; damit blieben fundamentale menschliche Ziele und Bedürfnisse unerreichbar. Jeder kann also (u. a. aufgrund eigener Erfahrungen) auch die Reaktionen oder Folgen erwarten, die seine Nichterfüllung von Handlungsbedingungen nach sich ziehen würde (derartige Folgen können unter dem Begriff der Sanktion zusammengefaßt werden). Er verhält sich daher zu bestehenden Handlungsbedingungen unter dem Modus des Verpflichtet-Seins, umschreibbar in Wendungen wie »ich sollte h tun«, »ich sollte versuchen, h zu tun«. Darin drückt sich aus, daß der individuelle Mensch, wenn er sich nicht außerhalb der Gesellschaft stellen will (was er vermutlich nicht einmal kann), seine Handlungen auch in Beziehung zu gesellschaftlichen Ansprüchen versteht.

In einem noch näher zu präzisierenden Sinne kann man deshalb sagen, daß Sprechhandlungen u. a. bestimmte Verpflichtungen bzw. Änderungen von Verpflichtungsverhältnissen nach sich ziehen (zur Konsequenz haben).

2.

Helmut Schnelle hat nun kürzlich genau dieser These, daß wir mit Sprechhandlungen bestimmte Verpflichtungen eingehen und den Angesprochenen bestimmte Verpflichtungen auferlegen, sehr scharf widersprochen (Schnelle 1973, S. 42–45). Seine Argumentation besteht aus 3 Punkten:

(1) Die These konnte nur aufgrund unscharfer Formulierungen begründet werden; (2) Eine Verpflichtung wird nur eingegangen, wenn man etwas verspricht; (3) Die normalerweise bestehenden Erwartungen beruhen auf Regeln der sprachlichen Kommunikation (oder Konversationspostulaten), welche unterschieden sind von grammatischen Regeln.

Zu (1). – Dieser Einwand könnte nur dann gelten, wenn gezeigt würde, daß allein dank der Formulierung bestimmte Widersprüche umgangen wären. Andernfalls läßt er sich nur als Hinweis darauf verstehen, daß eine umgangssprachliche Erörterung gewisse Mißverständnisse nicht ausschließt. Aber auch sog. scharfe Formulierungen sind nicht gegenüber Mißverständnissen gefeit, denn die entsprechenden Begriffe müssen umgangssprachlich eingeführt oder interpretiert werden. Abgesehen davon ist eine Theorie der Verpflichtungen in Sprechhandlungen nicht leicht zu entwickeln; es ist zwar ersichtlich, daß gewisse Zusammenhänge zur deontischen Logik bestehen werden, diese selbst ist aber noch sehr entwicklungsbedürftig und wesentlich allgemeiner als die hier benötigte Theorie. Offenbar meint Schnelle aber noch mehr: nämlich daß sich der Linguist solcher Probleme enthalten sollte, die nicht in vergleichbar präziser Weise faßbar sind wie bestimmte grammatische Zusammenhänge. Einer derartigen Auffassung kann ich mich nicht anschließen. Ich verweise auch darauf, daß eine exakte Theorie der Sprechhandlungen nur nach eingehender Erörterung der Natur ihres Gegenstandes sinnvoll ist.

Zu (2). – Schnelle identifiziert meinen Begriff der Verpflichtung mit dem Wort ›Versprechen‹. Entsprechend kommen für ihn Verpflichtungen nur zustande, wenn jemand ein Versprechen abgibt. Diese Identifizierung war allerdings nicht beabsichtigt, und sie würde auch im Zusammenhang meiner Ausführungen zu unsinnigen Konsequenzen führen. Jedoch drückt sich in der Vornahme der Identifizierung m. E. ein prinzipielles Mißverständnis aus. Schnelle versucht, wie noch näher zu zeigen sein wird, die Analyse von Sprechhandlungen auf die Analyse von sprechhandlungsbezeichnenden Wörtern zurückzuführen. Nur so ist auch seine Bemerkung verständlich, daß der Zusammenhang von ›Versprechen‹ und ›Verpflichtung‹ ein Zusammenhang zwischen der Bedeutung dieser Wörter sei, der Zusammenhang zwischen ›Behauptung‹ und ›Verpflichtung‹ aber von ganz anderer Art. Aber selbst wenn wir den Standpunkt Schnelles einnehmen und eine Analyse der Wörter ›Versprechen‹ und ›Verpflichtung‹ der deutschen Sprache vornehmen, so ist leicht feststellbar, daß diese Wörter

unterschiedlich gebraucht werden: ›Versprechen‹ bezeichnet primär bestimmte Sprechhandlungen, während ›Verpflichtung‹ primär bestimmte Verhältnisse bezeichnet, die durch Sprechhandlungen, aber auch anders zustandegekommen sein können; man beachte Wendungen wie »sich jemandem verpflichtet fühlen«, »aufgrund einer Norm zu etwas verpflichtet sein«, »jemandem eine Verpflichtung auferlegen«. Ein Versprechen abzugeben ist auch nur eine Art, explizit und unmißverständlich eine Verpflichtung einzugehen; es gibt andere Möglichkeiten: z. B. auf eine Wette eingehen, die Unterschrift unter einen Vertrag setzen, die Wahl in ein Gremium annehmen, erklären, daß bestimmte Normen für jedermann gelten sollen.
Zu (3). – Die strikte Unterscheidung von grammatischen Regeln (eingeschlossen die Bedeutungszusammenhänge von Wörtern) und bloß kommunikativen Regeln ist problematisch. Insbesondere halte ich es für inakzeptabel, auf der Selbstverständlichkeit kommunikativer Regeln zu insistieren (unter Verwendung so problematischer und klärungsbedürftiger Termini wie ›Konversationspostulat‹), wenn damit ein Einwand gegen einen Versuch genau der Analyse derartiger Regeln verbunden wird. Das was Schnelle ›Konversationspostulat‹ nennt, ist m. E. nicht explizierbar, wenn dabei nicht ein Begriff verwendet wird, der meinem Begriff der Verpflichtung mindestens nahe kommt. Auch Schnelle spricht übrigens in unproblematischer Weise von ›Erwartung‹; damit kann hier aber nicht nur eine nur zufällige subjektive Einstellung bezeichnet werden, die genausogut auch anders sein könnte; vielmehr sind die Erwartungen selbst regulär, nämlich gemäß jener angeführten kommunikativen Regeln.

Ein möglicher Weg, die Natur gewisser Sprechhandlungen (oder auch eines Sprechhandlungsphänomens wie der Präsupposition) zu klären, bestände darin, zu untersuchen, welche Reaktionen auf sie folgen. Dieser Weg ist jedoch insofern problematisch, als es jeweils verschiedene akzeptable Reaktionen geben kann (die Ablehnung eines Vorschlags ist im Sinne kommunikativer Regeln genau so akzeptabel wie die

Zustimmung, eine Nachfrage genau so akzeptabel wie eine definitive Antwort). Bestimmbar wäre höchstens eine in sich geordnete Menge konventionell zugehöriger Folgesprechhandlungen oder Folgehandlungen. Jedoch wäre das faktische Reaktionsverhalten (aufgrund verschiedenster Umstände) auch davon noch verschieden. Es mag zur Konsequenz gewisser Aufforderungen gehören, daß man ausdrücklich signalisieren sollte, ob man sie akzeptiert oder nicht; aber auch das Unterlassen einer derartigen Erwiderung läßt die Aufforderung als Aufforderung bestehen. Es muß also unabhängig von zugehörigen Folgehandlungen bestimmbar sein, was die Natur einer Aufforderung ist. In diesem Sinne argumentiert auch Schnelle, und zwar zu recht. Wenn daher in Verbindung mit Aufforderungen von Verpflichtungen die Rede ist, kann nicht die gemeint sein, die der Angesprochene evtl. durch seine Akzeptierung eingeht, sondern nur die, die schon durch die Aufforderung an den Angesprochenen gestellt wird. Gäbe es hier keine Verpflichtung, die evtl. zu übernehmen wäre, dann bliebe unverständlich, wieso der Angesprochene durch seine Akzeptierung (ausgedrückt z. B. durch »o.k.«) nachträglich eine hervorbringen kann. Richtig ist allerdings, daß erst durch die Akzeptierung eine Situation des Einverständnisses über bestehende Verpflichtungen geschaffen ist.

Ein anderer Weg, die Natur bestimmter Sprechhandlungen zu untersuchen, besteht in der Analyse gewisser Äußerungen, die offensichtlich keine Sprechhandlung zustande bringen bzw. eine vermeintliche Sprechhandlung zunichte machen. Zum Beispiel:

(1) ich verspreche dir, morgen zu kommen, aber ich werde nicht kommen.

Den hier offensichtlichen Widerspruch versucht Schnelle stattdessen in der Beschreibung entsprechender Äußerungshandlungen festzuhalten, z. B.

(2) X versprach, morgen zu kommen, aber X war nicht willens zu kommen.

Für (2) gibt es verschiedene Lesarten. Während durch die

Äußerung von (1) überhaupt keine sinnvolle Sprechhandlung zustande kommt, ist (2) entweder eine in sich sinnvolle Beschreibung einer Äußerung von (1) bzw. einer Äußerung des ersten Teils von (1), bei der der zweite Teil von (1) aufgrund anderer Umstände als offensichtlich zu gelten hat (Lesart de dicto); oder (2) ist eine widerspruchsvolle, d. h. nicht sinnvolle, Beschreibung irgendeiner Äußerung, die fälschlicherweise als Versprechen interpretiert wird (Lesart de re).

Es ist nicht ersichtlich, weshalb die Analyse von Beschreibungen wie (2) mehr über die Natur von Sprechhandlungen erbringen sollte als die Analyse der Sprechhandlungen selbst. Der einzige Grund könnte darin bestehen, daß man für Sätze wie (2) evtl. Wahrheitsbedingungen angeben kann, während dies für Sätze wie (1) oder auch nur für einen Teilsatz von (1) nicht möglich ist. Ich bezweifle aber, daß dieses Programm in irgendeiner Hinsicht einfacher ist: anstelle der Analyse der Natur von Versprechenshandlungen müßte die Analyse der Bedeutung des Verbs ›versprechen‹ vorgenommen werden, welche letztlich dieselbe Komplexität aufweist. Andererseits sind Sprechhandlungen denkbar, die nicht in einfacher Weise durch ein Wort beschreibbar sind, und in jeder Beschreibung werden auch Interpretationen vorgenommen, die möglicherweise den Sinn einer Äußerung verändern. So werden viele Verben (wie z. B. ›erwarten‹, ›unterstellen‹, ›voraussetzen‹) in der 1. Person anders verstanden als in der 3. Person (bzw. in der 3. Person sind sie ambig, in der 1. Person nicht), vgl.

(3) ich erwarte deine Antwort.

(4) X erwartete Y's Antwort.

Mit einer Äußerung von (3) fordert der Sprecher zu einer Antwort auf; (4) kann nun entweder diese Aufforderung beschreiben oder aber aussagen, daß (4) eine Erwartungshaltung hatte, ohne dabei etwas geäußert zu haben, das (3) gleichkommt. Viele Verben werden in der 1. Person nur in einem Kontext gebraucht, in dem die Qualität einer Aussage in Frage stand.

(5) ich behaupte (aber/nur), daß der Ölfilter verschmutzt sein muß.

(6) X behauptete (aber/nur), daß der Ölfilter verschmutzt sein muß.

Es ist offensichtlich so, daß (5) nur geäußert wird, wenn der abhängige Satz bereits thematisiert war, und mit ›aber‹ oder ›nur‹ wird die Behauptungshandlung qualifiziert. Für (6) besteht keine derartige Voraussetzung, daß eine Situation beschrieben wird, in der der abhängige Satz bereits thematisiert war; und mit ›aber‹ oder ›nur‹ wird die Beschreibungshandlung qualifiziert, nicht die beschriebene Behauptung. Erst durch Schnelles Übersetzung in Beschreibungssätze wird nahegelegt, daß die Anomalie von (1) allein durch das Wort ›versprechen‹ zustandekommt. Jedoch wäre die Äußerung von (7) genau so sinnlos:

(7) ich werde morgen zu dir kommen, aber ich bin nicht willens, das zu tun.

Analog zu Satz (1) müssen Sätze wie die folgenden behandelt werden:

(8) p, aber ich bin weder willens noch in der Lage zu beweisen, daß p (weder jetzt noch später).

(9) p, aber du sollst mir nicht glauben, daß p.

(10) bitte komm morgen zu mir, aber du brauchst nicht zu kommen.

Derartige Sätze (bzw. die Äußerungen derartiger Sätze) scheinen sinnlos zu sein, was sich damit erklären läßt, daß der jeweils zweite Teil die Existenz eines Verpflichtungsverhältnisses bestreitet, das sich aus der Äußerung des ersten Teils ergibt. Lediglich (10) wäre sinnvoll bei Betonung von ›brauchst‹; dadurch würde die Bitte in Kontrast gesetzt zu einer strikteren Aufforderung, d. h. der zweite Teil bestreitet lediglich eine bestimmte Lesart für den ersten Teil. Wenn Schnelles Auffassung zuträfe, daß Verpflichtungen nur in Versprechenshandlungen zustandekommen, ist nicht mehr einsichtig, weshalb Äußerungen von (8) bis (10) *nicht* sinnvolle Äußerungen (Behauptungen bzw. eine Bitte) sind.

Nehmen wir nun an, daß q aus p logisch folgt, dann ist eine Äußerung von

(11) p, aber ich glaube nicht, daß q.

nicht von vornherein als sinnlos zu beurteilen (im Unterschied z. B. zu (8)). Wenn die Folgerungsbeziehung ganz offensichtlich ist, dann ist (11) sinnlos, z. B.

(11 a) Peter hat absichtlich die Vase umgeworfen, aber ich glaube nicht, daß er die Vase umgeworfen hat.

Wenn die Folgerungsbeziehung nicht so offensichtlich ist, dann ist (11) auch nicht sinnlos, z. B.

(11 b) Peter hat sein Gartenhaus vermietet, aber ich glaube nicht, daß er dafür was bekommt.

Der Umstand, daß man sich mit einer gewissen Äußerung im allgemeinen dazu verpflichtet, auch alle offensichtlichen Folgerungen aus dem Inhalt der Äußerung zu akzeptieren, sei Konformitätsbedingung genannt. Sie ist schwächer als die direkte Handlungsbedingung, die mit der Äußerung evtl. eingeführt wird. So wird mit einer Behauptung ein Wahrheitsanspruch gesetzt, der sich auf irgendetwas berufen können muß. Deshalb verstehe ich unter der direkten durch eine Behauptung eingeführten Handlungsbedingung die Verpflichtung des Sprechers, die Wahrheit des Behaupteten gegebenenfalls auszuweisen, nämlich wenn dies gewünscht wird (insofern ist es eine bedingte Verpflichtung). Die Konformitätsbedingung für den Sprecher besteht in der Verpflichtung, weiterhin nichts zu behaupten, was offensichtlich im Widerspruch zum Behaupteten steht, und alle offensichtlichen Folgerungen aus dem Behaupteten gleichfalls zu akzeptieren. Ähnliche Konsequenzen ergeben sich aus den evtl. mitbehaupteten Präsuppositionen. Hier setzt der Sprecher allerdings die Wahrheit des Präsupponierten bereits als bekannt voraus, d. h. er hätte u. U. zusätzlich auszuweisen, nach welchen Kriterien er Bekanntheit mißt.

Die bisherige Betrachtung sollte plausibel machen, daß die Untersuchung, *warum* bestimmte Äußerungen sinnlos sind, zur Explikation der notwendigen *Konsequenzen* einer Sprechhandlung dienen kann. Da man nun offenbar nicht etwas behaupten kann und gleichzeitig in Abrede stellen, daß man hierfür irgendwelche Evidenzen besitzt, gehört dies bereits analytisch zum Begriff des Behauptens qua Sprechhandlung. Von Logikern wird unter einer Behauptung oft nur das in einer Behauptungshandlung Ausgesagte verstanden (d. h. Behauptung ist etwas, das wahr oder falsch ist, und nicht etwas, das einen Wahrheitsanspruch setzt). Diese Auffassung ist durchaus verträglich mit der meinen; denn da das Behauptete wahr oder falsch sein kann (d. h. aus logischen Gründen ist es möglich, daß das Gegenteilige behauptet wird), muß ein Sprecher in seiner Behauptungshandlung das eine vor dem anderen auszeichnen, insofern also einen bestimmten Anspruch mit seiner Behauptungshandlung setzen. Die Auffassung Schnelles scheint jedoch zu sein, daß mit dem Anspruchsetzen noch keine Verpflichtungen verbunden sind, sondern daß diese sich je nach den Regeln der Kommunikation als etwas Zusätzliches ergeben können, oder auch nicht. Bei dieser Auffassung wird es schwierig zu verstehen, was eine Behauptungshandlung nun eigentlich ist. Ich glaube, daß meine Explikationshinweise für ›Behauptung‹ auch mit dem Alltagswissen in Einklang stehen, denn es kann sehr wohl unterschieden werden, ob jemand etwas nur sagt, oder ob er wirklich in der Lage ist, es mit einem gewissen Anspruch zu sagen. Mit einer Redensart wie »das kann ja jeder behaupten« wird die Zulässigkeit gewisser Behauptungen bestritten: sagen kann das zwar jeder, aber nur der kann es auch behaupten, der darüber etwas weiß und es deshalb gegebenenfalls nachweisen kann.

Es dürfte deutlich geworden sein, daß die genannten Verpflichtungen zwar zur Natur der entsprechenden Sprechhandlungen gehören, im allgemeinen jedoch implizit mit ihnen verbunden sind. Explizit werden Selbstverpflichtungen nur in direkten bzw. offenen Versprechungen und Verpflichtungen anderer Personen nur in direkten bzw. offenen Aufforderungen, Geboten usw. eingeführt. Daneben gibt es aber hier wie auch bei allen anderen Arten von Sprechhandlungen indirekte Äußerungsformen (z. B. »kannst du h tun?« für die Aufforderung, »ich kann h tun« für das Versprechen), in denen die Art der Verpflichtung, die sich aus der Sprechhandlung ergibt, stets implizit bleibt. Im weiteren soll jedoch das Verhältnis indirekter und direkter Sprechhandlungen nicht weiter diskutiert werden. Angenommen wird lediglich, daß die Interpretation einer Äußerung diese als eine bestimmte Art von Sprechhandlung ausweist (evtl. mag es Mehrdeutigkeiten geben), aufgrund welcher formalen oder situationellen Merkmale auch immer (z. B. grammatischer Modus, Verwendung bestimmter Verben oder bestimmter Partikelwörter, Verwendung in einem bestimmten Diskurszusammenhang).

3.

Bisherige Bemühungen um die Klassifikation von Sprechhandlungen waren oft an oberflächlichen Merkmalen orientiert, und dies u. a. deswegen, weil der Begriff der Konsequenz von Sprechhandlungen nur ungenügend ausgearbeitet war. Mit dem jetzt zur Verfügung stehenden Begriff der Handlungsbedingung, welche von den Beteiligten jeweils als spezifische Verpflichtung interpretiert wird, ist eine grundlegende Klassifikation möglich geworden: je nachdem, welche Art von Veränderung eines bestehenden Zustands von Handlungsbedingungen durch die Sprechhandlung intendiert wird (und daher als Konsequenz der Sprechhandlung zu gelten hat, wenn ihre Zulässigkeit nicht bestritten wird), können wir sie einem bestimmten Typ zuordnen. Diesen Typ können wir insofern semantisch definieren, als wir uns darin nur auf Handlungsbedingungen, ihre Erfüllung und evtl. Nichtigmachung (Löschung) beziehen. Allerdings sollte man nicht erwarten, daß jede einzelne Sprechhandlung nur jeweils einem Typ zuzuordnen ist; es sind in semantischer Hinsicht auch komplexe Sprechhandlungen möglich. Außerdem kann der Grad des Verpflichtetseins innerhalb eines Typs unterschiedlich sein, und nicht nur aufgrund des Umstands, daß die Sprechhandlungen unter unterschiedlichen institutionellen Bedingungen und Abhängigkeiten stattfinden können. So lassen sich z. B. Bitte, Aufforderung und Befehl einem einheitlichen semantischen Typ zurechnen, sie unterscheiden sich aber im Grad des Verpflichtetseins, ohne daß man diese Sprechhandlungen jeweils einer bestimmten Institution oder einem bestimmten Abhängigkeitsverhältnis zuordnen würde.

Erinnern wir uns an die oben geführte Diskussion. Dort wurden Versprechenshandlungen und Aufforderungshandlungen als nur in einem Punkt verschieden herausgestellt: ein Versprechen führt eine Verpflichtung für den Sprecher, eine Aufforderung eine Verpflichtung für den Angesprochenen ein. Aus diesem Grunde kann zwar ein Versprechen einer Aufforderung gleichen Inhalts folgen (z. B. kann die Akzeptierung einer Aufforderung einem Versprechen gleichgestellt werden), aber kaum umgekehrt, da eine derartige Aufforderung nur eine bereits vom Aufgeforderten angenommene Verpflichtung einführen könnte. Für beide Arten von Sprechhandlungen gilt dasselbe: um zu wissen, was ein Versprechen oder eine Aufforderung (als Ergebnis entsprechender Sprechhandlungen) ist, genügt es zu wissen, welche anderen Handlungen welcher Person das Versprechen bzw. die Aufforderung erfüllen können; und diese sind im allgemeinen in den jeweiligen Äußerungen ausgedrückt.

In ihrer Beziehung zu möglichen Zuständen von Handlungsbedingungen lassen sich drei Typen von Sprechhandlungen denken:

(a) die Sprechhandlung führt eine neue Handlungsbedingung ein;

(b) die Sprechhandlung erfüllt eine bereits bestehende Handlungsbedingung;

(c) die Sprechhandlung löscht eine bereits bestehende Handlungsbedingung, d. h. macht sie ungültig.

In dem Typ (a) lassen sich unbedingte oder ihrerseits vom weiteren Ablauf der Interaktion bedingte Handlungsbedingungen unterscheiden. Unserer bisherigen Diskussion nach gehören sowohl Aufforderungen und Versprechungen wie auch Behauptungen zum Typ (a), sie unterscheiden sich aber in der Art der eingeführten Handlungsbedingungen; bei Behauptungen handelt es sich außerdem normalerweise um bedingte Handlungsbedingungen. Sprechhandlungen des Typs (b) sind z. B. Entschuldigungen und Danksagungen, aber auch Antworten und Begründungen. Andererseits sind sowohl Antworten wie Begründungen auch als Behauptungen zu verstehen, d. h. sie sind im obigen Sinne komplex. Sprechhandlungen des Typs (c) sind z. B. das Zurückziehen eines Versprechens, gewisse Selbstkorrekturen in bezug auf Behauptungen und die Erlaubnis. Hier wären verschiedene Differenzierungen nötig, z. B. die, daß bestehende Handlungsbedingungen nicht einfach gelöscht, sondern in gewisser Weise gemildert werden: Eine kategorische Behauptung kann zur Vermutung gemacht werden, eine Aufforderung zur Bitte usw.

Sprechhandlungen des Typs (b) und des Typs (c) beziehen sich auf irgendeine bereits bestehende Handlungsbedingung. Sofern diese Handlungsbedingung oder jedenfalls die Handlung, aus der sie hervorgeht (z. B. »Vielen Dank, daß Sie mir den Tee gereicht haben«), nicht explizit genannt wird, sondern durch den situationellen Kontext bestimmt ist, kann sie in einer semantischen Behandlung auch nicht näher charakterisiert werden: wichtig ist zunächst nur, *daß* eine bestimmte Handlungsbedingung als bestehend angenommen werden kann. Obwohl die hier zu subsumierenden Sprechhandlungen sehr unterschiedlich sind, lassen sie sich doch zu jeweils einem Typ zusammenfassen. Innerhalb des Typs (a) ist es hingegen nützlich, je nach der Art der eingeführten Handlungsbedingung zu differenzieren, weil diese relevant ist für die Fortsetzung der Situation.

Mit Sprechhandlungen vom Typ (b) oder (c) ist eine bestimmte Situationsabfolge zu einem relativen Abschluß gekommen; mit weiteren Sprechhandlungen wird im Grunde eine neue Interaktionssequenz eröffnet. Sprechhandlungen vom Typ (a) eröffnen aber eine Interaktionssequenz. Für Behauptungen gilt dies allerdings nur mit Einschränkungen, nämlich sofern sie nicht zugleich Antworten oder Argumente sind; Behauptungen aber, die keine Antworten auf eine vorhergehende direkte oder indirekte Frage sind und in keinem direkten oder indirekten Argumentationszusammenhang stehen, haben provozierenden Charakter, d. h. sie eröffnen einen Diskurs.

Eigentliche Fragen werden zum selben Typ gerechnet wie die Aufforderungen; sie bilden allerdings einen echten und sehr relevanten Untertyp: nicht nur ist die verlangte Handlung stets vom Typ der Behauptung, sondern sie soll auch aus einer von der Frage vorgegebenen endlichen oder unendlichen Menge von Alternativen auswählen (und die vorgenommene Auswahl führt dann die für die Behauptungen typische neue Handlungsbedingung ein; d. h. der Antwortende ist verpflichtet, seine Auswahl gegebenenfalls zu rechtfertigen).

Die bisherige Erörterung muß noch um zwei weitere Typen von Sprechhandlungen erweitert werden, deren Funktion sich nicht auf die direkte Veränderung von Handlungsbedingungen im genannten Sinne bezieht (es werden nur, wie von allen anderen Sprechhandlungen auch, gewisse Konformitätsbedingungen impliziert).

(d) Die Sprechhandlung führt neue Fakten ein. Es ist klar, daß Fakten nicht erfüllt und nicht gelöscht werden können – bestenfalls können gewisse mit der Existenz von Fakten verbundene Handlungsbedingungen erfüllt oder gelöscht werden –, somit entfallen die anderen Möglichkeiten, die im Falle von Handlungsbedingungen bestanden. Sprechhandlungen dieses Typs gehören zwei Klassen an: entweder es werden soziale Fakten eingeführt (z. B. Schuldigsprechen eines Angeklagten, Eröffnung einer Sitzung, Abschluß eines Tagesordnungspunktes, Ernennung zum Beamten) oder es werden sprachliche Fakten eingeführt, nämlich hinsichtlich der Referenz oder hinsichtlich von Bedeutungsrelationen (z. B. jemanden taufen, etwas benennen, etwas definieren).

(e) Die Sprechhandlung bezieht sich auf den Modus des Ausführens einer Sprechhandlung (z. B. Korrektur einer Wortwahl, Kommentierung einer Sprechpause). Für diesen Typ ist eine semantische Behandlung nicht möglich; er kann in gewisser Weise als Hilfstyp betrachtet werden, der die Funktionen des Sprechens nicht relevant beeinflußt.

Vielleicht sollte noch ein weiterer Typ von Sprechhandlungen unterschieden werden, sofern man nicht der Auffassung ist, daß er zum selben Typ wie die Behauptungen zu zählen ist: es handelt sich um die Äußerung reiner Expressionen wie »ich freue mich«, »mir tut der Arm weh«, »ich möchte am liebsten singen«, für die ein Wahrheitsnachweis schwerlich zu erbringen ist, andererseits aber auch kein Bezug zu Handlungsbedingungen ersichtlich ist (es werden auch keine Erwartungen erfüllt, wie z. B. oft durch Dankäußerungen). Auch hier scheint eine semantische Behandlung der bisher erörterten Art nicht möglich zu sein: durch derartige Sprechhandlungen werden lediglich evtl. die Einstellungen der Beteiligten verändert, nicht aber ihre objektive Situation.

4.

Die semantische Behandlung von Sprechhandlungstypen kann hier nur angedeutet werden. Es fehlt bisher jede ausgearbeitete Theorie, sowohl in ihren formalen Aspekten wie in den notwendigen inhaltlichen Details. Angenommen werden Sequenzen möglicher Interaktionssituationen, die sich u. a. jeweils hinsichtlich bestehender Handlungsbedingungen und bestehender sozialer und evtl. sprachlicher Fakten (= gemeinsamer Voraussetzungen) unterscheiden können. Der Übergang von einer zur nächsten Interaktionssituation erfolgt aufgrund abstrakter Verwendung eines Satzes einer Sprache L durch ein Individuum U (das in der gesamten Sequenz erhalten bleibt) zu einer Zeit t_0. Zur Bedeutung jedes Satzes von L gehört u. a. ein propositionaler Gehalt und ein Sprechhandlungstyp. Die Erfüllung von Handlungsbedingungen wird durch das Wahrsein bestimmter handlungsausdrückender

Propositionen (zu einer bestimmten Zeit und relativ zu L) beschrieben.

Um die Identifizierung mit bestimmten einzelnen Sprechhandlungen zu vermeiden, werden die Sprechhandlungstypen durch künstliche Termini bezeichnet (darin folge ich teilweise einem Klassifikationsvorschlag von Searle 1973).

(a) = (1) Direktiv-Typ Dir
(1 a) Interrogativ-Typ Int
(2) Commissiv-Typ Com
(3) Repräsentativ Typ Rep
(3 a) Prädiktiv-Typ Prä
(b) = (4) Satisfaktiv-Typ Sat
(c) = (5) Retraktiv-Typ Ret
(d) = (6) Deklarativ-Typ Dek

Am einfachsten ist ohne Zweifel die semantische Behandlung der beiden ersten Typen.

(1) Direktiv-Typ Dir (bei Bitten, Aufforderungen, Befehlen, Instruktionen, Empfehlungen, Ratschlägen, Befragungen usw.)

Für alle t_0 und für alle U gilt: Wenn s ein Satz von L mit der Bedeutung ⟨p, Dir⟩ zur Zeit t_0 durch U ist, wobei p eine Handlung eines von U verschiedenen Individuums V darstellt, dann führt s für alle t ($t_0 < t \leqslant t_2$) die Bedingung Dir p ein, welche genau dann erfüllt ist, wenn es eine Zeit t_1 ($t_0 < t_1 \leqslant t_2$) gibt, so daß p wahr ist in L zur Zeit t_1.

(Das Zeichen »<« steht, wie üblich, für die vor-Relation)

Die Bedingung Dir p ist von V so zu interpretieren, daß V eine Handlung ausführen soll, die diese Bedingung erfüllt, d. h. V soll es so einrichten, daß p zu einem späteren Zeitpunkt wahr ist. Aus der Art von p geht hervor, daß nur Handlungen von V p wahr machen können.

Mit der Erwähnung einer Zeit t_2 wird darauf verwiesen, daß es für den Angesprochenen eine obere (wenn auch nicht notwendig genau fixierte) Zeitgrenze gibt, innerhalb derer er die betreffende Handlung ausführen soll. So wird die Aufforderung »Schließ das Fenster« sicher nicht erfüllt, wenn der Angesprochene am darauffolgenden Tag das Fenster schließt.

Sofern kein bestimmtes V spezifiziert ist, wie z. B. in »einer von euch kann mal das Fenster schließen«, »wer von euch kann mir mal sagen, wie spät es ist?«, genügt es, daß irgendein V die ausgedrückte Proposition wahr macht. Im Unterschied dazu ist bei generellen Verboten V zwar auch unspezifiziert, jedoch soll hier jedes V einer bestimmten Individuengruppe die ausgedrückte Proposition wahrmachen (dabei sind Verbote als generelle Aufforderungen zu Unterlassungen entsprechender Handlungen zu verstehen).

In p kann auch eine Handlung mit einem bestimmten Zeitparameter $t > t_0$ oder eine Handlung unter bestimmten Voraussetzungen – wie z. B. bei Instruktionen oder Empfehlungen – ausgedrückt werden.

Bestimmte Sprechhandlungen sind komplex in dem Sinne, daß neben Dir p noch eine weitere Bedingung eingeführt wird, z. B. enthalten Ankündigungen oder Ratschläge auch noch eine Bedingung vom Typ Com p.

V muß nicht unbedingt mit einer der angesprochenen Personen identifiziert werden, z. B. in übermittelten Aufforderungen wie in »Peter soll zu mir kommen«; dabei ergibt sich aber indirekt eine weitere Bedingung, die für die Angesprochenen relevant ist: sie sollen es so einrichten, daß p von V wahr gemacht werden kann, also z. B. die Aufforderung übermitteln.

Zum Direktiv-Typ gehören auch alle eigentlichen Fragen (als echter Untertyp). Ich will hier jedoch zur Semantik von Fragehandlungen keine Ausführungen machen, da es dazu einschlägige Untersuchungen gibt. (Vgl. z. B. Harrah 1973 und die dort diskutierten Arbeiten.)

(2) Commissiv-Typ (bei Versprechungen, Drohungen, Ankündigungen usw.)

Für alle t_0 und für alle U gilt: Wenn s ein Satz von L mit der Bedeutung ⟨p, Com⟩ zur Zeit t_0 durch U ist, wobei p eine Handlung von U darstellt, dann führt s für alle t ($t_0 < t \leqslant t_2$) die Bedingung Com p ein, welche genau dann erfüllt ist, wenn es eine Zeit t_1 ($t_0 < t_1 \leqslant t_2$) gibt, so daß p wahr ist in L zur Zeit t_1.

Wie man sieht, ist die Bedingung Com p so zu interpretieren, daß U eine Handlung ausführen soll, die p zu einem späteren Zeitpunkt wahr macht.

(3) Repräsentativ-Typ (bei Behauptungen, Versicherungen, Berichten, Beschreibungen, Erzählungen usw.). Daß man seine Behauptung ausweisen können sollte, bedeutet in unserer semantischen Terminologie, daß das Behauptete wahr sein sollte; genau dann ist die durch die Behauptung eingeführte Bedingung erfüllt. Die Konformitätsbedingung ist nun leicht ableitbar: wenn q aus p folgt, dann ist mit der Wahrheit von p auch die Wahrheit von q gegeben. Auch für eine Vermutung gilt dasselbe: sie ist genau dann erfüllt, wenn das Vermutete wahr ist; jedoch ist die eingegangene Verpflichtung schwächer (ganz analog wie die Bitte schwächer ist als der Befehl).

Oft wird die Behauptung anderer Personen als Bürgschaft dafür genommen, daß etwas wahr ist; in diesem Sinne können wir Behauptungen als jene Sprechhandlungen verstehen, die etwas als wahr setzen; daraus erklärt sich die scheinbare Zirkularität in der semantischen Analyse. Andererseits ist sie so vorgenommen worden, daß die durch Behauptungen eingeführte Bedingung tatsächlich als eine Verpflichtung interpretiert werden kann, denn die Berechtigung, etwas als wahr zu setzen, kann bezweifelt werden; dann ist unabhängig von der Behauptung selbst zu zeigen, daß das Behauptete wahr ist, z. B. durch augenscheinliche Demonstration, durch Bezug auf fraglos akzeptiertes Wissen, durch ein bestimmtes Argument.

Für alle t_0 und für alle U gilt: Wenn s ein Satz von L mit der Bedeutung ⟨p, Rep⟩ zur Zeit t_0 durch U ist, wobei p beliebig ist, dann führt s für alle $t \geqslant t_0$ die Bedingung Rep p ein, welche genau dann erfüllt ist, wenn p wahr ist in L zur Zeit t_0.

Eine Sonderstellung nehmen Vorhersagen, Prophezeiungen, usw. ein, die wir zum Prädiktiv-Typ zusammenfassen wollen: hier ist die Bedingung Rep p zur Zeit t_0 nicht erfüllbar, sondern erst zu einer späteren Zeit t_1, wobei $t_1 \geqslant t_2$ gilt, mit t_2 = Zeit, auf die sich die Vorhersage bezieht. Ähnliches gilt aber auch für Direktiva und Commissiva, und in der Tat gibt es bestimmte vorhersagende Äußerungen, die eine Handlung oder ein durch Handlungen herbeigeführtes Ereignis ausdrücken, die auch als Versprechungen oder sogar Aufforderungen verstanden werden können.

Die übrigen Typen sind nach den vorhergehenden Bemerkungen in ihrer allgemeinen Form leicht beschreibbar.

(4) Satisfaktiv-Typ

Für alle t_0 und für alle U gilt: wenn s ein Satz von L mit der Bedeutung ⟨p, Sat⟩ zur Zeit t_0 durch U ist und wenn es eine bestimmte Bedingung X relativ zu p für U zur Zeit t_0 gibt, dann erfüllt s diese Bedingung in L.

(5) Retraktiv-Typ

Für alle t_0 und für alle U gilt: wenn s ein Satz von L mit der Bedeutung ⟨p, Ret⟩ zur Zeit t_0 durch U ist und es eine bestimmte Bedingung Yp zur Zeit t_0 gibt, dann löscht s diese Bedingung in L für alle $t \geqslant t_0$.

(6) Deklarativ-Typ

Für alle t_0 und für alle U gilt: wenn s ein Satz von L mit der Bedeutung ⟨p, Dek⟩ zur Zeit t_0 durch U ist, dann führt s das Faktum ein, daß p.

Die beim Satisfaktiv- und Retraktiv-Typ vorausgesetzten Bedingungen können von verschiedener Art sein, nämlich X,Y = Dir, Com, Rep, oder Y = irgendeine Konformitätsbedingung. Im allgemeinen bestehen zu einem bestimmten Interaktionspunkt auch immer mehrere Bedingungen, deshalb muß in der jeweiligen Sprechhandlung expliziert werden, auf welche Bedingung sie sich bezieht bzw. von welcher speziellen Art sie ist. Dabei wird im allgemeinen auch die zugehörige Proposition genannt, jedoch oft als präsupponierte, z. B. in

»ich bedanke mich für die Zusendung Ihrer Schriften«, »ich gratuliere Ihnen zum Geburtstag«: die vorausgesetzten Bedingungen sind hier, daß man sich bedanken oder gratulieren sollte (aufgefaßt als Direktiv-Bedingungen relativ zu den Propositionen »daß Sie mir Schriften gesandt haben«, »daß Sie Geburtstag haben«).

Das Erfüllen von Konformitätsbedingungen zeigt sich im allgemeinen nur im Unterlassen widersprüchlicher oder überflüssiger Sprechhandlungen, jedoch sind Konformitätsbedingungen zurückziehbar, womit allerdings auch die Sprechhandlung, durch die sie evtl. zustande gekommen sind, annulliert wird.

Eine detaillierte semantische Behandlung, besonders der zuletzt genannten Sprechhandlungstypen (im Sinne einer idealtypischen Rekonstruktion der intendierten Veränderung von Handlungsbedingungen), bereitet gegenwärtig wohl erhebliche Schwierigkeiten. Der beste Weg scheint zu sein, sehr eingeschränkte Interaktionen zu untersuchen, bei denen nur eine Auswahl von Sprechhandlungen zugelassen sind und alle zu betrachtenden Bedingungen und Fakten auch explizit innerhalb des Interaktionsverlaufs eingeführt sind. Dabei lassen sich aber bereits zahlreiche Sequenzierungsbedingungen untersuchen, nämlich zu welchem Zeitpunkt eines Interaktionsverlaufs welche Sprechhandlungen zulässig oder erforderlich sind.

Literatur

David Harrah (1973), »The Logic of Questions and its Relevance to Instructional Science«, in: *Instructional Science* 1, S. 447–467.

Helmut Schnelle (1973), *Sprachphilosophie und Linguistik*, Reinbek.

John R. Searle (1973), »A Classification of Illocutionary Acts« (unpubliziert).

Dieter Wunderlich (1974), »Towards an integrated theory of grammatical and pragmatical meaning«, in: A. Kasher (ed.), *Language in Focus*, Dordrecht: Reidel 1976, S. 251–277.

Dieter Wunderlich
Sprechakttheorie und Diskursanalyse

Vortrag, gehalten in englischer Sprache auf dem 3. Konstanz-Kolloquium »Research Problems in the Study of Face-to-Face Communication«, 26. 6. 1975.

1.

Ich will mit einer kurzen biografischen Notiz beginnen. Seit einigen Jahren bin ich an der Entwicklung der Sprechakttheorie interessiert. Unter einem Sprechakt will ich nicht die einzelne konkrete Äußerung verstehen, sondern einen gewissen Äußerungstyp. Die Äußerung selbst kann als Realisierung eines Sprechaktes verstanden werden. Von verschiedener Seite wurde gesagt, daß entwickelte natürliche Sprachen über tausend und mehr verschiedene Sprechakte enthalten. Dabei werden dann auch so komplexe Sprechakte angeführt wie z. B. Erzählen, Argumentieren und Begründen. Dies ist natürlich eine höchst unbefriedigende Situation, angesichts derer man versuchen muß, geeignete Klassifikationskriterien zu finden. Zunächst ist festzustellen, daß sich die genannte Behauptung primär auf die Existenz verschiedener Verben in dieser Zahl stützt, die gewisse Aspekte, Funktionen oder Modifikationen von Sprechakten bezeichnen, wie z. B. ›antworten‹, ›bestreiten‹, ›kritisieren‹ und ›anordnen‹, oder die gewisse Diskurstypen bezeichnen wie z. B. die Erzählung und die Argumentation. Man muß deshalb versuchen, (1) die Zahl der fundamentalen Sprechakte einzugrenzen und die gesamte Vielzahl von Sprechakten aus der kleinen Menge fundamentaler Sprechakte abzuleiten, (2) die möglichen Aspekte und Funktionen von Sprechakten anzugeben, die zusammen mit einem Sprechakt bezeichenbar sind. Z. B. bezeichnet das Verb ›antworten‹ den Sprechakt der Behauptung in seiner Funktion auf eine vorhergehende Frage.

Für die Bestimmung der fundamentalen Sprechakte einer

Sprache bieten sich vor allem zwei verschiedene Wege an, wobei die Hoffnung ist, daß sie schließlich zu konvergierenden Ergebnissen führen. (In dem Aufsatz 1974b habe ich stärker den 1. Weg, in dem Aufsatz 1974a den 2. Weg verfolgt.)

(1) Man fragt nach den grundlegenden Funktionen von Sprechakten innerhalb von Handlungskontexten, die in einer auf Kooperation und Arbeitsteilung basierenden menschlichen Gesellschaft erforderlich sind.

(2) Man identifiziert nur solche Sprechakte, die in einer Sprache in genereller Weise formal markierbar sind, z. B. durch den grammatischen Modus, bestimmte Partikelwörter oder durch die Modalität der Hilfsverben. (Die Bezeichnung durch ein spezifisches Verb gilt nicht als generelle Markierung.)

Als fundamentale Sprechakte ergeben sich die Behauptung (Feststellung), die Aufforderung, die Frage, das Versprechen, die Erlaubnis, die Normsetzung und vielleicht noch einige mehr. Hinzu kommen verschiedene expressive und institutionelle Sprechakte.

Ein spezifisches Problem entstand in der Behandlung von Sprechakten, die ich konditionale Sprechakte nennen möchte: Warnungen, Drohungen, Ratschläge, Vorschläge, Erpressungen, ferner gewisse Vorwürfe, Belehrungen und Versicherungen. (Vgl. meinen Aufsatz 1975a) Diese Sprechakte sind teils durch Imperativ-Sätze, teils durch Deklarativ-Sätze realisierbar: z. B.

»Faß die Platte nicht an«

»Wenn du die Platte anfaßt, verbrennst du dich«.

Um die Äußerung des Imperativ-Satzes als Warnung zu verstehen, muß eine spezifische Kontextinformation hinzugenommen werden. Die Äußerung des deklarativen Konditionals kann bereits als Warnung verstanden werden, wenn man nur voraussetzt, daß man es vorzieht, sich nicht zu verbrennen. Die Äußerung derartiger Konditionale überläßt dem Angesprochenen die Entscheidung für die Fortsetzung seiner Handlungen, sie gibt ihm aber wesentliche Information, die er in einem praktischen Schluß verwenden kann. Die Art, wie er diese Information verwendet, hängt nun offensichtlich von seinen Präferenzen ab. Der Schluß könnte etwa wie folgt aussehen:

Ich bin fast dabei, die Platte anzufassen.
Wenn ich die Platte anfasse, verbrenne ich mich.
Mich zu verbrennen, ist mir unangenehm.
: : Deshalb will ich vermeiden, mich zu verbrennen.
Ich kann es nur vermeiden, mich zu verbrennen, wenn ich die Platte nicht anfasse.
: : Deshalb werde ich die Platte nicht anfassen.

Aus der Untersuchung derartiger konditionaler Sprechakte entnahm ich, daß der Begriff des praktischen Schlusses von großer Wichtigkeit für die Sprechaktanalyse und, darüber hinaus, für die Diskursanalyse allgemein ist. Ich komme später auf die Ausweitung und weitere Anwendung des Begriffs des praktischen Schlusses zurück. (Ich will noch eine mehr persönliche Bemerkung anschließen. Die Entwicklung meiner theoretischen Gedanken ist natürlicherweise im Fluß begriffen – gestützt auf viele wissenschaftliche Diskussionen. Deshalb ist auch die Terminologie manchmal wechselnd. Z. B. verwende ich in diesem Beitrag z. T. andere Begriffe als in dem Aufsatz 1974b; ich meine aber, daß ich dieselben Überlegungen hier fortführe unter anderen Aspekten.)

2.

Meine Ausführungen zur Diskursanalyse sind hauptsächlich theoretischer Natur. Das Problem ist, wie ein Diskurs abläuft. Meiner Auffassung nach ist er gegründet auf die kognitive Fähigkeit der Partizipanten, ihre Sprachkenntnis gemäß der Situation (bzw. dem Kontext der Sprachverwendung) geeignet zu prozessieren. Ein Diskurs kann zunächst angesehen werden als Abfolge von Äußerungen, die wir jeweils – zumindest in den meisten Fällen – auf gewisse Sätze einer

Sprache beziehen können. (Dies heißt nicht, daß nur vollständige Sätze, und ohne Korrekturen oder Wiederholungen, geäußert werden, sondern daß die geäußerten Folgen von Ausdrücken auf gewisse Sätze hin bezogen werden können – sowohl in der Sprachplanung wie auch in der Sprachwahrnehmung.) Jeder Satz einer Sprache drückt eine gewisse Bedeutung aus, nämlich ein Sprechaktkonzept. Ein Sprechaktkonzept kann als Regel (oder – mehr formal – als Funktion) verstanden werden, die besagt, welche Art von Sprechakt man normalerweise mit einer Äußerung eines Satzes von dieser Art tun kann. Die Bedeutung eines Satzes umfaßt im Sprechaktkonzept einen fundamentalen Zweck des Sprechens innerhalb der betreffenden Sprachgemeinschaft, bezogen auf gewisse Sachverhalte.

Traditionelle Bedeutungstheorien, insbesondere solche, die eine formale Rekonstruktion der Bedeutung in natürlichen Sprachen im Auge hatten, haben sich beinahe ausschließlich mit nur einem Zweck des Sprechens und dem entsprechenden Sprechakttyp befaßt, nämlich der Behauptung (Assertion), die durch Deklarativsätze ausgedrückt wird. Wenn es aber keine Unterscheidung verschiedener Zwecke zu machen gibt, kann man ganz auf die Kategorie des Zwecks verzichten. Mithin waren Bedeutungstheorien dieser Art völlig auf Theorien der Proposition beschränkt. Mein erster Schritt wird es deshalb sein, diese traditionelle Sicht der Bedeutung in Richtung auf eine Sprechakttheorie der Bedeutung auszuweiten.

Ich denke außerdem, daß es mehr Zwecke von Äußerungen geben kann, als definite Sprechakttypen in einer bestimmten Sprache existieren. Ein und derselbe Satz mit genau einer Bedeutung kann, wenn er unter unterschiedlichen Umständen geäußert wird, auch unterschiedliche Zwecke realisieren bzw. unterschiedliche Sinne (= Bedeutungen–im–Kontext) ausdrücken. Ich gebrauche die Kategorie Sinn (= Bedeutung im – Kontext) als pragmatischen Begriff, bezogen auf die Äußerung von Sätzen in einem nichttrivialen Verwendungskontext.

Ich möchte allerdings Pragmatik keineswegs mit Sprechakttheorie identifizieren. Auch wenn wir uns auf deklarative Sätze beschränken, also eine Unterscheidung von Sprechakttypen nicht zu machen ist, müssen oft pragmatische Überlegungen herangezogen werden; z. B. um metaphorischen Sprachgebrauch, Ellipsen oder Ironie, oder mißverständliche Referenzen zu erklären. Andererseits ist meine Auffassung gerade die, daß die Eigenschaften der fundamentalen Sprechakte innerhalb der Semantik zu klären sind, in einer Richtung, wie sie z. B. durch Entwicklungen der Frage- und Antworten-Logik und der Imperativlogik eingeschlagen wird. Sowohl bei den traditionellen Bedeutungstheorien wie in der Sprechakttheorie können die Ebenen der Semantik und der Pragmatik unterschieden werden: die Semantik befaßt sich mit der Bedeutung von Sätzen, die Pragmatik mit der Bedeutung von Sätzen-im-Kontext. Eine gewisse Zwischenstellung nimmt die indexikalische Semantik ein, bei der die Bedeutung der indexikalischen Ausdrücke (wie ›du‹, ›dort‹, ›bald‹) relativ zu fixierten Kontextmerkmalen von Person, Raum und Zeit bestimmt wird; auf dieser Ebene der reduzierten Kontexte ist, wie ich zeigen werde, auch die Sprechaktsemantik anzusiedeln.

Eine der zentralen Fragen ist nun, wie Bedeutung und Be-Bedeutung-im-Kontext aufeinander zu beziehen sind. In meinem hier zur Diskussion gestellten Ansatz verwende ich dafür hauptsächlich den Begriff des praktischen Schlusses. Da es verschiedene Varianten dieses Begriffs gibt, will ich zunächst folgendes dazu sagen. Der praktische Schluß ist nicht eine Beschreibung von kognitiven Entscheidungsprozessen, sondern eine rationale Rekonstruktion solcher Prozesse; er wird in der 1. Person formuliert, und nicht in der 3. Person. Meine Annahme ist, daß Sprecher und Angesprochene praktische Schlüsse durchführen (wenn auch z. T. routinisiert), wenn sie Äußerungen in einem bestimmten Kontext interpretieren, d. h. die Bedeutungen-im-Kontext aus den wörtlichen Bedeutungen der geäußerten Sätze ableiten (diese wörtlichen Bedeutungen kennen sie aufgrund ihrer Sprachkenntnis), und wenn sie angemessene Erwiderungen darauf planen. Dabei beachten sie als Prämissen sowohl gewisse generelle Konversationsmaximen (im Sinne von Grice 1968) wie auch ihre Präferenzen, Annahmen über die Situation und allgemeines Wissen. Ich werde zum Schluß meines Beitrags Beispiele für komplexere praktische Schlüsse beim Übergang zur jeweils nächsten Äußerung (genauer, zum jeweils nächsten *turn*) in einem Diskurs diskutieren. Allerdings möchte ich vorausschicken, daß ich nicht denke, daß alle Diskursarten angemessen aufgrund von praktischen Schlüssen rekonstruiert (und insoweit erklärt) werden können. Beispielsweise wird dies Schwierigkeiten bereiten in Diskursen mit starker emotioneller Teilnahme (jemand entwickelt schrittweise bestimmte Aggressionen), oder mit deutlicher Motivationsänderung (jemand erweckt allmählich ein bestimmtes Interesse bei seinem Zuhörer), oder mit wachsender Aufmerksamkeit (jemand ruft sich allmählich eine vergangene Episode in Erinnerung).

3.

Ich will kurz zusammenfassen, wie eine Bedeutungstheorie in bezug auf deklarative Sätze vorgeht. Sie enthält zentral den Begriff der Proposition, den sie formal als Funktion aus der Menge möglicher Welten (oder Situationen) in die Menge der Wahrheitswerte behandelt. Jede Proposition zerlegt die Gesamtmenge möglicher Weltalternativen in genau zwei Teilmengen. Deshalb kann eine Proposition auch als diejenige Menge möglicher Welten verstanden werden, in denen sie wahr ist. Die Semantik untersucht nun, welche Proposition p durch einen bestimmten deklarativen Satz s einfach ausgedrückt wird. Die indexikalische Semantik untersucht, welche Proposition p durch einen Satz s relativ zu einer Sequenz fixierter Merkmale des Verwendungskontextes c^{o} ausgedrückt wird (Merkmale wie Sprecher, Angesprochener, Zeit der Äußerung, usw.), unter der Voraussetzung, daß s sogenannte indexikalische Ausdrücke enthält und einfach die offene Proposition p^0 ausdrückt, die p entspricht, außer daß p^0 mindestens eine freie Stelle enthält, die durch ein Merkmal des Verwendungskontextes c^0 auszufüllen ist. (Vgl. Stalnaker 1972, Lewis 1972.) Die Pragmatik untersucht, welche Proposition q (oder gegebenenfalls welche Propositionen q_1, q_2 usw.) durch einen Satz s relativ zu einem Verwendungskontext c ausgedrückt wird, vorausgesetzt, daß s einfach die Proposition p ausdrückt und daß der Verwendungskontext c durch bestimmte Konversationsprinzipien und bestimmte gemeinsame Voraussetzungen (Annahmen, Wissen, Wahrnehmungen, Vorgeschichte) der Partizipanten charakterisierbar ist. Die Konversationsprinzipien können z. B. zu spezifischen institutionellen Prozeduren gehören, die den Diskurs als Ganzes bestimmen; die Voraussetzungen können z. B. durch den vorangegangenen Diskurs etabliert sein. (Die wörtliche Bedeutung eines Satzes wurde durch den Terminus »einfach ausdrücken« gekennzeichnet. Bedeutungen-im-Kontext haben kategorial denselben Status wie wörtliche Bedeutungen; beide sind als Propositionen gekennzeichnet.

Es wurde versucht, innerhalb dieser Bedeutungstheorie auch nichtdeklarative Sätze zu behandeln. Dazu sind vor allem zwei radikale Positionen bekannt, die z. B. durch Cresswell (1973) bzw. Lewis (1972) vertreten wurden. Nichtdeklarative Sätze werden einfach als eine Unterart der deklarativen Sätze angesehen. Ein Imperativ-Satz wie

s_1 : »Feg die Treppe!«

wird dementsprechend in einer der folgenden Weisen behandelt:

(1) s_1 drückt nichts anderes als die Proposition aus, daß es der Fall sein wird, daß du, der Angesprochene, die Treppe fegst.

(2) s_1 drückt nichts anderes als die Proposition aus, daß ich, der Sprecher, dich, den Angesprochenen, auffordere, die Treppe zu fegen.

Die Bedeutung des Imperativ-Modus wird also reduziert auf

eine statement-Auffassung des Futur-Operators bzw. auf eine statement-Auffassung der Klausel »ich fordere dich auf«. Das heißt, daß s_1 als synonym angesehen wird mit entweder s_2 oder s_3:

s_2: »Du wirst die Treppe fegen.«

s_3: »Ich fordere dich auf, die Treppe zu fegen.«

Nach der 1. Auffassung genügt es, entsprechende Akzeptabilitätskriterien anzugeben, um die unterschiedlichen Verwendungen der Sätze s_1 und s_2 zu berücksichtigen. Die illokutionäre Kraft einer Äußerung soll also vollständig durch den Verwendungskontext bestimmt sein. Für die Bedeutungstheorie selbst bleibt es ein Mysterium, daß man mit Äußerungen der Sätze s_1 und s_2 normalerweise ganz verschiedene Sprechakte realisieren kann. Die 2. Auffassung ist außerstande, irgendeinen Unterschied zwischen der auffordernden (direktiven) und der assertiven Verwendung des Satzes s_3 zu machen. Doch offensichtlich gibt es einen solchen Unterschied: der Sprecher fordert auf; oder er beschreibt, erklärt, was er tut (bzw. getan hat). Die Negation von s_1 führt zur Aufforderung

»Feg nicht die Treppe!«,

die Negation von s_3 zur Feststellung

»Ich fordere dich nicht auf, die Treppe zu fegen.«

Neben diesen beiden semantischen (und m. E. unzureichenden) Behandlungen der nichtdeklarativen Sätze gibt es den Versuch, den Modus von Sätzen in einer expliziten Pragmatik zu interpretieren (Kasher 1974, ebenfalls Ansätze in Lewis 1969): In gewissen Verwendungskontexten von s_1 wird impliziert, daß der Sprecher es vorzieht, daß der Angesprochene die Treppe fegt (gegenüber dem, daß er sie nicht fegt); bzw. es wird impliziert, daß der Angesprochene versuchen wird, sich so zu verhalten, daß die Proposition, daß er die Treppe fegt, wahrgemacht wird. Es handelt sich hier also um pragmatische Implikationen, die in gewissen Normalkontexten zu machen sind; derartige Implikationen könnten sich auch aus anderen Äußerungen ergeben. Das heißt: die

Aussagen, die hier gemacht werden, sind logisch schwächer als die gesuchten Aussagen über die Bedeutung von s_1.

4.

Im Unterschied zu den genannten Auffassungen bin ich der Meinung, daß eine semantische Behandlung der Modi möglich ist und vor allem zur Klärung beiträgt. (Lediglich in Katz 1974 wird eine ähnliche Auffassung vertreten, allerdings z. T. unter anderen Voraussetzungen, die ich hier nicht diskutieren will.) Natürlich kann in der semantischen Behandlung der nichtdeklarativen Sätze nicht auf Begriffe wie Präferenzen und Versuche der Partizipanten zurückgegriffen werden: diese Begriffe spielen ihre Rolle innerhalb der pragmatischen Interpretation, speziell: innerhalb der praktischen Schlüsse der Partizipanten. Stattdessen verwende ich den m. E. fundamentaleren Begriff des Zwecks, in dem sich niederschlägt, wozu ein Sprechakt gesellschaftlich dient.
Zunächst will ich den Begriff des neutralen Kontextes einführen. Er liefert all die Merkmale, die benötigt werden, um die Bedeutung der indexikalischen Ausdrücke zu bestimmen, und auch nur diese. Das heißt: ein neutraler Kontext trägt nichts bei zur illokutionären Kraft einer Äußerung. Die Äußerung des Satzes s_1 in einem neutralen Kontext realisiert den Sprechakt der Aufforderung (d. h. einen direktiven Sprechakt), im Unterschied zu einer Frage, einer Feststellung usw. Er kann jedoch nicht zwischen einer befehlsmäßigen und einer bittenden Verwendung von Satz s_1 unterscheiden; die Unterscheidung zwischen Bitte und Befehl ist pragmatisch und nicht semantisch zu treffen.
Die Bedeutungstheorie im allgemeinen befaßt sich mit Sprechaktkonzepten, d. h. der Anwendung eines Typs T auf einen propositionalen Gehalt P, und mit ihren Beziehungen zu Sätzen natürlicher Sprachen. Ich unterscheide zwei Arten von Typen: illokutionäre Typen (bzw. Sprechakttypen im engeren Sinne) und Positionstypen (in den meisten Fällen mit Typen propositionaler Einstellungen identifizierbar). Dementspre-

chend wird Satz s_3 als ambig angesehen hinsichtlich einer direktiven und einer assertiven Lesart.

(1) Propositionaler Gehalt: daß der Angesprochene die Treppe fegt. Direktiver Typ, spezifiziert durch die Klausel »ich fordere dich auf«. (In diesem Fall trägt die Klausel zur Spezifizierung nichts bei, dies wäre aber anders im Fall von »Ich bitte dich eindringlich«.)

(2) Propositionaler Gehalt: daß der Sprecher den Angesprochenen dazu auffordert, daß der Angesprochene die Treppe fegt. Assertiver Typ, unspezifiziert.

(Ich verzichte hier auf eine formale Darstellung.)

Die Rolle von Positionstypen kann an folgenden beiden Sätzen verdeutlicht werden:

s_4: »Ich wünsche, daß Anna die Treppe fegt«

s_5: »Ich vermute, daß Anna die Treppe fegt«

Beide Sätze sind in analoger Weise wie s_3 ambig. Satz s_4 drückt entweder einen Wunsch des Sprechers (optativer Typ) oder den Bericht über einen Wunsch aus (assertiver Typ); Satz s_5 drückt entweder eine Vermutung des Sprechers (suppositiver Typ) oder den Bericht über eine Vermutung aus (assertiver Typ).

Ich will annehmen, daß jede Aktrealisierung ein spezifisches Resultat hat, das sich ergibt aus dem Aktkonzept und dem vorhergehenden Weltzustand (und, möglicherweise, aus der kontrafaktischen Bedingung, was der Fall wäre, wenn der Akt nicht ausgeführt würde). Auch jeder Sprechakt hat sein spezifisches Resultat. Allerdings gibt es charakteristische Unterschiede zwischen den Resultaten nichtverbaler Akte, z. B. dem Treppefegen (das Resultat ist ein bestimmter veränderter Weltzustand), und den Resultaten verbaler Akte. Letztere verändern primär bestimmte Handlungsbedingungen (vgl. Wunderlich 1974b). Um das Resultat eines Sprechakts zustandezubringen, muß die Äußerung bestimmte konventionelle Gelingensbedingungen erfüllen. Falls dies nicht geschieht, ist das Resultat undefiniert, d. h. es ist überhaupt kein Sprechakt ausgeführt worden – die Äußerung ist leer. Falls das

Resultat bereits bestanden hat, ist die Äußerung redundant. Wenn wir sagen, jemand habe eine Aufforderung getan oder eine Frage gestellt, dann meinen wir bereits, seine Äußerung sei gelungen: es besteht nunmehr eine Aufforderung bzw. Frage. Über die Sprechakte der Aufforderung und der Frage wissen wir so gut wie nichts, wenn wir nicht wissen, was ihre Resultate sind und was sie für die Partizipanten in ihrem weiteren Verhalten bedeuten. Aus guten Gründen befassen sich daher Aufforderungs- und Fragelogik primär mit den logischen Eigenschaften der Sprechaktresultate (vgl. z. B. Rescher 1966).

Mit dem Resultat eines Sprechakts ist ein bestimmter Zweck gesetzt worden. (Es gibt auch Sprechakte, die bestimmte Zwecke erfüllen, z. B. wenn sie Antworten sind – vgl. den Satisfaktiv-Typ in Wunderlich 1974b –; ich will diese aber im Moment übergehen.) Keineswegs will ich Zwecke mit den Intentionen von Sprechern identifizieren; Intentionen können sich Zwecke zunutze machen oder sie mißbrauchen; Intentionen können als abgeleitet verstanden werden aus bestehenden Zwecken und aus individuellen Interessen und Motiven. Zwecke können nun erfüllt werden oder nicht; und zwar gehört zur Definition eines Zwecks die Angabe dessen, was den Zweck erfüllt.

Der Zweck der Aufforderungshandlung, realisiert durch die Äußerung des Satzes s_1 = »Feg die Treppe!« durch den Sprecher A an den Angesprochenen B zur Zeit t in einem räumlichen Kontext, in dem es genau eine Treppe x gibt, ist erfüllt genau dann, wenn B innerhalb des Zeitintervalls $(t, t + \delta)$ – mit einem vom Kontext und von der Aktion abhängigen δ – diese Treppe x fegt; bzw. wenn zur Zeit $t + \delta$ wahr ist, daß B die Treppe x gefegt hat.

Durch die Explikation wird wiedergegeben, was wir intuitiv über Aufforderungshandlungen bereits wissen: ihr Zweck besteht darin, daß jemand anders innerhalb einer bestimmten Zeitspanne (sofern nicht genauere Bedingungen mitgeteilt werden) eine Handlung vollzieht, die durch den propositio-

nalen Gehalt der Äußerung ausgedrückt wird. Und hierfür bestehen bestimmte Erfordernisse in sämtlichen kooperativen Tätigkeitsbereichen. Nicht zufällig hat auch Wittgenstein zur Demonstration seines Sprachspielbegriffs, der die Verflechtung von Sprache und Lebenspraxis zeigen soll, auf derartige einfache Aufforderungs-Sprachspiele zurückgegriffen. Vgl. § 8, *Philosophische Untersuchungen*: Der Bauende A ruft dem Gehilfen B zur Zeit t zu: »n-N-dorthin«, und zeigt dabei auf ein Farbmuster F und auf einen Ort l, in dieser Reihenfolge. ›n‹ ist der Name einer natürlichen Zahl, ›N‹ ist eines der Wörter ›Würfel‹, ›Säule‹, ›Platte‹, ›Balken‹. Der Zweck der Äußerung ist genau dann erfüllt, wenn B innerhalb des Zeitintervalls (t, t + δ) insgesamt n Gegenstände x_1, x_2, ..., x_n an den Ort l bringt, wobei für alle x_i gilt: N (x_i) & F (x_i). (N und F werden als Prädikate verstanden.)
Nehmen wir an, daß in dem neutralen Kontext (Sprecher A, Angesprochener B, Zeit t) der Satz »Ist 513 eine Primzahl?« geäußert wird. In diesem Kontext wird dadurch eine Frage realisiert; ihr Zweck ist erfüllt genau dann, wenn B innerhalb des Zeitintervalls (t, t + δ) eine Handlung h_a vollzieht mit einem propositionalen Gehalt P_a, so daß aus P_a eines der Elemente aus der Menge {daß 513 eine Primzahl ist, daß 513 keine Primzahl ist} logisch folgt. In diesem Fall nennen wir h_a eine Antworthandlung. Angenommen, B erwidert »513 ist durch 19 teilbar« oder »513 ist durch 21 teilbar«, so folgt aus beiden Äußerungen, daß 513 keine Primzahl ist (entsprechend der Definition des Begriffs Primzahl). Beides sind Antworten, d. h. erfüllen den Zweck der Frage, unabhängig davon, daß der propositionale Gehalt der ersten Äußerung wahr und der der zweiten Äußerung falsch ist.
Um eine entsprechende formale Theorie zu entwickeln, kann man folgende Überlegung zugrundelegen. Das Resultat eines Sprechaktes zur Zeit t besteht darin, daß die Menge der möglichen Ereignisabläufe (eingeschlossen Handlungen), die zur Zeit t beginnen, in genau zwei Teilmengen zerlegt wird. In der einen Teilmenge befinden sich alle solche Ereignis-

abläufe, in denen der Zweck des Sprechaktes erfüllt wird, in der anderen jene, in denen er nicht erfüllt wird. Die Agenten werden sich deshalb, wenn sie daran interessiert sind, die Zwecke ihrer Sprechakte jeweils zu erfüllen, längs solcher Ereignisabläufe bewegen, die zur ersten Teilmenge gehören. Diese formale Sprechweise kann m. E. den Begriff der Verpflichtung, den ich in dem Aufsatz 1974b verwendet habe, geeignet explizieren. Wenn man Grade der Erfüllung oder Stärke von Zwecken unterscheiden will (z. B. mehr oder weniger befriedigende Antworten, und Befehle gegenüber Bitten), dann muß ein zweiter Teil zum Resultat des Sprechaktes hinzugenommen werden, nämlich eine Bewertungsfunktion V hinsichtlich der Elemente in der Menge der zur Zeit t beginnenden möglichen Ereignisabläufe. Diese Bewertungsfunktion hängt allerdings weitgehend vom Verwendungskontext ab, es sei denn, daß der Sprechakttyp im geäußerten Satz bereits spezifiziert wurde.

Ich will den Inhalt dieses Abschnitts kurz zusammenfassen. Die Sprechaktsemantik untersucht, welches Sprechaktkonzept T (P) durch einen Satz s relativ zu einem neutralen Kontext c^0 ausgedrückt wird. Die Sprechaktpragmatik untersucht, welche Sprechaktkonzepte $T_1(P_1)$, $T_2(P_2)$, ..., zusammen mit ihren jeweiligen Bewertungen V_1, V_2, ..., durch einen Satz s relativ zu einem nichtneutralen Verwendungskontext c ausgedrückt werden, vorausgesetzt, daß s relativ zum korrespondierenden neutralen Kontext c^0 das Sprechaktkonzept T (P) ausdrückt, und daß der Verwendungskontext c reicher als c^0 ist und durch bestimmte Konversationsprinzipien und bestimmte Voraussetzungen der Partizipanten charakterisierbar ist.

5.

Eines der größten Probleme bei der Anwendung des eben skizzierten theoretischen Rahmens stellt sich durch die Frage, wie der jeweilige nichtneutrale Verwendungskontext zu re-

präsentieren sei. Eine Möglichkeit bestände darin, von vornherein einen bestimmten Kontext als gegeben anzunehmen und mögliche Diskursabläufe innerhalb dieses Kontextes zu konstruieren. Auf diese Weise könnte konstruktiv untersucht werden, welche Möglichkeiten sich für die Zusammenhänge von wörtlichen Bedeutungen und Bedeutungen-im-Kontext und die sich darauf stützenden Diskursabläufe ergeben. Eine derartige Untersuchung erscheint allerdings gegenwärtig nicht besonders versprechend, weil einmal über die relevanten Kontextmerkmale nicht sehr viel empirisches Wissen vorliegt und man außerdem sehr schnell zu einer unübersichtlichen Fülle von Möglichkeiten gelangen würde. Sinnvoller wäre zunächst eine Beschränkung auf den neutralen Kontext, in dem also lediglich mögliche Sprechaktabfolgen auf der semantischen Ebene untersucht werden; und auch hierzu liegt erst ein einziger Ansatz von Hamblin 1971 vor.
Wenn man mit realen Diskursen – oder auch nur mit quasirealen, nämlich erfundenen Diskursen – konfrontiert ist, so scheint es ausgeschlossen, den benötigten Kontext von vornherein zu fixieren. Falls er reich genug gemacht wird, um sämtliche im Diskurs enthaltenen Abfolgen von Äußerung zu Äußerung (bzw. von *turn* zu *turn*) genau zu erklären, so ist er für jeden einzelnen Schritt im Diskurs jedenfalls viel zu reich. Man würde außerdem nahelegen, als wären sämtliche Merkmale des Kontextes den Partizipanten ständig gegenwärtig, und als müßte dies so sein. Das ist aber offensichtlich falsch. Deshalb versuche ich auch nicht, den Kontext, jedenfalls soweit er über den neutralen Kontext hinausgeht, separat und von vornherein zu repräsentieren. Dies ist auch überflüssig, wenn man sich genauer überlegt, wie die Partizipanten ihren Diskurs Schritt für Schritt prozessieren. Im wesentlichen versuchen sie, die vorhergehenden Äußerungen eines anderen Partizipanten in dem momentan erforderlichen Kontext zu verstehen und auf dieser Grundlage ihre eigenen nächsten Äußerungen zu planen. Ich rekonstruiere nun diesen Prozeß durch die Annahme praktischer Schlüsse. Die jeweils

momentan relevanten Kontextmerkmale werden dann als spezifische Prämissen innerhalb praktischer Schlüsse repräsentiert.

Das Vorgehen ist wie folgt. In einem bestimmten gegebenen Diskurs (also insbesondere auf Tonband oder audiovisuell aufgezeichnet) gibt es immer bestimmte Übergänge, die besonderes Interesse beanspruchen: kritische Phasen des Diskurses, Verständnisschwierigkeiten oder Mißverständnisse, besondere indirekte Äußerungen usw. Derartige Übergänge werden zugrundegelegt:

Sprecher A äußert »– – – –«, Sprecher B erwidert »–. –. –. –.«, d. h. der Übergang wird als gegeben angesehen. Nunmehr wird systematisch der Prozeß, wie er sich für B abspielt, rekonstruiert, ausgehend von der wörtlichen Bedeutung des von A geäußerten Satzes (bzw. der Sätze). Es interessieren also nicht beliebige mögliche Erwiderungen auf A's Äußerung, sondern es interessiert eine konsistente Serie von Schlüssen, die zu der ganz bestimmten Erwiderung von B führt.

Natürlich sind zunächst nur gewisse Approximationen zu geben; d. h. gewisse Zwischenschritte werden noch ausgelassen und die benötigte Information wird implizit vorausgesetzt. De facto sind zahlreiche der Schlußprozesse sicher stark routinisiert; deshalb nehme ich nicht an, daß alle rekonstruierten Schlüsse auch bewußt ausgeführt werden, und in der angegebenen Reihenfolge. Allerdings nehme ich an, daß sie konsistent sind; insofern unterstelle ich also Rationalität. (Das heißt nicht, daß auch die Prämissen rational sein müssen.) Es kann nun verschiedene mögliche Serien von Schlüssen geben, die von A's Äußerung zu B's Erwiderung führen; davon wird zunächst nur eine plausible ausgewählt. Ich mache keine strikte Unterscheidung zwischen den Prozessen des Verstehens der vorhergehenden Äußerung und des Planens der nachfolgenden. Eine Grenzlinie kann m. E. nur willkürlich gezogen werden, aber sie interessiert hier nicht. Die Existenz eines Verstehensprozesses für sich genommen kann nicht geprüft werden; das Resultat eines solchen Prozesses schlägt sich –

vermittelt durch weitere Planungen – schließlich in der Erwiderung oder in anderen Reaktionen nieder.

Die Schlüsse werden praktische Schlüsse genannt, weil sie schließlich mit einer Entscheidung bzw. einem Entschluß des Aktanten abschließen. Aber auch vorhergehende Planungsentscheidungen und Verstehensentscheidungen bzw. Akzeptierungen enthalten ein derartiges praktisches Moment. In einem deduktiven Schluß ließe sich dies nur wiedergeben, wenn auf eine ausschließlich theoretische Ebene des Analysators übergegangen wird, d. h. wenn alle Formulierungen aus der 1. Person in die 3. Person verändert werden, und wenn starke spezifische Rationalitätsprämissen hinzugenommen werden:

(1) $C_1, C_2, \ldots, C_n$

(2) Unter den Bedingungen $C_1, C_2, \ldots, C_n$ entschließt sich jede rationale Person zur Handlung h.

(3) B ist eine rationale Person.

: : Also entschließt sich B zur Handlung h.

Es ist selbstverständlich denkbar, daß sich B auch zu einer anderen Handlung als h entschließt; daraus könnte man nur schließen, daß eine der Prämissen falsch ist. Hält man an den Prämissen (1) und (3) fest, so ist die zweite Prämisse falsch: entweder gibt sie eine bestehende Handlungsmaxime (Regel) falsch wieder, oder es gibt einen Konflikt zwischen Handlungsmaximen – solchen, die für B gelten, und solchen, die für den Analysator gelten. Jedenfalls führt dieser Fall zu einem theoretischen Diskurs, sei es über die Gültigkeit von Maximenbeschreibungen, sei es über die Gültigkeit von Maximen selbst. Hält man dagegen an den Prämissen (1) und (2) fest, so ist die dritte Prämisse falsch; dieser Fall führt zu einer Kritik an der Person B. Ein derartiges Vorgehen ist nur dann sinnvoll, wenn der Analysator in direkte Auseinandersetzung mit den Partizipanten des von ihm analysierten Diskurses treten will. Zunächst ist meine Situation jedoch die, daß ich überhaupt wissen will, wie die Partizipanten ihren Diskurs prozessieren, selbst wenn ich den Ein-

druck gewinnen sollte, daß ihre Prämissen vom Typus (2), d. h. ihre Handlungsmaximen, von den meinen sehr verschieden sind. Es ist deshalb keineswegs wünschenswert, sofort und unter allen Umständen von so starken Rationalitätskriterien auszugehen.
Ich dokumentiere im Anschluß zwei durchgeführte Beispiele für Serien praktischer Schlüsse. Dabei notiere ich – und das durchaus vorläufig –, welcher Klasse von Prämissen ich eine angeführte Prämisse jeweils zurechne: WM = Wahrnehmungswissen, GW = generelles Wissen, PW = partikuläres Wissen, KW = Kenntnis des vorhergehenden Kontextes, SW = generelles Wissen über die Sprache und die Verknüpfung von Sprechakten, KP = Kooperations- bzw. Konversationsprinzipien, P = Präferenzen.
Was zu tun bleibt, ist das Folgende. Eine größere Anzahl verschiedenartiger Diskursübergänge ist minuziös zu rekonstruieren. Aus dem dadurch gewonnenen sample von Serien praktischer Schlüsse kann herausgefunden werden, welche Prämissen in welchen Diskurstypen eine charakteristische Rolle spielen. Dies gibt die Möglichkeit, einerseits Aussagen über das Zusammenwirken von Kontextmerkmalen und Diskursabläufen zu machen, andererseits begründete Kriterien für die Klassifizierung von Diskurstypen zu gewinnen. Falls man diese Auffassung teilt, kann das Verfahren der Rekonstruktion von praktischen Schlüssen auch als ein methodisches Werkzeug angesehen werden, das uns interpretiertes Diskursmaterial an die Hand gibt, welches seinerseits als empirische Basis für die Entwicklung einer Diskurstheorie genommen werden könnte.

6.

Folgende Situation sei gegeben. A und B sitzen zusammen in einem größeren Raum, beide arbeiten schweigend vor sich hin. A sagt dann, nachdem er sich eine Zeitlang unruhig auf seinem Platz bewegt hat: »Ich denke, es zieht«. B schaut auf und guckt herum. Dann erwidert er: »Du könntest die

Klappe dort schließen«, wobei er in eine bestimmte Richtung blickt. Der Gesamtschluß, den B ausführt, um schließlich zu seiner Erwiderung zu kommen, könnte wie folgt aussehen:

(1) Er sagt »Ich denke, es zieht«, was ein Satz des Deutschen ist. (WW, SW)
(2) Mit dem Satz macht man die Feststellung, daß man denkt, daß es zieht. (SW)
(3) Ich weiß, daß er ausgezeichnet Deutsch spricht. (PW)
(4) Wenn jemand etwas über eine Situation feststellt, ohne sie näher zu spezifizieren, so stellt er etwas über die Situation hier und jetzt fest. (SW)
(5) Wenn jemand feststellt, daß er denkt, daß p, dann stellt er damit auch fest, daß p. (SW)
: : Also stellt er fest, daß es hier und jetzt zieht.
(6) Normalerweise gibt es keinen idiomatischen Gebrauch des Satzes »Es zieht«. (SW)
(7) Ich nehme an, daß er das Kooperationsprinzip insoweit beachtet, als er meint, was er sagt. (KP)
: : Also meint er, daß es hier und jetzt zieht.
(8) Wenn jemand feststellt, daß p, und dies nicht als Antwort angesehen werden kann, dann wünscht er, daß der Angesprochene über p nachdenkt und in einer angemessenen Weise reagiert. (SW)
(9) Ich habe keine Frage gestellt, und sonst ist niemand da. (KW)
: : Also wünscht er, daß ich darüber nachdenke, daß es hier und jetzt zieht, und daß ich eine angemessene Reaktion gebe.
(10) Im allgemeinen ist es so, daß man es als unangenehm empfindet, wenn es zieht, es sei denn, es ist extrem heiß. (GW)
(11) Es ist hier und jetzt nicht extrem heiß. (WW)
: : Also findet er es unangenehm, daß es hier und jetzt zieht.
(12) Wenn jemand ausdrückt, daß er eine gewisse Situation als unangenehm empfindet, dann

(1) drückt er einfach sein Gefühl aus;

oder (2) er beklagt sich selbst, um das Mitgefühl des Hörers zu bekommen;

oder (3) wenn er eine bestimmte Person für das Zustandekommen der Situation verantwortlich hält, so will er sie kritisieren; und falls er den Angesprochenen für das Zustandekommen der Situation verantwortlich hält, so will er *ihn* kritisieren, und er will eine angemessene Reaktion von ihm, z. B. eine Entschuldigung, eine Erklärung, oder eine Aktion, die die Situation ändert;

oder (4) wenn er selbst nichts tut, um die Situation zu ändern, aber es für möglich hält, daß sie geändert wird, dann will er ausdrücken,

(4 a) daß er nicht weiß, was er tun muß, um die Situation so zu ändern, daß sie angenehmer wird, und er will wissen, was er tun muß;

oder (4 b) daß er nicht sicher ist, ob andere die Veränderung der Situation akzeptieren würden, und er will wissen, ob sie es akzeptieren;

oder (4 c) daß er in dieser Situation nicht in der Lage ist, eine Änderung vorzunehmen;

oder (4 d) daß er will, daß der Angesprochene die Situation ändert, vorausgesetzt, er ist in der Lage dazu. (SW)

[Die aufgeführten Alternativen sind nicht als exklusiv anzusehen.]

(13) Die Situation ist so, daß er mich nicht unterbrechen würde, nur um einfach sein Gefühl auszudrücken. (PW, KW)

: : Also drückt er nicht einfach sein Gefühl aus.

(14) Ich nehme an, daß er weiß, daß ich ihn wegen einer Unannehmlichkeit wie dieser nicht bemitleiden würde. (PW)

: : Also beklagt er sich nicht nur selbst.

(15) Ich nehme an, daß er das Kooperationsprinzip insoweit beachtet, als er nichts sagt, das in dieser Situation irrelevant ist. (KP)

(16) Was andere getan haben, ist in dieser Situation irrelevant. (PW, KW)

: : Also will er niemanden anders kritisieren.

(17) Ich bin nicht verantwortlich dafür, daß es zieht, da ich nichts getan habe, was einen Zug hätte bewirken können. (KW)

(18) Ich nehme an, daß er das weiß. (KW)

: : Also will er auch mich nicht kritisieren.

(19) Er tut nichts, um die Situation zu ändern. (KW)

(20) Im allgemeinen hält man es für möglich, daß eine Situation, in der es zieht, so verändert werden kann, daß es nicht mehr zieht. (GW)

: : Also will er von mir wissen, wie die Situation verändert werden kann, daß es nicht mehr zieht, oder ob ich eine solche Veränderung akzeptieren würde, oder er will, daß ich selbst etwas unternehme, um die Situation zu ändern.

(21) Ich selbst finde die Situation hier und jetzt nicht unangenehm. (P)

: : Also habe ich keinen Grund, die Situation zu ändern.

(22) Ich nehme an, daß er weiß, daß ich jetzt beschäftigt bin, und daß ich deshalb in dieser Situation nichts anderes tun würde, wenn er selbst es tun könnte. (PW, KW)

(23) Er selbst kann in dieser Situation auch etwas anderes tun. (KW)

: : Also will er nicht, daß ich selbst etwas unternehme, um die Situation zu ändern.

(24) Ich sehe, daß die Klappe dort aufsteht. (WW)

(25) Wenn eine Klappe aufsteht, ist es möglich, daß dies bewirkt, daß es zieht. (GW)

: : Also ist es möglich, daß das Aufstehen der Klappe dort bewirkt, daß es hier und jetzt zieht.

(26) Wenn das Aufstehen einer Klappe bewirkt, daß es zieht, wird durch das Schließen der Klappe die Situation so verändert, daß es nicht mehr zieht. (GW)

(27) Ich nehme an, daß er das weiß. (PW)

(28) Wenn er gewußt hätte, daß die Klappe dort aufsteht,

dann hätte er mich fragen können, ob ich das Schließen der Klappe akzeptieren würde. (GW, SW)

(29) Er fragte mich das nicht. (KW)

: : Also weiß er nicht, daß die Klappe dort aufsteht, bzw. daß es das Aufstehen der Klappe dort ist, das bewirkt, daß es hier und jetzt zieht.

(30) Das Schließen der Klappe dort berührt nicht meine Präferenzen hier und jetzt. (P)

(31) Ich wünsche mit ihm zu kooperieren. (P)

(32) Wenn jemand zu kooperieren wünscht, dann reagiert er in einer angemessenen Weise. (KP)

: : Also werde ich ihm beide Informationen geben: daß die Klappe dort aufsteht, und daß das Schließen der Klappe meine Präferenzen hier und jetzt nicht berühren würde.

(33) Er selbst soll entscheiden, was er tun will. (P)

: : Also werde ich ihm raten, daß er die Klappe dort schließen könnte.

(34) Wenn jemand in einer ihm unangenehmen Situation wissen will, was er tun muß, um die Situation zu ändern, dann gilt die Feststellung einer möglichen Handlung als Ratschlag. (SW)

: : Also werde ich feststellen, daß er die Klappe dort schließen könnte.

Kurzer Kommentar: Trotz der zahlreichen angenommenen Schritte im Schlußprozeß sind einzelne der Prämissen und Schlußschritte immer noch komplex und könnten weiter expliziert werden. Ich will das hier unterlassen, um die Übersichtlichkeit nicht noch weiter zu strapazieren. Man kann sich sehr leicht auch alternative Serien von Schlüssen vorstellen, z. B. daß die in der Prämisse (12) angegebenen Alternativen in anderer Reihenfolge »abgearbeitet« werden, oder daß die Alternativen in der Prämisse (12) einzeln jeweils dort als Prämissen herangezogen werden, wo sie in einem Schluß verwendet werden. Anhand der Prämisse (12), aber ebensogut auch z. B. anhand der Prämisse (28), wird deutlich, daß ein faktischer Schlußprozeß abgekürzt werden kann, indem gleich die relevanten Alternativen herangezogen werden können. Genauer: die jeweilige Orientierung des Aktanten kann Teile des Schlußprozesses fokussieren und andere aussparen; andere Teile – möglicherweise sogar der größere Teil des gesamten Schlußprozesses – können derart routinisiert sein, daß sie dem Aktanten gar nicht bewußt sind. Insbesondere die generellen Prämissen sind ja gewissermaßen Selbstverständlichkeit der täglichen Kommunikationspraxis. Viele der Prämissen verlangen ferner eine besondere Erörterung deshalb, weil in ihnen bereits bestimmte Schlußfolgerungen aus der Analyse einzelner Sprechakte formuliert wurden. (Insofern geht der Diskursanalyse, wie sie hier vorgenommen wird, die Analyse einzelner Sprechakte voraus, die sich ihrerseits aber u. a. an den Möglichkeiten von Sprechaktverknüpfungen im Diskurs orientiert.) Als Beispiel nenne ich wiederum die in der Prämisse (12) gegebene Aussage, außerdem die beiden letzten Schlüsse, in denen ein bestimmter Begriff vom Ratschlag vorausgesetzt wird.

7.

Mein zweites Beispiel ist einer längeren Auseinandersetzung zwischen Jugendlichen und einigen Studenten in einem Freizeitzentrum im Märkischen Viertel (Westberlin) entnommen. Es geht um Probleme der Verschmutzung, des Alkoholkonsums, Prügeleien mit einer dominierenden Gruppe, und um die Frage, wie die Bedingungen verbessert und auch für andere Jugendliche attraktiv gemacht werden können. Ein Vorschlag war, in einen der Räume Matratzen zu bringen.

H: [...] Ja, un un da kann sich jeder nun richtich austobn und denn kommta wieder raus, hatta jenuch. Aba, wer nun rinnjehn will, der kann de Matratzn och von da Kante stapln, der kann sagen, jetz, aus siebn Matratzn bau ick mir jetz n eignet Haus und bin janz alleene. Da ka ma ja, hör ma, da ka ma jarkeener sehn, wenn ick jetzt mit meine Frau inner Ecke liege. Un deshalb bin ick dafür, daß die sechzich Matratzn. Is zu viel, Fritz, ja? Stimmt, die janzen, ick meine für die Menge, für die Größe des Raumes, aba anjebracht sin se trotzdem, könn ruhich rinnjehn. Ick meine, wenn ich, wern se alle an irjend eener Ecke an irjendeener Wand jestapelt, vastehste? Aba trotzdem könn'n diese sechzich Matratzn rinkomm.

F:	So, du bist der einzelne Punkt, du bist der einzelne
G:	paß mal auf jetzt, hör mal zu
F:	Punkt Du bist der einzelne Punkt
K:	hör ma auf jetzt!
F:	dazu, ja? ich meine,
I:	mach keenen Quatsch
H:	Vielleicht, vielleicht, ick mein
F:	du bist in diesem Fall der einzelne Punkt jetzt
F:	momentan
H:	Ja, ick weeß gar nich wat die an wat, ja,
H:	momentan, ick weeß ja nich wat die andern darüba denkn, ob nu mehr Matratzn (Gelächter) anjebracht sind, ja? sons könnt ma vielleicht abstimm [...]

Ich will mich in meiner Analyse auf den einen kritischen Übergang dieses Diskursabschnittes beschränken (Konrad Ehlich hat mich auf ihn aufmerksam gemacht). F unterbricht die längere Passage von H mit der mehrmaligen Wiederholung des Satzes »Du bist der einzelne Punkt«. Offenbar benötigt H einige Zeit, um diesen Satz zu verstehen und eine geeignete Erwiderung zu planen; eine erste ansatzweise Erwiderung wird abgebrochen. Es ist hier nicht möglich, eine umfassende Analyse auch nur dieses Übergangs vorzunehmen (z. B. die Rolle der weiteren Sprecher G und K zu bestimmen). H und F gehören derselben Gruppe von Jugendlichen an, F versucht zeitweise als Sprecher für die Gruppe, zeitweise als Sprecher für die Jugendlichen insgesamt aufzutreten. H könnte F's mehrmalige Erwiderung nun wie folgt prozessieren. (Ich betone nochmals die Vorläufigkeit dieser Analyse; sie hat an dieser Stelle demonstrativen Wert):

(1) Er sagt, daß ich (dazu, in diesem Fall, jetzt) der einzelne Punkt bin. (WW, SW)

(2) Er erwidert auf meine Ausführungen. (KW)
[Zusätzliche Indikatoren sind die Ausdrücke ›dazu‹, ›in diesem Fall‹, ›jetzt‹]

(3) Wenn jemand die Ausführungen eines anderen damit erwidert, daß er ihm ein Prädikat zuschreibt, dann will er ihn hinsichtlich seines Beitrags zur gerade anstehenden Diskussion qualifizieren. (SW)

: : Also will er mich hinsichtlich meines Beitrages zur Diskussion qualifizieren.

(4) Mein Beitrag bestand darin, eine bestimmte Auffassung zu vertreten, nämlich zu der Frage, ob Matratzen in den Raum gebracht werden sollen. (PW, KW)

: : Also will er ausdrücken, daß ich der einzelne Punkt (d. h. die einzige Person) bin, der eine solche Auffassung vertritt.

(5) Wenn jemand ausdrückt, daß ein anderer Partizipant, der derselben Gruppe angehört, die einzige Person ist, die etwas Bestimmtes tut oder eine bestimmte Auffassung vertritt, dann will er damit ausdrücken, daß dieser abweicht von dem, was innerhalb der Gruppe unter gewissen Umständen als normal gilt. (GW)

: : Also will er ausdrücken, daß ich, indem ich diese meine Auffassung vertreten habe, abweiche von dem, was in unserer Gruppe unter den gegenwärtigen Umständen als normal gilt.

(6) Wenn jemand innerhalb einer Gruppe eine abweichende Auffassung vertritt, so verhindert oder verzögert er damit die Übereinstimmung in der Gruppe. (GW)

: : Also will er ausdrücken, daß ich, indem ich diese meine Auffassung vertreten habe, Übereinstimmung verhindere oder verzögere.

(7) In einer Diskussion, in der es um eine gemeinsame Unter-

nehmung geht, muß man Übereinstimmung erreichen. (GW, KP)

(8) Wenn jemand Übereinstimmung über eine gemeinsame Unternehmung verhindert oder verzögert, dadurch daß er eine abweichende Auffassung vertritt, so sollte er seine Auffassung überdenken, um sie evtl. zu ändern, oder er sollte sie rechtfertigen (um evtl. die anderen Partizipanten zu überzeugen). (GW, KP)

: : Also will er, daß ich meine Auffassung nochmals überdenke, oder daß ich andere Argumente gebe, oder er will mich dafür kritisieren, daß ich das noch nicht getan habe; alles zusammengenommen will er, daß ich bezüglich der vertretenen Auffassung überhaupt unsicher werde.

[Die Alternativen sind nicht als exklusiv zu verstehen.]

(9) Ich werde unsicher. (Motivationelles Faktum)

(10) Ich kann keine anderen Argumente als bisher geben. (PW)

: : Also will er mich kritisieren, und er will, daß ich meine Auffassung überdenke.

(11) Ich will mit ihm kooperieren. (P)

: : Also werde ich meine Auffassung überdenken und auf seinen Einwurf reagieren.

[Beginn der Erwiderung: »Vielleicht, vielleicht, ick mein!«]

(12) Indem ich meine Auffassung überdenke, wird mir fraglich, ob es wirklich stimmt, daß ich die einzige Person bin, die eine solche Auffassung vertritt. (PW, KW, Bewertung)

(13) Ich will sicher sein, ob ich die einzige Person bin, die eine solche Auffassung vertritt. (P)

(14) Ich weiß nicht, was die anderen über das Problem denken. (PW)

: : Also will ich wissen, was die anderen über das Problem denken.

(15) Wenn jemand etwas wissen will, dann kann er einen Beitrag dazu bekommen, wenn er ausdrückt, daß er es nicht weiß. (SW)

: : Also werde ich feststellen, daß ich nicht weiß, was die anderen über das Problem denken.

Literatur

Cresswell, M. J. (1973), *Logics and Languages*, London: Methuen

Grice, H. Paul (1968), »Logic and Conversation«, unveröff. Vorl.

Hamblin, C. L. (1971), »Mathematical Models of Dialogue«, *Theoria* 3, S. 130–155

Kasher, Asa (1974), »Mood implicatures – a logical way of doing generative pragmatics«, *Theoretical Linguistics*, S. 6–38

Katz, Jerrold J. (1974), *Propositional Structure – A Study of the Contribution of Sentence Meaning to Speech Acts*, New York: Harper & Row (erscheint demnächst)

Lewis, David (1969), *Convention*, Cambridge (Mass.)

Lewis, David (1972), »General Semantics«, in: Davidson/Harman (eds.), *Semantics of Natural Language*, Dordrecht: Reidel, S. 169–218

Rescher, Nicholas (1966), *The Logic of Commands*, London: Routledge & Kegan Paul

Stalnaker, Robert C. (1972), »Pragmatics«, in: Davidson/Harman (eds.), *Semantics of Natural Language*, Dordrecht: Reidel, S. 380–397

Wunderlich, Dieter (1974a), »Towards an integrated theory of grammatical and pragmatical meaning«, in: Kasher (ed.), *Language in Focus*, Dordrecht: Reidel 1976, S. 251–277.

Wunderlich, Dieter (1974b), »Über die Konsequenzen von Sprechhandlungen«, (in diesem Band)

Wunderlich, Dieter (1975a), »Behauptungen, konditionale Sprechakte und praktische Schlüsse«, vervielf. Ms; jetzt in: Wunderlich, *Studien zur Sprechakttheorie*, Frankfurt 1976 (= suhrkamp taschenbuch wissenschaft 172).

Wunderlich, Dieter (1975b), »Fragesätze und Fragen«, vervielf. Ms; jetzt in: Wunderlich, *Studien zur Sprechakttheorie*, Frankfurt 1976 (= suhrkamp taschenbuch wissenschaft 172).

Noam Chomsky
Reflexionen über die Sprache

Übersetzt von Georg Meggle und Maria Ulkan
stw 185. 313 Seiten

In seinem neuen Buch, *Reflexionen über die Sprache*, versucht Chomsky nicht die aktuelle linguistische Forschung darzustellen und voranzutreiben, sondern er fragt nach dem Sinn und Zweck dieser Forschung. Welches allgemeine Interesse haben die Ergebnisse dieser Forschung?
Chomskys Reflexionen bieten scharfsichtige Analysen der Kontroversen, die heute zwischen Psychologen, Philosophen und Linguisten ausgetragen werden: über den Erwerb kognitiver Strukturen, über den Zusammenhang der Sprache mit anderen geistigen Organen sowie über die Weise, in der kognitive Strukturen menschliches Handeln und Verhalten bestimmen.

Helen Leuninger
Reflexionen über die Universalgrammatik

stw 282. 198 Seiten

Noam Chomskys Buch *Reflexionen über die Sprache* (= stw 185) stellt eine Zusammenfassung der sprachphilosophischen Kontroverse zwischen Empirismus und Rationalismus und zwischen Semantik und Pragmatik dar. Es präsentiert aber auch einen neuen Entwicklungsstand in der Kontroverse darum, ob die Syntax unabhängig von der Semantik operieren kann. Chomsky führt in diesem Buch die bereits 1973 in den »Conditions on Transformation« entwickelte Spurentheorie ein und motiviert diese sowohl aus empirischen Gründen der Sprachbeschreibung als auch mit kognitiven Argumenten sowie mit Beobachtungen aus dem Prozeß des Spracherwerbs. Diese Theorie stellt eine starke Revision der bekannten Annahmen Chomskys dar.
In den *Reflexionen über die Sprache* liefert Chomsky sozusagen »nur« den konzeptuellen Rahmen der neuen Spurentheorie. Helen Leuningers Arbeit diskutiert nun die methodologischen und empirischen Fragen, die sich aus dieser neuen Theorie ergeben, und stellt sie in den forschungs- und wissenschaftsgeschichtlichen Zusammenhang, aus dem sie entstanden sind.

Eric H. Lenneberg
Biologische Grundlagen der Sprache

Übersetzt von Friedhelm Herborth
stw 217. 597 Seiten

Warum kann allein der Mensch lernen, eine natürliche Sprache zu sprechen? Welches sind die biologischen Prinzipien, die erklären, warum eine bestimmte Art – der Mensch – ein einzigartiges Verhalten – die Sprache – entwickelt hat?
Ehe Lenneberg seinen »Entwurf einer biologischen Theorie der Sprachentwicklung« formuliert, diskutiert er die für seine Frage wichtigen Forschungen. Dabei geht es insbesondere um morphologische und physiologische Korrelate der Sprache (Stimmwerkzeuge und Zentralnervensystem bzw. Atmung, Artikulation, Rhythmik und Steuerung); um Sprache im Kontext von Wachstum und Reifung (»die wohl bisher beste Zusammenstellung des gegenwärtigen Wissens über Spracherlernung«); um neurologische Aspekte des Sprechens und der Sprache (eine kritische Sichtung des klinischen Befundmaterials über leichte und schwere Sprachstörungen bis hin zur Aphasie – fast eine Theorie der Sprachpathologie); um Sprache im Lichte der Evolution und Genetik; um primitive Stufen der Sprachentwicklung (normale und pathologische Kindersprache); um das Verhältnis von Sprache und Erkennen.
»Eric H. Lenneberg, aus Deutschland gebürtiger amerikanischer Psychologe von Weltrang, hat zweifellos ... nicht nur *das* Standardwerk der modernen Biolinguistik, sondern auch zugleich eines der aufregendsten wissenschaftlichen Bücher des 20. Jahrhunderts überhaupt geschrieben.«
(J. H. Scharf)

Sprache, Denken, Kultur

Herausgegeben von Paul Henle
stw 120. 336 Seiten

Dieses Buch ist das Resultat einer immer noch seltenen Zusammenarbeit von Wissenschaftlern verschiedener Fachrichtungen. Anthropologen, Psychologen, Philosophen, Soziologen, Literaturwissenschaftler und Linguisten haben versucht, Natur und Funktion der Sprache zu klären.

Literalität in traditionalen Gesellschaften

Herausgegeben von Jack Goody
500 Seiten

Vergegenwärtigt man sich die Bedeutung der Schrift in den vergangenen fünftausend Jahren und die tiefgreifenden Folgen, die sie für das Leben jedes einzelnen hat, so ist der Weise, in der sie das soziale Leben der Menschen beeinflußt, erstaunlich wenig Aufmerksamkeit gewidmet worden. Untersuchungen über die Schrift sind gewöhnlich historische Darstellungen der Entwicklung der Schriftarten, und Literaturwissenschaftler beschäftigen sich eher mit dem Inhalt als mit den Implikationen kommunikativer Akte.
Dank der Schrift kann der Bereich menschlichen Verkehrs – zeitlich wie räumlich – erheblich erweitert werden. Die Möglichkeiten dieses Instrumentes der Kommunikation verändern die Skala menschlicher Aktivität – politischer, ökonomischer, rechtlicher wie religiöser.
Diese von Jack Goody herausgegebene Sammlung von Abhandlungen ist aus einem Interesse an Kommunikationsformen und deren Einfluß auf den menschlichen Verkehr entstanden. In erster Linie konzentriert sich dieses Interesse an der »Technologie des Intellekts« auf die Folgen der Literalität – der Fähigkeit zu lesen und zu schreiben – für die menschliche Kultur, insbesondere in traditionalen oder präindustriellen Gesellschaften.

INHALT

Jack Goody, Einleitung; *Jack Goody und Ian Watt*, Konsequenzen der Literalität; *Kathleen Gough*, Implikationen der Literalität im traditionalen China und Indien; *S. J. Tambiah*, Literalität in einem buddhistischen Dorf im Nordosten Thailands; *Kathleen Gough*, Literalität in Kerala; *Ivor Wilks*, Die Vermittlung islamischen Wissens im westlichen Sudan; *Jack Goody*, Beschränkte Literalität im nördlichen Ghana; *I. M. Lewis*, Literalität in einer Nomadengesellschaft: Das Beispiel der Somal; *Maurice Bloch*, Astrologie und Schrift in Madagaskar; *M. Meggitt*, Anwendungen der Literalität in Neuguinea und Melanesien; *R. S. Schofield*, Messung der Literalität im vorindustriellen England; Literaturverzeichnis; Register.

Alphabetisches Verzeichnis der suhrkamp taschenbücher wissenschaft